CTET

हिन्दी ब्रह्मास्त्र

PAPER 1 & 2

हिंदी व्याकरण एवं शिक्षाशास्त्र
1000 + MCQ's व्याख्या सहित

[First Edition - 2024]

अध्ययन मंत्र पब्लिकेशन
68, Mall Road, Kingsway Camp, Near GTB Nagar
Metro Station, Gate No. 3, Delhi-110009

CTET हिन्दी BRAHMASTRA

Complete Study Book

ISBN : 978-93-93326-76-8

by ROHIT VAIDWAN

Medium : Hindi

Translation by: Content Team Adhyayan Mantra

Publication No. 125

Published by

Adhyayan Mantra Publications

(68, Mall Road, Kingsway Camp, Near GTB Nagar

Metro Station, Gate No. 3, Delhi-110009)

Email: ampublicationsdelhi@gmail.com

First Edition – 2024

Thank You

Hope you are happy with your purchase !

We sincerely appreciate the trust and confidence you have in us. We will make sure we continue to put your needs first.

Every child's suggestions and feedbacks matters to us, please share your valuable feedback on Amazon

It will give a positive motivation for new editions.

You are the reason Adhyayan Mantra does what it does !

Thank you for the confidence that you've placed in us.

Rohit Vaidwan

Please give your valuable feedback on

amazon

PREFACE

CTET Hindi Brahmastra Book has been well-planned and methodically structured as an effective and focused resource. The book has a fine blend of the usual but necessary material you will find in any book for the examinations, along with some well researched and useful features that students could use to prepare for best results. An important feature of the book is that it consists of theory and relevant questions from the original CTET papers. For instance, we have provided theory & question bank that consists of all MCQs that were asked in the CTET with 1000 MCQ's with Explanation.

We must confess that bringing out such a theory & practice book where collection, verification, and assessment of the material is a huge task, has been a group effort. The team behind this effort is a gifted squad of researchers, who went through the entire process meticulously, without losing steam at any phase, and keeping in mind the timelines and all qualitative aspects of publishing a book. Despite our best efforts at the desk-level, a few errors may have unintentionally crept in the book. We request that such blemishes must not be ignored but brought forward to us, so that we may rectify these in our next editions.

Suggestions for improving the book in any way are most welcome.

For any feedback and suggestions mail us at: **ampublicationsdelhi@gmail.com**

For any doubts and queries regarding any questions and answers given in this book follow our

YOUTUBE Channel (ADHYAYAN MANTRA)
Telegram Channel:- Adhyayan Mantra

We wish all the aspirants the very best.

Publisher

विषय-सूची

हिंदी व्याकरण

MCQ's

हिन्दी शिक्षाशास्त्र

1 भाषा

भाषा का अर्थ उद्देश्य, सिद्धांत, विधियाँ

भाषा

भाषा मुख से उच्चारित होने वाली वह ध्वनि है जिसका प्रयोग मनुष्य अपने मन के विचारों का आदान-प्रदान करने के लिए करता है। यह बच्चों में दक्षता के साथ सहज अभिव्यक्ति के विकास को सुनिश्चित करता है।

भाषा एक औजार है जिसका उपयोग जिंदगी के अनुभवों को साझा करने के लिए प्रतीकों को वाचिक व्यवस्था के रूप में किया जाता है।

विचारों का आदान प्रदान भाषा के इन तीन प्रकार द्वारा होता है-

तीन प्रकार

मौखिक भाषा | लिखित भाषा | सांकेतिक भाषा

(i) **मौखिक भाषा:** बोलकर विचारों का आदान-प्रदान करना मौखिक भाषा के अन्तर्गत आता है। जिसमें सम्प्रेषण कौशल एवं पठन कौशल शामिल है।

(ii) **लिखित भाषा:** लिखकर विचारों का आदान प्रदान करना, लिखित भाषा के अन्तर्गत आता है। जिससे लेखन कौशल सम्बद्ध है।

(iii) **सांकेतिक भाषा:** किसी चिह्न विशेष या संकेत के माध्यम से विचारों का आदान प्रदान करना सांकेतिक भाषा के अन्तर्गत आता है।

भाषा की प्रकृति

- भाषा नियमबद्ध व्यवस्था होती है।
- यह एक नियम संचालित व्यवस्था है।
- भाषा अर्जित संपत्ति एवं सामाजिक वस्तु है।
- भाषा अनुकरणीय एवं परिवर्तनशील होती है।
- भाषा एक - दूसरे के सन्निध्य में फलती - फूलती है।
- एक समृद्ध भाषा कई भाषाओं के शब्दों को स्वयं में निहित रखती है।
- भाषा संज्ञानात्मक लचीलेपन एवं सामाजिक सहिष्णुता को भी जन्म देती है।
- भाषा का जितना अधिक प्रयोग किया जाएगा, उतना ही भाषा पर पकड़ मजबूत होती है।

भाषा की विशेषताएँ

- भाषा अर्जित सम्पत्ति है, पैतृक नहीं।
- भाषा सामाजिक प्रक्रिया है।
- भाषा अनुकरण जन्य प्रक्रिया है।
- भाषा परम्परागत है [व्यक्ति अर्जन कर सकता है. उत्पन्न नहीं।]
- भाषा सतत् परिवर्तनशील प्रक्रिया है।
- भाषा का कोई अन्तिम रुप नहीं।
- प्रत्येक भाषा की संरचना दूसरी भाषा से भिन्न होती है।
- भाषा कठिन से सरल की ओर होती है।
- प्रत्येक भाषा का एक मानक रुप होता है।

भाषा के विविध रुप

- **मातृभाषा:** बालक जन्म से ही अपनी माँ के मुख से जिस भाषा को सुनता है और सीखता है, वहीं उसकी मातृभाषा होती है।
- **बोली:** यह किसी भाषा की उपभाषा होती है इसमें व्याकरणिक रुप-उच्चारण, लिंग, वचन और वाक्य गठन होते है।
- **प्रादेशिक भाषा:** यह किसी प्रदेश या प्रान्त के विस्तृत भू-भाग में निवास करने वाले अधिकांश लोगों की भाषा होती है। इसका अपना साहित्य एवं लिपी होती है।

> भाषा नियमों द्वारा नियन्त्रित...........का माध्यम भर नहीं है, बल्कि यह हमारी सोच को भी निर्मित करती है।
>
> **- सम्प्रेषण**
>
> **CTET - IInd Paper (VI-VIII) Feb. 2016**

➢ **राजभाषा:** जिस भाषा का प्रयोग शासन एवं सरकार के कामकाज को सम्पादित करने के लिए किया जाता है वह राजभाषा होती है। राष्ट्रभाषा जिस भाषा को सम्पूर्ण राष्ट्र के लोग विचार विनिमय एवं सम्पर्क के माध्यम से रूप में स्वीकार करते है एवं जो पूरे राष्ट्र में बोली व समझी जाती है-राष्ट्रभाषा कहलाती है।

Note:
- हिन्दी भारत की राजभाषा है।
- भारतीय संविधान में अंग्रेजी सह राजभाषा है।
- 1963 के OLA (Official Language Act) के तहत Article 343(1) हिन्दी राजभाषा है।

भाषा और बोली में अंतर

भाषा	बोली
सामाजिक प्रकार्य में भाषा अध्यारोपित होती है।	सामाजिक प्रकार्य में बोली भाषा के अधीन होती है।
भाषा का क्षेत्रीय आधार अपेक्षाकृत अधिक विस्तृत होता है।	बोली का क्षेत्र, भाषा की तुलना में अपेक्षाकृत छोटा होता है।
भाषा का प्रयोग औपचारिक संदर्भों में होता है।	बोली का प्रयोग प्रायः अनौपचारिक संदर्भों में होता है।
भाषा, सापेक्षतया अधिक मानकीकृत होती है।	बोली में भाषा विकल्पन सापेक्षतया अधिक होती है।

मातृभाषा का महत्व

➢ मातृभाषा ही बालक के भावों एवं विचारों की अभिव्यक्ति का सहज स्वाभाविक साधन है।

➢ मातृभाषा में बालक की सर्जनाशक्ति का विकास होता है।

➢ मातृभाषा में ही भाव और विचार उत्पन्न होते है।

➢ भावात्मक विकास का सर्वोत्तम साधन मातृभाषा है।

➢ सामाजिक रचना एवं क्रिया-कलापों की दृष्टि से मातृभाषा अधिक व्यावहारिक एवं सुगम साधन है।

मातृभाषा शिक्षण के उद्देश्य

उद्देश्य
- → ज्ञानात्मक
- → कौशलात्मक एवं बोधात्मक
- → रचानात्मक एवं समीक्षात्मक
- → सृजनात्मक
- → अभिवृत्यात्मक

1. ज्ञानात्मक

➢ भौतिक तत्वों का ज्ञान प्राप्त करना।

➢ साहित्यिक विधाओं (निबन्ध, कहानी, उपन्यास, एकांकी) का ज्ञान प्राप्त करना।

➢ विषय वस्तु का ज्ञान प्राप्त करना।

➢ रचना कार्य में विभिन्न रुपों का ज्ञान प्राप्त करता।

➢ हिन्दी साहित्य के इतिहास की रुपरेखा का जान प्राप्त करना।

2. कौशलात्मक एवं बोधात्मक

➢ सुनकर अर्थग्रहण करने की दक्षता प्राप्त करना।

➢ गद्य या पद्य पढ़कर अर्थ ग्रहण करने की दक्षता प्राप्त करना।

➢ शुद्ध एवं स्पष्ट वाचन की योग्यता प्राप्त करना

➢ बोलकर तथा लिखकर अपने भायें विचारों को व्यक्त करने की योग्यता प्राप्त करना।

3. रचानात्मक एवं समीक्षात्मक

➢ साहित्य का रसास्वादन एवं सामान्य समालोचना की योग्यता प्राप्त करना।।

4. सृजनात्मक

➢ भाषा कौशलों, में मौलिकता लाना।

5. अभिवृत्यात्मक

➢ भाषा और साहित्य में रुचि लेना।

विद्यार्थियों का भाषायी विकास समग्रता से हो सके, इसके लिए सबसे उपयुक्त अनुशंसा होगी?

- भाषा प्रयोग के विविध अवसरों की

CTET - Ist Paper (I-V) Feb. 2016

भाषा शिक्षण के सूत्र

भाषाशिक्षण में प्रयुक्त किये जा सकने वाले शिक्षण सूत्र ये हैं-

- **स्थूल से सूक्ष्म की ओर:** इसे 'मूर्त से अमूर्त की ओर भी कहा जा सकता है। कोई वस्तु स्थूल रूप में दिखती है, पर उसका अर्थ सूक्ष्म होता है। गाय स्थूल है, इसे देखकर गाय का प्रत्यय (सूक्ष्म) बनाया जायेगा। शिक्षण में मॉडल, चार्ट आदि दिखाकर किसी वस्तु का वर्णन करना आसान होता है।
- **ज्ञात से अज्ञात की ओर:** यह वैज्ञानिकों द्वारा सर्वमान्य है कि बच्चे उन विषयों में बहुत रूचि लेते हैं, जो उन्हें अपने जीवन से सम्बंधित लगती है। अतः किसी विषय को बच्चों के जीवन से जोड़कर उदाहरण द्वारा सिखाने से बच्चे उसे पूर्ण रूचि और प्रतिभागिता से सीखने का प्रयास करेंगे।
- **पूर्ण से अंश की ओर :** भाषा के सन्दर्भ में यह सूत्र बहुत सटीक है। पहले वाक्य, फिर शब्द और तब वर्ण की शिक्षा दी जाये। साहित्य के सन्दर्भ में पहले पूर्ण कविता फिर उसके खंड का वाचन किया जाये।
- **सरल से कठिन की ओर:** विद्यार्थी को सरल विषय पहले पढ़ाये जायें, कठिन विषय बाद में।
- **विश्लेषण से संश्लेषण की ओर:** भाषाशिक्षण में शब्द, वाक्य, भाव, अर्थ आदि का विश्लेषण कर इन्हें छोड़ न दिया जाये अपितु इनका संश्लेषण कर एक स्पष्ट विचार बनाने की प्रेरणा छात्रों को दी जाये।
- **मनोवैज्ञानिकता से तार्किकता की ओर:** छात्रों की योग्यता और रुचि के अनुकूल विषय को पहले पढ़ाया जाये। शिक्षण सामग्री के तार्किक क्रम पर बाद में ध्यान दिया जाये।
- **विशेष से सामान्य की ओर:** विद्यार्थियों को पहले उनके अपने वातावरण से परिचित करानेके बाद उन्हें अन्तर्राष्ट्रीय ज्ञान की ओर बढ़ाना चाहिए। व्याकरण के उदाहरण पहले प्रस्तुत करें, तत्पश्चात् उनका सामान्यीकरण करें। बालकों के समक्ष पहले विशेष पदार्थों एवं क्रियाओं को प्रस्तुत करें, इसके बाद सामान्य निष्कर्ष पर पहुँचें।
- **अनिश्चित से निश्चित की ओर:** सूक्ष्म पदार्थों की ओर बढ़ा जाये। भाषा शिक्षण में अस्पष्ट शब्दार्थों से स्पष्ट एवं निश्चित तथा दृष्ट वस्तुओं के प्रति बालक का एक अनिश्चित विचार होता है। इन्हीं अनिश्चित विचारों के सहारे निश्चित विचारों की ओर बढ़ा जाये।

भाषा शिक्षण के सिद्धांत

- **स्वाभाविकता का सिद्धान्तः** भाषा मनुष्य की स्वाभाविक शक्ति है, वह स्वभावतः बोलना सीखता है और सुनकर तथा बोलकर भाषा का विकास करता है। भाषा शिक्षण में इस बोलने व सुनने के स्वाभाविक सिद्धान्त का ध्यान रखना चाहिए। छोटे बच्चों में सुनकर और बोलकर सीखने की शक्ति प्रौढों से अधिक होती है।
- **प्रयत्न का सिद्धान्तः** भाषाध्ययन प्रयत्न की अपेक्षा करता है। भाषा सीखने में सुलेख, श्रुतलेख, सस्वर वाचन, संवाद आदि कार्यों में प्रयत्न की आवश्यकता पड़ती है। भाषाध्ययन की प्रक्रिया में इसके साहित्यिक रूपों का अध्ययन भी प्रयत्न साध्य होता है। भाषा की शुद्धता के लिए भी पर्याप्त प्रयत्न करना पड़ता है।
- **लेखनकार्य के पूर्व मौखिक कार्य का सिद्धान्तः** भाषा का प्रथम चरण बोलना है, अतः इसके शिक्षण में पहले मौखिक कार्य कराना चाहिए, अर्थात् बच्चे को पढ़ना सिखाना चाहिए। इसके बाद लिखना सिखाना चाहिए। मारिया मांटेसरी इस सिद्धान्त का विरोध करती हैं, पर यह भाषा शिक्षण का अति स्वाभाविक सिद्धान्त है, यही सर्वमान्य सिद्धान्त भी है।
- **बोलने लिखने में सामंजस्य का सिद्धान्तः** छात्र पहले बोले फिर लिखे ये दोनों नितान्त जुड़ी हुई क्रियाएँ हैं। यदि इनमें सामंजस्य नहीं होगा तो भाषा में वर्तनी संबंधी भूलों की भरभार हो जायेगी। भाषा शिक्षण में यह सिद्धान्त लिपि संबंधी अज्ञान और उच्चारण की भूलें ठीक करने में तभी सहायक होगा, जब बोलने-लिखने में सामंजस्य रहेगा।
- **स्वतंत्रता का सिद्धान्तः** भाषा शिक्षण को प्रभावकारी बनाने हेतु विद्यार्थी को स्वतंत्र वातावरण प्रदान किया जाना चाहिए। दबाव या घुटन भरे वातावरण में वह भाषा नहीं सीख सकता। स्वतंत्र वातावरण में वह अपनी इच्छा से दूसरे के साथ वार्तालाप, वाद-विवाद, चर्चा आदि के माध्यम से सहज ही भाषा सीखने लगेगा। स्वतंत्र वातावरण में वह आत्म प्रकाशन भी करता है।

पाठ के अंत में अभ्यास और गतिविधियाँ देने का उद्देश्य है?

- बच्चों को अभिव्यक्ति के अवसर देना

CTET - Ist Paper (I-V) Sep. 2014

- **रुचि का सिद्धान्त:** भाषा शिक्षण अत्यन्त रुचिकर ढंग से किया जाना चाहिए। कवि सम्मेलन, अन्त्याक्षरी, रोचक व्याख्यान आदि के माध्यम से प्रभावकारी भाषा शिक्षण किया जा सकता है। ये सभी कार्यक्रम छात्रों की रुचि के अनुरूप होते हैं।
- **वैयक्तिक भिन्नता का सिद्धान्त:** विद्यार्थियों की योग्यता, रुचि, प्रवृत्ति, शारीरिक क्षमता, - संवेगात्मकता, भिन्न-भिन्न होती है। भाषा एक कौशल है। अतः छात्र का इस पर अधिकार व्यक्तिगत क्षमता के आधार पर ही सम्भव है। इसलिए भाषाशिक्षण के मध्य अध्यापक को प्रत्येक विद्यार्थी की क्षमताओं का आकलन करते हुए, उसकी भाषाई त्रुटियों का निदान करना चाहिए। अध्यापक छात्र का मित्र बनकर उनमें सुधार लाने का प्रयत्न करे। इसके लिए अध्यापक में छात्रों के प्रति सहानुभूति अनिवार्य है।
- **बालकेन्द्रिता का सिद्धान्त:** भाषा शिक्षण बालकेन्द्रित हो। बालक के स्वभाव, वातावरण तथा उसकी योग्यता को ध्यान में रखकर ही यह कार्य किया जाये। जैसे बालक के शब्द भण्डार की अभिवृद्धि करने का प्रयास करते समय उसके शरीर, घर, मौहल्ले या गाँव से संबंधित शब्दों को अवश्य समायोजित करे।
- **शैशवावस्था में भाषा की त्वरित ग्रहणशीलता का सिद्धान्त:** शैशव या बाल्यावस्था भाषा सीखने की दृष्टि से बहुत महत्वपूर्ण होती है। इस अवस्था में बालक की भाषा शक्ति बहुत सक्रिय रहती है। बाद में यह धीमी होती जाती है। पेनफील्ड (कनाडा) के अनुसार दस वर्ष की अवस्था तक बच्चों में अधिक भाषाएँ सीखने की क्षमता रहती है। अतः इस अवस्था में इन्हें कई भाषाएँ एक साथ सरलता से सिखायी जा सकती हैं।
- **क्रियाशीलता का सिद्धान्त:** कक्षा में बालक को सक्रिय बनाकर, उसे भाषा सरलता से सिखायी जा सकती है। अध्यापकों को चाहिए कि कक्षा में छात्रों को निष्क्रिय श्रोता न बने रहने दें, उन्हें भाषा का सक्रिय प्रयोगकर्ता बनायें। प्रश्नोत्तर, वार्तालाप, वाद विवाद, काव्यपाठ आदि द्वारा कक्षा में छात्र की सक्रियता बढ़ायी जानी चाहिए।
- **उद्देश्यों के चयन का सिद्धान्त:** भाषाशिक्षण के उद्देश्यों का पहले क्रम निश्चित कर लिया जाना चाहिए, क्योंकि भाषा शिक्षण के अनेक उद्देश्य होते हैं। इनमें कौन-सा उद्देश्य कब लिया जाये, किसे पहले लिया जाये और किसे बाद में इनका क्रम बना लेना चाहिए। भाषा शिक्षण के एक घण्टे में कई उद्देश्य लेकर चलने से एक भी उद्देश्य पूरा नहीं होता।
- **विषय सामग्री के विभाजन का सिद्धान्त:** उद्देश्य निश्चित कर लेने पर, विषय सामग्री को उद्देश्य के अनुसार विभाजित कर लिया जाना चाहिए। अर्थात् यथोचित पाठयोजना बनाकर शिक्षण करें।
- **अनुकरण का सिद्धान्त:** शिशु में अनुकरण की प्रवृत्ति अति प्रबल होती है। यह बाल्यावस्था में ही नहीं, किशोरावस्था भी बलवती बनी रहती है। प्रारम्भ में बालक अनुकरण के आधार पर भाषा सीखता है। वर्णों का उच्चारण, शब्दों का प्रयोग, वाक्य प्रयोग, सब कुछ बालक अनुकरण के आधार पर करता है। शिक्षक जिस रूप में भाषा पढ़ायेगा, छात्र वैसा ही अनुकरण करेगा। वर्तमान में शिक्षक का भाषा ज्ञान ही सन्देह के घेरे में है। शिक्षक द्वारा पढ़ाये गये छात्रों का लचर भाषाज्ञान इसी का परिणाम है। अतः भाषाशिक्षकों को पर्याप्त सतर्क रहना चाहिए।
- **अभ्यास का सिद्धान्त:** अभ्यास सीखने का सर्वाधिक प्रभावकारी नियम है। थार्नडाइक इसे सीखने के महत्वपूर्ण नियम के रूप में मान्यता देते हैं। भाषा एक कौशल है, इसका विकास सतत अभ्यास पर टिका है। चाहे आप कितनी ही भाषाएँ सीख लें, परन्तु अभ्यास के अभाव में आप इनका ज्ञान बचाए नहीं रख सकते। कितने लोग अंग्रेजी अच्छी तरह लिख लेते हैं, पर बोल नहीं सकते, क्योंकि बोलने का अभ्यास नहीं किया। लगातार अभ्यास द्वारा कोई भी भाषा सीखी जा सकती है। भाषा शिक्षण में तो पग-पग पर अभ्यास का महत्व है।
- **स्वयं संशोधन का सिद्धान्त:** छात्र यदि भाषाई भूलें करता है तो वह उसका संशोधन भी स्वयं ही करता है। भाषा की ध्वनियों का गलत उच्चारण करने पर जब वह अपने सहयोगियों के उपहास का पात्र बनता है तो स्वयं अपने दोष का परिमार्जन करने की चेष्टा करता है। स्वयं संशोधन की शक्ति बालक को भाषा सीखने में पर्याप्त सहायता देती है। इसके अभाव में छात्र की भाषा सीखने की शक्ति क्षीण हो जाती है।
- **बहुमुखी प्रयास का सिद्धान्त:** भाषाशिक्षण में सामूहिक प्रयास का बहुत बड़ा महत्व है। भाषा के अतिरिक्त छात्र कई विषय पढ़ता है। भाषा अध्यापक से शुद्ध भाषा प्रयोग समझते हैं। अतः भाषाशिक्षण एक सामूहिक प्रयास है। विद्यालय के सभी

'बच्चे भाषा सीखने की क्षमता के साथ पैदा होते हैं।' यह विचार हैं?

- नॉओम चॉम्सकी

CTET - IInd Paper (VI-VIII) June 2011

विषयों के अध्यापन में शुद्ध भाषा प्रयोग के सामूहिक प्रयास किये जाने चाहिए।

भाषा शिक्षा के विधियाँ

- **निगमन विधि:** नियम से शुरू हो कर उदारण की ओर जाती है। इस विधि में शिक्षक अपनी भाषा में विद्यार्थियों को नियम या परिभाषा बता कर उनके सिद्धांत एवं परिभाषा को स्पष्ट करता है। इस विधि में परिभाषाओं को रटने पर ध्यान दिया जाता है।
- **आगमन विधि:** यह एक मनोवैज्ञानिक विधि है जिसमें विशिष्ट अनुभवों और उदाहरणों के माध्यम से सामान्य नियमों का निर्माण किया जाता है। इसके द्वारा बच्चे सरल संप्रत्ययो के सहायता से नवीन ज्ञान का संचार करते हैं।
- **संश्लेषण विधि:** संश्लेषण का अर्थ है उस वस्तु को जिसको छोटे - छोटे टुकड़ों में विभाजित कर देना तथा, उसे पुन: एकत्रित कर देना है। इस विधि में किसी समस्या का हल एकत्रित करने के लिए उस समस्या से संबंधित पूर्व ज्ञात सूचनाओं को एक साथ मिलाकर समस्या को हल करने का प्रयत्न किया जाता है।
- **अनुकरण विधि:** अनुकरण विधि भाषा शिक्षण की एक ऐसी विधि है जिसके तहत शिक्षक द्वारा किसी शैक्षिक गतिविधि के उपरांत बच्चों द्वारा उन्हें दोहराया जाता है।

  भाषा के दो पक्ष होते हैं- संरचनात्मक पक्ष तथा प्रकार्यात्मक पक्ष

  (i) **संरचनात्मक पक्ष-** संरचनात्मक पक्ष भाषा संरचना तथा व्याकरण नियम, व्यवस्था से संबंधित होता है।

  (ii) **प्रकार्यात्मक पक्ष:** प्रकार्यात्मक पक्ष सीखने की प्रक्रिया में वातावरण की महत्ता तथा करके सीखने पर बल देता है।
- **प्रदर्शन विधि:** प्रदर्शन शब्द का अर्थ डेमो देना या किसी विशेष गतिविधि या संप्रत्यय को प्रस्तुत करना है। प्रदर्शन विधि में, शिक्षण-अधिगम की प्रक्रिया को व्यवस्थित तरीके से संचालित किया जाता है। प्रदर्शन प्राय: तब होता है जब विद्यार्थी सिद्धांतों को वास्तविक परिदृश्य से नही जोड़ पाते हैं अथवा जब छात्र सिद्धांतों के अनुप्रयोगों को समझने में असमर्थ होते हैं।
- **विश्लेषण विधि:** इस विधि में समस्या को हल करने के लिए उसे टुकड़ों में बांटना, इकट्ठी की गई वस्तु के भागों को अलग - अलग करके उनका परीक्षण किया जाना विश्लेषण विधि कहलाता है।
- **सम्प्रेषणात्मक विधि:** यह विधि सामाजिक रूप से स्वीकार्य और प्रासंगिक रूप से उपयुक्त भाषा के उपयोग पर केंद्रित है। यह बातचीत और व्यावहारिक संचार कौशल पर जोर देता है।
- **प्रत्यक्ष विधि:** इस विधि में व्याकरण को आगमनात्मक रूप से पढ़ाया जाता है। स्पष्ट निर्देश के बजाय संदर्भ में भाषा के उपयोग के माध्यम से व्याकरण सिखाने पर ध्यान केंद्रित किया गया है।
- **व्याकरण अनुवाद:** इस पद्धति में लिखित साहित्यिक ग्रंथों का अध्ययन शामिल है और अनुवाद और स्पष्ट व्याकरण निर्देश पर जोर दिया जाता है।
- **वैस्ट की नवीन विधि:** यह विधि भाषा सीखने के एक प्रमुख घटक के रूप में मौन पढ़ने पर जोर देती है, जिसका लक्ष्य व्यापक पढ़ने के माध्यम से पढ़ने के कौशल में सुधार करना है।
- **प्राकृतिक विधि:** प्राकृतिक विधि किसी भाषा को उसी तरह से सीखने पर जोर देती है जैसे एक बच्चा अपनी पहली भाषा सीखता है, अक्सर शुरुआत में मातृभाषा के कुछ उपयोग की अनुमति देता है।
- **द्विभाषी विधि:** द्विभाषी विधि में लक्ष्य भाषा और मातृभाषा दोनों का उपयोग शामिल है, जिससे दोनों भाषाओं में स्पष्टीकरण और निर्देश दिए जा सकते हैं।
- **श्रव्य भाषिक विधि:** लक्ष्य भाषा में दोहराव और अभ्यास पर केंद्रित है, लेकिन स्पष्टीकरण के लिए मातृभाषा के कुछ उपयोग की अनुमति दे सकती है, हालांकि मातृभाषा को स्थान न देने में यह प्रत्यक्ष विधि जितनी सख्त नहीं है।
- **प्रवचन विधि:** इस विधि में शिक्षक किसी विशेष विषय संबंधी तथ्यों की व्याख्या बच्चों के सामने करता है और फिर बच्चे उन्हें सुन कर अपने योग्यतानुसार रचना कार्य करते हैं।
- **निर्देशन विधि:** इस विधि में शिक्षक किसी विशेष विषय संबंधी निर्देश बच्चों को देकर विषय की जटिलता को कम करता है और बच्चे उन निर्देशों के आधार पर रचना कार्य करते हैं।
- **प्रश्नोत्तर विधि:** इस विधि में शिक्षक विषय संबंधी प्रश्न क्रमबद्ध रूप से बच्चों से करता है और बच्चे उस विषय पर उन प्रश्न-उत्तर के माध्यम से पहले मौखिक और फिर लिखित रचना कार्य करते हैं।

"भाषा और चिन्तन में सम्बन्ध होता है।" यह कथन?

- पूर्णत: सही है

CTET - IInd Paper (VI-VIII) Sep. 2014

अपना परीक्षण करें

1. **भाषा ________ है।**

CTET 20th Dec 2021

(a) संरचनाओं की व्यवस्था
(b) संप्रेषण की व्यवस्था
(c) नियम संचालित व्यवस्था
(d) एक वैज्ञानिक व्यवस्था

2. **भाषा के बारे में कौन-सा सही है?**

CTET 4th Jan 2022

(a) एक बोली में अनेक भाषाएँ होती हैं।
(b) भाषा के लिए लिपि का होना अनिवार्य है, तभी वह भाषा कहलाएगी।
(c) भाषा के लिए एक क्षेत्र विशेष का होना जरूरी है।
(d) एक भाषा में कई बोलियाँ होती हैं।

3. **निम्नलिखित में से कौन-सा भाषा शिक्षण के सिद्धान्त के रूप में नहीं लिया जा सकता?**

CTET 8th Jan 2022

(a) चयन तथा श्रेणियों में बाँटना।
(b) विशिष्ट रूप से पठन कौशल पर बल देना।
(c) एकीकृत तरीके से शिक्षण करना।
(d) अधिक से अधिक अवसर देना।

4. **भाषा संबंधी मूल्यांकन में:**

CTET 11th Jan 2022

(a) पाठ्यक्रम विशेष की भाषा का ही मूल्यांकन करना चाहिए।
(b) बच्चों की भाषा-प्रयोग संबंधी क्षमता का मूल्यांकन करना चाहिए।
(c) बच्चों के भाषिक नियम संबंधी ज्ञान का मूल्यांकन करना चाहिए।
(d) पाठ्यक्रम विशेष की उपलब्धि समझी जानी चाहिए।

5. **भारतीय संविधान में हिन्दी भाषा को क्या दर्जा दिया गया है?**

CTET 23rd Dec 2021

(a) राष्ट्र भाषा (b) राज-भाषा
(c) सह राज-भाषा (d) शास्त्रीय- भाषा

6. **बोली के संबंध में कथन (A) और (B) पर विचार करें।**
कथन (A): किसी देश के एक हिस्से में बोली जाने वाली विविध भाषाओं में से एक प्रकार जो क्षेत्रीय बोली के रूप में जानी जाती है।
कथन (B): एक समान शैक्षिक पृष्ठभूमि वाले लोगों द्वारा विविध प्रकार की उपयोग की जाने वाली भाषा में से एक प्रकार की बोली के रूप में जानी जाती है।

CTET 1st Jan 2022

(a) (A) सही है, (B) गलत है।
(b) (A) गलत है, (B) सही है।
(c) (A) और (B) दोनों सही हैं।
(d) (A) और (B) दोनों गलत हैं।

7. **निम्नलिखित में से कौन-सा बोली के विषय में सही नहीं है?**

CTET 11th Jan 2022

(a) बोली एक क्षेत्र की भाषा विशेषता है।
(b) बोली एक सामाजिक या एक व्यासायिक समूह की भाषा विशेषता है।
(c) बोली कोई नई भाषा नहीं है, वह उसी भाषा का हिस्सा है।
(d) बोली उसी भाषा परिवार की एक नई भाषा है।

8. **क्षेत्रीय बोली है ________**

CTET 12th Jan 2022

(a) क्षेत्र की भाषा की वाक् विशेषताएँ
(b) देश अथवा राज्य की भाषा
(c) क्षेत्र की लिपि के साथ भाषा
(d) क्षेत्र की लिखित भाषा तथा साहित्य

9. **'मातृभाषा में ही बच्चे का मस्तिष्क सबसे पहले क्रियाशील होता है।' यह कथन -**

CTET 21st Dec 2021

एक बहुसांस्कृतिक पृष्ठभूमि वाली कक्षा में भाषा सीखने के बारे में विचार उचित है?

- भाषा परिवेश का निर्माण किया जाए ताकि भाषा-अर्जन की सहज स्थिति बन सके।

CTET - IInd Paper (VI-VIII) June 2011

(a) पूर्णतः सत्य है।
(b) पूर्णतः सत्य नहीं है।
(c) आंशिक रूप से सत्य है।
(d) पूर्णतः असत्य है।

10. मातृभाषा आधारित बहुभाषावाद क्या है?

CTET 5th Jan 2022

(a) किसी की विद्यालयी शिक्षा मातृभाषा में आरंभ करना और बाद में अनेक भाषाओं को जोड़ते जाना।
(b) किसी की विद्यालयी शिक्षा मातृभाषा में आरंभ करना और बाद में अंग्रेजी को माध्यम के रूप में लेना।
(c) माध्यम के रूप में मातृभाषा में सीखना और अंग्रेजी को एक भाषा के रूप में सीखना।
(d) विद्यालयी शिक्षा के प्राथमिक वर्षों के दौरान जहाँ तक संभव हो सके अधिक से अधिक भाषाएँ सीखना।

11. भाषा-शिक्षण की प्रक्रिया

CTET Nov 2012

(a) भाषा की कक्षा में ही संभव है
(b) घर में संभव नहीं है
(c) विभिन्न विषयों की कक्षाओं में भी संभव है
(d) अत्यंत जटिल प्रक्रिया है

12. बच्चों की भाषा इस बात के लिए पर्याप्त संकेत देती है कि-

CTET 21st Dec 2021

(a) वे अपनी भाषा नहीं जानते
(b) वे अपनी भाषा का व्याकरण जानते हैं
(c) वे अपनी भाषा का व्याकरण नहीं जानते
(d) वे अपनी भाषा का साहित्य जानते हैं

13. भाषा लोग हैं। भाषा से व्यक्ति संपर्क बनाते हैं। भाषा से व्यक्ति प्रतिक्रिया देते हैं।' यह विचार क्या प्रदर्शित करता है?

CTET 5th Jan 2022

(a) अंत: क्रियात्मक विचार
(b) संज्ञानात्मक विचार
(c) विधा विचार
(d) व्यवहारात्मक विचार

14. प्रत्येक भाषा की अद्वितीय ध्वनि, संरचना तथा शब्दावली होती है भाषा की यह विशेषता क्या प्रदर्शित करती है?

CTET 8th Jan 2022

(a) भाषा यादृच्छिक है।
(b) भाषा एक कौशल है।
(c) भाषा एक व्यवस्था है।
(d) भाषा प्रजाति विशेष है।

15. भाषा का अस्तित्व एवं विकास ______ के बाहर नहीं हो सकता।

CTET Feb 2016

(a) साहित्य (b) समाज
(c) विद्यालय (d) परिवार

16. हम भाषा के माध्यम से ______ और ______ भी करते हैं।

CTET Jan 2021

(a) अनुभव, महसूस (b) चिंतन, विचरण
(c) सोचते, महसूस (d) सोचते, विचार

17. हिन्दी भाषा शिक्षक के रूप में आप किसे सबसे अधिक महत्त्वपूर्ण मानते हैं?

CTET Dec 2018

(a) बच्चों की लेखन-क्षमता का विकास करना
(b) बच्चों की मौखिक अभिव्यक्ति की क्षमता का विकास करना
(c) बच्चों को व्याकरण के नियम सिखाना
(d) बच्चों को विभिन्न सन्दर्भों में भाषा-प्रयोग सिखाना

18. निम्नलिखित में से कौन-सा भारत में हिंदी भाषा के संबंध में सत्य है?

(1) यह भारत की राष्ट्रभाषा है
(2) यह शिक्षा में समान द्वितीय भाषा है।
(3) यह भारत की राजभाषा है।
(4) यह भारत की सह राजभाषा है।

CTET 11th Jan 2022

(a) 1 (b) 2
(c) 3 (d) 4

कक्षा 'एक' के बच्चे किसकी बोलचाल की भाषा के अनुभवों को लेकर ही विद्यालय आते हैं?

- घर-परिवार, परिवेश

CTET - Ist Paper (I-V) Feb. 2014

19. भाषा-शिक्षण की किस विधि में लक्ष्य भाषा सिखाते समय मातृभाषा का प्रयोग नहीं किया जाता?

CTET Feb 2014

(a) व्याकरण विधि (b) अनुवाद विधि
(c) प्रत्यक्ष विधि (d) अप्रत्यक्ष विधि

20. विद्यार्थियों द्वारा कक्षा में मातृ-भाषा के इस्तेमाल के संदर्भ में कौन सा कथन सही है?

CTET 28th Dec 2021

(a) स्कूल को सारी कक्षाओं में केवल एक मानक भाषा का इस्तेमाल निर्धारित करना चाहिए।
(b) स्कूल को सभी विद्यार्थियों की भाषाओं का सम्मान करने की संस्कृति अपनानी चाहिए।
(c) स्कूल को सभी स्तर पर अंग्रेजी को निर्देशन की भाषा निर्धारित करना चाहिए।
(d) विद्यार्थियों को अपनी मातृभाषा में अभिव्यक्ति से हतोत्साहित करने के लिए स्कूल को जुर्माना लेना चाहिए।

ANSWER KEY

1.	C	2.	D	3.	B	4.	B	5.	B	6.	A	7.	D
8.	A	9.	A	10.	A	11.	C	12.	B	13.	A	14.	C
15.	B	16.	C	17.	D	18.	C	19.	C	20.	B		

कौन-सा लेखन उपागम शिक्षार्थियों को लेखन सिखाने के लिए विभिन्न स्तरों से गुजरने का अवसर प्रदान करता है?

- प्रक्रिया उपागम

CTET 11 Jan 2022

सारांश नोट्स

भाषा

प्रकार
- मौखिक
- लिखित
- सांकेतिक

प्रकृति
- नियमबद्ध व्यवस्था
- नियम संचालित व्यवस्था
- अर्जित संपत्ति
- परिवर्तनशील

सूत्र
- स्थूल से सूक्ष्म की ओर
- ज्ञात से अज्ञात की ओर
- पूर्ण से अंश की ओर
- सरल से कठिन की ओर
- विश्लेषण से संश्लेषण की ओर
- मनोवैज्ञानिकता से तार्किकता की ओर
- विशेष से सामान्य की ओर
- अनिश्चित से निश्चित की ओर

सिद्धांत
- स्वाभाविकता का सिद्धान्त
- प्रयत्न का सिद्धान्त
- लेखनकार्य के पूर्व मौखिक कार्य का सिद्धान्त
- बोलने लिखने में सामंजस्य का सिद्धान्त
- स्वतंत्रता का सिद्धान्त
- रुचि का सिद्धान्त
- वैयक्तिक भिन्नता का सिद्धान्त
- बालकेन्द्रिता का सिद्धान्त
- शैशवावस्था में भाषा की त्वरित ग्रहणशीलता का सिद्धान्त
- क्रियाशीलता का सिद्धान्त
- उद्देश्यों के चयन का सिद्धान्त
- विषय सामग्री के विभाजन का सिद्धान्त
- अनुकरण का सिद्धान्त
- अभ्यास का सिद्धान्त
- स्वयं संशोधन का सिद्धान्त
- बहुमुखी प्रयास का सिद्धान्त

विधियाँ
- निगमन विधि
- संश्लेषण विधि
- प्रदर्शन विधि
- सम्प्रेषणात्मक विधि
- व्याकरण अनुवाद
- प्राकृतिक विधि
- श्रव्य भाषिक विधि
- निर्देशन विधि
- आगमन विधि
- अनुकरण विधि
- विश्लेषण विधि
- प्रत्यक्ष विधि
- वैस्ट की नवीन विधि
- द्विभाषी विधि
- प्रवचन विधि
- प्रश्नोत्तर विधि

नासिरा पढ़ते समय अनेक बार अटकती है। उसे पढ़ने में कठिनाई होती है। उसकी समस्या मुख्यतः से सम्बन्धित है?

डिस्लेक्सिया

CTET - Ist Paper (I-V) Feb. 2014

इतनी पुस्तक पढ़ने के बाद मेरी समझ...

'अपनत्व' में मूल शब्द है-

- अपना

CTET भाषा 16 Jan 2022

2 भाषा अधिगम और अर्जन

भाषा विकास की अवस्था, परिभाषा और इसके प्रकार

एक विद्यार्थी द्वारा दो तरह से भाषा सीखी जा सकती है-

भाषा
- भाषा अर्जन
- भाषा अधिगम

- **भाषा अर्जन:** इस प्रक्रिया में बालक सुनकर, बोलकर, भाषा ग्रहण करता है तथा निरंतर परिमार्जन करता रहता है। भाषा सीखने की प्रक्रिया में भाषा अर्जन की प्रक्रिया महत्त्वपूर्ण होती है। अर्जन में सामान्यतः अनुकरण की प्रवत्ति दिखाई देती है।
- **भाषा अधिगम:** अधिगम शब्द दो शब्द के मेल से बना है 'अधि' तथा 'गम'। यहाँ 'अधि' का अर्थ है 'भली प्रकार' तथा 'गम' का अर्थ है 'जानना'। अर्थात किसी बात या विषय के समीप अच्छी तरह जाना और उसकी भली भांति जानकारी प्राप्त करना।

भाषा-अर्जन

- भाषा अर्जन की प्रक्रिया एक सहज, स्वाभाविक, और अनौपचारिक प्रक्रिया है।
- वह अपने तात्कालिक और सांस्कृतिक परिवेश में बोले जाने वाली ध्वनियाँ तथा शब्दों एवं वाक्यों को ग्रहण करता है, और बोलने का प्रयत्न करता है।
- भाषा-अर्जन एक अवचेतन प्रक्रिया है, सभी बच्चों में भाषा-अर्जन की स्वाभाविक क्षमता होती है।
- इसमें बालक के सीखने की प्रक्रिया व्याकरणीय नियमों से पूर्णतः अनभिज्ञ रहती है।
- बालक वातावरण और लोगों के बीच अन्तःक्रिया से भाषा अर्जित करता है।
- अतः भाषा-अर्जन को सहज बनाने के लिए समृद्ध भाषिक परिवेश होना चाहिए।
- बालक भाषा-अर्जन में सक्रिय भूमिका निभाते हुए नियमों को आत्मसात् करते हैं।

भाषा-अधिगम

- भाषा अधिगम प्रयासपूर्ण होता है। यह मुख्य रूप से औपचारिक शिक्षण होता है।
- यह एक चेतन प्रक्रिया है।
- इसमें पाठ्यपुस्तक तथा नियमों का पालन करना पड़ता है तथा आवश्यकतानुसार भाषाओं का अनुवाद होता है।
- भाषा व्याकरणीय नियमों द्वारा सीखायी जाती है।
- यह मुख्य रूप से द्वितीय भाषा शिक्षण से सम्बन्धित होती है। इसे सीखने के लिए औपचारिक संस्थान (विद्यालय) की आवश्यकता होती है।
- भाषा सीखाने में भिन्न-भिन्न शिक्षण विधियों का प्रयोग किया जाता है।

भाषा अर्जन तथा भाषा अधिगम में अंतर

भाषा आधिग्रहण (अर्जन)	भाषा अधिगम
सहज और स्वभाविक	प्रयासपूर्ण / अभ्यास
प्राकृतिक/नैसर्गिक (जन्मजात)/ अनौपचारिक	अप्राकृतिक /औपचारिक
नियमों पर आधारित नहीं होती।	यह नियमों पर आधारित होता है।

भाषा सीखने का व्यवहारवादी दृष्टिकोण ...... पर बल देता है?

- अनुकरण

CTET - Ist Paper (I-V) Feb. 2014

मातृभाषा /बच्चे के वातावरण की भाषा	अन्य भाषाओं पर भी लागू
मौखिक कौशल	लिखित कौशल
अनुकरण, पुनरावृति, अर्जन पर बल	प्रयास/अभ्यास/करके सीखने पर बल
अनुवाद का सहारा नहीं लिया जाता है।	अनुवाद का सहारा लिया जाता है।
प्रत्यक्ष रूप से भाषा सिखायी जाती है।	अप्रत्यक्ष रूप से भाषा सिखाई जाती है।

भाषा अर्जन की विधियाँ

- **अनुकरण:** बालक जब भी भाषा के नए नियम या व्याकरण के नियम सुनता है, वह उसे बिना अर्थ जाने दोहराता है। इसके द्वारा वह इन नियमों को आत्मसात कर अपने भाषा प्रयोग में लाने लगता है।
- **अभ्यास:** भाषा के नए नियमों और रूपों का विद्यार्थी बार-बार अभ्यास करते हैं, जिससे नियम उनके भाषा प्रयोग में शामिल हो जाते हैं।
- **पुनरावृत्ति:** बालक भाषा के जिन नियमों या रूपों को बार-बार सुनता है, वही नियम उसे याद हो जाते हैं और वह उसे अपने व्यवहार में लाने लगता है।
- **सहजता:** बालक अपने जन्म के कुछ महीनों तक केवल कुछ ध्वनियों का अधिक प्रयोग करता है ये ध्वनियाँ कोई वर्ण या अक्षर न होकर उसके मुख से निकलने वाली विभिन्न प्रकार की ध्वनियाँ है। सकती है परन्तु जब वह अपने आस-पास रहने वाले लोगों के मुख से विभिन्न ध्वनियाँ (अक्षर/शब्दों) को सुनता है तो वह धीरे धीरे उनको समझने लगता है

भाषा-अर्जन को प्रभावित करने वाले कारक

- **परिवेश:** बालक अपने परिवारजनों के द्वारा प्रयोग में लायी जाने वाली भाषा का अनुकरण कर अपनी पहली भाषा सीखता है। यह भाषा उसकी अभिव्यक्ति का पहला साधन होती है जो उसे अपने परिवेश द्वारा प्राप्त होती है। यदि परिवेश में भाषा का उच्चारण गलत होता है तो बालक भी गलत उचचारण सीखता है।
- **सीखने की इच्छाशक्ति:** बालक को भाषा तब तक नही सिखाई जा सकती जब तक उसकी भाषा सीखने की इच्छा न हो। अतः द्वितीया भाषा को सीखने के लिए उसके अंदर नयी भाषा के प्रति इच्छाशक्ति होना आवश्यक है।
- **सिखाई जाने वाली भाषा का छात्र के जीवन से सम्बन्ध**: मनोवैज्ञानिक के अनुसार, बालक उन विषय वस्तु को जल्दी सीख और समझ लेता है जिसका समबंध उसके दैनिक जीवन से होता है।
- **छात्र की मानसिक तथा शारीरिक स्थिति:** जिस बालक के स्वर तंत्र का विकास भलीभाँति होता है और अंगो मे परिपक्वता होती है वह भाषा पर नियंत्रण प्राप्त करता है।
- **शब्द-भंडार का विकास:** बालक के भाषा विकास मे शब्द-भंडार बहुत ही महत्वपूर्ण भूमिका निभाता है। वर्णों से शब्दों तथा शब्दों से वाक्य बनते है। वाक्यों से भाषा का निर्माण होता है। जिसके माध्यम से व्यक्ति अपने भावों तथा विचारों को प्रकट करता है।

भाषा के घटक

घटक	विशेषताएं
स्वनिम	➢ यह बोली जाने वाली भाषा की सबसे छोटी या बुनियादी इकाई है। ➢ ध्वनि की सबसे छोटी इकाई जो उच्चारण और अर्थ में अंतर करती है। ➢ शब्द "pen" में तीन स्वर हैं। 'p,' 'e' और, 'n' ।
वाक्य विन्यास	➢ ये व्याकरणिक नियम हैं जो बताते हैं कि सार्थक वाक्य बनाने के लिए विभिन्न शब्दों को कैसे जोड़ा जा सकता है।
अर्थ विज्ञान	➢ यह नियमों के संग्रह को संदर्भित करता है जिसके द्वारा हम शब्दों और वाक्यों के अर्थ को समझते हैं। ➢ उदाहरण के लिए, शब्द के अंत में "ed" जोड़ना भूतकाल को दर्शाता है।

भाषा अर्जित करने की प्रक्रिया में महत्व सर्वाधिक है?

- समाज का

CTET - Ist Paper (I-V) Sep. 2014

रूपिम	➢ रूपिम अर्थ की सबसे छोटी इकाई है। ➢ स्वनिम को रूपिम बनाने के लिए संयोजित किया जाता है, जैसे "remake" शब्द में दो शब्द "re" और "make" होते हैं।
तथ्यात्मक	➢ सामाजिक नियम भाषा से संबंधित होते हैं। व्यावहारिकता से तात्पर्य भाषा के सामाजिक नियमों से है। ➢ जैसा कि भाषा बातचीत का एक सामाजिक उपकरण है, इसके कुछ अंतर्निहित नियम हैं जैसे कि श्रोता के रूप में कैसे व्यवहार किया जाए।

भाषा का विकास सिद्धांत

1. जीन पियाजे के अनुसार:-

➢ पियाजे के अनुसार बच्चे के समग्र बौद्धिक विकास के लिए भाषा सबसे महत्वपूर्ण पहलु है। उन्होंने स्पष्ट कहा की पहले बच्चा सरल प्रत्ययों के माध्यम से सीखता है परन्तु जैसे जैसे बच्चा बड़ा होता है कठिन से कठिन प्रत्ययों को ग्रहण करने लगता है और उसके लिए उपयुक्त वातावरण की आवश्यकता होती है।

2. वाइगोत्सकी के अनुसार:-

➢ वाइगोत्सकी ने भाषा और सोच के बीच के संबंध का अध्ययन किया। उनके अनुसार, भाषा विचारों और सोच की प्रगति को बढ़ाती है और सोच को व्यक्त करने में मदद करती है। भाषा का विकास एक प्रगतिशील प्रक्रिया है जो विचारों को एक साझा साधन के रूप में उपयोगी बनाती है।

➢ वाइगोत्सकी भाषा के सामाजिक अर्थात् सामाजिक अंतः क्रिया स्वरूप पर बल देते हैं।

3. चौम्सकी के अनुसार:-

➢ आधुनिक भाषा विज्ञान के जनक के रूप में जाने जाने वाले नोम चॉम्स्की ने भाषाविज्ञान के क्षेत्र में महत्वपूर्ण योगदान दिया है।

➢ चॉम्स्की के अनुसार - भाषा प्राप्त करने की एक सहज क्षमता हमारे विशिष्ट मानव जैविक विरासत का परिणाम है, जिसे "भाषा अधिग्रहण उपकरण" (LAD) कहा जाता है।

➢ सैद्धान्तिक रूप से LAD मस्तिष्क का एक क्षेत्र है, जिसमें सभी भाषाओं के लिए सार्वभौमिक वाक्य विन्यास नियम है।

➢ यह उपकरण सीखी शब्दावली का उपयोग करके उपन्यास वाक्य बनाने की क्षमता वाले बालकों को प्रदान करता है।

नोम चॉम्स्की द्वारा दी गई अन्य महत्वपूर्ण अवधारणाएँ:

➢ **सहज क्षमता:** वह दृढ़ता से मानते है कि व्याकरण के जन्मजात ज्ञान के साथ पैदा हुए बच्चे जो सभी भाषा अधिग्रहण के लिए आधार के रूप में कार्य करते हैं।

➢ **उत्पादक व्याकरण:** चॉम्स्की के अनुसार यह वाक्यों को उत्पन्न करने के लिए नियमों के एक सीमित सेट को संदर्भित करता है और इसका उपयोग उस भाषा में अधिक वाक्यों का उत्पादन करने के लिए किया जा सकता है।

➢ **सार्वभौमिक व्याकरण:** चॉम्स्की के सार्वभौमिक व्याकरण से पता चलता है कि सभी बच्चों में व्याकरण प्राप्त करने, समझने और विकसित करने की एक जन्मजात क्षमता होती है।

4. स्टीफ़न क्रैशन:-

➢ स्टीफ़न क्रैशन भाषा विज्ञान के एक विशेषज्ञ हैं और भाषा अधिग्रहण और विकास के सिद्धांतों में उनकी विशेषज्ञता है. उनके भाषा अधिग्रहण सिद्धांत के बारे में कुछ बातेंः

भाषा अर्जित करने में वाइगोत्स्की ने किस पर सबसे अधिक बल दिया है?

- समाज में होने वाले भाषा-प्रयोगों पर

CTET - Ist Paper (I-V) Sep. 2014

- क्रैशन के मुताबिक, भाषा सीखने वाले को भाषा इनपुट उनके स्तर पर और फिर उससे थोड़ा आगे मिलना चाहिए. इसे **(i + 1)** सूत्र के ज़रिए समझाया जा सकता है. यहां (i) शिक्षार्थी की अंतर-भाषा है और (1+) भाषा अधिग्रहण का अगला चरण है।

स्टीफ़न क्रैशन ने भाषा के 5 चरण दिए:

- **अधिग्रहण सीखने की परिकल्पना:** क्रैशन के अनुसार, दूसरी भाषा सीखने वालों के लिए दूसरी भाषा का ज्ञान विकसित करने के दो तरीके हैं: 'अधिग्रहण' और 'सीखना'।
- **मॉनिटर परिकल्पना:** क्रैशन का तर्क है कि अधिग्रहीत प्रणाली वक्ता के उच्चारण को आरंभ करने का कार्य करती है और शुद्धता के बारे में प्रवाह और सहज निर्णय के लिए जिम्मेदार है।
- **प्राकृतिक व्यवस्था परिकल्पना:** यह सुझाव देता है कि बच्चे अपनी पहली भाषा एक पूर्वानुमानित क्रम में सीखते हैं और बच्चों की उम्र, जानबूझकर पढ़ाया जाना आदि अधिग्रहण के प्राकृतिक क्रम को प्रभावित नहीं करते हैं।
- **इनपुट परिकल्पना:** यह किसी भाषा के संपर्क में आने वाले विद्यार्थी और भाषा अर्जन के बीच संबंध को दर्शाता है। यह शिक्षार्थियों को कुशलतापूर्वक संवाद करने में सक्षम बनाकर भाषा सीखने में मदद करता है। यह समझने योग्य इनपुट को शिक्षार्थी के वर्तमान स्तर से थोड़ा ऊपर रखने पर जोर देता है।
- **प्रभावशाली फ़िल्टर परिकल्पना:** 'प्रभाव' का तात्पर्य उद्देश्यों, आवश्यकताओं, दृष्टिकोण और भावनात्मक स्थिति जैसी चीजों से है। एक शिक्षार्थी जो तनावग्रस्त, क्रोधित, चिंतित या ऊब गया है, वह इनपुट को फ़िल्टर कर सकता है, जिससे वह अधिग्रहण के लिए अनुपलब्ध हो जाएगा।

अपना परीक्षण करें

1. भाषा सीखने और भाषा अर्जित करे में अंतर का मुख्य आधार है

CTET Jan 2021

(a) भाषा का परिवेश (b) भाषा की प्रकृति
(c) भाषा की जटिलता (d) भाषा का सौदर्य

2. भाषा अर्जन होता है जब _______

CTET 20th Dec 2021

(a) बच्चे को व्याकरण के नियम पढ़ाए जाते हैं।
(b) बच्चे को पुरस्कार या दंड दिया जाता है।
(c) बच्चे को भाषा के अवसर मिलते हैं।
(d) बच्चा बिना सचेतन ध्यान के भाषा ग्रहण करता है।

3. भाषा सीखने और भाषा अर्जित करने में मुख्य अंतर का आधार नहीं है-

CTET July 2019

(a) स्वाभाविकता (b) सहजता
(c) व्याकरण (d) भाषाई परिवेश

4. भाषा अर्जन से तात्पर्य है:

CTET May 2016

(a) किसी भी भाषा की लिपि की जानकारी।
(b) किसी भी भाषा की वर्णमाला की जानकारी।
(c) परिवेश में मौजूद किसी भाषा को सहजता से ग्रहण करने की क्षमता।
(d) किसी भी भाषा के व्याकरण की समझ।

5. परिवेश में मौजूद किसी भाषा को सहजता से ग्रहण करने की क्षमता।

स्टीफेन क्रेशन के अनुसार, कौन-सी अचेतन प्रक्रिया है?

CTET 4th Jan 2022

प्राथमिक स्तर पर विद्यार्थियों के भाषा-शिक्षण के सन्दर्भ में है?

- बच्चे भाषा की समृद्ध संरचनाओं का ज्ञान विद्यालय में ही अर्जित करते हैं

CTET - Ist Paper (I-V) Feb. 2016

(a) सीखना (b) अर्जन
(c) सुनना (d) संप्रेषण

6. भाषा विकास पर पियाजे का सिद्धांत बताता है कि भाषा ______ के माध्यम से सीखी जाती है।

CTET 31st Dec 2021

(a) सम्बन्ध जोड़ने तथा समायोजन
(b) समाज के साथ अंतःक्रिया
(c) प्रयास एवं त्रुटि
(d) बालक के मस्तिष्क में सार्वभौमिक व्याकरण

7. भाषा अधिगम के लिए पहले से क्या होना आवश्यक है?

CTET 1st Jan 2022

(a) एक अच्छी पाठ्यपुस्तक
(b) प्रोत्साहन
(c) भाषा के प्रति सकारात्मक सोच
(d) एक अच्छा शिक्षक

8. भाषा अधिगम के लिए 'रूप उन्मुखी भाषा निवेश' क्या है?

CTET 21st Jan 2022

(a) वह निवेश जो सूचना पर केन्द्रित है।
(b) शिक्षार्थी शब्दसंपदा, उच्चारण तथा व्याकरण की समझ प्राप्त करते हैं।
(c) निवेश में दिए गए अर्थ को भाषा में प्रयोग करना सीखना
(d) लिखना सीखने के लिए निवेश की संभाव्यता

9. "भाषा अधिगम एक गहन प्रक्रिया है जो जन्म के समय से शुरू होती है और जीवन पर्यन्त चलती है।" क्या आप इस कथन से सहमत या असहमत हैं?

CTET 21 Jan, 2024

(a) मैं इस कथन से आंशिक रूप से सहमत हूँ।
(b) मैं इस कथन से आंशिक रूप से असहमत हूँ।
(c) मैं इस कथन से सहमत हूँ।
(d) मैं इस कथन से असहमत हूँ।

10. भाषा अधिगम में 'निर्गम परिकल्पना' से क्या तात्पर्य है?

CTET 31st Dec 2021

(a) निष्पादन के रूप में शिक्षार्थियों की भाषा के प्रति समझ।
(b) प्रयोग के लिए भाषाविदों की भाषा की समझ।
(c) बच्चे कैसे सीखते हैं, के बारे में शिक्षक की समझ।
(d) शिक्षार्थियों के द्वारा उद्देश्य के लिए भाषा के प्रयोग की योग्यता

11. निम्नलिखित में से कौन-सा प्रथम भाषा के संदर्भ में द्वितीय भाषा अधिगम के बारे में सत्य है?

CTET 12th Jan 2022

(a) द्वितीय भाषा प्रथम भाषा के सीखने में हस्तक्षेप करती है।
(b) प्रथम भाषा द्वितीय भाषा सीखने में सहायता करती है।
(c) प्रथम भाषा द्वितीय भाषा सीखने में हस्तक्षेप करती है।
(d) एक समय में अनेक भाषाएँ सीखना संभव नहीं है।

12. द्वितीय भाषा सीखने के संदर्भ में सबसे कम महत्वपूर्ण है

CTET Feb 2016

(a) अभिवृत्ति
(b) शिक्षक का रवैया
(c) अभिभावक से प्राप्त प्रोत्साहन
(d) भाषा की परीक्षा

13. नॉम चॉमस्की समर्थन करते हैं कि ______

CTET 29th Dec 2021

(a) बच्चे द्रुतगति से भाषा अर्जित करते हैं।
(b) सभी संस्कृतियों में भाषा अधिगम का प्रतिरूप अधिकांशत: एक जैसा है।
(c) भाषा का विकास अधिकांश बच्चों में समान आयु के आस-पास होता है।
(d) भाषा केवल सीखी जाती है, यह अर्जित नहीं की जाती है।

14. स्टीफन क्रैशन के अनुसार, यदि शिक्षार्थी 'i' अवस्था में है तब भाषा अर्जन उस स्थिति में होगा जब शिक्षार्थी को ______ दिया जाए जो 'i + 1' स्तर से संबंधित हो।

CTET 6th Jan 2022

(a) पर्याप्त निवेश (b) अबोधगम्य निवेश
(c) बोधगम्य निवेश (d) अपर्याप्त निवेश

भाषा अर्जित करने की स्थिति में बच्चे?

- भाषिक नियमों को स्वाभाविक रूप से ग्रहण करते हैं

CTET - IInd Paper (VI-VIII) Feb. 2016

15. नॉम चॉमस्की के सिद्धान्त के अनुसार हम सभी इस सहजात समझ के साथ जन्म लेते हैं कि भाषा कैसे कार्य करती है।

CTET 29th Dec 2021

(a) संकेत भाषा (b) सार्वभौमिक व्याकरण
(c) बुनियादी शिक्षा (d) व्यावहारिक विज्ञान

16. भाषा अधिगम में 'बोधगम्य निवेश' का क्या अर्थ है?

CTET 31st Dec 2021

(a) बच्चों को ऐसे भाषायी अवसर उपलब्ध कराना जो उनकी भाषा से एक स्तर ऊपर हैं।
(b) बच्चों को लक्ष्य भाषा के अधिकतम अवसर उपलब्ध कराना।
(c) कहानी सुनाने के माध्यम से भाषा अधिगम को रोचक बनाना।
(d) कक्षा की दीवारों पर बच्चे की रचनाएँ प्रदर्शित करना।

17. सूची-1 भाषायी घटक तथा सूची-2 भाषायी घटकों की व्याख्या का सही मिलान कीजिए।

सूची-I भाषायी घटक	सूची-II भाषायी घटकों की व्याख्या
I. ध्वनि विज्ञान	A. शुद्ध एवं प्रभावपूर्ण संप्रेषण हेतु नियमों को संदर्भित करता है।
II. अर्थ विज्ञान	B. ध्वन्यात्मक भाषण के क्रम तथा संरचना के नियमों को संदर्भित करता है।
III. वाक्य-विन्यास	C. संप्रत्यों के प्रस्तुतीकरण में शब्द तथा शब्दों के समायोजन को रेखांकित करता है।
IV. शब्द संरचना	D. वाक्यों के बनाने में शब्दों के प्रयोग के नियमों को बताता है।
	E. व्याकरणिक चिन्हों का प्रयोग संख्या, काल, केस, व्यक्ति, लिंग, सक्रिय या निष्क्रिय आवाज़ और अन्य अर्थों को दर्शाने में किया जाता है।

CTET 1st Jan 2022

(a) I - (B), II - (C), III - (D), IV - (E)
(b) I - (A), II - (C), III - (E), IV - (D)
(c) I - (B), II - (E), III - (C), IV - (D)
(d) I - (D), II - (E), III - (E), IV - (A)

18. चॉमस्की के अनुसार भाषा के अर्जन का आधार क्या है?

CTET 1st Jan 2022

(a) इन्द्रियों से प्राप्त अनुभव (b) भौतिक अनुक्रिया
(c) बाह्य (d) अन्तर्जात

19. निम्नलिखित में से कौन-सा विचार बिन्दु नॉम चॉमस्की के सिद्धांत के विपरीत है?

CTET 7th Jan 2022

(a) मनुष्य के पास भाषा अर्जन की सहजात क्षमता होती है।
(b) बच्चे अनुकरण एवं पुनर्बलन के माध्यम से भाषा सीखते हैं।
(c) भाषा अधिगम चुनौतीपूर्ण अवधि के दौरान होता है।
(d) सभी भाषाओं में कुछ सामान्य संरचनाएँ और विशिष्टताएँ होती हैं।

20. भाषा-शिक्षण में अनिवार्य है

CTET July 2013

(a) मानक भाषा पर बल
(b) समग्रतावादी दृष्टिकोण
(c) विशेष आवश्यकता वाले बच्चों के साथ भिन्न व्यवहार
(d) वर्तनी संबंधी गृहकार्य

एल. एस. वाइगोत्स्की के अनुसार-

- चिन्तन भाषा को निर्धारित करती है

CTET - IInd Paper (VI-VIII) June 2011

ANSWER KEY													
1.	A	2.	D	3.	C	4.	C	5.	B	6.	A	7.	B
8.	B	9.	D	10.	D	11.	B	12.	D	13.	B	14.	C
15.	B	16.	A	17.	A	18.	D	19.	B	20.	B		

सारांश नोट्स

भाषा

भाषा अर्जन

- जन्म से प्रारम्भ
- अनौपचारिक अधिगम
- अवचेतन प्रक्रिया
- अनुकरण द्वारा
- स्वाभाविक अधिगम

भाषा अधिगम

- मानसिक प्रक्रिया
- व्यक्तिगत और सामाजिक
- अनुकूलन
- विकास प्रक्रिया
- जीवन पर्यन्त

भाषा के घटक

- स्वनिम
- वाक्य विन्यास
- अर्थ विज्ञान
- रूपिम
- तथ्यात्मक

भाषा का विकास सिद्धांत

1. **जीन पियाजे**
   - भाषा के विकास के साथ ही बच्चे सामाजिक, मानसिक और नैतिक विकास
2. **वाइगोत्सकी के अनुसार:-**
   - सामाजिक अंतर्क्रिया से भाषा सीखता है
3. **चौम्सकी के अनुसार:-**
   - आधुनिक भाषा विज्ञान के जनक
   - भाषा अधिग्रहण उपकरण (LAD)
   - सहज क्षमता
   - जनक व्याकरण
   - सार्वभौमिक व्याकरण
4. **स्टीफ़न क्रैशन:-**
   - अधिग्रहण सीखने की परिकल्पना
   - मॉनिटर परिकल्पना
   - प्राकृतिक व्यवस्था परिकल्पना
   - इनपुट परिकल्पना
   - प्रभावशाली फ़िल्टर परिकल्पना

हिन्दी भाषा सीखने में बच्चों का अधिक कठिनाई का सामना करना पड़ेगा-

- जिनकी मातृभाषा हिन्दी से भिन्न है।

CTET - IInd Paper (VI-VIII) Sep. 2016

इतनी पुस्तक पढ़ने के बाद मेरी समझ...

'<u>भौतिक</u> वस्तुएँ' में रेखांकित शब्द है-

- विशेषण

CTET भाषा 12 Jan 2022

3 भाषा कौशल

श्रवण, मौखिक, लेखन, पठन कौशल की विधि

भाषा कौशल

भाषा कौशल किसी भी वातावरण में प्रभावी संचार और दूसरों के साथ अन्तःक्रिया करने के लिए आवश्यक हैं। यह किसी व्यक्ति को उचित और प्रभावी पारस्परिक संचार के लिए भाषा को समझने और विकसित करने की अनुमति देता है।

चार बुनियादी भाषा कौशल
- सुनना / श्रवण-कौशल
- बोलना / मौखिक कौशल
- पढ़ना / पठन / वाचन कौशल
- लिखना / लेखन कौशल

भाषा के इन मूलभूत कौशलों को दो श्रेणियों में विभाजित किया गया है:

दो श्रेणी
- ग्रहणशील
- उत्पादक कौशल

(i) उत्पादक कौशल:
- भाषा के उत्पादक कौशल बोलना और लिखना हैं क्योंकि ये कौशल शिक्षार्थियों की भाषा उत्पन्न करने की क्षमता को माप सकते हैं।
- दोनों कौशल भाषण या लिखित परीक्षणों के माध्यम से भाषा उत्पाद या आउटपुट से संबंधित हैं।

(ii) ग्राह्य कौशल:
- भाषा के ग्राह्य कौशल श्रवण और पठन हैं क्योंकि इन कौशलों के लिए भाषा के उत्पादन की आवश्यकता नहीं होती है।
- ये कौशल किसी व्यक्ति की भाषा और सूचना को समझने और समझने की क्षमता पर ध्यान केंद्रित करते हैं।

1. श्रवण-कौशल

भाषा-श्रवण का सम्बन्ध 'कर्ण' से है। शब्द का अर्थ सामाजिक प्रसंग में सुनने से ग्रहण किया जाता है। छात्र कविता, कहानी, भाषण वाद-विवाद, वार्तालाप आदि का ज्ञान सुनकर ही प्राप्त करता है और उसका अर्थ भी ग्रहण करता है।

श्रवण-कौशल शिक्षण का महत्व

- ध्वनियों के सूक्ष्म अन्तर को पहचानना।
- अध्ययन की आधारशिला।
- भाषा शिक्षण के उद्देश्यों की प्राप्ति।
- वाचन कौशल का विकास।
- लेखन कौशल का विकास।
- व्यक्तित्व का विकास ।
- विभिन्न साहित्यिक व सांस्कृतिक कार्यक्रमों की प्राप्ति में सहायक।

श्रवण-कौशल शिक्षण के उद्देश्य

- सुनकर अर्थ ग्रहण करने की योग्यता का विकास करना।
- किसी भी श्रुत सामग्री को मनोयोग पूर्वक सुनने की प्रेरणा प्रदान करना।
- वक्ता के मनोभावों की निपुणता पैदा करना।
- श्रुत सामग्री के विषय को भली-भांति समझने की योग्यता उत्पन्न करना।
- श्रुत सामग्री के विषय के महत्वपूर्ण एवं मर्मस्पर्शी विचारों भावो एवं तथ्यों का चयन करने की क्षमता प्रदान करना।

बच्चों के 'लेखन' कौशल का मूल्यांकन करने के लिए विधि बेहतर हो सकती है?

- अपने अनुभवों को लिखना

CTET-Ist Paper (I-V) June 2011

- विद्यार्थियों में ध्वनियों, शब्दों का शुद्ध उच्चारण तथा स्वर, गति, लय और प्रवाह के साथ पढ़ने की योग्यता विकसित करना।
- छात्रों की मौलिकता में वद्धि करना।
- छात्रों का मानसिक एवं बौद्धिक विकास करना।
- छात्रों में भाषा व साहित्य के प्रति रुचि पैदा करना।
- छात्रों को साहित्यिक गतिविधियों में भाग लेने व सुनने के लिए प्रेरित करना।
- श्रुत सामग्री का सारांश ग्रहण करने की योग्यता विकसित करना

श्रवण-कौशल की शिक्षण विधियाँ

शिक्षक, शिक्षार्थियों में श्रवण कौशल विकसित करने के लिए अग्रांकित तथ्य अपनाता है

प्रश्नोत्तर: कक्षा-शिक्षण के उपरान्त अध्यापक पठित सामग्री को आधार बना कर छात्रों से प्रश्न पूछता है. छात्रों के उत्तर से इस तथ्य का मूल्यांकन हो जाता है कि छात्रों में सुनकर विषय-वस्तु को ग्रहण किया है या नहीं। पठित सामग्री के आधार पर प्रश्न पूछने से छात्र सावधान भी हो जायेगें और कक्षा में पढ़ाई गई बातों को ध्यानपूर्वक सुनेगें।

कहानी कहना व सुनना: अध्यापक बच्चों को कहानी सुनाये और बाद में उसी कहानी को बच्चों से सुनें। इससे पत्ता लग जायेगाा कि छात्रों ने कहानी सुनी या नहीं। कहानी के द्वारा बच्चों का ध्यान सुनने की तरफ आकर्षित किया जा सकता है।

श्रुतलेख: वैसे तो श्रुतलेख लेखन कौशल को विकसित करने का साधन है, परन्तु इसकी सहायता से श्रवण कौशल को भी विकसित किया जा सकता है। श्रुतलेख सुनकर लिखना होता है, जो छात्र ध्यान से सुनेगा वह पूरी सामग्री को लिख लेगा, जो छात्र ध्यान से नहीं सुनेगा उसके लेख के बीच-बीच में शब्द या वाक्यांश छूट जायेगें।

भाषण: भाषण श्रवण कौशल का प्रशिक्षण देने में भी प्रयुक्त किया जाता है, वैसे तो यह मौखिक कौशल को विकसित करने का साधन है। छात्रों को पहले यह बत्ता दिया जाता है कि भाषण को ध्यान से सुने। भाषण समाप्ति के उपरान्त उनसे प्रश्न पूछे जायेगें। प्रश्नों के उत्तरो से यह पता लग जाता है कि छात्रो ने भाषण ध्यान से सुना है अथवा नहीं।

दृश्य-श्रवण सहायक सामग्री का प्रयोग:

(i) **ग्रामोफोन एवं टेपरिकार्डर:** ग्रामोफोन एवं टेपरिकार्डर सामान्यतः मनोरंजन के साधन के रुप में प्रयुक्त होते है, लेकिन श्रवण-कौशल को विकसित करने के लिए टेपरिकार्डर का प्रयोग रोचक साधन के रुप में किया जा सकता है। यह ज्यादा कीमती नहीं है। इसीलिए इसे विद्यालय में आसानी से खरीदा जा सकता है। कविता कहानी, महान पुरुषों के भाषण, वार्ता आदि सुनाकर बच्चों के श्रवण कौशल का विकास किया जाता है। टेपरिकार्डर के द्वारा छात्रों को जब चाहे सुना सकते हैं। तत्पश्चात् छात्रो से प्रश्न आमंत्रित कर उनके श्रवण कौशल की भी जाँच की जा सकती है।

(ii) **रेडियो:** रेडियो के द्वारा आकाशवाणी से छात्रों के लिए तरह-तरह के उपयोगी शैक्षिक एवं मनोरंजक कार्यकम समय-समय पर प्रसारित किए जाते हैं। श्रवण कौशल को विकसित करने में रेडियो भी एक महत्वपूर्ण साधन है।

(iii) **चलचित्र:** चलचित्र में आवाज सुनाई देने के साथ-साथ दृश्य भी दिखाई देते हैं। बच्चे हर दृश्य को बहुत ध्यान से देखते है। अतः शैक्षिक चलचित्रो का प्रयोग भाषा शिक्षण को रोचक बना देता है।

(iv) **दूरदर्शन:** चलचित्र तो सिनेमाहाल में जाकर ही देखा सकता है। लेकिन दूरदर्शन अब हर घर में पहुँच चुका है। घर में बैठे हुए हम बोलने वाले की आवाज़ तो सुनते ही है, साथ में उसकी आकृति भी देखते हैं। श्रवण कौशल को विकसित करने में दूरदर्शन का प्रयोग भी कारगर साबित हो सकता है।

(v) **वीडियो:** जैसे किसी भी वार्ता को टेप कर टेपरिकार्डर भी सुनाया जाता है, ठीक उसी तरह किसी कार्यकम को रिकार्ड कर वीडियो के द्वारा दूरदर्शन पर दिखाया जा सकता है। प्रतिष्ठत विद्वानों के भाषण, वार्ता एवं विभिन्न शैक्षिक कार्यक्रमों के कैसेट लाकर दिखाये जा सकते हैं उससे श्रवण कौशल के साथ मौखिक अभिव्यक्ति कौशल विकसित करने में सहायता मिलती है।

कम्पयूटर: आधुनिक युग विज्ञान का युग है। प्रौद्योगिकी ने हमारे जीवन में क्रान्ति ला दी है। कम्पयूटर की सहायता से भी छात्र के श्रवण कौशल को विकसित किया जा सकता है। प्रतिष्ठत व्यक्तियों के भाषण, वार्ता आदि की फ्लापी व अन्य शैक्षिक कार्यक्रम भी कम्पयूटर द्वारा दिखाए जा सकते है। हरियाणा सरकार भी अपने प्रत्येक स्कूल में कम्पयूटर से शिक्षा देने के लिए प्रतिबद्ध है।

भाषा के अभिव्यक्तात्मक कौशल हैं?

- बोलना, लिखना

CTET-Ist Paper (I-V) June 2011

2. मौखिक कौशल

भावों के आदान-प्रदान का एक ही साधन है- भाव या वाणी। आधुनिक जनतांत्रिक युग में जीवन की सफलता के लिए मौखिक भाव-प्रकाशन या वाणी उतना ही आवश्यक और अनिवार्य है जितना कि स्वयं हमारा जीवन। जीवन के प्रत्येक क्षेत्र में व्यक्ति को प्रतिपल मौखिक आत्माभिव्यक्ति की शरण लेनी पड़ती है।

मौखिक भाव-प्रकाशन शिक्षण के उद्देश्य

- बालकों का उच्चारण शुद्ध एवं परिमार्जित हो।
- छात्रों को शुद्ध उच्चारण, उचित स्वर, उचित गति के साथ बोलना सिखाना।
- छात्रों को निस्संकोच होकर अपने विचार व्यक्त करने के योग्य बनाना।
- छात्रों को व्याकरण सम्मत भाषा का प्रयोग करना सिखाना।
- छात्र सरल एवं मुहावरेदार भाषा का प्रयोग करते हैं।
- बोलने में विराम चिन्हों का ध्यान रखना सिखाना।
- विषयानुकूल व प्रसंगानुकूल शैली का प्रयोग करना सिखाना।
- छात्रों में स्वाभाविक ढंग से परस्पर वार्तालाप करने की आदत विकसित करना।
- छात्रों को धाराप्रवाह, प्रभावोत्पादक वाणी में बोलना सिखाना।
- छात्रा क्रमबद्धता बनाये रखेगा।
- वह विषय की योग्यता को अक्षुण्ण बनायेगा।

मौखिक अभिव्यक्ति की विशेषताएं

- **स्वाभाविकता:** बोलने में स्वाभाविकता हो, बनावटी बोली का प्रयोग हास्यास्पद हो सकता है। अस्वाभाविक भाषा वक्ता को अविश्वसनीय बना देती है। स्वाभाविक भाषा विश्वसनीय होती है।
- **स्पष्टता:** मौखिक अभिव्यक्ति का दूसरा गुण है- स्पष्टता। बोलने में स्पष्टता होना अति आवश्यक है। जो बात कही जाए वह स्पष्ट व साफ होनी चाहिए।
- **शुद्धता:** बोलते समय शुद्ध उच्चारण होना चाहिए अशुद्ध उच्चारण से अर्थ का अनर्थ हो जाता है।
- **बोधगम्य:** मौखिक अभिव्यक्ति में सरल व सुबोध भाषा का प्रयोग करना चाहिए।
- **सर्वमान्य भाषा:** मौखिक भाव-प्रकाशन में सर्वमान्य भाषा का प्रयोग करना चाहिए। अप्रचलित शब्दों के प्रयोग से वार्तालाप नीरस हो जाता है।
- **शिष्टता:** वार्तालाप करते समय शिष्टाचार का ध्यान रखना चाहिए। अशिष्टता सम्बन्धों को बिगाड़ देती है। शिष्टता मौखिक भाव-प्रकाशन का एक अन्य गुण है।
- **मधुरता:** मौखिक भाव प्रकाशन का अन्य गुण है मधुरता। कहा भी गया है- 'कोयल काको देत है कागा काको लेत. वाणी के कारणेन मन सबको हर लेत। मीठी वाणी का प्रयोग कर मनुष्य किसी (दुश्मन) को भी अपना बना सकता है।
- **प्रवाहमयता:** विराम चिन्हों के उचित प्रयोग से अभिव्यक्ति में सम्यक् गति आ जाती है। अतः मौखिक भाव-प्रकाशन में उचित प्रवाहमयता होनी चाहिए।
- **अवसरानुकूल:** मौखिक भाव-प्रकाशन की अन्य विशेषता है अवसरानुकूल भाषा का प्रयोग। हर्ष, उल्लास, सुख दुःख, दया, करूणा, सहानुभूति प्यार आदि भावों को अवसर के अनुकूल व्यक्त करते हैं।

मौखिक अभिव्यक्ति कौशल की शिक्षण विधियाँ

- **वार्तालाप:** शिक्षण सामग्री या पाठ्य विषय पढ़ाते हुए या अन्य मौकों पर छात्रों के साथ अध्यापक वार्तालाप करते हैं। अतः शिक्षक को चाहिए कि वह प्रत्येक छात्र को वार्तालाप में भाग लेने के लिए प्रेरित करें। वार्तालाप का विषय छात्रों के मानसिक, बौद्धिक स्तर के भीतर ही होनी चाहिए।
- **सस्वर वाचन:** पाठ पढ़ाते समय पहले शिक्षक को स्वयं आदर्श वाचन करना चाहिए, बाद में कक्षा के छात्रों से अनुकरण वाचन या सस्वर वाचन कराना चाहिए। सस्वर वाचन करने से छात्रों की झिझक, व संकोच खत्म होता है।
- **प्रश्नोत्तर:** सामान्य विषयों पर या पाठ्य-पुस्तकों से सम्बन्धित पाठों पर प्रश्न पूछने चाहिए। अगर छात्रों का उत्तर अपूर्ण या अशुद्ध है तो सहानुभूति पूर्ण ढंग से उत्तर को पूर्ण व शुद्ध कराया जाये।

भाषा-कौशलों के सन्दर्भ में कथन सही है?

- सभी कौशल एक-दूसरे के साथ जन्तः सम्बन्धित होते हैं।

CTET - IInd Paper (VI-VIII) July 2013

- **कहानी सुनाना:** मौखिक भाव-प्रकाशन विकसित करने की एक विधि कहानी सुनाना भी है। छोटे बच्चे कहानियां सुनना पसन्द करते हैं। अतः अध्यापक को पहले स्वयं कहानी सुनानी चाहिए। बाद में छात्रों से कहानी सुननी चाहिए।
- **चित्र-वर्णन:** प्रायः छोटी कक्षाओं के बच्चे चित्र देखने में रूचि लेते हैं। उदाहरणार्थ 'गाय' का चित्र दिखा कर गायों के बारे में छात्रों से पूछा जा सकता है व छात्रों को बताया जाता है। इसी प्रकार चित्र की सहायता से कहानी भी सुनायी जा सकती है।
- **कविता सुनना व सुनाना:** छोटे बच्चे कविता या बालोचित गीत सुनाने व सुनने में काफी रूचि लेते हैं अतः कविताएं कंठस्थ कराके उन्हें कविता पाठ के लिए प्रेरित करना चाहिए। अतः कविता पाठ मौखिक भाव-प्रकाशन की शिक्षा देने का अन्य उपयोगी साधन है।
- **वाद-विवाद:** बालकों के मानसिक स्तर व बौद्धिक स्तर को ध्यान में रखकर वाद-विवाद करवाया जा सकता है। अपने विचारों का तर्कपूर्ण प्रतिपादन करने का प्रशिक्षण देने के लिए वाद-विवाद एक उत्तम साधन है।
- **सत्संग:** सत्संग का हमारे मौखिक भाव-प्रकाशन पर बहुत प्रभाव पड़ता है। साधारणतः बालक जैसे वातावरण में रहेगा। उसका इसी प्रकार का भाव प्रकाशन होगा।
- **पाठ का सार:** पाठ्य-पुस्तक के किसी पाठ या रचना को पढ़ कर छात्र से उस पाठ का सार सुनना मौखिक अभिव्यक्ति का अन्य उपयोगी साधन है।
- **भाषण:** 'भाषण' भाव-प्रकाशन का एक सशक्त साधन है परन्तु 'भाषण' छात्रों के मानसिक एवं बौद्धिक स्तर के अनुकूल होना चाहिए।
- **नाटक-प्रयोग:** नाटक द्वारा भावभिव्यक्ति का अच्छा अभ्यास हो जाता है। रंगशाला में बालक को आंगिक वाचिक एवं भावों के अभिनय की दीक्षा सफलतापूर्वक मिल सकती है।
- **स्वतंत्र आत्मप्रकशन:** बालकों को विभिन्न घटनाओं दृश्यों या व्यक्तिगत जीवन से जुड़े अनुभव सुनाने का अवसर देकर अध्यापक मौखिक भाषा का अभ्यास करा सकता है।

3. वाचन कौशल

कैथरीन ओकानर के मतानुसार 'वाचन/पठन वह जटिल अधिगम प्रक्रिया है, जिसमें दृश्य, श्रव्यों सर्किटों का मस्तिष्क के अधिगम केन्द्र से सम्बन्ध निहित है।

वाचन/पाठन कौशल के उद्देश्य

- वाचन के माध्यम से शब्दों पर उचित बल दिया जाता है।
- छात्र पढ़कर उसका भाव समझें तथा दूसरों को भी समझाएं वाचन का यह एक उद्देश्य है।
- वाचन से अक्षर, उच्चारण, ध्वनि, बल, निर्गम, सस्वरता आदि को सम्यक् संस्कार प्राप्त होता है।
- वाचन के द्वारा छात्र विराम, अर्द्धविराम आदि चिन्हों का प्रयोग समझ जाता है
- वाचन का उद्देश्य पठित अंश का भाव ग्रहण करना है।
- वाचन का अन्य उद्देश्य त्रुटियों का निवारण भी है।
- वाचन शब्द भण्डार में वद्धि करता है।
- वाचन से स्वाध्याय की प्रवत्ति जागत होती है।

वाचन के प्रकार

वाचन को मूलतः दो भागों में विभक्त कर सकते हैं।

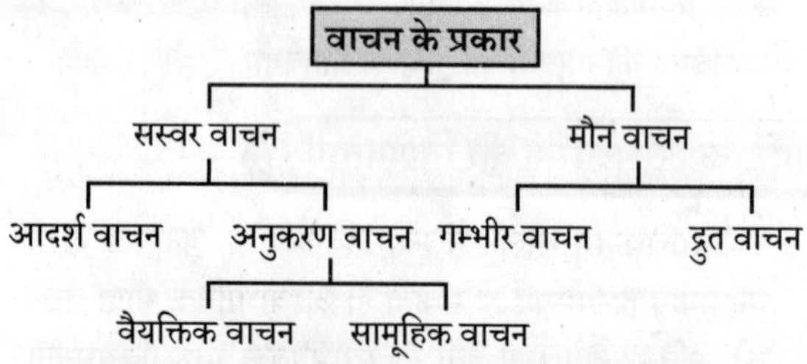

1. **सस्वर वाचन:** स्वर सहित पढ़ते हुए अर्थ ग्रहण करने को सस्वर वाचन कहा जाता है। यह वाचन की प्रारम्भिक अवस्था होती है। वर्णमाला के लिपिबद्ध वर्णों की पहचान सस्वर वाचन के द्वारा ही करायी जाती है।

भाषा-शिक्षण में अनिवार्य है?

- समग्रतावादी दृष्टिकोण

CTET - IInd Paper (VI-VIII) July 2013

सस्वर वाचन में ध्यान रखने योग्य बातें

- सस्वर वाचन भावानुकूल करना चाहिए।
- सस्वर वाचन आदि करते समय विराम चिन्हों का ध्यान रखना चाहिए।
- सस्वर वाचन करते शुद्धता एवं स्पष्टता का ध्यान रखना चाहिए।
- स्वर में यथा सम्भव स्थानीय बोलियों का प्रयोग नहीं होना चाहिए।
- सस्वर वाचन में आत्मविश्वास का होना आवश्यक है।

सस्वर वाचन में गुण

- शुद्ध उच्चारण
- उचित ध्वनि निर्गम
- उचित लय एवं गति
- उचित बल-विराम
- उचित हाव-भाव
- उचित वाचन मुद्रा
- स्वर माधुर्य
- प्रभावोत्पादकता
- अंग संचालन
- स्वाभाविकता
- अर्थ-प्रतीति

(1.1)आदर्श वाचन: जब अध्यापक कक्षा में छात्रों के समक्ष स्वयं वाचन प्रस्तुत करता है, उसे आदर्श वाचन कहते हैं। अध्यापक अपने वाचन को गति, यति, आरोह-अवरोह, स्वराघात व बलाघात को ध्यान में रखकर कक्षा में प्रस्तुत करता है।

(1.2) अनुकरण वाचन: आदर्श वाचन के पश्चात् छात्रों द्वारा कक्षा में अनुकरण वाचन किया जाता है। अनुकरण वाचन के निम्न उद्देश्य है-

- शिक्षक द्वारा किए गए आदर्श वाचन का अनुकरण करना
- उच्चारण को शुद्ध बनाना
- वाचन में गति एवं प्रवाह का ध्यान रखना
- वाचन करते समय अर्थ ग्रहण की योग्यता का विकास करना।
- पाठ के भावानुसार वाचन पैदा करने की क्षमता विकसित करना तथा वीर-रस की शिक्षण सामग्री का वाचन, ओजपूर्ण एवं उच्च स्वर से, श्रृंगार रस की शिक्षण का वाचन, स्नेहयुक्त एवं मधुर स्वर से, करूण रस में द्रयार्द्र स्वर से, भक्ति रस की शान्त एवं गंभीर स्वर से वाचन करना।

वाचनकर्ता के अनुसार पुनः सस्वर वाचन का विभाजनः जैसा कि प्यारे बच्चों पीछे चित्र के माध्यम से दर्शाया गया है-

- **वैयक्तिक वाचन:** एक व्यक्ति द्वारा आवाज किए जाने सस्वर वाचन को व्यक्तिगत वाचन कहते हैं। माध्यमिक कक्षाओं में वाचन प्रायः वैयक्तिक ढंग से होता है, शिक्षक सुनकर छात्रों की उच्चारण सम्बन्धी त्रुटियों का निवारण करता है। इस विधि में वाचन दोषों का निदान सरलता से हो जाता है और उपचारात्मक शिक्षण के लिए व्यक्तिगत ध्यान देने में शिक्षक को सरलता होती है।
- **सामूहिक वाचन:** दो या दो से अधिक छात्रों द्वारा आवाज सहित किए जाने वाले वाचन को सामूहिक वाचन कहते हैं। इस वाचन से बच्चों (छात्रों) की झिझक दूर होती है। उनमें मौखिक अभिव्यक्ति के लिए आत्मविश्वास का संचार पैदा होता है। सामूहिक वाचन 14-13 वर्ष की आयु तक के बालकों के लिए ही किया जाए। छात्रों की संख्या बहुत अधिक ना हो, ताकि पड़ोसी कक्षा की शान्ति भंग न हो।

2. मौन वाचन: लिखित सामग्री को चुपचाप बिना आवाज निकाले पढ़ना मौन वाचन कहलाता है।

मौन वाचन का महत्त्व

- मौन वाचन में थकान कम होती है, क्योंकि इस में वाग्यंत्र पर जोर नहीं पड़ता।
- मौन वाचन में नेत्र तथा मस्तिष्क सक्रिय रहते हैं।
- मौन वाचन के समय पाठक एकाग्रचित्त, होकर, ध्यान केन्द्रित कर पढ़ता है।
- मौन वाचन अवकाश का सदुपयोग करता है।

भाषा-शिक्षण में पाठ्य-पुस्तकों के अतिरिक्त कौन-सा सबसे कम प्रभावशाली है?

- प्रश्नों के उत्तर लिखना

CTET - IInd Paper (VI-VIII) Sep. 2014

- मौन वाचन में समय की बचत होती है। श्रीमती ग्रे एवं रीस के एक परीक्षण द्वारा यह पता चलता है कि कक्ष छह के बालक एक मिनट में सस्वर वाचन में 170 शब्द बोलते हैं और मौन वाचन में इतने समय में 210 शब्द बोलते हैं।
- मौन वाचन कक्षा में अनुशासन बनाये रखने में सहायक है।
- चिन्तन करने में मौन वाचन सहायक है।
- स्वाध्याय की रूचि जागत करने में मौन वाचन सहायक है।
- गहन अध्ययन वही व्यक्ति कर सकता है, जिसे मौन वाचन का अभ्यास हो।

मौन वाचन के उद्देश्य

मौन वाचन शिक्षार्थियों के वाचन की गति के विकास के लिए है। मौन वाचन के मूल उद्देश्य अग्रांकित है।

- पठित सामग्री के केन्द्रीय भाव को समझना
- अनावश्यक स्थलों को छोड़ते हुए, मूल तथ्यों का चयन करना।
- पठित सामग्री का निष्कर्ष निकालना।
- पठित सामग्री पर पूछे गए प्रश्नों का उत्तर दे सकना।
- भाषा एवं भाव सम्बन्धी कठिनाईयाँ सामने रख सकना।
- शब्दों का लक्ष्यार्थ और व्यंग्यार्थ जान लेना।
- अनुक्रमणिका, परिशिष्ट, पुस्तक सूची आदि के प्रयोग की योग्यता प्राप्त कर लेना।
- उपसर्ग, प्रत्यय, सन्धि विच्छेद द्वारा शब्द का अर्थ जान लेना।

मौन वाचन के भेद

- **गम्भीर वाचन**
  - भाषा पर आधिकार करना
  - विषय-वस्तु पर अधिकार करना
  - नवीन सूचना एकत्र करना
  - केन्द्रीय भाव की खोज करना
- **द्रुत वाचन**
  - सीखी हुई भाषा का अभ्यास करना
  - साहित्य से परिचय प्राप्त करना
  - आनन्द प्राप्त करना
  - खाली समय का सदुपयोग
  - द्रुत वाचन के माध्यम से सूचनाएं एकत्रित करना।

वाचन/पठन कौशल की शिक्षण विधियाँ

1. शब्द तत्व पर आधारित विधियों

- **वर्णबोध विधि:** इस विधि में पहले छात्रों को वर्षों का ज्ञान कराया जाता है। वर्णों में भी स्वर पहले और व्यंजन बाद में सिखाए जाये। फिर मात्राओं का ज्ञान कराया जाए। मात्राओं के उपरान्त संयुक्ताक्षरों की जानकारी दी जाए। यह विधि मनोवैज्ञानिक नहीं है। इस का आधार यह है कि जब तक बालक को अक्षर का ज्ञान नहीं होगा, तब तक वह उच्चारण या वाचन नहीं सीख सकता है।
- **ध्वनि साम्य विधि:** यह विधि वर्णबोध विधि का संशोधित रूप है। इसमें समान उच्चारण वाले शब्दों को साथ-साथ सिखाए जाएं यथा।

  राम, नाम, काम, शाम
  गर्म, धर्म, कर्म, चर्म
  केला, ठेला, मेला, रेला

  उपर्युक्त विधि में ध्वनियों पर विशेष ध्यान दिया जाता है। इसी कारण वाक्यांश, वाक्य की अर्थ व शब्द गौण हो जाते हैं।

2. स्वरोच्चारण विधि: इस विधि में अक्षरों एवं शब्दों को उनकी स्वर ध्वनि के अनुसार पढ़ाया जाता है। इसमें बारहखड़ी को आधार माना जाता है, जैसे क, का, कि, की, कु, कु, के, के, को, कौ, कं कः। इसमें स्वर के बिना व्यंजन नहीं सिखा सकते। यह विधि प्रगतिशील एवं मनोवैज्ञानिक नहीं है।

अर्थ ग्रहण पर आधारित विधियाँ

- **देखो और कहो विधि:** इस विधि में शब्द से सम्बन्धित वस्तु या चित्र दिखाकर पहले शब्द का ज्ञान कराया जाता

> भाषा?
>
> **- जीवन की विभिन्न स्थितियों को साधती है**
>
> **CTET - IInd Paper (VI-VIII) Nov. 2012**

है। चित्र के नीचे वस्तु का नाम लिखा होता है। चित्र परिचित होने के कारण बच्चे आसानी से शब्द से साहचर्य स्थापित कर लेते हैं अध्यापक का अनुकरण करते हुए बच्चे शब्द का उच्चारण करते हैं। कई बार देखने-सुनने और बोलने से वर्षों के चित्र मस्तिष्क पर अंकित हो जाते हैं।

- **वाक्य विधि:** इस मत के प्रतिपादकों का मत है कि बालक वाक्य या वाक्यांशों में बोलता है। इसकी इकाई वाक्य है शब्द नहीं। इसलिए प्रारम्भ से ही बालकों को वाक्यों से ही वाचन शुरू कराना चाहिए। यह विधि मनोवैज्ञानिक है। पहले वाक्य फिर शब्द, फिर वर्ण इस क्रम से बच्चों को वाचन का अभ्यास कराया जाता है।
- **कहानी विधि:** इस विधि में छोटे-छोटे वाक्यों से निर्मित कहानी चार्ट व चित्रों के माध्यम से बच्चों के समक्ष प्रस्तुत की जाती है। शिक्षक इस कहानी को कक्षा में कहता है। इसके बाद शिक्षक कहानी को श्यामपट्ट पर लिखता है व वाचन कराता है। विद्यार्थी शिक्षक का अनुकरण करते हैं। वाक्य के विश्लेषण के माध्यम से छात्र शब्द एवं वर्षों का ज्ञान प्राप्त करते हैं।
- **अनुकरण विधि:** यह विधि 'देखो और कहो' विधि का दूसरा स्वरूप है। इसमें अध्यापक एक-एक शब्द बालको के समक्ष कहता है और छात्र उसे दुहराते हुए अनुकरण करते हैं। इस प्रकार छात्र शब्द-ध्वनि का उच्चारण एवं वाचन सीखते हैं।
- **सम्पर्क विधि:** इस विधि का प्रचार मोंटेसरी ने किया था। इसमें पहले बालकों को चित्र, खिलौने, वस्तुएं आदि से परिचित कराते हैं। उनके आगे उन वस्तुओं के कार्ड रखते हैं। फिर कार्यों को आपस में मिला देते हैं और बच्चों को कहा जाता है, जो कार्ड जिस वस्तु से सम्पर्क रखते हैं, उसके आगे पुनः रख दें। इस सम्पर्क प्रणाली के अभ्यास से धीरे-धीरे छात्र शब्द व वर्ण से परिचित हो जाते हैं। हिन्दी वाचन में ये विधि विशेष सहायक नहीं है।

3. **उपयुक्त विधि:** वाचन के लिए उपयुक्त विधि में निम्न तथ्यों पर ध्यान दिया जाये-

- बालकों के समक्ष उपयुक्त वातावरण प्रस्तुत किया जाए उपयुक्त वातावरण में तीन बातें रहे-
  - बालकों को प्रवाहपूर्ण ढंग से बोलना सिखाना।
  - स्वरों का अन्तर समझायें।
  - कहानी आदि सुनाकर वाचन के प्रति उत्सुकता पैदा करें।
- वर्षों की समानता के चित्र दिखायें, किसी असमान चित्र को पहचानने का अभ्यास करावें।
- दृष्टि का अभ्यास आवश्यक है।
- मौखिक कार्य पर अधिक बल दें।
- बालकों से आकृतियां बनवाकर उनमें रंग भरवाए, गिनना सिखाए आदि।
- जहां जो विधि उपयुक्त हो, उसका आश्रय लेकर छात्रों को वाचन का अभ्यास कराना चाहिए।

4. लेखन कौशल

आधुनिक समय में व्यक्ति अपने मनोभावों का प्रकटीकरण भाषा के माध्यम से दो रूपों में करता है।

1. मौखिक भाषा के माध्यम से
2. लिखित भाषा के माध्यम से

मौखिक रूप के अन्तर्गत भाषा का ध्वन्यात्मक रूप एवं भावों की मौखिक अभिव्यक्ति है। जब इन ध्वनियों को प्रतीकों के रूप में व्यक्त किया जाता है, और इन्हें लिपिबद्ध करके स्थायित्व प्रदान करते हैं, तो वह भाषा का लिखित रूप कहलाता है। भाषा के इस प्रतीक रूप की शिक्षा, प्रतीकों को पहचान कर उन्हें बनाने की कला अथवा ध्वनि को लिपिबद्ध करना लिखना है।

लेखन कौशल के उद्देश्य

- छात्र सोचने एवं निरीक्षण करने के उपरान्त भावों को क्रमबद्ध रूप में व्यक्त कर सकेगा।
- छात्र सुपाठ्य लेख लिख सकेगा।
- शब्दों की शुद्ध वर्तनी लिख सकेगा।

भाषायी कौशलों के संदर्भ में कथन सत्य है?

- भाषायी कोशल एक साथ सीखे जाते हैं, क्रम से नहीं।

CTET - Ist Paper (I-V) Feb. 2015

- छात्र ध्वनि, ध्वनि समूहों, शब्द, सूक्ति, मुहावरों का ज्ञान प्राप्त कर सकेंगे।
- विराम चिन्हों का यथोचित प्रयोग कर सकेगा।
- अनुलेख, अतिलेख, तथा अतुलेख लिख सकेगा।
- व्याकरण सम्मत भाषा का प्रयोग करने में सक्षम होंगे।
- वह वाक्यों में शब्दों, वाक्यांशों तथा उपवाक्यों का क्रम अर्थानुकूल रख सकेगा।
- विभिन्न रचना वाले वाक्यों का शुद्ध गठन करेगा।
- छात्र अभीष्ट सामग्री ही प्रस्तुत करेंगे।
- क्रमबद्धता बनाये रखेंगे।

लेखन प्रक्रिया उपागम

लेखन प्रक्रिया उपागम में आमतौर पर कई चरण शामिल होते हैं। एक विशिष्ट अनुक्रम में तीन चरण शामिल होते हैं - पूर्वलेखन, प्रारूपण, और संशोधन। हालांकि, कुछ अनुक्रम चार चरणों का उपयोग करते हैं; जैसे विचारविमर्श करना अथवा मंथन करना, प्रारुपण, संशोधन और संपादन। जबकि अन्य पांच चरणों का उपयोग करते हैं - पूर्वलेखन, प्रारूपण, संशोधन, संपादन और मूल्यांकन।

(i) **पूर्वलेखन:** पूर्वलेखन से तात्पर्य विषय और लक्ष्य दर्शकों के लिए स्थिति या दृष्टिकोण को निर्धारित करने के लिए मानस मंथन द्वारा योजना बनाना तथा अंतिम उत्पाद के लिए सामग्री व्यवस्थित करने के लिए एक रूपरेखा विकसित करना है।

(ii) **प्रारूपण:** लिखने की प्रक्रिया के दौरान वाक्य और पैराग्राफ में सूचना और विचारों का आयोजन।

(iii) **संशोधन:** इस प्रक्रिया के अन्तर्गत पुनरावलोकन या पुनरावृत्ति शामिल हैं। लेखक अपने द्वारा लिखे हुए लेख का पुन: अवलोकन कर उसमें आवश्यक संशोधन करता है। इसमें निम्न बिन्दु शामिल किए जाते हैं - शीर्षक, उपशीर्षक, अध्याय का क्रम, व्याकरण की दृष्टि से भाषा सुधार, नाम, घटना, तिथि और प्रसंग का उचित उपयोग।

(iv) **संपादन:** संपादन का अर्थ किसी लेख को सार्वजनिक प्रयोग अथवा प्रकाशन के योग्य बना देना है। किसी लेख के संपादन में भाषा, भाव तथा क्रम के साथ-साथ उसमें आये हुए तथ्य का संशोधन और परिष्कार किया जाता है।

लेखन की शिक्षण विधि

- **मोंटेसरी विधि:** मोंटेसरी ने लिखना सिखाने में आँख, कान और हाथ तीनों के समुचित प्रयोग पर बल दिया है। उनके मतानुसार पहले बालक को लकड़ी अथवा गत्ते या प्लास्टिक के बने अक्षरों पर ऊँगली फेरने को कहा जाये, फिर उन्हें पेंसिल को उन्हीं अक्षरों पर घुमवाना चाहिए। पेंसिल प्रायः रंगीन होनी चाहिए। इसी प्रकार बालक अक्षरों के स्वरूप से परिचित होकर उन्हें लिखना सीख जाता है।
- **रूपरेखानुकरण विधि:** इस विधि में शिक्षक श्यामपट्ट या स्लेट पर चॉक या पेंसिल से बिन्दु रखते हुए शब्द या वाक्य लिख देता है और छात्रों से उन निशानों पर पेंसिल से लिखने के लिए बोलता है, जिससे शब्द, वाक्य या वर्ण उभर आये। इस प्रकार अभ्यास के माध्यम से वह वर्णों को लिखना सीख जाता है।
- **स्वतंत्र अनुकरण विधि:** शिक्षक इस प्रविधि में श्यामपट्ट, अभ्यास पुस्तिका, या स्लेट पर अक्षरों को लिख देता है। छात्रों का कहा जाता है कि उन अक्षरों को देखकर उनके नीचे स्वयं इसी प्रकार के अक्षर बनाये। प्रारम्भ में बच्चे इस विधि से लिखना सीखते है।
- **जेट कॉक विधि:** इस प्रणाली (विधि) में शिक्षक बालकों द्वारा पढ़े हुए वाक्य को स्वयं लिखकर छात्रों को लिखने के लिए दे देता है। छात्र एक-एक शब्द लिखकर अध्यापक द्वारा लिखित शब्द से मिलाते हुए स्वयं संशोधन करते चलते है। और पूरा वाक्य लिखने के पश्चात् शिक्षक मूल वाक्य को बिना देखे हुए उन्हें लिखने को कहता है, छात्र स्वयं लिखते हैं।

लिखना सिखाने में ध्यान देने योग्य बातें

- छात्रों को लिखना सिखाते वक्त अध्यापक को निम्न तथ्यों को ध्यान में रखना चाहिए।
- बैठने का ढंगः लिखते समय छात्रों की रीढ़ की हड्डी सीधी रहे। झुक्कर लिखने की आदत न पड़ने पाये।
- अभ्यास पुस्तिका की आँखों से दूरीः छात्र अभ्यास पुस्तिका को आँखों से लगभग 1 फुट की दूरी पर रखकर लिखें।

भाषा का प्रयोग?

- जीवन के विभिन्न संदर्भों में होता है

CTET - Ist Paper (I-V) Nov. 2012

- कलम पकड़ने की विधिः पहली और दूसरी ऊँगली के बीच में कलम रखकर उसे अँगूठे से पकड़ना चाहिए, कलम की निब को लगभग एक इंच से ऊपर पकड़ना चाहिए।
- उपयुक्त वातावरणः समय, स्थान आदि की उपयुक्तता पर शिक्षक को ध्यान रखना चाहिए।
- सुडौल अक्षरः छात्र अक्षरों को सुन्दर बनाने का प्रयत्न करे। अक्षर पूरे लिखे जाये, तभी वह सुडौल होंगे।
- शिरारेखाः शिरारेखा अक्षर का आवश्यक अंग है। अतः इस का प्रयोग किया जाना चाहिए।
- बायें से दायेंः सभी वर्गों, वाक्यों के लिखने का क्रम बायें से दायें रहे।

लेखन में अभ्यास

अभ्यासः लिखने की एक कला है, अतः छात्रों के बौद्धिक एवं मानसिक स्तर को ध्यान में रखते हुए अभ्यास करवाना चाहिए। अभ्यास को आगे तीन श्रेणियों में विभाजित किया जाता है-

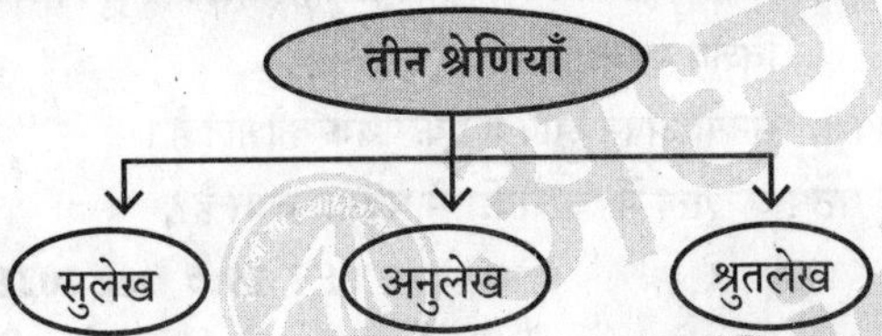

- **सुलेखः** सुन्दर लेख को सुलेख कहते हैं। लिखना सिखाते वक्त इस बात का ध्यान रखना चाहिए, छात्रों की लिखावट खराब न होने पाये। सुलेख शिक्षित व्यक्ति का आवश्यक लक्षण है।
- **अनुलेखः** सुन्दर लिखावट के लिए प्रतिलेख और अनुलेख का भी आश्रय लिया जाता है। अनुलेख का अर्थ है- किसी लिखावट के पीछे या बाद में लिखना अनुलेख के लिए अभ्यास पुस्तिका की प्रथम पंक्ति में मोटे और सुन्दर ढंग के अक्षर, शब्द या वाक्य लिखे होते हैं, उनके नीचे की पंक्तियाँ रिक्त रहती है। इस विधि में छात्र छपे हुए अक्षरों के नीचे देखकर स्वयं अक्षर बनाता है। अनुलेख का प्रारम्भिक कक्षाओं में विशेष महत्त्व है। कक्षा तीन तक अनुलेख का अभ्यास कराना चाहिए।
- **श्रुतलेखः** 'श्रुतलेख' सुना हुआ लेख है। इस विधि में अध्यापक बोलता जाता है, छात्र सुनकर अभ्यास-पुस्तिका या तख्ती पर लिखता जाता है। श्रुतलेख में सुन्दर लिखावट का महत्त्व नहीं है। महत्ता भाषा की शुद्धता की हो जाती है। श्रुतलेख वर्तनी-शिक्षण के लिए आवश्यक है। सुनकर लिखने में एक निश्चित गति से लिखना का अभ्यास हो जाता है।

अपना परीक्षण करें

1. निम्नलिखित में से कौन-सा गाह्य भाषा कौशल है?

CTET 1st Jan 2022

(a) नई भाषा के प्रति समझ बनाने की योग्यता।
(b) बोलचाल की भाषा के प्रति समझ बनाने तथा अभिव्यक्त करने की योग्यता।
(c) बोलचाल की भाषा जो सुनते तथा बोलते हैं, के प्रति समझ बनाने की योग्यता।
(d) द्वितीय भाषा के प्रति समझ बनाने की योग्यता।

2. प्राथमिक स्तर पर कौन सी गतिविधि बच्चों की मौखिक अभिव्यक्ति के विकास में सबसे कम प्रभावी है?

CTET December 2019

(a) घटना वर्णन करना।
(b) कहानी को शब्दशः दोहराना।
(c) कहानी को अपनी भाषा में कहना।
(d) चित्र दिखाकर कहानी कहलवाना।

3. भाषा-कौशलों के सम्बन्ध में कौन-सा कथन सही है ?

CTET Sept 2014

(a) भाषा-कौशल परस्पर अंतः संबंधित होते हैं।
(b) भाषा-कौशल परस्पर अंतःसंबंधित नहीं होते।
(c) भाषा-कौशल एक-दूसरे पर प्रभाव नहीं डालते हैं।
(d) भाषा-कौशल स्तरानुसार सीखे जाते हैं।

भाषा के बारे में कथन सत्य है?

- भाषा नियमबद्ध व्यवस्था है।

CTET - Ist Paper (I-V) July 2013

4. भाषा कौशलों के बारे में आप किस विचार से सहमत हैं?

CTET Jan 2021

(a) ये एक-दूसरे से अंत:संबंधित होते हैं।
(b) ये एक-दूसरे को प्रभावित नहीं करते।
(c) ये सभी एक साथ नहीं सीखे जा सकते।
(d) ये एक निश्चित क्रम में सीखे जाते हैं।

5. निम्नलिखित में से कौन-सी भाषा कौशल के शिक्षण हेतु सबसे उपयुक्त गतिविधि है?

CTET 1st Jan 2022

(a) कविता वाचन।
(b) कक्षा में नाटक करना।
(c) वाद-विवाद प्रतियोगिता आयोजित करना।
(d) भाषण प्रतियोगिता का आयोजन करना।

6. भाषा के उत्पादक कौशल हैं ________

CTET 20th Dec 2021

(a) पठन तथा लेखन (b) पठन तथा श्रवण
(c) वाचन तथा लेखन (d) वाचन तथा श्रवण

7. भाषा के विभिन्न कौशलों को ________रूप में पढ़ाने की अनुशंसा की जाती है।

CTET Dec 2019

(a) क्रमिक (b) एकीकृत
(c) उच्च (d) निम्न

8. निम्नलिखित में से कौन से भाषायी कौशल अभिव्यक्ति से संबंधित है?

CTET 3rd Jan 2022

(a) पढ़ना, सुनना
(b) सुनना, लिखना
(c) बोलना, लिखना
(d) पढ़ना, बोलना और लिखना

9. भाषाई कौशलों के संबंध में कौन-सा कथन सही है?

CTET December 2019

(a) सभी भाषाई कौशल पाठ्य-पुस्तक से ही विकसित होते हैं।
(b) कोई भी भाषाई कौशल अंत:संबंधित नहीं है।
(c) सभी भाषाई कौशल अंत:संबंधित हैं।
(d) सभी भाषाई कौशल स्वयं ही विकसित होते हैं।

10. भाषा अधिगम के आधारभूत कौशलों पर अधिकार प्राप्त करने के लिए बच्चों को वाक्यों के जिस तरह के नमूने सीखने चाहिए, वे क्या कहलाते हैं?

CTET 30th Dec 2021

(a) उद्दीपन (b) आत्मसातीकरण
(c) संरचना (d) समूह अधिगम

11. 'सुनना' कौशल के बारे में कौन-सा कथन उचित है?

CTET May 2016

(a) चारों भाषाई कौशलों में 'सुनना' सर्वाधिक रूप से महत्त्वपूर्ण हो सकता है।
(b) 'सुनने' से भाषा के नियमों को आत्मसात नहीं किया जा सकता।
(c) भाषा की नियमबद्ध व्यवस्था को समझने में 'सुनने' का विशेष महत्त्व है।
(d) सुनना अपने आप में एक पृथक कौशल है।

12. पठन कौशल में 'बारीकी से पढ़ना' क्या है?

CTET 29th Dec 2021

(a) भाषा के चारों कौशलों के अध्ययन के लिए प्रयोग की जाने वाली युक्ति है।
(b) किसी पाठ्य सामग्री का सारांश करना तथा उसके मुख्य विचार को प्राप्त करना है।
(c) किसी पाठ्य सामग्री में विशिष्ट तथ्यों या सूचना को ढूंढने के लिए प्रयोग की गई पठन प्रविधि है।
(d) पाठ्य सामग्री के प्रत्येक अनुच्छेद के अंतिम वाक्य को पढ़ना है।

13. निम्नलिखित में से कौन-सा मौन पठन के बारे में सही है?

CTET 28th Dec 2021

(a) मौन पठन में, विद्यार्थियों से अपेक्षा की जाती है कि अपने होंठों को हिलाए बिना चुपचाप पढ़े।
(b) मौन पठन में विद्यार्थी पढ़ते समय होंठ हिला सकते हैं।
(c) मौन पठन में कक्षा में खुसपुसाहट होती है।
(d) मौन पठन में अध्यापक भी मौन रहती है।

बच्चे के स्कूल की भाषा एवं पड़ोस की भाषा में .... होना/होनी चाहिए।

- समरूपता

CTET - Ind Paper (VI-VIII) Feb. 2016

14. **सस्वर वाचन की कक्षा में सक्रिय श्रवण का प्रदर्शन करने के लिए कौन-सी गतिविधि सबसे कम उपयुक्त है?**

CTET 8th Jan 2022

(a) विद्यार्थी कहानी पढ़ रही है, जब भी वह गलती करती है, अध्यापिका उसे रोक देती है, सुधार करती है और दोहराने के लिए कहती है
(b) विद्यार्थी द्वारा कहानी पूरी पढ़ लेने के बाद अध्यापक उससे प्रश्न पूछती है - 'तुमने इस कहानी से क्या सीखा?'
(c) जैसे कि विद्यार्थी कहानी पढ़ रही है, अध्यापक उससे फॉलो-अप के लिए सवाल पूछती है, जैसे कि 'अमुक पर लेखक के विचारों के बारे में आप क्या सोचते हैं?'
(d) जैसे-जैसे विद्यार्थी कहानी का प्रत्येक खंड पढ़ती जाती है, अध्यापक पूरी कक्षा में कहानी के उस भाग का सारांश प्रस्तुत करती जाती है और विद्यार्थी को आगे के भाग पढ़ना जारी रखने के लिए कहती है

15. **एक अध्यापक कक्षा आठ के विद्यार्थियों को दस वाक्यों का एक अनुच्छेद पढ़कर सुनाती है और उन्हें ध्यान से सुनने के लिए कहती है।**
शिक्षार्थियों से कहा जाता है कि वे श्रवण के आधार पर इस अनुच्छेद को पुन: लिखें, अनुच्छेद में आए शब्दों ओर वाक्यों को उसी तरह से लिखने की ज़रूत नहीं है। उन्हें अनुच्छेद के अर्थ को ध्यान में रखना है। इस गतिविधि को क्या कहते हैं?

CTET 29th Dec 2021

(a) अनुच्छेद श्रुत लेख
(b) पारस्परिक श्रुत लेख
(c) वाक्यों द्वारा श्रुत लेख
(d) व्याकरण अनुवाद श्रुत लेख

16. **लेखन-कौशल में सर्वाधिक महत्वपूर्ण बिंदु है -**

CTET 22nd Dec 2021

(a) अक्षरों कि बनावट (b) मात्राओं का ज्ञान
(c) विचार (d) सुंदर लेखन

17. **निम्नलिखित में से कौन-सा तरीका विद्यार्थियों के लेखन-कौशल का आकलन करने के लिए सर्वश्रेष्ठ है?**

CTET 20th Dec 2021

(a) पाठ्यपुस्तक के पाठ पर आधारित प्रश्नों के उत्तर देना
(b) श्रुतलेख
(c) अपने अनुभव लिखना
(d) सुलेख प्रतियोगिता

18. **लेखन-कौशल में कौन-सा पक्ष सबसे कम महत्त्वपूर्ण है?**

CTET November 2012

(a) प्रिंट समृद्ध वातावरण
(b) अपने अनुभवों की लिखित अभिव्यक्ति
(c) लिखित कार्य पर शिक्षक की प्रतिक्रिया/टिप्पणी
(d) सुंदर लेखन का यांत्रिक अभ्यास

19. **भाषा-शिक्षण में बालक में मौखिक कौशल के विकास के लिए ________ सबसे कम महत्त्वपूर्ण है।**

CTET Feb 2015

(a) बच्चों की बात को धैर्य से सुनना
(b) प्रश्नों के उत्तर पूछना
(c) अपनी बात कहने का पूरा मौक़ा देना
(d) किसी विषय पर चर्चा करना

20. **लेखन की प्रक्रिया उपागम में क्या क्रम सम्मिलित है?**

CTET 8th Jan 2022

(A) प्रारूपण **(B) मानस मंथन**
(C) संपादन **(D) दोहराना**
(a) A, B, C, D (b) B, A, D, C
(c) C, D, A, B (d) A, D, B, C

ANSWER KEY

1.	C	2.	B	3.	A	4.	A	5.	B	6.	C	7.	B
8.	C	9.	C	10.	C	11.	*	12.	C	13.	A	14.	A
15.	A	16.	C	17.	C	18.	A	19.	B	20.	B		

शिक्षक की त्वयं की भाषा-प्रयोग की कुशलता है?

- बच्चों के भाषा-प्रयोग के लिए आदर्श रूप प्रस्तुत करती है।

CTET - IInd Paper (VI-VIII) Nov. 2012

सारांश नोट्स

भाषा

- **दो श्रेणी**
  - **ग्रहणशील**
    - बोलना
    - लिखना
  - **उत्पादक कौशल**
    - श्रवण
    - पठन
- **भाषा कौशल**
  - **श्रवण-कौशल**
    - विधियाँ
      - प्रश्नोत्तर
      - कहानी कहना व सुनना
      - श्रुतलेख
      - भाषण
      - दश्य-श्रवण सहायक सामग्री
      - कम्पयूटर
  - **मौखिक कौशल**
    - विधियाँ
      - वार्तालाप
      - सस्वर वाचन
      - प्रश्नोत्तर
      - कहानी सुनाना
      - चित्र-वर्णन
      - कविता सुनना व सुनाना
      - वाद-विवाद
      - सत्संग
      - पाठ का सार
      - भाषण
      - नाटक-प्रयोग
      - स्वतंत्र आत्मप्रकशन
  - **वाचन कौशल**
    - वाचन के प्रकार
      - सस्वर वाचन
        - आदर्श वाचन
        - अनुकरण वाचन
          - वैयक्तिक वाचन
          - सामूहिक वाचन
      - मौन वाचन
        - गम्भीर वाचन
        - द्रुत वाचन
    - विधियाँ
      - शब्द तत्व पर आधारित विधि
      - स्वरोच्चारण विधि
      - उपयुक्त विधि
  - **लेखन कौशल**
    - लेखन प्रक्रिया उपागम
      - पूर्वलेखन
      - प्रारूपण
      - संशोधन
      - संपादन
    - विधियाँ
      - मोंटेसरी विधि
      - रूपरेखानुकरण विधि
      - स्वतंत्र अनुकरण विधि
      - जेट कॉक विधि

"हर व्यक्ति को मैंने ही सच्चाई दिखाई।" वाक्य पर चर्चा करनेका उद्देश्य है?

-बच्चों को भाषा की नियमबद्ध प्रकृति की पहचान और उसका विश्लेषण करना सिखाना

CTET - IInd Paper (VI-VIII) Sep. 2014

4 व्याकरण की भूमिका

व्याकरण, गद्य और पद्य शिक्षण की विधियाँ

व्याकरण शिक्षण

शुद्ध भाषा सीखने के लिए व्याकरण का ज्ञान एवं प्रयोग आवश्यक होता है, जिसके लिए व्याकरण शिक्षण किया जाता है।

व्याकरण की भूमिका

- व्याकरण के नियमों का ज्ञान, छात्रों में "मौलिक" वाक्य संरचना की योग्यता का विकास करता है शुद्ध रूप से लिखिए तथा बोलने के कौशल का विकास करता है।
- विद्यार्थियों में भाषा की अशुद्धता को समझने की शक्ति का विकास करना।
- विद्यार्थियों को शुद्ध उच्चारण की शिक्षा प्रदान करना।
- व्याकरण से भाषा का शुद्ध प्रयोग सीखना तथा भाषा में दक्षता प्राप्त करना।
- विद्यार्थियों को विभिन्न ध्वनि का ज्ञान देना।

व्याकरण की विशेषताएँ

- भाषा की शुद्धता का साधन है साध्य नहीं है।
- भाषा के स्वरूप की सार्थक व्यवस्था करता है।
- गद्य-साहित्य का आधार व्याकरण है।
- भाषा की मितव्ययता व्याकरण से होती है।

व्याकरण के प्रकार

चौमस्की ने एक नवीन व्याकरण का विकास किया है जिसे व्यावहारिक व्याकरण की संज्ञा दी जाती है।

व्याकरण के तीन प्रकार है-

- **शास्त्रीय या सैद्धान्तिक व्याकरण:** व्याकरण के नियमों को विशेष महत्व दिया जाता है इसमें भाषा की शुद्धता को प्राथमिकता दी जाती है।
- **व्यावहारिक व्याकरण:** हिंदी भाषा का व्यावहारिक व्याकरण पुस्तक हिंदी भाषा के व्याकरण का परिचय कराने का माध्यम है। यह प्राथमिक रूप से स्नातकों के लिए तैयार की गई है।
- **प्रासंगिक व्याकरण:** इस व्याकरण में सम्प्रेषण की प्रभावशीलता एवं अभिव्यक्ति पर विशेष ध्यान देते हैं।

व्याकरण की भूमिका विधियाँ

विधियाँ
- भाषा-संसर्ग विधि या अव्याकृत विधि
- निगमन विधि
  - सूत्र विधि
  - पाठ्य-पुस्तक विधि
- आगमन विधि
- सहयोग विधि या समवाय विधि
- विश्लेषण-संश्लेषण विधि

1. **अव्याकृत विधि:** इसे संसर्ग विधि भी कहते है। इसमें बालक परिवार में रहकर नियमों को सीखे बिना ही संस्कृत भाषा का ग्रहण करता है।
2. **निगमन विधि:** यह नियमों और सिद्धांतों के प्रस्तुतीकरण तथा बाद में उदाहरणों के द्वारा उन नियमों के पुष्टीकरण से संबंधित है।
   - **सूत्र विधि:** गंभीर तथ्यों को सूक्ष्म रूप से रूप में बताना ही सूत्र कहलाता है।
   - **पाठ्य-पुस्तक विधि:** पाठ्य-पुस्तक विधि के अन्तर्गत छात्र पुस्तक पढ़कर ज्ञान प्राप्त करते हैं। इस विधि को प्रायः दो रूपों में प्रयुक्त किया जाता है, प्रथम रूप के अन्तर्गत अध्यापक पुस्तक को कक्षा में स्वयं पढ़ता है तथा दूसरे रूप के अन्तर्गत पुस्तक को छात्रों द्वारा पढ़वाया जाता है।

उच्च प्राथमिक स्तर पर हिन्दी भाषा-शिक्षण का सर्वाधिक सम्बन्ध है?

- हिन्दी की व्याकरणिक व्यवस्था को जानने से

CTET - IInd Paper (VI-VIII) Feb. 2016

3. **आगमन विधि:** आगमन विधि में विशिष्ट अनुभवों और उदाहरणों के माध्यम से सामान्य नियमों का निर्माण किया जाता है। यह बच्चों को सरल संप्रत्ययो के सहायता से नवीन ज्ञान का संचार करने में मदद करती है।
4. **समवाय विधि:** यह एक मनोवैज्ञानिक विधि है इस विधि के द्वारा व्याकरण की शिक्षा को स्वतंत्र रूप से प्रदान नहीं किया जाता है। इस विधि में व्याकरण शिक्षण को गद्य पद्य शिक्षण के माध्यम से सिखाया जाता है ।समवाय विधि को "सहयोग विधि" के नाम से भी जाना जाता है इसका प्रमुख गुण विषय वस्तु के साथ साथ ही व्याकरण का ज्ञान कराना है।
5. **विश्लेषण विधि:** यहाँ विश्लेषण शब्द का अर्थ "विभाजित" करना है। विश्लेषण की विधि में हम अज्ञात से ज्ञात की ओर जाते हैं। हम अज्ञात समस्या को सरल भागों में तोड़ते हैं और देखते हैं कि समाधान प्राप्त करने के लिए उन्हें कैसे पुनर्संयोजित किया जा सकता है।

   संश्लेषण विधि: संश्लेषण शब्द का अर्थ "संयोजन" करना है। संश्लेषण विधि में हम ज्ञात से अज्ञात की ओर बढ़ते हैं। हम उस चीज़ से शुरू करेंगे जिसे हम पहले से जानते हैं और इसे कथनों के अज्ञात भाग से जोड़ेंगे। इसलिए यह ज्ञात से अज्ञात की ओर बढ़ती है और यह विश्लेष विधि के विपरीत है।

व्याकरण के द्वारा संप्रेषण तथा लेखन कौशल का विकास

संप्रेषण तथा लेखन कौशल के विकास में व्याकरण की भूमिका का बहुत ही महत्व है बिना व्याकरण के ज्ञान के संप्रेषण तथा लेखन कौशल का विकास संभव नहीं होता है।

संप्रेषण कौशल के विकास में व्याकरण की भूमिका

1. यह बालक को में ऐसी क्षमता का विकास करने में सहायक है, जिससे कि वे अपने भावों को शुद्ध रूप से व्यक्त कर सकें।
2. बालकों के अशुद्ध उच्चारण को शुद्ध करने में सहायक।
3. इसके ज्ञान से बालक को में ऐसी क्षमता का विकास होता है, कि बालक प्रश्नों का उत्तर प्रवाह पूर्ण तरीके से दे सकें।
4. यह बच्चों में भाषा संबंधी अभिव्यक्ति का विकास करने में भी सहायक है।
5. व्याकरण शुद्ध एवं सही वाचन का अभ्यास करने में सहायक है।

लेखन कौशल के विकास में व्याकरण का महत्व

1. व्याकरण ज्ञान से छात्र पढ़ी तथा सुनी हुई बातों को शुद्ध रूप से तथा विराम चिन्हों का सही प्रयोग करते हुए लेखन कौशल का विकास कर सकते हैं।
2. यह छात्रों को लेखन शैली में मुहावरों, लोकोक्तियों का प्रयोग करने का शिक्षण देकर उनके लेखन कौशल में विकास करने में सहायक है।
3. व्याकरण से छात्रों में विभिन्न नए नए शब्दों की समझ विकसित हो जाती है जिसका प्रयोग करके भी अपने लेखन कौशल का विकास कर सकते हैं।
4. यह छात्रों को गद्य पद्य में अंतर समझा कर उनके लेखन कौशल का विकास करने में सहायक है।
5. व्याकरण छात्रों के लेखन में संज्ञा, सर्वनाम, विशेषण, क्रिया, प्रत्यय, उत्तर, तथा तत्सम शब्द, तद्भव शब्द आदि के प्रयोग से उनके लेखन कौशल में विकास करने में सहायक है

गद्य शिक्षण

गद्य शिक्षण के उद्देश्य

- कठिन शब्दों के अर्थ बताना एवं उनका वाक्य में उपयुक्त प्रयोग करना।
- लोकोक्तियों, मुहावरों, सूक्तियों का अन्तर एवं अर्थ उपयुक्त प्रयोग करना
- गद्य में निहित भाव एवं विचारों को स्पष्ट करना।

गद्य शिक्षण की विधियाँ

गद्य शिक्षण की मुख्य विधियों में सूक्ष्म अध्ययन व स्थूल अध्ययन सम्मिलित है। गद्य की इन विधियों का प्रयोग निम्न विभिन्न अंगों में बाँटकर किया जाता है-

- वाचन - आदर्श वाचन, अनुकरण, वाचन, सस्वर वाचन, मौन वाचन।
- व्याख्या - वाचन अध्ययन का यांत्रिक पक्ष है तो व्याख्या गद्यांश का भाव पक्ष है।

> व्याकरण की समझ को सन्दर्भपरक प्रश्नों के माध्यम से आँकना?
>
> **- पूर्णतः उचित है**
>
> **CTET - IInd Paper (VI-VIII) Feb. 2015**

- विचार विश्लेषण - वाक्य भाषा की सबसे छोटी सार्थक इकाई मानी गई है। वाक्य का अर्थ स्पष्ट करना, विचार विश्लेषण कहलाता है।
- अर्थ-बोध विधि - प्राथमिक स्तर पर गद्य शिक्षण का मुख्य उद्देश्य बालको के शुद्धकोश में वृद्धि करना माना जाता है, जिसके लिए अर्थ बोध विधि ही उपयोक्त मानी जाती हैं। करता हैं तो वह अर्थ बोध विधि कहलाती हैं।
- आदर्श विधि - हर्बर्ट की पंचपदी ही आदर्श विधि के रूप में प्रयुक्त होती है।

पद्य शिक्षण

पद्य शिक्षण के उद्देश्य

- गति, लय आदि के अवरोह एवं आरोह का ज्ञान कराना।
- छन्द, अलंकार एवं रसों का ज्ञान कराना।
- कवितांश में निहित भाव की अनुभूति कराना।
- कविता की काव्यगत विशेषताओं आदि को बताना।

कविता शिक्षण की प्रमुख विधियाँ

- **गीत व अभिनय विधि:** कविता को गाकर तथा अभिनय से सिखाया जाता है।
- **अर्थ बोध विधि:** अर्थ बोध विधि अथवा शब्दार्थ कथन विधि-यह सर्वाधिक प्रचलित विधि है। इस विधि में कविता में आए कठिन शब्दों का अर्थ बताते हुए कविता पढ़ाई जाती है। कविता पढ़ाने की यह विधि सर्वथा दोषपूर्ण है। शब्दार्थों पर बल देने से कविता एवं गद्यवत हो जाता है।
- **प्रश्नोत्तर अथवा खण्डान्वय विधि:** पद्यांश के खण्ड-खण्ड करके प्रत्येक तथ्य, भाव या विचार के सम्बन्ध में प्रश्न पूछा जाता है और अभीष्ट उत्तर प्राप्त करते हुए संपूर्ण विषयवस्तु का परिचय छात्रें को करा दिया जाता है।
- **व्याख्या विधि:** अर्थ-बोध व शब्दार्थ विधि के समान ही व्याख्यान विधि है। व्याख्या में शिक्षक कविता सम्बन्धित अर्त्तकथा विस्तार में प्रस्तुत करता है।
- **व्यास विधि:** यह विधि उच्च कक्षाओं के लिए उपयुक्त है। इसमें शिक्षक कथावाचन की भाँति उदाहरण देते हुए व्याख्या करता है।
- **तुलना विधि:** इस विधि से काव्य के व्यापक अध्ययन की ओर ध्यान जाता है। तुलना शक्ति, विवेचन क्षमता और सहज गुणों एवं अवगुणों की परख कर समालोचना करने की क्षमता का विकास होता है। इस विधि का उपयोग भी उच्च कक्षाओं के शिक्षण में किया जाता है।
- **समीक्षा विधि:** इसमें शिक्षक का अध्ययन कविता के अर्थ व्याख्या के साथ-साथ साहित्यिक आलोचना-सिद्धांतों को भी स्पष्ट करना है।

  इसमें शिक्षक का कार्य छात्रें को निर्देश देना होता है। साधारणतः समीक्षा तीन प्रकार से की जाती है-

  1. भाषा की समीक्षा
  2. काव्यगत भाव की समीक्षा
  3. उन सभी प्रभावों की समीक्षा करना जिनसे कवि को रचना करने में प्रेरणा तथा सहायता मिली है।

नोट:

शब्द भंडार

शब्द भंडार (शब्दकोश, शब्दावली) शब्दों का एक सेट है जो एक व्यक्ति अपने भाषण में समझता है और उपयोग करता है।

शब्द भंडार आमतौर पर दो प्रकारों में विभाजित होती है: सक्रिय और निष्क्रिय।

- **सक्रिय शब्द भंडा:** ये ऐसे शब्द हैं जो एक व्यक्ति नियमित रूप से मौखिक भाषण और लेखन में उपयोग करता है।
- **निष्क्रिय शब्द भंडार:** यह उन शब्दों का सेट है जो एक व्यक्ति कान से या पढ़ते समय जानता और समझता है, लेकिन खुद उनका उपयोग नहीं करता है।

'संदर्भ व्याकरण' का शैक्षिक निहितार्थ है?

- व्याकरण पाठ के संदर्भ में सिखाया जाता है

CTET - Ist Paper (I-V) Sep. 2016

अपना परीक्षण करें

1. व्याकरण-शिक्षण की अपेक्षाकृत बेहतर विधि है

CTET Sept 2014

(a) आगमन विधि (b) निगमन विधि
(c) सूत्र विधि (d) पुस्तक विधि

2. व्याकरण सीखने से क्या आशय है?

CTET 5th Jan 2022

(a) व्याकरण के नियम सीखना।
(b) सर्वप्रथम नियम सीखना और बाद में उसका प्रयोग कर सकना।
(c) अर्थ से संदर्भ में प्रयोग करना सीखना।
(d) किसी भी भाषा के लिखित और बोले जानें वाले स्वरूप में गलतियाँ निकालना।

3. व्याकरण के शिक्षण अधिगम के लिए कौन सा तरीका आदर्श होगा?

CTET 4th Jan 2022

(a) सहज भाव से चल रहे विमर्श में व्याकरणिक नियमों को प्रस्तुत करना और शिक्षार्थियों को उन्हें पहचानने के अवसर देना।
(b) शिक्षार्थियों को पहले नियम बताना और फिर विस्तृत व्याख्या करना, फिर गतिविधि करवाना।
(c) वाक्यों में नियम संरचित कर जितना अधिक संभव हो सके, अभ्यास करवाना।
(d) नियम बताना और शिक्षार्थियों को नियम याद करने के लिए मदद करना।

4. व्याकरण सीखने में कार्यविधिक (प्रक्रिया आधारित) ज्ञान है-

CTET24th Dec 2021

(a) आकृति और वर्णन करने के बारे में ज्ञान, तथा उसे सीमित अभ्यास में इस्तेमाल करना।
(b) व्याकरणिक रूप किस प्रकार कार्य करते हैं के प्रति समझ बनना तथा वैसा ही लागू करना।
(c) व्याकरण के नियमों को बाद में इस्तेमाल करने के उद्देश्य से सीखना।
(d) व्याकरण की पुस्तक में दिए गए व्याकरणिक रूपों के प्रति समझ बनना।

5. प्रभावी रूप से व्याकरण पढ़ाने के बारे में निम्नलिखित में से कौन-सा एक सही नहीं है?

CTET 21st Jan 2022

(a) वास्तविक सम्प्रेषण के रूप में प्रस्तुत करना
(b) संदर्भों के अनुसार व्याकरण के प्रासंगिक नियम बताना
(c) वास्तविक जीवन में सम्प्रेषण के समान अभ्यास करने के अवसर देना।
(d) नियमों को रटकर तथा अभ्यास करके व्याकरण सीखना।

6. संदर्भ में व्याकरण पर जोर ______

CTET 20th Dec 2021

(a) भाषा के नियमों के प्रति समझ बनाना है।
(b) भाषा के नियमों को कंठस्थ करना है।
(c) विषय- वस्तु का अनुवाद करना है।
(d) नियमों का अतिसामान्यीकरण करना है।

7. व्याकरणिक रूप के प्रति समझ बनाना, उन्हें वैसे ही प्रयोग में लागू करना है, क्या कहलाता है?

CTET 31st Dec 2021

(a) व्याकरण का कार्यविधिक ज्ञान
(b) व्याकरण का घोषणात्मक ज्ञान
(c) भाषा के विषय में ज्ञान
(d) व्याकरण के नियमों को सीखना और बाद में उनका प्रयोग करना।

8. प्रभावी रूप से व्याकरण पढ़ाने के बारे में निम्नलिखित में से कौन-सा एक सही नहीं है?

CTET 21st Jan 2022

(a) वास्तविक सम्प्रेषण के रूप में प्रस्तुत करना
(b) संदर्भों के अनुसार व्याकरण के प्रासंगिक नियम बताना

'पढ़कर समझना' कुशलता का विकास करने में सबसे कम महत्वपूर्ण है?

- कहानी पर आधारित व्याकरण समझाना

CTET - Ist Paper (I-V) Sep. 2016

(c) वास्तविक जीवन में सम्प्रेषण के समान अभ्यास करने के अवसर देना।
(d) नियमों को रटकर तथा अभ्यास करके व्याकरण सीखना।

9. काव्यशिक्षण का मुख्य उद्देश्य क्या है?

CTET 12th Jan 2022

(a) काव्य आनंद तथा विचारों के लिए है।
(b) काव्य व्याकरण सीखने के लिए है।
(c) काव्य कवि के बारे में जानने के लिए है।
(d) काव्य शब्द संपदा सीखने के लिए है।

10. गद्य शिक्षण में अपेक्षित नहीं है -

CTET Jan 2021

(a) तार्किक शक्ति का विकास
(b) अनुकरण क्षमता का विकास
(c) भाषा की बारीकियाँ समझना
(d) कल्पनाशीलता का विकास

11. गद्य पाठों के शिक्षण का उद्देश्य नहीं है-

CTET Sept 2015

(a) भाषा-संरचना की समझ बढ़ाना।
(b) विभिन्न प्रकार को भाषिक प्रयुक्तियों का परिचय देना।
(c) समृद्ध भाषा-प्रयोगों के उदाहरण प्रस्तुत करना।
(d) समस्त गद्य-विधाओं का पूर्ण ज्ञान देना।

12. व्याकरण सीखने में घोषणात्मक ज्ञान है-

CTET 24th Dec 2021

(a) प्रकारों के बारे में ज्ञान, वर्णन करना और बाद में उसे औपचारिक परिस्थितियों में प्रयोग करना।
(b) व्याकरणिक प्रयोग में किस प्रकार कार्य करते हैं, की समझ बनाना और उसे प्रयोग करना।
(c) रचनात्मक लेखन तथा दिन-प्रतिदिन के उद्देश्यों के लिए संप्रेषण में नियमों का प्रयोग करना।
(d) व्याकरण के नियमों में निपुणता प्राप्त करना और वास्तविक संप्रेषण/बातचीत में प्रयोग करना।

13. उच्च प्राथमिक स्तर पर व्याकरण-शिक्षण की सर्वाधिक उचित विधि है

CTET Feb 2014

(a) निगमन विधि (b) आगमन विधि
(c) भाषा-संसर्ग विधि (d) सूत्र विधि

14. 'पाठ्यपुस्तक में ही व्याकरण की समझ उत्पन्न करने का प्रयास करना चाहिए।' यह कथन -

CTET 22nd Dec 2021

(a) पूर्णतः असत्य है। (b) पूर्णतः सत्य है।
(c) आंशिक रूप से सत्य है। (d) निरर्थक है।

15. व्याकरण-शिक्षण के सन्दर्भ में आपका बल किस बिन्दु पर होगा?

CTET Feb 2015

(a) व्याकरण के नियमों की सैद्धान्तिक विवेचना पर
(b) व्याकरणिक कोटियों की पहचान पर
(c) व्याकरणिक नियमों को कंठस्थ करने पर
(d) व्याकरण के व्यावहारिक पक्ष पर

16. व्याकरण की कक्षा में हमें पहले ________ ।

CTET 16th Dec 2021

(a) व्याकरणिक रूप कैसे बनते हैं, इसकी व्याख्या करनी चाहिए।
(b) सामान्य चर्चा के द्वारा व्याकरण के रूप प्रस्तुत करने चाहिए।
(c) अनियमित रूपों की व्याख्या करनी चाहिए, यदि कोई है तो।
(d) उसके सामाजिक कार्यों का वर्णन करना चाहिए।

17. व्याकरण की कक्षा में हमें पहले ________ ।

CTET 16th Dec 2021

(a) व्याकरणिक रूप कैसे बनते हैं, इसकी व्याख्या करनी चाहिए।
(b) सामान्य चर्चा के द्वारा व्याकरण के रूप प्रस्तुत करने चाहिए।
(c) अनियमित रूपों की व्याख्या करनी चाहिए, यदि कोई है तो।
(d) उसके सामाजिक कार्यों का वर्णन करना चाहिए।

18. व्याकरण की कक्षा में हमें पहले ________ ।

CTET 16th Dec 2021

(a) व्याकरणिक रूप कैसे बनते हैं, इसकी व्याख्या करनी चाहिए।

एक समावेशी कक्षा में भाषा-शिक्षण के सिद्धांतों के प्रतिकूल है?

- व्याकरण के नियम सिखाने से बच्चों का भाषा- विकास शीघ्रता से होगा।

CTET- Ist Paper (I-V) June 2011

(b) सामान्य चर्चा के द्वारा व्याकरण के रूप प्रस्तुत करने चाहिए।

(c) अनियमित रूपों की व्याख्या करनी चाहिए, यदि कोई है, तो।

(d) उसके सामाजिक कार्यों का वर्णन करना चाहिए।

19. व्याकरण के अभ्यास -

CTET 17th Jan 2022

(a) संदर्भ के अनुसार होने चाहिए।

(b) जीवन-उन्मुख होने चाहिए।

(c) पूर्णतया रूप केंद्रित होने चाहिए।

(d) रटने पर केंद्रित होने चाहिए।

20. पाठ के सन्दर्भ में ही सहज रूप में आए व्याकरणिक बिन्दुओं को उसी सन्दर्भ में स्पष्ट करना ________ कहलाता है।

CTET 22nd Dec 2021

(a) सूत्र-प्रणाली (b) पाठ्य-पुस्तक प्रणाली

(c) पाठ में व्याकरण (d) सन्दर्भ व्याकरण

ANSWER KEY													
1.	A	2.	C	3.	A	4.	B	5.	D	6.	A	7.	A
8.	D	9.	A	10.	D	11.	D	12.	A	13.	B	14.	B
15.	D	16.	B	17.	B	18.	B	19.	A	20.	D		

सारांश नोट्स

शिक्षण

व्याकरण शिक्षण

तीन प्रकार
- शास्त्रीय या सैद्धान्तिक व्याकरण
- व्यावहारिक व्याकरण
- प्रासंगिक व्याकरण

विधियाँ
- भाषा-संसर्ग विधि या अव्याकृत विधि
- निगमन विधि
  - सूत्र विधि
  - पाठ्य-पुस्तक विधि
- आगमन विधि
- सहयोग विधि या समवाय विधि
- विश्लेषण-संश्लेषण विधि

गद्य शिक्षण

विधियाँ
- वाचन
- व्याख्या
- विचार विश्लेषण
- अर्थ-बोध विधि
- आदर्श विधि

पद्य शिक्षण

विधियाँ
- गीत व अभिनय विधि
- अर्थ बोध विधि अथवा शब्दार्थ कथन विधि
- व्याख्या विधि
- व्यास विधि
- तुलना विधि
- समीक्षा विधि

उपचारात्मक शिक्षण की सफलता मुख्यतः निर्भर करती है?

- समस्याओं की पहचान पर

CTET - IInd Paper (VI-VIII) Jan. 2012

5 भाषाई विविधता

बहुभाषिक तथा शिक्षण चुनौतियाँ

बहुभाषी कक्षा

बहुभाषी कक्षा से तात्पर्य एक ऐसी कक्षा से है जिसमें दो से अधिक प्रकार की बोली जाने वाली भाषा के छात्रों की उपलबध्ता हो और साथ में उन्हें अपनी-अपनी भाषा में बोलनें के अवसरों की भी उपलब्धता हो अथवा ऐसी कक्षा जिसमें दो से अधिक मातृभाषा बोलने वाले छात्रों की उपलब्धता के साथ उन्हे अपनी-अपनी भाषा में बोलने के अवसरों की भी उपलब्धता हो तथा प्रत्येक बच्चे के घर की बोली को सम्मान दिया जाता हो।

- बहु-भाषिकता भारत की संस्कृति का अभिन्न अंग है। भारत एक बहुभाषी देश है।
- बहु-भाषिकता पर हुए अध्ययनों से स्पष्ट हुआ है कि बहु-भाषिकता समाज में संप्रेषण को बाधित करने के बजाय सहायता प्रदान करती है।
- बच्चों की गृहभाषा के प्रयोग को सम्मान देती है।
- बच्चों को उनकी गृहभाषा में कहने सुनने की आजादी देती है।
- बहु-भाषिक बच्चों की वैचारिक क्षमता अन्य बच्चों की तुलना में अच्छी होती है।
- कक्षा में विभिन्न भाषाों का प्रयोग करना सांस्कृति आदान प्रदान का भी माध्यम है।
- कक्षा में बच्चें अलग-अलग भाषायी- सांस्कृतिक पृष्ठभूमी से आते हैं।
- कक्षा में सभी बच्चों की भाषा को उचित स्थान देना ही, बहु-भाषिकता है।
- बहु-भाषिकता पर हुए अध्ययनों से पता चलता है, कि बहुभाषिकता बच्चों की संज्ञानात्मक विकास, सामाजिक सहिष्णुता, विस्तृत चिंतन एवं बौद्धिक उपलब्धियों के स्तर को बढ़ाती है।

कक्षा-कक्ष में बहुभाषिकता एक संसाधन के रूप में

- बहुभाषिक कक्षा विद्यार्थियों के शब्द भण्डार में वृद्धि करती है। बच्चे अपने विचारों को अपनी मातृ भाषा में सहज रूप से व्यक्त करते है जिससे उनके मौखिक कौशल का विकास होता है। बहुभाषिकता का गुण बच्चों में रचनात्मकता का विकास करने में सहायक होता है।
- कक्षा में विभिन्न भाषाओं का प्रयोग करना सांस्कृतिक आदान-प्रदान का भी माध्यम है। भिन्न-भिन्न भाषाओं के प्रयोग करने से सभी छात्रों को एक-दूसरे की भाषा समझने का अवसर मिलता है तथा वह अपनी मातृभाषा का सम्मान करने के साथ ही दूसरों की भाषाओं एवं संस्कृतियों का सम्मान करना सीखते हैं।
- बहुभाषिक क्षमता संज्ञानात्मक वृद्धि, सामाजिक सहिष्णुता, विस्तृत चिन्तन और बौद्धिक उपलब्धियों के स्तर को बढ़ाती है, इसलिए भाषाओं को विद्यालयों में एक संसाधन के रूप में प्रयोग किया जा सकता है।
- अलग-अलग भाषिक पृष्ठभूमियों से होने के कारण बच्चों के शब्दों व उनके उच्चारण में भिन्नता पाई जाती है, इसलिए भाषिक पृष्ठभूमि के आधार पर किसी को पीछे नहीं छोड़ा जा सकता। बच्चो की भाषा विविधता को एक संसाधन के रूप में प्रयोग किया जा सकता है।
- इस बात के प्रमाण भी मिले हैं कि द्वि-भाषी बच्चों की वैचारिक क्षमता अन्य बच्चों की तुलना में अच्छी होती है।

कक्षा-कक्ष में बहुभाषिकता एक चुनौती के रूप में

बच्चों पर क्षेत्रीय भाषाओं का प्रभाव: भारत एक बहुभाषी देश है। विभिन्न क्षेत्रों की अपनी भाषा होती है और क्षेत्रीय भाषाओं का छात्रों पर प्रभाव पड़ता है, जो शिक्षण प्रक्रिया में एक चुनौती है।

स्वलीन विकार (ऑटिस्टिक डिस्ऑर्डर) में बच्चा?

- सामाजिक अन्त:क्रिया और सम्प्रेषण में कठिनाई का अनुभव करता है

CTET-IInd Paper (VI-VIII) June 2011

छात्रों में भाषाई कौशल विकसित करने की चुनौती: भाषाई विविधता के कारण छात्रों को भाषा कौशल के विकास में चुनौतियों का सामना करना पड़ सकता है, क्योंकि क्षेत्रीय भाषा के प्रभाव का भाषाई कौशल पर भी प्रभाव पड़ सकता है।

शिक्षक के लिए बहुभाषा की चुनौती: यदि किसी शिक्षक को अपने क्षेत्र से दूर किसी अन्य क्षेत्र में पढ़ाने के लिए कहा जाता है जहां वह शिक्षक वह भाषा नहीं जानता जो उस क्षेत्र में बोली जाती है, तो वहां शिक्षक द्वारा बच्चो को पढ़ाना एक चुनौती होती है।

भाषा के प्रति बच्चों की रुचि और योग्यता का अभाव: भाषा शिक्षण की समस्याओं में से एक समस्या यह है कि छात्रों में भाषा के प्रति रुचि और प्रवृत्ति की कमी होती है, जिससे भाषा शिक्षण का कार्य अधिक चुनौतीपूर्ण हो जाता है।

अधिक भीड़-भाड़ वाली कक्षाएँ: अधिक भीड़-भाड़ वाली कक्षाएँ आमतौर पर शिक्षक की भाषा को प्रभावी ढंग से पढ़ाने की क्षमता को कम कर देती हैं और शिक्षार्थियों के भाषा शिक्षण को प्रभावित करती है।

अध्ययन सामग्री की कमी: भाषा विविधता वाली कक्षा में भाषा शिक्षण के लिए अध्ययन सामग्री की कमी भी एक समस्या है।

समस्याओं का समाधान

- बहुभाषीक कक्षा मैं शिक्षण अधिगम प्रक्रिया को सरल बनाने के लिए अध्यापक को समृद्ध भाषिक परिवेश का निर्माण करना चाहिए।
- बच्चे के स्कूल की भाषा और घर एवं पड़ोस की भाषा में समरूपता होनी चाहिए
- बच्चे प्रारंभ से ही बहु भाषिक शिक्षा प्राप्त कर सकें, इसके लिए त्रिभाषा फार्मूला को उसके मूल भाव के साथ लागू किए जाने की जरूरत है।
- बच्चों को प्राथमिक स्तर की विद्यालय शिक्षा उनकी मातृभाषा में दी जाए, जिससे शिक्षण अधिगम प्रक्रिया सरल एवं छात्रों के लिए सहज हो सके।
- बहुभाषी कक्षा में शिक्षण प्रक्रिया के दौरान अध्यापक को सदैव विद्यार्थियों को अपनी मातृभाषा में बोलने के अवसर प्रदान करनी चाहिए।
- शिक्षक को सभी छात्रों को सामान भाव से देखना चाहिए, तथा सबकी भाषा और विचारों को सम्मान देना चाहिए।
- सभी छात्रों को विश शिक्षण प्राप्त करने की प्रक्रिया में समान अवसर देना चाहिए, ताकि कोई भी छात्र अपने आप को कमजोर ना समझे।

बच्चों में भाषा संबंधित त्रुटियां

बच्चों में भाषा संबंधी बहुत सी त्रुटियां पाई जाती हैं इन्हीं कारणों से कुछ बच्चे कक्षा में पिछड़ जाते हैं तथा भाषा शिक्षण में कम रूचि लेने लगते हैं बच्चों में भाषा संबंधी प्रमुख त्रुटियां इस प्रकार है।

1. **उच्चारण संबंधी त्रुटियां:** सीखने वाली भाषा के शब्दों का उच्चारण मानक भाषा से थोड़ा भिन्न होता है इसीलिए बच्चे शब्द तथा अक्षरों के उच्चारण में त्रुटियां करते हैं। उदाहरण के लिए कुछ छात्र व तथा ब , स तथा श , ड तथा ढ आधे अक्षरों को सही से उच्चारित नहीं कर पाते हैं।
2. **व्याकरण संबंधित त्रुटियां:** छात्र अक्सर द्वितीय भाषा सीखते समय व्याकरण संबंधित त्रुटियां करते हैं। व्याकरण अशुद्धियों में लिंग,, वचन, कारक आदि सम्मिलित होते हैं। व्याकरण त्रुटियों से बचने के लिए व्याकरण नियमों का सही ज्ञान होना अत्यंत आवश्यक होता है।
3. **पाठन संबंधित त्रुटियां:** यह कुछ छात्रों में पढ़ने संबंधी कठिनाई तथा त्रुटि आ पाई जाती है, क्योंकि पूर्व माध्यमिक कक्षाओं में उनका यह कौशल पूर्ण रूप से विकसित नहीं किया गया होता है। जिसके कारण उन्हें पढ़ने में कठिनाई आती है। दुनिया तेज पढ़ना विराम चिन्हों की उपेक्षा, संवादों को भावों अनुसार ना पढ़ पाना, अशुद्ध उच्चारण, सही सुर तथा लय का प्रयोग ना करना आदि पाठन संबंधित त्रुटियां होती है।
4. **लेखन संबंधी त्रुटियां:** छात्रों में लेखन संबंधित त्रुटियां पाई जाती है मात्राओं की अशुद्धियां, वर्णों को उचित आकार में ना लिख पाना, उल्टे अक्षर लिखना, शिरोरेखा ना लगाना आदि लेखन संबंधित त्रुटियां कहलाती है
5. **शब्दावली संबंधित त्रुटियां:** छात्रों में शब्दावली संबंधित त्रुटियां पाई जाती हैं।

भाषा के सन्दर्भ में निदानात्मक परीक्षण का उद्देश्य है?

- बच्चों की भाषा-प्रयोग सम्बन्धी कठिनाइयों के सम्भावित कारणों की पहचान करना

CTET - IInd Paper (VI-VIII) Jan. 2012

भाषागत त्रुटियों के प्रकार

दो श्रेणी

व्यवस्थित त्रुटियां | अव्यवस्थित त्रुटियां

1. **व्यवस्थित त्रुटियां:** इसका अभिप्राय भाषा व्यवहार की उन अशुद्धियों से है जो किसी व्यक्ति के पारिवारिक और परिवेश संस्कारों के चलते उत्पन्न होती है, इस प्रकार की अशुद्धियां स्थाई होती है और इन अशुद्धियों में अनुचित उच्चारण और शब्दों के शुद्ध रूप का प्रयोग साधारण है आमतौर पर इस प्रकार की अशुद्धियां किसी एक व्यक्ति के भाषा व्यवहार में ही ना होकर उस परिवेश के सभी प्रयोक्ताओं मैं समान रूप से मौजूद होती हैं।
2. **अव्यवस्थित त्रुटियां:** इस प्रकार की त्रुटियां/ अशुद्धियां स्थाई ना होकर तात्कालिक कारणों से होती है। इन के कारणों में शीघ्रता हरबड़ाहट, क्रोध जैसे आवेग के प्रमुख है, इस प्रकार की त्रुटियां कभी भी एक समान नहीं होती है क्योंकि भाषा प्रयोक्ता सही भाषा की सही रूप से परिचित होता है।

त्रुटियों के कारण

1. **मातृभाषा व्याघात:** द्वितीय भाषा सीखने वाले छात्रों पर मातृभाषा का स्पष्ट प्रभाव देखता है, क्योंकि शिक्षार्थी द्वितीय भाषा की ध्वनियों को अपनी पहली सीखी हुई, भाषा की ध्वनियों के संदर्भ में ग्रहण करता है
2. **लक्ष्य भाषा की संरचनात्मक जटिलता:** भाषा की संरचना भिन्न होने से द्वितीय भाषा सीखने वाले छात्र भाषा के कुछ स्तरों पर अधिकार प्राप्त नहीं कर पाते, और उन्हें कठिनाई होती है तथा भी त्रुटियां करते हैं
3. **अच्छे शिक्षकों का अभाव:** अच्छे शिक्षकों के अभाव के कारण छात्र भाषा में उच्चारण गत अशुद्धियां करते हैं क्योंकि यदि शिक्षक स्वयं ही किसी वर्ण यहां शब्द को गलत तरह से उपचारित करेगा तो छात्र भी वैसा ही उच्चारण सीखेंगे

- उच्चारण का मानक भाषा (मातृभाषा) सेविंग होना
- छात्रों की मानसिक स्थिति ठीक ना होने के कारण भी कई त्रुटियां हो सकती
- विज्ञान शब्दावली से अपरिचित या उसका ज्ञान ना होने के कारण भी त्रुटियां होती है

भाषागत त्रुटियों को दूर करने के उपाय

- बालकों को सही अक्षर बोध कराना।
- बालकों को विभिन्न अक्षरों की ध्वनियों का बोध कराना।
- उन्हें संयुक्त अक्षरों (ड , ढ\व ,ब \ स ,श) आदि से अवगत कराना।
- लघु तथा दीर्घ ध्वनि का बोध कराने।
- सही उच्चारण से खाना तथा ज्यादा से ज्यादा अभ्यास कराना।
- बालक को बलाघात का ज्ञान कराना।
- छात्रों को लघु और दीर्घ अक्षरों से परिचित करवाना।
- उच्चारण को सुधारने के लिए पाठ को बोल बोल कर पढ़ने का निर्देश देना चाहिए।
- एक समान त्रुटियां करने वाले विद्यार्थियों का समूह बनाकर दोष सुधार की व्यवस्था की जानी चाहिए।

भाषा अक्षमता

- अधिगम अक्षमता आंतरिक है और केंद्रीय तंत्रिका तंत्र की शिथिलता के कारण है।
- यह एक परिवर्तनशील स्थिति है जिसे उपयुक्त समझ वाले निविष्ट द्वारा संबोधित किया जा सकता है।
- इसे सांस्कृतिक अभाव का श्रेय नहीं दिया जा सकता क्योंकि यह किसी भी संस्कृति के बच्चों को प्रस्तुत कर सकता है।
- इसे शैक्षिक अभाव के लिए जिम्मेदार नहीं ठहराया जा सकता है क्योंकि यह औसत या उससे अधिक औसत बुद्धि वाले बच्चों में भी मौजूद हो सकता है।

भाषा विकार के प्रकार

- **डिस्ग्राफिया:** यह एक कमी है जो सुसंगत रूप से लिखने की क्षमता को प्रभावित करती है।

हिंदी-प्रयोग के विविध रूपों को जानने के लिए सर्वाधिक उपयोगी साधन हो सकता है?

- बाल साहित्य का विविध उपयोग

CTET - Ist Paper (I-V) July 2013

- **डिस्कैल्कुलिया:** यह एक विकलांगता है जो शिक्षार्थियों की गणितीय गणना करने की क्षमता को प्रभावित करती है।
- **डिस्फेजिया:** एक भाषा विकार जो संचार कौशल और समझ क्षमता को प्रभावित करता है।
- **डिस्प्रैक्सिया:** यह एक मोटर विकार है जो ध्वनियों के उत्पादन के लिए जीभ और होंठों के समन्वय को प्रभावित करता है। जिससे वाक् क्षमता प्रभावित होती है।
- **अफेज्या:** भाषा की एक हानि जो संचार करने की क्षमता को प्रभावित करती है।
- **डिससार्थ्रिया:** एक तंत्रिका संबंधी विकार जो भाषण को बाधित करता है।
- **डिस्टोपिया:** एक काल्पनिक दुनिया जिसमें लोग अतिदुखी और भयभीत जीवन जीते हैं।
- **स्वलीनता (ऑटिज़्म):** स्वलीनता (ऑटिज़्म) एक विकासात्मक दिव्यांगता है, जो ज्यादातर बच्चों में देखी जाती है जो महत्वपूर्ण सामाजिक, संचार और व्यवहार संबंधी चुनौतियों का कारण बन सकती है। यह मुख्य रूप से एक जटिल स्थिति है जिसमें संचार और व्यवहार की समस्याएं होती हैं।
- **A.D.H.D (ध्यान आभाव सक्रियता विकार):** A.D.H.D (ध्यान आभाव सक्रियता विकार) सबसे आम बाल्यावस्था के विकारों में से एक है। यह एक जटिल तंत्रिका विकास संबंधी विकार है जो अति सक्रियता और बच्चे के व्यवहार की ओर ले जाता है। इसके लक्षणों में ध्यान केंद्रित करने और ध्यान देने में कठिनाई शामिल है

अपना परीक्षण करें

1. बहुभाषिकता है...

CTET 23rd Dec 2021

(a) जितना संभव हो उतनी भाषाएँ सीखना
(b) केवल मातृभाषा/घर की भाषा सीखना
(c) मातृभाषा/घर की भाषा से आरंभ करके विद्यालय में और भाषाएँ जोड़ने की ओर बढ़ना
(d) मातृभाषा से आरंभ करके अंग्रेजी माध्यम की ओर बढ़ना तथा हाईस्कूल में अन्य भाषा जोड़ना

2. बहुभाषिकता से निश्चित _______ लाभ होते हैं।

CTET 22nd Dec 2021

(a) भावनात्मक (b) व्यवहारगत
(c) संज्ञानात्मक (d) संक्रियात्मक

3. बहुभाषिकता

CTET Nov 2012

(a) बच्चे की अस्मिता का निर्माण करती है
(b) भाषा की कक्षा में अनेक प्रकार की समस्याएँ उत्पन्न करती है
(c) एक अत्यंत जटिल चुनौती है जिसका समाधान संभव नहीं है
(d) भाषा-नीति बनाने में बहुत बड़ी बाधा है

4. युक्ति के रूप में बहुभाषिकता का क्या अर्थ है?

CTET 6th Jan 2022

(a) विद्यालय में अनेक भाषाओं का शिक्षण
(b) सभी शिक्षार्थियों की मातृभाषाओं का शिक्षण-अधिगम
(c) शिक्षार्थियों की भाषाओं का प्रयोग करना
(d) शिक्षार्थियों को विदेशी भाषाएँ सीखने में समर्थ बनाना

5. बहुभाषिक कक्षा की दृष्टि से कौन-सा क्रियाकलाप अपेक्षाकृत अधिक उचित है?

CTET 22nd Dec 2021

(a) अपनी भाषा के पाँच शब्द बोलो।
(b) अपनी भाषा के पाँच शब्द लिखो।
(c) अपनी भाषा के दस वाक्य लिखो।
(d) अपनी भाषा में कहानी सुनाइए।

6. बहु-भाषिकता हमारी पहचान भी है और हमारी _______ व _______ का अभिन्न अंग भी।

CTET December 2019

(a) सभ्यता, संस्कृति (b) सभ्यता, साहित्य
(c) संस्कृति, साहित्य (d) संस्कृति, चुनौतियों

उच्च प्राथमिक स्तर पर लेखन क्षमता का आकलन करते समय आप किस बिन्दु को सर्वाधिक महत्त्व देंगे-

- विचारों की मौलिकता

CTET - IInd Paper (VI-VIII) Sep. 2016

7. **बहुभाषिता का प्रयोग एक संसाधन के रूप में करना चाहिए जिससे-**

CTET 27th Dec 2021

(a) बच्चे बहुत सी भाषाएँ सीख सकें।
(b) शिक्षक बहुत सी भाषाएँ सीख सकें।
(c) प्रत्येक बच्चे को सुरक्षा एवं स्वीकृति का अहसास हो।
(d) बच्चे बहुत सी भाषाओं से भ्रमित हो जाते हैं।

8. **बहुभाषिक शिक्षा एक ऐसी प्रक्रिया है जिसमें शिक्षार्थी विद्यालय में अतिरिक्त भाषा सीखने से पहले ________ से शुरुआत करते हैं**

CTET 29th Dec 2021

(a) अपनी मातृभाषा (b) द्वितीय भाषा
(c) संकेत भाषा (d) बहु भाषाओं

9. **एक रणनीति के रूप में आप बहुभाषिकता से क्या समझते हैं?**

CTET 10th Jan 2022

(a) शिक्षार्थियों की भाषा का प्रयोग करना।
(b) विद्यालय में अनेक भाषाएँ पढ़ाना।
(c) अंग्रेज़ी और भारतीय भाषाओं में पढ़ाना।
(d) केवल मातृभाषा के माध्यम से पढ़ाना।

10. **'विद्यालयी शिक्षा मे बहुभाषिकता एक योजना के रूप में' का क्या अर्थ है?**

CTET 23rd Dec 2021

(a) सभी बच्चे अपनी विद्यालयी शिक्षा अपनी मातृभाषा घर की भाषा में आरंभ करते है तथा जैसे-जैसे प्रगति करते हैं उसमें और अधिक भाषाएँ जोड़ते जाते हैं।
(b) सभी बच्चे निर्देश के माध्यम के रूप में राज्य भाषा में सीखते हैं तथा अंग्रेजी और हिन्दी सीखते हैं।
(c) सभी बच्चे आधारभत स्तर से अंग्रेजी, राज्य भाषा तथा हिन्दी सीखते हैं।
(d) प्राथमिक स्तर पर माध्यम के रूप में मातृ-भाषा तथा उच्च प्राथमिक स्तर पर अंग्रेजी माध्यम के रूप में

11. **बहुभाषिक कक्षाओं में बच्चों की घर की भाषा को स्थान देने की दृष्टि से कौन-सा कार्य सर्वाधिक प्रभावी है?**

CTET Dec 2018

(a) हिंदी भाषा के शब्दों को अपनी भाषा में कहो
(b) हिंदी भाषा के शब्दों को अपनी भाषा में लिखो
(c) हिंदी भाषा में सुनी कहानी को अपनी भाषा में कहो
(d) अपनी भाषा में अपनी पसंद का कोई गीत सुनाओ

12. **मैं अपनी कक्षा में बहुभाषिकता को महत्त्व देती हूँ, इसलिए मैं:**

CTET Sep 2015

(a) श्यामपट्ट पर हिन्दी भाषा के शब्दों के अर्थ दो भाषाओं में अवश्य लिखती हूँ।
(b) सभी बच्चों को अपनी मातृभाषा में कहने सुनने की आज़ादी देती हूँ।
(c) भिन्न-भिन्न भाषाओं की पुस्तकों का आदर करती हूँ।
(d) बच्चों को कई भाषाओं की कविताओं का गान करवाती हूँ।

13. **भारतीय कक्षाएँ बहुभाषी कक्षाएँ होती हैं। बहुभाषिकता के इस संदर्भ को ध्यान में रखते हुए प्राथमिक स्तर पर बहुभाषी कक्षा के बारे में निम्नलिखित में से कौन सा एक सर्वाधिक उपयुक्त है?**

CTET 16th Dec 2021

(a) शिक्षक को शिक्षार्थी की भाषा को नजरअंदाज करते हुए, विद्यालय की भाषा पर ध्यान देना चाहिए।
(b) घर की भाषा या मातृभाषा, घर पर बोलनी चाहिए न कि विद्यालय में बोलनी चाहिए।
(c) भारत में एकल भाषी विद्यालय होने चाहिए तथा शिक्षार्थियों को उनकी भाषा की प्राथमिकताओं के अनुसार प्रवेश देना चाहिए।
(d) शिक्षक, शिक्षार्थियों को उनकी स्वयं की भाषा में संप्रेषण करने एवं अभिव्यक्ति हेतु प्रोत्साहित करें तथा उनके विचारों को सम्मान दें।

14. **बहुभाषावाद शिक्षा का एक ऐसा संसाधन है जिसका उद्देश्य है -**

CTET 1st Jan 2022

(a) शिक्षण-अधिगम के लिए शिक्षार्थियों की भाषाओं का उपयोग करना।

पठन-पाठन के अन्त में ऐसे अभ्यास एवं गतिविधियाँ हों, जो

- बच्चों को स्वयं कुछ करने और सीखने का अवसर प्रदान करें

CTET - Ist Paper (I-V) Feb. 2015

(b) शिक्षार्थियों को यथासंभव अधिक से अधिक भाषाएँ सिखाना।

(c) शिक्षण अधिगम के लिए शास्त्रीय भाषाओं का उपयोग करना।

(d) नौकरियों के लिए अंग्रेज़ी भाषा और संस्कृति के लिए मातृभाषा सीखने के सक्षम बनाना।

15. एक बहुभाषिक कक्षा में शिक्षक को संसाधन सामग्री का निर्माण, चयन करते समय _______ पर सबसे अधिक ध्यान देना चाहिए।

CTET 22nd Dec 2021

(a) भाषाओं की जटिलता

(b) भाषिक विविधता

(c) संसाधन सामग्री का मूल्य

(d) संसाधन सामग्री की उपलब्धता

16. बहुभाषी कक्षा में पढ़ाते हुए शिक्षक विविधता के मुद्दे पर किस तरह चर्चा कर सकते हैं?

CTET 1st Jan 2022

(a) कक्षा में विद्यालय की भाषा का प्रयोग करने की अनिवार्यता का आदेश देकर।

(b) बच्चों को उनकी मातृभाषा में नहीं बोलने के लिए हतोत्साहित करने के द्वारा।

(c) विद्यार्थी की मातृभाषा को महत्व देकर।

(d) मातृभाषा के प्रयोग को अनदेखा करके।

17. मातृभाषा आधारित बहुभाषावाद क्या है?

CTET 5th Jan 2022

(a) किसी की विद्यालयी शिक्षा मातृभाषा में आरंभ करना और बाद में अनेक भाषाओं को जोड़ते जाना।

(b) किसी की विद्यालयी शिक्षा मातृभाषा में आरंभ करना और बाद में अंग्रेजी को माध्यम के रूप में लेना।

(c) माध्यम के रूप में मातृभाषा में सीखना और अंग्रेजी को एक भाषा के रूप में सीखना।

(d) विद्यालयी शिक्षा के प्राथमिक वर्षों के दौरान जहाँ तक संभव हो सके अधिक से अधिक भाषाएँ सीखना।

18. बहुभाषिक कक्षा में बच्चों की भाषाएँ-

CTET Dec 2018

(a) संसाधन के रूप में कार्य कर सकती है

(b) शिक्षक के लिए बेहद जटिल चुनौती है

(c) आकलन की प्रक्रिया को बाधित करती है

(d) भाषा सीखने की प्रक्रिया को बाधित करती है

19. विद्यालयी शिक्षा में 'बहुभाषिकता' से क्या तात्पर्य है?

CTET 30th Dec 2021

(a) जहाँ तक संभव हो, अधिक से अधिक भाषाएँ सीखना

(b) मातृभाषा का एक भाषा और माध्यम की भाषा के रूप में शिक्षण अधिगम

(c) मातृभाषा / घर की भाषा का शिक्षण अधिगम और फिर आगे जाकर अनेक भाषाओं से जुड़ते जाना

(d) तीन भाषाओं का शिक्षण अधिगम जिनमें शामिल हैं- मातृभाषा, हिन्दी, अंग्रेज़ी और एक विदेशी भाषा

20. इनमें से कौन-से बहुभाषावाद के लाभ हो सकते हैं?

(i) समृद्ध शब्दावली और प्रभावशाली भाषण

(ii) अन्य संस्कृतियों के प्रति सहिष्णुता और सम्मान

(iii) सीमित रोजगार के अवसर

(iv) पराभाषिक जागरूकता

CTET 1st Jan 2022

(a) (i), (ii), (iii) (b) (ii), (iii)

(c) (i), (ii) (d) (i), (ii), (iv)

ANSWER KEY

1.	C	2.	B	3.	A	4.	C	5.	D	6.	A	7.	C
8.	A	9.	A	10.	A	11.	D	12.	B	13.	D	14.	A
15.	B	16.	C	17.	A	18.	A	19.	C	20.	D		

कक्षा 8 के लिए पाठ्य-पुस्तक का निर्माण करते समय महत्वपूर्ण है?

- विधागत विविधता होना

CTET - IInd Paper (VI-VIII) Sep. 2016

सारांश नोट्स

भाषाई विविधाता

बहु-भाषिकता

- संस्कृति का अभिन्न अंग
- समाज में संप्रेषण को सहायता प्रदान
- गृहभाषा के प्रयोग को सम्मान
- सांस्कृति आदान प्रदान का भी माध्यम
- अस्मिता का निर्माण

चुनौती

- बच्चों पर क्षेत्रीय भाषाओं का प्रभाव
- छात्रों में भाषाई कौशल विकसित करने की चुनौती
- शिक्षक के लिए बहुभाषा की चुनौती
- भाषा के प्रति बच्चों की रुचि और योग्यता का अभाव
- अधिक भीड़-भाड़ वाली कक्षाएँ
- अध्ययन सामग्री की कमी

त्रुटियां

दो श्रेणी

- व्यवस्थित त्रुटियां
- अव्यवस्थित त्रुटियां

त्रुटियों के कारण

- मातृभाषा व्याघात
- लक्ष्य भाषा की संरचनात्मक जटिलता
- अच्छे शिक्षकों का अभाव

भाषा अक्षमता

अक्षमता	संबंधित
डिस्लेक्सिया	पढ़ना
डिसकेल्कुलिया	गणना
डिसग्राफिया	लेखन
एडीएचडी	ध्यान आभाव
ऑटिज्म	सामाजिक संबंध

पाठ्य-पुस्तक को आधार बनाकर पूछे जाने वाले प्रश्न?

- पाठ में दिए गए तथ्यों पर ही आधारित होने चाहिए

CTET-IInd Paper (VI-VIII) Sep. 2016

इतनी पुस्तक पढ़ने के बाद मेरी समझ...

'प्रवृत्ति' शब्द में उपसर्ग है-

- प्र

CTET भाषा 12 Jan 2022

6 सहायक सामग्री

दृश्य-श्रव्य, पाठ्यपुस्तक व अन्य

सहायक सामग्री

आधुनिक युग विज्ञान का युग है। इस काल में विज्ञान के महत्त्व को सभी स्वीकारते हैं। विज्ञान ने समाज के प्रत्येक पक्ष को प्रभावित किया है, तो शिक्षण उससे अछूता रहेगा, ऐसी कल्पना हम नहीं कर सकते।

भाषा-शिक्षण में सहायक साधनों का महत्त्व

- शिक्षक व विद्यार्थी दोनों के लिए लाभप्रद
- विषय-वस्तु का स्पष्ट प्रस्तुतीकरण
- नीरस विषय को भी रोचक बनाने में सक्षम
- पठित व श्रुत विषय-वस्तु का लंबे-लंबे समय तक स्मरण
- अधिगम में तीव्रता व सुगमता
- कठिन स्थलों का बोधगम्य प्रस्तुतीकरण
- पाठ्य-विषय के प्रति उत्सुकता
- विद्यार्थियों को एकाग्रचित रखने में सहायक
- सूक्ष्म व अमूर्त तथ्यों का सहज प्रस्तुतीकरण
- शिक्षण-उद्देश्यों की प्राप्ति में सहायक

अनुदेशनात्मक सामग्री का विभाजन

अनुदेशनात्मक सामग्री को हम मुख्यतः तीन भागों में विभाजित कर सकते हैं-

- **दृश्य साधन:** दृश्य का अर्थ हैं, देखने योग्य। इसका अभिप्राय यह हुआ कि ये वे उपकरण है, जिन्हें छात्र देख सकते हैं। इसका सम्बन्ध नेत्रों से है। श्यामपट्ट, चित्र, मानचित्र, मूकचित्र, चित्र विस्तारक यन्त्र आदि।
- **श्रव्य साधन:** इनका सम्बन्ध श्रवणेन्द्रिय (कानों) से है। इन्हें श्रवण कर छात्र ज्ञान प्राप्त करते हैं। मुख्य उपकरण यह है- रेडियो, ग्रामोफोन, टेलीफोन, टेप रिकार्ड आदि।
- **दृश्य-श्रव्य साधन:** इन उपकरणों का सम्बन्ध छात्रों की आँखों एवं कानों दोनों से है। इसमें दृश्येन्द्रिय एवं श्रवणेन्द्रिय दोनों का एक साथ प्रयोग करके छात्र ज्ञान प्राप्त करते हैं। यह उपकरण इस प्रकार है- टेलीविजन चलचित्र, नाटक इत्यादि।

1. दृश्य सामग्री

- **श्यामपट्ट:** श्यामपट्ट के बगैर हिन्दी शिक्षण की कल्पना नहीं की जा सकती है। हिन्दी-शिक्षण में शब्दों के उच्चारण, स्पष्टीकरण, विषय को रूचिकर बनाने, कठिन अंशों को सरल करने, लिखावट में सुधार लाने, व्याकरण शिक्षण में परिभाषा लिखने उदाहरण बताने अभ्यासार्थ प्रश्न देने में श्यामपट्ट की आवश्यकता होती है।
- **सूचनापट:** बुलेटिन बोर्ड या सूचनापट के द्वारा छात्रों को राजनैतिक, सामाजिक, आर्थिक, साहित्यिक व समसामयिक आदि पक्षों की जानकारी से सम्बन्धित सूचना दी जाती है। साथ यह बात भी ध्यान में रखने योग्य है कि सूचनापट की सूचनाएँ छात्रों की रूचि प्रवत्ति व योग्यता के अनुरूप होनी चाहिए।
- **चित्र:** अनुदेशनात्मक सामग्री के तहत अगला साधन चार्ट या चित्र है। सूक्ष्म व अमूर्त तथ्यों को सहजग्राह्य एवं सम्प्रेषणीय बनाने के लिए चित्रों व चार्ट की भूमिका सराहनीय है। हिन्दी-शिक्षण में गद्य एवं पद्य का शिक्षण करते हुए प्राकृतिक दृश्यों साहित्यकारों के चित्रों से अधिक सहायक और कुछ नहीं हो सकता। चित्र रंगीन, आकर्षक व आकार में बड़े होने चाहिए।
- **मानचित्र:** ऐतिहासिक, भौगोलिक वैज्ञानिक आदि पक्षों के स्पष्टीकरण के लिए मानचित्र सर्वथा उपयोगी है। उदाहरणार्थ हिन्दी शिक्षण में 'सतपुड़ा के जंगल' नामक कविता का शिक्षण करवाते समय शिक्षक मानचित्र की

> उच्च प्राथमिक स्तर पर हिन्दी भाषा की पाठ्-पुस्तक का निर्माण करते हुए आपके लिए सबसे कम महत्वपूर्ण है?
>
> **- समस्त व्याकरणिक बिन्दुओं का समावेश**
>
> **CTET - IInd Paper (VI-VIII) Sep. 2015**

सहायता से 'सतपुड़ा के जंगलों' को दर्शा कर छात्रों के अधिगम को प्रभावशाली व बोधगम्य कर सकता है।

- **मांडल:** मांटेसरी व अन्य शिक्षण पद्धतियों में नमूनों (मॉडलों) का महत्त्वपूर्ण स्थान है। उदाहरणार्थ कक्षा में 'भाखड़ा बाँध' के बारे में पढ़ाना हो तो शिक्षण को रूचिकर बनाने हेतु 'भाखड़ा बाँध' का मॉडल कक्षा में लाकर दिखाया जा सकता है। जबकि भाखड़ा बाँध दिखाने हेतु, शैक्षिक भ्रमण आयोजित करना व्यय साध्य व समय साध्य होगा, जोकि तर्क संगत नहीं है।

2. श्रव्य सामग्री

- **ग्रामोफोन:** हिन्दी, शिक्षण में ग्रामोफोन बड़ा ही उपयोगी है। छात्र इन्हें सुनकर कविता, कहानी को याद कर लेते हैं एवं उच्चारण को शुद्ध कर लेते हैं।
- **लिंग्वाफोन:** विदेशों में लिंग्वाफोन के माध्यम से भाषा शिक्षण कार्य चल रहा है। शुद्ध उच्चारण एवं वाचन के लिए इससे उपयोगी साधन कोई नहीं है कविता पाठ, अनुकरण पाठ के लिए यह साधन सर्वाधिक आकर्षक है।
- **रेडियो:** यह तो आप जानते ही हैं कि भाषा में आजकल रेडियो की उपयोगिता बढ़ रही है। उच्चारण, व्याकरण, गद्य, पद्य आदि के नित्यप्रति कार्यक्रम रेडियों के द्वारा प्रस्तुत किए जा रहे हैं। रेडियो पर साहित्यकारों, शिक्षाविदों व कवियों की वार्ता (प्रस्तुत) सीधी सुनवाई जाती है। विशेष कक्षा शिक्षण कार्यक्रम के भी रेडियो पर सीधे प्रसारित किये जाते हैं।
- **टेपरिकार्डर:** भाषा शिक्षण के लिए टेपरिकार्डर एक उपयोगी उपकरण है। प्रतिष्ठित विद्वानों व साहित्यकारों की वार्ता रिकार्ड कर के टेपरिकार्डर पर सुनवा कर छात्रों के उच्चारण को शुद्ध किया जा सकता है। कविता, कहानी को रिकार्ड कर छात्रों को सुनाया जाये। वार्ता, कविता, कहानी के एक बार रिकार्ड करने के पश्चात् यह हजारों बार के लिए स्थायी हो जाता है।

3. दृश्य-श्रव्य सामग्री

- **प्रक्षेपण (चित्र दर्शक):** प्रक्षेपण के माध्यम से स्लाइड के द्वारा चित्र प्रभावशाली ढंग से छात्रों को दिखाए जा सकते हैं। फिल्म स्ट्रिप प्रोजेक्टर पर चित्रों को बड़ा करके परदे पर दिखाने से छात्र खुश होते हैं।
- **नाटक:** नाटक दृश्य एवं श्रव्य दोनों प्रकार की विद्या है। नाटक के रंगमंच पर अभिनीत कर पाठकों, दर्शकों व अनपढ़ या जनसाधारण के लिए भी ग्राह्य एवं सम्प्रेषणीय बनाया जा सकता है। छात्रों को नाटक देखने के पश्चात् हाव, भाव, उतार चढ़ाव, भाषा में संवाद अदायगी, शुद्ध उच्चारण की शिक्षा प्राप्त होगी।
- **दूरदर्शन:** दूरदर्शन पर शिक्षा-सम्बन्धी अनेक प्रभावशाली कार्यक्रम दिखाये जाते हैं। आजकल बच्चों, बुढ़ों, व किशोरों व प्रौढ़ों के लिए सभी प्रकार के प्रोग्राम पेश कर रहा है। Animal Planet, National Geography, Discovery आदि।
- **चलचित्र:** अनुदेशनात्मक सामग्री में हम चलचित्र को भी समायोजित करते हैं। चलचित्र द्वारा छात्रों की श्रवणन्द्रिय एवं दृश्येन्द्रिय दोनों का सम्यक विकास होता है। डाक्यूमेंट्री फिल्में छात्रों के ज्ञान व धर्म के लिए बनाई जाती है।

4. क्रिया-सहायक सामग्री

- किसी ऐतिहासिक संग्रहालय उद्यान का भ्रमण करना।

अनुदेशनात्मक सामग्री के प्रयोग में सावधानी

- **उपयुक्त स्थान:** अनुदेशनात्मक सामग्री का प्रयोग वातावरण एवं परिस्थिति के अनुसार सही स्थान पर होना चाहिए।
- **उचित तैयारी:** सहायक सामग्री के प्रयोग में अति शीघ्रता नहीं करनी चाहिए क्योंकि शीघ्रता में उद्देश्य पूर्ण नहीं होता। सामग्री का प्रयोग पूर्ण तैयारी के आधार पर सटीक होना चाहिए।
- **उचित प्रयोग:** अनुदेशनात्मक सामग्री का प्रयोग उचित ढंग से होना चाहिए। यूनेस्को के प्रकाशन 'टीचिंग ऑफ माडर्न लेंग्वेज' में लिखा है कि शिक्षक के लिए किसी सहायक साधन को गलत और बुरी तरह प्रयोग करने से अच्छा उसे प्रयोग नहीं करना अच्छा है।
- **उचित सुरक्षा:** प्रायः दृश्य-श्रव्य उपकरण मूल्यवान होते हैं, अतः उनकी उचित सुरक्षा आवश्यक है।

भाषा की पाठ्य-पुस्तक में सबसे महत्त्वपूर्ण पक्ष है?

- पाठों का उद्देश्यपूर्ण चयन

CTET - Ist Paper (I-V) Sep. 2015

पाठ्य-पुस्तक

"पाठ्य-पुस्तक वह पुस्तक है जिसकी रचना शिक्षा के उद्देश्यों, पाठ्य-सामग्री तथा विद्यार्थी के मानसिक एवं बौद्धिक स्तर को ध्यान में रखकर की जाती है।"

पाठ्य-पुस्तक का अर्थ- 'पाठ्य' शब्द का अर्थ है-पढ़ी जाने योग्य। अतः ऐसी पुस्तक, जिसे पढ़ने योग्य माना जाए, उसे पाठ्य-पुस्तक कह सकते हैं।

हिन्दी पाठ्य-पुस्तक की अपेक्षित विशेषताएँ-हिन्दी पाठ्य-पुस्तकों के अपेक्षित गुणों को अध्ययन की सुविधा के लिए निम्नलिखित दो वर्गों में विभाजित किया जा सकता है-

1. **आन्तरिक विशेषताएँ**

(i) **सामान्य विशेषताएँ**

➢ **मनोवैज्ञानिकता:** मनोवैज्ञानिकता की तुला पर पुस्तक को बाल-केन्द्रित होना चाहिये। पाठ्य-पुस्तकों का निर्माण करते समय बालकों की मनःस्थिति, रुचि, प्रवृत्ति, क्षमता में विभिन्नता आदि का पूर्णतया ध्यान रखना चाहिये। इस दृष्टि से प्राथमिक कक्षाओं में रोचक वर्णनात्मक प्रणाली को आधार बनाया जाये और उच्च कक्षाओं में गहन निबन्धात्मक शैली को अंगीकार करना चाहिये।

➢ **विविधता:** पाठ्यक्रम के सभी निर्धारित अंगों में सहित्य की विभिन्न विधाओं को पाठ्य-पुस्तकों में स्थान मिलना चाहिए, यथा-नाटक, लेख, कहानी, जीवनकथा, संवाद, कविता, यात्रा-विवरण आदि। इससे पाठ्यक्रम में सरसता बनी रहती है और पाठ्य-पुस्तक नीरस नहीं बनती। इससे छात्र साहित्य की ओर आकृष्ट होते हैं। इस विविधता से ज्ञान की भी वृद्धि होती है और पाठों में रोचकता बनी रहती हैं।

➢ **रुचिकर:** लेखक को विद्यार्थियों की रुचियों का विशेष ध्यान रखना चाहिए। विषय-सामग्री कितनी भी ज्ञानवर्धक क्यों न हो परन्तु यदि वह नीरस है, तो वह विद्यार्थियों को अपनी ओर आकर्षित नहीं कर पाएगी। कई बार विषय रोचक नहीं होता तो कई बार वर्णन रोचक नहीं होता। योग्य लेखक अरोचक विषय को भी अपनी वर्णन-शैली से रोचक बना देते हैं।

➢ **जीवन से निकटतम संबंध:** पाठ्य-पुस्तकें बालकों के जीवन से संबंधित तत्त्वों से युक्त हों। उनकी विषय-वस्तु ऐसी हो जो छात्रों के जीवन में काम आ सके। उसके अध्याय छात्रों के जीवन से सम्पर्क रखने वाले हों। उनमें समाज के वातावरण, घर आदि परिवेश का विवरण हो। मानव-जीवन-केन्द्रित पुस्तकें छात्रों के भावी जीवन के लिये अधिक उपयोगी होती हैं।

➢ **पूर्वज्ञान पर आधारित:** पाठ्य-पुस्तक के अध्याय बालकों के पूर्वज्ञान पर आधारित हों। पूर्वज्ञान की पृष्ठभूमि के विनां पाठों का समावेश अमनोवैज्ञानिक एवं अधिवेकशील कदम है। पूर्वज्ञान ही समुचित ज्ञान के भव्य भवन की नीव हैं जिसके आधार पर बालकों के ज्ञान का महल खड़ा होता हैं। प्रत्येक पाठ क्रमशः श्रृंखलाबद्ध हो और प्रत्येक पाठ का विशिष्ट उद्देश्य होना चाहिए। इससे छात्र दिनों-दिन प्रगतिपथ पर अग्रसर होते हैं।

➢ **मौलिकता:** पाठ्य-पुस्तक मौलिक होनी चाहिये। यदि पाठ या लेख सम्पादित हो तो संकलन कर्ता के व्यक्तित्त्व की अपेक्षा मूल लेखकों के व्यक्तित्त्व की स्पष्ट झाँकी उसमें परिलक्षित होनी चाहिए। मूल लेखकों एवं कवियों की रचना को बदलना मानो आत्मा का हनन करने जैसा जघन्य अपराध है। इससे छात्रों को मौलिक तथ्यों की सही-सही जानकारी नहीं हो पाती है। संक्षेप में कहा जा सकता है कि पुस्तक में मौलिकता होनी चाहिये।

(ii) **भाषा संबंधी विशेषताएँ-हिंदी की पाठ्य-पुस्तकों की भाषा संबंधी अपेक्षित विशेषताएँ निम्नलिखित हैं-**

➢ **स्तर के अनुकूल:** पाठ्य-पुस्तक की विषय-वस्तु के अतिरिक्त भाषा भी बालकों की रुचि, अवस्था

भाषा की पाठ्य-पुस्तक का निर्माण करते समय सबसे कम महत्वपूर्ण बिन्दु है-

- पाठों की संख्या

CTET - Ist Paper (I-V) Jan. 2012

एवं स्तर के अनुरूप होनी चाहिए। मानसिक स्तर के अनुसार भाषा का स्वरूप पाठ्य-पुस्तक की विशेष विशेषता होती है। बोधगम्यता के लिए भी उपयुक्त भाषा आवश्यक है। भाषा के स्तर के निर्धारण के लिए सूक्ष्म अध्ययन एवं शोध की आवश्यकता है। शब्दावली, वाक्य रचना, मुहावरे तथा अन्य तथ्यों में छात्रों के मानसिक स्तर की अनुकूलता का पालन करना चाहिए।

- **सरलता एवं स्पष्टता:** पाठ्य-पुस्तक की भाषा में धारा प्रवाह हो, पर उस सरल, एवं स्पष्ट होना चाहिए। भाषा, चाहे मौखिक हो या लिखित, परंतु वह सरल एवं स्पष्ट होनी चाहिए। भाषा की सरलता एवं स्पष्टता ही तथ्य को बोधगम्य बनाती हैं। जटिल या क्लिष्ट भाषा छात्रों में अपेक्षित ज्ञान का विकास करने में असमर्थ रहती है।
- **क्लिष्ट भाषा का त्याग:** पाठ्य-पुस्तक में क्लिष्ट भाषा नहीं होनी चाहिए। प्रारम्भिक कक्षाओं की भाषा में तद्भव शब्दों का आधिक्य होना चाहिए परन्तु माध्यमिक एवं उच्च कक्षाओं की भाषा तत्सम शब्दावली से सम्पन्न हो। ज्ञान-वृद्धि के लिए प्रारम्भ में सरल और बाद में भावपूर्ण एवं क्लिष्ट भाषा रह सकती है।
- **संवेगों को उभारने:** संवेगों को उभारने में सहायक प्रत्येक श्रेणी एवं स्तर की पाठ्य-पुस्तक की भाषा में यह मुख्य विशेषता होनी चाहिए कि वह अपने पाठकों के संवेगों को उभारकर उन्हें परिष्कृत रूप प्रदान करे। भाषा का संवेगात्मक स्वरूप बड़ा ही आकर्षक एवं उपयोगी होता है।
- **क्रमबद्धता एवं श्रृंखलाबद्धता:** पाठ्य-पुस्तकों की भाषा में भाव, विचार आदि क्रमबद्ध एवं श्रृंखलाबद्ध हों। पाठ के मूल भावों में आपस में तारतम्य एवं गहरा संबंध हो। पाठ विश्रृंखलन हों। अखण्ड ज्ञानार्जन के लिए पुस्तकों का श्रृंखलाबद्ध होना आवश्यक है।
- **संक्षिप्तता**-पाठ्य-पुस्तक का आकार-प्रकार संक्षिप्त होना चाहिए। उसमें अनावश्यक तथ्य न हो। आवश्यक बातों का विशिष्ट तथा संक्षिप्त संस्करण ही पाठ्य-पुस्तक की शोभा है।

(iii) शैली संबंधी विशेषताएँ-हिन्दी की पाठ्य-पुस्तकों में शैली संबंधी निम्नलिखित विशेषताएँ अपेक्षित हैं-

- **प्रभावोत्पादकता:** पाठ्य-पुस्तक में ऐसे अध्यायों का चयन होना चाहिए, जिनकी शैली आकर्षक एवं प्रभावोत्पादक हो। प्रभावोत्पादक शैली में ओज, प्रसाद एवं माधुर्य गुण होते हैं। वास्तव में शैली हो किसी रचना को प्रभावशाली बनाती है। हिन्दी की पाठ्य-पुस्तकों में संकलित सभी पाठों में प्रभावोत्पादक शैलियों का प्रयोग होना चाहिए ताकि छात्र उन्हें जीवन में अपना सके।
- **भिन्नता:** पाठ्य-पुस्तक की शैली में विभिन्नता का होना आवश्यक है। इससे छात्रों में नवीनता एवं रुचि बनी रहती है। इससे यह भी लाभ है कि छात्र विभिन्न शैलियों की सम्यक् जानकारी प्राप्त कर लेते हैं।
- **स्तरानुकूल:** पाठ्य-पुस्तक की शैली कक्षा के और बालकों के स्तर के अनुकूल होनी चाहिए। छोटी कक्षाओं की पाठ्य-पस्तकों में प्रयुक्त शैली विवरणात्मक, संवादात्मक एवं तर्क प्रधान हो।

2. **बाह्य विशेषताएँ:** पुस्तकों की बाह्य विशेषताएँ भी छात्रों को प्रभावित करती हैं। आकार, कवर, कागज, मुद्रक आदि भी पुस्तकों के आकर्षण-बिन्दु हैं।

पुस्तकों की निम्नलिखित बाह्य विशेषताएँ अपेक्षित हैं-

- **आवरण एवं आकार:** पाठ्य-पुस्तक का नाम, स्वरूप एवं आकार आकर्षक होना चाहिए। आकर्षक आवरण की ओर बालकों का ध्यान आकृष्ट होता है। रंगबिरंगे चित्र छोटे छात्रों को अधिक प्रभावित करते हैं। अच्छी जिल्द एवं आकार की ओर प्रौढ़ पाठक भी आकृष्ट होता है।
- **कागज एवं मुद्रण:** पुस्तक को आकर्षक बनाने में कागज एवं मुद्रण का विशेष स्थान है। मजबूत एवं पतले

भाषा की पाठ्य-पुस्तक में ऐसे पाठ रखे जाएँ जो-

- बच्चों के परिवेश से जुड़े हों

CTET - Ind Paper (VI-VIII) Jan. 2012

कागज, जिनके एक पृष्ठ पर की गई छपाई दूसरे पृष्ठ को प्रभावित न करे, विशेष आकर्षक माने जाते हैं। पाठ्य-पुस्तक सामान्यतया 28 पौंड भार के कागज पर छपती है। मुद्रण भी आधुनिक हो। टाइप आकर्षक हो। प्रूफ शोधन में गड़बड़ी व अशुद्धि नहीं होनी चाहिए। पाठ्य-पुस्तकों पर छपे अक्षरों का आकार भी थोड़ा बड़ा होना चाहिए ताकि छात्रों की आँखों पर प्रतिकूल प्रभाव न पड़े।

- **सिलाई:** पाठ्य-पुस्तक की सिलाई सशक्त होनी चाहिए। चाहे भीतरी सिलाई हो या बगल की, चपटे पुश्त की सिलाई हो या गोल पुश्त की, उसे सशक्त होना चाहिए। वही सिलाई उत्तम है, जिसके सम्पादित होने पर भी पुस्तक भली-भाँति खुल एवं बन्द हो जाए।
- **रेखाचित्र एवं चित्र:** छोटे बच्चों की पुस्तकों में रंगीन चित्र एवं रेखाचित्रों की अधिकता होने से
- पाठ के सहज ग्राह्य होने की अधिक सम्भावना रहती है। छात्र इससे पुस्तक की ओर आकृष्ट होते हैं और रुचिपूर्वक पाठ पढ़ते हैं। उच्च कक्षाओं की पुस्तकों में चित्र कोई ठोस महत्त्व नहीं रखते। चित्र आकर्षक परन्तु स्तर के अनुकूल होने चाहिए।
- **सन्दर्भ:** पाठ्य-पुस्तकों में सन्दर्भ का होना आवश्यक है। सन्दर्भ के होने से पाठ तैयार करने में छात्रों को अपेक्षित सहायता प्राप्त होती है। सन्दर्भ नए ज्ञान की आधार शिला का कार्य करते हैं।
- **टिप्पणियाँ:** पाठ्य-पुस्तकों में नवीन विषय-वस्तु, ज्ञान एवं वस्तु के स्पष्टीकरण के लिए टिप्पणियाँ दी जाती हैं। पुस्तकों के अध्यायों को सरल व सुगम बनाने में इनसे सहयोग प्राप्त होता है। छात्रों को टिप्पणियों से पाठ-विषयक तक्षित जानकारी प्राोती है।
- **विषय-सूची:** अनुक्रमणिका पुस्तकों के प्रारम्भ में विषय सूची दी जाती है और अन्त में अनुक्रमणिका किसी भी पुस्तक में इन दोनों का होना आवश्यक है। इनको ढंग से सजाने में पाठ्य-पुस्तकों का आकर्षण बढ़ जाता है।
- **अभ्यासार्थ प्रश्न:** प्रत्येक अध्याय के अन्त में छात्रों के ज्ञान-परीक्षण के लिए अभ्यासार्थ प्रश्न पूछे जाते हैं। इनसे पाठ की पुनरावृत्ति होती है; छात्रों का ज्ञानार्जन होता है, गृह-कार्य सम्पादित हो जाता है तथा परीक्षा के दृष्टिकोण से छात्रों की तैयारी हो जाती है।
- **शब्द-व्याख्या:** पुस्तक के अन्त में अभ्यास के प्रश्न के पूर्व पाठों में प्रयुक्त कठिन व गूढ़ शब्दों की व्याख्या दे दी जाती है ताकि छात्रों को इनसे अपेक्षित सहायता मिल जाए।
- **परिचय:** हिन्दी की पुस्तकों के प्रत्येक अध्याय के प्रारम्भ में कवि व लेखक का संक्षिप्त परिचय अवश्य देना चाहिए। इससे छात्रों को पाठ के समझने में भी यथेष्ट सहायता प्राप्त होती है।

पठन-पाठन के अन्त में ऐसे अभ्यास एवं गतिविधियाँ हों जो-

- बच्चे स्वतंत्र रूप से काम करने के अवसर प्रदान कर सकें।
- उन्हें करके सीखने के अवसर प्रदान कर सकें।
- किसी कार्य में दक्षता पाने के लिए अवसर प्रदान कर सकें।
- यह सीखने को दिलचस्प व स्थायी बना सके।
- पाठ को समझने के अवसर प्रदान कर सकें।
- पाठ्य-पुस्तक की विषय वस्तु को बारीकी से परखने के लिए अवसर प्रदान कर सकें।
- विषयवस्तु के ज्ञान से गहराई से जुड़ने के लिए अवसर प्रदान कर सकें।
- अनुभवों को व्यापक बनाने के लिए अवसर प्रदान कर सकें।
- वे शैक्षिक अंतराल में भर सके।

मातृभाषा की पाठ्य-पुस्तकों के चयन के सिद्धांत

- **छात्रों के मानसिक स्तर के अनुकूल मातृभाषा:** शिक्षण की पाठ्य-पुस्तक की समीक्षा करते समय यह ध्यान में रखना चाहिए कि उनमें प्रयुक्त विषय-सामग्री आदि छात्रों की अवस्था, मानसिक स्तर, बौद्धिक विकास के अनुरूप हो। पाठ्यक्रम उस स्तर के छात्रों की रुचि के अनुकूल हो। उसमें छात्रों की क्षमताओं एवं योग्यताओं का विकास करने की क्षमता हो।
- **विषयों का समवाय:** विद्यालय में छात्रों को केवल एक ही विषय मातृभाषा की शिक्षा प्राप्त करनी नहीं होती है। उसे अन्य

भाषा-शिक्षण का सम्प्रेषणपरक उपागम सन्दर्भ में भाषा-

- प्रयोग की कुशलता पर बल देता है

CTET - IInd Paper (VI-VIII) June 2011

विषयों यथा-विज्ञान, इतिहास, भूगोल आदि विषयों का भी अध्ययन करना पड़ता है। ऐसी दशा में केवल मातृभाषा-शिक्षण ही ऐसा विषय है, जो छात्रों पर वह विविध विषयों के भार को कुछ कम करने में सहायक सिद्ध हो सकता है। अतः मातृभाषा की पाठ्य-पुस्तकों में कुछ ऐसे पाठ रखने चाहिए जो दूसरे विषयों पर भी प्रकाश डालते हो। उदाहरण के लिए शिवाजी की जीवनी को यदि एक पाठ के रूप में सम्मिलित किया जाए तो इससे छात्रों को इतिहास व भूगोल की जानकारी में वृद्धि होगी। अतः मातृभाषा की पाठ्य-पुस्तकों की समीक्षा करते समय यह ध्यान रखना चाहिए कि उनमें अन्य विषयों को समवाय हो।

- **अप्रासंगिक रचनाओं का अभाव:** हिन्दी भाषा में अनेक साहित्यकारों ने युगीन परिस्थितियों से प्रभावित होकर काव्य की रचना की है परन्तु उन्होंने जिन प्रसंगों को उठाया है, आज उनमें से कुछ प्रसंग बिल्कुल अप्रासंगिक हो चुके हैं। अतः हिन्दी की पाठ्य-पुस्तकों में ऐसे अप्रासंगिक रचनाओं को सम्मिलित नहीं किया जाना चाहिए।
- **अनावश्यक व अनुपयोगी सामग्री का अभाव:** हिन्दी की पाठ्य-पुस्तकों की समीक्षा करते समय यह ध्यान भी रखना चाहिए कि उनमें अनावश्यक व अनुचित सामग्री का प्रयोग नहीं किया गया है। उदाहरण के लिए- यदि माध्यमिक स्तर की पाठ्य-पुस्तक में कबीर की या सूरदास के पदों को सम्मिलित किया जाए तो वह सामग्री अनावश्यक व अनुपयोगी समझी जाएगी क्योंकि वह छात्रों के मानसिक स्तर के अनुरूप नहीं है।
- **स्तरानुकूल भाषा का प्रयोग:** मातृभाषा की पाठ्य-पुस्तकों की समीक्षा करते समय यह ध्यान भी रखना होगा कि उसमें संकलित रचनाओं, पाठों आदि की भाषा छात्रों के मानसिक स्तर के अनुकूल है तथा वह न तो अत्यधिक क्लिष्ट या जटिल है और न ही अत्यधिक सरल व सहज है।
- **सभी पाठों का उचित विभाजन:** मातृभाषा की पाठ्य-पुस्तकों की समीक्षा करते समय यह देखना भी जरूरी है कि उसमें पाठों का उचित विभाजन हुआ है। यदि पाठ्य-पुस्तकों में केवल कविताओं या केवल कहानियों को लिया गया है या पाँच पाठ कुल दस पृष्ठों में व एक पाठ बारह पृष्ठों में सिमटा है, तो इसका सीधा-सा यही अर्थ होगा कि पाठ्य-पुस्तकों में पाठ्य सामग्री असंतुलित है। इससे छात्र का सर्वांगीण विकास न हो सकेगा।

इनके अतिरिक्त मातृभाषा की पाठ्य-पुस्तक में निम्नलिखित मूलभूत गुणों का होना भी जरूरी है-

- छोटे बच्चों के लिए लिखी जाने वाली पुस्तकें आकार में बड़ी होनी चाहिए। इसका मूल कारण यह है कि छोटे बच्चों की आँखें अपेक्षाकृत कमज़ोर व सुकोमल होती हैं। अतः बड़े पृष्ठ पर लिखी गई सामग्री का आकार भी बड़ा होगा जिससे छात्रों की आँखों पर कोई विपरीत प्रभाव नहीं पड़ता।
- उच्चतर कक्षाओं के छात्रों के लिए लिखी जाने वाली पुस्तकें छोटे आकार की तो हो सकती हैं परंतु अक्षरों की मोटाई और पंक्तियों व शब्दों के बीच उचित दूरी होना आवश्यक है। यदि ऐसा न हो तो छात्रों की आँखों पर बुरा प्रभाव पड़ता है। अतः किसी पुस्तक को पाठ्यक्रम में लगाने से पहले निरीक्षक को यह ध्यान रखना चाहिए कि पाठ्य-पुस्तक में 13 साइज के फांट ही प्रयुक्त हुए हों।
- पाठ्य-पुस्तक में ऐसी सामग्री का समावेश न हुआ हो जो किसी की धार्मिक भावना या किसी जाति-विशेष के विरुद्ध दुष्प्रचार करती हो। हाँ, सामाजिक कुरीतियों, धार्मिक पाखंड, अत्याचार, शोषण करने वालों की उसमें भरपूर भर्त्सना की जा सकती है ताकि स्वस्थ समाज का निर्माण करने के लिए छात्रों को प्रेरित किया जा सके।
- पाठ्य-पुस्तक के प्रत्येक पाठ में विषय-वस्तु से जुड़े कुछ चित्र भी दिखाए जाने चाहिए। इन चित्रों के माध्यम से छात्रों को कथा, घटना या विषय-वस्तु की एक संकल्पना करने का अवसर मिलता है तथा पाठ बोधगम्य हो जाता है।

उच्च प्राथमिक स्तर पर भाषा-शिक्षण की प्रक्रिया में सबसे अधिक महत्त्वपूर्ण है?

- समाचार-पत्र, पत्रिकाओं या अन्य भाषिक सामग्री में कही गई बात के निहितार्थ, सोच, सरोकार की पहचान करना

CTET-IInd Paper (VI-VIII) Jan. 2012

अपना परीक्षण करें

1. **पाठ्य सामग्री किस बारे में है, यह समझना क्या कहलाता है?**

CTET 29th Dec 2021

(a) निष्कर्ष निकालना
(b) लेखक द्वारा दिए गए तर्क समझना
(c) सारांशीकरण करना
(d) कहानी का कथानक जानना

2. **हिन्दी भाषा की पाठ्य-पुस्तक के माध्यम से**

CTET Feb 2015

(a) भाषा-नियमों की जानकारी मिलती है
(b) भाषा एवं सामाजिक विमर्श को भी बढ़ावा मिलता है
(c) भाषा ही सीखी जा सकती है
(d) साहित्यिक विधाओं की जानकारी मिलती है

3. **भाषा शिक्षण में पाठ्य- पुस्तक _______**

CTET 20th Dec 2021

(a) एकमात्र साधन है।
(b) एक महत्वपूर्ण संसाधन है।
(c) महत्वपूर्ण नहीं है।
(d) आखिरी संसाधन है।

4. **प्राथमिक स्तर की पाठ्यपुस्तकों में चित्रों का उद्देश्य है _______**

CTET 20th Dec 2021

(a) पाठ्य- पुस्तक को आकर्षक बनाना
(b) पाठ्य- पुस्तक को रंगीन बनाना
(c) विचारों तथा संकल्पनाओं को समझाना
(d) कहानी को समझना

5. **पाठ्य – पुस्तक को आधार बनाकर पूछे जाने वाले प्रश्न:**

CTET Sept 2016

(a) स्मरण-शक्ति को समृद्ध करने वाले होने चाहिए
(b) पाठ की विषयवस्तु का विस्तार करने वाले होने चाहिए
(c) पाठ में दिए गए तथ्यों पर ही आधारित होने चाहिए
(d) लिखावट को सुंदर बनाने में सहयोगी होने चाहिए

6. **भाषा की पाठ्य-पुस्तकों में दिए गए अभ्यास**

CTET Feb 2014

(a) बच्चों को चीज़ों को परखने, गहराई से जुड़ने और व्यापक अनुभव-स्तर से तादात्म्य का अवसर देते हैं
(b) बच्चों की भाषायी और सांस्कृतिक विविधता को सीमित करते हैं
(c) बच्चों को विस्तृत अभ्यास करने और शिक्षकों को बच्चों की भाषा में सुधार करने के तरीके बताते हैं
(d) बच्चों का सही-सही आकलन करने में सदैव मदद करते हैं कि वे क्या नहीं जानते

7. **उच्च प्राथमिक स्तर पर हिंदी भाषा की पाठ्य- पुस्तक का निर्माण करते हुए आपके लिए सबसे कम महत्त्वपूर्ण है -**

CTET Sept 2015

(a) समस्त व्याकरणिक बिंदुओं का समावेश
(b) भाषा की विविध छटाओं को समेटने वाले पाठ
(c) समृद्ध हिंदी साहित्य की छटा का प्रदर्शन
(d) भाषायी क्षमताओं को बढ़ावा देने के अभ्यास

8. **पहली कक्षा की हिंदी भाषा की पाठय-पुस्तक में आप किस विधा को सबसे अधिक महत्त्व देंगे?**

CTET Dec 2018

(a) कहानी (b) नाटक
(c) डायरी (d) निबंध

9. **'पाठ्यपुस्तक में ही व्याकरण की समझ उत्पन्न करने का प्रयास करना चाहिए।' यह कथन -**

CTET 22nd Dec 2021

(a) पूर्णतः असत्य है। (b) पूर्णतः सत्य है।
(c) आंशिक रूप से सत्य है। (d) निरर्थक है।

10. **भाषा की पाठ्य-पुस्तकें**

भाषा की कक्षा में समाचार पत्र-पत्रिकाओं का उपयोग यह सुनिश्चित करता है कि-

- बच्चे प्रमाणित लेख, समाचार आदि पर अपनी प्रतिक्रिया देने की क्षमता रखते हैं

CTET - Ind Paper (VI-VIII) Nov. 2012

CTET November 2012

(a) साधन है
(b) साध्य हैं
(c) भाषा सीखने का एकमात्र संसाधन हैं
(d) अभ्यासपरक ही होनी चाहिए

11. कक्षा 8 के लिए पाठय-पुस्तक का निर्माण करते समय महत्वपूर्ण है:

CTET Sept 2016

(a) प्रसिद्ध लेखकों की रचानाएँ
(b) विधागत विविधता होना
(c) पाठों की संख्या सीमित होना
(d) सभी व्याकरणिक तत्त्वों का समावेश

12. भाषा की पाठ्य-पुस्तक में एक पाठ एकांकी के रूप में है, आप

CTET Feb 2016

(a) एकांकी के मुख्य संवाद लिखवाएँगी
(b) हाव-भाव के साथ एकांकी पढ़कर सुनाएँगी
(c) एकांकी में आए पात्रों के संवाद याद करवाएँगी
(d) शिक्षार्थियों के एकांकी पढ़वाने के बाद उसका मंचन करवाएँगी

13. कक्षा में चलचित्र/ फिल्म के किसी भाग को दिखाते समय निम्नलिखित में से कौन-सा प्रश्न सबसे कम विचारणीय है?

CTET 21st Dec 2021

(a) क्या यह महत्वपूर्ण सामाजिक अध्ययन की अवधारणाओं को प्रस्तुत करता है?
(b) क्या यह विद्यार्थियों का ध्यान आकर्षित करने के लिहाज़ से पर्याप्त मनोरंजक है?
(c) विद्यार्थी यह कैसे प्रदर्शित करेगें कि उन्होंने चलचित्र से क्या सीखा है?
(d) क्या यह परीक्षा में सफलता प्राप्त करने के लिए पर्याप्त सामग्री उपलब्ध करा रहा है?

14. विभिन्न प्रकार कि शिक्षण सामग्री भाषा सीखने-सिखाने की प्रक्रिया को ______ बनाती है।

CTET 21st Dec 2021

(a) सरल
(b) रोचक
(c) समावेशी
(d) जटिल

15. शब्द भण्डार और भाषा के अन्य पहलुओं के शिक्षण अधिगम के लिए अध्यापकों द्वारा प्रयोग में लायी जा रही सामग्री और वस्तुओं को किस रूप में जाना जाता है?

CTET 4th Jan 2022

(a) खेल सामग्री
(b) खिलौने एवं खेल
(c) वास्तविक वस्तुएँ
(d) सांस्कृतिक सामग्री

16. पढ़ते समय वह शब्द पहचानती है किन्तु स्वयं से उसे प्रयोग करने में समर्थ नहीं है। इस शब्द भंडार को किस रूप में जानते हैं?

CTET 11th Jan 2022

(a) सक्रिय शब्द भंडार
(b) निष्क्रिय शब्द भंडार
(c) श्रवण शब्द भंडार
(d) पठन शब्द भंडार

17. ग्रहणशील शब्द संपदा क्या है?

CTET 11th Jan 2022

(a) वे शब्द जिन्हें हम जब सुनते हैं या देखते हैं तब पहचानते हैं।
(b) वे शब्द जिनकी वर्तनी अधिकतर गलत लिखी जाती है।
(c) वे शब्द जिनकी वर्तनी हम जानते हैं।
(d) वे शब्द जो भाषा प्रयोगकर्ता के द्वारा लेखन तथा वाचन में प्रयोग किए जाते है।

18. हिंदी भाषा के संदर्भ में एक महत्त्वपूर्ण उद्देश्य है कि बच्चे-

CTET Dec 2018

(a) अपना शब्द-भंडार विकसित कर सकें
(b) व्याकरण के नियमों को याद कर सकें
(c) कही या लिखी गई बात आलोचनात्मक दृष्टि से परख सकें
(d) कही या लिखी गई बात को शबदश: कह और लिख सकें

पाठ में दिए गए चित्रों का क्या उद्देश्य होता है?

- चित्र अमूर्त संकल्पनाओं को समझने में सहायता करते हैं।

CTET- Ist Paper (I-V) June 2011

19. निम्नलिखित पद्धतियों में से कौन सी पद्धति विद्यार्थीयों में शब्द भण्डार विकसित करने की सर्वोत्तम युक्ति है?

CTET 27th Dec 2021

(a) समानार्थी एवं विपरीतार्थी शब्दों को याद करना
(b) दिए गए संदर्भ में नए शब्दों के अर्थ का अनुमान लगाना
(c) प्रत्येक नए शब्द का अर्थ शब्दकोश में देखना।
(d) सभी नए शब्दों का वाक्यों में प्रयोग करना।

20. कथन (A): एक शिक्षक को अधिगमकर्ताओं को जानकारी असंबंधित खण्डों मे प्रस्तुत करना चाहिए और जिन संप्रत्ययों का आकलन हो चुका है, उनका कोई संदर्भ नहीं देना चाहिए।

तर्क (R): अधिगम एक रेखीय तरीके से होता है।

सही विकल्प का चयन कीजिए-

CTET 27th Dec 2021

(a) (A) और (R) दोनों सत्य हैं और (R), (A) की सही व्याख्या करता है।
(b) (A) और (R) दोनों सत्य हैं लेकिन (R), (A) की सही व्याख्या नहीं करता है।
(c) (A) सत्य है लेकिन (R) असत्य है।
(d) (A) और (R) दोनों असत्य हैं।

ANSWER KEY													
1.	A	2.	B	3.	B	4.	C	5.	B	6.	A	7.	A
8.	A	9.	B	10.	A	11.	D	12.	D	13.	D	14.	C
15.	C	16.	B	17.	A	18.	A	19.	B	20.	D		

पूरक पठन-सामग्री का उद्देश्य है?

- द्रुत गति से पठन की योग्यता का विकास करना

CTET - IInd Paper (VI-VIII) Sep. 2014

सारांश नोट्स

अनुदेशनात्मक सामग्री

अनुदेशनात्मक सामग्री का विभाजन

1. **दृश्य सामग्री**
- श्यामपट्ट
- सूचनापट
- चित्र
- मानचित्र
- मांडल

2. **श्रव्य सामग्री**
- ग्रामोफोन
- लिंग्वाफोन
- रेडियो
- टेपरिकार्डर

3. **दृश्य-श्रव्य सामग्री**
- प्रक्षेपण (चित्र दर्शक)
- नाटक
- दूरदर्शन
- चलचित्र

4. **क्रिया-सहायक सामग्री**
- किसी ऐतिहासिक संग्रहालय उद्यान का भ्रमण करना।

अनुदेशनात्मक सामग्री के प्रयोग में सावधानी

- उपयुक्त स्थान
- उचित तैयारी
- उचित प्रयोग
- उचित सुरक्षा

पाठ्य-पुस्तक

सिद्धांत:
- छात्रों के मानसिक स्तर के अनुकूल मातृभाषा
- विषयों का समवाय
- अप्रासंगिक रचनाओं का अभाव
- अनावश्यक व अनुपयोगी सामग्री का अभाव
- स्तरानुकूल भाषा का प्रयोग

पाठ्य-पुस्तक

1. **आन्तरिक विशेषताएँ**

(i) सामान्य विशेषताएँ
- मनोवैज्ञानिकता
- विविधता
- रुचिकर
- जीवन से निकटतम संबंध
- पूर्वज्ञान पर आधारित
- मौलिकता

(ii) भाषा संबंधी विशेषताएँ
- स्तर के अनुकूल
- सरलता एवं स्पष्टता
- क्लिष्ट भाषा का त्याग
- संवेगों को उभारने
- क्रमबद्धता एवं श्रृंखलाबद्धता
- संक्षिप्तता

(iii) शैली संबंधी विशेषताएँ
- प्रभावोत्पादकता
- भिन्नता
- स्तरानुकूल

बाह्य विशेषताएँ
- आवरण एवं आकार
- कागज एवं मुद्रण
- सिलाई
- रेखाचित्र एवं चित्र
- सन्दर्भ
- टिप्पणियाँ
- विषय-सूची
- अभ्यासार्थ प्रश्न
- शब्द-व्याख्या
- परिचय

भाषा की कक्षा में शिक्षार्थियों से अपेक्षित है कि वे भाषा में तथा भाषा के साथ कार्य करें। यह है—

- भाषा के साथ संलग्नता

CTET 21 January, 2022

7 उपचारात्मक शिक्षण

उपचारात्मक शिक्षण और निदानात्मक शिक्षण

निदानात्मक शिक्षण

निदानात्मक शिक्षण के द्वारा यह जानने का प्रयास किया जाता है कि भाषा के अध्ययन में छात्रों की क्या-क्या कठिनाइयाँ हैं, वे कहाँ गलतियाँ करते हैं, किस प्रकार की गलती करते हैं तथा क्यों करते है आदि। इस प्रकार यही जानना या पता करना 'निदान' कहलाता है। अतः भाषा में बालकों की कठिनाइयों एवं कमजोरियों का पता लगाने के लिए जिन परीक्षाओं का प्रयोग किया जाता है नैदानिक या निदानात्मक परीक्षाएँ कहलाती है।

निदानात्मक परीक्षण व्यक्ति की जाँच करने के पश्चात् किसी एक या अधिक क्षेत्रों में उसकी विशेषताओं एवं कमियों को व्यक्त करता है। इन परीक्षाओं में उपलब्धि परीक्षणों की भाँति अंक प्रदान नहीं किए जाते हैं बल्कि एक कमी या गलती के कारणों का पता लगाया जाता है। इसके अन्तर्गत सम्पूर्ण विषय-वस्तु को विभिन्न भागों में बाँट लिया जाता है तथा प्रत्येक (प्रकरण) भाग से सम्बन्धित नियमों, सूत्रों, संक्रियाओं आदि को प्रश्न-पत्र में सम्मिलित किया जाता है। इसमें दिए गए प्रश्न किसी एक प्रकरण विशेष से सम्बन्धित होते हैं। निदानात्मक परीक्षणों में प्रश्नों को अधिगम क्रम में व्यवस्थित किया जाता है। प्रत्येक अधिगम इकाई के लिए अलग से निदानात्मक परीक्षण का निर्माण किया जाता है।

निदानात्मक शिक्षण में नैदानिक परीक्षण के उद्देश्य

नैदानिक परीक्षण के कुछ मुख्य उद्देश्य निम्नलिखित है-

- भाषा विषय की अध्ययन-अध्यापन प्रक्रिया में सुधार करना। अधिगम-अनुभव तथा अधिगम-प्रक्रिया के अवरोधक तत्वो को ढूँढ़ना एवं उपचारात्मक शिक्षण की व्यवस्था करना।
- भाषा सम्बन्धी विशिष्टताओं एवं कमजोरियो का पता लगाना। भाषा के पाठ्यक्रम में परिवर्तन लाना तथा बालकेन्द्रित बनाना।
- मूल्यांकन प्रक्रिया को प्रभावशाली बनाने हेतु मूल्यांकन पद्धतियों में परिवर्तन करना।
- उपलब्धि परीक्षण हेतु परीक्षण पदों के प्रकार निर्धारित करने में सहायता देना। छात्रों की कमियों एवं अच्छाइयों के आधार पर शैक्षिक एवं व्यावसायिक निर्देशन देना।

निदानात्मक शिक्षण में निदान हेतु महत्त्वपूर्ण चरण

शैक्षिक निदान के मुख्य रूप से पाँच चरण माने जाते है। जिसके आधार पर इस प्रक्रिया को आगे बढ़ाया जाता है, जोकि निम्न है-

- सर्वप्रथम यह जानने का प्रयास किया जाता है कि वे कौन-से छात्र है जो कठिनाई का सामना कर रहे हैं अर्थात् समस्याग्रस्त बालक की पहचान की जाती है। इसके हेतु हम विभिन्न परीक्षणों का प्रयोग करते हैं।
- इसके उपरान्त यह जानने का प्रयास किया जाता है कि त्रुटियाँ कहाँ है अर्थात् बालक जहाँ गलती कर रहा है वह क्षेत्र कौन-सा है?
- कठिनाई की प्रकृति जानने के बाद यह जाना जाता है कि त्रुटियों के क्या कारण है। यह प्रक्रिया जटिल है।
- ज्यादातर इसमें शिक्षक का तर्क कार्य करता है।
- कारण पता चल जाने के बाद इस पर विचार किया जाता है कि उपचार क्या किया जाए इसका कोई विशेष नियम नहीं है।
- यह समस्या की प्रकृति पर ही निर्भर करता है।
- उपचार देने के बाद भी यह प्रक्रिया समाप्त नहीं हो जाती है बल्कि इनके परिणामों को ध्यान में रखकर यह भी विचार किया जाता है कि ऐसा क्या किया जाए कि वे समस्याएँ उत्पन्न ही न हो।

निदानात्मक परीक्षणों की आवश्यकता एवं महत्त्व

इन परीक्षणों की आवश्यकता एवं महत्त्व को निम्न बिन्दुओं द्वारा स्पष्ट कर सकते है

भाषा में आकलन करने के बाद महत्वपूर्ण सोपान होना चाहिए?

- आकलन से प्राप्त आँकड़ों के आधार पर बच्चों के अभिभावकों से विचार-विमर्श करना

CTET - IInd Paper (VI-VIII) July 2013

- शैक्षिक निदान की आवश्यकता केवल समस्याग्रस्त बालकों की ही नहीं अपितु सामान्य बालको को भी होती है।
- निदानात्मक परीक्षाओं की आवश्यकता बालकों की विषयगत व विशेष इकाई में कठिनाई स्तर जानने में पड़ती है।
- कठिनाई उत्पन्न करने वाले प्रश्नो की विषय-वस्तु का विश्लेषण करने हेतु इसकी आवश्यकता पड़ती है।
- विषय-वस्तु के विश्लेषण के अतिरिक्त मानसिक प्रक्रिया के विश्लेषण में भी शैक्षिक निदान की आवश्यकता होती है।
- शैक्षिक निदान इस तथ्य का भी पता लगाता है कि छात्र किन-किन मानसिक प्रक्रियाओं को सफलतापूर्वक सम्पादित नहीं कर पा रहा है।
- शैक्षिक निदान की आवश्यकता अध्यापक को पठन-पाठन की स्थितियों को प्रभावशाली बनाने हेतु होता है।
- शैक्षिक निदान द्वारा बालक की वांछनीय एवं वास्तविक उपलब्धियों की दूरी को समाप्त किया जा सकता है।
- छात्रों की कमियों को दूर करने के लिए उपचारात्मक शिक्षण की व्यवस्था करने में सहायक है। शैक्षिक निदान मूल्यांकन प्रक्रिया को अत्यधिक प्रभावित करता है।
- निदानात्मक परीक्षाओं में निश्चित समय नहीं दिया जाता है। आवश्यकतानुसार, यह एक से अधिक बार भी आयोजित की जा सकती है।
- निदानात्मक परीक्षाओं में बालकों को अंक प्रदान नहीं किए जाते हैं। इसमें यह ज्ञात किया जाता है कि कौन-कौन से प्रश्न त्रुटिपूर्ण है अथवा बालकों ने हल ही नहीं किए हैं।

उपचारात्मक शिक्षण

शिक्षा में कमज़ोर शिक्षार्थियों के शिक्षण अधिगम दोष प्रभावों को दूर करने की प्रक्रिया उपचारात्मक शिक्षण कहलाती है। शिक्षण या अधिगम की कठिनाइयों या त्रुटियों के कारण बच्चे कक्षा में पिछड़ जाते हैं, उपचारात्मक शिक्षण द्वारा उपयुक्त शिक्षण विधि का चयन करके उनकी कठिनाईयों को दूर करने का प्रयास किया जाता है।

एक बच्चा सीखने के दौरान जाने-अनजाने या कुछ वैकल्पिक अवधारणाओं के कारण गलतियाँ करता है। यह एक शिक्षक का काम है कि वह छात्रों की उन गलतियों का निदान करने तथा उपचार करने में मदद करें। इसी विधि को उपचारात्मक विधि कहते है।

उपचारात्मक शिक्षण एक ऐसा कार्य है जो विद्यार्थियों की सामान्य या विशिष्ट अधिगम कमजोरियों को खत्म करने के लिए किया जाता है। किसी विशेष विद्यार्थी की किसी विशेष विषय या प्रकरण में अनुभव होने वाले कठिनाई एवं कमजोरी के निदान से उनके निवारण के लिए किसी उपचारात्मक शिक्षण योजना का काम शुरू होता है। किसी समस्या विशेष के अनुसार ही उसका उपचार प्रारंभ किया जाता है।

उपचारात्मक शिक्षण की विशेषताएँ

- इसका उपयोग भाषा कौशल में सुधार के लिए किया जा सकता है।
- किसी विशेष समस्या क्षेत्र को ठीक करने के लिए, इसका उपयोग किया जा सकता है।
- यह छात्रों द्वारा सामना की जाने वाली समस्याओं और चुनौतियों की पहचान के बाद किया जाता है।
- एक शिक्षक को इस पद्धति को लागू करने के लिए छात्रों की ताकत और कमजोरियों के बारे में अच्छी तरह से पता होना चाहिए।
- यह एक व्यवस्थित प्रक्रिया है क्योंकि शिक्षक पहले छात्रों की समस्या को पता करता है और फिर उपयुक्त उपचारात्मक तरीके लागू करता है।

उपचारात्मक शिक्षण के उद्देश्य

'उपचार' का अर्थ है 'ईलाज'। जिस प्रकार डॉक्टर रोगी का ईलाज करता है, उसी तरह भाषा शिक्षक विद्यार्थियों द्वारा भाषा में प्रयोग होने वाले भिन्न-भिन्न पदों (Terms), प्रत्यय (Concepts), चिह्न (Symbols) एवं तथ्य (Facts) संबंधी अशुद्धियों का उपचार करके उन्हें सही ढंग से प्रयोग करने के योग्य बनाता है। भाषा शिक्षण में उपचारात्मक शिक्षण के निम्नलिखित उद्देश्य हैं-

- छात्रों की दूषित मनोवृत्तियों एवं आदतों को समाप्त करना।
- छात्रों में भाषा शिक्षण के प्रति रुचि पैदा करना।
- छात्रों में प्रगतिशील आदतों का विकास करना।

बच्चों का भाषिक क्षमता के आकलन का सबसे उचित तरीका है?

- 'बादल', 'आसमान', 'चिड़िया', 'बच्चे' आदि संज्ञा शब्दों का प्रयोग करते हुए एक कहानी लिखिए

CTET - Ist Paper (I-V) Jan. 2012

- छात्रों के चरित्र एवं मनोबल को विकसित करना।
- छात्रों के समक्ष सीखते समय आने वाली कठिनाईयों को दूर करना।
- छात्रों में आत्म-विश्वास पैदा करना।
- छात्रों की मानसिक उलझनों को सुलझाना।
- छात्रों में सच्चे ज्ञान की पूर्ति करना।

उपचारात्मक शिक्षण के सिद्धांत

- अध्यापक एवं छात्र के निकट संबंध स्थापित किया जाए।
- उपचार की सम्पूर्ण व्यवस्था की योजना स्पष्ट रूप से बना लेनी चाहिए एवं उसके कार्यान्वयन में सावधानी से काम लिया जाए।
- अध्यापक अपने अनुभवों के आधार पर विस्तृत दृष्टिकोण अपनाए।
- उपचारात्मक शिक्षण का प्रत्येक पहलू बालकों की आयु, रुचि, योग्यता एवं अनुभवों के अनुकूल हो।
- उपचारात्मक शिक्षण के दौरान बालको की रुचि को बनाए रखने के लिए उन्हें पर्याप्त प्रोत्साहन देना चाहिए
- उपचार विधि की यह विशेषता होनी चाहिए कि विद्यार्थी को उसकी सफलता के संबंध में शीघ्र परिणाम मिल सके।
- प्रक्रिया के दौरान विद्यार्थी को अधिक से अधिक सक्रिय रखा जाए।
- कार्यानुभव उपचारात्मक शिक्षण के अनिवार्य अंग होने चाहिए।
- अध्यापको को निदानात्मक परीक्षणों में दक्ष होना चाहिए।

उपचारात्मक शिक्षण के सोपान

सफल अध्यापकों के अनुभवों के आधार पर तथा अधिगम के सुदृढ़ मनोविज्ञान से संबंधित कार्यक्रम में निम्नलिखित सोपानों का प्रयोग किया जा सकता है-

- शिक्षण
- समीक्षा
- कमजोरियों के लिए परीक्षण जब भी वे प्रदर्शित हो
- परीक्षण के द्वारा दर्शाई गई विशिष्ट कमजोरियों पर उपचारात्मक अभ्यास कार्य का अनुगमन

उपागम प्रणाली

उपागम प्रणाली एक ऐसी प्रक्रिया है, जिसका उपयोग करके अधिगम के नीति निर्धारिकों द्वारा ध्यानपूर्वक और क्रमबद्ध अध्ययन करने के पश्चात् अधिगम की किसी समस्या को सुलझाने का प्रयत्न किया जाता है। उपागम का उपयोग तब किया जाता है जब कोई शिक्षण की समस्या सामने आती है। उपागम के द्वारा समस्या का योजनाबद्ध ढंग से अध्ययन करके सही समाधान प्राप्त किया जाता है तथा अधिगम प्रक्रिया को सरल एवं सार्थक बनाया जाता है।

विभिन्न अधिगम उपागम

1. **बाल केन्द्रित अधिगम उपागम**: एक समय था जब बालक की अपेक्षा पाठ्यक्रम को अधिक महत्त्व दिया जाता था परन्तु शिक्षण अधिगम में मनोविज्ञान के प्रवेश से अब बालक को महत्त्व दिया जाने लगा है। अब बालक की क्षमताओं, रुचियों तथा रुझानों को विशेष महत्त्व दिया जाता है और उसकी अधिगम प्रक्रिया में इन बिन्दुओं का ध्यान रखा जाता है।
2. **क्रियापरक (गतिविधि आधारित) अधिगम उपागम:** क्रियापरक एवं शिक्षण अधिगम का प्रवर्तक रूसो को माना जाता है। रूसो का कथन है, "यदि आप अपने बालक की बुद्धि का विकास करना चाहते हैं तो उस शक्ति का विकास करना चाहिये, जिसे इसको नियन्त्रित करना है। उसको बुद्धिमान और तर्कपूर्ण बनाने के लिये उसे हष्ट-पुष्ट और स्वस्थ बनाना होगा।"
3. **रुचिपूर्ण अथवा आनन्दायी अधिगम उपागम:** प्राथमिक शिक्षा में परम्परागत शिक्षण विधियों, विद्यालय का अनाकर्षक तथा अरुचिपूर्ण वातावरण, क्रियाकलाप विहीन पाठ्यक्रम आदि ने छात्र को विद्यालय से दूर कर ह्रास एवं अवरोध जैसी समस्याओं को जन्म दिया है और शिक्षण के सार्वजनीकरण का जो लक्ष्य हमें स्वतन्त्रता प्राप्ति के 10 वर्ष बाद ही प्राप्त कर लेना चाहिये था, वो हम 50 वर्षों में भी प्राप्त नहीं कर पाये।
4. **दक्षता आधारित अधिगम उपागम**: आधुनिक युग प्रतिस्पर्धा एवं प्रतियोगिता का युग है। इसमें बालकों को ज्ञान प्राप्ति के साथ ही समाज में अपना विशिष्ट स्थान बनाने के लिये किसी क्षेत्र में विशिष्ट दक्षता प्राप्त करना होती है।

भाषा के सतत् और व्यापक मूल्यांकन का उद्देश्य है?

- बच्चों की सीखने की प्रक्रिया को समझकर उपयुक्त शिक्षण-अधिगम प्रक्रिया अपनाना

CTET - IInd Paper (VI-VIII) Jan. 2012

5. **विषय केन्द्रित अधिगम उपागम:** विषय केन्द्रित उपागम में विषय वस्तु के प्रस्तुतीकरण पर बल दिया जाता है। जिसका मुख्य आधार पाठ्यक्रम होता है। इसमें विषय में शामिल विभिन्न प्रकरणों और अवधारणाओं को महत्व दिया जाता है जिसके द्वारा ही शिक्षार्थी अधिगम अनुभव प्राप्त करते हैं।

6. **व्यापक क्षेत्र उपागम:** व्यापक क्षेत्र उपागम से आशय अधिगम प्रक्रिया की व्यापकता से है। किसी भी अधिगम प्रक्रिया को क्रियान्वित करने से पूर्व समाज की स्थिति, मानवीय समाज की विशेषता एवं उपलब्ध संसाधनों पर विचार किया जाता है।

7. **सामाजिक समस्या केंद्रित उपागम:** सामाजिक समस्या केन्द्रित उपागम का आशय सामाजिक आकांक्षाओं एवं अपेक्षाओं से है जो कि बालकों की अधिगम प्रक्रिया को प्रत्यक्ष एवं अप्रत्यक्ष रूप से प्रभावित करती है।

8. **संज्ञानात्मक उपागम**: संज्ञानात्मक उपागम प्रमुख रूप से मानव व्यवहार के मनोवैज्ञानिक पक्ष से सम्बन्धित है। इसके अन्तर्गत अनुसन्धान करते समय प्रत्यक्ष ज्ञान, संकल्पना निर्माण, भाषा प्रयोग, चिन्तन, बोध, समस्या समाधान, अवधान एवं स्मृति जैसे क्रियाकलापों को ध्यान में रखा जाता है। इस प्रकार संज्ञानात्मक उपागम व्यक्ति के मनोवैज्ञानिक क्रिया-व्यापार से सम्बन्धित अधिगम की संकल्पना एक संज्ञानात्मक प्रक्रिया के रूप में की गयी है।

9. **सहभागी शिक्षण:** शिक्षण प्रक्रिया का सम्बन्ध प्राचीनकाल से ही दो पक्षों से रहा है। इसमें प्रथम पक्ष शिक्षा प्रदान करने वाला होता है जिसे गुरु के नाम से जानते थे। वर्तमान में उसको शिक्षक के नाम से जानते हैं। दूसरा पक्ष शिक्षा ग्रहण करने वाला होता था जिसे प्राचीनकाल में शिष्य तथा वर्तमान समय में छात्र के नाम से जानते हैं।

10. **निदानात्मक शिक्षण एवं उपचारात्मक शिक्षण:** यदि कोई छात्र लगातार किसी विषय में अनुत्तीर्ण होता है या पढ़ने में कमजोर होता है, तो छात्र की असफलता की जानकारी प्राप्त करना निदान कहलाता है।

11. **बहुकक्षा एवं बहुस्तरीय शिक्षण:** बहुस्तरीय स्थितियों में शिक्षण की तकनीकी बहुश्रेणी शिक्षण से ही सम्बन्धित होती है क्योंकि विभिन्न प्रकार की स्थितियों में छात्रों को उनकी आवश्यकता के अनुसार शिक्षा प्रदान करना भी बहुश्रेणी शिक्षण का प्रमुख उद्देश्य है।

अपना परीक्षण करें

1. **भाषा अधिगम में निदानात्मक परीक्षण का क्या उद्देश्य है?**

CTET 6th Jan 2022

(a) माता-पिता को प्रतिपुष्टि देना।
(b) विद्यार्थियों की प्रगति तालिका को भरना।
(c) संकलनात्मक आकलन के लिए योजना बनाना तथा प्रश्नपत्र तैयार करना।
(d) शिक्षार्थी समझ के स्तर पर कहाँ पिछड़ रहे हैं, यह जानना।

2. **उपचारात्मक शिक्षण में _________**

CTET 28th Dec 2021

(a) विद्यार्थियों को अपने निष्पादन में सुधार करने के लिए मदद मिलती है।
(b) विद्यार्थियों को अधिक अंक मिलते हैं।
(c) विद्यार्थियों को उत्तर देने के लिए प्रश्न पूछे जाते हैं।
(d) विद्यार्थियों को अध्ययन के लिए प्रोत्साहित किया जाता है।

3. **निम्नलिखित में से कौन से दो उपचारात्मक-शिक्षण के मुख्य उद्देश्य हैं?**

(A) उपचारात्मक शिक्षण शिक्षार्थियों के सीखने को बेहतर करने के लिए है।
(B) उपचारात्मक शिक्षण शिक्षकों के शिक्षण में बदलाव करने के लिए है।
(C) उपचारात्मक शिक्षण शिक्षकों द्वारा अपने शिक्षार्थी को समझने के लिए है।

हिन्दी भाषा का आकलन करते समय 'पोर्टफोलियो' बच्चों के बारे में यह बताता है कि -

- क्रमशः उनकी प्रगति किस प्रकार हो रही है?

CTET - IInd Paper (VI-VIII) Feb. 2014

(D) उपचारात्मक शिक्षण अभिभावकों के लिए है कि वे जाने कि कुछ शिक्षार्थियों को सुधार की आवश्यकता क्यों है।

CTET 23rd Dec 2021

(a) A और B (b) C और D
(c) A और D (d) C और B

4. उपचारात्मक शिक्षण का प्रयोग अध्यापक द्वारा क्यों किया जाता है?

CTET 2022

(a) अध्यापक द्वारा पक्षपातपूर्ण व्यवहार हेतु।
(b) अधिगम कठिनाई दूर करने हेतु।
(c) कक्षा में स्पर्धा भावना विकास हेतु।
(d) विद्यार्थी की अधिगम समस्या की जानकारी हेतु।

5. निम्नलिखित में से किसकी उपचारात्मक शिक्षण के रुप में अनुशंसा नहीं की गई है?

CTET 8th Jan 2022

(a) व्यक्ति विशेष की अधिगम संबंधी कर्मियों को पहचानना और निदान सुझाना जिनके आधार पर उपचारात्मक निर्देश दिए जा सकें।
(b) अध्यापक समस्याओं को संबोधित करने और दूर करने के लिए व्यावहारिक उपचारात्मक समाधान ढूढ़ते हैं।
(c) विद्यार्थी की गलतियों का विश्लेषण करके उपयुक्त उपचारात्मक कार्यो का चयन करना।
(d) नवीन पठन तथा शिक्षण विधियों को लागू करने के द्वारा उच्च अधिगम रणनीतियों को लागू करना।

6. उपचारात्मक शिक्षण उपयोगी है-

CTET Dec 2018

(a) पूरी कक्षा को पढ़ाने के लिए
(b) पाठ को फिर से पढ़ाने के लिए
(c) खेल-विधि द्वारा शिक्षण के लिए
(d) कमजोर छात्रों की सीखने की कठिनाइयों को दूर करने के लिए

7. कक्षा पाँच के विद्यार्थियों को पाँच के समूह में बाँटा गया और अपनी रुचित का विषय चुनने के लिए कहा गया। बच्चों ने समूह में थीम पर आँकड़ों का संग्रहण किया और रिपोर्ट लिखी भाषा अधिगम की इस गतिविधि को
क्या कहेंगे ?

CTET 1 FEB 2023

(a) प्रदत्त कार्य (b) समूह कार्य
(c) परियोजना कार्य (d) सहपाठी कार्य

8. कुछ विद्यार्थी कक्षा में एक-दूसरे से बात करने में संकोच करते हैं। संकोच को दूर करने के लिए क्या सर्वोत्तम उपाय किए जा सकते हैं?

(A) उन विद्यार्थियों को प्रोत्साहित करें
(B) कक्षा में अनौपचारिक गतिविधियों का आयोजन कर उनमें विद्यार्थियों को संलग्न किया जाए
(C) उनके निष्पादन हेतु उन्हे पुनर्बलन दिया जाए
(D) उन्हें कुछ और तरह के काम दे दिए जाएँ

CTET 3 FEB 2023

(a) I, II और III (b) II, III और IV
(c) I, III और IV (d) I, II, III और IV

9. बच्चे भाषा की बारीकियों की पहचान कर लेते हैं और उन्हें समझ जाते हैं जब

CTET 2 FEB 2023

(a) वे अध्यापक का बारीकी से अवलोकन करते हैं।
(b) बुलेटिन बोर्ड को सजाने और मुद्रित समृद्ध परिवेश के सृजन में भाग लेते हैं।
(c) एकीकृत तरीके से भाषायी कौशलों में संलग्न रहते हैं।
(d) वयस्क की मदद से सस्वर पठन करते हैं।

10. जब आप किसी अभ्यास में या सामग्री में शिक्षार्थियों की आवश्यकतानुसार आवश्यक परिवर्तन करते हैं, तो इसे क्या कहा जाता है ?

CTET 4 FEB 2023

(a) अभिग्रहण (b) अनुकूलन
(c) मूल्यांकन (d) समीक्षा

11. गलतियों का विश्लेषणात्मक अध्ययन क्या कहलाता है?

बच्चों की भाषा के आकलन का सर्वाधिक प्रभावी तरीका है?

- प्रश्न पूछना और पढ़ी गई सामग्री पर प्रतिक्रिया व्यक्त करना।

CTET - Ist Paper (I-V) Nov. 2012

CTET 4 FEB 2023

(a) त्रुटि विश्लेषण (b) तुलनात्मक विश्लेषण
(c) वाक्य विश्लेषण (d) शब्द विश्लेषण

12. भाषा समृद्ध परिवेश एक ऐसे परिवेश की ओर संकेत करता है जो बच्चे को ....के अवसर उपलब्ध कराता है।

CTET 10 FEB 2023

(a) देखने, ध्यान देने और भाषा का प्रयोग करने
(b) भाषा – ह्रास से उबरने
(c) उन वाक्यों का निर्माण करने के जो उसने पहले कभी नहीं सुने
(d) कक्षा – कक्ष से परे जाकर सीखने

13. एक शिक्षक .... के माध्यम से अपने शिक्षार्थियों के खराब अंकों के कारणों को जानने के लिए एक परीक्षण तैयार करता है।

CTET 11 JAN 2023

(a) निदानात्मक परीक्षण (b) निपुणता परीक्षण
(c) उपलब्धि परीक्षण (d) अभिक्षमता परीक्षण

14. एक बच्चा जोड़े में और समूह में सक्रिय रूप से हिस्सा लेता है लेकिन लिखित परीक्षा में अच्छे अंक नहीं ले पाता। एक शिक्षक के रूप में आप शिक्षार्थी की मदद कर सकते हैं

CTET 11 JAN 2023

(a) उसकी सामाजिक अंतः क्रिया की प्रशंसा करते हुए
(b) बच्चे के माता-पिता को यह स्पष्ट करते हुए कि लेखन में उसकी कोई रुचि नहीं है
(c) माता-पिता से यह अनुरोध करते हुए कि वे उसकी पढ़ाई में मदद करें
(d) उसको नियमित परीक्षण देते हुए ताकि वह सुधार कर सके

15. निम्नलिखित में से किस स्थिति में उपचारात्मक शिक्षण दिया जाना चाहिए?

CTET 28th Dec 2021

(a) विद्यार्थी अधिगम का आनन्द ले रहे हैं।
(b) विद्यार्थी पढ़ाई गई अवधारणा को समझ नहीं पा रहे हैं।
(c) विद्यार्थी अपनी गति से स्वयं अध्ययन करना चाहते हैं।
(d) विद्यार्थी कहानी की पुस्तक पढ़ना चाहते हैं और पठन का आनन्द ले रहे हैं।

16. आमतौर पर पूर्व विद्यालयी अध्यापक अपनी कक्षा में शुरूआती दौर में अपने शिक्षार्थियों को चित्रात्मक पुस्तकें देते हैं, बजाय कि वर्णमाला पढ़ाने के। चित्रात्मक पुस्तकें देने का उद्देश्य है-

(a) अपनी व्यस्तता के समय शिक्षार्थियों को व्यस्त रखना और विभिन्न रंगों का परिचय देना।
(b) बच्चे भविष्य में इस तरह के चित्र बना सकें।
(c) बच्चों को पठन से परिचित करवाना और उनके भाषा विकास की शुरूआत करना।
(d) उनके उन बुनियादी कौशलों का आकलन करना जो विद्यालय में प्रवेश के समय उनके पास थे।

CTET 13 JAN 2023

17. निम्नलिखित में से कौन-सी कक्षायी प्रक्रियाएँ बुनियादी उम्र के बच्चों के लिए विकासात्मक रूप से उपयुक्त है ?

(a) प्रतिदिन पाँच कठिन शब्दों से परिचत करवाना
(b) प्रत्येक दिन की शुरूआत आधे घण्टे के घेरा टाइम (सर्कल टाइम) से करना
(c) धीरे - धीरे नयी अवधारणाओं का परिचय देना
(d) रूटीन में नियमित रूप से बदलाव लाना

CTET 13 JAN 2023

18. एक अध्यापक अपनी कक्षा इस प्रकार से आयोजित करती है कि विद्यार्थी लेखन संबंधी कक्षा में मुख्य बिन्दु लिख सकें, रूपरेखा तैयार कर सकें, पहला प्रारूप लिख सकें, उसमें सुधार कर सकें और अन्ततः अन्तिम प्रारूप तैयार कर सकें। यहाँ पर अध्यापक किस युक्ति का इस्तेमाल कर रहा है?

(a) प्रक्रिया - आधारित अधिगम
(b) लेखन का प्रक्रिया उपागम
(c) लेखन का उत्पाद-आधारित उपागम
(d) उद्देश्य के लिए लेखन

एक प्राथमिक शिक्षक के रूप में आप सतत और व्यापक आकलन करते समय किसे सर्वोपरि मानते हैं?

- बच्चों द्वारा विभिन्न संदर्भों में भाषा प्रयोग की क्षमता

CTET - Ist Paper (I-V) Feb. 2015

CTET 17 JAN 2023

19. उच्चारण सिखाने के लिए कौन-सा तरीका प्रभावशाली है ?

CTET 17 JAN 2023

(a) सभी शिक्षार्थियों को स्वरविज्ञान पढ़ाना
(b) शब्दों और ध्वनियों के प्रतिलेखन के माध्यम से पढ़ाना
(c) विपरीत शब्दों के उदाहरण देकर सिखाना
(d) वर्णों और ध्वनियों की आपसी सम्बद्धता दिखाकर सिखाना

20. निम्नलिखित में कौन-सा तरीका भाषा शिक्षक के द्वारा अपनाया जाना चाहिए?

CTET 20 JAN 2023

(a) धारा प्रवाह बोलने वाले विद्यार्थी को कक्षा में अनुकरणीय विद्यार्थी के रूप स्वीकारना चाहिए।
(b) कक्ष हेतु कुछ कठोर नियम बनाना तथा सुनिश्चित करना कि उनका कड़ाई से पालन होना चाहिए।
(c) यह सुनिश्चित करना कि उसकी कक्षा में सभी विद्यार्थी महसूस करें कि उन्हें स्वीकृति एवं महत्व दिया जा रहा है। चाहे वे किसी भी भाषा, सामाजिक एवं सांस्कृतिक पृष्ठभूमि से संबंध खाते हों।
(d) यह सुनिश्चित करना कि भाषा की कक्षा में सुविधा वंचित पृष्ठभूमि से आने वाले बच्चों को कठिन परिश्रम करना है।

ANSWER KEY

1.	D	2.	A	3.	A	4.	B	5.	D	6.	D	7.	C
8.	A	9.	C	10.	B	11.	A	12.	A	13.	A	14.	A
15.	B	16.	C	17.	C	18.	B	19.	C	20.	C		

सारांश नोट्स

उपचारात्मक शिक्षण

निदानात्मक शिक्षण एवं उपचारात्मक शिक्षण से लाभ

- छात्रों की दुर्बलता और उनकी कठिनाइयों का पता लग जाता है।
- छात्रों की सीखने सम्बन्धी सभी कठिनाइयाँ दूर हो जाती हैं।
- उनकी शक्ति को उचित दिशा की ओर मोड़ दिया जाता है।
- शिक्षण की प्रक्रिया प्रभावशाली हो जाती है।
- शिक्षक अपने व्यवहार में परिवर्तन लाता है।
- वह अपनी मनोवृत्ति को बदल देता है।
- भविष्य में होने वाली त्रुटियों से छात्र बच जाते हैं।
- छात्रों का उचित अनुकूलन होता है।
- एक अच्छे समाज का निर्माण होता है।
- बालक कुसमायोजन से बच जाते हैं।

उपागम प्रणाली

- बाल केन्द्रित अधिगम उपागम
- क्रियापरक या गतिविधि आधारित अधिगम उपागम
- रुचिपूर्ण या आनंददायी अधिगम उपागम
- दक्षता आधारित अधिगम उपागम
- विषय केंद्रित अधिगम उपागम
- व्यापक क्षेत्र अधिगम उपागम
- सामाजिक समस्या केंद्रित अधिगम उपागम
- संज्ञानात्मक अधिगम उपागम
- सहभागी शिक्षण अधिगम उपागम
- निदानात्मक शिक्षण एवं उपचारात्मक शिक्षण
- बहुकक्षा एवं बहुस्तरीय शिक्षण

प्राथमिक स्तर पर बच्चों की पठन-क्षमता का आकलन करने में किस प्रकार की सामग्री सर्वाधिक महत्वपूर्ण है?

- बाल साहित्य की कोई संवादात्मक कहानी

CTET - Ist Paper (I-V) Feb. 2015

इतनी पुस्तक पढ़ने के बाद मेरी समझ...

'उच्च' का विलोम शब्द है-

- निम्न

CTET भाषा 12 Jan 2022

8 आकलन एवं मूल्यांकन

मूल्यांकन

मूल्यांकन शिक्षार्थी की क्षमताओं का आकलन करने, प्रदर्शन का विश्लेषण करने, प्रत्येक शिक्षार्थी को उचित प्रतिक्रिया प्रदान करने और उन्हें प्रगति में मदद करने का एक व्यवस्थित तरीका है। सफल अधिगम के लिए शिक्षण में उच्च गुणवत्ता वाले मूल्यांकन की आवश्यकता है।

परीक्षण व्यक्तियों को प्रस्तुत कुछ निर्दिष्ट कार्यों के माध्यम से जानकारी इकट्ठा करने के लिए उपकरण हैं। हम शिक्षा में विभिन्न प्रकार के परीक्षणों में आते हैं, उदाहरण: मौखिक, लिखित और व्यावहारिक; समूह या व्यक्ति; प्रदर्शन, आदि कभी-कभी 'परीक्षा' का उपयोग डिवाइस या परीक्षण का अर्थ करने के लिए भी किया जाता है।

1. **मानकीकृत परीक्षण:** ये ज्ञान या परीक्षण की क्षमता के पूरे क्षेत्र से संबंधित हैं। ये परीक्षण विशेषज्ञों द्वारा व्यक्तिगत समूहों की उपलब्धि की तुलना करने के लिए किए जाते हैं। मानकीकृत परीक्षणों की योग्यता वैधता, विश्वसनीयता, निष्पक्षतावाद और उपयोगिता हैं।
2. **गैर-मानकीकृत परीक्षण (शिक्षक-निर्मित परीक्षण):** ये ज्ञान के सीमित और विशिष्ट क्षेत्रों या प्रदर्शन की क्षमता से संबंधित हैं। ये छोटे पैमाने पर कुछ विशेष संस्थानों के लिए स्थानीय उपयोग के लिए हैं।

   उत्तम परीक्षण के लक्षण: एक अच्छा परीक्षण हमें उपलब्धि और क्षमता को सटीक और आर्थिक रूप से सक्षम बनाना चाहिए। यहाँ हम एक अच्छी परीक्षा लेते हैं- वैधता, विश्वसनीयता और उपयोगिता।

- **वैधता:** एक परीक्षण को वैध कहा जाता है यदि वह मापता है कि उसे क्या मापना है। वैधता एक सीमा तक मापता है कि एक परीक्षण क्या मापता है।
- **विश्वसनीयता:** एक परीक्षण विश्वसनीय है अगर यह विभिन्न अवसरों पर माप के लगातार परिणाम देता है। यदि परीक्षण दोहराया जाता है तो विद्यार्थियों को समान स्कोर करना चाहिए। इसका प्रशासन शायद समय के कुछ अंतराल के बाद होता है और स्थिति यह है कि विद्यार्थियों को संबंधित परीक्षण सामग्री का कोई और प्रशिक्षण प्राप्त नहीं होता है।
- **प्रयोज्यता:** प्रयोज्यता व्यावहारिकता को संदर्भित करती है - ऊर्जा, समय और धन के संदर्भ में आसानी, और अर्थव्यवस्था। प्रयोज्यता का अर्थ है एक परीक्षण होना चाहिए: निर्माण करना आसान; व्यवस्थापन में आसान; स्कोरिंग में आसान; व्याख्या करने में आसान; और पैसे और समय के मामले में मितव्ययी।
- **निष्पक्षतावाद:** जब किसी परीक्षा में किसी छात्र के अंक केवल छात्र के उत्तरों पर आधारित होता है, न कि गणक (या शिक्षक) के व्यक्तिगत पूर्वाग्रह पर, तो स्कोरिंग को उद्देश्य माना जाता है। यह स्कोरिंग की प्रक्रिया (और प्राप्त की जाने वाली सामग्री का प्रकार) पर निर्भर करता है।

मानक- संदर्भित और मानदंड - संदर्भित परीक्षण के बीच अंतर

मानक- संदर्भित	मानदंड - संदर्भित परीक्षण
एक कार्यकाल के अंत में, स्वाभाविक रूप से स्कूल बोर्ड परीक्षा।	निर्देश की प्रगति के दौरान, जैसे कक्षा परीक्षा आयोजित करना।
यह योगात्मक मूल्यांकन का समर्थन करता है। मानकीकृत परीक्षण उपयुक्त रूप से उपयोग किए जाते हैं।	यह रचनात्मक और नैदानिक मूल्यांकन का समर्थन करता है। शिक्षक - निर्मित परीक्षण आमतौर पर उपयोग किए जाते हैं।

बच्चों को कहानी सुनाने की उपयोगिता सिद्ध होती है-

- कहानी से मिलने वाली सीख द्वारा

CTET - Ist Paper (I-V) Sep. 2016

कोई निर्देशात्मक उद्देश्य निश्चित नहीं हैं। पाठ्यक्रम के उद्देश्यों को महत्व दिया जाता है।	विशिष्ट निर्देशात्मक उद्देश्य दिए गए हैं जिन्हें एक मानक के रूप में परिभाषित किया जा सकता है।
रमन ने अपनी कक्षा में गणित की परीक्षा में प्रथम स्थान प्राप्त किया। (समूह तुलना) अमित ने पठन परीक्षा में अपनी कक्षा के 65% छात्रों को पीछे छोड़ दिया।	रमन ने अपनी कक्षा में गणित की परीक्षा में प्रथम स्थान प्राप्त किया। (व्यक्तिगत तुलना) एक पठन परीक्षा में अमित ने 70 अंक प्राप्त किए।

कुछ अन्य परीक्षण:

अभिक्षमता परीक्षण	यह एक विशेष क्षेत्र से संबंधित है, जो किसी व्यक्ति की विशिष्ट क्षमताओं के एक निश्चित संयोजन को संदर्भित करता है जो हमें उसके भविष्य की भविष्यवाणी करने में मदद कर सकता है।
अभिवृत्ति परीक्षण	यह एक निर्धारित अधिग्रहीत प्रवृत्ति है जो किसी व्यक्ति को किसी विशिष्ट वस्तु या स्थिति के प्रति एक निश्चित तरीके से व्यवहार करने के लिए तैयार करता है।
उपलब्धि परीक्षण	यह वांछित चीजों का अधिग्रहण है जो दर्शाता है कि किसी व्यक्ति ने किसी विशेष क्षेत्र में क्या सीखा है या हासिल किया है।

आकलन

- आकलन छात्र अधिगम पर प्रासंगिक जानकारी एकत्र करने की एक प्रक्रिया है। यह शिक्षण-अधिगम प्रक्रिया का एक अभिन्न अंग है। शिक्षण-अधिगम प्रक्रिया के विभिन्न चरणों में आकलन किया जाता है।
- आकलन प्रक्रिया व्यक्तित्व, दृष्टिकोण, संज्ञानात्मक, सामाजिक कामकाज और बुद्धि को मापती है।
- मनोवैज्ञानिक आकलन, परीक्षण की एक प्रक्रिया है जो व्यक्तियों और उनके व्यवहार, व्यक्तित्व, क्षमताओं का अंदाजा लगाने के लिए परीक्षणों या तकनीकों के संयोजन का उपयोग करती है।
- कुछ आकलन शिक्षण-अधिगम की प्रक्रिया की शुरुआत से पहले किए जाते हैं, कुछ प्रक्रिया के दौरान किए जाते हैं, और अन्य अनुदेशात्मक प्रक्रिया के अंत में आयोजित किए जाते हैं।
- दी गई प्रक्रिया में, शिक्षक उपयुक्त परीक्षण और जाँच सूची का उपयोग करके छात्र की बुद्धि, व्यक्तित्व और कक्षा के व्यवहार के बारे में जानकारी एकत्र कर रहा है, इसलिए यह आकलन की प्रक्रिया है।

मूल्यांकन के प्रकार	मुख्य विचार
रचनात्मक आकलन	शिक्षण और सीखने की प्रक्रिया के दौरान बच्चे की यदि खाना पकाने के दौरान प्रगति की निगरानी करें। उनकी सीखने की जरूरतों को जानने और उचित रणनीति का चयन करके अंतर को भरने में मदद करता है।
योगात्मक आकलन	योगात्मक होने के लिए, और छात्र की उपलब्धि का सटीक विवरण तैयार करने के लिए। अवधि के अंत में छात्र के सीखने के स्तर को मापने, उपलब्धि के स्तर को मापने, प्रमाणित करने और प्रतिवेदन करने में मदद करता है।

मूल्यांकन के उपकरण

क्विज	यह एक निश्चित विषय के बारे में शिक्षार्थी के ज्ञान को मापने की एक परीक्षा है। इसका उपयोग विभिन्न विषयों पर क्विज आयोजित करके संक्षिप्त मूल्यांकन के उपकरण के रूप में किया जा सकता है।
समूह में चर्चा	यह एक दृष्टिकोण है जो समूह व्यवस्था में सार्थक बातचीत के माध्यम से सीखने पर जोर देकर सार्थक रूप से सीखने की सुविधा देता है।

सभी भाषाई कुशलताएँ-

- एक-दूसरे से संबद्ध हैं

CTET - IInd Paper (VI-VIII) Sep. 2016

वार्तालाप	यह दो या दो से अधिक शिक्षार्थियों के बीच बातचीत को संदर्भित करता है। यह एक विशिष्ट विषय के संबंध में अनुभवों को साझा करने और अन्य दृष्टिकोणों को जानने में शिक्षार्थियों की मदद करता है।
पोर्टफोलियो	इसमें समय के साथ शैक्षिक उपलब्धि और सीखने की प्रगति का मूल्यांकन करने के लिए परियोजना रिपोर्ट, असाइनमेंट आदि जैसे शिक्षार्थी के काम के नमूने शामिल हैं।
रेटिंग स्केल	यह एक प्रदर्शन मूल्यांकन पद्धति को संदर्भित करता है जो एक द्विध्रुवी पैमाने पर छात्रों को दर देता है जिसमें आमतौर पर " कमजोर" से लेकर "उत्कृष्ट" तक कई बिंदु होते हैं।
उपाख्यानात्मक अभिलेख	यह एक अवलोकन है जिसे अवधि के दौरान छात्र के चरित्र विकास के बारे में जानकारी प्रदान करने के लिए कहानी के रूप में लिखा जाता है।
संचयी रिकॉर्ड	संचयी रिकॉर्ड बच्चों के जीवन में होने वाली महत्वपूर्ण घटनाओं का विवरणात्मक रिकॉर्ड प्रस्तुत करते हैं।

मूल्यांकन का उपयोग किया जाता है:

- इस विस्तार तक प्रतिक्रिया देने के लिए कि हम गुणवत्तापूर्ण जीवन के लिए गुणवत्तापूर्ण शिक्षा प्रदान कर सकते हैं।
- यह जाँचने के लिए कि क्या योजना के अनुसार शिक्षण हो रहा है।
- यह प्रत्येक छात्र को अपनी क्षमता प्रदर्शित करने का समान अवसर प्रदान करता है।

रेटिंग स्केल	इसका उपयोग किसी भी स्थिति, विचार या वस्तु में छात्रों के दृष्टिकोण को मापने के लिए किया जाता है। यह मध्य बिंदु को मापने के लिए हमेशा 3 अंक रेटिंग स्केल या 5 पॉइंट रेटिंग स्केल जैसे विषम संख्या बिंदुओं में तैयार किया जाता है। राय विभिन्न डिग्री जैसे अच्छे, बेहतर, सर्वोत्तम में दी जाती है

गृह कार्य	गृह कार्य का आशय शिक्षकों द्वारा घर पर दिए गए कार्यों को घर पर पूर्ण करना है । छात्रों के नियमित मूल्यांकन से शिक्षक और छात्रों दोनों को लाभ होता है, जिससे शिक्षक छात्रों की प्रगति के बराबर होते हैं और फिर उन्हें बेहतर परिणामों के लिए आवश्यक समर्थन और मार्गदर्शन प्रदान करते हैं।
जांच सूची	जांच सूची का उपयोग संग्रहीत राय या निर्णय का मूल्यांकन करने और डिग्री या राशि को इंगित करने के लिए किया जाता है। इसमें संबंधित समस्याओं का अध्ययन करने के लिए शिक्षक द्वारा तैयार की गई वस्तुओं की सूची होती है। छात्रों को केवल हां / नहीं में जवाब देना है या उस विशिष्ट आइटम की अनुपस्थिति या उपस्थिति दिखाने के लिए आइटम को चिह्नित करना है।
प्रशोत्तरी	कुछ गुणों और प्रथाओं के बारे में जानकारी प्राप्त करने के लिए शैक्षिक मूल्यांकन में इसका व्यापक रूप से उपयोग किया जाता है। इसमें प्रश्नों की एक श्रृंखला होती है और छात्रों को अपनी प्रतिक्रियाओं में भरना होता है । यह वैज्ञानिक रूप से संगठित, सामान्यीकृत और विश्लेषित होती है। इसे अनुसंधान और विश्लेषण का एक महत्वपूर्ण उपकरण माना जाता है।

सतत एवं व्यापक मूल्यांकन

सतत और व्यापक मूल्यांकन, प्राय: 'CCE' के रूप में जाना जाता है, CBSE द्वारा 2009 में शिक्षा के अधिकार अधिनियम के अध्यादेश साथ मूल्यांकन के एक विद्यालय आधारित प्रणाली के रूप में पेश किया गया है।

- इसे एक सतत् आधार पर पूरे अकादमिक वर्ष में सभी पहलुओं में छात्र के विकास का मूल्यांकन करने के लिए भारत में केंद्रीय माध्यमिक शिक्षा बोर्ड (CBSE) द्वारा पेश किया गया था।

उच्च प्राथमिक स्तर पर समझकर पढ़ने के सन्दर्भ में सर्वाधिक महत्वपूर्ण है-

- किसी लिखित सामग्री का निहितार्थ समझना

CTET - IInd Paper (VI-VIII) Feb. 2015

- CCE का उद्देश्य नैदानिक और उपचारात्मक शिक्षण के माध्यम से मूल्यांकन को अधिगम का अभिन्न अंग बनाना है।
- CCE अकादमिक सत्र की शुरुआत से ही नियमित समय अंतराल पर छात्र के अधिगम की कठिनाइयों की पहचान करके और उनके अधिगम के प्रदर्शन को बढ़ाने के लिए उपयुक्त उपचारात्मक उपायों को नियोजित करके छात्र के प्रदर्शन को बेहतर बनाने में मदद करता है।

CCE के अन्य उद्देश्य:

- मूल्यांकन की निरंतरता और नियमितता पर जोर देना।
- एक बच्चे की वृद्धि के दोनों शैक्षिक और सह- शैक्षिक पहलुओं का आकलन करना।
- विचार प्रक्रिया पर जोर देना और स्मृति पर जोर नहीं देना।
- आवश्यक सुधार करने के लिए सीखने के तरीकों को रिकॉर्ड करना।
- नैदानिक और उपचारात्मक शिक्षण के माध्यम से मूल्यांकन को सीखने का अभिन्न अंग बनाना।
- विचार प्रक्रिया को बढ़ाना और संस्मरण पर जोर देना।
- स्कूल में उनकी उपस्थिति के दौरान बच्चे के हर पहलू का मूल्यांकन करना।
- स्कूल उनकी उपस्थिति के दौरान बच्चे के हर पहलू का मूल्यांकन करना।
- छात्र के संज्ञानात्मक, मनोप्रेरणा और भाव - विषयक क्षेत्र को विकसित करना।
- एक बच्चे की वृद्धि के शैक्षिक और सह - शैक्षिक दोनों पहलुओं का आकलन करना।
- स्कूल में उनकी उपस्थिति के दौरान बच्चे के हित का मूल्यांकन करना
- सुधार करने के लिए सीखने के तरीकों का अवलोकन और रिकॉर्डिंग करना।

CCE दो अलग-अलग प्रकार के मूल्यांकनों का वर्णन करता है जिसमें योगात्मक और रचनात्मक आकलन / मूल्यांकन शामिल हैं।

- "योगात्मक मूल्यांकन", जिसे आमतौर पर " मूल्यांकन का अध्ययन" के रूप में जाना जाता है, एक प्रकार का मूल्यांकन है जो :
- अवधि के अंत में छात्रों का आकलन करके उनके सीखने के स्तर को मापता है, प्रमाणित करता है और रिपोर्ट करता है।
- अगले ग्रेड में छात्रों को बढ़ावा देने के लिए उनकी क्षमता और उपलब्धि का सटीक विवरण तैयार करता है।
- 'रचनात्मक मूल्यांकन", जिसे आमतौर पर " सीखने के लिए मूल्यांकन" के रूप में जाना जाता है, एक प्रकार का मूल्यांकन है जो :
- शिक्षण - सीखने की प्रक्रिया में बच्चे की प्रगति की निगरानी करता है और छात्रों की शैक्षणिक उपलब्धियों में सुधार करता है।
- उचित रणनीतियों के साथ छात्रों की सीखने की कठिनाइयों का निदान करता है और उन्हें दूर करता है।

अपना परीक्षण करें

1. निम्नलिखित में से कौन-सा पोर्टफोलियो में नहीं रखा जा सकता ?

CTET 2 FEB 2023

(a) चित्रकारी (b) कार्यपत्रक (वर्कशीट)
(c) कक्षा में हुई चर्चा (d) फोटोग्राफ़

2. नए शब्द समझती है और उनका प्रयोग करती है यह रूबरिक किसका आकलन करेगा ?

CTET 6 FEB 2023

(a) उच्चारण (b) व्याकरण
(c) प्रवाह (d) शब्द भंडार

3. निम्नलिखित में से कौन-सी गतिविधि बच्चों के वाचन कौशल के आकलन हेतु प्रयुक्त नहीं की जानी चाहिए?

CTET 6 FEB 2023

(a) पढ़े गए पाठ से शब्दों के अर्थ बताओ
(b) आप जिन परिधान को बहुत अधिक पसंद करती हैं, उसके बारे में बताओ

भाषा सिखाने का क्रम है-

- श्रवण करना, बोलना, पढ़ना, लिखना

CTET- Ist Paper (I-V) June 2011

(c) अपने आप का 4-5 वाक्यों में परिचय दो
(d) दिखाए जा रहे चित्र का तीन वाक्यों में वर्णन करो

4. निम्नलिखित में से कौन – सा कथन सत्य नहीं है ?

CTET 10 JAN 2023

(a) आकलन बच्चे की खूबियों आवश्यकताओं, रुचियों और प्राथमिकताओं की पहचान करने में मदद करताहै।
(b) आकलन बच्चे के निष्पादन की संभावनाओं को बढ़ाता है और मध्यवर्तन के माध्यम से आधारभूतसहयोग प्रदान करता है।
(c) आकलन शिक्षार्थियों के निष्पादन का कक्षा में परस्पर एक – दूसरे के साथ तुलना करने में मदद करताहै।
(d) आकलन सीखने संबंधी रिक्तियों और सीखने संबंधी कठिनाइयों की शुरूआत पहचान करने में मददकरता है।

5. एक अध्यापक का यह मत है कि अभिभावक महत्वपूर्ण भागीदार है और उन्हें नियमित रूप से संलग्न करना व सम्प्रेषित करते रहना चाहिए। यह किस प्रकार से हो सकता है ?

CTET 13 JAN 2023

(a) अभिभावकों को यह सूचित करके कि उनके बच्चे अच्छा प्रदर्शन नहीं कर रहे हैं।
(b) नियमित आधार पर अभिभावकों के साथ बच्चों के पोर्टफोलियो पर चर्चा करके।
(c) अभिभावकों को अकादमिक के स्थान पर सह अकादमिक क्षेत्रों में आमंत्रित करके।
(d) अभिभावकों को अधिगम संबंधी सिद्धान्त पढ़ाकर।

6. निम्नलिखित में से किसे पोर्टफोलियो आकलन कहेंगे?

CTET 12 JAN 2023

(a) शिक्षार्थियों के विभिन्न अधिगम कार्यों का संग्रहीकरण व रिकॉर्ड रखना और उनके समग्र आकलन के लिए इनका उपयोग
(b) शिक्षण अधिगम के लिए पूरे वर्ष भर के दौरान प्रत्येक शिक्षार्थी के रिकार्ड का संग्रहीकरण
(c) शिक्षार्थियों की सत्रान्त परीक्षाओं का उनके समग्र आकलन हेतु उपयोग
(d) पूरे वर्ष औपचारिक परीक्षाओं द्वारा आकलन

7. एक अध्यापिका कक्षा पाँच के शिक्षार्थियों के पठन कौशल का आकलन कर रही है। कौन-सा तरीका पठन के आकलन का सर्वाधिक उपयुक्त तरीका है?

CTET 18 JAN 2023

(a) पढ़ी गई सामग्री के आधार पर श्रुतलेख
(b) पढ़ी गई सामग्री का अपने शब्दों में सारांशीकरण
(c) पाठ पढ़ने के बाद शब्द - अर्थ लिखना
(d) पढ़े गए पाठ की थीम पर एक अनुच्छेद लिखना

8. एक अध्यापक अपने कुछ विद्यार्थियों को दिए गए विषय पर छह वाक्य बोलने के लिए कहती है। वह शेष विद्यार्थियों को अपने सहपाठियों के वाक्य सुनकर उनका आकलन करने के लिए कहती है। इस प्रकार के आकलन को क्या कहेंगे ?

CTET 19 JAN 2023

(a) स्व- आकलन
(b) व्यक्तिपरक आकलन
(c) समूह में आकलन
(d) सहपाठी द्वारा आकलन

9. पोर्टफोलियो आकलन क्या है?

CTET 17 JAN 2023

(a) कक्षा में शिक्षार्थियों के अधिगम का अभिलेख रखना
(b) यह पता लगाना कि शिक्षार्थी के सीखने में कहाँ कमी है
(c) वार्षिक बोर्ड परीक्षा को समर्थित करना
(d) आकलन के लिए शिक्षार्थियों के सीखने संबंधी सभी कार्यों का अभिलेख रखना

10. अध्यापिका समय-समय पर विभिन्न प्रकार के लिखित व मौखिक परीक्षण प्रदत्त कार्यों के माध्यम से देती है और इनका प्रयोग आकलन के लिए करती है। इस आकलन को किस रूप में जाना जाएगा?

लिखना एवं पढ़ना सीखने के सन्दर्भ में सबसे उपयुक्त कथन है-

- लिखना और पढ़ना सीखना समान रूप से अन्तः सम्बन्धित है

CTET - IInd Paper (VI-VIII) Feb. 2016

CTET 23 JAN 2023

(a) रचनात्मक आकलन
(b) संकल्पनात्मक आकलन
(c) पोर्टफोलियो आकलन
(d) दक्षता आधारित आकलन

11. निम्नलिखित में से कौन-सा भाषा परीक्षण विद्यार्थी की किसी विशिष्ट कार्य से संबंधित उस उपलब्धि का मापन करता है जिसकी उसे बाद में इस्तेमाल की आवश्यकता है?

CTET 24 JAN 2023

(a) वस्तुनिष्ठ परीक्षण (b) सक्षमता परीक्षण
(c) निपुणता परीक्षण (d) उत्पादक परीक्षण

12. अधिगम के लिए मूल्यांकन:

CTET Sept 2014

(a) अभिप्रेरणा को बढ़ावा देता है
(b) अलग करने और रैंक देने के प्रयोजन के लिए किया जाता है
(c) ग्रेड्स को पूरी तरह से महत्त्व देने पर बल देता है
(d) एक विशेष और मूल्यांकन गतिविधि के अनुसार है

13. प्रयोग करना' मूल्यांकन के संकेतकों में से एक है। निम्नलिखित में से कौन सा प्रयोग संकेतक का आकलन करने का सबसे उपयुक्त तरीका है?

CTET Feb 2016

(a) रचनात्मक लेखन
(b) प्रदर्शन
(c) व्यावहारिक गतिविधि
(d) चित्र पढ़ना

14. मूल्यांकन का उद्देश्य क्या है?

CTET 10th Jan 2022

(a) छात्रों में असफलता का डर पैदा करना।
(b) बुरे प्रदर्शन के लिए बच्चों को शर्मिन्दा करना।
(c) छात्रों के प्रदर्शन की एक-दूसरे से तुलना करना।
(d) छात्रों को सीखने की प्रक्रिया में मदद करने के तरीके खोजना।

15. अपनी कक्षा के लिए मूल्यांकन पद्धति तय करने से पहले एक शिक्षक को किन बातों पर विचार करना चाहिए?

(i) मेरे अलावा इन परिणामों का उपयोग कौन करेगा?
(ii) विशिष्ट छात्रों के 'अधिगम वक्र' का पता लगाने का सर्वोत्तम तरीका क्या है?
(iii) कौन-सी विधि शिक्षक को स्वयं के शिक्षाशास्त्र पर चिंतन में मदद करेगी?
(iv) कौन-सी विधि छात्रों को चिह्नित करने और वर्गीकरत करने में मदद करेगी?

CTET 1st Jan 2022

(a) (ii), (iii) (b) (i), (iv)
(c) (i), (iii), (iv) (d) (i), (ii)

16. मूल्यांकन का उद्देश्य क्या है?

CTET Feb 2015

(a) छात्रों की समस्या पहचानने के लिए
(b) बच्चों को श्रेणी प्रदान करने के लिए
(c) प्रतियोगिता को प्रोत्साहित करने के लिए
(d) शिक्षण-अधिगम प्रक्रियाओं में सुधार करने के लिए

17. मूल्यांकन अध्यापकों को छात्रों के विषय में निम्न में से क्या जानने का अवसर देता है?

(A) उन्होंने क्या सीखा है।
(B) वे कैसे सीखते हैं।
(C) उनकी क्या रुचियाँ हैं।
(D) उन्होंने क्या नहीं सीखा है।

सही विकल्प का चयन कीजिए -

CTET 31st Dec 2021

(a) A और D (b) A, B और D
(c) A, C और D (d) B और D

18. मूल्यांकन शिक्षण-अधिगम प्रक्रिया का एक अभिन्न अंग है क्योंकि:

CTET Sept 2015

(a) आज के समय में शिक्षा के क्षेत्र में केवल महत्वपूर्ण विचार हैं।

लिखित भाषा का प्रयोग-

- अपनी अभिव्यक्ति के लिए किया जाता है

CTET - Ist Paper (I-V) Feb. 2016

(b) बच्चों को चिह्नित करने की आवश्यकता है ताकि वे जान सकें कि वे अपने साथियों की तुलना में कहां खड़े हैं।

(c) मूल्यांकन बच्चों के सीखने को समझने में शिक्षक की मदद करता है और अपने स्वयं के शिक्षण के लिए एक प्रतिक्रिया के रूप में कार्य करता है।

(d) मूल्यांकन यह सुनिश्चित करने का एकमात्र तरीका है कि शिक्षकों ने पढ़ाया है और छात्रों ने सीखा है।

19. शिक्षकों को बच्चों के मूल्यांकन का विवरण उनके अभिभावकों को देना चाहिए जिससे -

CTET 12th Jan 2022

(a) अभिभावक अपने बच्चे की पहचान कर उसे सही ढंग से नामांकित कर पाएँ - मंदबुद्धि, बुद्धिमान इत्यादि।

(b) अभिभावकों की अपने बच्चे के अधिगम (क्या और कैसे) के बारे में समझ बन सके।

(c) अभिभावक जान पाएँ की उनका बच्चा क्या नहीं कर सकता है।

(d) अभिभावक अपने बच्चे की तुलना कक्षा के शेष बच्चों से कर पाएँ।

20. सुश्री रीना ने एक उपकरण को विकसित किया है जो कि उनके छात्रों के व्यवहार जैसे कि कक्षा के क्रियाकलापों में भाग लेना, दिए गए कार्य को पूर्ण करना, समस्या समाधान का कौशल, नियमितता इत्यादि का रिकॉर्ड (अभिलेख) रखेगा। यह उपकरण अवलोकन की अवधि में उन्हें उनके व्यवहार में अनुपस्थिति या उपस्थिति के रूप में जानकारी देगा। सुश्री रीना द्वारा विकसित किया गया उपकरण ______ का उदाहरण है।

CTET 23rd Dec 2021

(a) उपाख्यानात्मक अभिलेख

(b) संचित अभिलेख

(c) जाँच सूची (चैक लिस्ट)

(d) मूल्यनिर्धारण पैमाना (रेटिंग स्केल)

ANSWER KEY

1.	C	2.	D	3.	A	4.	C	5.	B	6.	A	7.	B
8.	D	9.	D	10.	A	11.	C	12.	A	13.	C	14.	D
15.	A	16.	D	17.	C	18.	C	19.	B	20.	C		

भाषा के अभिव्यक्तात्मक कौशल हैं -

- बोलना, लिखना

CTET- Ist Paper (I-V) June 2011

सारांश नोट्स

मूल्यांकन

उत्तम परीक्षण के लक्षण
- वैधता
- विश्वसनीयता
- प्रयोज्यता
- निष्पक्षतावाद

मूल्यांकन के उपकरण
- क्विज
- समूह में चर्चा
- वार्तालाप
- पोर्टफोलियो
- रेटिंग स्केल
- उपाख्यानात्मक
- अभिलेख
- संचयी रिकॉर्ड

मूल्यांकन के प्रकार

रचनात्मक मूल्यांकन
उदाहरण: यदि खाना पकाने के दौरान कोई रसपान करता है तो यह सीखने के लिए आकलन के समान हो सकता है।

योगात्मक मूल्यांकन
उदाहरण: यदि कोई शिक्षक लौटने के बाद किसी यात्रा के बारे में सवाल पूछता है, तो इसे सीखने का मूल्यांकन कहा जाएगा।

ध्यान दें कि
- **अधिगम के लिए मूल्यांकन:** शिक्षा के दौरान
- **अधिगम का मूल्यांकन:** शिक्षा के बाद
- **अधिगम के रूप में मूल्यांकन:** छात्रों में आत्म मूल्यांकन

शब्दों के समूहों के प्रति समझ बनाकर शब्द सम्पदा अर्जित करने की वकालत किसके द्वारा की गई है?

- कोश विषयक उपागम

CTET 31 Dec2021

9 शिक्षा नीतियाँ

NEP 2020, NCF 2005 और कोठारी आयोग

राष्ट्रीय शिक्षा नीति 2020 (NEP 2020)

- एनईपी 2020 1968 की नीति और 1986 की दूसरी नीति के बाद स्वतंत्र भारत के इतिहास में तीसरी शिक्षा नीति है।
- राष्ट्रीय शिक्षा नीति 2020, 21वीं सदी की पहली शिक्षा नीति है और इसका उद्देश्य हमारे देश की कई बढ़ती विकासात्मक अनिवार्यताओं को संबोधित करना है। इस नीति ने 34 वर्षीय राष्ट्रीय शिक्षा नीति (NPE), 1986 का स्थान लिया है।
- एनपीई 2020 के अनुसार, सीखना समग्र, एकीकृत, सुखद और आकर्षक होना चाहिए। इसलिए, वर्तमान 10 + 2 प्रणाली को चार-चरण 5+3+3+4 संरचना द्वारा प्रतिस्थापित किया जाना है।
- शिक्षा नीति प्रत्येक व्यक्ति की सृजनात्मक क्षमता के विकास पर विशेष बल देती है। यह इस सिद्धांत पर आधारित है कि शिक्षा को न केवल संज्ञानात्मक क्षमताओं दोनों 'साक्षरता और संख्यात्मकता और 'उच्च क्रम संज्ञानात्मक क्षमताओं की 'मूलभूत क्षमताएं' जैसे कि आलोचनात्मक चिन्तन और समस्या समाधान को विकसित करना चाहिए बल्कि सामाजिक, नैतिक और भावनात्मक क्षमताओं और स्वभावों को भी विकसित करना चाहिए।
- राष्ट्रीय शिक्षा नीति 2020 वैचारिक समझ और शैक्षिक परिणामों में सुधार पर जोर देती है ताकि बच्चे अर्जित ज्ञान और कौशल को वास्तविक जीवन में लागू कर सके।
- परीक्षार्थी याद किए गए ज्ञान और तथ्यों के बजाय शिक्षार्थियों की मुख्य दक्षताओं का परीक्षण करने के लिए अधिक केंद्रित होंगे।

NEP 2020 के सुधारों में निम्न शामिल हैं

- समान और समावेशी शिक्षा सामाजिक और आर्थिक रूप से वंचित समूहों (SDG) पर विशेष जोर दिया जाता है।
- पूर्व-प्राथमिक विद्यालय से कक्षा 12 तक स्कूली शिक्षा के सभी स्तरों पर सार्वभौमिक पहुँच सुनिश्चित करना।
- नई पाठ्यचर्या और शैक्षणिक संरचना (5+3+3+4)
- राज्य विद्यालय मानक प्राधिकरण (SSSA) की स्थापना।

शिक्षा की पाठ्यचर्या और शैक्षणिक संरचना

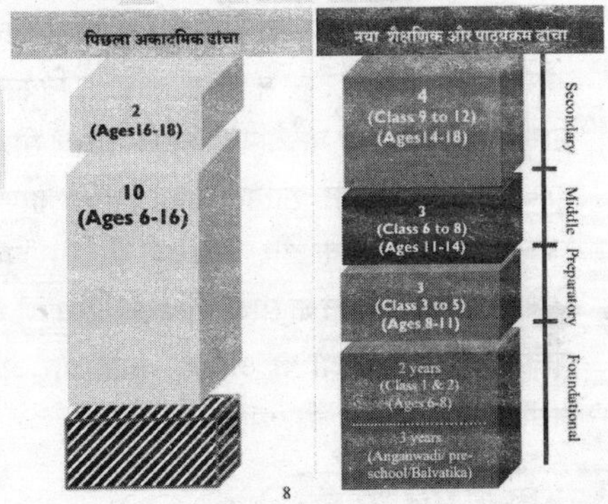

- स्कूली शिक्षा की पाठ्यचर्या और शैक्षणिक संरचना को उनके विकास के विभिन्न चरणों में शिक्षार्थियों की विकास संबंधी आवश्यकताओं और हितों के प्रति संवेदनशील और प्रासंगिक बनाने के लिए पुनर्गठित किया जाएगा, जो 3-8, 8-11, 11-14 का आयु सामा के अनुसार है। और क्रमशः 14-18 साल।
- पाठकीय और शैक्षणिक संरचना और स्कूली शिक्षा के लिए पाठ्यक्रम ढाँचे को 5+3+3+4 डिजाइन द्वारा निर्देशित किया जाएगा, जिसमें निम्न शामिल हैं:

उच्च प्राथमिक स्तर पर भाषा की पाठ्यपुस्तक में विविध प्रकार की साहित्यिक रचनाओं के समावेश का मुख्य उद्देश्य है?
- विभिन्न प्रकार की साहित्यिक विधाओं की भाषायी संरचनाओं से परिचित होने का अवसर देना
CTET - IInd Paper (VI-VIII) July 2013

- बुनियादी चरण में खेल/गतिविधि-आधारित शिक्षा शामिल होगी। इसमें अच्छे व्यवहार, शिष्टाचार, नैतिकता व्यक्तिगत और सार्वजनिक स्वच्छता/स्वास्थ्य, समूह कार्य, सहयोग आदि पर ध्यान देना भी शामिल होगा
- आरंभिक स्तर धीरे-धीरे खेल-आधारित शिक्षा से अधिक औपचारिक लेकिन संवादात्मक कक्षा शिक्षण में परिवर्तित हो जाएगा, जिसमें कुछ (हल्की) पाठ्यपुस्तकें शामिल होंगी, ताकि पढ़ने सहित सभी विषयों जैसे लेखन, बोलना शारीरिक शिक्षा, कला, भाषा, विज्ञान और गणित पर एक मूर्त आधार तैयार किया जा सके।
- मध्य चरण में प्रत्येक विषय में अधिक अमूर्त अवधारणाओं के सीखने चर्चा के लिए विषय शिक्षकों की शुरूआत देखी जाएगी, जिसके लिए छात्र इस स्तर पर विज्ञान, गणित, कला, सामाजिक और मानविकी क्षेत्र में तैयार होंगे।
- (कक्षा 9-12 दो चरणों में, अर्थात पहले में 9 और 10 और दूसरे में 11 और 12) चरण, कक्षा 10 से बाहर निकलने और अगले चरण में फिर से प्रवेश करने के विकल्प के साथः हाई स्कूल (या माध्यमिक) चरण में चार साल का बहु-विषयक अध्ययन शामिल होगा, मध्य चरण की विषय-उन्मुख शैक्षणिक और पाठ्यचर्या शैली पर निर्माण, लेकिन अधिक गहनता के साथ, अधिक महत्वपूर्ण सोच, जीवन की आकांक्षाओं पर अधिक ध्यान और अधिक लचीलापन और छात्र की पसंद।

एनईपी 2020 के मूल सिद्धांत

- इसमें नेता का समग्र विकास शामिल है, इसमें संज्ञानात्मक पक्ष, भावात्मक पक्ष और संवेदीगामक पक्ष के रूप में सभी तीन पहलु शामिल है
- रटकर सीखने और परीक्षा के लिए सीखने के बजाय वैचारिक समझ पर जोर दें।
- छात्रों का मूल्यांकन विभिन्न विधियों का उपयोग करके, विभिन्न गतिविधियों द्वारा किया जाना चाहिए, जिसमें भूमिका निभाना, पोर्टफोलियो आदि शामिल है।
- कक्षा में छात्र द्वारा किए गए स्व-मूल्यांकन और सहयोगी मूल्यांकन को बढ़ावा देना।
- विविधता का सम्मान और सभी पाठ्यक्रम, शिक्षाशास्त्र और नीति में स्थानीय संदर्भ के लिए सम्मान, हमेशा ध्यान में रखते हुए कि शिक्षा एक समवर्ती विषय है।
- संकल्पनाओं का पर्यावरण के साथ जुड़ाव स्थापित करना या हम कह सकते हैं कि विद्यालय का घर से जुड़ाव स्थापित करना है।
- बहुभाषावाद और शिक्षण और सीखने में भाषा की शक्ति को बढ़ावा देना।
- रचनात्मकता और आलोचनात्मक चिंतन तार्किक निर्णय लेने और नवाचार को प्रोत्साहित करते है।
- यह समूह के काम के साथ-साथ व्यक्तिगत काम पर जोर देता है, एनईपी 2020 अध्ययन को पाठ्यचर्या से जोड़ता है।

प्रगति कार्ड

- स्कूल-आधारित मूल्यांकन के लिए सभी छात्रों के प्रगति कार्ड, जिससे स्कूलों द्वारा अभिभावकों को सूचित किया जाता है, को प्रस्तावित राष्ट्रीय मूल्यांकन केंद्र, छक्त और बल के मार्गदर्शन में राज्यों केंद्रशासित प्रदेशों द्वारा पूरी तरह से नया रूप दिया जाएगा।
- प्रगति कार्ड एक समग्र, 360-डिग्री, बहुआयामी रिपोर्ट होगी जो संज्ञानात्मक, भावात्मक और मनोप्रेरणा क्षेत्र में प्रत्येक शिक्षार्थी की प्रगति के साथ-साथ विशिष्टता को बहुत विस्तार से दर्शाती है।
- इसमें शिक्षक मूल्यांकन के साथ स्व-मूल्यांकन और सहकर्मी मूल्यांकन, और परियोजना-आधारित और पूछताछ-आधारित अधिगम, प्रश्नोत्तरी, भूमिका निर्वहन, समूह कार्य, पोर्टफोलियो इत्यादि में बच्चे की प्रगति शामिल होगी।
- समग्र प्रगति कार्ड घर और स्कूल के बीच एक महत्वपूर्ण कड़ा का निर्माण करेगा और माता-पिता-शिक्षक बैठको के साथ होगा ताकि माता-पिता अपने बच्चों की समग्र शिक्षा और विकास में सक्रिय रूप से शामिल हो सकें।
- NPE 2020 योगात्मक आकलन पर ध्यान केंद्रित नहीं करती है बल्कि यह सतत् और व्यापक मूल्यांकन पर केंद्रित है।

श्यामला केवल उन्हीं प्रश्नों के उत्तर लिखती है जो उसने याद किए होते हैं। इसका कारण है-

- उसमें कल्पनाशीलता जैसे गुण का अभाव है

CTET - IInd Paper (VI-VIII) Sep. 2016

- NEP 2020 के तहत, (परख) एक नवा राष्ट्रीय आकलन मंच है। यह छात्रों के अधिगम का आकलन करेगा और उनकी क्षमताओं, कमजोरियों, अंतरालों और क्षमताओं का विश्लेषण करने में उनकी मदद करेग
- PARAKH (Performance Assessment, Review and Analysis of Knowledge for Holistic Development)
- लचीली पाठ्यचर्चा संरचनाएं अध्ययन के लिए विषयों के रचनात्मक संयोजन को सक्षम करेंगी और कई प्रविष्टियां और निकास बिंदु प्रदान करेंगी, इस प्रकार वर्तमान में प्रचलित कठोर सीमाओं को हटाकर जीवन भर सीखने की नई संभावनाएं पैदा करेंगी।

राष्ट्रीय पाठ्यचर्या रूपरेखा (NCF 2005)

- राष्ट्रीय पाठ्यचर्या रूपरेखा को आमतौर पर 'NCF' के रूप में जाना जाता है जो अवसरों की समानता, सीखने के आकलन, गुणवत्ता के अनुभव, शैक्षिक उद्देश्यों आदि जैसे मुद्दों को संबोधित करने के लिए दृष्टि से संचालित किया जाता है।
- एनसीएफ 2005 को 22 भाषाओं में अनुवादित किया गया है और 17 राज्यों में पाठ्यक्रम को प्रभावित किया है।
- एनसीएफ में 35 सदस्य और 21 फोकस समूह है
- NCF-2005, राष्ट्रीय शिक्षा परिषद, अनुसं धान और प्रशिक्षण (NCERT) द्वारा 2005 में प्रकाशित राष्ट्रीय पाठ्यचयर्या की रूपरेखा है।
- यह कक्षा की गतिविधियों को अधिक लचीला और दैनिक जीवन से संबंधित बनाने पर जोर देता है।
- NCF 2005 गतिविधियों और अन्वेषण में संलग्न होकर छात्रों की सक्रिय भागीदारी पर बल देता है।
- यह अधिगम के रचनावादी दृष्टिकोण पर केंद्रित है।
- राष्ट्रीय पाठ्यचर्चा की रूपरेखा 2005 के अनुसार, शिक्षण सक्रिय और प्रकृति में सामाजिक है क्योंकि एक निष्क्रिय पाठ्यक्रम बच्चे के सामाजिक, शारीरिक, बौद्धिक विकास में योगदान नहीं कर सकता है।

पाँच मार्गदर्शक सिद्धांत

- विद्यालय से बाहर के जीवन से ज्ञान को जोड़ना
- यह सुनिश्चित करना कि अध्ययन रटने के तरीके से दूर हो रहा है
- पाठ्यक्रम को बालक के सर्वांगीण विकास के लिए समृद्ध करना
- परीक्षाओं को अधिक लचीला बनाना और कक्षा जीवन के साथ उन्हें एकीकृत करना
- देश की लोकतांत्रिक राजनीति के भीतर चिंताओं को ध्यान में रखते हुए एक अतिव्यापी पहचान का पोषण करना

NCF 2005 की पांच प्रमुख विशेषताएं

1. इसका मुख्य उद्देश्य बाल-केंद्रित अधिगम की प्रक्रिया के साथ, बिना बोझ के अधिगम, बहुभाषी शिक्षा को बढ़ावा देना, रट कर सीखने को प्रतिस्थापित करना आदि का निर्माण करना था।
2. यह सुनिश्चित करता है कि छात्र बिना सोचे-समझे यंत्रवत सीखें।
3. NCF के माध्यम से बहुत सी परीक्षा और मूल्यांकन सुधार भी पेश किए गए।
4. वित्तीय सुधार NCF 2005 की विशेषता नहीं है।
5. NCF बाल-केंद्रित दृष्टिकोण तैयार करके बच्चों के सार्वभौमिक नामांकन और प्रतिधारण को बढ़ावा देता है।

एनसीएफ 2005 में प्रमुख बदलावों की सिफारिश

- शिक्षार्थी केंद्रित लचीली प्रक्रिया के लिए शिक्षक केंद्रित स्थिर रूपरेखा बनाना।
- शिक्षक की दिशा और शिक्षार्थी स्वायत्तता का निर्णय।
- शिक्षक मार्गदर्शन और नियंत्रण और अधिगम के लिए प्रोत्साहन के लिए प्रतिनिधि।
- अधिगम में भागीदारी प्राप्त करने के लिए निष्क्रिय ग्रहण।
- एक व्यापक सामाजिक संदर्भ में सीखने के लिए कक्षा में सीखना
- दिए गए ज्ञान से ज्ञान का निर्माण।
- विभिन्न और अपसारी प्रदर्शन के लिए अनुशासनात्मक ध्यान केंद्रित।
- सतत् और व्यापक मूल्यांकन के लिए कभी कभी परीक्षा और मूल्यांकन।

सुलेखा ने पाठ को पढ़ते हुए 'जीवन' को 'जिन्दगी' पढ़ा। यह इस ओर संकेत करता है कि-

- वह अक्षर-पहचान की बजाय अर्थ को समझते हुए पढ़ रही है।

CTET - IInd Paper (VI-VIII) June 2011

बोझ रहित शिक्षा

- "बोझ रहित शिक्षा की अवधारणा" यशपाल समिति की रिपोर्ट, 1993 से ली गई थी।
- आजीवन स्व-अधिगम और कौशल विकास के अवसर सहित, अधिगम गुणवत्ता को बढ़ावा देने के साथ-साथ सभी स्तरों पर स्कूली बच्चों, विशेष रूप से बच्चों पर बोझ को कम करने के बारे में सलाह देने के लिए यह अवधारणा ली गई है।
- NCF 2005, अधि गम को एक सुखद अनुभव और परीक्षण के आधार के रूप में पाठ्यपुस्तकों से दूर जाने और बच्चों के तनाव को दूर करने के लिए बिना बोझ के अधिगम पर बल देता है।
- यह भी कहा गया है कि बच्चों को किसी भी प्रकार के प्रदर्शन के दबाव या असफलता के भय से मुक्त प्राकृतिक वातावरण में सीखना चाहिए।

NCF के अनुसार शिक्षक की भूमिका है

- भारत के राष्ट्रीय पाठ्यचर्या की रूपरेखा 2005 में एक शिक्षक से यह अपेक्षा की गई है कि वह बच्चों के सीखने में एक सहायक हो, जिससे बच्चों को ज्ञान का निर्माण करने में मदद मिले।
- एक शिक्षक भी एक शिक्षार्थी, परामर्शदाता, प्रबंधक, मूल्यांकनकर्ता और प्रर्वतक के रूप में कार्य करता है।
- शिक्षकों की भूमिका को शिक्षार्थियों को उनके सीखने में सक्रिय प्रतिभागियों के रूप में देखने के लिए माना जाता है न कि ज्ञान के प्राप्तकर्ता के रूप में।
- NCF2005 समावेशी शिक्षण प्रणाली को प्रोत्साहित करता है क्योंकि यह स्कूल को एक ऐसी जगह बनाने के बारे में है जहाँ सभी बच्चे भाग ले सकते हैं और सीख सकते हैं।

कोठारी आयोग

- कोठारी आयोग की नियुक्ति भारत सरकार द्वारा भारतीय शिक्षा क्षेत्र में सुधार के लिए की गई थी।
- इसका गठन दौलत सिंह कोठारी की अध्यक्षता में किया गया था।
- भाषा के संबंध में कोठारी आयोग द्वारा अनुशंसित नीति त्रिभाषा सूत्र है।
- यह सूत्र 1968 के राष्ट्रीय नीति प्रस्ताव में प्रतिपादित किया गया है जो संबंधित राज्यों की हिंदी, अंग्रेजी और क्षेत्रीय भाषा के अध्ययन के लिए प्रदान करता है।
- NEP 2020 में, बहुभाषावाद और राष्ट्रीय एकता को बढ़ावा देने के लिए त्रि-भाषा सूत्र पर जोर देने का निर्णय लिया गया था।

त्रिभाषा सूत्र (कोठारी आयोग 1968)

1. यह मातृभाषा होगी।
2. हिंदी भाषी राज्यों में यह अन्य आधुनिक भारतीय भाषाएं या अंग्रेजी होगी।
   गैर-हिंदी भाषी राज्यों में, यह हिंदी या अंग्रेजी होगी।
3. हिंदी भाषी राज्यों में यह अंग्रेजी या आधुनिक भारतीय भाषा होगी।
   गैर-हिंदी भाषी राज्य में, यह अंग्रेजी या एक आधुनिक भारतीय भाषा होगी।

- राष्ट्रीय शिक्षा आयोग (1964-1966), जिसे कोठारी आयोग के नाम से जाना जाता है, भारत सरकार द्वारा भारत में शैक्षिक क्षेत्र के सभी पहलुओं की जांच करने, शिक्षा के सामान्य पैटर्न को विकसित करने और भारत में शिक्षा के विकास के लिए दिशानिर्देशों और नीतियों की सलाह देने के लिए गठित एक तदर्थ आयोग था।
- राष्ट्रीय अर्थव्यवस्था के विकास में तेजी लाने के लिए, विज्ञान, शिक्षा और अनुसंधान को उच्च प्राथमिकता मिलनी चाहिए।
- 1964 में, कोठारी आयोग ने जीडीपी के 6% के आवंटन की सिफारिश की थी, दो दशक बाद 1986 में राष्ट्रीय शिक्षा नीति द्वारा अनुमोदित एक नीतिगत सिफारिश।
- यह भारत के लिए एक सुसंगत शिक्षा नीति तैयार करने के लिए डॉ. डी. एस. कोठारी की अध्यक्षता में स्थापित किया गया था।

भाषा... और का एक उत्तम साधन है।

सोचने, महसूस करने, चीज़ों से जुड़ने

CTET - Ist Paper (1-V) Feb. 2014

अपना परीक्षण करें

1. राष्ट्रीय शिक्षा नीति 2020 किस पर बल देती है?

CTET 11th Jan 2022

(a) लचीला बहु-स्तरीय गति आधारित अधिगम
(b) बच्चों के केवल संज्ञानात्मक विकास से संबंधित पहलू
(c) राष्ट्रीय पाठ्यचर्या के मानकीकरण पर
(d) बच्चों के स्मरण कौशलों के मापन पर

2. राष्ट्रीय शिक्षा नीति (2020) के अनुसार, शिक्षा को-

(i) केवल पूर्व निर्धारित विषय-वस्तु पर केंद्रित होना चाहिए।
(ii) समस्या-समाधान पर केंद्रित होना चाहिए।
(iii) अधिगमकर्ताओं में गहन चिंतन का विकास करना चाहिए।
(iv) अन्वेषण-निर्धारित और खोज-आधारित होना चाहिए

CTET 3rd Jan 2022

(a) (ii), (iii), (iv) (b) (i), (ii), (iii)
(c) (i), (ii), (iv) (d) (i), (ii), (iii), (iv)

3. नई शिक्षा नीति (एनईपी 2020) _______ की वकालत करती है।

CTET 29th Dec 2021

(a) स्कूली शिक्षा में शिक्षा का माध्यम संस्कृत/शास्त्रीय भाषा होगी।
(b) स्कूली शिक्षा में शिक्षा का माध्यम मातृभाषा होगी।
(c) स्कूली शिक्षा में शिक्षा का माध्यम हिंदी होगी।
(d) स्कूली शिक्षा में शिक्षा का माध्यम अंग्रेजी होगी।

4. राष्ट्रीय शिक्षा नीति 2020 (एनईपी) भाषा शिक्षा और भाषा सीखने को ________ के रूप में वर्णित करती है

CTET 4th Jan 2022

(a) सभी के लिए भाषा
(b) बहुभाषावाद और भाषा की शक्ति
(c) त्रिभाषा सूत्र
(d) बहुभाषी शिक्षा और भाषा की शक्ति।

5. राष्ट्रीय शिक्षा नीति, 2020 प्रस्तावित करती है कि मूल्याँकन-

CTET 8th Jan 2022

(a) शैक्षणिक वर्ष में एक बार ली जाने वाली औपचारिक परीक्षाओं के माध्यम से किया जाना चाहिए।
(b) एक निश्चित अवधि में बच्चे की प्रगति का पता लगाने के लिए महत्त्वपूर्ण है।
(c) सभी शैक्षिक गतिविधियों का केंद्र होना चाहिए।
(d) योग्यता के क्रम में बच्चों को रैंक देने के लिए महत्त्वपूर्ण है।

6. त्रिभाषा सूत्र में हिन्दी का स्थान

CTET Feb 2015

(a) राजभाषा के रूप में है।
(b) सह राजभाषा के रूप में है।
(c) राष्ट्रभाषा के रूप में है।
(d) शास्त्रीय भाषा के रूप में है।

7. त्रिभाषा सूत्र के अनुसार स्कूल में पहली भाषा जो पढाई जाए वह _______ हो या _______ भाषा।

CTET Jan 2021

(a) हिंदी, अंग्रेजी (b) अंग्रेजी, विदेशी
(c) मातृभाषा, क्षेत्रीय (d) मातृभाषा, हिंदी

8. निम्नलिखित में से कौन-सा राष्ट्रीय शिक्षा नीति, 2020 के अनुसार भाषा शिक्षा पर सही नहीं है?

CTET 8th Jan 2022

(a) विदेशी भाषा का अनिवार्य रूप से अध्ययन।
(b) कक्षा पाँच और यदि संभव हो तो कक्षा आठ तक मातृभाषा/घर की भाषा/क्षेत्रीय भाषा का माध्यम के रूप में अध्ययन।
(c) लचीलेपन के प्रावधान के साथ त्रिभाषा सूत्र।
(d) एक अतिरिक्त विकल्प के रूप में शास्त्रीय भाषा का अध्ययन।

भाषा की कक्षा में भाषायी खेलों का आयोजन मुख्यतः

- रोचकता और जोश लाता है

CTET - Ist Paper (I-V) Feb. 2016

9. कोठारी आयोग (1964-66) के अनुसार,

CTET 29th Dec 2021

(a) कक्षा I से कक्षा X तक के छात्रों के लिए गणित एक अनिवार्य विषय होना चाहिए, जो कि सामान्य शिक्षा का हिस्सा हो।
(b) यह केवल कल्पना है कि गणित छात्रों में मानसिक कौशल, अनुशासन, सांस्कृतिक, सामाजिक और नैतिक मूल्यों को विकसित करता है।
(c) गणित, छात्रों में विश्लेषणात्मक तर्क, चिंतन, आत्मविश्वास और मनोभावों को विकसित करता है।
(d) प्रत्येक छात्र गणित में अमूर्तता नहीं समझ सकता है, अतः कक्षा आठवीं (VIII) के बाद इसे वैकल्पिक विषय के रूप में रखना चाहिए।

10. NCF का मुख्य केंद्र बाल-केंद्रित अधिगम और _______ था।

CTET 16th Dec 2021

(a) बोझ के बिना अधिगम
(b) खेल के माध्यम से अधिगम
(c) व्यवहारवादी दृष्टिकोण के माध्यम से अधिगम
(d) चित्रों के माध्यम से अधिगम

11. राष्ट्रीय पाठ्यचर्या रूपरेखा 2005 अनुशंसा करती है कि शिक्षण को अधिकतम महत्व देना चाहिए

CTET Feb 2014

(a) कक्षा अधिगम को स्कूल के बाहर के जीवन से जोड़ने
(b) पाठ्यपुस्तक में दिए गए सभी वैज्ञानिक शब्दों को याद करने
(c) पाठ्यपुस्तक अभ्यास में दिए गए सभी प्रश्नों के उत्तर देने
(d) परीक्षाओं में छात्रों के प्रदर्शन में सुधार करने

12. राष्ट्रीय शिक्षा नीति 2020 किस उपागम से किस उपागम के लिए शिक्षणशास्त्रीय बदलाव की अनुशंसा करती है?

CTET 28th Dec 2021

(a) संरचनावादी; व्यवहारवादी
(b) रटने पर आधारित अधिगम; अवधारणात्मक समझ
(c) अन्वेषण आधारित अधिगम; ड्रिल और अभ्यास
(d) अधिगम के लिए आकलन; अधिगम का आकलन

13. राष्ट्रीय शिक्षा नीति, 2020 किस पर जोर देती है?

CTET 17th Jan 2022

(a) पाठ्यचर्या का लचीलापन
(b) पाठ्यचर्या का मानकीकरण
(c) पाठ्यपुस्तकों का गैर-संदर्भीकरण
(d) पाठ्यपुस्तकों को रट कर याद करना

14. राष्ट्रीय शिक्षा नीति (2020) के अनुसार, शिक्षा को-

(i) केवल पूर्व निर्धारित विषय-वस्तु पर केंद्रित होना चाहिए।
(ii) समस्या-समाधान पर केंद्रित होना चाहिए।
(iii) अधिगमकर्ताओं में गहन चिंतन का विकास करना चाहिए।
(iv) अन्वेषण-निर्धारित और खोज-आधारित होना चाहिए।

CTET 3rd Jan 2022

(a) (ii), (iii), (iv)
(b) (i), (ii), (iii)
(c) (i), (ii), (iv)
(d) (i), (ii), (iii), (iv)

15. राष्ट्रीय शिक्षा नीति 2020 (NEP) में प्रस्तावित कथनों में से निम्न में से कौन सा कथन सही नहीं है?

CTET 22nd Dec 2021

(a) NEP 2020 का प्रस्ताव है कि मूल्यांकन के लिए समूह कार्य और भूमिका निर्वहन जैसी विभिन्न विधियों और रणनीतियों का उपयोग किया जाए।
(b) NEP 2020 रचनात्मक मूल्यांकन से योगात्मक मूल्यांकन की ओर परिवर्तन का प्रस्ताव रखती है।
(c) NEP 2020 प्रस्तावित करती है कि शिक्षक द्वारा किये गए मूल्यांकन से अलग मूल्यांकन के अन्य मार्गों जैसे कि स्वः मूल्यांकन तथा समसमूह मूल्यांकन को भी प्रोत्साहित करना चाहिए।
(d) NEP 2020 प्रस्ताव रखती है कि छात्र के रिपोर्ट कार्ड में संज्ञानात्मक, भावात्मक और मनोगत्यात्मक क्षेत्र में प्रगति शामिल होनी चाहिए।

किसी भी भाषा पर अधिकार प्राप्त करने के लिए सबसे महत्त्वपूर्ण है?

- उस भाषा का अधिकाधिक प्रयोग करना

CTET - Ist Paper (I-V) Sep. 2015

16. निम्न में से कौन - सी शिक्षाशास्त्रीय कार्यनीति राष्ट्रीय शिक्षा नीति 2020 द्वारा प्रस्तावित है?

(i) अन्वेषण आधारित अधिगम

(ii) कथावाचन आधारित शिक्षाशास्त्र

(iii) वेधन तथा बार-बार अभ्यास

(iv) चर्चा - आधारित कक्षाएँ

CTET 24th Dec 2021

(a) (i), (ii), (iii) (b) (i), (ii), (iv)

(c) (ii), (iii), (iv) (d) (i), (iii), (iv)

17. राष्ट्रीय शिक्षा नीति 2020 किस उपागम से किस उपागम के लिए शिक्षणशास्त्रीय बदलाव की अनुशंसा करती है?

CTET 28th Dec 2021

(a) संरचनावादी; व्यवहारवादी

(b) रटने पर आधारित अधिगम; अवधारणात्मक समझ

(c) अन्वेषण आधारित अधिगम; ड्रिल और अभ्यास

(d) अधिगम के लिए आकलन; अधिगम का आकलन

18. राष्ट्रीय शिक्षा नीति 2020 (NEP) में प्रस्तावित कथनों में से निम्न में से कौन सा कथन सही नहीं है?

CTET 22nd Dec 2021

(a) NEP 2020 का प्रस्ताव है कि मूल्यांकन के लिए समूह कार्य और भूमिका निर्वहन जैसी विभिन्न विधियों और रणनीतियों का उपयोग किया जाए।

(b) NEP 2020 रचनात्मक मूल्यांकन से योगात्मक मूल्यांकन की ओर परिवर्तन का प्रस्ताव रखती है।

(c) NEP 2020 प्रस्तावित करती है कि शिक्षक द्वारा किये गए मूल्यांकन से अलग मूल्यांकन के अन्य मार्गों जैसे कि स्वः मूल्यांकन तथा समसमूह मूल्यांकन को भी प्रोत्साहित करना चाहिए।

(d) NEP 2020 प्रस्ताव रखती है कि छात्र के रिपोर्ट कार्ड में संज्ञानात्मक, भावात्मक और मनोगत्यात्मक क्षेत्र में प्रगति शामिल होनी चाहिए।

19. राष्ट्रीय शिक्षा नीति (NEP) 2020 के अनुसार विद्यालयी शिक्षा के बुनियादी स्तर में शामिल है ________

CTET 23rd Dec 2021

(a) पूर्व विद्यालय के 3 वर्ष तथा कक्षा I और II

(b) पूर्व विद्यालय के 3 वर्ष तथा कक्षाएँ I, II, III , IV तथा V

(c) प्राथमिक विद्यालय के 5 वर्ष

(d) पूर्व विद्यालय के 3 वर्ष

20. राष्ट्रीय शिक्षा नीति, 2020 के अनुसार निम्नलिखित में से कौन-सा कथन सही है?

CTET 10th Jan 2022

(a) सभी स्तर पर एकभाषावाद का अभ्यास किया जाना चाहिए।

(b) रटकर सीखने और परीक्षा के लिए सीखने पर जोर दिया जाना चाहिए।

(c) दिव्यांग विद्यार्थियों के लिए प्रौद्योगिकी के प्रयोग को हतोत्साहित किया जाना चाहिए।

(d) शिक्षार्थियों को उनके सीखने के पथ और कार्यक्रमों को चुनने के लिए लचीलापन प्रदान किया जाना चाहिए।

ANSWER KEY

1.	A	2.	A	3.	B	4.	B	5.	B	6.	A	7.	C
8.	A	9.	A	10.	A	11.	A	12.	B	13.	A	14.	A
15.	B	16.	B	17.	B	18.	B	19.	A	20.	D		

घर की भाषा और विद्यालय में पढ़ाई जाने वाली भाषा-

- समान हो सकती है।

CTET-Ist Paper (I-V) July 2013

सारांश नोट्स

शिक्षा नीतियाँ

राष्ट्रीय शिक्षा नीति 2020

- नई पाठ्यचर्या और शैक्षणिक संरचना (5+3+3+4)

पांच मार्गदर्शक सिद्धांतों

- बाहर के जीवन से जोड़ना
- रटन विधियों से दूर
- बच्चों के समग्र विकास
- परीक्षाओं को अधिक लचीला
- देश की लोकतांत्रिक राजनीति के भीतर चिंताओं को ध्यान में रखते हुए सूचित एक प्रमुख पहचान का पोषण करना।

राष्ट्रीय पाठ्यचर्या रूपरेखा 2005

पांच मार्गदर्शक सिद्धांतों

- बाहर के जीवन से जोड़ना
- रटन विधियों से दूर
- बच्चों के समग्र विकास
- परीक्षाओं को अधिक लचीला
- देश की लोकतांत्रिक राजनीति के भीतर चिंताओं को ध्यान में रखते हुए सूचित एक प्रमुख पहचान का पोषण करना।

कोठारी आयोग

त्रिभाषा सूत्र

- यह मातृभाषा होगी।
- हिंदी भाषी राज्यों में यह अन्य आधुनिक भारतीय भाषाएं या अंग्रेजी होगी।
  गैर-हिंदी भाषी राज्यों में, यह हिंदी या अंग्रेजी होगी।
- हिंदी भाषी राज्यों में यह अंग्रेजी या आधुनिक भारतीय भाषा होगी।
  गैर-हिंदी भाषी राज्य में, यह अंग्रेजी या एक आधुनिक भारतीय भाषा होगी।

शिक्षाची सुविचारित साधनों के माध्यम से भाषा सीखते हैं. यह क्या कहलाता है?

- भाषा का अधिगम

CTET 31 Dec2021

10 PYQ's शब्दावली

➢ **प्रथम पीढ़ी के शिक्षार्थियों:** प्रथम पीढ़ी के शिक्षार्थियों से तात्पर्य उन बच्चों से है जो अपने परिवार में स्कूल जाने वाले पहले व्यक्ति हैं या जिनके माता-पिता ने प्राथमिक स्तर तक औपचारिक शिक्षा पूरी कर ली है।

CTET 4 July 2024

➢ **सम्प्रेषणात्मक भाषा शिक्षण (CLT):** सम्प्रेषणात्मक भाषा शिक्षण किसी भाषा को सीखने के प्राथमिक साधन के रूप में बातचीत और संचार पर जोर देता है। सीएलटी में, शिक्षार्थी अक्सर जोड़ियों या समूहों में सामूहिक रूप से समस्याओं का समाधान करते हैं, जिससे उन्हें वास्तविक जीवन के संदर्भों में भाषा का उपयोग करने का अभ्यास करने में मदद मिलती है और उनके संचार कौशल में सुधार होता है।

CTET 4 July 2024

➢ **वास्तविक वस्तुएँ (रीयलिया):** वास्तविक वस्तुएँ का तात्पर्य कक्षा में उपयोग की जाने वाली रोजमर्रा की जिंदगी से जुड़ी वस्तुओं से है। इसमें सिक्के, नक्शे, टिकट, फल, समाचार पत्र आदि शामिल हैं।

CTET 4 July 2024

➢ **निपुन:** 'निपुन' मिशन विद्यालय के बहुत छोटे बच्चों में साक्षरता, पठन और संख्या ज्ञान समुन्नत करने का कार्यक्रम है। नई शिक्षा नीति 2020 के सफलतापूर्वक कार्यान्वयन के लिए 5 जुलाई 2021 को भारत के शिक्षा मंत्री रमेश पोखरियाल निशंक जी के द्वारा " निपुण भारत कार्यक्रम" की शुरूआत की गई। निपुण का अर्थ है National Initiative for Proficiency in Reading with understanding and Numeracy'.

CTET 1 February 2023

➢ **आधारभूत अंतवैंयक्तिक संप्रेषणात्मक कौशल (BICS):** यह आधारभूत अंतवैंयक्तिक संप्रेषणात्मक कौशल को बढ़ाएगा क्योंकि शिक्षार्थी अनौपचारिक भाषा का उपयोग करते हुए एक दूसरे के साथ बातचीत करते हैं। इसके अलावा, यह संदर्भ को बढ़ाता है। बेसिक इंटरपर्सनल कम्युनिकेशन स्किल्स (बीआईसीएस) सामाजिक बातचीत में आवश्यक भाषा कौशल हैं।

CTET 20th December 2021

➢ **संज्ञानात्मक अकादमिक भाषायी निपुणता (CALP):** इसमें तुलना, वर्गीकरण, संश्लेषण, मूल्यांकन और अनुमान लगाने जैसे कौशल शामिल हैं। पुस्तक समीक्षा गतिविधि लिखना, पढ़कर टिप्पणी लिखना, पढ़कर संक्षिप्त सार लिखना CALP के अंतर्गत आता है क्योंकि इसके लिए उच्च-क्रम सोच कौशल (जैसे विश्लेषण, संश्लेषण, मूल्यांकन) की आवश्यकता होती है।

CTET 11th January 2022

➢ **बहुभाषिक उपागम:** बहुभाषिक उपागम शिक्षक को कक्षा – कक्ष में अन्य भाषाओं की सराहना करने और अवधारणाओं को समझने हेत शिक्षार्थियों के लिए एक सेतु उपलब्ध कराता है तथा उनकी घर की भाषा एवं विद्यालय की अनुदेशन की भाषा के बीच एक निकटीय सूत्र का विकास करता है। बहुभाषिक उपागम में वक्ता उन विभिन्न भाषाओं के बीच चलते हैं जिन्हें वे जानते हैं।

भाषा की कक्षा को एक समावेशी कक्षा बनाने के लिए यह आवश्यक है कि?

- विभिन्न प्रकार की दृश्य-श्रव्य सामग्री का उपयोग किया जाए

CTET - IInd Paper (VI-VIII) Sep. 2014

CTET 10 January 2023

➢ **निगमन उपागम:** निगमन उपागम विश्लेषण की सबसे प्राचीन विधि है। निगमन उपागम में हम सामान्य से विशिष्ट की ओर जाने को कहते हैं। इस विधि में अभिधारणाओं, आधारभूत तत्वों तथा स्वयं सिद्धियों की मदद की जाती है। अतः कहा जा सकता है कि एक शिक्षिका जब वर्तमान काल, भूतकाल, भविष्यकाल पर आधारित वाक्य बनाने के लिए कहती है तो वह निगमन उपागम का अनुगमन करा रही है।

CTET 10 January 2023

➢ **भाषा समृद्ध परिवेश:** भाषा समृद्ध परिवेश एक ऐसे परिवेश की ओर संकेत करता है जो बच्चों को देखने, ध्यान देने और भाषा का प्रयोग करने का अवसर उपलब्ध कराता है। भाषा अपने आपको पहचानने का एक साधन है। भाषा ही वह सर्वश्रेष्ठ तत्व है जिसके द्वारा मूल्यों का सृजन करते हैं।

CTET 10 January 2023

➢ **उपचारात्मक शिक्षण:** उपचारात्मक शिक्षण उन शिक्षार्थियों के लिए होता है जो प्रकरण को नहीं समझ सकते अथवा समस्या का सामना करते हैं। उपचारात्मक शिक्षण के माध्यम से छात्रों में सुधार किया जाता है। छात्रों को उनके गतिविधियों के बारे में बताया जाता है जिससे छात्र अपनी गलती को सुधार सके।

CTET 10 January 2023

➢ **कुल शारीरिक प्रतिक्रिया:** एक शिक्षिका छोटे बच्चों को शुरूआती वर्षों में नियंत्रण अथवा प्रोत्साहन के रूप में अपनी भाषा अर्जित करने के योग्य बनाती है और उसी के अनुरूप व्यवहार करने के लिए कहती है। इस प्रकार वे टोटल फिजिकल रेस्पोंस उपागम का अनुगमन कर रही है। कुल शारीरिक प्रतिक्रिया के दृष्टिकोण के अनुसार एक शिक्षिका को शब्दों को उपयुक्त क्रियाओं के साथ जोड़कर शब्दावली सिखानी चाहिए क्योंकि यह विधि बच्चों के मोटर कौशल का उपयोग करने का सबसे अच्छा तरीका है, क्योंकि वे जितनी जल्दी हो सके आदेशों का जवाब देते हैं।

CTET 9 January 2023

➢ **अधोगामी उपागम:** अधोगामी उपागम में व्याकरणिक संरचना तथा एकल शब्दों की बजाय अर्थ एवं भाषा को उसकी पूर्णता में देखना शामिल है। अधोगामी उपागम शिक्षार्थी की अनुमान शक्ति अथवा पूर्व ज्ञान पर आधारित होता है। इसी पूर्व ज्ञान के आधार पर शिक्षार्थी पाठ का भावार्थ ग्रहण करते हैं।

CTET 11 January 2023

➢ **डिस्ग्राफिया:** डिस्ग्राफिया के संदर्भ में यह कथन सकल मोटर कौशल और तार्किक चिंतन को प्रभावित करता है असत्य कथन है। डिस्ग्राफिया भाषा सीखने वाले की संगतपूर्ण लेखन - क्षमता को प्रभावित करता है। यह कागज पर अक्षर, अंक या शब्द लिखने में बाधा उत्पन्न करता है। यह खराब वर्तनी, बिगड़ी हुई लिखावट को बढ़ावा देता है। इस अधिगम अक्षमता से बालक लिखने में असमर्थ होता

CTET 11 January 2023

➢ **स्वनिम जागरुकता:** स्वनिम जागरुकता ध्वनि का ज्ञान है। स्वनिम उच्चारित ध्वनि की सबसे छोटी ईकाई है। स्वनिम के लिए ध्वनिग्राम, स्वनिग्राम आदि शब्द भी प्रयुक्त होते है। स्वनिम ज्ञान से भाषा के शुद्ध उच्चारण में सरलता होती हैं।

CTET 18 January 2023

➢ **ग्रहीय शब्द भंडार:** ग्रहीय शब्द भंडार वे शब्द हैं जिन्हे जब कोई सुनता है या देखता है तब पहचान कर पाते हैं। शब्द भंडार प्राथमिक स्तर पर हिन्दी भाषा के विषय में एक महत्त्वपूर्ण उद्देश्य है। शब्द भण्डार बालक की शब्द सम्पदा के लिए महत्त्वपूर्ण है, जिससे बालक संप्रेषण एवं लेखन में सफल होता है।

CTET 19 January 2023

➢ **पोर्टफोलियो आकलन:** बच्चों द्वारा एक निश्चित समयावधि में तैयार किया गया प्रपत्रों का संगठित और क्रमबद्ध संग्रह पोर्टफोलियो कहलाता है। पोर्टफोलियो बच्चों की भाषायी क्षमता का आकलन करते हुए उनकी क्रमशः प्रगति को

एक समावेशी कक्षा में भाषा-शिक्षक को किस बिन्दु का सबसे अधिक ध्यान रखना चाहिए-

- विविध प्रकार की दृश्य-श्रव्य सामग्री का उपयोग करना।

CTET - Ist Paper (I-V) Sep. 2014

संदर्भित करता है। पोर्टफोलियो आकलन का उद्देश्य एक निश्चित समयावधि में शिक्षार्थियों द्वारा सीखने के उदाहरणों को साक्ष्य के रूप में एकत्रित करना है।

CTET 17 January 2023

➢ **घोषणात्मक ज्ञान:** घोषणात्मक ज्ञान के बारे में ज्ञान घोषणात्मक ज्ञान कहलाता है। घोषणात्मक ज्ञान घोषणात्मक ज्ञान एक ऐसी प्रक्रिया है जिसके अन्तर्गत व्याकरण सीखने में यह व्याकरण के विषय वस्तु को सरल बना देती है तथा उसके विषयों के भाव को स्पष्ट कर देती है।

CTET 17 January 2023

➢ **भाषा अधिगम:** जिन भाषाओं को सीखने के लिए हम औपचारिक साधनों का प्रयोग करते हैं, साथ ही साथ जिसे सीखने के लिए नियम और व्याकरण का प्रयोग होता है उसे भाषा अधिगम कहते है इसे द्वितीय भाषा के नाम से भी जान जाता है।

CTET 17 January 2023

➢ **भाषा अर्जन:** भाषा अर्जन एक ऐसी प्रक्रिया है जिसके अन्तर्गत हम अपने आस-पास के वातावरण, माता-पिता एवं अपने से बड़े व्यक्तियों के सम्पर्क में रहकर भाषा को सीखते हैं। यह एक प्राकृतिक प्रक्रिया हैं इसके लिए कोई औपचारिक साधन की आवश्यकता नही पड़ती है। इसे प्रथम भाषा के नाम से भी जाना जाता है।

CTET 17 January 2023

➢ **भाषा अर्जन उपकरण:** चॉम्स्की द्वारा प्रतिपादित भाषा अर्जन उपकरण का प्रकार्य सार्वभौमिक व्याकरण को समझना है। चॉम्स्की के अनुसार बच्चों में भाषा अर्जन की क्षमता जन्मजात होती है। बच्चों में भाषाई विकास एक काल्पनिक भाषा अधिग्रहण उपकरण द्वारा होता है।

CTET 29 December 2023

➢ **संज्ञानात्मक अकादमिक निपुणता (CALP):** संज्ञानात्मक अकादमिक निपुणता (CALP) विषयों से सम्बन्धित औपचारिक अकादमिक अधिगम से सम्बन्धित हैं। यह विभिन्न सामग्री क्षेत्रों में कक्षा में उपयोग की जाने वाली शैक्षणिक भाषा या भाषा में दक्षता पर केंद्रित है। जिसमें अमूर्त विचारों और उच्चतर भाषा योग्यता के लिए भाषा प्रयोग किया जाता है।

CTET 28 December 2023

➢ **'खुले अंत वाले प्रश्नों':** 'खुले अंत वाले प्रश्नों' का उत्तर हां या नही, में नहीं दिया जा सकता। इस प्रकार का प्रश्न बच्चों की स्वाभाविक जिज्ञासा को बढ़ाते हैं तथा उन्हें स्वयं से सोचने की चुनौती देते है।

CTET 1 February 2023

➢ **'भाषा संगम:** विद्यालयी बच्चों में भारतीय भाषाओं को समुन्नत करने वाले भारत सरकार के कार्यक्रम का नाम 'भाषा संगम' है। यह 'भाषा संगम' पहल स्कूली छात्रों को उनकी मातृभाषा के अलावा अन्य भारतीय भाषायें सीखने के लिये बुनियादी बातचीत कौशल प्रदान करेगी। भारत के छात्रों को देश के अधिकतर भाषाओं से परिचित करवाने के उद्देश्य से हाल ही में शिक्षा मंत्रालय, भारत सरकार ने 'एक भारत श्रेष्ठ भारत' मिशन के तहत 'भाषा संगम' नाम एक पहल शुरू की है। तथा इसकी शुरूआत 27 नवंबर 2018 से की गई।

CTET 1 February 2023

➢ **शब्दकोशीय उपागम:** शब्दकोशीय उपागम भाषा अधिगम में भाषा की बहुशब्दीय इकाइयों या वाक्याशों की भूमिका पर बल देता है। शब्दकोशीय उपागम में भाषा पारंपरिक व्याकरण और शब्दावली से नहीं बनती बल्कि अकसर पहले से गढ़े गए बहुत से शब्द समूहों से बनती है।

CTET 3 February 2023

➢ **'सार्वभौमिक व्याकरण':** 'सार्वभौमिक व्याकरण' पदावली नॉम चॉमस्की द्वारा दी गई है। सार्वभौमिक व्याकरण सभी प्राकृतिक भाषाओं के लिए बुनियादी व्याकरणिक सिद्धांतों का समूह है। सार्वभौमिक व्याकरण के सिद्धांत का प्रस्ताव है, कि यदि मनुष्य को सामान्य परिस्थितियों में लाया जाता है तो वे हमेशा कुछ गुणों के साथ भाषा विकसित करेंगे।

उच्च प्राथमिक स्तर पर हिन्दी भाषा-शिक्षण में सर्वोपरि महत्वपूर्ण सामग्री है?

- बाल साहित्य

CTET - IInd Paper (VI-VIII) Feb. 2015

CTET 2 February 2023

➢ **बुनियादी साक्षरता एवं संख्यात्मकता (एफ. एल. एन.):** FLN मिशन सफलतापूर्वक क्रियान्वित करने के लिए महत्वपूर्ण है, 'उन भाषाओं का प्रयोग करना जिनसे शिक्षार्थी परिचित हो।' बुनियादी साक्षरता एवं गणित मिशन एक राष्ट्रीय पहल है। एफ. एल. एन. मिशन यह सुनिश्चित करने की दिशा में एक महत्वपूर्ण कदम है कि बच्चे कक्षा III तक अर्थ के साथ पठन कौशल और बुनियादी संख्यात्मक कौशल प्राप्त करें।

CTET 2 February 2023

➢ **डिस्फ्रेज़िया:** वह भाषा विकार है जिसमें व्यक्ति उचित तरीकें और उचित क्रम से शब्द नहीं रख पाता है। यह भाषा बोलने और समझने के तरीके को प्रभावित करता है। डिस्प्रेक्सिया दिमाग से संबंधित मनोविकार है। डिस्कैलकुलिया गणितीय संबंधित मनोविकार है। डिसरथ्रिया एक भाषण ध्वनि विकार है।

CTET 6 February 2023

➢ **व्याकरण अनुवाद विधि:** व्याकरण अनुवाद विधि में व्याकरण निगमनात्मक रूप से पढ़ाई जाती है। निगमनात्मक विधि में शिक्षार्थी सामान्य सिद्धांत से विशिष्ट सिद्धांत की ओर अग्रसर होते है। व्याकरण अनुवाद विधि में, विद्यार्थी को लक्ष्य भाषा का भाषायी विवरण समझाया जाता है। व्याकरण अनुवाद विधि को भंडारकर विधि भी कहा जाता है।

CTET 28 December 2023

➢ **कूजन:** लगभग एक महीने की उम्र में शिशु के रोने के अलावा कूजन भी करने लगते हैं। यह अवस्था चौथे या पाँचवे महीने तक चलती है। स्वरों के समान ध्वनियों को 'कूजन' कहते हैं। शिशु कूजन ध्वनियाँ तब उत्पन्न करते हैं जब वे संतुष्ट होते हैं।

CTET 28 January 2023

➢ **चित्रात्मक पुस्तकें:** वे पुस्तके जिनमें शब्द न लिखे हों या बहुत कम शब्द हों, जो बच्चों के दृश्यात्मक चिंतन और अवलोकन कौशल में वृद्धि करती हैं उन्हें 'चित्रात्मक पुस्तकें' कहा जाएगा। चित्रात्मक पुस्तकें बच्चों की सोचने एवं कल्पना शक्ति का विकास करती है। चित्रों की भाषा स्वच्छंता, उन्मुक्तता प्रदान करती है कि पढ़ने वाला अपने तथ्य को स्वयं गढ़ता है।

CTET 27 January 2023

➢ **तंत्रिका संबंधी विकार:** तंत्रिका संबंधी विकार से हुई संज्ञानात्मक क्षति जिसमें शिक्षार्थी अक्षरों और शब्दों को पढ़ पाने और व्याख्या कर पाने में असमर्थ रहते हैं तथा एकसमान आकृति व ध्वनि से भ्रमित हो जाते हैं, इसे 'अधिगम विकलांगता' कहा जायेगा। अधिगम विकलांगता आनुवांशिक या न्यूरो- बायोलॉजिकल कारकों के कारण होती है जो मस्तिष्क के कामकाज को एक तरीके से बदल देती है, जो सीखने से संबंधित एक या अधिक संज्ञानात्मक प्रक्रियाओं को प्रभावित करती है। अधिगम विकलांगता वाले बच्चों को पढ़ने, लिखने, सुनने और गणित की गणनाओं में कुछ कौशल सीखने और उपयोग करने में कठिनाई का अनुभव होता है।

CTET 27 January 2023

➢ **गुणवत्तापरक शिक्षण:** गुणवत्तापरक शिक्षण अधिगम सामग्री शिक्षण-अधिगम प्रक्रिया को सुगम बनाती है। जो सामग्री पाठ को रोचक तथा सुबोध बनाने और किसी संकल्पना अथवा प्रत्यय विशेष के अर्थ को सुनिश्चित रूप से अधिक स्पष्ट करने में सहायक सिद्ध होती है उसे शैक्षणिक सहायक सामग्री या शिक्षण अधिगम सामग्री कहा जाता हैं।

CTET 27 January 2023

➢ **ट्रांसलैंग्वेजिंग:** ट्रांसलैंग्वेजिंग से आशय है- भाषा को एक प्रक्रिया के रूप में देखना न कि एक 'उत्पाद' के रूप में। कक्षा में शिक्षा - अधिगम और बोलने के लिए अनेक भाषाओं का इस्तेमाल करना 'भाषान्तरण' कहलाता है। ट्रांसलैंग्वेजिंग द्वारा शिक्षार्थियों को विषय वस्तु और भाषाएँ सिखाने के लिए उनकी भाषा का प्रयोग करना सिखाया जाता है। ट्रांसलैंग्वेजिंग का प्रयोग शैक्षणिक परिवेश में किया जाता है। ट्रांसलैंग्वेजिंग में विभिन्न भाषा के साथ तुलना करना और उनका प्रयोग करना सिखाया जाता है।

बच्चों के लिए अतिरिक्त पठन सामग्री विकसित की जाती है?

- पढ़ने में रुचि जगाने एवं भाषा ज्ञान में वृद्धि के लिए

CTET - IInd Paper (VI-VIII) Sep. 2015

CTET 23 January 2023

➢ **निष्क्रिय शब्दावली:** निष्क्रिय शब्दावली में ऐसे शब्द होते हैं जिनका प्रयोग कभी-कभार होता हो। ऐसे शब्द जिनका प्रयोग कभी-कभी ही होता है ऐसे शब्द निष्क्रिय शब्द कह जाते हैं।

CTET 20 January 2023

➢ **वाक्य-विन्यास:** किसी भाषा में जिन नियमों, सिद्धान्तों एवं प्रक्रियाओं के द्वारा वाक्य बनते हैं, उनके अध्ययन को भाषा विज्ञान में वाक्यविन्यास, 'वाक्यविज्ञान' या सिन्टैक्स (syntax) कहते हैं। यह वाक्यों के बनाने में शब्दों के प्रयोग के नियमों को बताता है।

CTET 27 January 2022

➢ **शब्द-दीवार:** शब्दों का समूह है जिसे कक्षा- कक्ष की दीवारों पर बड़े आकार के अक्षरों में लिखा अथवा पेंट किया जाता है कि वह साफ-साफ नजर आ सके। इसे मूल शब्दों को समझना साक्षरता-संप्रत्यय या कौशल कहा जाता है।

CTET 10 January 2022

➢ **ऊर्ध्वगामी उपागम:** ऊर्ध्वगामी उपागम में व्यक्ति उद्दीपक के विभिन्न विशेषताओं को ग्रहण करके उसे मस्तिष्क में भेजता है जिसके विश्लेषण के उपरान्त व्यक्ति को वस्तु या उद्दीपक का सही-सही प्रत्यक्षण होता है। प्रश्नानुसार अध्यापक श्रवण के ऊर्ध्वगामी उपागम (बॉटम अप) का प्रयोग करना चाहती है।

CTET 5 January 2022

➢ **बोधगम्य निवेशों:** बोधगम्य निवेशों का विचार सर्वप्रथम स्टीफन क्रैशन द्वारा दिया गया। स्टीफन क्रैशन (जन्म 14 मई, 1941 ई.) एक अमेरिकी भाषाविद्, शैक्षिक शोधकर्ता और कार्यकर्ता है, जो दक्षिण कैलिफोर्निया विश्वविद्यालय में शिक्षा के एमेरिटस प्रोफेसर हैं। इन्हें दूसरी भाषा के अधिग्रहण से संबंधित विभिन्न परिकल्पनाओं को पेश करने के लिए जाना जाता है जिसमें अधिग्रहण-सीखने की परिकल्पना, इनपुट परिकल्पना, मॉनिटर परिकल्पना, भावनात्मक फिल्टर आदि शामिल है।

CTET 8 January 2022

➢ **प्रक्रिया उपागम:** प्रक्रिया उपागम शिक्षार्थियों को लेखन सिखाने के लिए लेखन के विभिन्न स्तरों से गुजरने का अवसर प्रदान करता है। उत्पाद उपागम व्यापक क्षमता वाले लोगों द्वारा उपयोग करने योग्य है।

➢ **कोड-स्विचिंग और कोड-मिक्सिंग**: कोड-मिक्सिंग से पता चलता है कि यह बोलते समय दो कोड या दो भाषाओं को मिलाने की घटना है। उदाहरण के लिए, 'उसे गुस्सा होने दो, I can't उसे नहीं मना सकता'। दूसरी ओर, 'कोड-स्विचिंग' का अर्थ दो भाषाओं के बीच बारी-बारी से बोलने की प्रथा है, यानी एक भाषा में कुछ वाक्य बोलना और फिर दूसरी भाषा में स्विच करना।

CTET 28th December 2021

हिन्दी भाषा की बारीकी को सही रूप में समझने की क्षमता का विकास करने के लिए आप क्या करेंगे?

- हिन्दी भाषा के विभिन्न प्रयोगों से युक्त सामग्री उपलब्ध कराना

CTET - IInd Paper (VI-VIII) Feb. 2015

इतनी पुस्तक पढ़ने के बाद मेरी समझ...

'घर' का बहुवचन रूप है-

- घर

CTET भाषा 12 Jan 2022

हिन्दी व्याकरण

'पतन' शब्द का विलोम है-

- उत्थान

CTET भाषा 17 Jan 2022

1 संज्ञा

संज्ञा: किसी व्यक्ति, वस्तु, स्थान या भाव का बोध कराने वाले शब्दों को संज्ञा कहते हैं, जैसे श्याम, पुस्तक, भारत, क्रोध, इत्यादि।

संज्ञा के तीन भेद हैं
- व्यक्तिवाचक संज्ञा
- जातिवाचक संज्ञा
- भाववाचक संज्ञा

1. **व्यक्तिवाचक संज्ञा:** जिन शब्दों में किसी विशेष व्यक्ति, वस्तु, स्थान या प्राणी का बोध होता है। उसे व्यक्तिवाचक संज्ञा कहते है।
   जैसे: रमेश, दिल्ली, रामायण आदि।
2. **जातिवाचक संज्ञा:** जिन शब्दों में वस्तु, प्राणी आदि की संपूर्ण जाति का बोध होता है। उसे जातिवाचक संज्ञा कहते है।
   जैसे: नदी, पुस्तक, लड़की आदि।
   जातिवाचक संज्ञा के दो उपभेद भी हैं:
   1. **समूह वाचक संज्ञा:** जो शब्द किसी समूह का बोध कराते हैं। उसे समूहवाचक संज्ञा कहते है।
      जैसे: कक्षा, टीम, दल, सेना, गिरोह आदि।
   2. **द्रव्यवाचक संज्ञा:** जो शब्द किसी का द्रव्य या पदार्थ का बोध कराते हैं। उसे द्रव्यवाचक संज्ञा कहते है।
      जैसे: रुई, चावल, ऊन, सोना, दूध आदि।
3. **भाववाचक संज्ञा:** जिन शब्दों से किसी गुण, भाव, दशा, कार्य आदि का बोध होता है। उसे भाववाचक संज्ञा कहते है।
   जैसे: एकता, बुढ़ापा, दुख, हँसी, आनन्द पढ़ाई आदि। इनका हम अनुभव कर सकते हैं, इन्हें छू नहीं सकते।

प्रयोग:

1. **जातिवाचक संज्ञा का व्यक्तिवाचक संज्ञा के रूप में प्रयोग**
   ➢ नेहरू स्वतंत्र भारत के प्रधानमंत्री थे।
   (नेहरू जातिवाचक संज्ञा होते हुए यहाँ व्यक्तिवाचक संज्ञा है)
2. **व्यक्तिवाचक संज्ञा का जातिवाचक संज्ञा के रूप में प्रयोग**
   ➢ आज भी भारत में सीता और सावित्रियों की कमी नहीं है।
   ➢ जयचन्दों के कारण ही भारत पराधीन हुआ।
   (सीता, सावित्री, जयचन्द आदि शब्द व्यक्तिवाचक संज्ञा होते हुए भी जातिवाचक संज्ञा बन गए)
3. **विशेषण का जातिवाचक संज्ञा के रूप में प्रयोग**
   ➢ बड़ों का सम्मान करो।
   ➢ गरीबों की सहायता करो।
   (बड़ा व गरीब विशेषण होते हुए भी जातिवाचक संज्ञा के रूप में प्रयुक्त हुए हैं)

भाववाचक संज्ञा की रचना

1. **जातिवाचक संज्ञा से भाववाचक संज्ञा:** मानवता, लड़क्कपन, व्यक्तित्व, मित्रता, पशुता, स्त्रीत्व, इंसानियत, पौरुष आदि।
2. **विशेषण से भाववाचक संज्ञा:** सुन्दरता, माधुर्य, लाघव, भलाई, मिठास, बड़प्पन, अच्छाई, मोटापा, लम्बाई, कटुता आदि।
3. **क्रिया से भाववाचक संज्ञा:** चाल, पढ़ाई, कमाई, उतार, हंसी, लड़ाई, चढ़ाव आदि।
4. **सर्वनाम से भाववाचक संज्ञा:** निजता, अहंकार, सर्वस्व, अपनत्व, परायापन, ममता, ममत्व, स्वत्व,

क्रियार्थक संज्ञा: जब क्रिया शब्द का प्रयोग संज्ञा के रूप में किया जाए।
➢ प्रात: पढ़ना अच्छा है।
➢ टहलना स्वास्थ्य के लिए अच्छा है।

'ईमानदारी' शब्द है?

- भाववाचक संज्ञा

CTET Ist Paper (I-V) भाषा II Dec 2018

भाववाचक शब्द

शब्द	भाववाचक
अमर	अमरता
कवि	कवित्व
पशु	पशुता
संस्कार	संस्कृति
मित्र	मित्रता
डाकू	डकैती

अपना परीक्षण करें

1. वस्तु, स्थान, भाव या विचार के द्योतक शब्द को कहते हैं?
(a) संज्ञा (b) सर्वनाम
(c) विशेषण (d) विशेष्य

2. 'स्त्रीत्व' शब्द में कौन-सी संज्ञा है?
(a) जातिवाचक संज्ञा (b) व्यक्तिवाचक संज्ञा
(c) भाववाचक संज्ञा (d) इनमें से कोई नहीं

3. 'बुढ़ापा ' भी एक प्रकार का अभिशाप है- 'बुढ़ापा' कौन-सी संज्ञा है ?
(a) जातिवाचक संज्ञा (b) व्यक्तिवाचक संज्ञा
(c) भाववाचक संज्ञा (d) इनमें से कोई नहीं

4. निम्न में से कौन-सा शब्द संज्ञा है ?
(a) क्रुद्ध (b) क्रोध
(c) क्रोधी (d) क्रोधित

5. भाववाचक संज्ञा बताइये:
(a) लड़कापन (b) लड़कपन
(c) लड़काई (d) लड़काईपन

6. सच्चरित्रता किस मूल शब्द से बना है?
(a) सतचरित्र (b) चरित्र
(c) चरित्रता (d) सच्चरित्र

7. निम्नलिखित में 'भाववाचक संज्ञा कौन-सी है?
(a) शत्रु (b) वीर
(c) मनुष्यता (d) गुरू

8. हिन्दी में शब्दों का लिंग निर्धारण किसके आधार पर होता है?
(a) संज्ञा (b) सर्वनाम
(c) क्रिया (d) प्रत्यय

9. निम्न में से कौन-सा शब्द व्यक्तिवाचक संज्ञा है?
(a) गाय (b) पहाड़
(c) यमुना (d) आम

10. कौन-सा शब्द संज्ञा नहीं है?
(a) जवान (b) बालक
(c) सौन्दर्य (d) सुन्दर

11. कौन-सा शब्द भाववाचक संज्ञा नहीं है?
(a) मिठाई (b) हँसी
(c) ईमानदारी (d) सफेदी

12. जातिवाचक संज्ञा बताइये -
(a) लड़का (b) सेना
(c) श्याम (d) दु:ख

13. व्याकरण की दृष्टि से - 'प्रेम' शब्द क्या है?
(a) भाववाचक संज्ञा (b) विशेषण
(c) विशेष्य (d) क्रिया विशेषण

14. संज्ञा के स्थान पर प्रयुक्त होने वाले शब्द को क्या कहते हैं?
(a) सर्वनाम (b) विशेषण
(c) विशेष्य (d) क्रिया

15. 'सुन्दरता' में संज्ञा है।
(a) व्यक्तिवाचक संज्ञा (b) जातिवाचक संज्ञा
(c) भाववाचक संज्ञा (d) द्रव्यवाचक संज्ञा

'आज की तालीम भी इसी दौड़ में साथ दे रही है।' वाक्य में निपात है-

- भी

CTET Ist Paper (I-V) भाषा I Dec 2019

16. 'राष्ट्र' की भाववाचक संज्ञा है?

(a) राष्ट्र (b) राष्ट्रीय
(c) राष्ट्रीयता (d) सौराष्ट्र

17. 'पुस्तकालय' कौन-सी संज्ञा है?

(a) व्यक्तिवाचक संज्ञा (b) जातिवाचक संज्ञा
(c) द्रव्यवाचक संज्ञा (d) समूहवाचक संज्ञा

18. कौन-सा संज्ञा का प्रकार नहीं है?

(a) व्यक्तिवाचक संज्ञा (b) स्थानवाचक संज्ञा
(c) जातिवाचक संज्ञा (d) समूहवाचक संज्ञा

19. भाववाचक के अंतर्गत आते है?

(a) पशु-पक्षी आदि (b) गुण-दोष
(c) आभूषण आदि (d) टमाटर - खीर

20. हरियाली है-

(a) व्यक्तिवाचक संज्ञा (b) जातिवाचक संज्ञा
(c) भाववाचक संज्ञा (d) द्रव्यवाचक संज्ञा

ANSWER KEY

1.	(a)	2.	(c)	3.	(c)	4.	(b)	5.	(b)	6.	(b)	7.	(c)
8.	(a)	9.	(c)	10.	(d)	11.	(a)	12.	(a)	13.	(a)	14.	(a)
15.	(c)	16.	(c)	17.	(b)	18.	(b)	19.	(b)	20.	(c)		

'घृणास्पद्' का संधि-विच्छेद होगा-

- घृणा + आस्पद

CTET I" Paper (I-V) भाषा II July 2019

इतनी पुस्तक पढ़ने के बाद मेरी समझ...

'भिन्न-भिन्न' शब्द हैं

- पुनरुक्त शब्द

CTET भाषा 6 Jan 2022

2 विशेषण

विशेषण: संज्ञा तथा सर्वनाम की विशेषता वाले शब्दों को विशेषण कहते हैं। **जैसे:** अच्छा बालक, सुन्दर लड़की।

- **विशेष्य:** जिन शब्दों की विशेषता बताई जाए, उन्हें विशेष्य कहते हैं। **जैसे:** सुन्दर लड़की।
- **प्रविशेषण:** विशेषण की विशेषता बताने वाले शब्द को प्रविशेषण कहते हैं। **जैसे:** बहुत चतुर लड़का।

विशेषण के भेद:

भेद
- → गुणवाचक विशेषण
- → परिमाणवाचक विशेषण
- → संख्यावाचक विशेषण
- → सार्वनामिक विशेषण

1. **गुणवाचक विशेषण:** गुण-दोष आकार, रंग-रूप, अवस्था, स्थिति, काल, स्वाद, गंध, संबधी विशेषता बताने वाले गुणवाचक शब्दों को गुणवाचक विशेषण कहते हैं।
   जैसे: अच्छा, उदार, दयालु, बुरा, आलसी, कठोर, लंबा, चौड़ा, मोटा, गोरा, काला, बलवान, कमजोर, दरिद्र, अगला, भीतरी, बाहरी, भारतीय, प्राचीन आदि।
2. **परिमाणवाचक विशेषण:** नाप, तोल, माप संबंधी विशेषण शब्द परिमाणवाचक विशेषण कहलाते हैं।
   ये दो प्रकार के होते हैं-
   (i) **निश्चित परिमाणवाचक विशेषण:** जहाँ नाप, तोल या माप निश्चित हो उसे निश्चित परिमाणवाचक विशेषण कहते है।
   जैसे: तीन लीटर दूध, दो मीटर कपड़ा, एक किलो चीनी।
   (ii) **अनिश्चित परिमाणवाचक विशेषण:** जहाँ नाप, तोल या माप अनिश्चित हो उसे अनिश्चित परिमाणवाचक विशेषण कहते है।
   जैसे: कुछ चीनी, थोड़ा दूध, अधिक लकड़ी।
3. **संख्यावाचक (संख्यात्मक) विशेषण:** संख्या संबंधी विशेषता बताने वाले शब्दों को संख्यावाचक विशेषण कहते हैं। ये दो प्रकार के होते हैं:
   (i) **निश्चित संख्यावाचक विशेषण:** जहाँ संख्या निश्चित हो उसे निश्चित संख्यावाचक विशेषण कहते है।
   जैसे: दो लड़के, पहली कक्षा, दुगुना रुपया, दोनों मित्र, प्रतिमास।
   (ii) **अनिश्चित संख्यावाचक विशेषण:** जहाँ संख्या अनिश्चित हो उसे अनिश्चित संख्यावाचक विशेषण कहते है। **जैसे:** सैकड़ों लोग, अनेक लड़कियाँ, दस-बीस बच्चे।
4. **सार्वनामिक विशेषण:** वे सर्वनाम शब्द, जो संज्ञा से पहले आकर उसकी विशेषता बताते हैं, सार्वनामिक विशेषण कहलाते हैं। **जैसे:** यह पुस्तक किसकी है? कौन लोग आए हैं?

सर्वनाम	सार्वनामिक विशेषण
1. यह एक पुस्तक है।	1. यह पुस्तक नई है।
2. वह पढ़ता है।	2. वह लड़का बहुत बुद्धिमान है।
3. पुस्तक मेरी है।	3. मेरी पुस्तकें मुझे दे दो।
4. कौन आया है?	4. कौन सा बच्चा शरारती है।
5. बच्चे को उसने बचाया	5. उस बच्चे को यहाँ भेजो।

विशेषण शब्दों की रचना

1. **संज्ञा से विशेषण:** प्यासा, भूखा, बंगाली, धार्मिक, पारिवारिक, भारतीय, कुलीन, दयालु, ईर्ष्यालु, धनवान, गाँववाला, विषैला, चमकीला इत्यादि।

'सांस्कृतिक' में प्रत्यय है-

- इक

CTET Ist भाषा I Dec 2018

2. **सर्वनाम से विशेषण:** इसका, उसका, उनकी मेरा, हमारा, तुम्हारा, मुझसा इत्यादि।
3. **क्रिया से विशेषण:** बिकाऊ, कमाऊ, खिलाड़ी, तैराक लुटेरा, पियक्कड़, घुमक्कड़ इत्यादि।
4. **अव्यय से विशेषण:** बाहरी, भीतरी, निचला, ऊपरी, पिछला अगला इत्यादि।

अपना परीक्षण करें

1. जो शब्द किसी संज्ञा की विशेषता बताए वह -
(a) विशेष्य है (b) विशेषण है
(c) क्रिया विशेषण है (d) इनमें से कोई नहीं

2. विशेषण के मुख्यत: ________ प्रकार हैं।
(a) दो (b) तीन
(c) चार (d) आठ

3. प्रविशेषण शब्द किसकी विशेषता बताता है?
(a) संज्ञा एवं सर्वनाम की
(b) संज्ञा एवं विशेषण की
(c) संज्ञा, सर्वनाम एवं विशेषण की
(d) इनमें से कोई नहीं

4. 'मोटा' एक ________ विशेषण है।
(a) गुणवाचक विशेषण
(b) संख्यावाचक विशेषण
(c) परिमाणवाचक विशेषण
(d) सार्वनामिक विशेषण

5. 'हंस' एक ________ पत्रिका है।
(a) दैनिक (b) मासिक
(c) वार्षिक (d) इनमें से कोई नहीं

6. 'सा' के प्रयोग से किस तरह के विशेषण का बोध होता है?
(a) गुणवाचक विशेषण
(b) सार्वनामिक विशेषण
(c) तुलनाबोधक विशेषण
(d) निश्चित संख्यावाचक विशेषण

7. 'पवित्रता' से विशेषण बनेगा-
(a) पवित्र (b) पवित्रात्मा
(c) दोनों (d) सभी गलत है।

8. विशालकाय दैत्य दौड़ा। इसमें कौन-सा पद विशेषण है?
(a) विशालकाय (b) दैत्य
(c) दौड़ा (d) विशाल

9. 'सुन्दर' शब्द स्त्रीलिंग विशेषण में क्या होगा?
(a) सुन्दरी (b) सुन्दरा
(c) सुन्दर (d) सुन्दरता

10. विशेषण का लिंग-
(a) विशेष्य के अनुसार होता है
(b) स्वतंत्र रहता है
(c) पुल्लिंग होता है
(d) स्त्रीलिंग होता है।

11. 'बूढ़ा ' विशेषण से भाववाचक संज्ञा बनेगी-
(a) बुढ़वा (b) बुढ़ापा
(c) बुढ़िया (d) बूढ़ापन

12. चौथा व्यक्ति ज्यादा होशियार है। इस वाक्य में 'चौथा' क्या है?
(a) क्रिया - विशेषण
(b) संख्यावाचक विशेषण
(c) गुणवाचक विशेषण
(d) उपर्युक्त तीनों

'कविताएँ सुनी-सुनायी जाएँ' में क्रिया है-

- सकर्मक

CTET_Ist Paper (I-V) भाषा I Dec 2018

13. सालों बाद उसका प्रवासी पति लौटा है। इस वाक्य में विशेषण है-

(a) सालों (b) प्रवासी
(c) पति (d) (a) एवं (b) दोनां

14. 'भाषण' के लिए उपयुक्त विशेषण होगा-

(a) तेजस्वी (b) कड़कती
(c) ओजस्वी (d) धारदार

15. 'लज़ीज़' शब्द के लिए उपयुक्त विशेष्य क्या होगा?

(a) स्त्री (b) माता-पिता
(c) भोजन (d) बात

16. निम्न में से कौन-सा विशेषण हैं?

(a) भलाई (b) मिठास
(c) थोड़ा (d) स्वयं

17. इनमें से विशेष्य किसे कहा जा सकता है?

(a) क्रिया (b) निपात्
(c) संज्ञा (d) विशेषण

18. निम्न में से कौन-सा विशेषण है?

(a) सच्चा (b) शीतलता
(c) नम्रता (d) मिठास

19. कुछ बच्चे कक्षा में शोर मचा रहे है- इनमें से कौन-सा विशेषण हैं?

(a) गुणवाचक विशेषण
(b) अनिश्चित संख्यावाचक विशेषण
(c) निश्चित संख्यावाचक विशेषण
(d) अनिश्चित परिमाणवाचक विशेषण

20. 'आलस्य' शब्द का विशेषण क्या है?

(a) आलसीपन (b) आलस्य
(c) आलसी (d) इनमें से कोई नहीं

ANSWER KEY

1.	(a)	2.	(c)	3.	(d)	4.	(a)	5.	(b)	6.	(c)	7.	(a)
8.	(a)	9.	(c)	10.	(a)	11.	(b)	12.	(b)	13.	(b)	14.	(c)
15.	(c)	16.	(c)	17.	(c)	18.	(a)	19.	(b)	20.	(c)		

'मंजूर' का समानार्थी शब्द है-

- स्वीकार

CTET_Ist Paper (I-V) भाषा I Dec 2018

इतनी पुस्तक पढ़ने के बाद मेरी समझ...

'इहलोक' का समानार्थक शब्द नहीं है।

- परलोक

CTET भाषा 21 Jan 2021

3 संधि

संधि: निकटवर्ती वर्णों के परस्पर मेल से उत्पन्न परिवर्तन को संधि कहते हैं। वर्णों से सन्धि करने पर स्वर, व्यंजन अथवा विसर्ग में परिवर्तन आता है।

संधि के भेद
- स्वर
- व्यंजन
- विसर्ग

1. स्वर संधि

दो स्वरों के योग से होने वाले परिवर्तन को स्वर संधि कहते हैं।

स्वर संधि के पाँच भेद
- दीर्घ संधि
- गुण संधि
- वृद्धि संधि
- यण् संधि
- अयादि संधि

1. **दीर्घ संधि:** (अकः सवर्णे दीर्घः) यदि प्रथम शब्द के अन्त में ह्रस्व अथवा दीर्घ अ, इ, उ, ऋ में से कोई एक वर्ण हो और द्वितीय शब्द के आदि में उसी का समान वर्ण हो तो दोनों के स्थान पर एक दीर्घ हो जाता है। यह दीर्घ सन्धि कहलाती है।

   जैसे:

अ	+	अ	=	आ
धर्म	+	अर्थ	=	धर्मार्थ
परम	+	आणु	=	परमाणु
दीप	+	अवली	=	दीपावली
अन्य	+	अन्य	=	अन्यान्य
शस्त्र	+	अस्त्र	=	शस्त्रास्त्र
राम	+	अवतार	=	रामावतार
अभय	+	अरण्य	=	अभयारण्य

अ	+	आ	=	आ
हिम	+	आलय	=	हिमालय
वात	+	आवरण	=	वातावरण
धर्म	+	आत्मा	=	धर्मात्मा
रत्न	+	आकार	=	रत्नाकर
शिव	+	आलय	=	शिवालय
देव	+	आगमन	=	देवागमन
शरण	+	आगत	=	शरणागत

आ	+	अ	=	आ
विद्या	+	अर्थी	=	विद्यार्थी
यथा	+	अवकाश	=	यथावकाश
रेखा	+	अंकित	=	रेखांकित
रेखा	+	अंश	=	रेखांश
रेखा	+	अंश	=	रेखांश

आ	+	आ	=	आ
विद्या	+	आलय	=	विद्यालय
श्रद्धा	+	आनंद	=	श्रद्धानन्द
वार्ता	+	आलाप	=	वार्तालाप

> 'अनिश्चित' शब्द में कौन-सा प्रत्यय आ सकता है?
>
> **- ता**
>
> **CTET Ist Paper (I-V) भाषा I Dec 2018**

इ	+	इ	=	ई
रवि	+	इन्द्र	=	रवीन्द्र
मुनि	+	इन्द्र	=	मुनीन्द्र

इ	+	ई	=	ई
गिरि	+	ईश	=	गिरीश
कवि	+	ईश	=	कवीश
कपि	+	ईश	=	कपीश

ई	+	इ	=	ई
मही	+	इन्द्र	=	महीन्द्र
नारी	+	इन्द्र	=	नारीन्द्र

उ	+	उ	= ऊ
भानु	+	उद्य	= भानूदय
गुरु	+	उपदेश	= गुरूपदेश
बहु	+	उद्देश्य	= बहुद्देश्य

उ	+	ऊ	=	ऊ
लघु	+	उर्मि	=	लघुर्मि

ऊ	+	उ	=	ऊ
वधू	+	उत्सव	=	वधूत्सव

ऊ	+	ऊ	=	ऊ
वधू	+	ऊर्मि	=	वधूर्मि
वधू	+	ऊर्जा	=	वधूर्जा

2. गुण संधि: जब अ या आ के पश्चात् इ, ई, हो, तो 'ए' हो जाता है। अ या आ के साथ उ, ऊ हो तो 'ओ' हो जाता है तथा अ, आ के पश्चात् ऋ हो तो 'अर्' हो जाता है।

अ	+	इ, ई	=	ए
देव	+	इन्द्र	=	देवेन्द्र
वीर	+	इन्द्र	=	वीरेन्द्र
गज	+	इन्द्र	=	गजेन्द्र
भारत	+	इन्दु	=	भारतेन्दु
परम	+	ईश्वर	=	परमेश्वर
स्व	+	इच्छा	=	स्वेच्छा
गण	+	ईश	=	गणेश

आ	+	इ, ई	=	ए
महा	+	इन्द्र	=	महेन्द्र
रमा	+	इन्द्र	=	रमेन्द्र
महा	+	ईश	=	महश
राजा	+	ईश	=	राजेश

अ	+	उ, ऊ	=	ओ
सूर्य	+	उदय	=	सूर्योदय
पूर्व	+	उत्तर	=	पूर्वोत्तर
सागर	+	ऊर्मि	=	सागरोर्मि
वीर	+	उचित	=	वीरोचित
सर्व	+	उदय	=	सर्वोदय

आ	+	उ, ऊ	=	ओ
महा	+	उत्सव	=	महोत्सव
महा	+	उदधि	=	महोदधि
शीत	+	उष्ण	=	शीतोष्ण
गंगा	+	उदक	=	गंगोदक
महिला	+	ऊर्जा	=	महिलोर्जा

अ, आ	+	ऋ	=	अर्
ब्रह्म	+	ऋषि	=	ब्रह्मर्षि
राजा	+	ऋषि	=	राजर्षि

3. वृद्धि संधि: जब अ, आ, के बाद 'ए' या 'ऐ' आये तब दोनों (अ + ए अथवा अ + ऐ) के स्थान पर 'ऐ' और जब 'ओ' अथवा 'औ' आये तब दोनों स्थान में 'औ' वृद्धि हो जाती है। इस क्रिया को वृद्धि सन्धि कहते हैं।

अ, आ	+	ए, ऐ	=	ऐ
नव	+	ऐश्वर्य	=	नवैश्वर्य

निःस्वाथ शब्द का उपयुक्त विपराताथा शब्द है-

- स्वार्थी

CTET Ist Paper (I-V) भाषा I July 2019

सदा	+	एव	=	सदैव
एक	+	एक	=	एकैक
यथा	+	एव	=	यथैव

अ, आ	+	ओ, औ	=	औ
वन	+	औषध	=	वनौषध
महा	+	ओज	=	महौज
परम	+	औषधि	=	परमौषधि

4. **यण संधि:** इ, ई के पश्चात् विजातीय स्वर हो तो 'य' हो जाता है। तथा उ, ऊ के पश्चात अन्य स्वर हो तो 'व' हो जाता है तथा ऋ के पश्चात अन्य स्वर हो तो 'र' हो जाता है-

इ, ई	+	अन्य स्वर	=	य
अत्ति	+	अधिक	=	अत्यधिक
अति	+	आनन्द	=	अत्यानंद
वि	+	आप्त	=	व्याप्त
यदि	+	अपि	=	यद्यपि
अति	+	आचार	=	अत्याचार
अति	+	उष्ण	=	अत्युष्ण
देवी	+	अर्पण	=	देत्यार्पण
सखी	+	आगमन	=	सख्यागमन
नदी	+	अंबु	=	नद्यंबु

अ, ऊ	+	अन्य स्वर	=	व
अनु	+	अय	=	अन्वय
मनु	+	अन्तर	=	मन्वन्तर
मधु	+	अरि	=	मध्वरि
अनु	+	एषक	=	अन्वेषक
सु	+	आगत	=	स्वागत
अनु	+	इति	=	अन्विति
गुरु	+	आकृति	=	गुर्वाकृति
गुरु	+	आदेश	=	गुर्वादेश

ऋ	+	अन्य स्वर	=	र
मात	+	आनन्द	=	मान्त्रानन्द
पितृ	+	अनुमति	=	पित्रनुमति
मातृ	+	आज्ञा	=	मात्राज्ञा
पितृ	+	उपदेश	=	पित्नुपदेश

5. **अयादि संधि:** ए ऐ ओ अथवा औ के बाद जब कोई स्वर आता है तब 'ए' के स्थान पर अय्, ओ के स्थान पर 'अव', ऐ के स्थान पर आय् तथा औ के स्थान पर आव् हो जाता है। यह अयादि सन्धि कहलाती है। जैसे:

ए	+	अन्य स्वा	=	अय्
ने	+	अन	=	नयन
चे	+	अन	=	चयन

ऐ	+	अन्य स्वर	=	आय्
गै	+	अक	=	गायक
नै	+	अक	=	नायक

ओ	+	अन्य स्वर	=	अव्
पो	+	अन	=	पवन
गो	+	ईश	=	गवीश

औ	+	अन्य स्वर	=	आव्
पौ	+	अन	=	पावन
नौ	+	इक	=	नाविक
भौ	+	अन	=	भावन
पौ	+	अक	=	पावक
भौ	+	उक	=	भावुक

2. व्यंजन संधि

व्यंजन का व्यंजन अथवा किसी स्वर के समीप होने पर जो परिवर्तन होता है, उसे व्यंजन संधि कहते हैं। ये परिवर्तन कई प्रकार के होते हैं-

1. **वर्ग के पहले वर्ण का तीसरे वर्ण में परिवर्तन:** किसी वर्ग के पहले वर्ण (क्, च्, ट्, त्, प्) का मेल किसी स्वर या किसी वर्ग के तीसरे चौथे वर्ण या य, र, ल, व, ह से हो तो पहला वर्ण तीसरे वर्ण (ग्, ज्, ड्, द्, ब्) में बदलता है।

वाक्	+	ईश	=	वागीश

कागज पर सीमित हो जाने से तात्पर्य है-

- जमीनी स्तर पर बदलाव न आना

CTET IInd Paper (VI-VIII) भाषा - II 2018

दिक्	+	अंचल	=	दिगचल
दिक्	+	दर्शन	=	दिग्दर्शन
वाक्	+	जाल	=	वाग्जाल
दिक्	+	गज	=	दिगगज
अच्	+	आदि	=	अजादि
षट्	+	आनन	=	षडांनन
तत्	+	अनुरूप	=	तदनुरूप
जगत्	+	ईश	=	जगदीश
भगवत	+	भक्ति	=	भगवद् भक्ति
अप्	+	ज	=	अब्ज
उत्	+	भव	=	उद्भव

2. **तू के संबंध में विशेष नियम:**

नियम (क): त या द्: के बाद च या छ हो, तो त् या द् के स्थान पर च् हो जाता है:

सत्	+	चरित्र	=	सच्चरित्र
उत्	+	चारण	=	उच्चारण
शरत्	+	चन्द्र	=	शरच्चन्द्र
उत्	+	छिन	=	उच्छिन्न
सत्	+	छात्र	=	सच्छात्र
सत्	+	चित्	=	सच्चित
जगत्	+	छाया	=	जगच्छाया

नियम (ख): त् या द् के बाद ज या झ हो, तो त् या द् के स्थान पर ज् हो जाता है:

सत्	+	जन	=	सज्जन
जगत्	+	जननी	=	जगज्जननी
विपत्	+	जाल	=	विपज्जाल
उत्	+	ज्वल	=	उज्जवल

नियम (ग): त् या द् के बाद ट या ठ हो, तो त् य द् के स्थान पर टू हो जाता है:

उत्	+	टीका	=	उट्टीका
तत्	+	टीका	=	तट्टीका

नियम (घ): त् या द के बाद ड या ढ हो तो त् या द् के स्थान पर ड् हो जाता है:

उत्	+	डयन	=	उड्डयन

नियम (ड): त् या द् के बाद ल हो तो त् या द् के स्थान पर लू हो जाता है:

तत्	+	लीन	=	तल्लीन
उत्	+	लास	=	उल्लास
उत्	+	लेख	=	उल्लेख

नियम (च): त् या द् के बाद श हो, तो त् या द के स्थान पर च, श का छ हो जाता है:

उत्	+	श्वास	=	उच्छवास
सत्	+	शास्त्र	=	सच्छास्त्र
तत्	+	शंकर	=	तच्छंकर
उत	+	शिष्ट	=	उच्छिष्ट
तत्	+	शिव	=	तच्छिव
श्रीमत्	+	शंकर	=	श्रीमच्छंकर

नियम (छ): त् या द् के बाद ह हो, तो त् या द् के स्थान पर द् तथा ह के स्थान पर ध् हो जाता है:

तत्	+	हित	=	तद्धित
पत्	+	हति	=	पद्धति
उत्	+	हरण	=	उद्धरण
उत्	+	हार	=	उद्धार
उत्	+	हृत	=	उद्धृत

3. **यदि किसी वर्ग के पहले अक्षर के पश्चात कोई नासिक्य वर्ण हो, तो पहला अक्षर अपने वर्ग के नासिक्य में परिवर्तित होता है:**

वाक्	+	मुख	=	वाड्.मुख
षट्	+	मुख	=	षणमुख
जगत्	+	नाथ	=	जगन्नाथ
उत्	+	नायक	=	उन्नयाक
सत्	+	मति	=	सन्मति
तत्	+	नाम	=	तन्नाम
वाक्	+	मय	=	वाड्.मय
चित्	+	मय	=	चिन्मय
उत्	+	नयन	=	उन्नयन
सत्	+	मार्ग	=	सन्मार्ग
तत्	+	मय	=	तन्मय

'पैर' शब्द का समानार्थी है?

- पग, पद , चरण

CTET I" Paper (I-V) भाषा- I July 2019

4. म के सम्बन्ध में नियम

(क) म् के बाद किसी वर्ग का कोई अक्षर हो, तो म् के बदले विकल्प से अनुस्वार अथवा उसी वर्ग का अनुनासिक वर्ण हो जाता है। जैसे:

सम्	+	कल्प	=	सङ्कल्प, संकल्प
सम्	+	चय	=	संचय
सम्	+	तोष	=	सन्तोष, संतोष
सम्	+	भव	=	सम्भव, संभव
सम्	+	जीवनी	=	संजीवनी
हृदयम्	+	गम	=	हृदयडगम
सम्	+	दह	=	सन्देह, संदेह
सम्	+	जय	=	सञ्जय, संजय
सम्	+	चित	=	सञ्चित, संचित
सम्	+	ध्या	=	सन्ध्या, संध्या
सम्	+	पूर्ण	=	सम्पूर्ण, संपूर्ण
सम्	+	भाषण	=	सम्भाषण, संभाषण
सम्	+	बन्ध	=	सम्बन्ध, संबंध

(ख) म् का मेल म से होने पर म् ही रहता है, अनुस्वर नहीं होता:

सम्	+	मिलित	=	सम्मिलित
सम्	+	मति	=	सम्मति
सम्	+	मान	=	सम्मान

(ग) म् से परे य, र, ल, व, श, ष, स, ह, तो म् अनुस्वार में परिवर्तित होता है:

सम्	+	योग	=	संयोग
सम्	+	वाद	=	संवाद
सम्	+	लग्न	=	संलग्न
सम्	+	रक्षा	=	संरक्षा
सम्	+	वत	=	संवत
सम्	+	सार	=	ससार
सम्	+	हार	=	संहार
सम्	+	शय	=	संशय

अपवाद सम् + राट = सम्राट

5. छ् के संबंध में नियम

छ से पूर्व यदि स्वर हो, तो छ से पूर्व च् जुड़ जाता है:

तरु	+	छाया	=	तरुच्छाया
अनु	+	छेद	=	अनुच्छेद
परि	+	छेद	=	परिच्छेद
वृक्ष	+	छाया	=	वृक्षच्छाया
आ	+	छादन	=	आच्छादन
शिर	+	छत्र	=	शिरच्छत्र
वि	+	छेद	=	विच्छेद

6. न् का ण् में परिवर्तन

ऋ, र और ष के बाद 'न' हो और इनके बीच कोई स्वर, कवर्ग, पवर्ग, अनुस्वार या य व हो, तो न = ण

ऋ	+	न	=	ऋण
प्र	+	मान	=	प्रमाण
परि	+	मान	=	परिमाण
भर	+	न	=	भरण
हर	+	न	=	हरण
भूष	+	अन	=	भूषण
तृष्	+	ना	=	तृष्णा
प्र	+	नाम	=	प्रणाम
परि	+	नाम	=	परिणाम
मर	+	न	=	मरण
तर	+	न	=	तरण
राम	+	अयन	=	रामायण
शोष्	+	अन	=	शोषण

7. स् के सम्बन्ध में नियम

(क) स से पहले अ, आ को छोड़ कर कोई स्वर हो तो स = ष

नि	+	सिद्ध	=	निषिद्ध
अभि	+	सेक	=	अभिषेक
सु	+	सुप्ति	=	सुषुप्ति
नि	+	सेध	=	निषेध
वि	+	सम	=	विषम

'सुख-साधन' का विग्रह और समास है-

- सुखों के साधन तत्पुरुष

CTET IInd Paper (VI-VIII) भाषा II Dec 2019

8. **यौगिक शब्दों में यदि पहले शब्द के अन्त में 'न्' हो तो उसका लोप हो जाता है:**

राजन्	+	आज्ञा	=	राजाज्ञा
मंत्रिन	+	मंडल	=	मंत्रिमंडल
प्राणिन्	+	मात्र	=	प्राणिमात्र

3. विसर्ग (:) संधि

1. **विसर्ग (:) + च, छ हो तो विसर्ग (:) = श्**

निः	+	चल	=	निश्चल
निः	+	चिन्त	=	निश्चिन्त
दुः	+	चरित्र	=	दुश्चरित्र
निः	+	छल	=	निश्छल
हरिः	+	चन्द्र	=	हरिश्चन्द्र
निः	+	चय	=	निश्चय

2. **विसर्ग का ष् में परिवर्तन**

विसर्ग (:) + क, ख, ट, ठ, प, फ, हो तो विसर्ग (:) = ष्

निः	+	चय	=	निश्चय
दुः	+	ट	=	दुष्ट
निः	+	दुर	=	निष्ठुर
दुः	+	प्रकृति	=	दुष्प्रकृति
निः	+	कपट	=	निष्कपट
दुः	+	परिणाम	=	दुष्परिणाम ?
निः	+	फल	=	निष्फल
धनुः	+	टंकार	=	धनुष्टंकार
दुः	+	कर्म	=	दुष्कर्म
निः	+	काम	=	निष्काम
निः	+	कलंक	=	निष्कलंक
निः	+	पाप	=	निष्पाप
निः	+	प्राण	=	निष्प्राण

3. **विसर्ग का स् में परिवर्तन**

विसर्ग (:) + त्, थ् हो तो विसर्ग (:) = स्

वाक्	+	मुख	=	वाङ्.मुख
नमः	+	ते	=	नमस्ते
निः	+	तेज	=	निस्तेज
मरुः	+	थल	=	मरुस्थल
दुः	+	तर	=	दुस्तर
निः	+	तार	=	निस्तार
मनः	+	ताप	=	मनस्ताप

4. **विसर्ग में परिवर्तन नहीं**

(क) विसर्ग (:) + ष श स हो तो या तो परिवर्तन नहीं अन्यथा वही वर्ण

निः	+	सन्देह	=	निः सन्देह
दुः	+	सह्य	=	दुस्साह्य
दुः	+	शासन	=	दुस्सासन
दुः	+	साहस	=	दुस्साहस
निः	+	शुल्क	=	निःशुल्क

(ख) विसर्ग से पूर्व 'अ' तथा बाद में 'क' या 'प' हो तो विसर्ग में कोई परिवर्तन नहीं होता

अधः	+	पतन	=	अधः पतन
अन्तः	+	करण	=	अन्तः करण
प्रातः	+	काल	=	प्रातःकाल

5. **विसर्ग का 'ओ' में परिवर्तनः- विसर्ग से पूर्व यदि अ हो तथा बाद में किसी वर्ग का तीसरा, चौथा, पाँचवाँ वर्ण या य, र, ल, व, ह हो तो विसर्ग (:) = ओ**

मनः	+	बल	=	मनोबल
यशः	+	गान	=	यशोगान
मनः	+	रथ	=	मनोरथ
यशः	+	दा	=	यशोदा
तमः	+	गुण	=	तमोगुण
अधः	+	गति	=	अधोगति
पयः	+	धर	=	पयोधर
तपः	+	बल	=	तपोबल
मनः	+	हर	=	मनोहर
सरः	+	ज	=	सरोज
पयः	+	द	=	पयोद
रजः	+	गुण	=	रजोगुण
वयः	+	वृद्ध	=	वयोवृद्ध

'वातावरण' का विग्रह और समास होगा-

- वात का आवरण- तत्पुरुष

CTET IInd Paper (VI-VIII) भाषा - I Dec 2019

6. **विसर्ग का र् में परिर्वन + -**
विसर्ग से पूर्व अ, आ से भिन्न स्वर और बाद में कोई स्वर, किसी वर्ग का तीसरा, चौथा, पाँचवाँ वर्ग या य, र, ल, व, ह तो विसर्ग (:) = र्

निः	+	अर्थक	=	निरर्थक
निः	+	अन्तर	=	निरन्तर
निः	+	आवरण	=	निरावरण
दुः	+	आत्मा	=	दुरात्मा
निः	+	मल	=	निर्मल
दुः	+	गुण	=	दुर्गुण
निः	+	बल	=	निर्बल
निः	+	जन	=	निर्जन
निः	+	वात	=	निर्वात
निः	+	आशा	=	निराशा
दुः	+	उपयोग	=	दुरुपयोग
पुनः	+	विवाह	=	पुनर्विवाह
निः	+	धन	=	निर्धन
निः	+	अपराध	=	निरपराध

7. **विसर्ग का लोप व पूर्व स्वर क दीर्घाकरण**
(क) विसर्ग के पश्चात् यदि र हो तो उसका लोप होकर स्वर दीर्घ हो जाता है-

निः	+	रव	=	नीरव
निः	+	रोग	=	नीरोग
निः	+	रस	=	नीरस

(ख) विसर्ग से पहले अ तथा बाद में भिन्न स्वर हो तो विसर्ग का लोप

अतः	+	एव	=	अतएव

हिन्दी की संधि

ब	**+**	**ह**	**=**	**भ**
कब	+	ही	=	कभी
अब	+	ही	=	अभी
सब	+	ही	=	सभी
तब	+	ही	=	तभी
जब	+	ही	=	जभी
स, ह	+	ह	=	ह
इस	+	ही	=	इसी
यह	+	ही	=	यही
वहाँ	+	ही	=	वहीं
वह	+	ही	=	वही
यहाँ	+	ही	=	यहीं

प्रत्यय जुड़ने पर परिवर्तन

सोना	+	आर	=	सुनार
चाम	+	आर	=	चमार
मामा	+	एरा	=	ममेरा
चाचा	+	एरा	=	चचेरा
जेठ	+	आनी	=	जेठानी
नदी	+	याँ	=	नदियाँ
आधा	+	खिला	=	अधखिला
काला	+	मुहाँ	=	काला मुँहा
घोड़ा	+	दौड़	=	घुड़दौड़
लोहा	+	आर	=	लुहार
गाँव	+	आर	=	गँवार

अपना परीक्षण करें

1. **दो वर्णों के मेल से होने वाले विकार को कहते हैं?**
(a) संधि (b) समास
(c) उपसर्ग (d) प्रत्यय

2. **संधि के प्रकार बताईये-**
(a) 2 (b) 3
(c) 4 (d) 5

'श्वास' और 'ऑक्सीजन' शब्द हैं-
- तत्सम, आगत
CTET IInd Paper (VI-VIII) भाषा- 1 Dec 2019

3. 'दयानन्द' में कौन-सी संधि है?
(a) गुण संधि (b) दीर्घ संधि
(c) यण संधि (d) अयादि संधि

4. 'सदैव' में कौन-सी संधि है?
(a) यण संधि (b) वृद्धि संधि
(c) अयादि संधि (d) गुण संधि

5. 'इत्यादि' की सही संधि बताइये -
(a) इत् + आदि (b) इति + आदि
(c) इति + यदि (d) इत् + आदि

6. 'अन्वय' का सही संधि विच्छेद है।
(a) अनु + अय (b) अनू + आय
(c) अनू + अय (d) अनु + आय

7. 'परोपकार' में संधि कौन-सी है?
(a) गुण संधि (b) यण संधि
(c) अयादि संधि (d) वृद्धि संधि

8. 'सत्याग्रह' में कौन-सी संधि है?
(a) सत्या + ग्रह (b) सत् + आग्रह
(c) सत्य + आग्रह (d) इनमें से कोई नहीं

9. 'अत्याचार' में कौन-सी सही संधि है?
(a) अत्य + आचार (b) अति + चार
(c) अत्या + चार (d) अति + आचार

10. महोष्ण में कौन-सी संधि है?
(a) महा + उष्ण (b) महु + उष्ण
(c) महो + उष्ण (d) महा + ऊष्ण

11. 'अभ्युदय' में कौन-सी संधि है ?
(a) गुण संधि (b) यण संधि
(c) अयादि संधि (d) गुण संधि

12. 'महात्मा' में कौन-सा सही संधि विच्छेद है?
(a) मह + आत्मा (b) महा + आत्म
(c) महो + आत्मा (d) महा + आत्मा

13. 'महेन्द्र' में कौन-सा सही संधि विच्छेद है?
(a) महा + इन्द्र (b) महा + ईन्द्र
(c) महो + इन्द्र (d) महो + ईन्द्र

14. 'एकैक' में कौन-सी संधि सही है?
(a) एक + एक (b) एका + एक
(c) एक + ऐक (d) इक + इक

15. 'गायक' का सही विच्छेद है
(a) गा + अक (b) गै + अक
(c) गे + अक (d) गै + इक

16. 'पवित्र' का सही संधि विच्छेद है।
(a) पय् + इत्र (b) पवः + इत्र
(c) पौ + इत्र (d) पो + इत्र

17. 'चन्द्रोदय' में कौन-सी संधि है?
(a) दीर्घ संधि (b) गुण संधि
(c) वृद्धि संधि (d) अयादि संधि

18. 'सप्तर्षि' में कौन-सी संधि है?
(a) गुण संधि (b) यण संधि
(c) वृद्धि संधि (d) अयादि संधि

19. 'नायक' में कौन-सी संधि है?
(a) दीर्घ संधि (b) गुण संधि
(c) यण संधि (d) अयादि संधि

20. 'नायिका' में कौन-सी संधि है?
(a) नै + अक (b) नै + इका
(c) ने + इका (d) नो + इका

ANSWER KEY

1.	(a)	2.	(b)	3.	(b)	4.	(b)	5.	(b)	6.	(a)	7.	(a)
8.	(c)	9.	(d)	10.	(a)	11.	(b)	12.	(d)	13.	(a)	14.	(a)
15.	(b)	16.	(d)	17.	(b)	18.	(a)	19.	(d)	20.	(b)		

'लंबे समय तक' पद व्याकरण की दृष्टि से है-

- क्रिया-विशेषण

CTET IInd Paper (VI-VIII) भाषा - 1 Dec 2019

4 समास

जब संक्षेप के लिए दो या दो से अधिक शब्दों को मिलाकर नया शब्द बनाया जाए, तो उस मेल को समास कहते हैं। समास के छह भेद निम्नलिखित हैं-

समास के भेद

- अव्ययीभाव समास
- तत्पुरुष समास
- कर्मधारय समास
- द्विगु समास
- द्वन्द्व समास
- बहुव्रीहि समास

1. **अव्ययीभाव समास:** जिस समास का पूर्व पद प्रधान हो तथा समस्त पद अव्यय हो, वह अव्ययीभाव समास कहलाता है।
   उदाहरण: प्रतिदिन, यथाशक्ति, दिनोंदिन, आमरण, आजन्म, आजीवन यथामति, यथोचित, भरपेट, हाथोंहाथ, यथाक्रम, बेखटक, नि:सन्देह, प्रतिपल, प्रत्यक्ष, यथासामर्थ्य, बेशक, प्रतिक्षण, अनुरूप रातोंरात, हाथोंहाथ, दिनोंदिन, कानोंकान।
2. **तत्पुरुष समास:** जिस समास का दूसरा पद प्रधान हो व विग्रह करने पर विभक्ति प्रकट हो, तब तत्पुरुष समास कहलाता है।
   उदाहरण: रसोईघर, तुलसीकृत, रेखांकित, शराणागत, रोगग्रस्त, राहखर्च, पथभ्रष्ट, धनहीन, जन्मान्ध, सत्याग्रह, उद्योगपति, वनवास, गंगातट, आपबीती, गृहप्रवेश, सेनापति, गिरहकट, मरणासन्न, हस्तलिखित, रोगपीड़ित, गुणयुक्त, विद्यालय, मालगोदाम, गुरुदक्षिणा, भयभीत, रोगमुक्त, आशातीत, गंगाजल, घुड़दौड़, भारतवासी, दीनानाथ, युद्धवीर, ध्यानमग्न, सिरदर्द।
3. **कर्मधारय समास:** जिस समास के दोनों पदों में विशेषण - विशेष्य या उपमान- उपमेय का संबंध हो, उसमें कर्मधारय समास होता है।
   उदाहरण: नीलकमल, कालीमिर्च नीलाम्बर, महाराजा, प्रधानाचार्य, नीलगाय, दुर्जन, चन्द्रमुख, कमलनयन, विद्याधन, चरणकमल, फुलबड़ी, पुरुषोत्तम, सज्जन, भलामान।
4. **द्विगु समास:** जिस समास का पहला पद संख्यावाचक हो तो द्विगु समास होता है।
   उदाहरण: त्रिलोक, पंचवटी, चौराहा, त्रिभुवन, अठन्नी, चवन्नी, पंचतंत्र, चतुर्भुज, चौमासा, चौपाई, नवरत्न, त्रिफला, सतसई।
5. **द्वन्द्व समास:** जिस समास का दोनों पद प्रधान हों व विग्रह करने पर या और तथा, अथवा का प्रयोग हो तो द्वन्द्व समास होता है।
   उदाहरण: माता-पिता, गुण-दोष, छोटा-बड़ा, दाल-रोटी, दाल-भात, पाप-पुण्य, देश-विदेश, राधेश्याम, भला-बुरा, सुख-दुख, यश- अपयश, लाभ-हानि, अपना पराया।
6. **बहुव्रीहि समास:** जिस समास का कोई भी पद प्रधान न हो बल्कि समस्त पद से अन्य कोई अर्थ निकले तब बहुव्रीहि समास होता है।
   उदाहरण: दशानन (रावण), चक्रधर (विष्णु), पीताम्बर (कृष्ण), चतुर्मुख (ब्रह्म), चन्द्रशेखर (शिव), नीलकण्ठ (शिव), अंशुमाली (सूर्य), लम्बोदर (गणेश), महावीर (हनुमान), मृगेन्द्र (सिंह), गिरिधर (कृष्ण), रत्नगर्भा (पृथ्वी)।

अपना परीक्षण करें

1. दो अथवा दो से अधिक शब्दों से मिलकर बने हुए नए सार्थक शब्द को कहते हैं?

(a) संधि (b) समास
(c) अव्यय (d) संज्ञा

2. समास का शाब्दिक अर्थ होता है?

(a) संक्षेप (b) विस्तार
(c) विग्रह (d) विच्छेद

'उपयोगिता' शब्द में उपसर्ग और प्रत्यय क्रमशः हैं-

- उप, ता

CTET IInd Paper (VI-VIII) भाषा II July 2019

3. किस समास में विशेषण - विशेषय का संबंध होता है?
(a) अव्ययीभाव समास (b) कर्मधारय समास
(c) प्रतिदिन समास (d) द्विगु समास

4. किस में अव्ययीभाव समास है?
(a) गृहगत (b) आचार कुशल
(c) प्रतिदिन (d) सीमान्त

5. किस समास में द्विगु समास नहीं है?
(a) त्रिकाल (b) घनश्याम
(c) दोपहर (d) शतांश

6. कौन - सा द्वन्द्व का उदाहरण है?
(a) पीताम्बर (b) नेत्रहीन
(c) चौराहा (d) रूपया-पैसा

7. 'परमेश्वर' में कौन-सा समास है?
(a) द्विगु समास (b) कर्मधारय समास
(c) तत्पुरुष समास (d) अव्ययीभाव समास

8. 'कर्त्तव्याकर्त्तव्य" में कौन-सा समास है?
(a) अव्ययीभाव समास (b) तत्पुरूष समास
(c) कर्मधारय समास (d) द्वन्द्व समास

9. 'भलाभला' में कौन-सा समास है?
(a) अव्ययीभाव समास (b) तत्पुरुष समास
(c) कर्मधारय समास (d) द्वन्द्व समास

10. 'मुख - दर्शन में कौन-सा समास है?
(a) अव्ययी भाव समास (b) द्वन्द्व समास
(c) कर्मधारय समास (d) तत्पुरुष समास

11. इनमें से कौन-सा समास द्विगु नहीं है?
(a) नवरत्न (b) नववधू
(c) नवरात्र (d) ये सभी द्विगु हैं

12. "वनवास" में कौन-सा है?
(a) तत्पुरूष समास (b) बहुव्रीहि समास
(c) कर्मधारय समास (d) अव्ययीभाव समास

13. महत्वपूर्ण - तत्पुरूष समास है इसका सही विग्रह है-
(a) महत्व में पूर्ण (b) महत्व के लिए
(c) महत्व से पूर्ण (d) महत्व है जो पूर्ण

14. धक्का-मुक्की कौन-सा समास है?
(a) कर्मधारय समास (b) द्विगु समास
(c) द्वन्द्व समास (d) तत्पुरुष समास

15. "कन्यादान" में कौन-सा समास है?
(a) बहुव्रीहि समास (b) तत्पुरुष समास
(c) कर्मधारय समास (d) द्विगु समास

16. "सत्परामर्श " में कौन-सा समास है?
(a) तत्पुरुष समास (b) अव्ययीभाव समास
(c) कर्मधारय समास (d) द्वन्द्व समास

17. "यथा समर्थ " में कौन-सा समास है?
(a) बहुव्रीहि समास (b) तत्पुरूष समास
(c) कर्मधारय समास (d) अव्ययीभाव समास

18. "युद्धिष्ठिर" में कौन-सा समास है?
(a) तत्पुरुष समास (b) अव्ययीभाव समास
(c) द्वन्द्व समास (d) बहुव्रीहि समास

19. 'कृष्णार्जुन' में कौन-सा समास है?
(a) बहुव्रीहि समास (b) द्वन्द्व समास
(c) द्विगु समास (d) कर्मधारय समास

20. 'अड़सठ' में कौन-सा समास है?
(a) बहुव्रीहि समास (b) अव्ययीभाव समास
(c) द्विगु समास (d) द्वन्द्व समास

ANSWER KEY													
1.	(b)	2.	(a)	3.	(b)	4.	(c)	5.	(b)	6.	(d)	7.	(b)
8.	(d)	9.	(a)	10.	(d)	11.	(b)	12.	(a)	13.	(c)	14.	(c)
15.	(b)	16.	(c)	17.	(d)	18.	(d)	19.	(b)	20.	(d)		

उत्पत्ति की दृष्टि से 'ऑनलाइन' और 'शिक्षा' शब्द है क्रमशः

- आगत, तत्सम

CTET IInd Paper (VI-VIII) भाषा II July 2019

5 अलंकार

(क) शब्दालंकार: अनुप्रास, यमक, श्लेष

1. **अनुप्रास अलंकार:** जब एक ही व्यंजन की आवृत्ति हो, तब अनुप्रास अलंकार होता है।

उदाहरण:

1. चारु चन्द्र की चंचल किरणे खेल रही थी जल-थल में।
2. विमल वाणी ने वीणा ली।
3. रघुपति राघव राजा राम।
4. कालिका सी किलकि कलेऊ देती काल को (कालिका सी उपमा अलंकार)।
5. कल कानन कुंडल मोर पखा उर पै बनमाल, बिराजति है।
6. कालिन्दी कूल कदम्ब की डारिन।
7. तरनि तनुजा तट तमाल तरूवर बहु छाये।
8. प्रतिभट कटक कटीले केते काटि काटि।
9. बरसत बारिद बूँद गहि।
10. चमक गई चपला चम चम।
11. मुदित महीपति मन्दिर आए। सेवक सचिव सुमन्त बुलाए।
12. कूकि - कूकि केकी -कलित कुंजन करत कलोल।
13. रावनु रथी विरथ रघुवीरा।

2. **यमक अलंकार:** जब एक ही शब्द बार-बार आए लेकिन अर्थ भिन्न-भिन्न हों, तब यमक अलंकार होता है।

उदाहरण:

1. कनक - कनक से सौ गुनी मादकता अधिकाय।
2. माला फेरत जुग भया मिटा न मनका फेर। कर का मनका डारि के मन का मनका फेर।
3. तीन बेर खाती थी तीन बेर खाती है।
4. कहे कवि बेनी बेनी व्याल की चुराई लीनी।
5. काली घटा का घमण्ड घटा।
6. पच्छी परछीने ऐसे पर परछीने बीर, तेरी बरछी ने बर छीने खलन के।
7. रती - रती सोभा सब रति के सरीर की।
8. वह बाँसुरी की धुनि कानि परे कुल कानि हियो तजि भाजति है।
9. जगती जगती की भूख-प्यास।

3. **श्लेष अलंकार:** श्लेष का अर्थ है चिपका हुआ। जब एक शब्द के दो या दो से अधिक अर्थ निकले तो श्लेष अलंकार होता है।

उदाहरण:

1. मंगन को देख पट बार बार है। 'पट' के दो अर्थ हैं।
   (i) वस्त्र (ii) दरवाजा।
2. रहिमन पानी राखिए बिन पानी सब सून। पानी गए न ऊबरे मोती मानुष चून। 'पानी' के अर्थ हैं:
   (i) चमक (ii) जल
   (iii) इज्जत
3. हे प्रभो ! हमें दो जीवन दान। यहाँ 'जीवन' शब्द के अर्थ हैं:
   (i) पानी (ii) उम्र।
4. विपुल धन अनेकों रत्न हो साथ लायें। प्रियतम बता दो लाल मेरा कहां है। यहाँ 'लाल' शब्द के अर्थ हैं:
   (i) पुत्र (ii) रत्न।
5. चिरजीवी जोरी जुरै क्यों न सनेह गंभीर।
   को घटि, ऐ वृषभानूजा वे हलधर के बीर। यहाँ 'वृषभानूजा' के अर्थ हैं:
   (i) वृषभ की पुत्री (राधा) (ii) बैल की बहन (गाय)।
6. मेरी भव बाधा हरौ राधा नागरि सोई।
   जा तन की झाँई परय् स्याम हरित द्रुति होई। यहाँ 'स्याम' के अर्थ:
   (i) साँवला (ii) कृष्ण।

'विचार' शब्द में 'इक' प्रत्यय लगने से बनेगा।

- वैचारिक

CTET Ist Paper (I-V) भाषा - II Dec 2018

'हरित' के अर्थ:

(i) हरा रंग (ii) हरे-भरे (प्रसन्न)

7. या अनुरागी चित की गति समुझे नहीं कोई।
ज्यों-ज्यों बूड़े स्याम रंग, त्यों-त्यों उज्जवलु होई। यहाँ 'स्याम' शब्द के दो अर्थ हैं:

(i) साँवला (ii) श्याम

(ख) अर्थालंकार: उत्प्रेक्षा, उपमा, रूपक, अतिशयोक्ति अन्योक्ति, मानवीकरण।

1. उत्प्रेक्षा अलंकार: जहाँ समानता के कारण, उपमेय में उपमान की संभावना या कल्पना की जाए। 'मानो, मनहु, जानो, जनु, जनहु' इसके बोधक शब्द हैं।

उदाहरण:

1. कहती हुई यों उत्तरा के नेत्र जल से भर गए। हिम के कणों से पूर्ण मानो हो गए पंकज नए।
2. उस काल मारे क्रोध के तन काँपने उनका लगा मानो हवा के जोर से सोता हुआ सागर जगा।
3. सोहत ओढे पीत पट स्याम सलोने गात, मनो नीलमणि शैल पर आतप परयो प्रभात।
4. सिर फट गया उसका वहीं मानो अरुण रंग का घड़ा।
5. ले चला साथ मैं तुझे कनक ज्यों भिक्षुक लेकर स्वर्ण झनक।

2. उपमा अलंकार: जहाँ एक वस्तु या प्राणी की तुलना अत्यन्त सादृश्य के कारण प्रसिद्ध वस्तु या प्राणी से की जाए, वहाँ उपमा अलंकार होता है। इसमें प्रायः वाचक शब्द 'सा, सी, से, समान, सरिस', आदि देखने को मिलते हैं।

उदाहरण:

1. हाय फूल - सी कोमल बच्ची हुई राख की थी ढेरी।
2. यह देखिए, अरविन्द से शिशुवृंद कैसे सो रहे।
3. नदियाँ जिनकी यशधारा सी बहती हैं अब भी निशि - वासर।
4. मखमल के झूले पड़े हाथी सा टीला।
5. पीपर पात सरिस मन डोला
6. तब तो बहता समय शिला सा जम जाएगा।
7. निर्मल तेरा नीर अमृत के सम उत्तम है।
8. सिन्धु सा विस्तृत और अथाह एक निर्वासित का उत्साह
9. नभ मंडल छाया मरुस्थल सा दल बाँध के अंधड़ आवे चला।
10. चँवर सदृश डोल रहे सरसों के सर अनन्त।

3. रूपक अलंकार: जहाँ गुण की अत्यन्त समानता के कारण उपमेय में उपमान का अभेद आरोपण हो वहाँ रूपक अलंकार होता है। इसमें अर्थ करने पर रूपी शब्द का प्रयोग होता है।

उदाहरण:

1. मैया मैं तो चन्द्र - खिलौना लेहों।
2. चरण - कमल बन्दौ हरिराई।
3. वन शारदी चन्द्रिका - चादर ओढे।
4. राम नाम मनि - दीप धरू जीह- देहरी द्वार।
5. अए महन्त वसंत।
6. दुख है जीवन - तरु के मूल।

4. अतिशयोक्ति अलंकार: जहाँ बात को बहुत अधिक बढ़ा-चढ़ाकर कहा जाए, वहाँ अतिशयोक्ति अलंकार होता है।

उदाहरण:

1. पानी परात को हाथ छुओ नहीं नैनन के जल सौं पग धोए।
2. आगे नदिया पड़ी अपार घोड़ा कैसे उतरे पार। जब तक राणा ने सोचा इस पार तब तक चेतक था उस पार।
3. वह शर इधर गांडीव गुण से भिन्न जैसे ही हुआ। धड़ से जयद्रथ का उधर सिर छिन्न वैसे ही हुआ।
4. हनुमान की पूंछ में लगन न पाई आग, लंका सिगरी जल गए निसाचर भाग।
5. देख लो साकेत नगर है यही, स्वर्ग से मिलने गगन को जा रही।

5. अन्योक्ति अलंकार: जहाँ उपमान के माध्यम से उपमेय का वर्णन हो। उपमान अप्रस्तुत एवं उपमेय प्रस्तुत होता है, अप्रस्तुत प्रशंसा भी कहते हैं।

उदाहरण:

1. जिनं दिन देखे वे कुसुम गई सु बीती बहार। अब अति रही गुलाब में अपट कंटीली डार।
2. माली आवत देखकर कलियाँ करिहैं पुकार, फूलि - फूलि चुनि लियो काल्ह हमारी बार।

'ग्रामीण, सामाजिक, युवा' आदि शब्द हैं-

- विशेषण

CTET IInd Paper (VI-VIII) भाषा - II 2018

3. खोता कुछ भी नहीं यहाँ पर केवल जिल्द बदली पोथी।
4. करि फुलेल को आचमन, मीठो कहत सराहि। ऐ गंधी मतिमंद तू अतर दिखावत काहि।
5. नहीं पराग नहिं मधुर मधु, नहिं विकास इति काल। अलि कली ही सौं बिन्ध्यो, आगे कौन हवाल।

6. **मानवीकरण अलंकार:** जहाँ जड़ प्रकृति पर मानवीय भावनाओं तथा क्रियाओं का आरोप हो, वहाँ मानवीकरण अलंकार होता है।

उदाहरण:

1. लो यह लतिका भी भर लाई, मधु मुकुल नवल रस गागरी।
2. दिवावसान का समय, मेघमय आसमान से उतर रही, संध्या सुन्दरी परी सी धीरे-धीरे।
3. आए महन्त बसन्त।
4. मेघ आए बड़े बन-ठन के सँवर के।
5. धीरे- धीरे उतर क्षितिज से आ वसन्त रजनी।

अपना परीक्षण करें

1. अलंकार का शाब्दिक अर्थ बताइये?
(a) रस (b) आभूषण
(c) भावानुभूति (d) श्रृंगार

2. मुदित महीपति मंदिर आए, सेवक सचिव सुमंत बुलाए, में कौन-सा अलंकार है।
(a) उत्प्रेक्षा अलंकार (b) उपमा अलंकार
(c) अनुप्रास अलंकार (d) यमक अलंकार

3. 'चरण - कमल बन्दौ हरिराई' में कौन-सा अलंकार है।
(a) उपमा अलंकार
(b) रूपक अलंकार
(c) श्लेष अलंकार
(d) अतिशयोक्ति अलंकार

4. 'या मुरली मुरलीधर की अधरान धरौ अधरा न धरौगी' में कौन सा अलंकार है।
(a) रूपक अलंकार (b) यमक अलंकार
(c) उपमा अलंकार (d) उत्प्रेक्षा अलंकार

5. कौन-सा विकल्प रूपक अलंकार से संबंधित है?
(a) उपमेय उपमान की समानता से
(b) उपमेय उपमान के अभेद में
(c) उपमेय से उपमान की हीनता में
(d) उपमेय में उपमान की संभावना से

6. 'माला फेरत जुग गया, गया न मनका फेर। 'कर का मनका डारि के, मन का मनका फेर में कौन-सा अलंकार है?
(a) अनुप्रास अलंकार (b) यमक अलंकार
(c) श्लेष अलंकार (d) वक्रोक्ति अलंकार

7. 'पानी परात को हाथ छुओ नाहि नैनन ही जल सौ पग धोए' में कौन सा अलंकार है?
(a) उत्प्रेक्षा अलंकार (b) रूपक अलंकार
(c) मानवीकरण अलंकार (d) अतिशयोक्ति अलंकार

8. 'कहती हुई यो उत्तरा के नेत्र जल से भर गये'। हिम के कणों से पूर्ण मानों हो गये पंकज नये॥ में कौन-सा अलंकार है।
(a) रूपक अलंकार (b) अनुप्रास अलंकार
(c) उत्प्रेक्षा अलंकार (d) उपमा अलंकार

9. 'बीती विभावरी जागू री
अम्बर- पनघट पर डुबो रही
तारा-घट उषा नागरी'
में कौन-सा अलंकार है?
(a) अनुप्रास अलंकार (b) श्लेष अलंकार
(c) रूपक अलंकार (d) उपमा अलंकार

'आकर्षण' का विलोम शब्द है-

- विकर्षण

CTET IInd Paper (VI-VIII) भाषा-1 Sep. 2016

10. 'दिवस का अवसान समीप था,
गगन था कुछ लोहित हो चला
मेघमय आसमान में उतर रही थी
सुन्दरी परी सी धीरे - धीरे में कौन-सा अलंकार है।
(a) मानवीकरण अलंकार (b) रूपक अलंकार
(c) उत्प्रेक्षा अलंकार (d) श्लेष अलंकार

11. 'चिर जीवै जोरि जुरे क्यों न स्नेह गंभीर '
को घटि ये वृषभानुजा वे हलधर के वीर ॥ में कौन-सा अंलकार है।
(a) अनुप्रास अलंकार (b) रूपक अलंकार
(c) श्लेष अलंकार (d) उत्प्रेक्षा अलंकार

12. एक कबूतर देखा हाथ में में पूछा कहाँ अपर है।
उसने कहा अपर कैसा वह उड़ गया सपर है।, में कौन-सा अलंकार है।
(a) अनुप्रास अलंकार (b) यमक अलंकार
(c) श्लेष अलंकार (d) वक्रोक्ति अलंकार

13. रहिमन पानी राखिए बिन पानी सब सून
पानी गये न उभरै मोती मानस चून।
में कौन-सा अलंकार है।
(a) अनुप्रास अलंकार (b) श्लेष अलंकार
(c) उत्प्रेक्षा अलंकार (d) रूपक अलंकार

14. 'पीपर - पात सरिस मन डोला' में कौन-सा अंलकार है।
(a) उत्प्रेक्षा अलंकार (b) उपमा अलंकार
(c) रूपक अलंकार (d) अतिश्योक्ति अलंकार

15. 'हाय फूल - सी कोमल बच्ची हुई राख की थी ढेरी' में कौन-सा अलंकार है?
(a) उत्प्रेक्षा अलंकार (b) उपमा अलंकार
(c) रूपक अलंकार (d) अतिश्योक्ति अलंकार

16. 'कनक - कनक ते सौ गुनि, मादकता अधिकाय।'।
या खाये बौराये जग वा पाये बौराये ॥
में कौन-सा अंलकार है?
(a) अनुप्रास अलंकार (b) यमक अलंकार
(c) श्लेष अलंकार (d) उपमा अलंकार

17. 'केशव का सिह दहाड़ उठा
मानो पहाड़ चिघाड़ उठा'
में कौन-सा अंलकार है?
(a) रूपक अलंकार (b) उत्प्रेक्षा अलंकार
(c) अतिश्योक्ति अलंकार (d) उपमा अलंकार

18. वह शर इधर गांडीव गुण से भिन्न जैसे ही हुआ।
धड़ से जयद्रथ का उधर सिर छिन्न वैसा ही हुआ।
(a) अतिशयोक्ति अलंकार (b) मानवीकरण अलंकार
(c) उत्प्रेक्षा अलंकार (d) उपमा अलंकार

19. 'कालिन्दी कल कदम्ब की डारन' में कौन-सा अंलकार है।
(a) अनुप्रास अलंकार (b) रूपक अलंकार
(c) उपमा अलंकार (d) श्लेष अलंकार

20. उपमेय में उपमान की संभावना होने पर कौन-सा अलंकार होता है?
(a) उत्प्रेक्षा (b) संदेह
(c) रूपक (d) उपर्युक्त सभी

ANSWER KEY

1.	(b)	2.	(c)	3.	(b)	4.	(b)	5.	(b)	6.	(b)	7.	(d)
8.	(c)	9.	(c)	10.	(a)	11.	(c)	12.	(d)	13.	(b)	14.	(b)
15.	(b)	16.	(b)	17.	(b)	18.	(a)	19.	(a)	20.	(a)		

'गाँठ बाँधना' का अर्थ है-

- मन में रखना

CTET IInd Paper (VI-VIII) भाषा-1 Sep. 2016

6 उपसर्ग

उपसर्ग उस शब्दांश या अव्यय को कहते है, जो किसी शब्द के पहले आकर उसका विशेष अर्थ प्रकट करता है।उपसर्गों का स्वतन्त्र अस्तित्व न होते हुए भी वे अन्य शब्दों के साथ मिलाकर उनके एक विशेष अर्थ का बोध कराते हैं।

उप' का अर्थ 'समीप', 'निकट' या 'पास में' है। 'सर्ग' का अर्थ है सृष्टि करना। 'उपसर्ग' का अर्थ है पास में बैठाकर दूसरा नया अर्थवाला शब्द बनाना। उपसर्ग का अर्थ है – किसी शब्द के समीप आकार नया शब्द बनाना। जो शब्दों के आदि में जुड़कर उनके अर्थ में कुछ विशेषता लाते हैं, वे उपसर्ग कहलाते हैं।

(a) हार' के पहले 'प्र' उपसर्ग लगा दिया गया, तो एक नया शब्द 'प्रहार' बन गया, जिसका नया अर्थ हुआ 'मारना'

(b) यत्न' के पहले 'प्र' उपसर्ग लगा दिया गया तो एक नया शब्द 'प्रयत्न' बन गया। इस नए शब्द का अर्थ होगा प्रयास करना।

(c) अन' उपसर्ग 'बन' शब्द के पहले रख देने से एक शब्द 'अनबन 'बनता है, जिसका विशेष अर्थ 'मनमुटाव' है।

(d) भ्रमण' शब्द के पहले 'परि' उपसर्ग लगाने से अर्थ में अन्तर न होकर तेजी आयी। कभी-कभी उपसर्ग के प्रयोग से शब्द का बिलकुल उल्टा अर्थ निकलता है।

उपसर्ग के प्रकार

उपसर्ग के भेद

- संस्कृत के उपसर्ग
- हिन्दी के उपसर्ग
- अरबी-फारसी या उर्दू के उपसर्ग
- अंग्रेज़ी के उपसर्ग
- उपसर्ग के समान प्रयुक्त होने वाले संस्कृत के अव्यय

संस्कृत के उपसर्ग (तत्सम उपसर्ग)

उपसर्ग	उपसर्ग से बने शब्द
अति	अतिकाल, अत्याचार, अतिकर्मण, अतिरिक्त, अतिशय, अत्यन्त, अत्युक्ति, अतिक्रमण, इत्यादि
अधि	अधिकरण, अधिकार, अधिराज, अध्यात्म, अध्यक्ष, अधिपति इत्यादि।
अप	अपकार, अपमान, अपशब्द, अपराध, अपहरण, अपकीर्ति, अपप्रयोग, अपव्यय, अपवाद इत्यादि।
अ	अज्ञान, अधर्म, अस्वीकार इत्यादि।
अनु	अनुशासन, अनुज, अनुपात, अनुवाद, अनुचर, अनुकरण, अनुरूप, अनुस्वार, अनुशीलन इत्यादि।
आ	आकाश, आदान, आजीवन, आगमन, आरम्भ, आचरण, आमुख, आकर्षण, आरोहण इत्यादि।
अव	अवगत, अवलोकन, अवनत, अवस्था, अवसान, अवज्ञा, अवरोहण, अवतार, अवनति, अवशेष, इत्यादि।
उप	उपकार, उपकूल, उपनिवेश, उपदेश, उपस्थिति, उपवन, उपनाम, उपासना, उपभेद इत्यादि।
नि	निदर्शन, निपात, नियुक्त, निवास, निरूपण, निवारण, निम्र, निषेध, निरोध, निदान, निबन्ध इत्यादि।
निर्	निर्वास, निराकरण, निर्भय, निरपराध, निर्वाह, निर्दोष, निर्जीव, निरोग, निर्मल इत्यादि।
परा	पराजय, पराक्रम, पराभव, परामर्श, पराभूत इत्यादि।
परि	परिक्रमा, परिजन, परिणाम, परिधि, परिपूर्ण इत्यादि।
प्र	प्रकाश, प्रख्यात, प्रचार, प्रबल, प्रभु, प्रयोग, प्रगति, प्रसार, प्रयास इत्यादि।

'पीठ में छुरा भोंकना' का अर्थ है-

- विश्वासघात करना

CTET Ist Paper (I-V) भाषा-1 Sep. 2016

प्रति	प्रतिक्षण, प्रतिनिधि, प्रतिकार, प्रत्येक, प्रतिदान, प्रतिकूल, प्रत्यक्ष इत्यादि।
वि	विकास, विज्ञान, विदेश, विधवा, विवाद, विशेष, विस्मरण, विराम, वियोग, विभाग, विकार, विमुख, विनय, विनाश इत्यादि।
सम्	संकल्प, संग्रह, सन्तोष, संन्यास, संयोग, संस्कार, संरक्षण, संहार, सम्मेलन, संस्कृत, सम्मुख, संग्राम इत्यादि।
सु	सुकृत, सुगम, सुलभ, सुदूर, स्वागत, सुयश, सुभाषित, सुवास, सुजन इत्यादि।
अध	अधजला, अधपका, अधखिला, अधमरा, अधसेरा इत्यादि।
अ-अन	अमोल, अपढ़, अजान, अथाह, अलग, अनमोल, अनजान इत्यादि।
उन	उन्नीस, उनतीस, उनचास, उनसठ, उनहत्तर इत्यादि।
औ	औगुन, औघट, औसर, औढर इत्यादि।
दु	दुकाल, दुबला इत्यादि।
नि	निकम्मा, निखरा, निडर, निहत्था, निगोड़ा इत्यादि।
बिन	बिनजाना, बिनब्याहा, बिनबोया, बिनदेखा, बिनखाया, बिनचखा, बिनकाम इत्यादि।
भर	भरपेट, भरसक, भरपूर, भरदिन इत्यादि।
कु-क	कुखेत, कुपात्र, कुकाठ, कपूत, कुढंग इत्यादि।

हिन्दी के उपसर्ग (तद्भव उपसर्ग)

उपसर्ग	उपसर्ग से बने शब्द
अन	अनमोल, अलग, अनजान, अनकहा, अनदेखा इत्यादि।
अध्	अधजला, अधखिला, अधपका, अधकचरा, अधकच्चा, अधमरा इत्यादि।
उन	उनतीस, उनचास, उनसठ, इत्यादि।
भर	भरपेट, भरपूर, भरदिन इत्यादि।
दु	दुबला, दुर्जन, दुर्बल, दुकाल इत्यादि।
नि	निगोड़ा, निडर, निकम्मा इत्यादि।
अ	अछूता, अथाह, अटल

क	कपूत, कचोट
कु	कुचाल, कुचैला, कुचक्र
अव	औगुन, औघर, औसर, औसान
भर	भरपेट, भरपूर, भरसक, भरमार
सु	सुडौल, सुजान, सुघड़, सुफल
पर	परलोक, परोपकार, परसर्ग, परहित
बिन	बिनब्याहा, बिनबादल, बिनपाए, बिनजाने

अरबी-फारसी या उर्दू के उपसर्ग (आगत उपसर्ग)

उपसर्ग	उपसर्ग से बने शब्द
ला	लाचार, लाजवाब, लापरवाह, लापता इत्यादि।
बद	बदसूरत, बदनाम, बददिमाग, बदमाश, बदकिस्मत इत्यादि।
बे	बेकाम, बेअसर, बेरहम, बेईमान, बेरहम इत्यादि।
कम	कमसिन, कामखयाल, कमज़ोर, कमदिमाग, कमजात, इत्यादि।
ग़ैर	गैरकानूनी, गैरजरूरी, ग़ैर हाज़िर, गैर सरकारी, इत्यादि।
खुश	खुशनुमा, खुशगवार, खुशमिज़ाज, खुशबू, खुशदिल, खुशहाल इत्यादि।
ना	नाराज, नालायक, नादनामुमकिन, नादान, नापसन्द, नादान इत्यादि।
अल	अलबत्ता, अलगरज आदि।
बर	बरखास्त, बरदाश्त, बरवक्त इत्यादि।
बिल	बिलआखिर, बिलकुल, बिलवजह

अंग्रेज़ी के उपसर्ग

उपसर्ग	उपसर्ग से बने शब्द
सब	सब-जज, सब-कमेटी, सब-इंस्पेक्टर
डिप्टी	डिप्टी-कलेक्टर, डिप्टी-रजिस्ट्रार, डिप्टी-मिनिस्टर

'माँग का सिंदूर पुँछ जाना' मुहावरे का अर्थ है-

- विधवा हो जाना

CTET Ist Paper (I-V) भाषा-1 Sep. 2016

वाइस	वाइसराय, वाइस-चांसलर, वाइस-पप्रेसीडेंट
जनरल	जनरल मैनेजर, जनरल सेक्रेटरी
चीफ	चीफ-मिनिस्टर, चीफ-इंजीनियर, चीफ-सेक्रेटरी
हेड	हेडमास्टर, हेड क्लर्क

उपसर्ग के समान प्रयुक्त होने वाले संस्कृत के अव्यय (उपसर्गवत्)

उपसर्ग	उपसर्ग से बने शब्द
अधः	अधःपतन, अधोगति, अधोमुखी, अधोलिखित
अंतः	अंतःकरण, अंतःपुर, अंतर्मन, अंतर्देशीय
अ	अशोक, अकाल, अनीति, अधर्म, अज्ञान, अनीति
चिर	चिरंजीवी, चिरकुमार, चिरकाल, चिरायु
पुनर	पुनर्जन्म, पुनर्लेखन, पुनर्जीवन, पुनर्निर्माण, पुनरागमन
बहिर	बहिर्गमन, बहिर्जगत, बहिष्कार, बहिर्द्वार
सत	सज्जन, सत्कर्म, सदाचार, सत्कार्य
पुरा	पुरातत्व, पुरावृत्त
सम	समकालीन, समदर्शी, समकोण, समकालिक
सह	सहकार, सहपाठी, सहयोगी, सहचर
अन	अनर्थ, अनंत
अन्तर	अन्तर्नाद, अन्तर्राष्ट्रीय
का/कु	कापुरुष, कुपुत्र
न	नगण्य, नपुंसक
पुरा	पुरातन, पुरातत्त्व

अपना परीक्षण करें

1. 'संस्कार' शब्द में निम्नलिखित में से कौनसा उपसर्ग है-
(a) सम (b) सम्
(c) सन (d) सन्

2. इनमें से किस शब्द में 'परा' उपसर्ग नहीं है ?
(a) पराधीन (b) परामर्श
(c) पराभव (d) पराजय

3. 'अति' उपसर्ग से बना हुआ शब्द नहीं है?
(a) अतिक्रमण (b) अत्याचार
(c) अतिथि (d) अतिरिक्त

4. 'अव' उपसर्ग का प्रयोग किस अर्थ में नहीं होता।
(a) पास (b) बुरा
(c) हीन (d) नीचे

5. किस विकल्प में उपसर्ग से रहित शब्द है?
(a) पराजय, पराभव, परायण
(b) अकाल, अथल, अपढ़
(c) कुघड़ी, कुपुत्र, कुठौर
(d) दुश्चिन्ता, दुष्कर्म, दुस्साहस

6. 'अनु' उपसर्ग का उदाहरण है?
(a) अनूदित
(b) अनुदार
(c) अनुचित अ)
(d) अनुपयुक्त (अन+ उपयुक्त

7. शब्दारम्भ में उपसर्ग नहीं है?
(a) स्वागत (b) अभ्यागत
(c) क्रमागत (d) आगत

8. 'स' उपसर्ग से निर्मित शब्द नहीं है?
(a) सोदाहरण (b) सोल्लास
(c) सहानुभूति (d) सहित

9. 'निर्निमेष' शब्द में कौनसा उपसर्ग है?
(a) नि (b) निर्
(c) निः (d) निस

"सावन सिर पर था और बादल लापता।" वाक्य है?

- संयुक्त

CTET Ist Paper (I-V) भाषा-1 Sep. 2016

10. 'आचार' शब्द में 'अति' उपसर्ग जोड़ने पर नया शब्द बनेगा?

(a) अतिचार (b) अतिआचार
(c) अत्याचार (d) आत्यचर

11. 'परा' उपसर्ग किस शब्द में नहीं है?

(a) पराक्रम (b) पराजय
(c) परोपकार (d) पराभव

12. 'अति' उपसर्ग किस शब्द में नहीं है?

(a) अतिथी (b) अतिसार
(c) अतिशय (d) अतिरेक

13. 'अव' उपसर्ग का प्रयोग किस अर्थ में नहीं होता?

(a) बुरा (b) पास
(c) हीन (d) नीचे

14. 'प्रति' उपसर्ग से कौनसा शब्द बना है?

(a) प्रयत्न (b) प्रबल
(c) प्रत्यक्ष (d) पराजय

15. निम्नलिखित शब्दों में उपसर्गरहित शब्द है ?

(a) व्याकुल (b) अक्षि
(c) प्रखर (c) प्रतीक्षा

16. इनमें से किस शब्द में 'ना' उपसर्ग नहीं जुड़ा हुआ है?

(a) नाजुक (b) नाखुश
(c) नालायक (d) नापसंद

17. 'अप' उपसर्ग किस शब्द में नहीं है?

(a) अपोह (b) अपास्त
(c) अपेक्षित (d) अपरिहार्य

18. इनमें से किस शब्द में उपसर्ग नहीं है?

(a) औसर (b) संकल्प
(c) अनार (d) उनसठ

19. निम्न में से किस शब्द में उपसर्ग और प्रत्यय दोनों जुड़े हुए हैं?

(a) अलौकिक (b) अभिज्ञ
(c) सौंदर्य (d) लाघव

20. किस शब्द में 'अति' उपसर्ग लगा है?

(a) अत्युत्तम (b) अन्तर्यामी
(c) अध्यापक (d) अभ्युदय

ANSWER KEY

1.	B	2.	A	3.	C	4.	A	5.	A	6.	A	7.	C
8.	C	9.	B	10.	C	11.	C	12.	A	13.	B	14.	C
15.	B	16.	A	17.	D	18.	C	19.	A	20.	A		

'छोटा मुँह बड़ी बात' मुहावरे का अर्थ है

- छोटा होकर भी बड़ी-बड़ी बातें कहना

CTET-I-Paper (I-V) भाषा-2 Feb. 2016

7 प्रत्यय

प्रत्यय वे शब्द होते हैं जो दूसरे शब्दों के अन्त में जुड़कर, अपनी प्रकृति के अनुसार, शब्द के अर्थ में परिवर्तन कर देते हैं।

प्रत्यय' दो शब्दों से बना है – प्रति + अय। 'प्रति' का अर्थ है 'साथ में, पर बाद में; जबकि 'अय' का अर्थ 'चलने वाला' है। इस प्रकार प्रत्यय का अर्थ हुआ – शब्दों के साथ, पर बाद में चलनेवाला या लगनेवाला शब्दांश।

हिन्दी प्रत्यय

हिन्दी के भी अनेक प्रत्ययों को प्रयोग किया जाता है।

जैसे : अन, अ, आ, आई, आलू, अक्कड़, आवनी, आड़ी, आक, अंत, आनी, आप, अंकु, आका, आकू, आन, आपा, आव, आवट, आवना, आवा, आस, आहट, इया, इयल, ई, एरा, ऐया, ऐत, ओडा, आड़े, औता, औती, औना, औनी, औटा, औटी, औवल, ऊ, उक, क, का, की, गी, त, ता, ती, न्ती, न, ना, नी, वन, वाँ, वट, वैया, वाला, सार, हार, हारा, हा, हट, इत्यादि।

इतिहास के आधार पर हिन्दी प्रत्ययों को चार वर्गों में विभाजित किया जाता है

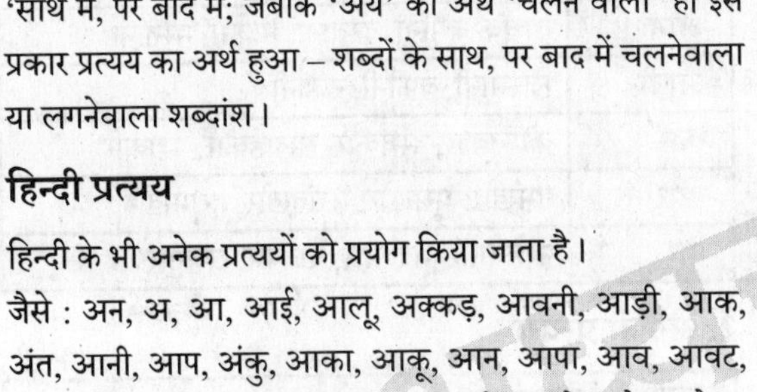

1. तत्सम प्रत्यय

प्रत्यय	उदाहरण
-आ	आदरणीया, प्रिया, माननीया, सुता, इच्छा, पूजा
-आनी	देवरानी, भवानी, मेहतरानी
-आलु	कृपालु, दयालु, निद्रालु, श्रद्धालु
-इत	पल्लवित, पुष्पित, फलित, हर्षित
-इमा	गरिमा, नीलिमा, मधुरिमा, महिमा
-इक	दैनिक, वैज्ञानिक, वैदिक, लौकिक
-क	घटक, ठंडक, शतक, सप्तक
-कार	पत्रकार, जानकर
-ज	अंडज, जलज, पंकज, पिंडज, देशज, विदेशज
-जीवी	परजीवी, बुद्धिजीवी, लघुजीवी, दीर्घजीवी
-ज्ञ	अज्ञ, मर्मज्ञ, विज्ञ, सर्वज्ञ
-तः	मुख्यतया, विशेषतया, सामान्ततया
-तर	उच्चतर, निम्नतर, सुन्दरतर, श्रेष्ठतर
-तम	उच्चतम, निकृष्टतम, महत्तम, लघुतम
-ता	नवीनता, मधुरता, सुन्दरता
-त्व	कृतित्व, ममत्व, महत्व, सतीत्व
-मान	उच्चतम, निकृष्टतम, महत्तम, लघुतम
-वान	गुणवान, धनवान, बलवान, रूपवान

2. तद्भव प्रत्यय

प्रत्यय	उदाहरण
-अंगड़	बतंगड़
-अंतू	रटंतू, घुमंतू

'विषमता' का विपरीतार्थी है:

- समानता

CTET I-Paper (I-V) भाषा-I, Sept.-2016

-अत	खपत, पढ़त, रंगत, लिखत
-आँध	बिषांध, सराँध
-आ	जोड़ा, फोड़ा, झगड़ा, रगड़ा
-आई	कठिनाई, बुराई, सफाई
-आऊ	खाऊ, टिकाऊ, पंडिताऊ, बिकाऊ
आप/आपा	मिलाप, अपनापा, पुजापा, बुढ़ापा
-आलू	झगड़ालू, दयालु
-आवट	कसावट, बनावट, बिनावट, लिखावट, सजावट
-आस	छपास, प्यास, लिखा, निकास
-इला	चमकीला, पथरीला, शर्मीला
-एरा	चचेरा, फुफेरा, बहुतेरा, ममेरा
-औड़ा/-औड़ी	पकौड़ी, सेवड़ा, रेवड़ी
-त/-ता	चाहत, मिल्लत, आता, खाता, जाता, सोता
-पन	छुटपन, बचपन, बड़प्पन, पागलपन
-वाला	अपनेवाला, ऊपरवाला, खानेवाला, जानेवाला, लालवाला

3. देशज प्रत्यय

प्रत्यय	उदाहरण
-अक्कड़	घुमक्कड़, पियक्कड़, भुलक्कड़
-अड़	अंधड़, भुक्खड़
-आक	खर्राटा, फर्राटा
-इयल	अड़ियल, दढ़ियल, सड़ियल

4. विदेशज प्रत्यय

1. अरबी फारसी प्रत्यय

प्रत्यय	उदाहरण
-आ	सफेदा, खराबा
-आना	वाचक जुर्माना, दस्ताना, मर्दाना, मस्ताना
-आनी	जिस्मानी, बर्फ़ानी, रूहानी
-कार	काश्तकार, दस्तकार, सलाहकार, पेशकार
-खोर	गमखोर, घूसखोर, रिश्वतखोर, हरामखोर
-गार	परहेजगार, मददगार, यादगार, रोजगार

2. अंगेजी प्रत्यय

प्रत्यय	उदाहरण
-इज्म	कम्युनिज्म, बुद्धिज्म, सोशलिज्म
-इस्ट	कम्युनिस्ट, बुद्धिस्ट, सोशलिष्ट

अपना परीक्षण करें

1. कौनसे शब्द में 'अनीय' प्रत्यय का सही प्रयोग नहीं है?

(a) नमनीय (b) पूज्यनीय

(b) चिन्तनीय (d) पठनीय

2. ई' प्रत्यय में कौनसा शब्द नहीं बना है- ?

(a) लिखाई (b) सुनवाई

(c) पंडिताई (d) पिटाई

3. इनमें से किस शब्द में उपसर्ग और प्रत्यय दोनों एक साथ प्रयुक्त हुए है?

(a) वीरता (b) मानवता

(c) अश्लीलता (d) कायरता

4. किस क्रमांक में मूल शब्द और प्रत्यय सही-सही अलग है?

(a) लुटेरा – लुट + एरा

(c) खिवेया- खेना + वैया

(b) बचपन – बच + पन

(d) लड़ाकू – लड़ + आकू

'अल्पता' शब्द है:

- तत्सम

CTET I-Paper (I-V) भाषा-1, Sept.-2016

5. 'लालिमा' में मूल शब्द व प्रत्यय है?
(a) लाली+ईमा (b) लाली+मा
(c) लाल+ईमा (d) लाल+इमा

6. इनमें से किस शब्द में विदेशी प्रत्यय का प्रयोग हुआ है?
(a) जादूगर (b) लुटिया
(c) शौर्य (d) लड़कपन

7. 'कार' प्रत्यय से निर्मित नहीं है?
(a) तक्षकार (b) कुंभकार
(c) कलाकार (d) बेकार

8. किस शब्द में प्रत्यय है?
(a) खुशहाल (b) बेहाल
(c) ननिहाल (d) बहाल

9. निम्नलिखित में से किस वर्ग के सभी शब्दों में प्रत्ययों का प्रयोग हुआ है?
(a) बेघर, इतिवृत्त (b) माधुर्य, भागिनेय
(c) भरपेट, लाजबाव (d) बदमिजाज, तदनन्तर

10. कौन-से शब्द में 'इक' प्रत्यय का सही प्रयोग नहीं है?
(a) आनुषंगिक (b) राजनीतिक
(c) आनुवांशिक (d) हार्दिक

11. किस शब्द में 'गार' प्रत्यय है?
(a) सभागार (b) यादगार
(c) स्नानागार (d) कारागार

12. किस शब्द में तद्धित प्रत्यय है?
(a) पछतावा (b) कोचवान
(c) धरती (d) घुमाव

13. 'वस्तुतः' शब्द में प्रत्यय है-
(a) त (b) त्
(c) तः (d) ती

14. 'आवट' प्रत्यय कहां अशुद्ध है?
(a) सजावट (b) ठगावट
(c) मिलावट (d) थकावट

15. 'घबराहट' शब्द में कौन सा प्रत्यय है?
(a) आहट (b) हट
(c) राहट (d) ट

16. 'आवट' प्रत्यय से कौनसा शब्द नहीं बना है?
(a) रूकावट (b) तरावट
(c) गुर्राहट (d) सजावट

17. किस क्रम में क्रिया बोधक कृत प्रत्यय है?
(a) चलता हुआ (b) कथनीय
(c) कुम्हार (d) मध्यांतर

18. 'नवीन' में मूल शब्द व प्रत्यय है?
(a) नवी+न (b) नया+ईन
(c) नव+ईन (d) न+वीन

19. इनमें से किस शब्द में 'गार' प्रत्यय नहीं है?
(a) उद्गार (उ द् गा र) (b) मददगार
(c) यादगार (d) गुनहगार

20. किस शब्द में 'आल' प्रत्यय नहीं है?
(a) ससुराल (b) तिरपाल
(c) ननिहाल (d) ददिहाल

ANSWER KEY

1.	B	2.	B	3.	C	4.	D	5.	D	6.	A	7.	D
8.	C	9.	B	10.	C	11.	B	12.	B	13.	C	14.	B
15.	A	16.	C	17.	A	18.	C	19.	A	20.	B		

'महत्वाकांक्षा' किन शब्दों से मिलकर बना है?

- महत्त्व + आकांक्षा

CTET Ist Paper (I-V) भाषा-1 Sep. 2015

इतनी पुस्तक पढ़ने के बाद मेरी समझ...

'रात भर'कौन सा क्रियाविशेषण शब्द है।

- कालवाचक

CTET भाषा 21 Dec 2021

8 पर्यायवाची शब्द

शब्द	पर्यायवाची शब्द
अग्नि	आग, ज्वाला, दहन, वैश्वानर, वायुसखा, अनल, पावक, वहनि।
असुर	निशिचर, रजनीचर, दैत्य, तमचर, राक्षस, निशाचर, दानव, रात्रिचर।
अलंकार	आभूषण, भूषण, विभूषण, गहना, जेवर।
अहंकार	गर्व, अभिमान, घमंड, मान।
अंधकार	तम, तिमिर, तमिस्र, अँधेरा, तमस, अंधियारा।
अंग	अंश, अवयव, हिस्सा, भाग।
अनादर	अपमान, अवज्ञा, अवहेलना, तिरस्कार।
अंकुश	नियंत्रण, पाबंदी, रोक, दबाव।
अंतर	भिन्नता, असमानता, भेद, फर्क।
अंतरिक्ष	खगोल, नभमंडल, गगनमंडल, आकाशमंडल।
भाई	तात, अनुज, अग्रज, भ्राता, भ्रातृ।
अंबर	आकाश, आसमान, गगन, फलक, नभ।
अटल	अविचल, अडिग, स्थिर, अचल।
अनमोल	अमूल्य, बहुमूल्य, बेशकीमती।
अनाथ	तीम, लावारिस, बेसहारा, अनाश्रित।
अनुज	छोटा भाई, अनुभ्राता, कनिष्ठ।
अभद्र	असभ्य, अविनीत, अकुलीन, अशिष्ट।
आँख	लोचन, अक्षि, नैन, नयन, नेत्र, चक्षु, दृष्टि।
आईना	दर्पण, आरसी, शीशा।
आक्रोश	क्रोध, रोष, कोप, खीझ।
आचार्य	शिक्षक, अध्यापक, प्राध्यापक, गुरु।
आरंभ	श्रीगणेश, शुभारंभ, प्रारंभ, शुरुआत।
इंदु	चाँद, चंद्रमा, चंदा, शशि, मयंक, महताब।
ईर्ष्या	विद्वेष, जलन, कुढ़न, ढाह।
उपवन	बाग़, बगीचा, उद्यान, वाटिका, गुलशन।
उषा	सुबह, भोर, ब्रह्ममुहूर्त।
ऋषि	साधु, महात्मा, मुनि, योगी, तपस्वी।
एहसान	कृपा, अनुग्रह, उपकार।
ओंठ	ओष्ठ, अधर, लब, होठ।
ऐश्वर्य	समृद्धि, विभूति।
औरत	स्त्री, जोरू, महिला, नारी, वनिता, घरवाली।
औषधालय	चिकित्सालय, दवाखाना, अस्पताल।
कमल	सरोज, जलज, अब्ज, पंकज, अरविंद, पद्म, कंज, शतदल, अंबुज, सरसिज, नलिन, तामरस, नीरज।
कपड़ा	वस्त्र, चीर, वसन, पट, अम्बर, परिधान।
किसान	कृषक, भूमिपुत्र, हलधर, खेतिहर, अन्नदाता।
कान	कर्ण, श्रुति, श्रुतिपटल, श्रवण।
कमजोर	निर्बल, बलहीन, दुर्बल, मरियल, शक्तिहीन।
कुसुम	पुष्प, फूल, प्रसून, पुहुप।
खग	पक्षी, द्विज, विहग, नभचर, अण्डज, पखेरू।
गृह	घर, सदन, भवन, धाम, निकेतन, निवास, आवास, मंदिर।
गिरि	पहाड़, मेरु, शैल, महीधर, धराधर, भूधर।
गोद	अंक, क्रोड़, गोदी।
चावल	तंदुल, धान, भात।
चूहा	मूसा, मूषक, मुसटा, उंदुर।
जल	मेघपुष्प, अमृत, वारि, नीर, पानी, जीवन, पेय।
जगत	संसार, विश्व, जग, भव, दुनिया, लोक, भुवन।
जमीन	धरती, भू, भूमि, पृथ्वी, धरा, वसुंधरा।

'फिट' और 'इंसान' शब्द है -

- आगत

CTET Ist Paper (I-V) भाषा-1 Feb. 2015

जलाशय	तालाब, ताल, पोखर, सरोवर।
तरुवर	वृक्ष, पेड़, द्रुम, तरु, पादप।
मछली	मीन, मत्स्य, झख, जलजीवन, शफरी।
अंधेरा	तम, तिमिर, अंधकार।
बादल	घन, जलद, जलधर, मेघ, वारिधर, नीरद।
अमृत	सुधा, सोम, पीयूष, अमिय, जीवनोदक।
आँख	नेत्र, दृग, नयन, लोचन, चक्षु, अक्षि, अंबक, दृष्टि, विलोचन।
आकाश	गगन, नभ, आसमान, व्योम, अंबर, धौ, अंतरिक्ष, अनंत।
आनंद	मोदी, प्रमोद, हर्ष, आमोद, सुख, प्रसन्नता, आह्लाद, उल्लास।
अतिथि	अभ्यागत, आगंतुक, पाहुन, मेहमान।
इच्छा	आकांक्षा, चाह, अभिलाषा, कामना, ईप्सा, मनोरथ, स्पृहा, ईहा, वांछा।
ईश्वर	प्रभु, परमेश्वर, भगवान, परमात्मा, जगदीश, अन्तर्यामी।
मनुष्य	मनुज, नर, मानव, मर्त्य, आदमी।
उन्नति	उत्थान, उत्कर्ष, उन्नयन, विकास, वृद्धि, अभ्युदय।
पेड़	वृक्ष, तरु, द्रुम, पादप, विटप, अगम, गाछ।
गंगा	सुरसरि, त्रिपथगा, देवनदी, जाह्नवी, भागीरथी।
गणेश	लंबोदर, एकदंत, मूषकवाहन, गजवदन, गजानन, विनायक, गणपति, विघ्ननाशक, भवानी नंदन, महाकाय, विघ्नराज, मोदकप्रिय, मोददाता।
घर	गृह, निकेतन, भवन, आलय, निवास, गेह, सदन, आगार, आयतन, आवास, निलय, धाम।
घोड़ा	अश्व, हय, तुरंग, वाजी, घोटक, सैंधव, तुरंग।
जंगल	वन, कानन, बीहड़, विटप, विपिन।
जल	वारि, पानी, नीर, सलिल, तोय, उदक, अंबु, जीवन, पय, अमृत, मेघपुष्प।
तालाब	सर, सरोवर, तड़ाग, ह्रद, पुष्कर, जलाशय, पद्माकर।

दुःख	पीड़ा, व्यथा, कष्ट, संकट, शोक, क्लेश, वेदना, यातना, यंत्रणा, खेद।
दूध	दुग्ध, पय, क्षीर, गोरस।
देवता	सुर, अमर, देव, निर्जर, विबुध, त्रिदश, आदित्य, गीर्वाण।
नदी	सरिता, तटिनी, तरंगिणी, निर्झरिणी, आपगा, निम्नगा, कूलंकषा।
पक्षी	विहंग, विहग, खग, पखेरू, परिंदा, चिड़िया, शकुंत, अंडज, पतंग, द्विज।
पहाड़	पर्वत, शैल, नग, भूधर, अंचल, महीधर, गिरि, भूमिधर, तुंग, अद्रि।
पुत्र	बेटा, सुत, तनय, आत्मज, जनज, लड़का, तनुज।
पृथ्वी	धरा, धरती, वसुधा, भूमि, वसुंधरा, भू, इला, धरा, धरत्री, धरणी।
फूल	पुष्प, सुमन, कुसुम, प्रसून।
सिंह	शेर, वनराज, शार्दूल, मृगराज, व्याघ्र, पंचमुख, मृगेंद्र, केशरी, केहरी, केशी, महावीर।
सूर्य	रवि, दिनकर, सूरज, भास्कर, मार्तंड, मरीची, प्रभाकर, सविता, पतंग, दिवाकर, हंस, आदित्य, भानु, अंशुमाली।
सुंदर	रुचिर, चारु, रम्य, सुहावना, मनोहर, रमणीक, चित्ताकर्षक, ललित।
रात्रि	शर्वरी, निशा, रात, रैन, रजनी, यामिनी, त्रियामा, विभावरी, क्षणदा।
हाथी	गज, हस्ती, मतंग, गज, गयन्द, कुंजर, द्विप, करी।
स्त्री	ललना, नारी, कामिनी, रमणी, महिला, वनिता, कांता।
शरीर	देह, तनु, काया, कलेवर, अंग, गात, तन।
समुद्र	सागर, जलधि, सिंधु, रत्नाकर, नीरनिधि, पयोधि, नदीश, नीरधि, वारिधि, अर्णव, उदधि, पयोनिधि, जलधाम, वारीश, पारावार, अब्धि।
शत्रु	रिपु, दुश्मन, अमित्र, वैरी, प्रतिपक्षी, अरि, विपक्षी, अराति।

'अपराध' शब्द है -

- भाववाचक संज्ञा

CTET Ist Paper (I-V) भाषा-1 Feb. 2015

वायु	हवा, समीर, वात, मारुत, अनिल, पवमान, प्रभंजन, प्रवात, समीरण, मातरिश्वा, बयार, पवन।
युद्ध	रण, जंग, लड़ाई, संघर्ष, समर।
सुगंधि	सौरभ, सुरभि, महक, खुशबू।
सोना	स्वर्ण, कंचन, कनक, हेम, कुंदन, तपनीय, महारजत।
अंधकार	तम, तमिस्रा, तिमिर, स्याही, अँधेरा, अंधतमस, तमस, अंधियारा।
उन्नति	विकास, उत्कर्ष, प्रगति, उत्थान, अभ्युदय, वृद्धि।
उपवन	बगीचा, बाग, वाटिका, कुसुमाकर, उद्यान।
किनारा	तट, तीर, कगार।
बसंत	ऋतुराज, मधुमास, माघ।
घमंड	दंभ, अंहकार, गर्व, अभिमान, दर्प, मद।
झंडा	पताका, ध्वजा, ध्वज, केतु, निशान।
तलवार	असि, करवाल, कृपाण, खडग, शायक, चंद्रहास।
अश्व	बाजी, घोडा, घोटक, रविपुत्र, हय, तुरंग, सैंधव, दधिका, सर्ता।
दिन	अहः, दिवस, वासर, दिवा, वार।
पण्डित	सुधी, विद्वान, कोविद, बुध, धीर, मनीषी, प्राज्ञ, विचक्षण।
पक्षी	खग, चिडिया, गगनचर, पखेरू, विहंग, नभचर।
प्रेम	प्यार मोहब्बत, इश्क, अनुराग, प्रणय, स्नेह, अनुरक्ति।

राक्षस	निशाचर, रजनीचर, दनुज, यातुधान, देवारि, निशिचर, असुर, दैत्य, दानव।
पानी	जल, नीर, सलिल, अंबु, अंभ, उदक, तोय, जीवन, वारि, पय, अमृत, मेघपुष्प, पेय, सारंग, शम्बर, धनरस, आब, सर्वमुख।
लक्ष्मी	हरिप्रिया, श्री, इंदिरा, कमला, पद्मा, रमा।
विष्णु	नारायण, दामोदर, पीताम्बर, चक्रपाणी, जनार्दन, मुकुंद, गोविन्द, कमलाकांत, लक्ष्मीपति, उपेन्द्र।
संसार	जग, विश्व, जगत, लोक, दुनिया।
पुत्र	बेटा, आत्मज, वत्स, तनुज, तनय, नंदन, सुत।
ब्रह्मा	अज, विधि, विधाता, प्रजापति, निर्माता, धाता, चतुरानन, प्रजाधिप।
नेत्र	चक्षु, दृग, विलोचन, दृष्टि, अक्षि, आँख, लोचन, नयन।
हाथ	हस्त, कर, बाहु, पाणि, भुज।
सेवक	अनुचर, आश्रित, दास, नौकर, चाकर, परिचारक, भृत्य, किंकर, मुलाजिम, खादिम, टहलुआ, खिदमतगार,खवास, खादिम, मुलाज़िम, गुलाम, किंकर, अर्दली।
पत्थर	पाहन, पाषाण, शिला, शैल, प्रस्तर, उपल, अश्म।
समुद्र	सागर, जलधाम, जलधि, नीरनिधि, उदधि व अब्धि।
कामदेव	मन्मथ, मनोज, काम, मार, कंदर्प, अनंग, मनसिज, रतिनाथ, मीनकेतू, रतिपति, मदन।

अपना परीक्षण करें

1. अग्नि का पर्यायवाची शब्द क्या है?

(a) जल (b) वायु
(c) धरा (d) आग

2. सूर्य का पर्यायवाची शब्द क्या है?

(a) चंद्रमा (b) रवि
(c) तारा (d) शशि

3. गाय का पर्यायवाची शब्द क्या है?

(a) बकरी (b) सिंह
(c) गो (d) अश्व

बुद्धिमानी' शब्द है

- संज्ञा

CTET-I Paper (I-V) भाषा - 2 Feb. 2015

4. राजा का पर्यायवाची शब्द क्या है?
(a) मंत्री (b) जन
(c) शासक (d) कवि

5. पानी का पर्यायवाची शब्द क्या है?
(a) अग्नि (b) जल
(c) पृथ्वी (d) आकाश

6. माता का पर्यायवाची शब्द क्या है?
(a) बुआ (b) बहन
(c) जननी (d) दादी

7. शिक्षक का पर्यायवाची शब्द क्या है?
(a) विद्वान (b) गुरु
(c) लेखक (d) कवि

8. पुस्तक का पर्यायवाची शब्द क्या है?
(a) किताब (b) पेंसिल
(c) कॉपी (d) कलम

9. अंधेरा का पर्यायवाची शब्द क्या है?
(a) प्रकाश (b) दिन
(c) रात्रि (d) तम

10. दुख का पर्यायवाची शब्द क्या है?
(a) पीड़ा (b) खुशी
(c) सुख (d) आनंद

11. सत्य का पर्यायवाची शब्द क्या है?
(a) झूठ (b) माया
(c) सच (d) दोष

12. मनुष्य का पर्यायवाची शब्द क्या है?
(a) पशु (b) प्राणी
(c) मानव (d) जीव

13. धन का पर्यायवाची शब्द क्या है?
(a) पैसा (b) ज्ञान
(c) वस्त्र (d) अन्न

14. प्रकृति का पर्यायवाची शब्द क्या है?
(a) समाज (b) शिक्षा
(c) धरती (d) स्वभाव

15. भोजन का पर्यायवाची शब्द क्या है?
(a) वस्त्र (b) अन्न
(c) जल (d) वायु

16. ज्ञान का पर्यायवाची शब्द क्या है?
(a) बुद्धि (b) धन
(c) भोजन (d) प्रेम

17. घर का पर्यायवाची शब्द क्या है?
(a) मंदिर (b) मकान
(c) स्कूल (d) सड़क

18. बच्चा का पर्यायवाची शब्द क्या है?
(a) बूढ़ा (b) किशोर
(c) शिशु (d) जवान

19. दया का पर्यायवाची शब्द क्या है?
(a) क्रोध (b) अहंकार
(c) करुणा (d) ईर्ष्या

20. वृक्ष का पर्यायवाची शब्द क्या है?
(a) पेड़ (b) घास
(c) फूल (d) पौधा

ANSWER KEY

1.	D	2.	B	3.	C	4.	C	5.	B	6.	C	7.	B
8.	A	9.	D	10.	A	11.	C	12.	C	13.	A	14.	D
15.	B	16.	A	17.	B	18.	C	19.	C	20.	A		

'आत्मविश्वास' का समास विग्रह है

- आत्म पर विश्वास

CTET I Paper (I-V) भाषा 1 Feb 2023

9 विलोम शब्द

शब्द	विलोम
अंगीकार/स्वीकार	अस्वीकार
अंतरंग	बहिरंग
अंतर्दवंद्व	बहिवंद्व
अंदर	बाहर
अंधकार	प्रकाश
अकर्मक	सकर्मक
अकाल	सुकाल
अक्षम	सक्षम
अगम	सुगम
अग्र	पश्च
अग्रज	अनुज
अभिज्ञ	अनभिज्ञ
आई	शुष्क
आकर्षण	विकर्षण, अपकर्षण, अनाकर्षण
आकांक्षा	अनाकांक्षा
आकाश	पाताल
आकीर्ण	विकीर्ण
आक्रमण	प्रतिरक्षा
आगत	अनागत
आगमन	निर्गमन
आगामी	विगत
आग्रह	दुराग्रह
आचार	अनाचार
आच्छादित	अनाच्छादित
आज़ादी	गुलामी
आज्ञाकारी	अनाज्ञाकारी
आज्ञापालन	अवज्ञा
आडंबर	सादगी
आडंबरमुक्त	आडंबरहीन
आतुर	अनातुर
आत्मनिर्भर	अनुजीवी, परजीवी
आदर	अनादर, निरादर
आदान	प्रदान
आदि	अंत, अनादि
आदृत	अनादृत, निरादृत, तिरस्कृत
आधार	निराधार
इच्छा	अनिच्छा
इच्छित	अनिच्छित
इति(समाप्ति)	अथ(प्रारंभ)
इष्ट	अनिष्ट
इहलोक	परलोक
इहलोक	परलोक
ईमानदार	बेईमान
ईश्वर	अनीश्वर
उऋण	ऋणी
उग्र	सौम्य
उचित	अनुचित
उत्कर्ष	अपकर्ष
उत्कृष्ट	निकृष्ट
उत्तम	अधम
उत्तर	दक्षिण

सुबोध का विलोम शब्द होगा

- दुर्बोध

CTET I Paper (I-V) भाषा 3 Feb 2023

उत्तरायण	दक्षिणायण
उत्तीर्ण	अनुत्तीर्ण
उत्थान	पतन
उत्पत्ति	विनाश
उत्साह	निरूत्साह
उदय	अस्त
उदयाचल	अस्ताचल
उदात्त(ऊंचा)	अनुदात्त
ऋजु	वक्र
ऋणात्मक	धनात्मक
ऋत	अनृत
एक	अनेक
एकत्र	सर्वत्र
एकल	सकल
एकांत	अनेकांत
एकाकी	समग्र
एकाग्र	चंचल
एड़ी	चोटी
ऐक्य	अनैक्य
ऐतिहासिक	अनैतिहासिक
ऐश्वर्य	अनैश्वर्य
ऐसा	वैसा
ऐहिक	पारलौकिक
ओजस्वी/तेजस्वी	निस्तेज
औचित्य	अनौचित्य
औदार्य	अनौदार्य
औपचारिक	अनौपचारिक
कटु	मधुर
कड़वा	मीठा
कड़वा	मीठा
कदाचार	सदाचार
कनिष्ठ	वरिष्ठ/जेष्ठ

कमी	बेसी/बाहुल्य
कर्ता	अकर्ता
कर्म	निष्कर्म
कलंकित	निष्कलंक
कलुषित	निष्कलुष
कल्याण	अकल्याण
क्रिया	प्रतिक्रिया
क्रुद्ध	शान्त
क्रूर	अक्रूर/सदय
क्रोध	क्षमा
क्षणिक	शाश्वत
क्षमा	दण्ड
क्षर	अक्षर
क्षुद्र	विराट
खंडन	मंडन
खगोल	भूगोल
खीजना	रीझना
खुशबू	बदबू
खुशी	दुख, गम
खेद	प्रसन्नता
ख्यात	कुख्यात
गगन	पृथ्वी
गत	आगत
गमन	आगमन
गम्य	अगम्य
गरल	सुधा/अमृत
गरिमा	लधिमा
गरीब	अमीर
गर्मी	सर्दी
गहरा	उथला
गाढ़ा	पतला
गुण	अवगुण, दोष

सागर का पर्याय है।

- पारावार

CTET I Paper (I-V) भाषा 2 Feb 2023

घना	छितरा/बिखरा
घर	बाहर/बेघर
घाटा	मुनाफा
घात	प्रतिघात
घृणा	प्रेम
चंचल	स्थिर
चतुर	मूढ़
चपल	गंभीर
चर	अचर
चर	अचर
चल	अचल
चिंतित	निचिंत
छली	निश्छल
छूत	अछूत
छोटा	बड़ा
जंगम	स्थावर
जंगम	सीवर
जंगली	घरेलू/पालतू
जटिल	सरस
जटिल	सरल
जड़	चेतन
जन्म	मृत्यु
जय	पराजय
जल	थल
जागरण	निद्रा
ज्योति	तम
ज्वार	भाटा
झगड़ालू	शान्त
झीना	गाढ़ा
झोपड़ी	महल
टूटना	जुड़ना
टोटा	नफा/ फायदा

ठंडा	गरम
ठिगना	लंबा
ठोस	तरल
डपचार	अपचार
डरपोक	निडर
तरल	ठोस
तरूण	वृद्ध
ताजा	बासी
ताप	शीत
तामसिक	सात्विक
दयालु	निर्दय
दरिद्र/निर्धन	धनी/संपन
दाखिल	खारिज
दानव	देव
दानी	कृपण/कंजूस
धनाढ्य	निर्धन
धनात्मक	ऋणात्मक
धर्म	अधर्म/पाप
धवल	कृष्ण
धीर	अधीर
धीर	अधीर
धूप	छाँव
धृष्ट	विनीत
ध्वंस/नाश	निर्माण
नकद	उधार
नकली	असली
नख	सिख
नत	उन्नत
नमकहराम	नमकहलाल
नया	पुराना
नरक	स्वर्ण
नवीन	प्राचीन

पतवार किसे कहते है ?

- जिससे नाव चलाई जाती हैं

CTET I Paper (I-V) भाषा 2 Feb 2023

मनुष्यता	पशुता
मौखिक	लिखित
यथार्थ	आदर्श,कल्पित,मिथ्या
यश	अपयश
युक्त	अयुक्त
युगल	एकल
युद्ध	शांति
युवा	वृद्ध
योग	वियोग
योगी	भोगी
योग्य	अयोग्य
यौवन	बुढ़ापा,वार्धक्य
रंक	राजा
रक्षक	भक्षक
रचना	ध्वंस
रत	विरत
राक्षस	देवता
राग	द्वेष
राग	दवेष(विराग)
राजा	रंक
रात्रि	दिवस
रिक्त	पूर्ण
रीता(खाली)	भरा
रूग्ण	स्वस्थ
रूदन	हास्य
रोगी	नीरोग
लंबा	चौड़ा
लघु	दीर्घ
लचीला	कठोर
लभ्य	अलभ्य
ललित,सुरूप	कुरूप
लाघव	गौरव

लाभ	हानि
लाभ	हानि
लिखित	अलिखित,मौखिक
लिप्त	निर्लिप्त
लोक	परलोक
लोभी	निर्लोभ
लौकिक	अलौकिक
वंद्य	निंदय
वंद्व	निर्दवंद्व
वक्र	ऋजु
वर	वधू
वरदान	अभिशाप
वसंत	पतझर
वाद	विवाद
वादी	प्रतिवादी
विकास	ह्रास
विक्रय	क्रय
विख्यात	कुख्यात
विजय	पराजय
विजित	अविजित, विजेता
विस्तार	संक्षेप
विस्तृत	संक्षिप्त
विस्मरण	स्मरण
वीर	कायर
वृद्धि	संक्षेपण
वृष्टि	अनावृष्टि
वेदना	आनन्द
वैमनस्य	सौमनस्य
वैयक्तिक	निर्वैयक्तिक
व्यक्ति	समाज
व्यक्तिगत	सामाजिक
व्यर्थ	अव्यर्थ/सफल

"अविराम" का विलोम होगा।

- विराम

CTET I Paper (I-V) भाषा 2 Feb 2023

व्यष्टि	समष्टि
शकुन	अपशकुन
शब्द	विलोम
शयन	जागरण
शांत	अशांत
शायद	अवश्य/निश्चय
शासक	शासित
शिक्षित	अशिक्षित
शिख	नख
शिव	अशिव
शिष्ट	अशिष्ट
शीत	उष्ण
शीत	ऊष्ण
शीर्ष	पाद/तल
शुक्ल	कृष्ण
शुद्ध	अशुद्ध
शुभ	अशुभ
शुष्क	आर्द्र
शूर	कायर
शूरवीर	कायर
शेष	अशेष
शोक	हर्ष
श्लील	अश्लील
श्वास	उच्छवास

श्वेत	श्याम
संकल्प	विकल्प
संकीर्ण	विस्तीर्ण
संक्षिप्त	विस्तृत
संग	निस्संग
संघटन	विघटन
संतोष	असंतोष
स्पष्ट	अस्पष्ट
स्पृश्य	अस्पृश्य
स्मरण	विस्मरण
स्मष्टि	व्यष्टि
स्वकीय	परकीय
स्वजाति	विजाति
स्वतंत्र	परतंत
स्वदेश	विदेश
स्वर्ग	नर्क
स्वस्थ	अस्वस्थ
स्वाधीन	पराधीन
स्वार्थ	परमार्थ
स्वीकृत	अस्वीकृत
हरा	सूखा
हर्ष	शोक
हार	जीत
हास	रूदन

अपना परीक्षण करें

1. 'शाश्वत' का विलोम शब्द कौनसा है?

(a) निषेध (b) जागरण
(c) विशुद्ध (d) क्षणिक

2. जो सबको ठीक लगे वह अर्थ है, जो एक लगे, वह ....है? रेखांकित शब्द का विलोम है?

(a) सार्थ (b) अपदर्थ
(c) अनर्थ (d) व्यर्थ

3. 'आधुनिक' का विलोम शब्द है?

(a) समीचीन (b) प्राचीन
(c) निर्वाचित (d) वर्तमान

'गर्जन - तर्जन' में कौन-सा समास है?

- द्वंद्व

CTET भाषा 4 Feb 2023

4. 'भोला' का विलोम शब्द है?

(a) चंचल (b) चालाक

(c) तेजस्वी (d) बुद्धिमान

5. 'सरल' का विलोम शब्द है?

(a) कठिन (b) कठोर

(c) सीधा (d) कोई नहीं

6. 'उपकार' का विलोम शब्द है?

(a) विकार (b) अपकार

(c) कृतघ्न (d) प्रतिकूल

7. 'सुगम' का विलोम शब्द है?

(a) दुर्लभ (b) दुर्गम

(c) अगम (d) आगम

8. 'स्थावर' का विलोम शब्द है?

(a) सरल (b) पतन

(c) जंगम (d) निस्थावर

9. 'अल्पज्ञ' का विलोम का क्रम है?

(a) कृतज्ञ (b) अवज्ञ

(c) अभिज्ञ (d) सर्वज्ञ

10. 'गरल' का विलोम शब्द है?

(a) विरल (b) सुधा

(c) सरल (d) मीठा

11. 'अर्पण' का विलोम शब्द है?

(a) दर्पण (b) कर्पण

(c) ग्रहण (d) पर्पण

12. 'अग्रज' का विलोम शब्द है?

(a) कनिष्ठ (b) भ्राता

(c) अनुज (d) ज्येष्ठ

13. 'अनावृष्टि' का विलोम शब्द है?

(a) अकाल (b) अतिवृष्टि

(c) बंजर (d) सूखा

14. 'सापेक्ष' का विलोम शब्द है?

(a) आपेक्ष (b) निरपेक्ष

(c) परोक्ष (d) प्रत्यक्ष

15. असंगत विलोम है

(a) शकुन – अपशकुन (b) समास – व्यास

(c) मानव – दानव (d) श्लाघा – निंदा

16. 'अवनति' का विलोमार्थी शब्द क्या है?

(a) प्रजाति (b) उन्नति

(c) संगति (d) सहमति

17. नीरुजता का विलोम क्या है?

(a) रुग्णता (b) रोगी

(c) स्वस्थता (d) अस्वस्थता

18. निशीथ का विलोम क्या है?

(a) दिन (b) रात

(c) सांझ (d) मध्याह्न

19. भीषण का विलोम क्या है?

(a) दूषण (b) भयानक

(c) शान्त (d) सौम्य

20. भोगी का विलोम क्या है?

(a) त्यागी (b) जोगी

(c) कामी (d) योगी

ANSWER KEY

1.	D	2.	C	3.	B	4.	B	5.	A	6.	B	7.	B
8.	C	9.	D	10.	B	11.	C	12.	C	13.	B	14.	B
15.	A	16.	B	17.	A	18.	D	19.	D	20.	D		

'सूर्योदय' का संधि – विच्छेद है

- सूर्य + उदय

CTET भाषा 29 Dec 2022

10 मुहावरे और लोकोक्तियाँ

मुहावरा

- ऐसे पदबन्ध को कहा जाता है, जिसका शाब्दिक अर्थ तो कुछ और निकलना है, परन्तु लाक्षणिक अर्थ कुछ और निकलता है। जैसे 'वह चैकन्ना हो गया' इस वाक्य में चैकन्ना का अर्थ 'चार कानों वाला' होता है, परन्तु कोई भी मनुष्य चार कानों वाला' नहीं होता। अतः इसका लाक्षणिक अर्थ हुआ 'बहुत सावधान'।
- मुहावरा शब्द मूलतः अरबी भाषा का शब्द है, जिसका शाब्दिक अर्थ होता है- अभ्यास करना।

लोकोक्ति

- किसी दृष्टान्त, घटना या परिस्थिति पर आधारित कथन होता है।
- लोकोक्तियाँ सामाजिक नीति और आदर्श स्थापित करने का माध्यम बनती हैं।
- लोकोक्तियों को सूक्ति अथवा सुभाषित भी कहा जाता है।

मुहावरों और लोकोक्ति में प्रमुख अंतर

1. **संरचना और अर्थ:**
   - मुहावरे: आमतौर पर वाक्यांश होते हैं जिनका शाब्दिक अर्थ और वास्तविक अर्थ भिन्न होता है। ये किसी विशेष स्थिति या भावना को प्रकट करने के लिए होते हैं।
   - लोकोक्ति: छोटे-छोटे वाक्य होते हैं जो जीवन के अनुभव, नीति या नैतिकता को व्यक्त करते हैं। इनका अर्थ शाब्दिक और वास्तविक दोनों होता है।
2. **प्रयोग:**
   - मुहावरे: विशेष परिस्थितियों में किसी भावना या क्रिया को संक्षेप में प्रकट करने के लिए प्रयुक्त होते हैं। जैसे, "दिल पर पत्थर रखना" का अर्थ है अपने भावनाओं को नियंत्रित करना।
   - लोकोक्ति: समाज में प्रचलित सत्य या अनुभव को व्यक्त करती हैं। जैसे, "बंदर क्या जाने अदरक का स्वाद" का अर्थ है जो व्यक्ति किसी चीज़ की कद्र नहीं जानता, वह उसकी महत्ता नहीं समझ सकता।
3. **संदर्भ और उद्देश्य:**
   - मुहावरे: भाषा को सजाने और बोलचाल को रोचक बनाने के उद्देश्य से प्रयोग किए जाते हैं।
   - लोकोक्ति: जीवन के पाठ, नीतियां, और सामाजिक सत्य को संक्षेप में व्यक्त करने के लिए प्रयोग की जाती हैं।

महत्वपूर्ण मुहावरे और उनके अर्थ

अ

- अंधे के हाथ बटेर लगना – अचानक कोई बड़ा लाभ मिलना।
- अंगूठा दिखाना – मना करना।
- अंधों में काना राजा – कम योग्य व्यक्ति भी अयोग्य लोगों में श्रेष्ठ माना जाता है।
- आग बबूला होना – बहुत क्रोधित होना।
- अंगारों पर लोटना – अत्यधिक कष्ट सहना।
- अक्ल के घोड़े दौड़ाना – बहुत सोच-विचार करना।
- अंधे के आगे रोना – व्यर्थ प्रयास करना।
- असमान के तारे तोड़ना – असंभव कार्य करना।
- अधजल गगरी छलकत जाए – अल्प ज्ञान वाला व्यक्ति अधिक प्रदर्शन करता है।
- अपनी खिचड़ी अलग पकाना – दूसरों से अलग रहना।

'राष्ट्रीय' में प्रयुक्त प्रत्यय है

- ईय

CTET भाषा 29 Dec 2022

ब

- बिना सिर-पैर की बात – बिना तर्क की बात।
- बंदर क्या जाने अदरक का स्वाद – अयोग्य व्यक्ति योग्य वस्तु की कद्र नहीं कर सकता।
- बाल की खाल निकालना – छोटी-छोटी बातों में उलझना।
- बहती गंगा में हाथ धोना – मौके का फायदा उठाना।
- बात का बतंगड़ बनाना – छोटी बात को बढ़ा-चढ़ाकर प्रस्तुत करना।
- बिल्ली के भाग्य से छींका टूटना – किस्मत से अचानक लाभ मिलना।
- बुरा मानना – नाराज होना।
- भैंस के आगे बीन बजाना – किसी अयोग्य व्यक्ति को समझाने का प्रयास करना।
- बगुला भगत – धोखेबाज।
- बिना मतलब की बात – फिजूल की बात।

च

- चादर देखकर पैर फैलाना – अपनी सीमा में रहना।
- चुप्पी साधना – मौन धारण करना।
- चुल्लू भर पानी में डूब मरना – अत्यधिक शर्म महसूस करना।
- चोर की दाढ़ी में तिनका – दोषी का अपने आप दोष प्रकट हो जाना।
- चींटी की चाल – बहुत धीमी गति।
- चैन की नींद सोना – बिना चिंता के सोना।
- चोट खाकर सुधरना – अनुभव से सीखना।
- चमड़ी जाये पर दमड़ी न जाये – अत्यधिक कंजूस होना।
- चमड़ी और दमड़ी एक साथ रखना – स्वार्थी होना।
- चाय का प्याला तूफान – छोटे मामले का बढ़ा-चढ़ाकर पेश करना।

द

- दाल में कुछ काला होना – कुछ गड़बड़ होना।
- दो नावों में पैर रखना – एक साथ दो विरोधी स्थितियों में रहना।
- दूध का जला छाछ भी फूंक कर पीता है – एक बार ठगा गया व्यक्ति हमेशा सावधान रहता है।
- दाँतों तले उंगली दबाना – अत्यधिक आश्चर्य होना।
- दिल पर पत्थर रखना – अपने भावनाओं को नियंत्रित करना।
- दूसरों की आंख का तिनका देखना और अपनी आंख का शहतीर न देखना – दूसरों की छोटी गलतियों को देखना और अपनी बड़ी गलतियों को नजरअंदाज करना।
- दाल गलना – काम बन जाना।
- दिन दूनी रात चौगुनी बढ़ना – तेजी से प्रगति करना।
- दोनों हाथों से लूटना – अत्यधिक लाभ उठाना।
- दूध का दूध और पानी का पानी करना – न्याय करना।

फ

- फूलना-फलना – समृद्ध होना।
- फूंक-फूंक कर कदम रखना – बहुत सावधानी से काम करना।
- फूलों की सेज – आरामदायक जीवन।
- फटी आँखें करना – अत्यधिक क्रोध या आश्चर्य प्रकट करना।
- फाँसी पर चढ़ना – कठिनाई का सामना करना।
- फूट-फूट कर रोना – अत्यधिक रोना।
- फिर वही ढाक के तीन पात – वही पुरानी स्थिति।
- फूलों की तरह खिलना – बहुत खुश होना।
- फिसलन पर चलना – अस्थिर स्थिति में होना।
- फ्रूट की टोकरी बनना – स्वास्थ्यवर्धक होना।

म

- मुँह की बात छीनना – किसी की कही बात को अपने से पहले कह देना।
- मुँह में पानी आना – किसी वस्तु के प्रति लालच होना।
- मुँह में राम बगल में छुरी – बाहर से दोस्ताना, अंदर से धोखेबाज।
- मुँह फुलाना – नाराज होना।
- मछली के जल बिना तड़पना – आवश्यक चीज के बिना परेशान होना।
- मक्खन लगाना – चापलूसी करना।
- मिट्टी में मिलना – बर्बाद हो जाना।
- मुँह काला करना – अपमानित होना।
- मुँह दिखाई करना – सगाई की रस्म।
- मुँह चिढ़ाना – अपमानित करना।

'भाग – दौड़' में समास है

- द्वंद्व

CTET भाषा 28 Dec 2022

न

- नाक में दम करना – परेशान करना।
- नाक कटना – अपमानित होना।
- नाक पर मक्खी न बैठने देना – बहुत सतर्क रहना।
- नाक रगड़ना – बहुत विनती करना।
- नाव में छेद करना – अपनी ही हानि करना।
- नाम रोशन करना – प्रतिष्ठा बढ़ाना।
- नींद उड़ जाना – चिंतित होना।
- नींद में होना – बेखबर रहना।
- नींद की झपकी लेना – थोड़ा सोना।
- नींद में चलना – बेहोशी में कुछ करना।

प

- पानी-पानी होना – शर्मिंदा होना।
- पानी की तरह पैसा बहाना – अधिक खर्च करना।
- पानी भरना – सहायता करना।
- पानी सिर से ऊपर निकलना – बहुत अधिक परेशानी होना।
- पहाड़ टूट पड़ना – बड़ी विपत्ति आना।
- पहले मुँह में खाना डालना – पहले अपने कार्य का समाधान करना।
- पापड़ बेलना – कठिनाई का सामना करना।
- पंछी की तरह उड़ना – स्वतंत्र होना।
- पैर तले जमीन खिसकना – अचानक कठिनाई का सामना करना।
- पैरों में गिरना – अत्यधिक विनती करना।

ब

- बांहें चढ़ाना – कार्य के लिए तैयार होना।
- बात का बतंगड़ बनाना – छोटी बात को बढ़ा-चढ़ाकर प्रस्तुत करना।
- बाल बांका न होना – कोई नुकसान न होना।
- बंदर कूदना – बेचैन होना।
- बांह पकड़ा लेना – सहायता लेना।
- बिल्ली के भाग्य से छींका टूटना – किस्मत से अचानक लाभ मिलना।
- बर्फ में रखना – ठंडे दिमाग से सोचना।
- बिल्ली को देख चूहे की तरह डरना – अत्यधिक भयभीत होना।
- बांह में दर्द होना – बहुत मेहनत करना।
- बिल्ली की तरह चुपके से आना – बिना आवाज़ किए आना।

म

- मुँह से बात निकालना – किसी बात को प्रकट करना।
- मुँह में पानी भर आना – किसी स्वादिष्ट चीज को देखकर लालच आना।
- मुँह की खाना – हारना।
- मुँह मोड़ लेना – सहायता न करना।
- मुँह फुलाना – नाराज होना।
- मुँह टेढ़ा करना – व्यंग्य करना।
- मुँह दबाना – चुप रहना।
- मुँह न देखना – संपर्क तोड़ लेना।
- मुँह फेर लेना – किनारा करना।
- मुँह पर तमाचा मारना – अपमानित करना।

महत्वपूर्ण लोकोक्तियाँ और उनके अर्थ

अ

- अंधा क्या चाहे, दो आँखें – जिसे किसी चीज की सबसे ज्यादा जरूरत हो, उसे वही चीज मिल जाए।
- अंधेर नगरी चौपट राजा – ऐसा राज्य जहाँ पर न्याय न हो।
- अधजल गगरी छलकत जाए – अल्प ज्ञान वाला व्यक्ति अधिक प्रदर्शन करता है।
- अंत भला तो सब भला – परिणाम अच्छा हो तो सब अच्छा लगता है।
- अपना हाथ जगन्नाथ – आत्मनिर्भर होना।
- अकेला चना भाड़ नहीं फोड़ सकता – अकेला व्यक्ति बड़ा काम नहीं कर सकता।
- अंधे के हाथ बटेर लगना – अचानक बड़ा लाभ मिलना।
- असमान में थूकना – दूसरों का अहित चाहना।
- अपना उल्लू सीधा करना – स्वार्थ सिद्ध करना।
- अक्ल बड़ी या भैंस – बुद्धि का महत्व अधिक होता है।

'प्रदर्शन' में उपसर्ग है

- प्र

CTET भाषा 28 Dec 2022

ब

- बंदर क्या जाने अदरक का स्वाद – अयोग्य व्यक्ति योग्य वस्तु की कद्र नहीं कर सकता।
- बात का बतंगड़ बनाना – छोटी बात को बढ़ा-चढ़ाकर प्रस्तुत करना।
- बिन पानी मछली – आवश्यक चीज के बिना असहाय।
- बन्दर घुड़की देना – धमकी देना।
- बाप बड़ा न भैया, सबसे बड़ा रुपैया – पैसा सबसे महत्वपूर्ण होता है।
- बिल्ली के भाग्य से छींका टूटना – किस्मत से अचानक लाभ मिलना।

फ

- फूंक-फूंक कर कदम रखना – बहुत सावधानी से काम करना।
- फूलों की तरह खिलना – बहुत खुश होना।
- फिसलन पर चलना – अस्थिर स्थिति में होना।
- फ्रूट की टोकरी बनना – स्वास्थ्यवर्धक होना।
- फटे हाल – अत्यधिक गरीबी में होना।
- फूलों की सेज – आरामदायक जीवन।
- फिसलन भरी राह – मुश्किल और जोखिम भरी स्थिति।
- फूलों की महक – अच्छा व्यवहार।
- फूलों का हार – सफलता का प्रतीक।
- फ्रूट की रस्सी – बेकार चीज।

च

- चादर देखकर पैर फैलाना – अपनी सीमा में रहना।
- चुप्पी साधना – मौन धारण करना।
- चमड़ी जाये पर दमड़ी न जाये – अत्यधिक कंजूस होना।
- चींटी के पर निकलना – छोटा व्यक्ति जब अहंकारी हो जाता है।
- चोर की दाढ़ी में तिनका – दोषी का अपने आप दोष प्रकट हो जाना।
- चमड़ी और दमड़ी एक साथ रखना – स्वार्थी होना।
- चुपके से आना – बिना आवाज़ किए आना।
- चोरी और सीनाजोरी – गलती कर के और झगड़ालू होना।
- चुल्लू भर पानी में डूब मरना – अत्यधिक शर्म महसूस करना।
- चमड़ी छूट जाए पर दमड़ी न छूटे – बहुत कंजूस होना।

म

- मुँह की बात छीनना – किसी की कही बात को अपने से पहले कह देना।
- मुँह में पानी आना – किसी वस्तु के प्रति लालच होना।
- मुँह में राम बगल में छुरी – बाहर से दोस्ताना, अंदर से धोखेबाज।
- मुँह फुलाना – नाराज होना।
- मिट्टी में मिलना – बर्बाद हो जाना।
- मुँह काला करना – अपमानित होना।
- मुँह दिखाई करना – सगाई की रस्म।
- मुँह चिढ़ाना – अपमानित करना।
- मुँह मोड़ लेना – सहायता न करना।

द

- दाल में कुछ काला होना – कुछ गड़बड़ होना।
- दूध का जला छाछ भी फूंक कर पीता है – एक बार ठगा गया व्यक्ति हमेशा सावधान रहता है।
- दूध का दूध और पानी का पानी करना – न्याय करना।
- दूध का कर्ज चुकाना – माता-पिता की सेवा करना।
- दिन दूनी रात चौगुनी बढ़ना – तेजी से प्रगति करना।
- दो नावों में पैर रखना – एक साथ दो विरोधी स्थितियों में रहना।
- दीवारों के भी कान होते हैं – हर जगह किसी न किसी की सुनने की व्यवस्था होती है।

न

- नाक में दम करना – परेशान करना।
- नाक कटना – अपमानित होना।
- नाक पर मक्खी न बैठने देना – बहुत सतर्क रहना।
- नाक रगड़ना – बहुत विनती करना।
- नाव में छेद करना – अपनी ही हानि करना।
- नाम रोशन करना – प्रतिष्ठा बढ़ाना।
- नींद उड़ जाना – चिंतित होना।
- नींद में होना – बेखबर रहना।
- नींद की झपकी लेना – थोड़ा सोना।

'विजय' का सटीक विलोम शब्द है

- पराजय

CTET भाषा 28 Jan 2023

प

- पानी-पानी होना – शर्मिंदा होना।
- पानी की तरह पैसा बहाना – अधिक खर्च करना।
- पानी भरना – सहायता करना।
- पानी सिर से ऊपर निकलना – बहुत अधिक परेशानी होना।
- पहाड़ टूट पड़ना – बड़ी विपत्ति आना।
- पहले मुँह में खाना डालना – पहले अपने कार्य का समाधान करना।
- पापड़ बेलना – कठिनाई का सामना करना।
- पंछी की तरह उड़ना – स्वतंत्र होना।
- पैर तले जमीन खिसकना – अचानक कठिनाई का सामना करना।
- पैरों में गिरना – अत्यधिक विनती करना।

ब

- बांहें चढ़ाना – कार्य के लिए तैयार होना।
- बाल बांका न होना – कोई नुकसान न होना।
- बंदर कूदना – बेचैन होना।
- बांह पकड़ा लेना – सहायता लेना।
- बर्फ में रखना – ठंडे दिमाग से सोचना।
- बिल्ली को देख चूहे की तरह डरना – अत्यधिक भयभीत होना।
- बांह में दर्द होना – बहुत मेहनत करना।
- बिल्ली की तरह चुपके से आना – बिना आवाज़ किए आना।
- बाण मारना – तीखा व्यंग्य करना।
- बगल में छोरा शहर में ढिंढोरा – अपने पास होते हुए भी न जानना।

म

- मुँह से बात निकालना – किसी बात को प्रकट करना।
- मुँह में पानी भर आना – किसी स्वादिष्ट चीज को देखकर लालच आना।
- मुँह की खाना – हारना।
- मुँह मोड़ लेना – सहायता न करना।
- मुँह फुलाना – नाराज होना।
- मुँह टेढ़ा करना – व्यंग्य करना।

अपना परीक्षण करें

1. 'आँख का अंधा गाँठ का पूरा' लोकोक्ति का सही अर्थ है?

(a) अंधा परन्तु विवेकशील होना
(b) मूर्ख धनी
(c) अंधे के पास धन होना
(d) आँखों का रोना

2. 'कान काटना ' मुहावरे का अर्थ है?

(a) कनकटा होना (b) चतुर होना
(c) मूर्ख होना (d) विनम्र होना

3. अपनी करनी, पार उतरनी-

(a) स्वयं के प्रयास से सफलता मिलती है।
(b) अपने कर्मों का फल भोगना।
(c) अपने साधन से ही नदी पार करनी चाहिए।
(d) अपने हित का करना।

4. 'बहती गंगा में हाथ धोना' का सही अर्थ है?

(a) चातुर्यवृत्ति से काम निकालना
(b) अपना काम निकालना
(c) पुण्य का कार्य कराना
(d) अवसर का लाभ उठाना

5. 'आँखें फेर लेना' का अर्थ है?

(a) दूसरी तरफ देखना
(b) किसी और की चाहत
(c) उदासीन हो जाना (प्रतिकूल हो जाना)
(d) नाराज हो जाना

'अव्यवस्थित' में प्रत्यय है

- इत

CTET भाषा 28 Jan 2023

6. 'हाथ का मैल' का अर्थ है?
(a) तुच्छ वस्तु (b) कीमती वस्तु
(c) महंगी वस्तु (d) भारी वस्तु

7. डींग हाँकना का अर्थ है?
(a) शेखी बघारना (b) बुराई करना
(c) निन्दा करना (d) हँसी उड़ाना

8. 'आड़े समय पर काम आना' का अर्थ है?
(a) मुसीबत में सहायक होना (b) इनकार करना
(c) हत्या करना (d) सिफारिश करना

9. 'गले का हार होना' मुहावरे का अर्थ है?
(a) दुर्दशा करना (b) अनिच्छित वस्तु देना
(c) बहुत प्रिय होना (d) बहुत शोर मचाना

10. गूलर का फूल होना' का अर्थ है?
(a) लाल-पीला होना (b) सुन्दर होना
(c) विवर्ण होना (d) दुर्लभ होना

11. आसमान पर थूकना का अर्थ है?
(a) महान व्यक्ति का अनादर करना
(b) असफल प्रयास करना
(c) पहुँच से परे होना
(d) घमण्ड करना

12. 'आँखें बिछाना' का अर्थ है?
(a) प्रेम होना (b) झिड़की देना
(c) प्रतीक्षा करना (d) आदर-सत्कार करना

13. 'काँटा बोना' का अर्थ है?
(a) भेद प्रकट करना (b) हानि पहुँचाना
(c) संदेह करना (d) प्यार करना

14. 'हालत पतली होना' मुहावरे का तात्पर्य क्या है?
(a) शरीर कमजोर होना (b) आत्मविश्वास की कमी
(c) दयनीय दशा होना (d) अस्वस्थ होना

15. मुहावरे का प्रयोग वाक्य के अन्तर्गत होता है और लोकोक्ति पूर्ण वाक्य होती है यह कथन-
(a) सही है
(b) गलत है
(c) कथन का प्रथम अंश सही है।
(d) कथन का अंतिम अंश सही है।

16. इस वाक्यांश में 'निर्मम' अर्थ समाहित है?
(a) क्रूर हृदय वाला व्यक्ति (b) हृदय वाला व्यक्ति
(c) संवेदनशून्य व्यक्ति (d) दया रहित व्यक्ति

17. 'कोयले की दलाली में हाथ काले' का अर्थ होता है?
(a) दलाली करना पाप है
(b) कोयले की दलाली करोगे तो पकड़े जाओगे
(c) खराब काम का परिणाम भी खराब ही होता है
(d) कोयले का व्यापार मत करो

18. 'खिसियानी बिल्ली खम्भा नोंचे' का भाव है?
(a) अपनी शर्म छिपाने के लिए व्यर्थ झुंझलाना
(b) अपने समान उम्र के साथ समान व्यवहार करना
(c) कायरतापूर्ण व्यवहार करना
(d) झगड़ालू होना

19. 'अक्ल का दुश्मन' मुहावरे का अर्थ है?
(a) महामूर्ख (b) दुश्मन
(c) शत्रु (d) पंडित

20. 'न नौ मन तेल होगा न राधा नाचेगी' का भाव है?
(a) बहुत मेहनत करना (b) न पूरी होने वाली शर्त
(c) काम से दिल ऊबना (d) रोब जमाना

ANSWER KEY

1.	B	2.	B	3.	A	4.	D	5.	C	6.	A	7.	A
8.	A	9.	C	10.	D	11.	A	12.	C	13.	B	14.	C
15.	A	16.	C	17.	C	18.	A	19.	A	20.	B		

इनमें से किसमें 'प्र' उपसर्ग नहीं है?

- प्रत्येक

CTET भाषा 28 Jan 2023

11 गद्यांश एवं पद्यांश

गद्यांश - 1

निदा की ऐसी ही महिमा है। दो-चार निंदको को एक जगह बैठकर निंदा में निमग्न देखिए और तुलना कीजिए, दो चार ईश्वर भक्तों से जो रामधुन गा रहे हैं। निंदको की-सी एकाग्रता, परस्पर आत्मीयता, निमग्नता भक्तों में दुरलभ है। इसलिए संतों ने निंदको को आंगन कुटी छवाय पास रखने की सलाह दी है कुछ 'मिशनरी' निंदक मैने देखे हैं। उनका किसी से बैर नहीं, धूप नहीं। वे किसी का बुरा नहीं सोचते पर चीबीस पंटे वे निंदा-कर्म में वात पवित्र भाव से लगे रहते हैं कि ये प्रसंग आने पर अपने बाप की पगड़ी भी उसी आनंद से उछालते हैं, जिस आनंद से अन्य लोग दुश्मन की। निंदा इनके लिए टॉनिक होती है। इयां-ट्वेष से प्रेरित निंदा भी होती है। वह ईया-वेष से चौबीसों घंटे जलता है और निदा का जल छिड़ककर कुछ शांति अनुभव करता है। ऐसा निदक बड़ा दयनीय होता है। अपनी अक्षमता से पीड़ित वह बेचारा दूसरे की सक्षमता के चाँद को देखकर सारी रात श्वान जैसा भौकता है। ईष्य्या-दूवेष से प्रेरित निंदा करने वाले को कोई दंड देने की जरूरत नहीं है। वह निंदक बेचारा स्वयं दंडित होता है। जाप चैन से सोझा और वह जलन के कारण सो नहीं पाता। उसे और क्या दंड चाहिए निरंतर अच्छे काम करते जाने से उसका दंड भी सख्त होता जाता है; जैसे-एक कवि ने एक अच्छी कविता लिखी, ईष्यंग्रस्त निदक की कष्ट होगा अब अगर एक और अच्छी कविता लिख दी, तो उसका कष्ट दुगुना हो जाएगा।

1. **निंदको की सी एकाग्रता, आत्मीयता व निमग्नता किसमें दुर्लभ है?**
   (a) साधारण लोगों में (b) ईश्वर भक्तों में
   (c) शिक्षितों में (d) नास्तिकों में

2. **निंदको को पास रखने की सलाह किसने दी है**
   (a) संतो ने (b) साथियों ने
   (c) भाग्यवान ने (d) पड़ोसियों ने

3. **निंदा-कर्म से पवित्र भाव से कौन लगा रहता है**
   (a) निंदक (b) पड़ोसी
   (c) अपने रिश्तेदार (d) मिशनरी निंदक

4. **ईर्ष्या, द्वेष, की आग में जलने वाला शांति का अनुभव कैसे करता है**
   (a) कार्बन डाइऑक्साइड से (b) मिट्टी डालकर
   (c) निंदा का जल छिड़ककर (d) भगवत भजन करके

5. **कवि की अच्छी कविता पर ईर्ष्याग्रस्त निंदक कैसा अनुभव करता है**
   (a) कष्ट का (b) सुख का
   (c) खुशी का (d) प्रसन्नता का

गद्यांश - 2

"सच्चा उत्साह वही होता है जो मनुष्य को कार्य करने के लिए प्रेरणा देता है। मनुष्य किसी भी कारणवश जब किसी के कष्ट को दूर करने का संकल्प करता है, तब जिस सुख को वह अनुभव करता है, वह सुख विशेष रूप से प्रेरणा देनेवाला होता है। जिस भी कार्य को करने के लिए मनुष्य में कष्ट, दुःख या हानि को सहन करने की ताकत आती है, उन सबसे उत्पन्न आनंद ही उत्साह कहलाता है उदाहरण के लिए दान देनेवाला व्यक्ति निश्चय ही अपने भीतर एक विशेष साहस रखता है और वह है धन-त्याग का साहस। यही त्याग यदि मनुष्य प्रसन्नता के साथ करता है, तो उसे उत्साह से किया गया दान कहा जाएगा उत्साह आनंद और साहस का मिला-जुला रूप है। उत्साह में किसी-न-किसी वस्तु पर ध्यान अवश्य केंद्रित होता है। वह चाहे कर्म पर, चाहे कर्म के फल पर और चाहे व्यक्ति या वस्तु पर हो। इन्हीं के आधार पर कर्म करने में आनंद मिलता है। कर्म-भावना से उत्पन्न आनंद का अनुभव केवल सच्चे वीर ही कर सकते हैं क्योंकि उनमें साहस की अधिकता होती है। सामान्य व्यक्ति कार्य पूरा हो जाने पर जिस आनंद का अनुभव

'जो सुंदर चित्र बना पाते थे।' इस वाक्य में रेखांकित शब्द क्या है?

- विशेषण

CTET भाषा 27 Jan 2023

करता है, सच्चा वीर कार्य प्रारंभ होने पर ही उसका अनुभव कर लेता है। आलस्य उत्साह का सबसे बड़ा शत्रु है। जो व्यक्ति आलस्य से भरा होगा, उसमें काम करने के प्रति उत्साह कभी उत्पन्न नहीं हो सकता। उत्साही व्यक्ति असफल होने पर भी कार्य करता रहता है। उत्साही व्यक्ति सदा दृढनिश्चयी होता है।"

1. उत्साह का प्रमुख लक्षण है

(a) जोश (b) साहस

(c) आनंद (d) आनंद और जोश

2. सच्चे वीर वे होते हैं

(a) जो फल पाने के लिए उत्साह दिखाते हैं

(b) जो कर्म भाव से उत्साह दिखाते हैं

(c) जो निष्काम भाव से उत्साह दिखाते हैं

(d) जो आनंद विनोद के लिए उत्साह दिखाते हैं

3. उत्साह के मार्ग में सबसे बड़ी रुकावट है

(a) दुख (b) निराशा

(c) वैराग्य (d) आलस्य

4. 'सच्चा उत्साह वही होता है जो मनुष्य को कार्य करने के लिए प्रेरणा देता है।' उपवाक्य का प्रकार है

(a) प्रधान उपवाक्य (b) विशेषण उपवाक्य

(c) क्रिया विशेषण उपवाक्य (d) संज्ञा उपवाक्य

5. केंद्रित और अधिकता में क्रमशः प्रत्यय इस प्रकार है

(a) द्रित, ता (b) ईत, आ

(c) इत, ता (d) ईत, ता

गद्यांश - 3

विद्यार्थी जीवन ही वह समय है जिसमें बच्चों के चरित्र, व्यवहार, आचरण को जैसा चाहे, वैसा रूप दिया जा सकता है। यह अवस्था भावी वृक्ष की उस कोमल शाखा की भाँति है, जिसे जिधर चाहो मोड़ा जा सकता है। पूर्णतः विकसित वृक्ष की शाखाओं को मोड़ना संभव नहीं। उन्हें मोड़ने का प्रयास करने पर वे टूट तो सकती हैं पर मुड़ नहीं सकतीं। छात्रावस्था उस श्वेत चादर की तरह होती है, जिसमें जैसा प्रभाव डालना हो, डाला जा सकता है। सफेद चादर पर एक रंग जो चढ़ गया, सो चढ़ गया, फिर से वह पूर्वावस्था को प्राप्त नहीं हो सकती। इसीलिए प्राचीन काल से ही विद्यार्थी जीवन के महत्त्व को स्वीकार किया गया है। इसी अवस्था से सुसंस्कार और सद्वृतियाँ पोषित की जा सकती हैं। इसीलिए प्राचीन समय में बालक को घर से दूर गुरुकुल में रहकर कठोर अनुशासन का पालन करना होता था।

1. व्यवहार को सुधारने का सर्वोत्तम समय होता है

(a) प्रौढ़ावस्था (b) युवावस्था

(c) वृद्धावस्था (d) छात्रावस्था

2. छात्रों को गुरुकुल में छोड़ा जाता था

(a) कठोर अनुशासन के लिए

(b) घर से दूर रखने के लिए

(c) अच्छे संस्कार विकसित करने के लिए

(d) इनमें से कोई नहीं

3. छात्रावस्था कि उपयुक्त तुलना की गई है

(a) विकसित वृक्ष से

(b) सफेद चादर से

(c) अविकसित वृक्ष से

(d) वृक्ष की विकसित शाखा से

4. इनमें से किस शब्द में उपसर्ग का प्रयोग नहीं किया गया है

(a) महत्त्व (b) सुसंस्कार

(c) अनुशासन (d) अविकसित

5. प्रस्तुत गद्यांश के लिए उपयुक्त शीर्षक है

(a) चरित्र और व्यवहार (b) कठोर अनुशासन

(c) विद्यार्थी जीवन (d) छात्र एक वृक्ष

गद्यांश - 4

भारतीय मनीषी हमेशा ही इच्छा और अनिच्छा के बारे में सोचता रहा है। आज जो कुछ हम हैं उसे एक लालसा में सिमटाया जा सकता है। यानी जो कुछ भी हम है वह सब अपनी इच्छा के कारण से हैं। यदि हम दुखी हैं, यदि हम दास्ता में हैं, यदि हम अज्ञानी हैं, यदि हम अंधकार में डूबे हैं, यदि जीवन एक लंबी मृत्यु है तो केवल इच्छा के कारण से ही है।

क्यों है यह दुख? क्योंकि हमारी इच्छा पूरी नहीं हुई। इसलिए यदि आपको कोई इच्छा नहीं है तो आप निराश कैसे होंगे? यदि कहीं

'इधर की उधर लगाना' का अर्थ है?

- चुगली करना

CTET भाषा Jan 2021

आप निराश होना चाहते हैं तो और अधिक इच्छा करें, यदि आप और दुखी होना चाहते हैं तो अधिक अपेक्षा करें, अधिक लालसा करें और अधिक आकांक्षा करें, इससे आप और अधिक दुखी हो ही जाएंगे। यदि आप सुखी होना चाहते हैं तो कोई इच्छा न करें। यही आंतरिक जगत में काम करने का गणित है। इच्छा ही दुख को उत्पन्न करती है।

1. भारतीय मनीषी के चिंतन का विषय क्या है

(a) जीवन मृत्यु (b) जीवन आत्मा
(c) इच्छा अनिच्छा (d) प्रकृति पुरुष

2. इच्छा का जीवन में क्या प्रभाव पड़ता है

(a) आनंद देती है (b) सुख देती है
(c) लालसा बढ़ाती है (d) कार्य क्षमता बढ़ाती है

3. मानव के लिए जीवन एक लंबी मृत्यु कब बन जाता है

(a) बीमारी में (b) सुख में
(c) हर्ष में (d) इच्छाओं के बढ़ने से

4. लेखक ने आंतरिक जगत में काम करने का गणित किसे कहा है

(a) भक्ति करने को (b) इच्छा न करने को
(c) विनम्र रहने को (d) कष्ट भोगने को

5. लालसा शब्द के दो पर्यायवाची हैं

(a) इच्छा, आकांक्षा (b) इच्छा, बल
(c) बल, आकांक्षा (d) आकांक्षा, निराशा

गद्यांश - 5

जिस विद्यार्थी ने समय की कीमत जान ली वह सफलता को अवश्य प्राप्त करता है। प्रत्येक विद्यार्थी को अपनी दिनचर्या की समय-सारणी अथवा तालिका बनाकर उसका पूरी दृढ़ता से पालन करना चाहिए। जिस विद्यार्थी ने समय का सही उपयोग करना सीख लिया उसके लिए कोई भी काम करना असंभव नहीं है। कुछ लोग ऐसे भी हैं जो कोई काम पूरा न होने पर समय की दुहाई देते हैं। वास्तव में सच्चाई इसके विपरीत होती है। अपनी अकर्मण्यता और आलस को वे समय की कमी के बहाने छिपाते हैं। कुछ लोगों को अकर्मण्य रह कर निठल्ले समय बिताना अच्छा लगता है। ऐसे लोग केवल बातूनी होते हैं। दुनिया के सफलतम व्यक्तियों ने सदैव कार्यव्यस्तता में जीवन बिताया है। उनकी सफलता का रहस्य समय का सदुपयोग रहा है। दुनिया में अथवा प्रकृति में हर वस्तु का समय निश्चित है । समय बीत जाने के बाद कार्य फलप्रद नहीं होता।

1. विद्यार्थी को सफलता प्राप्त करने के लिए आवश्यक है

(a) समय की दुहाई देना
(b) समय की कीमत समझना
(c) समय पर काम करना
(d) दृढ़ विश्वास बनाए रखना

2. कुछ लोग समय की कमी के बहाने क्या छुपाते हैं

(a) अपनी अकर्मण्यता और आलस्य
(b) अपना निठल्लापन
(c) अपनी विभिन्न कमियां
(d) अपना बातूनीपन

3. दुनिया के सफलतम व्यक्तियों की सफलता का रहस्य क्या है

(a) समय का पालन (b) समय का प्रयोग
(c) समय की कीमत (d) समय का सदुपयोग

4. कार्य किस स्थिति में फलप्रद नहीं होता

(a) समय न आने पर (b) समय कम होने पर
(c) समय बीत जाने पर (d) समय अधिक होने पर

5. अकर्मण्यता शब्द में मूल शब्द एवं उपसर्ग अलग करके लिखिए

(a) अकर्मण्य+ता (b) अ+कर्मण्यता
(c) अक+र्मण्यता (d) अकर्म+णूयता

गद्यांश - 1									
1.	B	2.	A	3.	D	4.	C	5.	A

गद्यांश - 2									
1.	D	2.	B	3.	D	4.	B	5.	C

गद्यांश - 3									
1.	D	2.	A	3.	B	4.	A	5.	C

'सुंदर' शब्द का समानार्थी शब्द है

- खूबसूरत

CTET भाषा 27 Jan 2023

गद्यांश - 4									
1.	C	2.	B	3.	D	4.	B	5.	A

गद्यांश - 5									
1.	B	2.	A	3.	D	4.	C	5.	B

पद्यांश - 1

सुख-दुख मुस्काना नीरज से रहना,
वीरों की माता हूँ वीरों की बहना।
मैं वीर नारी हूँ साहस की बेटी,
मातृभूमि-रक्षा को
वीर सजा देती।
आकुल अंतर की पीर राष्ट्र हेतु सहना,
वीरों की माता हूँ वीरों की बहना।
मात-भूमि जन्म-भूमि
राष्ट्र-भूमि मेरी,
कोटि-कोटि वीर पूत
द्वार-द्वार दे री।
जीवन-भर मुस्काए भारत का अँगना,
वीरों की माता हूँ वीरों की बहना।

1. सुख दुख में मुस्कुराते हुए कैसे रहना चाहिए
(a) धीरज (b) धीर
(c) शीर (d) वीर

2. आकुल अंतर की पीड़ा किसके लिए सहनी चाहिए
(a) राष्ट्र (b) समाज
(c) जाति (d) धर्म

3. मातृभूमि जन्मभूमि.......... मेरी। उपयुक्त शब्द खाली स्थान में भरिए
(a) देवभूमि (b) गांव भूमि
(c) शहर भूमि (d) राष्ट्रभूमि

4. भारत का अंगना कब तक मुस्कुराए
(a) जीवन भर (b) उम्र भर
(c) मुट्ठी भर (d) पल भर

5. माता के लिए पर्यायवाची छांटिए
(a) जननी (b) दादी
(c) नानी (d) बुआ

पद्यांश - 2

हर किरण, तेरी संदेश वाहिका
पवन, गीत तेरे गाता
तेरे चरणों को छूने को
लालायित हिमगिरि का माथा!
तुझसे ही सूर्य प्रकाशित है
आलोक सृष्टि में तेरा है,
संपूर्ण सृष्टि का रोम-रोम
चिर ऋणी, उपासक तेरा है!
अगणित आकाश गंगाएँ
नन्हीं बूंदें तेरे आगे
तू आदि-अंत से मुक्त
काल-अस्तित्व हीन तेरे आगे!
हे जगत् नियंता, जगत-पिता,
है व्याप तेरा कितना ईश्वर,
तेरे चरणों में नत मस्तक,
कितनी धरती, कितने अंबर!

1. ईश्वर के चरण चुमने के लिए कौन लालायित रहता है
(a) पहाड़ (b) नदियां
(c) दरिया (d) हिमगिरी

2. किसका रोम रोम तेरा चिर ऋणी है
(a) छोटी सृष्टि (b) बड़ी सृष्टि
(c) कम सृष्टि (d) संपूर्ण सृष्टि

3. तू आदि.........से मुक्त। रिक्त स्थान की पूर्ति कीजिए
(a) अब (b) तक
(c) अंत (d) जब

4. सत्य कथन पर सही का चिन्ह लगाइए
(a) ईश्वर के चरणों में धरती अंबर नतमस्तक हैं
(b) ईश्वर के चरणों में अंबर और हवा नतमस्तक हैं

'मूल्यांकन' का संधि-विच्छेद है

- मूल्य + अंकन

CTET भाषा 24 Jan 2023

(c) ईश्वर के चरणों में धरती और आग नतमस्तक हैं
(d) ईश्वर के चरणों में आग और हवा नतमस्तक

5. **जगत पिता किसे कहा गया है**
(a) ईश्वर (b) आज
(c) संसार (d) समाज

पद्यांश - 3

क्षमा शोभती उस भुजंग को, जिसके पास गरल हो।
उसको क्या जो दंतहीन, विषरहित, विनीत, सरल हो।
तीन दिवस तक पंथ माँगते रघुपति सिंधु किनारे।
बैठे पढ़ते रहे छंद अनुनय के प्यारे-प्यारे।।
उत्तर में जब एक नाद भी उठा नहीं सागर से।
उठी अधीर धधक पौरुष की आग राम के शर से।।
सिंधु देह धर 'त्राहि-त्राहि' करता आ गिरा शरण में।
चरण पूज दासता ग्रहण की, बँधा मूढ़ बंधन में।।
सच पूछो, तो शर में ही बसती है दीप्ति विनय की।
संधि-वचन संपूज्य उसी का जिसमें शक्ति विजय की।।

1. **'क्षमा शोभती उस भुजंग को, जिसके पास गरल हो' पंक्ति द्वारा कवि क्या कहना चाहता है?**
(a) दुर्बल व्यक्ति का जीवन बेकार है?
(b) विषैले सर्प किसी को क्षमा नहीं करते
(c) क्षमा करने की बात उसी व्यक्ति को शोभा देती है, जिसके पास बल हो।
(d) दुर्बल व्यक्ति किसी को क्षमा करने योग्य नहीं होता।

2. **'पौरूष की आग राम के शर से' पंक्ति में निहित अलंकार का नाम चुनिए**
(a) रूपक (b) अनुप्रास
(c) उत्प्रेक्षा (d) अनुप्रास

3. **जब राम की प्रार्थना का समुद्र पर कोई प्रभाव नहीं पड़ा तो राम ने क्या किया सबसे उपयुक्त विकल्प चुनिए**
(a) राम को बहुत क्रोध आ गया।
(b) राम ने धनुष संभाल लिया।
(c) राम ने सागर को सुखाने का निश्चय कर लिया।
(d) राम ने सागर को सबक सुखाने के लिए अपने तरकश से एक अग्निबाण निकाल लिया।

4. **'संधि वचन संपूर्ण उसी का जिसमें शक्ति विजय की' पंक्ति का आशय स्पष्ट कीजिए**
(a) दुर्बल व्यक्ति कोई काम नहीं कर सकता।
(b) दुर्बल व्यक्ति की बात कोई नहीं मानता।
(c) दुर्बल व्यक्ति का सभी उपहास करते हैं।
(d) दुर्बल व्यक्ति से संधि प्रस्ताव का कोई औचित्य नहीं है।

5. **अनुप्रयुक्त पर्यायवाची शब्द छांटिए**
(a) भुजंग (b) नाग
(c) विष (d) उरग

पद्यांश - 4

लोहे के पेड़ हरे होंगे, तू गान प्रेम का गाता चल,
नम होगी यह मिट्टी जरूर, आँसू के कण बरसाता चल।
सिसकियों और चीत्कारों से, जितना भी हो आकाश भरा,
कंकालों का हो ढेर, खप्परों से चाहे हो पटी धरा।
आशा के स्वर का भार, पवन को लेकिन, लेना ही होगा,
जीवित सपनों के लिए मार्ग मुर्दों को देना ही होगा।
रंगों के सातों घट उड़ेल, यह अँधियाली रंग जाएगी,
उषा को सत्य बनाने को जावक नभ पर छितराता चल।
आदर्शों से आदर्श भिड़े, प्रजा प्रज्ञा पर टूट रही,
प्रतिमा प्रतिमा से लड़ती है, धरती की किस्मत फूट रही
आवर्तों का है विषम जाल, निरुपाय बुद्धि चकराती है,
विज्ञान-यान पर चढ़ी हुई सभ्यता डूबने जाती है।
जब-जब मस्तिष्क जयी होता, संसार ज्ञान से चलता है,
शीतलता की है राह हृदय, तू यह संवाद सुनाता चल।

1. **लोहे के पेड़ किसके प्रतीक हैं ?**
(a) नकली पेड़ (b) मशीनें
(c) मशीनी संस्कृति (d) विज्ञान

2. **नम होगी यह मिट्टी जरूर कहकर कवि किस ओर संकेत कर रहा है ?**
(a) प्रेम के बल पर शुष्क हृदयों में भाव भरे जा सकते हैं
(b) वर्षा न होने के कारण सूखी मिट्टी वर्षा आने पर नम जरूर हो जाएगी
(c) सूखी आंखें फिर आंसुओं से नम हो जाएंगी
(d) इतने आंसू बहाओ की मिट्टी गीली हो जाए

'मुसीबत' का समानार्थी शब्द है

- विपदा

CTET भाषा 24 Jan 2023

3. **दुख और निराशा के वातावरण में मनुष्य का क्या कर्तव्य होना चाहिए ?**
   (a) सपने देखें और साकार करें
   (b) आशा का संचार करें
   (c) मिट्टी नम करें
   (d) विज्ञान यान पर सवार हो

4. **प्रेम की भावना से इस भौतिक बौद्धिक संसार पर विजय पाई जा सकती है यह भाव किस पंक्ति से व्यंजित हो रहा है ?**
   (a) जीवित सपनों के लिए मार्ग मुर्दों को देना ही होगा
   (b) आशा के स्वर का भार पवन को लेकिन लेना ही होगा
   (c) जब जब मस्तिष्क जयी होता संसार ज्ञान से चलता है
   (d) शीतलता की है राह हृदय, तू यह संवाद सुनाता चल

5. **विज्ञान यान में कौन सा अलंकार है?**
   (a) अनुप्रास अलंकार (b) उपमा अलंकार
   (c) रूपक अलंकार (d) अन्योक्ति अलंकार

पद्यांश - 5

बार-बार आती है मुझको मधुर याद बचपन तेरी।
गया ले गया तू जीवन की सबसे मस्त खुशी मेरी॥
चिंता-रहित खेलना, खाना, वह फिरना निर्भय स्वच्छंद,
कैसे भूला जा सकता है, बचपन का अतुलित आनंद?
रोना और मचल जाना भी क्या आनंद दिखाते थे।,
बड़े-बड़े मोती से आँसू जयमाला पहनाते थे।
मैं बचपन को बुला रही थी बोल उठी बिटिया मेरी,
नंदन वन-सी फूल उठी यह, छोटी-सी कुटिया मेरी।
माँ ओ! कहकर बुला रही थी मिट्टी खाकर आई थी
कुछ मुख में कुछ लिए हाथ में मुझे खिलाने लाई थी
मैंने पूछा-"यह क्या लाई ?" बोल उठी वह-"माँ काओ"
हुआ प्रफुल्लित हृदय खुशी से मैंने कहा "तुम्हीं खाओ।"

1. **कवयित्री को बार-बार बचपन की याद क्यों आती है?**
   (a) बचपन के दिन मधुर होते हैं
   (b) बच्चे सबको प्यारे लगते हैं
   (c) बचपन के दिन स्वच्छंद और उल्लासपूर्ण होते हैं
   (d) बचपन के दिन चिंता रहित होते हैं

2. **बचपन की कौन सी बात बोली नहीं जा सकती**
   (a) कोई काम न करना
   (b) चिंता रहित जीवन उल्लासपूर्ण खेलना कूदना
   (c) मचलना
   (d) माता-पिता से अपनी हठ पूरी करवाना

3. **नंदनवन का प्रयोग किसके लिए किया गया है**
   (a) अपनी बिटिया के लिए
   (b) अपने घर के लिए
   (c) स्वयं के लिए
   (d) अपने लिए और अपनी पुत्री के लिए

4. **'बड़े बड़े मोती से आंसू जयमाला पहनाते थे' पंक्ति में निहित अलंकार का नाम बताइए**
   (a) उपमा (b) रूपक
   (c) उत्प्रेक्षा (d) अनुप्रास

5. **तत्सम शब्द छांटिए**
   (a) मिट्टी (b) हाथ
   (c) मुख (d) आंसू

पद्यांश - 1									
1.	A	2.	A	3.	D	4.	A	5.	A

पद्यांश - 2									
1.	D	2.	D	3.	C	4.	A	5.	A

पद्यांश - 3									
1.	C	2.	A	3.	D	4.	D	5.	C

पद्यांश - 4									
1.	C	2.	A	3.	B	4.	D	5.	C

पद्यांश - 5									
1.	B	2.	A	3.	A	4.	C	5.	C

'अत्यंत' का संधि-विच्छेद है

- अति + अंत

CTET भाषा 23 Jan 2023

अभ्यास प्रश्न

दुर्गुण में उपसर्ग तथा मूल शब्द हैं

- दुर् +गुण

CTET 20 Dec 2021

अभ्यास प्रश्न

1000 MCQ's

निर्देश: निम्नलिखित गद्यांश को पढ़कर पूछे गए प्रश्नों के सही। सबसे उपयुक्त उत्तर वाले विकल्प को चुनिए।

गुरु-शिष्य परंपरा में शिष्य के साथ गुरु का नाम पहले आता है। यह अमुक गुरु का शिष्य है- ऐसा कहा जाता है। गुरु अपने एक-एक शब्द से शिष्य में अवतरित होता है। जो शिष्य पूरी तरह से अपने गुरू को समर्पित है, उसके जीवन में एक समय आता है, जब वह गुरु की आराधना और उपासना करते-करते गुरुमय हो जाता है। शिष्य की वृत्ति सद्रूरू में घुल-मिल जाती है। उनकी प्रत्येक चेष्टा में, हावभाव में, वाणी में गुरू का ही प्रतिबिंब नजर आता है। इतना ही नहीं, उसकी आकृति भी गुरू जैसी हो जाती है। कई की तो वाणी भी गुरु जैसी ही हो जाती है। वाणी, विचार, वृत्ति, वेशभूषा, सब में जब सद्गुरु अवतरित होते हैं तब यह नहीं पूछना पड़ता कि तुम्हारा गुरु कौन है? / तब तो यह शिष्य को देखते ही पता चल जाता है। जब परमात्मा अवतरित होते हैं, तो पहले सुयोग्य माता-पिता की खोज करते हैं, उसी प्रकार सद्गुरू भी अवतरित होने के लिए होनहार शिष्य ढूँढ़ते हैं। गुरु अपने शिष्य से माँ से भी ज्यादा परंपरा के माध्यम से यह अविनाशी गुरुतत्व हमेशा शिष्य को प्रकाश देता रहता है।

1. गुरु-शिष्य परंपरा में।

(a) गुरू के साथ शिष्य का नाम पहले आता है।
(b) शिष्य के साथ गुरू का नाम पहले आता है।
(c) शिष्य और गुरु दोनों का नाम एक साथ आता है।
(d) गुरू का नाम शिष्य के बाद आता है।

2. "गुरू अपने एक-एक शब्द से शिष्य में अवतरित होता है।" वाक्य से तात्पर्य है।

(a) गुरू शब्दों द्वारा शिष्य को पढ़ाता है।
(b) गुरू अपने शिष्य का अवतार लेते हैं।
(c) गुरू की शिक्षा शिष्य में प्रतिबिंबित होती है।
(d) गुरू अपने शिष्य से प्रेम करता है।

3. "शिष्य गुरु की आराधना और उपासना करते - करते गुरुमय हो जाता है।" का आशय है।

(a) शिष्य के व्यक्तित्व में गुरू का प्रतिबिंब दिखाई देता है।
(b) शिष्य के व्यक्तित्व पर गुरु का थोड़ा-थोड़ा प्रभाव दिखने लगता है।
(c) शिष्य गुरू की शिक्षाओं को आत्मसात करके उसी राह पर चलता है।
(d) शिष्य स्वयं गुरु बन जाता है।

4. किस प्रकार के शिष्य पर गुरू का प्रभाव अधिक दिखाई देता है ?

(a) पूर्णतः समर्पित (b) बुद्धिमान
(c) विद्वान (d) परिश्रमी

5. ईश्वर अवतरित होने से पहले किसकी खोज करते हैं?

(a) सुयोग्य शिष्य (b) सुयोग्य भाई
(c) सुयोग्य मित्र (d) सुयोग्य माता-पिता

6. गद्यांश के अनुसार गुरू में अपने शिष्य के प्रति का भाव होता है।

(a) गुरुत्व (b) स्त्रीत्व
(c) ममत्व (d) पुरुषत्व

7. 'सदगुरु' का संधि-विच्छेद है।

(a) सत् + गुरु (b) सद् + गुरु
(c) सत + गुरु (d) सु + गुरु

8. 'समर्पित' में प्रत्यय है-

(a) र्पित (b) त
(c) इत (d) पित

9. 'समय' का पर्यायवाची शब्द नहीं है।

(a) बेला (b) काल
(c) घड़ियाँ (d) घड़ी

> भाषा में रचनात्मक आकलन का सर्वाधिक बेहतर उदाहरण है
>
> **-बच्चे को अपने खट्टे-मीठे अनुभव लिखने के लिए कहना**
>
> **CTET - IInd Paper (VI-VIII) July 2013**

निर्देश: निम्नलिखित काव्यांश को पढ़कर पूछे गए प्रश्नों के सही सबसे उपयुक्त उत्तर वाले विकल्प को चुनिए।

हो सकता है कहीं शांत चौपाए घूम रहे हों
हो सकता है कहीं सहन में, पक्षी झूम रहे हों।
तो विनती है यही, कभी मत उस दुनिया को खोना
पेड़ों को मत कटने देना, मत चिड़ियों को रोना।
बच्चे और पेड़ दुनिया को हरा-भरा रखते हैं।
नहीं समझते जो, वे दुष्कर्मों का फल चखते हैं।
आज सभ्यता वहशी बन, पेड़ों को काट रही है
जहर फेफड़ों में भर, इंसानों को बाँट रही है।

10. लेखक ने दुष्कर्म किसे कहा है?
(a) दुनिया को भूलना (b) पेड़ों को काटना
(c) जहर बेचना (d) मनुष्यों को बाँटना

11. पेड़ों को कटने पर चिड़ियों को क्यों रोना पड़ेगा?
(a) चिड़ियाँ पेड़ों को बहुत प्यार करती हैं
(b) चिड़ियाँ पेड़ों को बहुत समय से जानती हैं
(c) पेड़ों के कटने पर चिड़ियाँ घोंसला नहीं बना पाएँगी
(d) पेड़ों के कटने पर चिड़ियाँ बच्चों को नहीं झुला पाएँगी

12. कविता में 'सहन' से क्या आशय है?
(a) झेलना (b) पिंजरा
(c) डाल (d) आँगन

13. लेखक ने कविता में .... की विनती की है।
(a) खूब सारे बच्चे पैदा करने
(b) धरती को हरा-भरा रखने
(c) सभ्यता को शिक्षित करने
(d) एकता के साथ रहने

14. कविता में 'चौपाए' से आशय है-
(a) चारपाई (b) चपरासी
(c) चौकीदार (d) जानवर

15. 'पेड़' का पर्यायवाची शब्द नही है-
(a) पर्ण (b) तरु
(c) वृक्ष (d) पादप

16. अनुच्छेद लेखन के दौरान व्याकरण, विरामचिन्ह विधान और वर्तनी की जाँच करना लेखन प्रक्रिया का कौन-सा चरण है?
(a) संपादन (b) प्रारूपण
(c) विचारमंथन (d) प्रतिपुष्टि

17. एक विद्यालय निरीक्षक ने विद्यालय का दौरा किया और कक्षा एक के उन विभिन्न अनुभागों का अवलोकन किया जहाँ भाषा का अध्यापन किया जा रहा था। आप किस अध्यापक को भाषा अध्यापन के लिए सर्वाधिक रूप से उपयुक्त और आदर्श मानते हैं?
(a) एक अध्यापक श्यामपट्ट पर वर्णमाला के अक्षर लिख रही थी।
(b) दूसरी अध्यापक शिशुगीत गा रही थी फिर कहानी सुना रही थी
(c) तीसरी अध्यापक उदाहरण देकर व्याकरण पढ़ा रही थी।
(d) चौथी अध्यापक शब्दों की वर्तनी पढ़ाकर फिर श्रुतलेख करवा रही थी।

18. निम्नलिखित में से कौन-सा 'निपुन भारत' के अनुसार बुनियादी साक्षरता व गणित बोध का विकासात्मक उद्देश्य है?
(a) बच्चे प्रभावशाली पाठक बनें।
(b) बच्चे प्रभावशाली सम्प्रेषक बने।
(c) बच्चे प्रभावशाली लेखक बनें।
(d) बच्चे ध्यान से सुनने वाले श्रोता बने।

19. राष्ट्रीय शिक्षा नीति 2020 बहुत पुरजोर तरीके से तीन माह की स्कूली तैयारी के माड्यूल की अनुशंसा करती है जिससे कि बच्चे .... स्तर में पढ़ने के लिए तैयार हो सकें।
(a) पूर्व विद्यालय (b) बाल वाटिका
(c) ग्रेड-1 (d) ग्रेड-2

20. अभिकथन (A): भाषायी निपुणता व्याकरणिक दृष्टि से सही वाक्य बनाने की योग्यता है।

विशेष आवश्यकता वाले बच्चों की भाषा का आकलन करते समय

-उनकी क्षमता और सीमाओं का ध्यान रखना चाहिए

CTET - IInd Paper (VI-VIII) July 2013

कारण (R): भाषायी निपुणता सुविधा और प्रवाह के साथ भाषा के इस्तेमाल करने की योग्यता है।

(a) (A) और (R) दोनों सत्य हैं और (R), (A) की सही व्याख्या है।
(b) (A) और (R) दोनों सत्य हैं, लेकिन (R), (A) की सही व्याख्या नहीं है।
(c) (A) सत्य हैं, लेकिन (R) असत्य है।
(d) (A) असत्य हैं, लेकिन (R) सत्य है।

21. निम्नलिखित में से कौन-सा पाठ्यपुस्तक के बारे में सही नहीं है?

(a) यह पाठ्यक्रम लागू करने का मुख्य क्रियान्वयन उपकरण है।
(b) यह साहित्य की विभिन्न विधाएँ प्रस्तुत करता है।
(c) यह पाठ्यक्रम के उद्देश्य प्राप्त करने में मदद करती है।
(d) यह शैक्षिक गतिविधियों की योजना है।

22. एक अध्यापक का यह मत है कि अभिभावक महत्वपूर्ण भागीदार है और उन्हें नियमित रूप से संलग्न करना व सम्प्रेषित करते रहना चाहिए। यह किस प्रकार से हो सकता है?

(a) अभिभावकों को यह सूचित करके कि उनके बच्चे अच्छा प्रदर्शन नहीं कर रहे हैं।
(b) नियमित आधार पर अभिभावकों के साथ बच्चों के पोर्टफोलियो पर चर्चा करके।
(c) अभिभावकों को अकादमिक के स्थान पर सह अकादमिक क्षेत्रों में आमंत्रित करके।
(d) अभिभावकों को अधिगम संबंधी सिद्धान्त पढ़ाकर।

23. तीन से नौ वर्ष वाले आयु समूह के लिए राष्ट्रीय शिक्षा नीति 2020 ने किस शिक्षणशास्त्रीय उपागम पर अधिक बल और ध्यान केन्द्रित किया है?

(a) घटना आधारित शिक्षणशास्त्र
(b) भिन्न-भिन्न पाठ्यचर्यक विषयों में आवाजाही संबंधी उपागम
(c) खिलौना आधारित शिक्षणशास्त्र
(d) विशिष्ट निर्देशात्मक अभ्यास शिक्षणशास्त्र

24. आमतौर पर पूर्व विद्यालयी अध्यापक अपनी कक्षा में शुरूआती दौर में अपने शिक्षार्थियों को चित्रात्मक पुस्तकें देते हैं, बजाय कि वर्णमाला पढ़ाने के। चित्रात्मक पुस्तकें देने का उद्देश्य है-

(a) अपनी व्यस्तता के समय शिक्षार्थियों को व्यस्त रखना और विभिन्न रंगों का परिचय देना।
(b) बच्चे भविष्य में इस तरह के चित्र बना सकें।
(c) बच्चों को पठन से परिचित करवाना और उनके भाषा विकास की शुरूआत करना।
(d) उनके उन बुनियादी कौशलों का आकलन करना जो विद्यालय में प्रवेश के समय उनके पास थे।

25. निम्नलिखित में से कौन-सी कक्षायी प्रक्रियाएँ बुनियादी उम्र के बच्चों के लिए विकासात्मक रूप से उपयुक्त है?

(a) प्रतिदिन पाँच कठिन शब्दों से परिचत करवाना
(b) प्रत्येक दिन की शुरूआत आधे घण्टे के घेरा टाइम (सर्कल टाइम) से करना
(c) धीरे - धीरे नयी अवधारणाओं का परिचय देना
(d) रूटीन में नियमित रूप से बदलाव लाना

26. अभिकथन (A): प्राथमिक स्तर की शिक्षा में 'समूची पाठ्यचर्या में भाषा' दृष्टिकोण महत्त्वपूर्ण है।

कारण (R): भाषा विभिन्न अर्थ- निर्माण संबंधी संदर्भों से बेहतर तरीके से अर्जित की जाती है, इसलिए हर प्रकार का शिक्षण एक प्रकार से भाषा शिक्षण है।

निम्नलिखित कोड में से सही उत्तर का चयन कीजिए

(a) (A) और (R) दोनों सत्य हैं, और (R), (A) की सही व्याख्या है।
(b) (A) और (R) दोनों सत्य हैं, लेकिन (R), (A) की सही व्याख्या नहीं है।
(c) (A) सत्य है लेकिन (R) असत्य है।
(d) (A) असत्य है लेकिन (R) सत्य है।

27. एक बालक के घर की भाषा और विद्यालय में निर्देश की भाषा एक ही है। यह अध्यापक के लिए एक बहुत बड़ा संसाधन है क्योंकि

अपने विद्यार्थियों के भाषा सम्बन्धी क्रमिक विकास का आकलन करने के लिए आपकी निर्भरता मुख्य रूप से है

-पोर्टफोलियो के अवलोकन पर

CTET - Ist Paper (I-V) Feb. 2016

(a) इससे वह बहुभाषिक बनेगा।
(b) वह बच्चों में सामाजिक भाषा का विकास कर सकती है।
(c) वह बच्चों के साथ उस भाषा विशेष में चिन्तन और तर्क की उच्च स्तरीय संज्ञानात्मक गतिविधियों का आयोजन कर सकती है।
(d) बच्चे के लिए पठन और लेखन का अध्यापन अभिभावकों द्वारा किया जा सकता है।

28. भाषा की अध्यापक अपनी डायरी में कुछ टिप्पणियाँ लिख रही हैं, ये टिप्पणियाँ सटीक रूप से यह वर्णित करती हैं कि विद्यार्थी कक्षा के बाद क्या कर पाएँगे। यह टिप्पणियाँ क्या है?
(a) सीखने के प्रतिफल (b) भाषायी दक्षता
(c) भाषा शिक्षा के उद्देश्य (d) सीखने के स्तर

29. बहुभाषावाद ऐसी युक्ति है जिसका अर्थ है-
(a) विद्यालय में बहुत-सी भाषाओं का अध्यापन।
(b) सभी शिक्षार्थियों को मातृभाषा का शिक्षण-अधिगम।
(c) शिक्षार्थियों की भाषाओं का इस्तेमाल करना।
(d) शिक्षार्थियों को विदेशी भाषाएँ सीखने के लिए सहायता प्रदान करना।

30. एक बालिका विद्यालय आते-जाते साइनबोर्ड, प्लेकार्ड, लेबल, रैपर्स आदि देखती है और इस तरह से मुद्रित सामग्री के कई प्रकारों से अन्तः क्रिया करती है। उसका इस प्रकार से अवलोकन व अन्तः क्रिया करना अध्यापक को कौन-से कौशल पोषित करने में मददगार है?
(a) चित्रकारी (b) पठन
(c) श्रवण (d) पेन्टिंग

निर्देशः निम्नलिखित गद्यांश को पढ़कर पूछे गए प्रश्नों के सही। सबसे उपयुक्त उत्तर वाले विकल्प को चुनिए।

कल तो समझ लीजिए कि मेरे घर पर लगभग चौथाई देश इकट्ठा हो रखा था। सुदूर उत्तर में असम, मिज़ोरम, मणिपुर और अरुणाचल से लोग। दक्षिण की बात करें तो तमिल और मलयाली। हम सभी लगभग एक ही उम्र के ना कोई बूढ़ा ना कोई बच्चा। गजब बात यह कि जिस तरह की आड़ी-तिरछी सामाजिक व्यवस्था और अकसर खाली रहने वाली जेब के चलते मैंने फैज़ाबाद छोड़ा, इन सब ने भी अपनी-अपनी जगहें कमोवेश उन्हीं वजहों से छोड़ी। असम वाले दोस्त से मैंने पूछा 'गुवाहाटी ना छोड़ते तो क्या कर रहे होते?" उसने बताया, "हम आपकी तरह इतनी टेंशन नहीं लेते। असम ना छोड़ा होता तो घर में गिटार पड़ा है, कहीं किसी पेड़ के नीचे बैठकर टुनटुना रहे होते और गा रहे होते।"

इन दिनों ब्रह्मपुत्र उधिराई हुई है, असम तबाह है तो फिर भला वह कैसे चर्चा में ना आती। मैंने अभी तक यही सुना था कि ब्रह्मपुत्र चीन से जब चलती है तो इसे वहाँ यारलंग सांगपो के नाम से पुकारते हैं। यानी, घोड़े जैसी नदी या घोड़ा नदी। यह भी सुना था कि भारत आते ही इसे ब्रह्मपुत्र के नाम से पुकारा जाने लगता है।

31. "कल तो समझ लीजिए कि मेरे घर पर लगभग चौथाई देश इकट्ठा हो रखा था।" वाक्य में लगभग चौथाई देश से तात्पर्य है-
(a) देश की लगभग चौथाई जनसंख्या
(b) देश के कुल राज्यों के एक-चौथाई राज्यों से लोग
(c) देश के कुल राज्यों के एक-चौथाई राज्य
(d) देश की लगभग एक-चौथाई भूमि

32. आड़ी-तिरछी सामाजिक व्यवस्था " से आशय है-
(a) सामाजिक समानताएँ (b) सामाजिक विषमताएँ
(c) सामाजिक सरोकार (d) सामाजिक व्यवस्था

33. लेखक को कौन-सा शहर छोड़ा था ?
(a) फिरोजपुर (b) फैसलाबाद
(d) फ़िरोजाबाद (c) फैज़ाबाद

34. गद्यांश के अनुसार "गजब बात " क्या थी?
(a) सभी ने अपनी मर्जी से अपने शहर छोड़े।
(b) सभी ने सामाजिक अव्यवस्था के कारण अपने शहर छोड़े।
(c) सभी ने परिवार के दबाव में आकर अपने शहर छोड़े।
(d) सभी अपने शहर छोड़कर पछता रहे थे।

35. समूह से भिन्न शब्द युग्म है-
(a) आड़ी-तिरछी (b) उल्टी-सीधी
(c) अपनी अपनी (d) अच्छी-बुरी

भाषा में आकलन की प्रक्रिया

-सीखने-सिखाने के दौरान भी चलती है।

CTET - Ist Paper (I-V) Sep. 2014

36. **निम्न में से कौन-सा विशेषण - विशेष्य का संबंध नहीं दर्शाता है ?**

(a) सामाजिक व्यवस्था (b) चौथाई देश
(c) गज़ब बात (d) अरूणाचल प्रदेश

37. **'सामाजिक व्यवस्था' में समास है-**

(a) तत्पुरुष समास (b) द्विगु समास
(c) द्वंद्व समास (d) बहुब्रीहि समास

38. **"इन दिनों ब्रह्मपुत्र उधिराई हुई है, असम तबाह है।" वाक्य में रेखांकित पद से तात्पर्य है।**

(a) बाढ़ आना (b) वर्षा होना
(c) जलमग्र होना (d) जल कम होना

39. **चीन में बह्मपुत्र को .... के नाम से पुकारते हैं।**

(a) यारलंग सांगपो (b) यालरंग संगपो
(c) यारलंग संगामो (d) यारलंग संगमो

निर्देश: निम्नलिखित काव्यांश को पढ़कर पूछे गए प्रश्नों के सही। सबसे उपयुक्त उत्तर वाले विकल्प को चुनिए।

उषा आ रही है
जगत जग चला है
निशा धुल चली है
घिरी दृष्टि तम से
सहज खुल चली है
नई जिंदगी पाश में बंधनों के
नई चाल में आज अँगड़ा रही है।

40. **कविता की पंक्तियों के आधार पर बताइए कि भोर होने पर क्या होता है।**

(a) पक्षी गीत गाते हैं (b) अंधेरा दूर हो जाता है।
(c) अंधकार बढ़ जाता है। (d) द्वार खुल जाते हैं।

41. **'दृष्टि का तम से घिरना' का क्या आशय है?**

(a) अज्ञान का अँधेरा
(b) पराजय का अंधेरा
(c) दृष्टि का कमज़ोर होना
(d) आँखों से दिखाई न देना

42. **'जगत जग चला है' से आशय नहीं है।**

(a) उठ जाना (b) जागरूक होना
(c) कर्मशील होना (d) पृथ्वी का घूमना

43. **'निशा धुल चली है" से तात्पर्य है।**

(a) कठिनाइयाँ दूर हो गई हैं।
(b) निराशा दूर हो गई है।
(c) आसमान साफ़ हो चुका है।
(d) रात उजली हो गई है।

44. **'निशा' का पर्यायवाची शब्द है।**

(a) आभा (b) उषा
(c) रात्रि (d) शयन

45. **'उषा आ रही है' पंक्ति में .... अलंकार है।**

(a) अनुप्रास (b) मानवीकरण
(c) उपमा (d) रूपक

46. **भाषा क्या है ?**

(a) एक कृत्रिम व्यवस्था है।
(b) नियम द्वारा शासित व्यवस्था है।
(c) एक व्याकरणिक व्यवस्था है।
(d) एक ऐसी व्यवस्था हैं जिसमें नियम हैं।

47. **भारत की विद्यालयी शिक्षा में भाषा युक्ति क्या कहलाती हे ?**

(a) बहुभाषावाद (b) त्रि-भाषा सूत्र
(c) कार्यालयी भाषा नीति (d) राष्ट्रीय शिक्षा नीति

48. **एक बालिका पटना से मुंबई स्थानांतरित होती है। वह विद्यालय में एक भाषा के रूप में अंग्रेजी पढ़ती है और सहपाठियों तथा आस-पड़ोस के लोगों के साथ अन्तः क्रिया करके वह मराठी सीखने की स्थिति में है। इस तथ्य से आपकी क्या समझ बन रही है ?**

(a) दोनों भाषाओं का सीखना भाषा अर्जन है।
(b) अंग्रेजी भाषा का सीखना भाषा अर्जन है और मराठी भाषा का सीखना भाषा अधिगम है।
(c) अंग्रेजी भाषा का सीखना भाषा अधिगम है और मराठी भाषा का सीखना भाषा अर्जन है।
(d) दोनों भाषाओं का सीखना भाषा अधिगम है।

बच्चे की भाषा का आकलन करने के लिए सबसे उचित तरीका है

-बच्चों के भाषा-प्रयोग का अवलोकन करना।

CTET - Ist Paper (I-V) Sep. 2014

49. पीटर अपनी मातृभाषा में बहुत अच्छी तरह से पढ़ लेता है और वह अंग्रेजी भाषा में भी बहुत अच्छी तरह से पढ़ लेता है। इसे किस रूप में जाना जाएगा?

(a) दक्षता स्थानान्तरण
(b) परिचित से अपरिचित की ओर जाना
(c) भाषिक योग्यता
(d) कौशल स्थानान्तरण

50. आशीष कक्षा सात का अध्यापक है, उसने अपने विद्यार्थियों को एक पहेली हल करने के लिए दी और विद्यार्थियों को चार के समूह में बाँट दिया। चार के समूह में बँटे शिक्षार्थियों ने यह बोलकर पहेली का हल निकालना है कि वे पहेली करने के बारे में क्या सोचते हैं। भाषा अधिगम की इस युक्ति को किस नाम से जाना जाएगा?

(a) तुरन्त सोचने से जुड़ा नियम
(b) बोलने के लिए सोचना
(c) ऊँचे स्वर में बोलने का नियम
(d) समस्या आधारित बोलना

51. किसी पाठ्यपुस्तक के लिए पाठ्यसामग्री का चयन करते समय एक मुख्य आधार है।

(a) पाठ्यसामग्री शिक्षार्थी के जीवन से जुड़ी होनी चाहिए।
(b) पाठ्यसामग्री स्वाभाविक भाषा में होनी चाहिए और प्रामाणिक सामग्री होनी चाहिए
(c) पाठ्यसामग्री उस देश की होनी चाहिए जिसका शिक्षार्थी निवासी है।
(d) पाठ्यसामग्री उपयुक्त विधा से होनी चाहिए।

52. निम्नलिखित में से कौन-सी भाषा शास्त्रीय भाषा नहीं है?

(a) संस्कृत (b) तमिल
(c) मलयालम (d) हिन्दी

53. भाषा के बारे में ज्ञान क्या कहलाता है?

(a) कार्यविधि आधारित ज्ञान (b) घोषणात्मक ज्ञान
(c) प्रक्रिया आधारित ज्ञान (d) भाषा का व्याकरण

54. भाषा की केन्द्रीयता क्या है?

(a) इस बात की पहचान करना कि विषय-वस्तु को सीखने में भाषा की भूमिका महत्वपूर्ण है।
(b) इस बात की पहचान करना कि भाषाएँ एकान्त में सीखी जाती है।
(c) इस बात की पहचान करना कि भाषा और अधिगम पारस्परिक रूप से संबंधित है।
(d) भाषा संप्रेषण के लिए है और विचारों के लिए भाषा की जरूरत नहीं है।

55. पोर्टफोलियो आकलन क्या है?

(a) कक्षा में शिक्षार्थियों के अधिगम का अभिलेख रखना
(b) यह पता लगाना कि शिक्षार्थी के सीखने में कहाँ कमी है
(c) वार्षिक बोर्ड परीक्षा को समर्थित करना
(d) आकलन के लिए शिक्षार्थियों के सीखने संबंधी सभी कार्यों का अभिलेख रखना

56. सरसरी तौर पर पठन है-

(a) पाठ्यसामग्री में से समग्र अर्थ प्राप्त करने के लिए पठन
(b) विशिष्ट सूचना प्राप्त करने के लिए पठन
(c) लेखक की मंशा जानने के लिए पठन
(d) पाठ्यसामग्री से आगे का पठन

57. दक्षता-आधारित पठन किस बारे में सक्षम बनाता है?

(a) शिक्षार्थी को विषयवस्तु में निपुणता प्राप्त करने के लिए केन्द्रित करना
(b) शिक्षार्थी विषय का विशेषज्ञ बन सके
(c) शिक्षार्थी समाज एवं कार्यस्थल पर कार्य कर सकें
(d) शिक्षार्थी अधिक अंक ला सकें

58. कक्षा आठ का अध्यापक राघवन विद्यार्थियों को पाँच के समूह में बाँटता है और प्रत्येक को एक विशिष्ट टॉपिक पर वार्तालाप में बोलने के लिए एक पात्र (चरित्र) एवं भाषा देता है। इस कार्य को किस रूप में जान जाएगा?

(a) तुरंत सोचने से जुड़ा नियम (b) रोल प्ले
(c) नाटक (d) भाषा विकास

भाष की कक्षा में कहानी सुनाने का मूल उद्देश्य है

-बच्चों की कल्पनाशक्ति का विकास

CTET - Ist Paper (I-V) Sep. 2015

59. एक अध्यापक अपनी कक्षा इस प्रकार से आयोजित करती है कि विद्यार्थी लेखन संबंधी कक्षा में
मुख्य बिन्दु लिख सकें, रूपरेखा तैयार कर सकें, पहला प्रारूप लिख सकें, उसमें सुधार कर सकें और अन्ततः अन्तिम प्रारूप तैयार कर सकें। यहाँ पर अध्यापक किस युक्ति का इस्तेमाल कर रहा है?
(a) प्रक्रिया - आधारित अधिगम
(b) लेखन का प्रक्रिया उपागम
(c) लेखन का उत्पाद-आधारित उपागम
(d) उद्देश्य के लिए लेखन

60. उच्चारण सिखाने के लिए कौन-सा तरीका प्रभावशाली है ?
(a) सभी शिक्षार्थियों को स्वरविज्ञान पढ़ाना
(b) शब्दों और ध्वनियों के प्रतिलेखन के माध्यम से पढ़ाना
(c) विपरीत शब्दों के उदाहरण देकर सिखाना
(d) वर्णों और ध्वनियों की आपसी सम्बद्धता दिखाकर सिखाना

निर्देश: निम्नलिखित गद्यांश को पढ़कर पूछे गए प्रश्नों के सही/सबसे उपयुक्त उत्तर वाले विकल्प को चुनिए।

कल्पनाशीलता बच्चों का नैसर्गिक गुण है। ऐसा इसलिए भी होता है क्योंकि वे दुनिया में हम बड़ों द्वारा बनाए गए कायदों को नहीं जानते। न जानना या कम जानना उनकी कल्पनाशीलता की उड़ान को पंख देता है। जैसे-जैसे बच्चा बड़ा होता है कल्पनाशीलता की जगह यथार्थ लेने लगता है क्योंकि चाहे अनचाहे वह दुनिया के प्रचलित कायदे मानने लगता है। छोटे बच्चों को पढ़ाने वाले टीचर संवेदनशील न हों तो कल्पनाशीलता को हाशिए पर ढकेलने की अंजानी शुरुआत छोटी क्लास से ही हो जाती है। अब सवाल यह है कि कल्पनाशीलता को बचाना इतना जरूरी क्यों है ? / हमारे वक्त के जरूरी कवि विनोद कुमार शुक्ल अपने एक इंटरव्यू में कहते हैं कि माँ अक्सर कहती थीं, परेशान मत हो सब ठीक हो जाएगा। सब ठीक हो जाएगा, यह कल्पना ही तो है। जीवन में सब कभी ठीक नहीं होता। लेकिन मनुष्य के पास सब ठीक हो जाने की कल्पना न हो तो वह यथार्थ का मुकाबला नहीं कर पाएगा। जीवन के प्रति विनोद जी की समझ का सहारा लेते हुए मैं कहना चाहता हूँ कि बच्चों ! कार उड़ सकती है, लेकिन यथार्थ में उड़ने से पहले उसे कल्पना में उड़ना होगा।

61. गद्यांश के आधार पर बच्चों की कल्पनाशीलता में बाधक है
(a) बड़ों द्वारा बनाए नियमों की जानकारी न होना।
(b) बड़ों द्वारा बनाए नियमों की जानकारी कम होना।
(c) बड़ों द्वारा बनाए नियमों की अधिक जानकारी होना।
(d) बड़ों द्वारा बनाए नियमों की उपेक्षा करना।

62. छोटे बच्चों को पढ़ाने वाले शिक्षक में कौन-सा गुण अति आवश्यक है?
(a) कल्पनाशील होना (b) संवेदनशील होना
(c) विषय पर अधिकार (d) कलाकार होना

63. "सब ठीक हो जाएगा" के पीछे कौन-सा भाव छिपा है?
(a) आशा (b) निराशा
(c) प्रसन्नता (d) उत्साह

64. बच्चों ! कार उड़ सकती है, "लेकिन यथार्थ में उड़ने से पहले उसे कल्पना में उड़ना होगा।" से तात्पर्य है कि
(a) जब तक कल्पना नहीं करेंगे, तब तक उसे पूरा करने का प्रयास नहीं होगा।
(b) यथार्थ से अधिक आवश्यक कल्पना करना है।
(c) यथार्थ और कल्पना में कोई संबंध नहीं है।
(d) कल्पना करना बच्चों का जन्मसिद्ध अधिकार है।

65. "नैसर्गिक " शब्द में .... प्रत्यय है।
(a) नि (b) र्गिक
(c) इक (d) सर्ग

66. समूह से भिन्न शब्द-युग्म है
(a) चाहे अनचाहे (b) दिन-रात
(c) जैसे-जैसे (d) अच्छा-बुरा

67. संज्ञा शब्द है
(a) कल्पनाशील (b) संवेदनशील
(c) नैसर्गिक (d) कल्पनाशीलता

68. कल्पनाशीलता बच्चों का नैसर्गिक गुण है। वाक्य में रेखांकित शब्द के स्थान पर प्रयोग कर सकते हैं
(a) प्रकृति (b) प्राकृतिक
(c) प्राकृत (d) प्रसिद्ध

इनमें से प्राथमिक स्तर पर भाषा-आकलन का सर्वाधिक उचित तरीका है

-बच्चों को चित्र-वर्णन और प्रश्न पूछने के अवसर देना

CTET - Ist Paper (I-V) Feb. 2014

69. गद्यांश के आधार पर कल्पनाशीलता को बचाना इसलिए ज़रूरी है ताकि

(a) हम एक बेहतर कलाकार बन सकें।
(b) हम जीवन की चुनौतियों का सामना कर सकें।
(c) हम बहुत प्रसिद्ध चित्रकार बन सकें।
(d) हम यथार्थ से पलायन कर सकें।

निर्देश: निम्नलिखित काव्यांश को पढ़कर पूछे गए प्रश्नों के सही / सबसे उपयुक्त उत्तर वाले विकल्प को चुनिए।

अब रजत स्वर्ण मंजरियों से
लद गई आम्र तरु की डाली।
झर रहे ढाक पीपल के दल,
हो उठी कोकिला मतवाली।
महके कटहल, मुकुलित जामुन
जंगल में झरबेरी झूली।
फूले आड़ू, नीबू, दाड़िम,
आलू, गोभी, बैंगन, मूली।

70. कविता के आधार पर बताइए कि प्रकृति में क्या परिवर्तन आया है?

(a) आम पर बौर आ गई है।
(b) ढाक के सारे पत्ते झड़ चुके हैं।
(c) कौवा गीत गा रहा है।
(d) कटहल झड़ चुके हैं।

71. कविता में 'दल' शब्द का अर्थ है

(a) समूह (b) पत्ते
(c) दाल (d) फल

72. कोयल मतवाली क्यों हो गई है?

(a) आम के पेड़ बौर से लद गए हैं।
(b) सोने की किरणें हर तरफ़ फैल गई हैं।
(c) पीपल के दल झाड़ चुके हैं।
(d) ढाक के दल झड़ चुके हैं।

73. कटहल के पकने पर उसकी गंध .... सी लगती है।

(a) तीखी (b) मीठी
(c) विषाक्त (d) मधुर

74. 'दाड़िम' का अर्थ है

(a) अनाज (b) अनार
(c) नाशपती (d) शकरकंद

75. 'तरु' का पर्यायवाची शब्द है

(a) पर्ण (b) पत्ता
(c) वृक्ष (d) तना

76. वाइगोत्स्की के मत के अनुसार भाषा क्या है?

(a) एक चुनौतीपूर्ण उपकरण
(b) एक सांस्कृतिक उपकरण
(c) अर्थहीन उपकरण
(d) आनन्ददायी उपकरण

77. भाषा कोई पृथक वाक्य या शब्द नहीं है। इसलिए अध्यापक को भाषा एक अर्थपूर्ण .... के रूप में प्रस्तुत करनी चाहिए।

(a) विमर्श (b) स्कीमा
(c) पाण्डुलिपि (d) उपकरण

78. ढाई वर्ष का एक बालक अपनी माता को एक पुस्तक पढ़ते हुए देखता है; वह भी पुस्तक के पृष्ठ पलटता है और पुस्तक को उलटता - पलटता है और मुद्रित भाषा को पढ़ने का प्रयत्न करता है। इस बच्चे को किस श्रेणी में रखेंगे? प्रारंभिक ....

(a) पाठक (b) लेखक
(c) वक्ता (d) अवलोकनकर्ता

79. स्वनिम जागरूकता किसका ज्ञान है ?

(a) भाषा (b) संगीत
(c) शब्द (d) ध्वनि

80. एक बालक को यह समझ है कि किसी कागज़ पर मुद्रित / लिखित सामग्री अर्थपूर्ण शब्दों को प्रस्तुत करती है और ये शब्द बोली जाने वाली भाषा से संबंधित हैं। उसमें किसका विकास हो चुका है?

(a) मुद्रित / लिखित सामग्री की जागरूकता का
(b) पृष्ठों की जागरूकता का
(c) अर्थ की जागरूकता का
(d) स्वनिम जागरूकता का

उच्च प्राथमिक स्तर पर भाषा-शिक्षण का एक महत्वपूर्ण उद्देश्य है-

भाषा की नियमबद्ध प्रकृति को पहचानना
CTET - IInd Paper (VI-VIII) Sep. 2015

81. जब पाठकों से अपेक्षा की जाती है कि वे किसी पाठ्य सामग्री के प्रत्यक्ष या निष्कर्ष वाले अर्थ से आगे जाएँ, यह किस पर आधारित होगा ?

(a) पाठ्य सामग्री की पुनःप्राप्ति व समझ
(b) मूल्यांकन और प्रतिबिंबन (गहन चिंतन)
(c) अपने शब्दों में कहना और सारांशीकरण करना
(d) बारीकी और सरसरी तौर पर पठन

82. भाषा अधिगम में चुनौतीपूर्ण अवधि वह आयु है

(a) जब बच्चे अकादमिक भाषा सीखना शुरू करते हैं।
(b) जब बच्चे भाषा सीखने के लिए सर्वाधिक रूप से ग्रहणशील हैं।
(c) जब बच्चे भाषा सीखना रोक देते हैं।
(d) जब बच्चे भाषा सीखना शुरू करते हैं।

83. एक अध्यापिका यह मानती है कि स्वयं की बनाई वर्तनी (इंवेन्टेड) बच्चों की वर्तनी सीखने की क्षमता को धीमा कर देगी।

(a) आप अध्यापिका के इस विचार से सहमत हैं।
(b) आप अध्यापिका के इस विचार से असहमत हैं।
(c) स्वयं की बनाई वर्तनी का भाषा अधिगम से कोई संबंध नहीं है।
(d) रचनावादी उपागम के अनुसार बच्चे नई-नई वर्तनियों की खोज कर सकते हैं।

84. प्राथमिक स्तर पर विद्यार्थियों के लिए पढ़ाई का माध्यम क्या होना चाहिए?

(a) मातृभाषा (b) हिन्दी
(c) अंग्रेजी (d) राज्य की भाषा

85. राष्ट्रीय शिक्षा नीति 2020 के अनुसार बच्चों द्वारा बोली जा रही भाषा और विद्यालय में पढ़ाई के माध्यम की भाषा में विद्यमान अन्तर को क्या किया जाना चाहिए?

(a) अनदेखी करनी चाहिए
(b) बनाए रखना चाहिए
(c) बढ़ाना चाहिए
(d) पाटना (पुल बनाना) चाहिए

86. एक अध्यापिका कक्षा पाँच के शिक्षार्थियों के पठन कौशल का आकलन कर रही है। कौन-सा तरीका पठन के आकलन का सर्वाधिक उपयुक्त तरीका है?

(a) पढ़ी गई सामग्री के आधार पर श्रुतलेख
(b) पढ़ी गई सामग्री का अपने शब्दों में सारांशीकरण
(c) पाठ पढ़ने के बाद शब्द - अर्थ लिखना
(d) पढ़े गए पाठ की थीम पर एक अनुच्छेद लिखना

87. विक्रम का जन्म मध्य प्रदेश में हुआ और इसके छह वर्ष बाद उसके पिता का स्थानान्तरण केरल में हो गया। वहाँ विक्रम को एक अंग्रेजी माध्यम के विद्यालय में प्रवेश दिलाया गया, किन्तु कुछ ही महीनों में उसने मलयालम सीख ली। इस स्थिति में विक्रम ने-

(a) अपने परिवेश से मलयालम अर्जित की है।
(b) विद्यालय से मलयालम सीखी है।
(c) किसी अध्यापक से मलयालम सीखी है।
(d) भाषा अध्यापक से मलयालम सीखी है।

88. भाषा की पाठ्यपुस्तकों में चित्रों से शिक्षार्थियों को क्या लाभ मिलता है ? शिक्षार्थी ....

(a) बिना पढ़े पूरी पाठ्य सामग्री समझ लेते हैं।
(b) सहपाठियों की मदद से पढ़ते और सीखते हैं।
(c) पाठ्य सामग्री में आए विचारों और घटनाओं को भाँपते और अनुमान लगा लेते हैं।
(d) बिना किसी मदद के अपने-आप पढ़ते और सीखते हैं।

89. अध्यापिका कक्षा चार में 'संज्ञा' पढ़ाना चाहती है। कौन-सी विधि सर्वाधिक उपयुक्त है?

(a) संज्ञा की परिभाषा और प्रकार बताना
(b) पढ़ी जा रही पाठ्य सामग्री में व्यक्ति, स्थान और वस्तु के नामों को रेखांकित करना और उसके बाद संज्ञा की व्याख्या करना
(c) संज्ञा की व्याख्या करना और इसके बाद विद्यार्थियों से इसके उदाहरण पूछना
(d) संज्ञा शब्दों पर आधारित कार्य - पत्रक पूरा करने के लिए कहना

पाठ पढ़कर बच्चों से प्रश्न बनवाने से शिक्षक को यह जानने का अवसर मिलता है

कि बच्चों ने पाठ को कितनी गहराई से समझा है

CTET - IInd Paper (VI-VIII) June 2011

90. एक अध्यापिका अनुच्छेद लेखन के लिए प्रक्रिया आधारित उपागम का अनुसरण कर रही है। शिक्षार्थियों में लेखन कौशल विकसित करने का सही तरीका क्या है?

(a) विद्यार्थियों को अनुच्छेद लेखन के बारे में पढ़ने के लिए कहना
(b) टॉपिक से संबंधित मस्तिष्क में आ रहे बिन्दुओं को नोट करने के लिए कहना
(c) विषय से जुड़े मुख्य बिन्दुओं की अपेक्षा व्याकरणिक गलतियों पर ध्यान देने के लिए कहना
(d) 'सर्च इंजिन' का प्रयोग करते हुए कुछ विचार बिन्दु पकड़ने के लिए कहना

निर्देश: निम्नलिखित गद्यांश को पढ़कर पूछे गए प्रश्नों के सही/ सबसे उपयुक्त उत्तर वाले विकल्प को चुनिए।

व्यक्ति के जीवन में संतोष का बहुत महत्त्व है। संतोषी व्यक्ति सुखी रहता है। असंतोष सब व्याधियों की जड़ है। महात्मा कबीर ने कहा है कि धन-दौलत से कभी संतोष नहीं मिलता। संतोषरूपी धन मिलने पर समस्त वैभव धूल के समान प्रतीत होता है। व्यक्ति जितना अधिक धन पाता जाता है, उतना ही असंतोष उपजता जाता है। यह असंतोष मानसिक तनाव उत्पन्न करता है जो अनेक रोगों की जड़ है। धन व्यक्ति को उलझनों में फँसाता जाता है। साधु को संतोषी बनाया गया है क्योंकि भोजनमात्र से उसे संतोष मिल जाता है। हमें भी साधु जैसा होना चाहिए। हमें अपनी इच्छाओं को सीमित रखना चाहिए जब इच्छाएँ हम पर हावी हो जाती हैं तो हमारा मन सदा असंतुष्ट रहता हैं। सांसारिक वस्तुएँ हमें कभी संतोष नहीं दे सकती। संतोष का संबंध मन से है। संतोष सबसे बड़ा धन है। इसके सम्मुख सोना-चाँदी, रुपया-पैसा व्यर्थ है।

91. गद्यांश के आधार पर असंतोष का परिणाम नहीं है

(a) मानसिक तनाव (b) रोगों से घिरना
(c) लालच की प्रवृत्ति (d) सीमित इच्छाएँ

92. महात्मा कबीर के अनुसार जीवन में सबसे अधिक महत्त्वपूर्ण है

(a) धन-दौलत (b) संतोष
(c) वैभव (d) सांसारिक वस्तुएँ

93. संतोष का संबंध किससे है ?

(a) संपदा (b) मन
(c) आभूषण (d) इच्छाएँ

94. गद्यांश के अनुसार यदि व्यक्ति सुख से रहना चाहता है, तो उसे .... होना होगा।

(a) कर्तव्यशील (b) संतोषी
(c) धनाढ्य (d) मितव्ययी

95. गद्यांश के अनुसार अधिक धन प्राप्त करने का परिणाम है

(a) अधिक सुखी होना (b) अधिक धनाढ्य होना
(c) उलझनों से निकलना (d) असंतोषी होना

96. साधु स्वभाव की विशेषता है

(a) वैराग्य प्राप्त करना
(b) मोक्ष प्राप्त करना
(c) कम में भी गुज़ारा करना
(d) कम होने को नियति मानना

97. व्याधि से तात्पर्य है

(a) व्यवधान (b) व्यवस्था
(c) रोग (d) दुख

98. समूह से भिन्न शब्द है

(a) भोजन (b) संतोष
(c) धूल (d) असंतुष्ट

99. 'सांसारिक' शब्द में मूल शब्द और प्रत्यय है

(a) संसार + इक (b) संसार + रिक
(c) सांसार + इक (d) संसार + क

निर्देश: निम्नलिखित काव्यांश को पढ़कर पूछे गए प्रश्नों के सही / सबसे उपयुक्त उत्तर वाले विकल्प को चुनिए।

कुछ ऐसे पूरब के गाँव की हवा चली,
खपरैलों की दुनिया आँख खोलने लगी।
जमे हुए धुएँ - सी पहाड़ी है दूर की,
काजल की रेख-सी कतार है खजूर की
सोने का कलश लिए उषा चली आ रही,
माथे पर दमक रही आभा सिंदूर की।

अवलोकन को आकलन का भाग तभी कहा जा सकता है जब अवलोकन-

प्रतिदिन प्रत्येक बच्चे का किया जा रहा हो

CTET - Ist Paper (I-V) Sep. 2016

100. कविता का मुख्य स्वर है
(a) भोर हो रही हैं (b) संध्या हो रही हैं
(c) रात हो रही है (d) आभा चमक रही है

101. कविता के कौन-से शब्द ग्रामीण परिवेश की ओर संकेत करते हैं ?
(a) गाँव-हवा (b) खजूर - कलश
(c) गाँव-खपरैल (d) खपरैल-काजल

102. 'खपरैलों की दुनिया आँख खोलने लगी।' पंक्ति से तात्पर्य है
(a) लोगों की आँखें खुल गई हैं।
(b) लोग खपरैलों को जगाने लगे हैं।
(c) खपरैलों की दुनिया सचेत हो गई है।
(d) गाँव के लोग उठने लगे हैं।

103. पहाड़ी को जमे हुए धुएँ - सी क्यों कहा गया होगा ?
(a) भोर से पहले के अंधकार के कारण
(b) भोर होने पर फैले हुए अँधेरे के कारण
(c) पहाड़ी पर फैक्ट्रियों का धुआँ जमने के कारण
(d) पहाड़ों पर फैले चूल्हे के धुएँ के कारण

104. 'सोने का कलश' के माध्यम से किसकी ओर संकेत किया गया है ?
(a) सूर्य के सोने के कलश के लिए
(b) सूर्य की सुनहरी किरणों की ओर
(c) सूर्य की रुपहली आभा की ओर
(d) सूर्य की नीली आभा की ओर

105. 'उषा चली आ रही ' पंक्ति में .... अलंकार है।
(a) अनुप्रास (b) उपमा
(c) रूपक (d) मानवीकरण

106. सहजज्ञानवादियों का यह विचार कि सहजात मानसिक योग्यता बच्चों को भाषा अर्जित करने एवं उसका प्रयोग करने के योग्य बनाती है, क्या कहलाती है?
(a) भाषा अधिगम की पहल
(b) भाषा विकास के उपकरण
(c) भाषा अर्जन युक्ति
(d) भाषा बोध

107. दो-तीन माह की शिशु एकल स्वर जैसी ध्वनियाँ निकालती है। भाषा विकास के इस चरण को किस नाम से संबोधित किया जाता है ?
(a) कूजन (b) एकशब्दीय वाक्य
(c) बबलाना (d) एक शब्द

108. भाषा ड्रिल और अभ्यास द्वारा सीखी जाती है। भाषा अधिगम के इस विचार को किसने समर्थित किया है ?
(a) बी. एफ. स्किनर (b) लेव वाइगोत्स्की
(c) नॉम चॉम्स्की (d) जीन पियाजे

109. कक्षा दो के विद्यार्थी भिन्न-भिन्न भाषायी पृष्ठभूमि से हैं। कक्षा की यह बहुभाषी प्रकृति -
(a) कक्षा में पढ़ाने वाले अध्यापक के लिए एक बोझ है।
(b) एक प्रकार का व्यवधान है, क्योंकि यह भाषा अधिगम में भ्रमित करेगी।
(c) भाषा अधिगम में एक संसाधन की भाँति प्रयोग में लाई जा सकती है।
(d) नई भाषा के अधिगम में भ्रम पैदा कर सकती है।

110. निम्नलिखित में से कौन-सी युक्ति प्रभावशाली श्रवण के लिए नहीं है?
(a) पूर्व- श्रवण विश्लेषण
(b) संरचित (बनाए गए) कथनों का श्रवण
(c) अनुमान लगाना
(d) समूह में श्रवण

111. ग्रहीय शब्द भंडार वे शब्द हैं जिन्हें
(a) जब कोई सुनता / सुनती हैं या देखता / देखती है तब पहचान कर पाते हैं।
(b) कोई भी पाठ्यसामग्री से समझ सकती / सकता है।
(c) दूसरे के वक्तव्य से ग्रहण किया जाता है।
(d) व्यक्ति अपनी व्यक्तिगत शब्दावली में प्रयोग करते हैं।

112. कक्षा दो के विद्यार्थी रविकान्त को लेखन के समय शब्द और वर्ण लिखने में कठिनाई आती है। उसकी लिखावट स्पष्ट और सुसंगत नहीं है। इसे किस रूप में जान जाएगा?
(a) डिस्ग्राफ़िया (b) डिस्लेक्सिया
(c) डिस्केलकुलिया (d) डिस्फ्रेज़िया

प्राथमिक स्तर पर भाषा का आकलन करने में सर्वाधिक सहायक है

-वीडियोग्राफी

CTET - Ist Paper (I-V) Sep. 2016

113. किसी बच्चे को उसकी लक्ष्य भाषा में निपुण तब कहा जाएगा जब

(a) उसके पास उपयुक्त शब्द भंडार है परन्तु वह उसका प्रयोग बार-बार न करता हो।
(b) वह अपने घर की भाषा में पठन और लेखन कर पाता हो।
(c) लक्ष्य भाषा का प्रयोग और सटीकता के साथ कर पाता हो।
(d) जो बोला जा रहा है, उसे समझ पाने योग्य हो।

114. नादिरा को अपने कक्षा-4 के विद्यार्थियों के पठन बोध का मूल्यांकन करना है। निम्नलिखित में से सर्वाधिक उपयुक्त कार्य का चयन करें जिससे वह अपने विद्यार्थियों का मूल्यांकन कर सके।

(a) पढ़ी गई सामग्री से श्रुतलेख
(b) 'पठन के 4-5 लाभ लिखिए '
(c) 'अपने शब्दों में कहानी दुबारा कहिए'
(d) 'पढ़ी गई सामग्री से शब्द लेकर वाक्य बनाइए'

115. एक अध्यापक अपने कुछ विद्यार्थियों को दिए गए विषय पर छह वाक्य बोलने के लिए कहती है। वह शेष विद्यार्थियों को अपने सहपाठियों के वाक्य सुनकर उनका आकलन करने के लिए कहती है। इस प्रकार के आकलन को क्या कहेंगे?

(a) स्व- आकलन
(b) व्यक्तिपरक आकलन
(c) समूह में आकलन
(d) सहपाठी द्वारा आकलन

116. एक बहुभाषिक व्यक्ति को और क्या कहा जा सकता है?

(a) द्विभाषी (b) एकलभाषी
(c) बहुभाषाविद (d) भाषावैज्ञानिक

117. निम्नलिखित में से कौन-सा कथन पठन और लेखन कौशल के बारे में सही है ?

(a) अच्छे लेखन कौशल का पठन पर कोई प्रभाव नहीं पड़ता है।
(b) जो विद्यार्थी बहुत पढ़ते है। वे अच्छे लेखक होते हैं।
(c) जो विद्यार्थी अच्छे लेखक होते हैं, वे वर्तनी की अशुद्धियाँ नहीं करते।
(d) पठन और लेखन कौशल हमेश पृथक रूप से पढाने चाहिए।

118. एक अध्यापक विद्यार्थियों को एक अनुच्छेद लिखने के लिए कहती है। लेखन प्रक्रिया आरंभ करने से पहले विद्यार्थी को सबसे पहले क्या करना चाहिए ?

(a) प्रारूप को दोहराना चाहिए
(b) अनुच्छेद लिखना शुरू करना चाहिए
(c) विषय बिंदु पर मानस मंथन करना चाहिए
(d) प्रारूप का संपादन करना चाहिए

119. आकलन प्रक्रिया के संबंध में सहपाठियों की प्रतिपुष्टि

(a) की ज़रूरत नहीं है, क्योंकि इसकी कोई प्रासंगिकता नहीं है।
(b) का प्रयोग नहीं करना चाहिए, क्योंकि प्रतिपुष्टि देना अध्यापक का काम है।
(c) लेखन कौशल के लिए नियमित रूप से प्रयुक्त की जानी चाहिए।
(d) केवल पठन कौशल में प्रयोग में लानी चाहिए और शेष तीन कौशलों में नहीं।

120. "कल मुझे जालंधर जाना था, पर मेरी ट्रेन मिस हो गई।" यह वाक्य किसका उदाहरण है ?

(a) कोड मिश्रण
(b) एक कोड से दूसरे कोड में जाना
(c) कोड परिवर्तन
(d) कोड में भिन्नता

निर्देश: निम्नलिखित गद्यांश को पढ़कर पूछे गये प्रश्नों के सही। सबसे उपयुक्त उत्तर वाले विकल्प को चुनिए।

कई दिनों तक परिश्रमपूर्वक खोजने के बाद भी जीवक को ऐसी कोई वनस्पति प्राप्त नहीं हुई जिसमे औषधीय गुण न हों। वह तक्षशिला विश्वविद्यालय के विशाल परिसर के बाहर दूर-दूर तक जाकर ढूँढ़ चुका था, अनेक अज्ञात वनस्पतियों का परीक्षण भी कर चुका था पर उसे सफलता हाथ नहीं लगी। अंततः उसे खाली हाथ आचार्य के पास

> "यदि तुम्हें डलिया भरकर आम दे दिए जाएं तो तुम क्या करोगी?" इस प्रश्न का उद्देश्य है
>
> **-बच्चों के अनुभव और चिंतन को स्थान देना**
>
> **CTET - Ist Paper (I-V) Sep. 2016**

लौटना पड़ा। लौटते हुए वह विचार कर रहा था। आचार्य से अपनी असफलता बताकर क्या उत्तीर्ण हुआ जा सकता है? नहीं। उसे अभी और परिश्रम करना पड़ेगा। उसकी शिक्षा अधूरी है। उसने धरती माता के वात्सल्य का अनुभव किया था। प्राणियों के पोषण और रक्षण के लिए प्रकृति द्वारा दिए गए वरदानों से वह परिचित हुआ था। उसके मन मे यह बात कचोट रही थी कि प्रकृति से इतनी अमूल्य जैव - संपदा पाकर हम कृतज्ञ क्यों नहीं होते? कितने जड़मति हैं वे लोग जो इसे नष्ट करते हैं।

121. जीवक को कौन-सी बात कचोट रही थी ?
(a) मानव-जाति प्राकृतिक संपदा का उपयोग क्यों करती है?
(b) मानव-जाति प्रकृति पर उपकार क्यों नहीं करती है ?
(c) मानव-जाति प्रकृति की पूजा क्यों नहीं करती है ?
(d) मानव जाति प्रकृति का आभार क्यों नहीं मानती है ?

122. जीवक किस प्रकार की वनस्पति की खोज कर रहा था?
(a) जो वनस्पति उसे अमर बना सके।
(b) जिस वनस्पति से वह औषधि तैयार कर सके।
(c) जिस वनस्पति में दवा बनाने से संबंधित कोई गुण न हो।
(d) जिस वनस्पति को देखकर उसके आचार्य प्रशन्न हो जाएँ।

123. जीवक को ऐसा क्यों लगा कि उसकी शिक्षा अधूरी है?
(a) क्योंकि वह औषधीय गुण वाली वनस्पति की पहचान नहीं कर पाया था।
(b) क्योंकि उसे अपने आचार्य की कोई भी बात याद नहीं आ रही थी।
(c) क्योंकि वह औषधीय गुणरहित वनस्पति की पहचान नहीं कर पाया था।
(d) क्योंकि वह आश्रम में और अधिक दिन रहना चाह रहा था।

124. लौटते हुए जीवक के मन में किस तरह के विचार आ रहे थे ?
(a) उसे अपनी असफलता के बारे में आचार्य से नहीं बताना चाहिए।
(b) वह इससे अधिक परिश्रम नहीं करना चाहता।
(c) उसकी शिक्षा पूरी हो चुकी है।
(d) आचार्य द्वारा ली जा रही परीक्षा में क्या वह सफल हो पाएगा।

125. तक्षशिला विश्वविद्यालय के परिसर हेतु किस विशेषण का प्रयोग हुआ है?
(a) बहुत बड़ा (b) बहुत सुन्दर
(c) बहुत पुराना (d) बहुत अनोखा

126. 'जड़मति' शब्द का अर्थ है।
(a) जटिल (b) अकृतज्ञ
(c) मूर्ख (d) ज्ञानी

127. नीचे दिए गए शब्दों में से किस शब्द में प्रत्यय और उपसर्ग दोनों का प्रयोग हुआ है ?
(a) असफलता (b) परिश्रम
(c) सफलता (d) अज्ञात

128. 'जैव - संपदा' का समास विग्रह है।
(a) जैव की संपदा (b) जैव के लिए संपदा
(c) जैव में संपदा (d) जैव और संपदा

129. 'वात्सल्य' का अर्थ है।
(a) देश प्रेम (b) भक्ति भाव
(c) मातृ-पितृवत् स्नेह (d) सहज भाव

निर्देश: निम्नलिखित पद्यांश को पढ़कर पूछे गए प्रश्नों के सही। सबसे उपयुक्त उत्तर वाले विकल्प को चुनिए।

पथ भूल न जाना पथिक कहीं।
पथ में काँटे तो होंगें ही,
दूर्वादल, सरिता, सर होंगें।
सुंदर गिरि - वन - वापी होंगें,
सुंदर-सुंदर निर्झर होंगे।
सुंदरता की मृग-तृष्णा में,
पथ भूल न जान पथिक कहीं।
जब कठिन कर्म - पगडंडी पर,
राही का मन उन्मुख होगा।
जब सपने सब मिट जाएँगें,
कर्तव्य मार्ग सम्मुख होगा।

हिन्दी भाषा में सतत् और व्यापक आकलन का उद्देश्य यह जानना है कि

-बच्चे कैसे सीखते हैं

CTET - IInd Paper (VI-VIII) Feb. 2015

तब अपनी प्रथम विफलता में,
पथ भूल न जाना पथिक कहीं ॥

130. कवि किस पथ को न भूलने की बात कर रहा है?
(a) राज पथ (b) कर्तव्य पथ
(c) जीवन पथ (d) सफलता का पथ

131. किस स्थिति में पथिक द्वारा पथ भूल जाने की आंशका है?
(a) साहस के साथ चलना
(b) सौंदर्य के प्रति आसक्ति
(c) विवेकपूर्ण सामना
(d) आशावादी दृष्टिकोण

132. "तब अपनी प्रथम विफलता में " पंक्ति का भाव है
(a) अपनी पहली सफलता में
(b) अपनी पहली हार के समय
(c) अपनी पहली विजय के पल
(d) कठिन कर्म की पगदंडी पर चलते हुए फल मिलने पर

133. पद्यांश में 'पथिक' संबोधन है
(a) यात्री के लिए (b) मनुष्य के लिए
(d) व्यापारी के लिए (c) सैनिक के लिए

134. 'वापी' शब्द का अर्थ है
(a) कुआँ (b) नदी
(c) झरना (d) छोटा तालाब

135. 'सरिता' का समानार्थक शब्द है।
(a) नदी (b) तालाब
(c) झरना (d) कुआँ

136. नॉम चॉम्स्की के अनुसार भाषा अर्जन उपकरण (एल.ए.डी.) बच्चों की किस बात में मदद करता है?
(a) वयस्कों द्वारा बोली जाने वाली भाषा को शुरु करने में
(b) व्याकरण के नियम बनाने में
(c) सरलतापूर्वक दूसरी भाषा सीखने में
(d) दूसरे बच्चों के साथ अन्तः क्रिया करने में

137. कक्षा पाँच में भाषा शिक्षण करते समय श्रीलाल पाठ्यसामग्री को बच्चों की पृष्ठभूमि, रीजि-रिवाज और परम्पराओं से सम्बद्ध करते हैं। श्रीलाल भाषा के किस सिद्धान्त का प्रयोग कर रहे हैं?
(a) सटीकता का सिद्धान्त
(b) समूहीकरण का सिद्धान्त
(c) अभ्यास का सिद्धान्त
(d) जीवन से जुड़ाव का सिद्धान्त

138. गोवा में कोंकणी, मराठी, अंग्रेजी, हिन्दी और पुर्तगाली भाषाएँ बोली जाती हैं। इसका तात्पर्य यह हुआ कि गोवा
(a) बहुभाषिक राज्य है।
(b) एक भाषिक राज्या है।
(c) द्विभाषिक राज्य है।
(d) ऐसा राज्य है जहाँ भाषाएँ पढ़ाई जाती हैं।

139. प्राथमिक स्तर पर व्याकरण पढ़ाते समय अध्यापक को किस विधि का प्रयोग करना चाहिए जिससे कि बच्चे काम में व्यस्त रहें और एक-दूसरे के साथ अंतः क्रिया कर सकें?
(a) पाठ्यपुस्तक (b) अनुवाद
(c) आगमनात्मक (d) निगमनात्मक

140. निष्क्रिय शब्दावली में ऐसे शब्द होते हैं.
(a) जिनका प्रयोग कभी-कभार होता हो
(b) जिनका प्रयोग अक्सर किया जाता हो
(c) जिनका इस्तेमाल भाषा वैज्ञानिक करते हों
(d) जिनका इस्तेमाल लेखक करते हों

141. त्रुटियों के बारे में कौन-सा कथन सही नहीं है?
(a) त्रुटियाँ भाषा अधिगम की प्रक्रिया में व्यवधान डालती हैं।
(b) त्रुटियाँ हमेशा बुरी नहीं होती हैं।
(c) त्रुटियाँ भाषा अधिगम प्रक्रिया का महत्वपूर्ण आयाम हैं।
(d) त्रुटियाँ द्वितीय भाषा अर्जन की प्रक्रिया को समझने में सहायक हैं।

142. कल्पना करे कि आप किसी गतिविधि क्लब के सचिव हैं। आपने अपने विद्यालय में एक सेमिनार की

अधोलिखित शब्द युग्म का सही अर्थ है अनुलम्ब अनुलग्न

-अनिश्चित-किसी के साथ जुड़ा हुआ

CTET - Ist Paper (I-V) July 2013

अध्यक्षता हेतु किसी भाषा वैज्ञानिक को आमंत्रित किया है। आप उनका साक्षात्कार कर रहें हैं और उसमें उनके व्यवसाय, शौक और भविष्य की योजनाओं के बारे में पूछ रहे हैं। इस गतिविधि को किस श्रेणी में रखेंगे?

(a) श्रवण और लेखन गतिविधि
(b) वाचन और लेखन गतिविधि
(c) पठन और श्रवण गतिविधि
(d) श्रवण और वाचन गतिविधि

143. 'पृथ्वी सूर्य के चारों ओर घूमती है' इस प्रकार की तथ्यात्मक सूचना संबंधी लेखन को किस श्रेणी में रखेंगे?

(a) प्रतिपादक लेखन (व्याख्यात्मक)
(b) प्रत्ययकारी लेखन (आकर्षक)
(c) वृतान्तात्मक लेखन
(d) विवरणात्मक लेखन

144. विद्यार्थियों के साथ साहित्य पर बात क्यों करनी चाहिए, इससे संबंधित कौन-सा कथन सही नहीं है ?

(a) यह बहुत प्रेरणास्पद है।
(b) यह पाठ्यक्रम शामिल नहीं है।
(c) यह विद्यार्थियों को दूसरों की संस्कृति समझने में मदद करता है।
(d) यह भाषा अर्जन का आधार है।

145. भाषा अधिगम में निदानात्मक परीक्षण का क्या उद्देश्य है?

(a) योगात्मक आकलन की योजना बनाना और प्रश्न पत्र तैयार करना
(b) शिक्षार्थियों की समझ में रह गए अंतरों (कमियों) को जानना
(c) विद्यार्थियों को काम दिलवाने के उद्देश्य से उनकी भाषायी निपुणता का परीक्षण करना
(d) किसी विशिष्ट कार्यक्रम हेतु अभ्यर्थी हेतु की पात्रता का आकलन करना

146. वायगोत्सकी के अनुसार, बच्चे साथियों के साथ सामाजिक अंत: क्रिया से सीखते हैं। एक भाषा शिक्षक के रूप में-

(a) अपने पाठ की इस तरह से योजना बनाएँ कि वे कक्षा में अकेले बैठें तथा कक्षा में अंतःक्रिया एवं बातचीत किए बिना कार्य करें।
(b) ऐसी पाठ योजना बनाएँ जिसमें अन्तः क्रिया से बचने के लिए खेल और चर्चा शामिल न की जाए।
(c) कक्षा में अनुशासन बनाए रखने के लिए प्रोत्साहन, पुरस्कार एवं दण्ड का प्रयोग करें।
(d) जोड़े एवं समूह कार्य के लिए योजना बनाएँ ताकि वे साथियों के साथ अंतर्क्रिया कर सकें।

147. निम्नलिखित में कौन-सा तरीका भाषा शिक्षक के द्वारा अपनाया जाना चाहिए?

(a) धारा प्रवाह बोलने वाले विद्यार्थी को कक्षा में अनुकरणीय विद्यार्थी के रूप स्वीकारना चाहिए।
(b) कक्ष हेतु कुछ कठोर नियम बनाना तथा सुनिश्चित करना कि उनका कड़ाई से पालन होना चाहिए।
(c) यह सुनिश्चित करना कि उसकी कक्षा में सभी विद्यार्थी महसूस करें कि उन्हें स्वीकृति एवं महत्व दिया जा रहा है। चाहे वे किसी भी भाषा, सामाजिक एवं सांस्कृतिक पृष्ठभूमि से संबंध खाते हों।
(d) यह सुनिश्चित करना कि भाषा की कक्षा में सुविधा वंचित पृष्ठभूमि से आने वाले बच्चों को कठिन परिश्रम करना है।

148. भारतीय कक्षाएँ बहुभाषी कक्षाएँ होती हैं। बहुभाषिकता के इस संदर्भ को ध्यान में रखते हुए प्राथमिक स्तर पर बहुभाषी कक्षा के बारे में निम्नलिखित में से कौन सा एक सर्वाधिक उपयुक्त है?

(a) शिक्षक को शिक्षार्थी की भाषा को नजरअंदाज करते हुए, विद्यालय की भाषा पर ध्यान देना चाहिए।
(b) घर की भाषा का मातृभाषा, घर पर बोलनी चाहिए न कि विद्यालय में।
(c) भारत में एकल भाषी विद्यालय होने चाहिए तथा शिक्षार्थियों को उनकी भाषा की प्राथमिकताओं के अनुसार प्रवेश देना चाहिए।
(d) शिक्षक, शिक्षार्थियों को उनकी स्वयं की भाषा में संप्रेषण करने एवं अभिव्यक्ति हेतु प्रोत्साहित करें तथा उनके विचारों को सम्मान दें।

सतत् आकलन का उद्देश्य यह जानना है कि

-बच्चे कैसे सीखते हैं?

CTET - IInd Paper (VI-VIII) Sep. 2015

149. 'लक्ष्य दृश्य शब्द' शब्द भंडार में किस प्रकार का शब्द है?
(a) रट कर सीखा जाता है।
(b) पाठक इसकी पहचान करता है और बिना किसी जटिल विश्लेषण के इसे अर्थपूर्ण पाता है
(c) लेखक की शैली की प्रभावशीलता का निर्णय लेने से मदद करता है।
(d) कम प्रयुक्त किया जाता है।

150. आरंभिक साक्षरता उपागम पर आधारित कक्षा के लिए बच्चों को कक्षा में क्या करना चाहिए?
(a) पारंपरिक प्रवेशिका पढ़नी चाहिए
(b) विभिन्न प्रकार की लिखित और वाचिक सामग्री से अंतः क्रिया करनी चाहिए
(c) ड्रिल और अभ्यास वाली वर्कशीट पर काम करना चाहिए
(d) मौखिक ड्रिल अभ्यास करना चाहिए

निर्देश: निम्नलिखित गद्यांश को पढ़कर पूछे गए प्रश्नों के सही / सबसे उपयुक्त उत्तर वाले विकल्प को चुनिए।

बात बीसवीं सदी की शुरुआत की है। दक्षिण भारत के एक विद्यालय में गणित की कक्षा चल रही थी। अध्यापक विद्यार्थियों को भाग देने की विधि समझा रहे थे। अध्यापक ने बताया, 'अगर चार आमों को चार बालकों में बाँटा जाए तो प्रत्येक को एक आम मिलेगा। इसी तरह से अगर दस आमों को दस व्यक्तियों में विभाजित किया जाए तो प्रत्येक को एक आम मिलेगा।

आगे वह बोले, 'अगर किसी संख्या का उसी संख्या से भाग किया जाए तो भागफल हमेश एक ही होता है।' कक्षा के एक मेधावी छात्र को इस सूत्र की गलती समझ में आ गई। उसने पूछा, "महोदय, अगर शून्य आमों को शून्य व्यक्तियों में बाँटा जाए, तो क्या प्रत्येक को एक आम मिलेगा ?" इस असाधारण प्रश्न को सुनते ही अध्यापक कुछ विचलित से हुए। वे डाँटकर बोले, "शून्य का कोई मान नहीं होता।" पर विद्यार्थी ने आत्मविश्वास के साथ कहा, "महोदय शून्य का मान होता है। अगर दो के दायीं ओर हम एक शून्य रख दें तो 20 हो जाता है। इसी में एक और शून्य बढ़ा दें तो 200 हो जाता है। यह विद्यार्थी आधुनिक युग में भारत का सर्वश्रेष्ठ गणितज्ञ कहलाया।"

151. अध्यापक विद्यार्थियों को कौन-सी प्रक्रिया समझा रहे थे?
(a) जोड़ की प्रक्रिया (b) घटा की प्रक्रिया
(c) भाग करने की प्रक्रिया (d) गुणा करने की प्रक्रिया

152. इस गद्यांश में भारत के किस क्षेत्र के विद्यालय का प्रसंग है ?
(a) उत्तर भारत (b) दक्षिण भारत
(c) पूर्वी भारत (d) पश्चिमी भारत

153. गद्यांश के आधार पर रिक्त स्थान की पूर्ति कीजिए।
"अगर दस आमों को दस व्यक्तियों में .... किया जाए तो प्रत्येक को एक आम मिलेगा।"
(a) विभाजित (b) वर्गीकृत
(c) विकसित (d) वर्णित

154. छात्र का प्रश्न सुनकर अध्यापक की क्या प्रतिक्रिया थी?
(a) अध्यापक बहुत प्रसन्न हुए।
(b) अध्यापक बहुत निराश हुए।
(c) अध्यापक कुछ विचलित से हुए।
(d) अध्यापक कुछ क्रोधित से

155. अध्यापक ने विद्यार्थी को क्या उत्तर दिया ?
(a) "शून्य जैसी कोई अवधारणा नहीं है।"
(b) "शून्य का कोई मान नहीं होता है।"
(c) "शून्य का शून्य से विभाजन हो सकता है।"
(d) "शून्य को गिनती में नहीं रखा सकता।"

156. छात्र को अध्यापक से प्रश्न पूछने की आवश्यकता हुई, क्योंकि
(a) छात्र को प्रश्न करने की आदत थी।
(b) छात्र को अध्यापक की बात समझ नहीं आ रही थी।
(c) अध्यापक ने छात्र को प्रश्न करने के लिए प्रोत्साहित किया था।
(d) छात्र को अध्यापक के बनाए सूत्र में गलती नज़र आई थी।

157. निम्नलिखित में से कौन-सा शब्द भिन्न है ?
(a) सर्वश्रेष्ठ (b) विद्यार्थी
(c) मेधावी (d) असाधारण

उच्च प्राथमिक स्तर पर बच्चों की हिन्दी भाषा की क्षमता के आकलन में प्रकार्यपरक पक्ष पर बल देने का आशय है

-भाषा-प्रयोग पर बल देना

CTET - IInd Paper (VI-VIII) Feb. 2015

158. 'विद्यालय' का संधि - विच्छेद है।
(b) विद्य + आलय (a) विद्या + आलय
(c) विद्या + अलय (d) विद्य + अलय

159. 'आत्मविश्वास' का समास विग्रह है
(a) आत्मा और विश्वास (b) आत्म से विश्वास
(c) आत्म का विश्वास (d) आत्म पर विश्वास

160. काव्यांश में किन फलों के पुष्पित होने की बात हुई है?
(a) आम, लीची, पपीता (b) आम, शहतूत, कटहल
(c) आम, जामुन, लीची (d) आम, कटहल, सेब

161. कवि द्वारा स्वयं किस फल को देने की बात की गई है ?
(a) योमक्षेम का फल
(b) भावनाओं का फल
(c) आशाओं का फल
(d) बुद्धि और प्रतिभा का फल

162. किन पंक्तियों के माध्यम से कवि के आश्चर्य भाव का पता चलता है ?
(a) यह क्यों कर होगा? (b) यथा समय पुष्पित हों
(c) मैं ही न दे पाऊँ (d) तो फिर मैं ही बाँझ रहूँ।

163. पृथ्वी को आनंदित करने में किसका योगदान है?
(a) नदियों का (b) मिट्टी का
(c) बुद्धि का (d) मनुष्य का

164. किन पंक्तियों में सृजन का भाव झलकता है?
(a) आम और जामुन, लीची और कटहल !
(b) तो फिर मैं ही बाँझ रहूँ।
(c) यथा समय पुष्पित हों।
(d) यह कैसे होगा ?

165. 'यथा समय' से तात्पर्य है।
(a) समय के अनुसार (b) समय के आद
(c) अचानक (d) समय से पहले

166. भाषा के बारे में कौन-सा कथन सही है ?
(a) किसी बोली की कई भाषाएँ हो सकती हैं।
(b) बोली और भाषा एक ही हैं
(c) एक भाषा की कई बोलियाँ हो सकती हैं।
(d) बोली और भाषा पारस्परिक रूप से बोधगम्य हैं।

167. 'निपुन' क्या है ?
(a) यह विद्यालयी बच्चों के लिए शिक्षा का कार्यक्रम है।
(b) यह विद्यालय के बहुत छोटे बच्चों में साक्षरता, पठन और संख्या ज्ञान समुन्नत करने का कार्यक्रम है।
(c) यह विद्यालय के बहुत छोटे बच्चों में पठन और गणितीय कौशल विकसित करने का कार्यक्रम है।
(d) यह विद्यालय के बहुत छोटे बच्चों में देशभक्ति विकसित करने का कार्यक्रम है।

168. निम्नलिखित में से किस ग्राह्य कौशल कहेंगे ?
(a) पठन और श्रवण (b) पठन और वाचन
(c) लेखन और श्रवण (d) लेखन और वाचन

169. बहुभाषावाद क्या है?
(a) विद्यालय में बहुत सी भाषाओं का अध्यापन
(b) कार्यालयरी भाषा, सहकार्यालयी भाषा और अंग्रेजी का अध्यापन
(c) विद्यालय में शिक्षार्थियों की भाषाओं का शिक्षण-अधिगम
(d) विद्यालय के रचनात्मक वर्षों में कम-से-कम तीन भाषाओं का शिक्षण

170. कक्षा दो के एक अध्यापक ने अपने विद्यार्थियों से कहा कि वे शब्द संपदा सीखने के लिए अपने घर से पशु व वाहन वाले अपने खिलौने लेकर आएँ। भाषा शिक्षणशास्त्र की दृष्टि से ये खिलौने क्या है ?
(a) शिक्षण सामग्री
(b) वास्तविक सामग्री (रीयलिया)
(c) वास्ततिक वस्तुएँ
(d) प्रदत्त कार्य

171. कक्षा तीन की एक बालिका शब्दों के प्रत्येक अक्षर की ध्वनि समझ लेती / पढ़ लेती है। वह क्या करने का प्रयास कर रही है ?
(a) संकेत बनाना (एनकोडिंग)
(b) संकेत खोलना (डिकोडिंग)
(c) अर्थ निर्माण
(d) अर्थ के लिए पठन

पहली कक्षा में प्रवेश लेने से पहले आमतौर पर बच्चे

-स्व-अभिव्यक्ति जानते हैं

CTET - Ist Paper (I-V) Sep. 2015

172. पहली कक्षा की अध्यापिका ने कक्षा की दीवारों पर इस तरह से जगह छोड़ी हुई है कि बच्चे कीरम काँटे (स्क्रिब्लिंग) बना सकें, चित्रकारी कर सकें। बच्चों की इन गतिविधियों को क्या कहेंगे ?

(a) आरंभिक साक्षरता
(b) हाथ - आँख समन्वयन
(c) लेखन विकास
(d) चित्रकारी सीखना

173. अधिगम के शुरुआती वर्षों में कौन-सा उद्देश्य तुकबंदियों और शिशुगीतों का नहीं है?

(a) भाषा विकास
(b) मूल्य विकास
(c) कल्पनाशीलता एवं अनुमान
(d) व्याकरणिक क्षमता का विकास

174. 'डिस्लेक्सिया' से क्या आशय है?

(a) बच्चों में पठन विकार
(b) संख्याएँ कैसे लिखी जाती हैं, यह समझने में समस्या का सामना करना
(c) सूक्ष्य गत्यात्मक कौशलों के संचालन में समस्या
(d) शिक्षार्थियों में एक समझ विकार

175. अश्विनी कक्षा पाँच में पढ़ता है। कक्षा तीन तक आते - आते उसे अपनी मातृभाषा में पठन कौशलों का विकास हो चुका था। अब वह अंग्रेजी की अच्छी तरह से पढ़ने लगा है। अंग्रेजी पठन की उसकी योग्यता में क्या प्रतिबिम्बित हो रहा है?

(a) पठन निपुणता का विकास
(b) दक्षता संवर्धन
(c) पठन का कौशल
(d) कौशल अन्तरण

176. एक अध्यापक विद्यालयी शिक्षा के बुनियादी वर्षों में बच्चों को भाषा की कक्षा में शब्द, शब्द- समूहों, शिशुगीत, तुकबंदियों और छोटी-छोटी कहानियों से परिचित करवाता है। वह भाषा अधिगम के किस उपागम का अनुसरण कर रहा है ?

(a) समग्र भाषा उपागम (b) शब्द विधि
(c) स्वनिम उपागम (d) समग्र वाक्य उपागम

177. कक्षा पाँच के विद्यार्थियों को अपनी सर्वाधिक परीक्षा में निम्नलिखित प्रश्न दिया गया:-
"आप क्या पसन्द करते हैं और क्या पसन्द नहीं करते हैं उससे निम्नलिखित वाक्यों की पूर्ति कीजिए।"
यह प्रश्न किस प्रारूप के अन्तर्गत आएगा ?

(a) बहुविकल्पीय प्रश्न
(b) लघु उत्तरीय प्रश्न
(c) पाठ से बाहर के प्रश्न (एक्स्ट्रापोलेटिव)
(d) खुले अंत वाले प्रश्न

178. कक्षा चार की अध्यापिका अपने शिक्षार्थियों को एक पाठ्यसामग्री देती है और वह प्रकृति पर अपना ही एक अनुच्छेद लिखती है। यह पाठ्यसामग्री किसके अन्तर्गत आएगी ?

(a) प्रामाणिक सामग्री (b) प्राकृतिक सामग्री
(c) सृजित की गई सामग्री (d) पर्यावरणीय सामग्री

179. कक्षा पाँच के विद्यार्थियों को पाँच के समूह में बाँटा गया और अपनी रुचित का विषय चुनने के लिए कहा गया। बच्चों ने समूह में थीम पर आँकड़ों का संग्रहण किया और रिपोर्ट लिखी भाषा अधिगम की इस गतिविधि को क्या कहेंगे ?

(a) प्रदत्त कार्य (b) समूह कार्य
(c) परियोजना कार्य (d) सहपाठी कार्य

180. विद्यालयी बच्चों में भारतीय भाषाओं को समुन्नत करने वाले भारत सरकार के कार्यक्रम को नाम बताइए।

(a) भाषा सम्मेलन
(b) एक भारत श्रेष्ठ भारत
(c) आजादी का अमृत महोत्सव
(d) भाषा संगम

निर्देश: निम्नलिखित गद्यांश को पढ़कर पूछे गए प्रश्नों के सही/सबसे उपयुक्त उत्तर वाले विकल्प को चुनिए।

जिस विद्यार्थी ने समय की कीमत जान ली, वह सफलता को अवश्य प्राप्त करता है। प्रत्येक विद्यार्थी को अपनी दिनचर्या की समय-सारणी

बच्चों की मौखिक भाषा का सतत आकलन करने का सबसे बेहतर तरीका है

-विभिन्न संदर्भों में बातचीत

CTET - Ist Paper (I-V) July 2013

अथवा तालिका बनाकर उसका परी दृढ़ता से पालन करना चाहिए। जिस विद्यार्थी ने समय का सही उपयोग करना सीख लिया उसके लिए कोई भी काम करना असंभव नहीं है। कुछ लोग ऐसे भी हैं जो कोई काम पूरा न होने पर समय की दुहाई देते हैं। वास्तव में सच्चाई इसके विपरीत होती है। अपनी अकर्मण्यता और आलस को वे समय की कमी के बहाने छिपाते हैं। कुछ लोगों को अकर्मण्य रह कर निठल्ले समय बिताना अच्छा लगता है ऐसे लोग केवल बातूनी होते हैं। दुनिया के सफलतम व्यक्तियों ने सदैव कार्यव्यस्तता जीवन बिताया है। दुनिया में अथवा प्रकृति में हर वस्तु का समय निश्चित है। समय बीत जाने के बाद कार्य फलप्रद नहीं होता।

181. विद्यार्थी को सफलता प्राप्त करने के लिए आवश्यक है।
(a) समय की दुहाई देना
(b) समय की कीमत समझना
(c) समय बर्बाद करना
(d) समय के अनुसार काम न करना

182. दुनिया के सफलतम व्यक्तियों की सफलता का रहस्य क्या है ?
(a) समय का दुरुपयोग
(b) समय को बर्बाद करना
(c) समय का सदुपयोग
(d) सही समय पर आराम करते रहना

183. कुछ लोग समय की कमी के बहाने क्या छिपाते हैं ?
(a) अपनी अकर्मण्यता व आलस
(b) अपना निठल्लापन
(c) अपनी कमियाँ
(d) अपना बातूनीपन

184. कार्य किस स्थिति में फलप्रद नहीं होता ?
(a) समय न आने पर (b) समय कम होने पर
(c) समय बीत जाने पर (d) समय अधिक होने पर

185. विद्यार्थी को सफलता प्राप्त करने के लिए क्या करना चाहिए ?
(a) समय - सारणी का पालन (b) समय का दुरुपयोग
(c) अकर्मण्यता का पालन (d) दृढ़ता का पालन

186. 'अकर्मण्यता" शब्द में मूल शब्द एवं उपसर्ग होगा।
(a) अकर्मण्य + ता (b) अ + कर्मण्यता
(c) अक् + कर्मण्यता (d) अकर्म + अण्यता

187. " सदुपयोग" का सही संधि-विच्छेद होगा।
(a) सद + उपयोग (b) सदु + उपयोग
(c) सत् + उपयोग (d) सदा + उपयोग

188. "दृढ़ता" का समानार्थी शब्द नहीं है।
(a) अटल (b) स्थायित्व
(c) अडिग (d) अस्थिरता

189. सही शब्द होगा।
(a) प्रक्रति (b) प्रकृति
(c) प्रर्कति (d) प्रकृती

190. राही नाविक से क्या आग्रह करता है ?
(a) लहरों से बचाने के लिए ले चले
(b) बेबस सा मन मारकर चलने दे
(c) मँझधार में ले जाकर पतवार थमा दे
(d) मन का राजा बना रहने दे

191. 'रगीन विजय - सी लगती है, संघर्षों में हर हार मुझें का आशय है।
(a) कवि को लड़ने में सजा आता है।
(b) वह विजय को रंगहीन मानता है।
(c) वह हार से घबरा जाता है।
(d) वह हार से घबराता नहीं है।

192. विप्लवों का सागर भी कवि को पराजित क्यों नहीं कर सकता ?
(a) वह सदैव संघर्ष करता है, कभी हार नहीं मानता
(b) उसे बंधन स्वीकार है।
(c) उसे लहरों के टकराने पर क्रोध आता है।
(d) वह मनमानी करना चाहता है।

193. सागर का पर्याय है।
(a) मधुमास (b) पतवार
(c) विप्लव (d) पारावार

लिखित कार्य की जाँच में बच्चों की सहायता लेने से

-बच्चों को दूसरों के हस्तलिखित सामग्री को पढ़ने का अवसर मिलता है

CTET - IInd Paper (VI-VIII) June 2011

194. पतवार किसे कहते है ?

(a) तलवार
(b) जिससे नाव चलाई जाती हैं
(c) लाठी
(d) जो पत्तों से बना हो

195. "अविराम" का विलोम होगा।

(a) लगातार (b) विराम
(c) अविरत (d) अनवरत

196. पठन के मुख्य उद्देश्यों में से एक है।

(a) प्रवाह के साथ पढ़ना।
(b) ऊँचे स्वर और स्पष्ट रूप से पठन।
(c) पाठ्य सामग्री में से अर्थ निकालना।
(d) पाठन के समय विराम-चिह्नों और स्तर शैली का प्रयोग करना।

197. 'सार्वभौमिक व्याकरण' पदावली नॉम चॉमस्की द्वारा दी गई है। सार्वभौमिक व्याकरण -

(a) सभी के द्वारा (सर्वत्र) अनुसरित बुनियादी व्याकरणिक सिद्धान्तों का समूह है और लोगों द्वारा आसानी से पहचाना जाता है।
(b) सभी प्राकृतिक भाषाओं के लिए बुनियादी व्याकरणिक सिद्धान्तों का समूह है।
(c) सभी प्राकृतिक भाषाओं के लिए आधारभूत अग्रवर्ती व्याकरणिक सिद्धान्तों का समूह है।
(d) सार्वभौमिक रूप से माननीय कार्य अभ्यास हैं जिन्हें समय के साथ 'व्याकरण' के रूप में जाना गया।

198. भाषा अध्यापक को प्राथमिक स्तर पर पोस्टर, चित्र एवं अन्य प्रकार की पठन सामग्रियों का प्रदर्शन किस ऊँचाई पर करना चाहिए ?

(a) उन्हें सुरक्षित रखने और फटने से बचाने के लिए इस ऊँचाई पर रखना चाहिए जहाँ शिक्षार्थी न पहुँच सकें।
(b) इस सुविधाजनक ऊँचाई पर होने चाहिए जहाँ शिक्षार्थी उन्हें छू सकें और पढ़ सकें।
(c) कक्षा के बाहर बुलेटिन बोर्ड पर लगाने चाहिए।
(d) पुस्तकालय में लगाने चाहिए जहाँ शिक्षार्थी जाएँ और सामग्री की खोज कर सकें।

199. बुनियादी साक्षरता एवं गणित (एफ. एल. एन.) मिशन सफलतापूर्वक क्रियान्वित करने के लिए क्या महत्त्वपूर्ण है ?

(a) पूर्व विद्यालय से ही अंग्रेज़ी भाषा लागू करना
(b) नियमित रूप से कक्षा परीक्षण आयोजित कर आकलन को बालमित्रवत् बनाना
(c) उन भाषाओं का प्रयोग करना जिनसे शिक्षार्थी परिचित हैं।
(d) निर्देश का माध्यम बदलकर अंग्रेजी माध्यम कर देना

200. गीतिका बिहार में रहती थी। वह अपने पिता के साथ दिल्ली आई और आपकी कक्षा में पढ़ने लगी। वह मैथिली भाषा बोलती है। आप

(a) उससे सहपाठियों के साथ घुलने-मिलने के लिए कहेंगे और अब तक जो काम कक्षा में हुए हैं, उन्हें जानने के लिए कहेंगे।
(b) आप उससे अनौपचारिक रूप से बातचीत करेंगे, उसकी मैथिली भाषा को स्वीकृत करेगे जिससे कि वह नई स्थिति में सहज महसूस करें।
(c) आप उससे विद्यालय की माध्यम भाषा हिन्दी में बात करेंगे जिससे कि वह जल्दी से जल्दी हिन्दी सीख ले।
(d) आप उसे हिन्दी लेखन के बहुत से अभ्यास कार्य देंगे क्योंकि उसे हिन्दी सीखनी है।

201. निम्नलिखित में से कौन-सा पोर्टफोलियो में नहीं रखा जा सकता ?

(a) चित्रकारी (b) कार्यपत्रक (वर्कशीट)
(c) कक्षा में हुई चर्चा (d) फोटोग्राफ़

202. एक अच्छे .... में सभी वाक्य मुख्य विचार बिन्दु (थीम) को उभारने में मिलकर कार्य करते हैं।

(a) अनुच्छेद (b) प्रारूप
(c) पैराफ्रेज (d) संपादन

203. पठन का कौन-सा तरीका पंक्ति दर पंक्ति से संकेत देता है?

शैक्षिक प्रक्रियाओं के मूल्यांकन के संदर्भ में आप किस कथन से सहमति प्रकट करेंगे

-बच्चों को पास-फेल करना वास्तव में व्यवस्थागत विफलताओं को बच्चों के सिर मढ़ना है।

CTET - IInd Paper (VI-VIII) Sep. 2016

(a) विस्तृत पठन (b) सस्वर पठन
(c) गहन पठन (d) निर्देशित पठन

204. कक्षा में मुद्रित समृद्ध परिवेश को किस रूप में वर्णित किया जा सकता है ?

(a) एक खेलकक्ष के रूप में जिसमें कई झुनझुने व खिलौने हैं।
(b) कक्षा में पठन कोना
(c) कक्षा में प्रदर्शित बच्चों का कार्य, चार्ट, पोस्टर, कविताएँ आदि
(d) कक्षा में ऐसा स्थान जहाँ विद्यार्थियों की कॉपियाँ, कक्षा प्रदत्त कार्य और गृहकार्य रखा जा सके।

205. भाषा अधिगम में संदर्भ बहुत महत्त्वपूर्ण भूमिका निभाता है, क्योंकि ये विद्यार्थियों को

(a) व्याकरणिक नियम सीखने में मदद करता है।
(b) किसी शब्द विशेष का अर्थ समझने में मदद करता हैं
(c) पाठ्य पुस्तक के पठन में मदद करता है।
(d) कविता और कल्पनापरक कहानियाँ लिखने में मदद करता है।

206. भाषा के बुनियादी वर्षों में, पढ़ाई का माध्यम बच्चों की मातृभाषा होनी चाहिए, क्योंकि

(a) यह दूसरे विषयों को समझने में मदद करता है।
(b) अध्यापक के लिए बच्चों की भाषा में अवधारणाएँ समझाना आसान है, क्योंकि सभी अध्यापक बहुभाषी होते हैं।
(c) विद्यालय में मातृभाषा में पढ़ाना महत्त्वपूर्ण नहीं है क्योंकि पढ़ाई के दूसरे माध्यमों पर ध्यान देना चाहिए।
(d) इससे कक्षा को बहुभाषी बनाने में मदद मिलती है और विद्यार्थियों को कक्षा में प्रयोग की जा रही सभी भाषाओं में निपुणता प्राप्त करने में मदद की जा सकती है।

207. निम्नलिखित में से कौन-सा पद वाइगोत्सकी के सामाजिक- सांस्कृतिक सिद्धान्त से संबंधित नहीं है?

(a) सामाजिक अंतः क्रिया (b) मदद / सहारा देना
(c) निकटस्थ विकास का क्षेत्र (d) भाषा अर्जन उपकरण

208. ध्वनिग्रामिक (स्वनिम) जागरूकता किससे संबंधित है?

(a) ध्वनिग्राम और चित्रग्राम के मध्य संबंध स्थापित करने की योग्यता
(b) बोले जा रहे शब्दों में स्वनिम को पहचानने और प्रयोग करने की योग्यता
(c) सटीकता और प्रवाह के साथ शब्दों को पढ़ना
(d) सही वर्तनी के साथ लिखना

209. बच्चे भाषा की बारीकियों की पहचान कर लेते हैं और उन्हें समझ जाते हैं जब

(a) वे अध्यापक का बारीकी से अवलोकन करते हैं।
(b) बुलेटिन बोर्ड को सजाने और मुद्रित समृद्ध परिवेश के सृजन में भाग लेते हैं।
(c) एकीकृत तरीके से भाषायी कौशलों में संलग्न रहते हैं।
(d) वयस्क की मदद से सस्वर पठन करते हैं।

210. निम्नलिखित में से कौन-सा भाषा अधिगम के बारे में सही है ?

(a) एक भाषा में निपुणता का विकास दूसरी भाषाओं के विकास को बाधित करता है।
(b) विभिन्न भाषाओं में निपुणता का विकास अन्तरसम्बद्धता से होता है।
(c) मातृभाषा में निपुणता दूसरी भाषा के सीखने में कठिनाई उत्पन्न करती है।
(d) लम्बी अवधि में मातृभाषा के माध्यम से अधिगम होने से दूसरी भाषाओं को सीखने के लिए समय नहीं बचता।

निर्देश: निम्नलिखित गद्यांश को पढ़कर पूछे गए प्रश्नों के सही/सबसे उपयुक्त उत्तर वाले विकल्प को चुनिए।

'साहित्य का आधार जीवन है। इसी आधार पर साहित्य की दीवार खड़ी होती है। उसकी अटारियाँ, मीनार और गुम्बद बनते हैं। लेकिन बुनियाद मिट्टी के नीचे दबी पड़ी है। जीवन परमात्मा की सृष्टि है। इसलिए सुबोध है, सुगम है और मर्यादाओं से परिमित है। जीवन परमात्मा को अपने कामों का जवाबदेह है या नहीं, हमें मालूम नहीं, लेकिन साहित्य मनुष्य के सामने जवाबदेह है। इसके लिए कानून हैं, जिनसे वह इधर-उधर नहीं जा सकता। मनुष्य जीवनपर्यंत आनन्द

भाषा में सतत और व्यापक आकलन का उद्देश्य है

-भाषा के मौखिक और लिखित रूपों के प्रयोग की क्षमता का आकलन

CTET - Ist Paper (I-V) July 2013

की खोज में लगा रहता है। किसी को यह रत्न, द्रव्य में मिलता है, किसी को भरे-पूरे परिवार में, किसी को लंबे-चौड़े भवन में, किसी को ऐश्वर्य में, लेकिन साहित्य का आनन्द इस आनन्द से ऊँचा है। उसका आधार सुन्दर और सत्य है। वास्तव में सच्चा आनन्द सुन्दर और सत्य से मिलता है, उसी आनन्द को दर्शाना, वही आनन्द उत्पन्न करना साहित्य का उद्देश्य है।"

211. प्रस्तुत गद्यांश के अनुसार साहित्य और जीवन में गहरा संबंध है क्योंकि

(a) जीवन का मुख्य आधार प्रसन्नता है जो साहित्य देता है
(b) साहित्य जीवन की सृष्टि है।
(c) साहित्य का आधार जीवन है।
(d) साहित्य जीवन को दृढता देता है।

212. मनुष्य किसकी खोज में जीवन भर लगा रहता है?

(a) परमात्मा की (b) आनंद की
(c) साहित्य की (d) रत्न द्रव्य की

213. साहित्य का प्रमुख उद्देश्य है

(a) ऐश्वर्य उत्पन्न करना (b) सृष्टि उत्पन्न करना
(c) जीवन उत्पन्न करना (d) आनन्द उत्पन्न करना

214. वास्तव में सच्चा आनन्द मिलता है

(a) साहित्य व जीवन से (b) भरे-पूरे परिवार से
(c) सुन्दर व सत्य से (d) लंबे-चौड़े भवन से

215. साहित्य के आनन्द का आधार है

(a) सुंदर और सत्य को पाना (b) जीवन
(c) ऐश्वर्य पाना (d) परमात्मा

216. परिमिति का अर्थ है

(a) सीमित (b) दबा हुआ
(c) विस्तृत (d) फँसा हुआ

217. आनन्द का समानार्थी शब्द होगा

(a) जीवन (b) खुशी
(c) साहित्य (d) परमात्मा

218. सुबोध का विलोम शब्द होगा

(a) निर्बोध (b) दुर्बोध
(c) कुबोध (d) विचलित

219. "लंबे-चौड़े भवन में" वाक्य में लंबे-चौड़े व्याकरण की दृष्टि से क्या है?

(a) क्रिया-विशेषण (b) संज्ञा
(c) क्रिया (d) विशेषण

निर्देश: निम्नलिखित पद्यांश को पढ़कर पूछे गए प्रश्नों के सही/सबसे उपयुक्त उत्तर वाले विकल्प को चुनिए।

छोड़ो भी, ऐसा तो जीवन में होता है,
जो कभी मिलता है, वह कभी छिनता है।
लेकिन इससे डरकर
संध्या के सिंदूरी प्रकाश में
मंजरित तुलसी के
नीचे दीया
जलाना थोड़े ही बंद किया जाता है।
भगवान बात सुने, न सुने
तो भी मंदिर तो मंदिर ही है,
उसमें जो रोज शाम दीया नहीं जलाता है,
वह तो घर लौटने के अपने ही मार्ग पर
अँधेरा फैलाता है।

220. जीवन में प्राय: .... घटनाएँ होती ही रहती हैं। (रिक्त स्थान की पूर्ति कीजिए)

(a) लूटने और रूठने की
(b) आने और जाने की
(c) कुछ मिलने और छिन जाने की
(d) भूलने व याद करने की

221. मंजरित तुलसी के नीचे दीया जलाने का आशय है

(a) तुलसी को हरा-भरा रखना
(b) जीवन की हर परिस्थिति में आस्था बनाए रखना
(c) दीया जलाकर पूजा करना
(d) भजन-कीर्तन करना

222. घर लौटने का मार्ग कैसे मार्ग को कहा गया है?

(a) घर जाने वाले रास्ते को
(b) घर जाने वाली गली को
(c) सुख और विश्वासपूर्ण जीवन को
(d) निराशा और हताशा को

हिन्दी भाषा का मूल्यांकन करते समय आप सबसे ज़्यादा किसे महत्व देगे

-सीखने की क्षमता का आंकलन

CTET - Ist Paper (I-V) Jan. 2012

223. 'अँधेरा फैलाता है" - का आशय है
(a) निराशा भरा जीवन (b) कम रोशनी वाली रात
(c) अधिक अँधेरा हो जाना (d) अँधेरे का विस्तार होना

224. मंजरित शब्द में मूल शब्द और प्रत्यय होगा
(a) मंजरि + त (b) मंजर + इत
(c) मंज + रित (d) मंजरी + इत

225. "संध्या के सिंदूरी प्रकाश में" रेखांकित वाक्य में भावाभास है
(a) आशावादी (b) निराशावादी
(c) तुलनात्मक (d) अनास्थावादी

226. कक्षा में प्रस्तुतीकरण के दौरान विद्यार्थी एक-एक करके अपनी राय दे रहे हैं। भाषा अध्यापक होने के नाते आप किस आधार पर उनका आकलन करेंगे?
I. भाषा में प्रवाह
II. विषयवस्तु में निपुणता
III. विभिन्न लेखकों के कथन
IV. प्रस्तुतीकरण शैली
(a) I, II, III (b) II, III, IV
(c) I, III, IV (d) I, II, IV

227. निम्नलिखित में से कौन - सी पारस्परिक शिक्षण की प्रक्रियाएँ हैं?
(a) अनुमान, प्रश्न करना, स्पष्ट करना और सारांशीकरण
(b) मान लेना, चर्चा करना, नोट करना और सारांशीकरण
(c) कल्पना करना, प्रस्तुतीकरण, प्रश्न करना और सारांशीकरण
(d) विचार करना, अभिव्यकत करना मॉनीटरिंग करना और सारांशीकरण

228. सम्प्रेषणात्मक गतिविधि के शुरुआती चरण में अध्यापिका, विद्यार्थियों को जहाँ भी आवश्यकता हो, मदद दे रही है और धीरे-धीरे विद्यार्थियों पर उत्तरदायित्व डाल रही है। यहाँ अध्यापिका क्या कर रही है?
(a) विद्यार्थियों को दिशा संकेत दे रही है
(b) विद्यार्थियों को मदद दे रही है
(c) विद्यार्थियों को पुनर्बलन दे रही है
(d) विद्यार्थियों को निर्देश दे रही है

229. भाषा की कक्षा में, विद्यार्थी अध्यापिका की उपस्थिति में एक-दूसरे के साथ अन्तः क्रिया कर अंग्रेजी भाषा में एक-दूसरे की पसंद-नापसंद जान रहे हैं। अन्तःक्रिया के दौरान, जब भी और जहाँ भी आवश्यकता हो, अध्यापिका विद्यार्थियों को आवश्यक संकेत मदद के रूप में दे रही है। यहाँ समस्त शिक्षण-अधिगम प्रक्रिया अधिगम के किस सिद्धान्त को प्रतिबिम्बित कर रही है?
(a) व्यवहारवाद
(b) संज्ञानात्मक संकेत
(c) अन्तः क्रियात्मक
(d) सामाजिक- सांस्कृतिक

230. निम्नलिखित में से कौन-सा बताए गए सिद्धान्त पर आधारित है?
(1) श्रव्य एवं लिखित सामग्री के संरचनात्मक और व्याकरणिक तत्त्वों का प्रत्यक्ष अध्यापन।
(2) श्रव्य और लिखित सामग्री को विद्यार्थियों के प्रयोग हेतु सामाजिक और सांस्कृतिक संदर्भों से जोड़ना।
(3) कार्य की इस प्रकार से अभिकल्पना करना जो समूची के संदर्भ में कौशलों के विकास पर केन्द्रित हो।
(a) सामग्री - आधारित निर्देश
(b) प्राकृतिक उपागम
(c) मौन तरीका
(d) कार्य - आधारित भाषा शिक्षण

231. द्वितीय भाषा के अधिगम में क्या शमिल है ?
(a) लक्ष्य भाषा में विभिन्न स्थितियों के प्रति प्रतिक्रिया देना
(b) विभिन्न प्रकार की श्रव्य व लिखित सामग्री का उपयोग करना
(c) अकादमिक रूप से लक्ष्य भाषा में प्रतिक्रिया देना
(d) विशिष्ट स्थितियों में कुछ वाक्यांशों का प्रयोग करना

232. भाषा की कक्षा में अध्यापिका ने विद्यार्थियों को पिछले माह की गई आम उद्घोषणाओं और वक्तव्यों का विश्लेषण करने के लिए कहा। यहाँ अध्यापिका किस बात पर बल दे रही है ?

भाषा मे सतत् और व्यापक मूल्यांकन का उद्देश्य है

-बच्चों द्वारा भाषा सीखने की प्रक्रिया को जानना, समझना

CTET - IInd Paper (VI-VIII) Nov. 2012

(a) लिखित विमर्श चिंतन
(b) वाचिक विमर्श चिंतन
(c) मुद्रित विमर्श चिंतन
(d) अप्रकाशित विमर्श चिंतन

233. निम्नलिखित में से कौन-सा उपागम भाषा अधिगम में भाषा की बहुशब्दीय इकाइयों या वाक्यांशों की भूमिका पर बल देता है?

(a) संरचनात्मक उपागम (b) मौखिक उपागम
(c) प्राकृतिक उपागम (d) शब्दकोशीय उपागम

234. निम्नलिखित में से असमान की पहचान करें।

(a) बच्चों में प्रथम भाषा के विकास के समानान्तर अर्जन स्वाभाविक तरीका है।
(b) अर्जन अचेतन प्रक्रिया से संबंधित है।
(c) अर्जन भाषिक निपुणता के स्वाभाविक विकास से संबंध रखता है।
(d) अर्जन भाषा के नियमों के चेतन ज्ञान पर बल देता है।

235. 'प्रकृतिवादी उपागम' किसके सिद्धांत के आधार पर शिक्षणशास्त्रीय अनुप्रयोगों को विकसित करने का प्रयास है?

(a) रोजर ब्राउन (b) स्टीफन कैशन
(c) ब्लूमफील्ड (d) कोविन

236. अभिकथन (A): चेतन अधिगम अर्जित व्यवस्थाओं से प्राप्त परिणामों की जाँच और सुधारने के पर्यवेक्षण के रूप में कार्य करता है।

कारण (R): पर्याप्त समय, संरचनाओं पर ध्यान और नियमों का ज्ञान, ये तीन शर्तें पर्यवेक्षण के सफल प्रयोग की शर्तें हैं।

निम्नलिखित कोड में से सही उत्तर का चयन कीजिए:

(a) (A) और (R) दोनों सही हैं और (R), (A) की सही व्याख्या है।
(b) (A) और (R) दोनों सही हैं लेकिन (R), (A) की सही व्याख्या नहीं है।
(c) (A) सही है, लेकिन (R) गलत है
(d) (A) गलत है, लेकिन (R) सही है।

237. निम्नलिखित कोड में से सही उत्तर का चयन कीजिए:

(A) ध्वनि तरंगों की पहचान करने वाली भौतिक प्रक्रिया जो कर्णपटह (कान के परदे) से टकराती है, श्रवण के रूप में जानी जाती है।

(B) सम्प्रेषण के दौरान श्रवण सबसे पहली मुख्य गतिविधि है जो प्रतिक्रिया देती है

(a) (A) सही है, लेकिन (B) गलत है
(b) (B) सही है, लेकिन (A) गलत है।
(c) (A) और (B) दोनों सही है।
(d) (A) और (B) दोनों गलत है।

238. एक अध्यापक होने के नाते आपका मुख्य ध्यान किस पर नहीं होना चाहिए?

(a) विभिन्न भाषाओं की स्वीकृति
(b) सभी को एक समान समय देना
(c) उच्च स्तरीय चिन्तन को प्रोत्साहित करना
(d) विशिष्ट वर्ग की संस्कृति को समुन्नत करना

239. भाषा में शब्दों की आन्तरिक संरचना और शब्दों को रचना में शामिल करने वाले नियमों का अध्ययन किस रूप में जाना जाता है?

(a) स्वनिम ज्ञान (b) वाक्य विन्यास
(c) रूपग्राम (आकृतिमूलक) (d) वर्तनी विषयक

240. कुछ विद्यार्थी कक्षा में एक-दूसरे से बात करने में संकोच करते हैं। संकोच को दूर करने के लिए क्या सर्वोत्तम उपाय किए जा सकते हैं?

(A) उन विद्यार्थियों को प्रोत्साहित करें
(B) कक्षा में अनौपचारिक गतिविधियों का आयोजन कर उनमें विद्यार्थियों को संलग्न किया जाए
(C) उनके निष्पादन हेतु उन्हे पुनर्बलन दिया जाए
(D) उन्हें कुछ और तरह के काम दे दिए जाएँ

(a) I, II और III (b) II, III और IV
(c) I, III और IV (d) I, II, III और IV

निर्देश: निम्नलिखित गद्यांश को पढ़कर पूछे गए प्रश्नों के सही/सबसे उपयुक्त उत्तर वाले विकल्प को चुनिए।

सतत् मूल्याकन का एक निहिताथ है

-बच्चों के भाषा-प्रयोग का निरन्तर अवलोकन करना

CTET-IInd Paper (VI-VIII) Nov. 2012

डार्विन का कहना था कि जीवन एक लगातार संघर्ष है- इस महाभारत में वही बचेगा, जो बुद्धि और शरीर से सबसे अधिक सबल और सक्षम होगा: कमजोर धीरे- धीरे नस्तनाबूत हो जाएँगे। वैज्ञानिक दृष्टिकोण की यह आधार - मान्यता इस ईसाई विश्वास के विरूद्ध पड़ती है कि अन्त में विनम्र और विनयशील ही बचेंगे : जबर आपस में लड़-भिड़कर समाप्त हो जाएँगे। मार्क्स ने भी जीवन को अमीर-गरीब के बीच संघर्ष के रूप में ही देखा। वैज्ञानिक प्रगति की धारणा मूलतः यह मानकर चलती है कि सम्पूर्ण पृथ्वी आदमी के हाथों में सौंप दिया गया एक ऐसा अकूत खजानों का हिस्सा है। उसका एकछत्र मालिक नहीं, यह 'विवेक' एक- दूसरे तरह की 'अनुभूति' देता है। न केवल भारतीय बल्कि सम्पूर्ण पूर्वीय विचारधारा में यह बोध व्यास दिखता है कि प्रकृति केवल भक्षक नहीं, रक्षक भी है। हमें उसके विरूद्ध नहीं उसके साथ चलना है। वह पोषक है; मनुष्य से कहीं ज्यादा निरीह और कोमल प्राणियों की पालक। यह दम्भ कि मनुष्य ही सर्वश्रेष्ठ प्राणी है, आत्मघाती है। पिछले दो महायुद्धों में जो नस्तनाबूत हुआ वह मनुष्य का यह मिथ्या दम्भ कि सर्वश्रेष्ठ होने का यह उन्माद आगे बढ़ता जाए तो किस सीमा तक पहुँच सकता है।

241. 'नस्तनाबूत' शब्द किस भाषा का है?

(a) हिंदी (b) संस्कृत
(c) फारसी (d) अंग्रेजी

242. 'अमीर-गरीब' में कौन-सा समास है ?

(a) कर्मधारय (b) द्वंद्व
(c) बहुव्रीहि (d) तत्पुरूष

243. 'अकूत खजाना' वाक्यांश में 'अकत' शब्द है.

(a) संज्ञा (b) सर्वनाम
(c) विशेषण (d) क्रिया

244. 'निरीह' का पर्याय है -

(a) चालाक (b) चापलूस
(c) मजबूत (d) बेचारा

245. डार्विन का विचार कि जीवन एक लगातार संघर्ष है

(a) बुद्धि और शरीर के बीच
(b) जीव और प्रकृति के बीच
(c) अमीर और गरीब के बीच
(d) विनम्र और जबर के बीच

246. डार्विन का विचार ईसाई मत के

(a) विरूद्ध है (b) पक्ष में है
(c) न पक्ष में है, न विरूद्ध हैं (d) समतुल्य है

247. वैज्ञानिक प्रगति की धारणा में प्रकृति, मनुष्य के लिए-

(a) अकूत खजाना है
(b) एकाधिकार पूर्ण अकूत खजाना है
(c) वह इस खजाने का हिस्सा है
(d) उसका एकछत्र मालिक नहीं है

248. भारतीय विचारधारा में प्रकृति संबंधी कौन-सी धारणा सही नहीं है?

(a) वह केवल भक्षक नहीं रक्षक भी है
(b) वह विरूद्ध नहीं साथ भी है
(c) वह मनुष्य के साथ-साथ निरीह प्राणियों की पोषक है
(d) वह मनुष्य से सतत् संघर्षरत है

249. मनुष्य के सर्वश्रेष्ठ प्राणी होने के दम्भ ने

(a) उसके आत्मविश्वास को बढ़ाया है।
(b) प्रकृति पर आधारित जमाया है।
(c) दो महायुद्धों के लिए उसे उत्तरदायी बनाया है।
(d) उसे सर्वश्रेष्ठ बनाया है।

निर्देश: निम्नलिखित काव्यांश को पढ़कर पूछे गए प्रश्नों के सही/सबसे उपयुक्त उत्तर वाले विकल्प को चुनिए

इतना डर है बिखरा हुआ कि
मन में आता है
तुम्हें बीज के अंतर्मन में
छिपे अंकुर सा
अपने भीतर ही पालूँ
तब तक
जब तक कि तुम पूर्ण पेड़ न हो जाओ
पर फिर लगता है कि
क्या तब तुम
झेल सकोगी
धूप के ताए
हवा के थपेड़े
बिजली के गर्जन - तर्जन को

आकलन

-भाषा सीखने-सिखाने की प्रक्रिया का अभिन्न अंग है

CTET-IInd Paper (VI-VIII) Nov. 2012

क्या जमा सकोगी अपने पाँव
पृथ्वी पर मजबूती से ......
डर-डर कर भी
बिटिया
इतना तो जान चुकी हूँ
अपने दम पर कि
तुझे बीज की तरह
उगना पड़ेगा
अपने बूते ही

250. अपने हिस्से की धूप, हवा और नमी पर हक जमाते अंतर्मन में कौन-सी संधि है ?
(a) स्वर (b) व्यंजन
(c) यण (d) विसर्ग

251. 'गर्जन - तर्जन' में कौन-सा समास है?
(a) द्वंद्व (b) तत्पुरूष
(c) बहुब्रीहि (d) कर्मधारय

252. धूप, हवा और नमी प्रतीक है -
(a) आँधी- तूफान की
(b) जीवन की मूलभूत आवश्यकताओं की
(c) वर्षा - बाढ़ की
(d) प्राकृतिक आपदाओं की

253. कविता में 'बीज' प्रतीक है
(a) संघर्ष का
(b) साहस का
(c) स्त्री की अदम्य जिजीविषा और उत्पादकता का
(d) डर का

254. 'जब तक कि तुम पेड़ न हो जाओ' पंक्ति में 'पेड़ हो जाना' सूचक है
(a) माँ का बेटी के प्रति आश्वस्ति का
(b) माँ का बेटी के प्रति उपेक्षा का
(c) माँ का बेटी के प्रति करुणा का
(d) माँ का बेटी के प्रति अधिकार का

255. प्रस्तुत कविता
(a) समाज का बेटियों के प्रति उपेक्षा की कहानी है।
(b) समाज का बेटियों के प्रति स्नेह को दर्शाती है।
(c) समाज का बेटियों के प्रति तिरस्कार की बात करती है।
(d) समाज का बेटियों के प्रति शोषण, उपेक्षा और तिरस्कार से उपजी है।

256. निम्नलिखित में से किस भाषा को अध्यापक की मदद से औपचारिक स्थितियों में सीखा जाता है?
(a) प्रथम भाषा (b) द्वितीय भाषा
(c) गृह भाषा (d) मातृ भाषा

257. रचनावादी उपागम सम्प्रेषणात्मक उपागम से इस मायने में भिन्न है कि यह मुख्यत:
(a) अर्थ पर बल देता है और अपेक्षा करता है कि नियम प्रक्रिया के दौरान सीखे जाएँ।
(b) नियमों पर बल देता है और अपेक्षा करता है कि अर्थ प्रक्रिया के दौरान समझे जाएँ।
(c) नियमों के प्रयोग और ज्ञान पर बल देता है।
(d) ड्रिल और आदत निर्माण पर बल देता है।

258. किसके अन्तर्गत लोगों को सुझाव देने के बजाए सीधे-सीधे कहा जाता है कि उन्हें क्या करना चाहिए?
(a) रचनात्मक उपागम (b) आदेशात्मक उपागम
(c) वर्णनात्मक उपागम (d) संरचनात्मक उपागम

259. जब आप किसी अभ्यास में या सामग्री में शिक्षार्थियों की आवश्यकतानुसार आवश्यक परिवर्तन करते हैं, तो इसे क्या कहा जाता है ?
(a) अभिग्रहण (b) अनुकूलन
(c) मूल्यांकन (d) समीक्षा

260. योगात्मक आकलन
(a) निदानात्मक और उपचारात्मक है।
(b) विद्यार्थियों को प्रभावशाली प्रतिपुष्टि देता है।
(c) शिक्षार्थियों की सक्रिय सहभागिता को स्वीकारता है।
(d) शिक्षार्थियों के अधिगम और निष्पादन के बारे में निर्णय लेने के लिए प्रयुक्त किया जाता है।

261. किस उपागम के अन्तर्गत किसी बच्चे को कई शब्दों की वर्तनी गलत लिखने के बावजूद भी उसके 'समग्र भाषा प्रयोग' के लिए अच्छे अंक दिए जाते हैं ?

मौखिक भाषा के आकलन का सर्वोत्तम तरीका है

-अनुभव बाँटना व बातचीत

CTET-IInd Paper (VI-VIII) Nov. 2012

(a) समग्र भाषा (b) रचनावादी
(c) सम्प्रेषणात्मक (d) व्यवहारवादी

262. जब हम किसी विशिष्ट सूचना को जानने के लिए कोई पाठ्य सामग्री पढ़ते हैं तो यह किस प्रकार का पठन कहलाता है ?
(a) सरसरी तौर पर पठन
(b) बारीकी से पठन
(c) एक्स्ट्रापोलेशन (पाठ्य के बाहर जाना)
(d) विश्लेषण

263. दो उत्पादक भाषा कौशलों में कौन-से शामिल हैं ?
(a) पठन और लेखन (b) श्रवण और वाचन
(c) श्रवण और पठन (d) वाचन और लेखन

264. प्रथम भाषा वह भाषा है जो बच्चे ....।
(a) विशेष प्रयास करके अपने आस-पास के परिवेश में अर्जित करते हैं
(b) बिना विशेष प्रयास किए अपने आस-पास के परिवेश से अर्जित करते हैं
(c) औपचारिक स्थितियों में सीखते हैं
(d) औपचारिक स्थितियों में अर्जित करते हैं

265. निम्नलिखित में से कौन-सा ध्वनि का उत्पादन और बोध है ?
(a) स्वर विज्ञान (b) आकृति विज्ञान
(c) स्वानिकी (d) वाक्य विन्यास

266. निम्नलिखित में से कौन-सा श्रव्य - भाषिक ड्रिल का अंश नहीं है ?
(a) विद्यार्थी आदर्श भाषा सुनते हैं।
(b) विद्यार्थी संवाद की प्रत्येक पंक्ति दोहराते हैं।
(c) विद्यार्थी व्याकरणिक नियमों पर ध्यान देते हैं।
(d) विद्यार्थी ड्रिल प्रतिरूपों में विकल्प का अभ्यास करते हैं।

267. निम्नलिखित में से कौन-सा उपागम मुख्यत: प्रवाह को समुन्नत करता है ?
(a) संरचनात्मक उपागम
(b) सम्प्रेषणात्मक उपागम
(c) व्यवहारवादी उपागम
(d) समग्र भाषा उपागम

268. निम्नलिखित में से कौन-सी गतिविधि अर्थ आधारित गतिविधि के अन्तर्गत नहीं आएगी ?
(a) पाठ के साथ अन्तः क्रिया करना
(b) पूर्व ज्ञान का इस्तेमाल करना
(c) पढ़ना और फिर उसी का वृतान्त दूसरों के सामने सुनाना
(d) प्रत्येक शब्द को पढ़ना

269. अधिगम योजना के बारे में क्या सही है ?
(a) लचीलापन का अभाव
(b) अध्यापक केन्द्रित
(c) बाल केन्द्रित
(d) एक ही तरीके पर आधारित

270. गलतियों का विश्लेषणात्मक अध्ययन क्या कहलाता है?
(a) त्रुटि विश्लेषण (b) तुलनात्मक विश्लेषण
(c) वाक्य विश्लेषण (d) शब्द विश्लेषण

निर्देश: निम्नलिखिम गद्यांश को पढ़कर पूछे गए प्रश्नों के सही। सबसे उपयुक्त उत्तर वाले विकल्प को चुनिए।

मनुष्य एक सामाजिक प्राणी है। वह सदैव अपनी इच्छापूर्ति में लगा रहता है। मगर इच्छाएँ कभी पूर्ण नहीं होती हैं। एक इच्छा की पूर्ति होती है, तो दूसरी जन्म लेती है इस प्रकार इच्छाओं का अनवरत क्रम चलता रहता है। यही इच्छाएँ ही मनुष्य के दुःख का कारण होती है। यदि हमें सच्चा सुख पाना है, तो अपनी इच्छाओं का दमन करना होगा। भारतीय मनीषियों ने कहा था जीवन में सफलता की प्राप्ति के लिए जिन गुणों को आवश्यक माना जाता है, उनमें संतोष का स्थान अत्यंत महत्वपूर्ण है। भारत के ऋषियों ने लोभ को मानव का शत्रु कहा है। काम, क्रोध, लोभ और मोह को जीवन के विनाश का द्वार माना जाता है। संतोष द्वारा लोभ से मुक्ति मिलती है। संतोष के मार्ग पर चलकर ही व्यक्ति महापुरुष बन सकता है।

271. मनुष्य किस कार्य में लगा रहता है?
(a) क्षतिपूर्ति (b) इच्छापूर्ति
(c) उद्देश्यपूर्ति (d) खानापूर्ति

सीखने-सिखाने की प्रक्रिया के संदर्भ में आप सहमत हैं

-एक कक्षा में हम जो सीखते हैं उसके सभी अंश अगली कक्षा के लिए अनिवार्य बुनियाद होते हैं।

CTET - IInd Paper (VI-VIII) Sep. 2016

272. इच्छाएँ कभी पूरी नहीं होती हैं, क्योंकि
(a) इच्छाएँ कभी पूरी नहीं हो सकती हैं।
(b) एक के बाद एक नई इच्छाएँ जन्म लेती हैं।
(c) इच्छाएँ अमर हैं, उनकी पूर्ति संभव नहीं है।
(d) किसी भी इच्छा को पूरा नहीं किया जा सकता है।

273. निम्नलिखित में से कौन-सा जीवन के विनाश का कारण नहीं हैं?
(a) क्रोध (b) मोह
(c) लोभ (d) संतोष

274. गद्यांश के अनुसार मनुष्य का दुश्मन कौन है ?
(a) क्रोध (b) वैराग्य
(c) नैराश्य (d) लालच

275. गद्यांश के अनुसार वे ही मनुष्य महान बन सकते हैं, जो
(a) परिश्रम के बल पर सफलता प्राप्त करते हैं।
(b) अपनी राह स्वयं चुनते हैं।
(c) जो प्रत्येक स्थिति में संतुष्ट रहते है।
(d) जो अपने भागय का स्वयं निर्माण करते हैं।

276. 'मुक्ति' का विलोम शब्द है।
(a) वंदन (b) बंधन
(c) बदन (d) विधाता

277. "इच्छा" में इक प्रत्यय लगाने पर बनेगा
(a) इच्छिक (b) ऐच्छिक
(c) ईच्छिक (d) एच्छिक

278. 'महापुरूष' में समास है
(a) अव्ययीभाव (b) तत्पुरुष
(c) कर्मधारय (d) बहुव्रीहि

279. समूह से भिन्न शब्द है
(a) क्रोध (b) लोभ
(c) सच्चा (d) सच

निर्देश: निम्नलिखित कव्यांश को पढ़कर पूछे गए प्रश्नों के सही। सबसे उपयुक्त उत्तर वाले विकल्प को चुनिए।

है कौन विघ्न ऐसा जग में,
टिक सके आदमी के मग में?
खम ठोंक ठेलता है जब नर,
पर्वत के जाते पाँव उखड़।
मानव जब जोर लगाता है,
पत्थर पानी बन जाता है।
गुन बड़े एक से एक प्रखर,
हैं छिपे मानवों के भीतर,
मेंहदी में जैसे लाली हो,
वर्तिका बीच उजियाली हो,
बत्ती जो नहीं जलाता है,
रोशनी नहीं वह पाता है।

280. कविता में मानव के किस गुण का उल्लेख किया गया है?
(a) युद्धशीलता (b) शक्तिवान
(c) रोशन (d) मानवीयता

281. 'पत्थर पानी बन जाता है।' से तात्पर्य है?
(a) असंभव को संभव करना
(b) पत्थर से पानी निकालना
(c) पत्थर को पिघलाना
(d) असंभव का त्याग करना

282. मानव के भीतर छिपे गुणों की तुलना किससे की गई ?
(a) मेंहदी के पत्तों में छिपी उजियाली
(b) मेंहदी के पत्तों में छिपी लालिमा
(c) मेंहदी के पत्तों में छिपी हरियाली
(d) मेंहदी के पत्तों में छिपी ठंडक

283. वीर मनुष्य के सामने समस्त बाधाएँ ?
(a) प्रखर हो जाती हैं (b) शांत हो जाती हैं
(c) बढ़कर आती हैं (d) चट्टान बन जाती हैं

284. सुख प्राप्त करने के लिए?
(a) बत्ती जनसपर होगी (b) युद्ध करना होगा
(d) कर्मठ होना होगा (c) पत्थर उखाड़ने होंगे

285. 'वर्तिका' का अर्थ है ?
(a) चक्करदार रास्ता (b) दीये की बाती
(c) एक देश का नाम (d) एक शहर का नाम

बच्चों की भाषा क्षमता का आकलन करने की दृष्टि से कौन- सा प्रश्न सर्वाधिक उपयोगी एवं सार्थक है
-फेरीवालों की आवाजें सुनिए और किसी एक का कक्षा में अभिनय करके दिखाइए
CTET - IInd Paper (VI-VIII) Sep. 2016

286. "बच्चे के मस्तिष्क में विशेष भाषा अधिगम यन्त्र जन्म से ही होता है।" यह किसने कहा है?
(a) चॉमस्की (b) स्किनर
(c) पियाज़े (d) वाइगोत्सकी

287. कक्षा में वाक् ध्वनियों की संरचना और क्रम को नियन्त्रित करने वाले नियमों की बात की जा रही है। अध्यापिका किस बात पर बल दे रही है ?
(a) स्वर विज्ञान (b) अर्थ ग्राम
(c) वाक्य विन्यास (d) आकृति विज्ञान

288. भाषा बच्चे के समग्र बौद्धिक विकास का सिर्फ एक पहलू है। यह कथन सीधे-सीधे किससे संबंधित है ?
(a) चॉमस्की (b) स्किनर
(c) पियाज़े (d) वाइगोत्सकी

289. अनुकरण विधि का प्रयोग करने से संबंधित कौन-सा क्रम सहीं है?
(a) प्रत्यक्षबोध → अनुकरण → प्रतिपुष्टि → ड्रिल
(b) प्रत्यक्षबोध → अनुकरण → ड्रिल → प्रतिपुष्टि
(c) प्रत्यक्षबोध → ड्रिल → अनुकरण → प्रतिपुष्टि
(d) प्रत्यक्षबोध → प्रतिपुष्टि → ड्रिल → अनुकरण

290. वाचन (बोलना) किसका प्रकार्य है?
(a) दृश्य इद्रिय (b) भाषिक इद्रिय
(c) श्रवण इंद्रिय (d) स्पर्श इद्रिय

291. सार्वभौमिक व्याकरण की अवधारणा किससे संबंधित है?
(a) स्किनर (b) पियाज़े
(c) चॉमस्की (d) वाइगोत्सकी

292. अध्यापक कक्षा में इस बात पर ध्यान दे रही है कि शिक्षार्थी ध्वनिग्राम और विभिन्न संरचनाओं की समझ अच्छी तरह से बना लें। अध्यापक किससे प्रभावित है ?
(a) कार्यात्मक उपागम (b) संज्ञानात्मक उपागम
(c) संरचनात्मक उपागम (d) कोशविषयकउपागम

293. जब बच्चे शब्द-हाव-भाव के संयोजन के बाद दो शब्दीय वाक्यों जैसे माँ जूता, दादी साथ, मैं भी आदि वाक्य अभिव्यक्त करते हैं, तो यह किसका उदाहरण है?
(a) दो शब्दीय संक्षिप्त (b) कूजन
(c) बबलाना (d) रोना

294. निम्नलिखित में से कौन-सी पहल विद्यार्थियों को अधिकांश मुख्य भारतीय भाषाओं की उल्लेखनीय एकता से परिचित करवाएगी?
(a) स्वच्छ भारत अभियान
(b) एक भारत श्रेष्ठ भारत
(c) सर्व शिक्षा अभियान
(d) डिजीटल इंडिया कैम्पेन

295. निम्नलिखित में से कौन - सा संकेत (कूट) को बनाने वाला (एनकोडर) है?
(a) प्रेषक (b) संकेत
(c) चैलन (धारा) (d) ग्रहणकर्ता

296. प्रत्येक व्यक्ति के पास भावनाएँ, अनुभूतियाँ, विचार हैं और सभी अपने जीवन के करना चाहते हैं। भाषा के अनुभवों को अभिव्यक्त प्रयोग द्वारा स्वयं को अभिव्यक्त करते हैं। इस स्थिति में भाषा का कौन-सा प्रकार्य संलग्र है ?
(a) अभिव्यक्ति (b) सूचनात्मक
(c) अंतःक्रियात्मक (d) संरक्षण

297. निम्नलिखित में से कौन-सी तकनीक भाषा उच्चारण सिखाने के लिए प्रयुक्त नहीं की जा सकती है?
(a) गीत गाना (b) कविता पाठ
(c) सस्वर पठन (d) कहानी लिखना

298. जब शिशु व्यंजन - स्वर के मिश्रण की लंबी तान में स्वयं को अभिव्यक्त करते हैं, जैसे कि- 'बा बा बा बा बा' 'ना ना ना ना ना' यह किसका उदाहरण है?
(a) कजून (b) बबलाना
(c) रोना (d) गति

299. भाषा अधिगम सामान्यतः उद्दीपन- प्रक्रिया संबंध का विषय है जिसे प्रतिरूप अभ्यास, अनुकरण और कंठस्थीकरण द्वारा अर्जित किया जाता है। यह कथन किससे संबंधित है ?

भाषा-कौशलों के सन्दर्भ में कथन सही है

-सभी कौशल एक-दूसरे के साथ अन्तः सम्बन्धित होते हैं

CTET - IInd Paper (VI-VIII) July 2013

(a) व्यवहारवादी सिद्धान्त (b) प्रकृतिवादी दृष्टिकोण
(c) संज्ञानात्मक सिद्धान्त (d) रचनात्मक सिद्धान्त

300. निम्नलिखित में से कौन-सी गतिविधि पठन कौशल विकसित करने के लिए उपयुक्त नहीं है?
(a) सस्वर पठन
(b) बारीकी से पठन
(c) निष्कर्ष निकालने के लिए पठन
(d) संक्षिप्त रूप का प्रयोग

निर्देश: निम्नलिखित गद्यांश को पढ़कर पूछे गए प्रश्नों के सही / सबसे उपयुक्त उत्तर वाले विकल्प को चुनिए।

साहस की ज़िंदगी सबसे बड़ी ज़िंदगी होती है। ऐसी ज़िंदगी की सबसे बड़ी पहचान यह है कि वह बिल्कुल निडर, बिल्कुल बेखौफ होती है। साहसी मनुष्य की पहली पहचान यह है कि वह इस बात की चिंता नहीं करता कि तमाशा देखने वाले लोग उसके बारे में क्या सोच रहे हैं। जनमत की उपेक्षा करके जीने वाला आदमी दुनिया की असली ताकत होता है और मनुष्यता को प्रकाश भी उसी आदमी से मिलता है। अड़ोस- पड़ोस को देखकर चलना, यह साधारण जीव का काम है क्रांति करने वाले लोग अपने उद्देश्य की तुलना न तो पडोसी के उद्देश्य से करते हैं और न अपनी चाल को ही पड़ोसी की चाल देखकर मद्धिम बनाते हैं। साहसी मनुष्य उन सपनों में भी रस लेता है जिन सपनों का कोई व्यावहारिक अर्थ नहीं हैं।

301. किस प्रकार की ज़िंदगी सबसे बड़ी ज़िंदगी कही गई है?
(a) समझौतावादी ज़िंदगी (b) सादगीपूर्ण ज़िंदगी
(c) अवसरवादी ज़िंदगी (d) साहस की ज़िंदगी

302. साहसी मनुष्य की पहली पहचान यह है कि वह
(a) सदा आगे बढ़ने की सोचता रहता है।
(b) बाधाओं से घबराता है।
(c) लोगों की सोच की परवाह नहीं करता।
(d) बिल्कुल लापरवाह होता है।

303. दुनिया की असली ताकत किस प्रकार के लोग होते हैं?
(a) जनमत की उपेक्षा करके जीने वाले
(b) सब लोगों की सलाह मानने वाले
(c) मनुष्यता को महत्त्व न देने वाले
(d) पड़ोसी की बात सिर झुकाकर मनाने वाले

304. साहसी मनुष्य किस प्रकार के सपनों में भी रस लेता है?
(a) जिन सपनों में वास्तविकता होती है।
(b) जो सपने रसपूर्ण होते हैं।
(c) जिन सपनों का कोई व्यावहारिक अर्थ नहीं होता।
(d) जो सपने साकार होते हैं।

305. अड़ोस-पड़ोस को देखकर चलना, यह ..... का काम है।
(a) क्रांति करने वाले लोगों (b) साहसी लोगों
(c) साधारण जीव (d) हिंसक लोगों

306. निडर शब्द का समानार्थी शब्द बताइए।
(a) डरपोक (b) कायर
(c) साहसी (d) भयभीत

307. 'ताकत' का विलोमार्थी शब्द है
(a) निर्बलता (b) अधिकार
(c) शक्ति (d) क्षमता

308. 'बेख़ौफ' का अर्थ है।
(a) भीत (b) निर्भय
(c) शंकित (d) डरपोक

309. शुद्ध रूप छाँटिए।
(a) मद्विधिम (b) मद्धिम
(c) मंधिम (d) मदधिम

निर्देश: निम्नलिखित काव्यांश को पढ़कर पूछे गए प्रश्नों के सही/सबसे उपयुक्त उत्तर वाले विकल्प को चुनिए।

चंदा तारों की सहज कांति, नदियों में है मुस्कान भरी
है पवन - झकोरों में दुलार खेतों में है दौलत बिखरी
पग-पग मेरा विश्वास भरा
तप से है ये जीवन निखरा
प्रखर कर्म का पाठ सतत
पढ़ाती मैं भारत माता हूँ।
मैं वज्र सदृश विपदाओं को भी अनायास सह लेती हूँ
सुधा दान कर औरों को, मैं विष पीकर मुस्काती हूँ।
धीरज का पाठ पढ़ाती हूँ
गौरव का मार्ग दिखाती हूँ
मैं सहज बोध, मैं सहज शक्ति
सुविवेकी भारत माता हूँ।

भाषा-शिक्षण में अनिवार्य है

-समग्रतावादी दृष्टिकोण

CTET-IInd Paper (VI-VIII) July 2013

310. यहाँ की नदियों और हवा में क्या है ?
(a) कटुता का भाव (b) मुस्कान और दुलार
(c) जल और नमी (d) दुस्साहस और सुंदरता

311. 'खेतों में दौलत बिखरी' होने का क्या तात्पर्य है?
(a) खेतों में फसल लहलहा रही है।
(b) खेतों में फूल मुरझा रहे हैं।
(c) खेतों में फसल सूख रही है।
(d) खेतों में धन गड़ा है।

312. भारत माँ को सुविवेकी क्यों कहा गया है ?
(a) क्योंकि वह अन्न व जमीन छीन लेती है।
(b) क्योंकि वह वर्षा करवाने में सहायक होती है।
(c) क्योंकि वह धैर्य व गौरव का पाठ पढ़ाती है।
(d) क्योंकि वह सुधा पीकर मुस्काती है।

313. किसके पग में विश्वास भरा है ?
(a) खेतों के (b) बागों के
(c) मनुष्यों के (d) भारत माता के

314. 'चंदा तारों सी सहज कांति' पंक्ति में निहित अलंकार है।
(a) यमक (b) उपमा
(c) रूपक (d) अनुप्रास

315. 'प्रखर' का अर्थ नहीं है।
(a) प्रचण्ड (b) तीक्ष्ण
(c) कुशाग्र (d) सहनशील

316. 'बोली और लहज़े' के बारे में कौन-सा कथन सही है ?
(a) बोली वास्तविक भाषा से संबंध रखती है जबकि लहज़ा भाषा कैसे बोली जा रही है, उस तरीके से संबंधित है।
(b) लहज़ा वास्तविक भाषा से संबंधित है जबकि बोली भाषा बोलने के तरीके से संबंधित है।
(c) लहज़ा एक ही भाषा के विविध रूप हैं जिनकी व्याकरण भिन्न-भिन्न होती है।
(d) बोली किसी व्यक्ति विशेष के उच्चारण का तरीका है।

317. निपुन भारत मिशन का उद्देश्य एक ऐसे लक्ष्य के रूप में सुनिश्चित किया गया है जिसे वर्ष 2026-27 तक पूरा करना है। कक्षा एक में साक्षरता के लक्ष्य इस तरह रखे गए हैं कि बच्चे
(a) कम से कम 2 से 3 वर्णों वाले सरल शब्द पढ़ पाएँ।
(b) आयु उपयुक्त अपरिचित पाठ्य सामग्री में आए कम से कम 4 से 5 सरल शब्दों वाले छोटे वाक्य पढ़ पाएँ।
(c) प्रति मिनट 45 - 60 शब्द अर्थ सहित पढ़ पाएँ।
(d) प्रति मिनट कम से कम 60 शब्द अर्थ सहित पढ़ पाएँ

318. कक्षा तीन की अध्यापिका को अपने विद्यार्थियों के श्रवण कौशल का आकलन करना है। उसे इसके लिए किस गतिविधि का संचालन करना चाहिए?
(a) पढ़ी गई सामग्री से शब्दों का अर्थ बताने के लिए कहना
(b) सुनाई गई कहानी पर चित्र बनाने के लिए कहना
(c) विद्यार्थी को 4-5 वाक्यों में स्वयं का परिचय देने के लिए कहना
(d) दिखाए गए चित्र का तीन वाक्यों में वर्णन करने के लिए कहना

319. एक बालिका अपनी पसन्द की कहानी की पुस्तक पढ़ रही है। इस प्रकार के पठन को क्या कहेंगे?
(a) बारीकी से पठन (b) गहन पठन
(c) सरसरी तौर पर पठन (d) विस्तृत पठन

320. कक्षा चार की अध्यापिका प्रक्रिया आधारित लेखन उपागम का प्रयोग कर रही है। लेखन पूर्व गतिविधि के दौरान वह किस युक्ति का अनुसरण कर सकती है?
(a) मानस मंथन (ब्रेनस्टोर्मिंग) (b) समीक्षा करना
(c) सम्पादन (d) पुनरावृत्ति

321. कक्षा तीन की अध्यापिका अपने विद्यार्थियों के साथ पठन बोध पर कार्य कर रही है। वह किस युक्ति का अनुसरण कर सकती है?
(a) पाठ में पढ़े गए कठिन शब्दों का श्रुतलेख करवाना
(b) पढ़ी गयी पाठ्य सामग्री पर आधारित प्रश्न पूछना
(c) पढ़ी गयी पाठ्य सामग्री में आए कठिन शब्दों के अर्थ याद करवाना और लिखवाना
(d) पाठ्य सामग्री पढ़ने के दौरान सामने आ रहे संज्ञा शब्दों को रेखांकित करने के लिए कहना

322. एक पठन संबंधी गतिविधि जिसमें शिक्षार्थी पाठ्य सामग्री के विभिन्न हिस्सों को सुनते-पढ़ते हैं,

भाषा-शिक्षण में पाठ्य-पुस्तकों के अतिरिक्त कौन-सा सबसे कम प्रभावशाली है

-प्रश्नों के उत्तर लिखना

CTET - Ind Paper (VI-VIII) Sep. 2014

तत्पश्चात् कार्य को पूरा करने के लिए सूचनाओं का आदान- प्रदान करते हैं, यह क्या कहलाएगी?

(a) प्रवाह के साथ पाठ्यसामग्री
(b) प्रवाह के साथ श्रुतलेख
(c) डम्ब शिराड (मूक अभिनय)
(d) जिगसॉ श्रुतलेख

323. भारत सरकार द्वारा शुरू किए गए कार्यक्रम निपुन (NIPUN) भारत मिशन का मुख्य केन्द्र भाषा में बुनियादी कौशलों को मजबूत करना है। इसका पूरा नाम है

(a) नेशनल इंटरवेंशन फॉर प्रोफिशिएंसी इन अंडरस्टैंडिंग एंड न्यूमरेसी
(b) नेशनल इनीशिएटिव फॉर प्रोफिशिएंसी इन रीडिंग विथ अंडरस्टैंडिंग एंड न्यूमरेसी
(c) नेशनल इनीशिएटिव फॉर प्रोफिशिएंसी इन अंडरस्टैंडिंग एंड न्यूमरेसी
(d) नेशनल इंटरवेंशन फॉर प्रोफिशिएंसी इन रीडिंग विथ अंडरस्टैंडिंग एंड न्यूमरेसी

324. एक शिक्षार्थी ने अध्यापक द्वारा दिए गए भाषा कार्य को अपने सहपाठी या वयस्क की मदद से पूरा करना है। वह इस कार्य को बिना मदद के किस सीमा तक कर सकती है और कितना अपने वयस्क या अधिक सक्षम सहपाठी की मदद से कर सकती है, इन दोनों के बीच की संभाव्यता (अंतराल) को क्या कहा जाएगा?

(a) भाषा अर्जन उपकरण
(b) आरंभिक साक्षरता
(c) सादृशीकरण
(d) निकटस्थ विकास का क्षेत्र

325. मुद्रित समृद्ध परिवेश का सृजन भाषा अधिगम में मदद करता है। कक्षा में इस प्रकार का परिवेश सृजित करने के लिए अध्यापक को क्या करना चाहिए?

(a) विद्यार्थियों को पुस्तकें व अन्य पाठ्य सामग्री पढ़ने के अवसर देने चाहिए
(b) विद्यार्थियों को मुद्रित हस्तलेखन सीखने में मदद करनी चाहिए।
(c) विद्यार्थियों को हस्तमुद्रण सीखने में मदद करनी चाहिए।
(d) अपरिचित मुद्रित पाठ्य सामग्री के लिए नए शब्द सीखने के लिए कहना चाहिए।

326. निम्नलिखित में से कौन-सा क्रम प्रथम भाषा अर्जन के चरणों का सही क्रम है?

(a) बबलाना, दो शब्दीय वाक्य चरण, एक शब्दीय वाक्य चरण, संक्षिप्त वाक्य चरण
(b) बबलाना, एक शब्दीय वाक्य चरण, दो शब्दीय वाक्य चरण, संक्षिप्त वाक्य चरण
(c) एक शब्दीय वाक्य चरण, बबलाना, दो शब्दीय वाक्य चरण, संक्षिप्त वाक्य चरण
(d) एक शब्दीय वाक्य चरण, दो शब्दीय वाक्य चरण, बबलाना, संक्षिप्त वाक्य चरण

327. यह विचार कि मनुष्य सहजात भाषा अर्जन उपकरण के साथ जन्म लेते हैं, किसके द्वारा प्रतिपादित है?

(a) लेव वाइगोत्स्की (b) नॉम चॉमस्की
(c) जीन पियाज़े (d) जिरोम ब्रूनर

328. नए शब्द समझती है और उनका प्रयोग करती है यह रूबरिक किसका आकलन करेगा?

(a) उच्चारण (b) व्याकरण
(c) प्रवाह (d) शब्द भंडार

329. निम्नलिखित में से कौन-सी गतिविधि बच्चों के वाचन कौशल के आकलन हेतु प्रयुक्त नहीं की जानी चाहिए?

(a) पढ़े गए पाठ से शब्दों के अर्थ बताओ
(b) आप जिन परिधान को बहुत अधिक पसंद करती हैं, उसके बारे में बताओ
(c) अपने आप का 4-5 वाक्यों में परिचय दो
(d) दिखाए जा रहे चित्र का तीन वाक्यों में वर्णन करो

330. वह कौन-सा भाषा विकार है जिसमें व्यक्ति उचित तरीके और उचित क्रम से शब्द नहीं रख पाता है? यह भाषा बोलने और समझने के तरीके को प्रभावित करता है।

(a) डिस्प्रेक्सिया (b) डिस्फ्रेज़िया
(c) डिसरथ्रिया (d) डिस्कैलकुलिया

भाषा

-जीवन की विभिन्न स्थितियों को साधती है

CTET - IInd Paper (VI-VIII) Nov. 2012

निर्देश: निम्नलिखित गद्यांश को पढ़कर पूछे गये प्रश्नों के सही / सबसे उपयुक्त वाले विकल्प को चुनिए।

समय की उपेक्षा करने वालों को समय नष्ट कर देता है। महात्मा गाँधी सभी कार्य निर्धारित समय पर करते थे इसलिए अत्यंत व्यस्त होते हुए भी निरंतर प्रगति करते हुए सफलतम महान व्यक्तियों की श्रेणी में पहुँचे। जेम्स वॉट, मैडम क्यूरी और एडीसन ने समय के प्रत्येक पल का सही उपयोग कर संसार को महान आविष्कार प्रदान किए। समय का सदुपयोग भाग्य निर्माण की आधारशिला है। असमय कार्य करने वाले कायर और निरुद्यमी बन जाते हैं। अपने कर्त्तव्य कर्म को बिना विलंब किए करना ही समय का सदुपयोग है। ऐसा करने वाला ही समय का पारखी भी है। जो समय का सदुपयोग करना जान लेता है वह जीवन को सही ढंग से जीना सीख जाता है। हर व्यक्ति को पैसों की अपेक्षा समय का अधिक हिसाब रखना होगा। तभी वह अपने क्षेत्र में सफल हो पाएगा।

331. समय नष्ट कर देता है –
(a) समय का सदुपयोग करने वालों को
(b) समय व्यर्थ गँवाने वालों को
(c) समय का महत्त्व जानने वालों को
(d) समय को समय देने वालों को

332. महात्मा गाँधी की गणना सफलतम महान व्यक्तियों में होती थी क्योंकि–
(a) वे प्रसिद्ध वकील थे।
(b) उन्होंने स्वतंत्रता संग्राम में भाग लिया था।
(c) वे समय के पाबन्द थे।
(d) वे अच्छे वक्ता थे।

333. भाग्य निर्माण की बुनियाद .... हैं।
(a) भाग्यविधाता (b) समय का सदुपयोग
(c) समय की बर्बादी (d) असमय कार्य करना

334. 'हर व्यक्ति को पैसों की अपेक्षा समय का अधिक हिसाब रखना होगा, तभी वह अपने क्षेत्र में सफल हो पाएगा।' वाक्य से तात्पर्य है: –
(a) व्यक्ति तभी सफल हो पाएगा जब वह पैसों की बजाय समय को अधिक महत्त्व देगा।
(b) व्यक्ति की सफलता पैसों पर निर्भर करती है न कि समय पर।
(c) व्यक्ति की सफलता का संबंध पैसों व समय दोनों पर ही निर्भर करता है।
(d) व्यक्ति की सफलता का संबंध पैसों व समय दोनों पर ही निर्भर करता है।

335. असमय कार्य करने वाले
(a) भाग्यशाली बन जाते हैं।
(b) भाग्यहीन बन जाते हैं।
(c) कायर तथा निरुद्यमी बन जाते हैं।
(d) साहसी तथा निरुद्यमी बन जाते हैं।

336. 'सदुपयोग' का संधि – विच्छेद है –
(a) सदु + उपयोग (b) सदू + उपयोग
(c) सद् + उपयोग (d) सत् + उपयोग

337. जीवन को सही ढंग से जीने के लिए जरूरी है –
(a) ढेर सारी धन – संपत्ति
(b) ढेर सारा समय
(c) समय का ठीक से उपयोग
(d) केवल समय को ही महत्त्व देना

338. 'समय' शब्द में किस प्रत्यय का प्रयोग किया जा सकता है?
(a) ई (b) इक
(c) इत (d) आ

339. समूह में भिन्न शब्द है –
(a) जेम्स वॉट (b) मैडम क्यूरी
(c) महात्मा गाँधी (d) व्यक्ति

निर्देश: निम्नलिखित काव्यांश को पढ़कर पूछे गए प्रश्नों के सही / सबसे उपयुक्त उत्तर वाले विकल्प को चुनिए।

जहाँ मन निर्भय हो
और मस्तक गर्व से ऊँचा हो,
जहाँ ज्ञान सहज ही प्राप्त हो
जहाँ विश्व को बाँटा न गया हो
संकीर्ण दीवारों से !
जहाँ शब्द निकलते हों
सत्य की गहराइयों से
जहाँ बिना थके कार्यशील बाँहें

भाषायी कौशलों के संदर्भ में कथन सत्य है

-भाषायी कौशल एक साथ सीखे जाते हैं, क्रम से नहीं।

CTET - Ist Paper (I-V) Feb. 2015

उठती हों निर्माण की ऊँचाइयाँ छूने
जहाँ तर्क की धारा ने
नहीं खोया है अपना पथ
मृतप्राय आदतों के सूखे रेगिस्तान में।
ओ पिता! मेरे देश को जागृत करो
जागृत करो ! जागृत करो !

340. कविता में जागृत करने से तात्पर्य है
(a) जगाना (b) उन्नयन करना
(c) चेतना भरना (d) जागरण करना

341. कविता में किसे महत्त्व नहीं दिया गया है?
(a) संकीर्ण दीवारों को (b) निर्भय होने को
(c) स्वाभिमान को (d) अखंडता को

342. कविता के अनुसार बोलने से पहले उसे
(a) लिखना चाहिए
(b) सत्य की कसौटी पर कसना चाहिए
(c) समय का ध्यान रखना चाहिए
(d) व्यक्ति का ध्यान रखना चाहिए

343. कविता के अनुसार एक व्यक्ति के लिए सर्वाधिक महत्त्वपूर्ण है –
(a) धर्म – पथ पर अग्रसर होना
(b) अग्नि – पथ पर अग्रसर होना
(c) सदैव प्रथम आना
(d) तर्क से काट करना

344. 'शब्द में 'इक' प्रत्यय लगाने पर नया शब्द बनेगा
(a) शब्दिक (b) शाब्दइक
(c) शाब्दिक (d) शाबदिक

345. 'निर्भय' शब्द में मूल शब्द है
(a) निर् (b) निर
(c) भय (d) अभय

346. सभी बच्चे उन गतिविधियों द्वारा अभिप्रेरित होते हैं –
(a) जिनकी योजना वयस्क द्वारा बनाई जाती है।
(b) जिनकी योजना बच्चों द्वारा बनाई जाती है।
(c) जो बच्चों के लिए अर्थपूर्ण होती हैं।
(d) जो अध्यापकों के लिए अर्थपूर्ण होती हैं।

347. एक शिक्षिका छोटे बच्चों को शुरूआती वर्षों में नियंत्रण अथवा प्रोत्साहन के रूप में अपनी भाषा अर्जित करने के योग्य बनाती है और उसी के अनुरूप व्यवहार करने के लिए कहती है। वे .... का अनुगमन कर रही है।
(a) स्वयं करो रणनीति
(b) टोटल फिजिकल रेस्पोंस उपागम
(c) करके सीखना उपागम
(d) कहानी कथन पद्धति

348. द्विभाषी बच्चे या दो भाषा जानने वाले बच्चे किसी से बात करते समय प्राय: एक भाषा के शब्दों का प्रयोग करते हैं, कहलाता है –
(a) संकेत – बदलना (b) संकेत –मिश्रित करना
(c) बहुभाषिकता (d) दक्षता स्तर

349. पढ़ते समय विवरण, स्थान, नाम, तारीख / समय आदि को खोजना है
(a) वैश्विक अवबोधन
(b) स्थानीय अवबोधन
(c) निष्कर्ष निकालना
(d) पाठ्य–वस्तु का निर्वाचन

350. एक शिक्षिका कक्षा 5 के शिक्षार्थियों को पढ़ने का आनंद लेने और अवधारणा की बेहतर समझ प्राप्त करने के लिए एक लंबा लेख पढ़ने के लिए कहती हैं। वे .... का अभ्यास कर रही हैं।
(a) विस्तृत पठन (b) गहन पठन
(c) जिगसॉ पठन (d) साथी पठन

351. एक शिक्षक छोटे बच्चों को नए शब्द सिखाने के लिए वास्तविक वस्तुओं का उपयोग करती है, क्योंकि –
(a) यह शब्दों की सही वर्तनी के शिक्षण में मदद करता है
(b) यह शब्द – भंडार का शिक्षण केवल वास्तविक वस्तुओं से ही कर सकते हैं
(c) छोटे बच्चे अमूर्त चिंतन के योग्य नहीं होते
(d) यह शिक्षार्थियों को शब्द और वस्तुओं के बीच संबंध जोड़ने में मदद करता है, जो वे अपने वास्तविक जीवन में देखते हैं

भाषा का प्रयोग

-जीवन के विभिन्न संदभों में होता है।

CTET - Ist Paper (1-V) Nov. 2012

352. जब एक शिक्षार्थी को नई भाषा सिखाते हैं लेकिन वह उसे बोलता नहीं है, इस अवधि को .... कहते हैं।

(a) वाक् उदीयमान (b) मूक

(c) प्रारंभिक उत्पादन (d) उदीयमान

353. एक प्रभावी भाषा शिक्षक

(a) बच्चों को पाठ्य पुस्तक में दिए गए सभी प्रश्नों के उत्तर याद करवाएगा

(b) पाठ्य – वस्तु के साथ अन्य संसाधनों का प्रयोग करेगा

(c) केवल पाठ्य पुस्तक में दिए गए प्रश्नों का प्रयोग करते हुए प्रश्न – पत्र का निर्माण करेगा

(d) पूरी तरह से प्रस्तावित पुस्तक पर निर्भर करेगा

354. एक शिक्षक शिक्षार्थियों के भाषा – कार्यों को एक फोल्डर में रखते हैं और बाद में उसे शिक्षार्थी की भाषा – उपलब्धि के आकलन के लिए इस्तेमाल करते हैं। आकलन की यह रणनीति क्या कहलाती है?

(a) निदानात्मक परीक्षण

(b) उपाख्यानात्मक अभिलेख

(c) योगात्मक आकलन

(d) पोर्टफोलियो आकलन

355. लक्ष्य भाषा सीखने में शिक्षार्थी की मातृभाषा के हस्तक्षेप की अनुमति न होने वाली शिक्षण – पद्धति को .... कहा जाता है।

(a) प्रत्यक्ष पद्धति

(b) व्याकरण – अनुवाद पद्धति

(c) द्विभाषिक पद्धति

(d) स्थितिपरक पद्धति

356. निम्नलिखित में से कौन-सा अधोगामी उपागम पर आधारित नहीं है?

(a) शिक्षार्थी भाषा के अर्थ को जानने के लिए अपने ज्ञान का उपयोग करता है।

(b) शिक्षार्थी जब पढ़ता या सुनता है तो वह यह अनुमान लगाता है कि आगे क्या होने वाला है।

(c) शिक्षार्थी एकल शब्द या पद पर ध्यान केंद्रित करते हुए भाषा को समझाते हैं।

(d) शिक्षार्थी कविता या कहानी से शुरू करते हैं और फिर अक्षर पर आते हैं।

357. उपचारात्मक शिक्षण है

(a) शिक्षार्थी के सीखने में आने वाली रिक्तियों को भरना

(b) गलत रूप से समझी गई अवधारणाओं को सही करना

(c) कक्षा में सजातीयता को बनाए रखना

(d) नई भाषा गतिविधि से परिचय कराना

358. सीखने की वह अक्षमता जो हमारे पढ़ने, निर्वचन करने और अक्षरों, शब्दों एवं संकेतों को समझने की योग्यता को प्रभावित करती है, ... है।

(a) डिस्लेक्सिया (b) डिस्केलकुलिया

(c) डिस्फेजिया (d) डिस्प्रेक्सिया

359. निम्नलिखित में से कौन – सा भाषा की कक्षा में प्रिंट – समृद्ध परिवेश में आता है?

(a) कक्षा में प्रदर्शित चार्ट्स, पोस्टर्स, कक्षा के प्रदत्त कार्य

(b) परिवेश में साइन बोर्ड्स, प्लेकार्ड्स, लेबल्स, रैपर्स आदि

(c) कक्षा – पुस्तकालय की आलमारियों में रखी हुई पुस्तकें

(d) इलेक्ट्रॉनिक मीडिया, जैसे – टी. वी., कम्प्यूटर, स्मार्ट फोन आदि

360. प्रथम पीढ़ी के शिक्षार्थी वे हैं जो –

(a) अपने परिवार में सबसे पहले विद्यालय गए हैं।

(b) दाखिला लेने के लिए विद्यालय में पहली बार आए हैं।

(c) विद्यालय में 'विद्यालय तैयारी कार्यक्रम' में हिस्सा ले रहे हैं।

(d) विद्यालय में पहली बार भाषा सीख रहे हैं।

निर्देश: नीचे दिए गए गद्यांश को पढ़कर पूछे पनों के सबसे उपयुक्त उत्तर वाले विकल्प को चुनिए:

आग के इस लोकानुग्रही रूप का विग्रह अलाव भी है, जो न देवल शीत दूर करने का माध्यम है बल्कि लोक की सामूहिक चेतन प्रतीक भी है। अलाव से ही जुड़े हैं नेह-छोह के अदृश्य बंधन के पाश में बँधा हुआ था समूचा गाँव। जैसे-जैसे बदलाव ने पाँव मारे हैं- अलाव अब प्रायः स्मृति की चीज बनता जा रहा है। गाँव नो अलाव के पास बैठकर अपने-अपने दुख-सुख बाँटता था वह अब राता जा रहा है।

भाषा के बारे में कथन सत्य है

-भाषा नियमबद्ध व्यवस्था है।

CTET - Ist Paper (I-V) July 2013

समय के साथ-साथ हमारे प्रेम और अपनत्व के दायरे सिमटते जा रहे हैं। शहरों से आयातित शहरीपन गाँव की नस-नस में समाता जा रहा है। दुमुँहापन आज की सबसे बड़ी आवश्यकता बनता जा रहा है। ऐसे में चौपाल पर अलाव के इर्द-गिर्द बैठकर इकहरे मन से बातें भला किसे रुचे।

361. अलाव को लोक की सामूहिक चेतना का प्रतीक क्यों कहा गया है?

(a) यह हाथ सेंकने का सर्वोत्म माध्यम है।
(b) इसके चारों तरफ समूह में बैठने का नियम है।
(c) इसे जलाने की सामग्री मिल-जुल कर खरीदी जाती है।
(d) एक दूसरे को कहने-सुनने का मौका मिलता है।

362. अलाव स्मृति की चीज क्यों बनता जा रहा है?

(a) शहर के प्रभाव ने गाँव की जीवन-शैली बदल दी है।
(b) अलाव जलाने की सामग्री समाप्त हो गई है।
(c) गाँव के लोगों के पास समय का अभाव है।
(d) बिजली आ जाने से अलाव की आवश्यकता नहीं रही।

363. ''ऐसे में चौपाल पर अलाव के इर्द-गिर्द बैठकर इकहरे मन से बातें भला किसे रुचें''
'इकहरे मन' से की जाने वाली बातों का क्या स्वरूप होगा?

(a) एक तरफा बात (b) सीधी व स्पष्ट बात
(c) प्रिय लगाने वाली बात (d) उपदेशात्मक बात

364. 'वह अब शहराता जा रहा है', लेखक ने रेखांकित शब्द को किस भाव के लिए लिखा है?

(a) आधुनिक होने का भाव
(b) सामूहिकता समाप्त होने का भाव
(c) शहर में बस जाने का भाव
(d) सभ्य एवं आधुनिक होने का भाव

365. गद्यांश के अनुसार कौन-सा व्यवहार 'शहरीपन' की ओर संकेत करता है?

(a) अलाव का न जलना
(b) इकहरे मन से बात करना
(c) अपनेपन का भाव कम होना
(d) शीत दूर करने के नए तरीके अपनाना

366. 'नेह-छोह' का अर्थ क्या है-

(a) सम्मान (b) स्नेह
(c) भक्ति (d) आस्था

367. 'दुमुँहापन' से तात्पर्य है-

(a) दो विषयों पर एक साथ चर्चा करना।
(b) अवसर के अनुसार बात कहना।
(c) कभी कुछ तो कभी कुछ कहना।
(d) दो समान तरह के भाव रखना।

368. 'लोकानुग्रही' का संधि विच्छेद है

(a) लोक + अनुग्रही (b) लोका + अनुग्रही
(c) लोकानु + ग्रही (d) लोका + नुग्रही

369. 'अपनत्व' में मूल शब्द है-

(a) अपनापन (b) अपन
(c) अप (d) अपना

370. कवि ने सूरज के लिए किस उपमान का प्रयोग किया है?

(a) पीले मेजपोश पर हरे फूल काढ़े गए हों।
(b) खुली पुस्तक के पन्ने फड़फड़ाया रहे हों।
(c) कोई युवती ऊन का गोला बुन रही हो।
(d) सफेद रंग का खरगोश उछलकूद कर रहा हो।

371. 'बहुत दिनों बाद मुझेधूप ने बुलाया' से अभिप्राय है-

(a) कोहरे भरे शीत के बाद धूप निकली हो।
(b) कवि को बहुत दिनों बाद धूप में आने का अवसर मिला हो।
(c) तेज वर्षा के बाद उजली धूप निकली हो।
(d) बहुत दिनों बाद धूप में बैठने का आनंद आया हो।

372. धूप किस रंग के वस्त्र पहनकर आई है?

(a) हरे (b) पीले
(c) भरे (d) सफेद

373. 'ताते जल नहा' में किसके स्नान का उल्लेख है?

(a) धूप का (b) खरगोश का
(c) सूरज का (d) कवि का

374. 'मेघ ऊन का गोला बुनती सुकुमारी' से आशय है-

(a) समुद्र की लहरें उफन रही हैं।

बच्चे के स्कूल की भाषा और घर एवं पड़ोस की भाषा में. होना/होनी चाहिए।

-समरूपता

CTET-IInd Paper (VI-VIII) Feb. 2016

(b) आकाश में सतरंगे बादल छाए हैं।
(c) वृक्ष पर पत्ते लहरा रहे हैं।
(d) नभ में श्वेत बादल उड़ रहे हैं।

375. 'मुझे धूप ने बुलाया' में अलंकार है-
(a) उपमा (b) रूपक
(c) मानवीकरण (d) अनुप्रास

376. भाषा की पाठड्ढपुस्तकों में पहेलियों और वर्ग पहेलियों को शामिल करना-
(a) विद्यार्थियों में समालोचनात्मक चिंतन योग्यता का विकास करता है।
(b) विद्यार्थियों में प्रवाहपूर्ण संप्रेषण की योग्यता विकसित करता है।
(c) उन्हें कुछ आनंददायक घटकों के साथ पाठड्ढपुस्तक को समझने में सहायता करता है।
(d) कक्षा-कक्ष का परिवेश जीवंत एवं मित्रवत बनाता है।

377. आपकी कक्षा में एक दृष्टिबाधित विद्यार्थी है, एक भाषा शिक्षक के रूप में आप-
(a) उस बालक के साथ सहानुभूति भरा व्यवहार करेंगे।
(b) बालक को अन्य बच्चों की तुलना में, निम्न स्तर के निष्पादन की छूट देंगे।
(c) नियमित कक्षा कार्य में उसकी मदद करेंगे और उसके साथियों को मदद करने के लिए कहेंगे।
(d) उस बालक के साथ सामान्य व्यवहार करेंगे तथा उसे श्रव्य सामग्री के द्वारा सहायता करेंगे।

378. प्राथमिक स्तर पर शिक्षार्थियों के आकलन के दौरान एक भाषा शिक्षक को मुख्य रूप से निम्नलिखित में से एक पर ध्यान देना चाहिए।
(a) औपचारिक साप्ताहिक परीक्षा और उसे प्रगति-पत्र में दर्ज करना।
(b) एक अवधि के अंत में परीक्षा लेना जो उत्तीर्ण या अनुत्तीर्ण घोषित करने में सहायता करे।
(c) शिक्षार्थियों के निष्पादन के बारे में विविध तरीको से जानकारी एकत्रित करना तथा उसे शिक्षार्थियों एवं उनक माता-पिता के साथ साझा करना।
(d) भाषा के अभ्यास में वृद्धि तथा विविधता लाने हेतु प्रतिदिन कक्षा कार्य के रूप में दत्त कार्य देना।

379. निम्नलिखित में से कौन सा रंगीन चित्रें एवं बड़े अक्षरों में मुद्रित बड़ी पुस्तक के उपयोग के बारे में सही नहीं है?
(a) यह एक ऐसा सृजनात्मक एवं कलात्मक अधिगम वातावरण प्रदान करती है, जिसमें बच्चे अधिक प्रतिक्रिया देते हैं।
(b) यह एक ऐसा बाल केंद्रित वातावरण प्रदान करती है, जिसमें अमूर्त संकल्पनाएँ पठन सामग्री चित्रें द्वारा सांकेतिक रूप से दर्शायी जाती है।
(c) यह साक्षरता अभ्यास के साथ-साथ, भाषा अर्जन के लिए संदर्भ प्रदान करती है।
(d) यह पाठड्ढक्रम की पुस्तको से अच्छी है तथा कक्षावार पाठक या विद्यार्थियों के रूप में पाठ से जुड़े अभ्यासों से मुक्त हैं।

380. बच्चे एक या एक से अधिक भाषाओं के ज्ञान के साथ विद्यालय में आते हैं। एक से अधिक भाषाओं का ज्ञान बच्चों को सहायता करता है-
(a) अन्य भाषाओं एवं नए विषयों को आसानी से सीखने में।
(b) राष्ट्र के रीति-रिवाजों एंव अन्य सांस्कृतियों को समझने में।
(c) अन्य विद्यार्थियों के साथ न जुड़ने तथा संवेदशील होने में।
(d) अधिक अंक प्राप्त करने के लिए उन भाषाओं की लिपि सीखने में।

381. कक्षा 3 के विद्यार्थी की कॉपी को देखते समय, भाषा की शिक्षिका ने कुछ त्रुटियाँ देखीं और महसूस किया कि-
(a) बच्चे लापरवाह हैं, इसलिए वे त्रुटियाँ करते हैं।
(b) बच्चे त्रुटियाँ करते हैं, एवं दोहराते हैं क्योंकि इसके लिए वे उन्हें दण्ड नहीं दे रही हैं।
(c) बच्चों की त्रुटियाँ स्वाभाविक हैं और उनके अधिगम का संकेतक हैं।
(d) एक शिक्षिका के रूप में उसे इस प्रकार की त्रुटियों पर ध्यान नहीं देना चाहिए, क्योंकि ये त्रुटियाँ अधिगम के लिए महत्व नहीं रखती हैं।

शिक्षक की स्वयं की भाषा-प्रयोग की कुशलता है

-बच्चों के भाषा-प्रयोग के लिए आदर्श रूप प्रस्तुत करती है।

CTET - IInd Paper (VI-VIII) Nov. 2012

382. वायगोत्सकी के अनुसार, बच्चे साथियों के साथ सामाजिक अंत:क्रिया से सीखते हैं। एक भाषा शिक्षक के रूप में-

(a) अपने पाठ की इस तरह से योजना बनाएँ कि वे कक्षा में अकेले बैठे तथा कक्षा में अंत:क्रिया एवं बातचीत किए बिना कार्य करें।

(b) ऐसी पाठ योजना बनाएँ जिसमें अन्त:क्रिया से बचने के लिए खेल और चर्चा शामिल न की जाए।

(c) कक्षा में अनुशासन बनाए रखने के लिए प्रोत्साहन, पुरस्कार एवं दण्ड का प्रयोग करें।

(d) जोड़े एवं समूह कार्य के लिए योजना बनाएँ ताकि वे साथियों के साथ अंतक्रिया कर सकें।

383. निम्नलिखित में कौन-सा तरीका भाषा शिक्षक के द्वारा अपनाया जाना चाहिए?

(a) धारा प्रवाह बोलने वाले विद्यार्थी को कक्षा में अनुकरणीय विद्यार्थी के रूप स्वीकारना चाहिए।

(b) कक्षा हेतु कुछ कठोर नियम बनाना तथा सुनिश्चित करना कि उनका कड़ाई से पालन होना चाहिए।

(c) यह सुनिश्चित करना कि उसकी कक्षा में सभी विद्यार्थी महसूस करें कि उन्हें स्वीकृति एवं महत्व दिया जा रहा है। चाहे वे किसी भी भाषा, सामाजिक एवं सांस्कृतिक पृष्ठभूमि से संबंध खाते हों।

(d) यह सुनिश्चित करना कि भाषा की कक्षा में सुविधा वंचित पृष्ठभूमि से आने वाले बच्चों को कठिन परिश्रम करना है।

384. भारतीय कक्षाएँ बहुभाषी कक्षाएँ होती हैं। बहुभाषिकता के इस संदर्भ को ध्यान में रखते हुए प्राथमिक स्तर पर बहुभाषी कक्षा के बारे में निम्नलिखित में से कौन सा एक सर्वाधिक उपयुक्त है?

(a) शिक्षक को शिक्षार्थी की भाषा को नजरअंदाज करते हुए, विद्यालय की भाषा पर ध्यान देना चाहिए।

(b) घर की भाषा का मातृभाषा, घर पर बोलनी चाहिए न कि विद्यालय में।

(c) भारत में एकल भाषी विद्यालय होने चाहिए तथा शिक्षार्थियों को उनकी भाषा की प्राथमिकताओं के अनुसार प्रवेश देना चाहिए।

(d) शिक्षक, शिक्षार्थियों को उनकी स्वयं की भाषा में संप्रेषण करने एवं अभिव्यक्ति हेतु प्रोत्साहित करें तथा उनके विचारों को सम्मान दें।

385. भाषा शिक्षक, ऐसा कार्य दें जो जोड़ेधसमूह में दिया जा सके, क्योंकि-

(a) जब बच्चे एक साथ कार्य करेंगे तो वे अपना कार्य शीघ्र समाप्त करने में सक्षम होंगे।

(b) इससे शिक्षक का कार्य कम होता है क्योंकि समूह अवलोकन की तुलना में प्रत्येक बच्चे पर व्यक्तिगत ध्यान देना कठिन है।

(c) इस प्रकार के अर्थपूर्ण कार्यों से बच्चे एक दूसरे की सहायता करते हैं एवं सीखते हैं।

(d) यह उनके बीच अधिक अंक प्राप्त करने की प्रतियोगिता को बढ़ावा देता है।

386. एक अध्यापक का अपनी कक्षा में इस बात पर ध्यान जाता है कि एक बच्चे को भाषा पढ़ने एवं समझने में कठिनाई हो रही है यह ________ का लक्षण हो सकता है।

(a) गणना में अक्षमता (डिस्केल्कुलिया)

(b) लिखने में अक्षमता (डिस्ग्राफिया)

(c) प्रयोग या अभ्यास करने में अक्षमता (डिस्प्रेक्सिया)

(d) पढ़ने में अक्षमता (डिस्लेक्सिया)

387. निम्नलिखित में से कौन सा कथन, प्राथमिक स्तर पर आकलन करने के संदर्भ में सही है?

(a) आकलन, प्रत्येक सत्र के अंत में करना चाहिए।

(b) आकलन राज्य आधारित प्रक्रिया होनी चाहिए तथा राज्य द्वारा पूरे राज्य द्वारा पूरे राज्य में एक साथ ही आयोजित करनी चाहिए।

(c) आकलन, विद्यालय आधारित तथा शिक्षण-अधिगम प्रक्रिया के साथ समावेशित होनी चाहिए।

(d) आकलन, वर्ष में एक बार आयोजित करना चाहिए।

388. निम्नलिखित में से आप किसे भाषा की कक्षा हेतु प्रामाणिक सामग्री के रूप में स्वीकार करते हैं?

(a) पाठ्यपुस्तक (b) कार्य पुस्तिका

(c) समाचार-पत्र (d) पूरक पुस्तिक

भाषा स्वयं में

-एक नियमबद्ध व्यवस्था है।

CTET - Ist Paper (I-V) Jan. 2012

389. कक्षा 5 की एक शिक्षिका अपने विद्यार्थियों से कहती है कि आप इस सत्र में किए गए अपने काम जैसे-अपनी ड्राइंग, कविताएँ, कहानियाँ, वर्कशीट और अन्य सामग्री एक विशिष्ट फोल्डर में रखें। विद्यार्थियों के इस फोल्डर को ________ कहा जाता है।

(a) स्वयं की रिपोर्ट लिखना
(b) उपाख्यानात्मक दस्तोवज (एनक्डोटल रिकॉर्ड)
(c) पोर्टफोलियो
(d) अवलोकन एवं संकलन

390. आप विश्वास करते हैं कि मानव, भाषा अर्जित करने की क्षमता के साथ ही जन्म लेते हैं। आपका विश्वास निम्नलिखित में से किस धारणा या सिद्धांत से मेल खाता है?

(a) सक्रिय अनुकूलन (b) सहजज्ञानवाद
(c) भाषा अर्जन उपकरण (d) पुनर्बलन

निर्देश: निम्नलिखित गद्यांश को पढ़कर पूछे गए प्रश्नों के सही / सबसे उपयुक्त उत्तर वाले विकल्प को चुनिए।

हजारों वर्षों से मनुष्य नदी की ओर खिंचता चला आया है। केवल इसलिए नहीं कि वह हमारी और हमारे खेतों की प्यास बुझाती है, बल्कि इसलिए भी कि वह हमारी आत्मा को भी तृप्त करती है। संसार की सभी प्रमुख संस्कृतियों का जन्म नदियों की कोख से हुआ है। भारतीय संस्कृति गंगा की देन है, अंत में नदी समुद्र जा मिलती है। पानी जहाँ से चला था, वापस वहीं पहुँच गया। नदी कभी न समाप्त होने वाली एक निरंतर रचना है। एक ऐसी शक्ति जो नित्य पुनर्जीवित होती रहती है। किंतु नदी एक अस्थिर मित्र है। हजारों वर्षों से वर्षा ऋतु में नदी-तट के निवासियों को बाढ़ का प्रकोप भी झेलना पड़ता था। नदी का पानी उफन पड़ता है और तटबंधों को तोड़ता हुआ गाँव के गाँव बहा ले जाता था।

391. संस्कृति का जन्म कहाँ होता है?

(a) समुद्र के किनारे (b) खेतों के किनारे
(c) नदियों के किनारे (d) जंगलों के किनारे

392. भारतीय संस्कृति .... की देन है।

(a) समुद्र (b) खाड़ी
(c) यमुना (d) गंगा

393. नदी को अस्थिर मित्र क्यों कहा गया है?

(a) नदी वापस समुद्र में मिल जाती है
(b) बाढ़ बनकर नुकसान पहुँचाती है
(c) नदी एक स्थान पर टिकती नहीं है
(d) नदी का जल बहुत खारा होता है

394. नदी क्या नहीं है?

(a) अस्थिर मित्र
(b) पुर्नजीवित करने वाली
(c) निरंतर रचना
(d) संस्कृति का उद्गम स्थल

395. गद्यांश के अनुसार हमारे जीवन में नदी का बहुत महत्त्व इसलिए है क्योंकि

(a) वह मीठा पानी देती हैं
(b) सदा बहती रहती है
(c) केवल वही खेती का आधार हैं
(d) जल ही जीवन है

396. मानव नदियों को केवल इसलिए महत्त्व नहीं देता कि वह

(a) खेतों की सिंचाई में मदद करती है
(b) हमारी आत्मा को तृप्त करती है
(c) संस्कृति को जन्म देती है
(d) निरंतर बनी रहती है

397. पानी कहाँ से चल कर कहाँ पहुँच जाता है?

(a) नदी से समुद्र (b) समुद्र से समुद्र
(c) समुद्र से नदी (d) नदी से नदी

398. निम्न में से किस शब्द में 'प्रत्यय' का प्रयोग हुआ है ?

(a) निरंतर (b) भारतीय
(c) प्रकोप (d) तृप्त

399. 'मित्र' का पर्यायवाची शब्द नहीं है

(a) सखा (b) बंधु
(c) अरि (d) संगी

निर्देश: निम्नलिखित काव्यांश को पढ़कर पूछे गए प्रश्नों के सही / सबसे उपयुक्त उत्तर वाले विकल्प को चुनिए।

बहुत दिनों से सोच रहा था, थोड़ी धरती पाऊँ
उस धरती में बाग बगीचा, जो हो सके लगाऊँ।

> प्राथमिक स्तर पर भाषा-शिक्षण का उद्देश्य यह है कि
>
> **-बच्चे विभिन्न स्थितियों में भाषा का प्रभावी प्रयोग कर सकें।**
>
> **CTET - Ist Paper (I-V) Sep. 2014**

खिलें फूल-फल, चिड़ियाँ बोलें, प्यारी खुशबू डोले,
ताजी हवा जलाशय में अपना हर अंग भिगो ले।
हो सकता है पास तुम्हारे, अपनी कुछ धरती हो
फूल - फल लदे अपने उपवन हों, अपनी परती धरती हो।
हो सकता है छोटी-सी क्यारी हो, महक रही हो
छोटी-सी खेती हो जो फसलों से दहक रही हों

400. यदि लेखक के पास थोड़ी-सी धरती होती, तो वह क्या नहीं करता?

(a) बगीचा लगाना (b) खेती करना
(c) पेड़-पौधे लगाना (d) नहर बनाना

401. कविता में लेखक का .... प्रेम झलकता है।

(a) प्रकृति (b) पशु
(c) धन (d) परिवार

402. 'परती' धरती से आशय है ऐसी जमीन

(a) जो बंजर और ऊबड़-खाबड़ हो
(b) जिसे प्रतिवर्ष जोता - बोया न जाता हो
(c) जिसमें सौ से अधिक परतें हो
(d) जिसके नीचे पानी ही पानी हो

403. 'फसलों से दहक रही हों वाक्य में रेखांकित शब्द 'दहक' किस अर्थ में प्रयुक्त हुआ है?

(a) फसल बोने के अर्थ में
(b) फसल के पकने के अर्थ में
(c) फसल के कच्चा होने के अर्थ में
(d) फसल पर पाला पड़ने के अर्थ में

404. समूह से भिन्न शब्द है

(a) छोटी-सी खेती (b) छोटी-सी क्यारी
(c) छोटा-सा उपवन (d) फूल-फल लदे

405. समान लयात्मक शब्द नहीं है।

(a) महक (b) दहक
(c) लहक (d) लहर

406. शिक्षार्थी अपनी बुनियादी पठन कुशलताओं का निर्माण कर सकें, इसके लिए एक शिक्षक द्वारा .... शिक्षार्थियों को मदद करने की जरूरत है।

(a) वैयक्तिक और विभेदित अनुदेशन के साथ
(b) कक्षा विशेष के सीखने के प्रतिफल को प्राप्त करने के लिए उन्हें मानक परीक्षण देने के माध्यम से
(c) वैविध्यपूर्ण तकनीकी का प्रयोग करते हुए
(d) पठन से पूर्व नवीन एवं चुनौतीपूर्ण शब्दावली के साथ

407. कक्षा 2 की शिक्षिका मुद्रित विषय सामग्री मे परिचित शब्दों की सटीक और निपुणता भरी पहचान की क्षमता को बढ़ाने पर ध्यान दे रही है। ये शब्द हैं

(a) सर्वाधिक प्रयुक्त (साइट वर्ड्स) होने वाले शब्द
(b) विषय-वस्तु के शब्द
(c) कठिन शब्द
(d) निष्क्रिय शब्द

408. एक से अधिक भाषा का ज्ञान

(a) भाषा-कक्षा में शिक्षक के ऊपर एक बोझ बन जाता है
(b) नवीन कक्षा-कक्ष में सीखते समय शिक्षार्थी को उसके समनुरूप करता है
(c) नवीन भाषा के सीखने-सिखाने में मदद करता है
(d) नवीन भाषा सीखने में हस्तक्षेप करता है

409. एक शिक्षिका कक्षा 4 के शिक्षार्थियों से एक छोटे अनुच्छेद को समझ के साथ पढ़ने और गहराई से उसका परीक्षण करने के लिए कहती है। साथ ही वे आवश्यकतानुसार शिक्षार्थियों की आधारभूत मदद भी करती है। वह .... का अभ्यास कर रही है।

(a) विस्तृत पठन (b) गहन पठन
(c) पहेली पठन (d) सहयोगी पठन

410. भाषा - शिक्षण के लिए एक वास्तविक एवं व्यावहारिक स्थिति का उपयोग करते हुए सरलतापूर्वक भाषा से परिचित होने में शिक्षार्थियों की मदद करने वाली पद्धति .... कहलाती है।

(a) संरचनात्मक उपागम
(b) स्थितिपरक भाषा - शिक्षण पद्धति
(c) श्रव्य - भाषिक पद्धति
(d) द्विभाषी पद्धति

भाषा सीखने का उद्देश्य है

-प्रत्येक स्थिति में भाषा का प्रयोग कर पाना

CTET-Ist Paper (I-V) Feb. 2016

411. **पठन-पूर्व कार्य .... होते हैं।**
(a) शिक्षार्थियों की पठन कुशलता का मूल्यांकन करने के लिए
(b) कठिन शब्दों और पदों का अर्थ देने के लिए
(c) शिक्षार्थियों को पाठ्य-वस्तु में 'प्रवेश' करने और उन्हें अभिप्रेरित करने के लिए
(d) पठन सामग्री में प्रयुक्त व्याकरणिक बिन्दुओं की व्याख्या करने के लिए

412. **प्रथम भाषा अर्जन में निम्नलिखित चरण होते हैं:**
(a) कूकना - बबलाना - समग्रबोधि अवस्था – तारशैली वाक - दो शब्दीय अवस्था
(b) कूकना - बबलाना - दो शब्दीय अवस्था - तारशैली वाक् - समग्रबोधि अवस्था
(c) कूकना - समग्रबोधि अवस्था - बबलाना - दो शब्दय अवस्था - तारशैली वाक
(d) कूकना - बबलाना - समग्रबोधि अवस्था - दो शब्दय अवस्था - तारशैली वाक

413. **इस उपागम में व्याकरणिक संरचना तथा एकल शब्दों की बजाय अर्थ एवं भाषा को उसकी पूर्णता में देखना शामिल है।**
(a) अधोगामी उपागम (b) ऊर्ध्वगामी उपागम
(c) एकीकृत उपागम (d) निगमनात्मक उपागम

414. **एक शिक्षक .... के माध्यम से अपने शिक्षार्थियों के खराब अंकों के कारणों को जानने के लिए एक परीक्षण तैयार करता है।**
(a) निदानात्मक परीक्षण (b) निपुणता परीक्षण
(c) उपलब्धि परीक्षण (d) अभिक्षमता परीक्षण

415. **एक बच्चा जोड़े में और समूह में सक्रिय रूप से हिस्सा लेता है लेकिन लिखित परीक्षा में अच्छे अंक नहीं ले पाता। एक शिक्षक के रूप में आप शिक्षार्थी की मदद कर सकते हैं**
(a) उसकी सामाजिक अंतः क्रिया की प्रशंसा करते हुए
(b) बच्चे के माता-पिता को यह स्पष्ट करते हुए कि लेखन में उसकी कोई रुचि नहीं है
(c) माता-पिता से यह अनुरोध करते हुए कि वे उसकी पढ़ाई में मदद करें
(d) उसकों नियमित परीक्षण देते हुए ताकि वह सुधार कर सके

416. **'द जंगल बुक' के मुख्य पात्र मोगली की भाषा में कमी थी, क्योंकि मानव संपर्क से विलग उसका पालन-पोषण हुआ था। यह साक्ष्य भाषा - विकास के किस पक्ष का समर्थन करता है?**
(a) एक सही आयु में बच्चे के पास भाषा - परिवेश का अभाव।
(b) बच्चे को कुछ जीव-वैज्ञानिक समस्याएँ थीं।
(c) सहज क्षमता के साथ उसका जन्म नहीं हुआ था।
(d) उसे मानव भाषा की बजाय जानवरों की भाषा से प्रेम था।

417. **अर्थक्रियात्मकता (प्रैग्मैटिक्स)...........संकेत करता है।**
(a) भाषा के सामाजिक नियम की ओर
(b) विद्यालयी भाषा की नीति
(c) विद्यालयी की अनुदेशन की भाषा
(d) शैक्षणिक भाषा

418. **निम्नलिखित में से किसका कविता में एक आकलन-तत्त्व के रूप में समर्थन नहीं किया जाता है?**
(a) व्याकरण (b) शब्द - भंडार
(c) काव्यात्मक उपकरण (d) कविता की अंतर्वस्तु

419. **कौन-सी पद्धति मातृभाषा में पहले से अर्जित भाषा-कौशलों के उपयोग के माध्यम से लक्ष्य भाषा सीखने में प्रवाहपूर्णता एवं सटीकता के विकास एवं उपलब्धि का समर्थन करती है?**
(a) प्रत्यक्ष पद्धति
(b) व्याकरण-अनुवाद पद्धति
(c) द्विभाषी पद्धति
(d) श्रव्यभाषिक पद्धति

420. **निम्नलिखित में से कौन-सा डिस्ग्राफिया, एक प्रकार की भाषा- अक्षमता के बारे में सत्य नहीं है?**
(a) यह सीखने वाले की संगतपूर्ण लेखन - क्षमता को प्रभावित करता है।

भाषाई कौशलों के संबंध में कथन सही है

-सभी भाषाई कौशल अंतः संबंधित है।

CTET - Ist Paper (I-V) Sep. 2016

(b) यह कागज पर अक्षर, अंक या शब्द लिखने में बाधा उत्पन्न करता है।
(c) यह सकल मोटर कौशल और तार्किक चिंतन को प्रभावित करता है।
(d) यह खराब वर्तनी, बिगड़ी हुई लिखावट को बढ़ावा देता है।

निर्देश: निम्नलिखित गद्यांश को पढ़कर पूछे गए प्रश्नों के सबसे उपयुक्त उत्तर वाले विकल्प को चुनिए:

दर्शन वस्तुतः अपने आप को जानने की जीवन पर्यंत चलने वाली शिक्षा है। दर्शन का तात्पर्य ही देखना है। यहाँ देखने का अर्थ जानना ही है। आत्मा क्या है? / आत्म-ज्ञान क्या है? / यह कैसे और किसे होता है? / यह सब विवाद का विषय हो सकता है। परंतु आत्म ज्ञान को आदर्श मानकर निरंतर आत्म-निरीक्षण करते रहने से व्यक्ति मानव चेतना के उत्तरोत्तर विकासमान उच्च से उच्चतर सोपानों को अवश्य प्राप्त करता है। यह निर्विवाद है। हम प्रायः आत्म-प्रवंचना में जीते है। हम यथार्थ में होते कुछ और हैं तथा दिखाई देते हैं कुछ और। अपने दोषों को पहचानने और स्वीकार करने अपेक्षा उनके औचित्य को सिद्ध करने में सारी शक्ति लगा देते हैं। व्यक्ति असत्य भाषण को दोष न मानकर सफलता का सूत्र मानता है तो इसे दूर करने की अपेक्षा ऐसा तरीका सीखना पसंद करेगा जिससे वह अधिक कुशलता से झूठ बोल सके। आत्म-दर्शन अपने दोष रूप में और गुण का गुण रूप में स्वीकार करना है। दोष या दुर्गुण समाज में निंदनीय और अस्वीकार्य होते हैं इसलिए अपने दुर्गुणों को स्वीकार करने में साहस की आवश्यकता होती है। दुर्गुण को व्यक्तित्व की कमी के रूप में स्वीकार करने पर उसे दूर करने की गुंजाइश बराबर बनी रहती है। अतः आत्मदर्शन हमें आंतरिक विकास की ओर अग्रसर करता है। जीवन दर्शन का सच्चा शिक्षक हमारा परिवेश है।

421. दर्शन का तात्पर्य 'देखना' है। यहाँ 'देखना' किस अर्थ में प्रयुक्त हुआ है?
(a) देखना (b) दिखाई देना
(c) जानना (d) दिखाना

422. आत्म-दर्शन है
(a) अपने गुण-दोष स्वीकारना
(b) दूसरों के दोष क्षमा करना
(c) स्वयं को निहारना
(d) दर्शनशास्त्र का अध्ययन करना

423. दुर्गुण को दूर किया जा सकता है
(a) उसे अपनाने से (b) उसे स्वीकार करने से
(c) उसे छिपाने से (d) दूसरों को बताने से

424. जीवन-दर्शन का सच्चा शिक्षक है
(a) समय (b) दार्शनिक
(c) परिवेश (d) विद्यालय

425. अनुच्छेद के आधार पर कौन साहसी है?
(a) अपने दोषों को स्वीकार करने वाला
(b) अपने दोषों को छिपाने वाला
(c) अपने गुणों का वर्णन करने वाला
(d) अपने गुणों को छिपाने वाला

426. आत्म दर्शन से ________ विकास होता है
(a) आध्यात्मिक (b) आंतरिक
(c) शारीरिक (d) भावनात्मक

427. दुर्गुण में उपसर्ग तथा मूल शब्द हैं
(a) दुर+गुण (b) दुर्गुण
(c) दूर्गुण (d) दुगुण

428. आत्म-दर्शन का उचित विग्रह है।
(a) आत्मा और दर्शन (b) आत्मा का दर्शन
(c) आत्मा का दर्शन (d) आत्मा का दर्शन

429. समूह से भिन्न शब्द छाँटिए
(a) साहसी (b) ज्ञानी
(c) वाणी (d) तीखी

430. कविता में किस हिंदी महीने की सुबह का वर्णन है?
(a) क्वार (b) कार्तिक
(c) अगहन (d) पौष

431. हवाओं को किसके समान माना है?
(a) भाई (b) बहन
(c) माता (d) मित्र

432. हवाएँ सिरहाने कौन-से फूल रखकर गई है?
(a) हरसिंगार (b) रातरानी
(c) गुलाब (d) चमेली

> द्विभाषी बच्चे या दो भाषा जानने वाले बच्चे किसी से बात करते समय प्रायः एक भाषा के शब्दों का प्रयोग करते हैं, कहलाता है –
> **- संकेत-बदलना**
> **CTET 21 Jan 2022**

433. नदी की ओर से आने वाली हवाएँ ______ है?
(a) सूखी (b) शुष्क
(c) गर्म (d) भीगी

434. 'माँ सरीखी' में ______ अलंकार है।
(a) रूपक (b) उत्प्रेक्षा
(c) उपमा (d) यमक

435. फ्हँसमुख सुबह में ______ का भाव है
(a) प्रसन्नता (b) सुख
(c) आलस्य (d) शोक

436. संदर्भ में व्याकरण पर जोर ______
(a) भाषा के नियमों के प्रति समझ बनाना है।
(b) भाषा के नियमों को कंठस्थ करना है।
(c) विषय-वस्तु का अनुवाद करना है।
(d) नियमों का अतिसामान्यीकरण करना है।

437. उदाहरण से सामान्यीकरण की यात्र है-
(a) आगमन (b) निगमन
(c) उपदेशात्मक (d) प्रत्यक्ष

438. भाषा अधिगम के लिए सामग्री तैयार करने के सिद्धांतों मे से एक है
(a) प्रत्येक आयुवर्ग के लिए जटिल सामग्री चुनी जानी चाहिए
(b) सामग्री औचित्यपूर्ण तरीके से स्तरानुसार होनी चाहिए
(c) किसी भी प्रकार की सामग्री चुनी जा सकती है
(d) सामग्री छोटी तथा सीमित होनी चाहिए

439. भाषा अर्जन होता है जब ______
(a) बच्चे को व्याकरण के नियम पढ़ाए जाते हैं।
(b) बच्चे को पुरस्कार या दंड दिया जाता है।
(c) बच्चे को भाषा के अवसर मिलते हैं।
(d) बच्चा बिना सचेतन ध्यान के भाषा ग्रहण करता है।

440. जब बच्चे को कविता सुनाने के लिए कहा जाता है यह शिक्षक को उसके ______ के आकलन में सहायता कर सकता है।
(a) साहित्य के ज्ञान (b) बोलने में निपुणता
(c) अभिनय के गुण (d) अवबोधन

441. 'मानस मंथन (ब्रेन स्ट्रोमिंग) का अर्थ है ______
(a) विषय से संबंधित विचारों के प्रति सजगता
(b) कुछ मानसिक क्रियाएँ करना
(c) कुछ समझने के लिए प्रयास करना
(d) मस्तिष्क को कुछ प्रकार के उद्दीपन देना

442. निम्नलिखित में से कौन सी अवधारणा भाषा शिक्षण के विषय में गलत है?
(a) शिक्षार्थी वास्तविक परिस्थितियों में भाषा प्रयोग के प्रयास द्वारा भाषा अर्जित करते हैं।
(b) शिक्षार्थी की प्रथम भाषा सीखने में महत्वपूर्ण भूमिका निभाती है।
(c) भाषा शिक्षण का ध्यान संप्रेषणात्मक गतिविधियों पर होना चाहिए
(d) भाषा शिक्षण में बोलने की जगह लेखन को महत्त्व देना चाहिए

443. किसी पाठ या अवधारणा विशेष के अंत में आयोजित की जाने वाली परीक्षा (टैस्ट) कहलाती है
(a) निदानात्मक परीक्षा (b) श्रेणी हेतु परीक्षा
(c) उपलब्धि परीक्षा (d) स्मृति परीक्षा

444. भाषा के उत्पादक कौशल हैं ______
(a) पठन तथा लेखन (b) पठन तथा श्रवण
(c) वाचन तथा लेखन (d) वाचन तथा श्रवण

445. प्राथमिक स्तर की पाठ्यपुस्तकों में चित्रें का उद्देश्य है ______
(a) पाठ्य-पुस्तक को आकर्षक बनाना
(b) पाठ्य-पुस्तक को रंगीन बनाना
(c) विचारों तथा संकल्पनाओं को समझाना
(d) कहानी को समझना

446. रीयलिया (वास्तविक सामग्री) से क्या तात्पर्य है?
(a) अचण गतिविधि के लिए शिक्षार्थियों को मानस मंचन करने के मौके देने हेतु खिलौनों, चित्र, चित्रकारी जैसी वस्तुओं का प्रयोग।
(b) भाषा शिक्षण-अधिगम तथा भाषा के विशिष्ट कार्य समझाने हेतु रियलटी शो का प्रयोग।

भाषा सीखना ______ है

- सुविचारित तथा चेतन

CTET 21 Jan 2022

(c) कोई भी सामग्री जैसे कि पठन सामग्री, वृत्तान्त या कार्य।
(d) शैक्षिक संस्थाओं और विद्यालयों द्वारा अनुशंसित सभी प्रकार की सहायक शिक्षण सामग्री।।

447. दक्षता आधारित भाषा आकलन का उद्देश्य क्या है?

(a) शिक्षार्थियों को सटीकता के दृष्टिकोण से भाषा पर अधिकार प्राप्त करने योग्य बनाना।
(b) शिक्षार्थियों को सामाजिक और पेशेवर स्थितियों में भाषा का इस्तेमाल करने योग्य बनाना।
(c) शिक्षार्थियों को उच्च स्तरीय परीक्षाओं में अधिक अंक लाने योग्य बनाना।
(d) शिक्षार्थियों को कंठस्थ करने के माध्यम से भाषा का प्रयोग करने योग्य बनाना।

448. निम्नलिखित में से कौन से दो विद्यालय आधारित आकलन के मुख्य उद्देश्य हैं?

(A) अध्यापक और शिक्षार्थी की स्वायत्ता को समुन्नत कला
(B) यह विशालय को अपने ही स्तर पर योजना बनाने के अवसर देता है।
(C) यह विद्यालय को परीक्षा बोर्ड की सत्ता के बारे जानकारी देता है।
(D) यह विद्यालय में अधिगम की गुणवत्ता को कम करता

(a) A और D (b) B और C
(c) C और D (d) A और B

449. लेखन के प्रक्रिया आधारित उपागम से शिक्षार्थी को किस तरह मदद मिलती है?

(a) शिक्षार्थी अनेक बार लिखने के माध्यम से सीखते हैं।
(b) शिक्षार्थी को अच्छा लेख लिखने के लिए कई चरणों में गजरना पड़ता है।
(c) शिक्षार्थी एक ही बार में कोई लेख पूरा कर लेते हैं।
(d) शिक्षार्थी अपनी स्मृति के आधार पर लिखते हैं।

450. एक शिक्षार्थी विमर्श के किसी विषय को सुनते समय उस पर स्कीमा सृजित करने के लिए मुख्य बिन्दुओं का इस्तेमाल करती है और निष्कर्ष निकालती है। वह किस अवाण युक्ति का इस्तेमाल कर रही है?

(a) टॉप-डॉउन युक्तियाँ
(b) टॉप-गाँउन और बॉटम-आप दोनों ही युक्तियाँ
(c) टॉप-डाउन और बॉटम-अप दोनों में से कोई नहीं
(d) बॉटम-अप युक्तियाँ

निर्देश: नीचे दिए गए गद्यांश को पढ़कर पूछे गए प्रश्नों के सबसे उपयुक्त उत्तर वाले विकल्प को चुनिए।

कोई पेड़ एक वर्ष बाद ही मर जाता है। सब पेड़ मरने से पहले संतान छोड़ जाने के लिए व्यग्र हैं। बीज की गाछ-बिरछ की संतान है। बीज की सुरक्षा व सार संभाल के लिए पेड़ फूल की पंखुड़ियों से घिरा एक छोटा-सा घर तैयार करता है। फूलों से आच्छादित होने पर पेड़ कितना सुंदर दिखलाई पड़ता है। फूल की तरह सुंदर चीज और क्या है? जरा सोचो तो, गाछ-बिरछ तो मटमैली माटी से आहार व विषाक्त वायु से अंगारक ग्रहण करते हैं। फिर इस अपरूप उपादान से किस तरह ऐसे सुन्दर फूल खिलते हैं। तथा सुनी होगी-पारस पत्थर की, जिसके परस से सोना लोहा हो जाता है। ममता का परस पाते ही मानो माटी व अंगार के फूल बन जाते है। खुशी के मौके पर हम प्रफुल्लित होकर अपने प्रियजनों को निमंत्रित करते है। उसी प्रकार फूलों की बहार छाने पर गाछ-बिरछ भी अपने बंधु बांधवों को बुलाते है। मधुमक्खी व तितली आती हैं। पतंगों पक्षियों के डर से दिन में बाहर नहीं निकलते। शाम होते ही उन्हें बुलाने की खातिर फल चारो तरफ सुगंध फैला देते हैं।

451. फूल की तरह सुंदर चीज और क्या है? गद्यांश में फूलों को सुंदर कहा गया है क्योंकि-

(a) वे गाछ-बिरछ की संतान हैं।
(b) वे पेड़ को सुंदरता प्रदान करते हैं।
(c) असुंदर वस्तुओं से जीवन प्राप्त करते हैं।
(d) बीज को सुरक्षित रखते हैं।

452. फूल शाम होते ही चारों तरफ अपनी सुगंध किसलिए फैला देते हैं?

(a) मधुमक्खियों को आकर्षित करने के लिए।
(b) पक्षियों को निमंत्रित करने के लिए।
(c) तितलियों को रस पान कराने के लिए।
(d) पतंगों को आमंत्रित करने के लिए।

बच्चे प्रारंभ से ही

-बहुभाषिक होते हैं

CTET - Ist Paper (I-V) Sep. 2014

453. पेड़ अपनी संतान छोड़ जाने के लिए क्यों व्यग्र रहते है?
(a) अपना प्रभुत्व जमाए रखने के लिए।
(b) जीवन की निरंतरता को बनाए रखने के लिए।
(c) मनुष्यों को लकड़ी देने के लिए।
(d) अपनी संतान का भला करने के लिए।

454. ''विषाक्त वायु से अंगारक ग्रहण करते है।'' 'अंगारक' शब्द किसके लिए प्रयुक्त हुआ है?
(a) धूप (b) आक्सीजन
(c) कार्बन डाई-आक्साइड (d) वाष्प

455. जीवन के लिए पारस मणि की संज्ञा किसे दी गई है?
(a) ममता-स्नेह (b) मिट्टी-वायु
(c) गाछ-बिरछ (d) आहार जल

456. 'परस' का अर्थ है
(a) सामीप्य (b) सहयोग
(c) संगति (d) स्पर्श

457. 'अपरूप' विशेषण किसके लिए प्रयुक्त हुआ है?
(a) मिट्टी (b) बीज
(c) पत्थर (d) पेड़

458. 'प्रफुल्लित' में प्रत्यय है
(a) त (b) इक
(c) इत (d) ता

459. 'गाछ बिरछ' से तात्पर्य है
(a) जल-वायु (b) बीज-मिट्टी
(c) फल-फूल (d) पेड़-पौधे

निर्देश: नीचे दिए गए पद्यांश को पढ़कर पूछे गए प्रश्नों के सबसे उपयुक्त उत्तर वाले विकल्प को चुनिए:

जब बहुत सुबह चिडियाँ उठकर,
कुछ गीत खुशी के गाती हैं।
कलियाँ दरवांजे खोल-खोल,
जब झुरमुट से मुसकाती हैं।
खुशबू की लहरें जब घर से,
बाहर आ दौड़ लगाती हैं !!
हे जग के सिरजनहार प्रभो!
तब याद तुम्हारी आती है !!
जब छम-छम बूंदें गिरती हैं,
बिजली चम-चम कर जाती है।
मैदानों में वन-बागों में,
जब हरियाली लहराती है।
जब ठंडी-ठंडी हवा कहीं से,
मस्ती ढोकर लाती है।
हे जग के सिरजनहार प्रभो।
तब याद तुम्हारी आती है !!

460. रचनाकार को प्रभु की याद कब आती है?
(a) घर में खुशियाँ आने पर।
(b) वर्षा में भीगने पर।
(c) किसी आपदा के आने पर।
(d) प्रागतिक सौन्दर्य देखकर।

461. पद्यांश में प्रगति की किस लीला का उल्लेख नहीं है?
(a) कलियों का खिलना। (b) ओस का गिरना।
(c) हवा का बहना। (d) चिड़ियों का चहकना।

462. खुशियों के गीत कौन गा रहा है?
(a) कलियाँ (b) लहरें
(c) चिड़ियाँ (d) हवा

463. ठंडी हवाएँ अपने साथ क्या लेकर आती हैं?
(a) उल्लास (b) सुगंध
(c) समृद्धि (d) प्रकाश

464. किस पंक्ति में मानवीकरण अलंकार है?
(a) जब छम-छम बूंदे गिरती है।
(b) बिजली चम-चम कर जाती है।
(c) कलियाँ दरवाजे खोल-खोल।
(d) तब याद तुम्हारी आती है।

465. रचनाकार प्रकृति के सौन्दर्य को देखकर ______ है
(a) संतप्त (b) चमत्कृत
(c) तृप्त (d) अभिशप्त

466. बच्चे में मातृभाषा के विकास को सामान्यतः माना जाता है।

भाषा का अस्तित्व एवं विकास के बाहर नहीं हो सकता।

-समाज

CTET - Ist Paper (I-V) Feb. 2016

(a) भाषा अर्जन
(b) भाषा सीखना
(c) भाषा का आत्मसातीकरण
(d) अमूर्त भाषा का विकास

467. भाषा सीखने के आरंभिक वर्षों में कहानियाँ है______
(a) नैतिकता के लिए
(b) भाषा सीखने हेतु निवेश
(c) दोहराव तथा पुनरुत्पादन
(d) अपने समाज के बारे में सीखना

468. एक शिक्षिका कक्षा ट में 'अच्छा', 'सुन्दर', 'बुरा', 'रंगीन', 'बूढ़ा', 'युवा' आदि शब्दों वाले बहुत से वाक्य देती है और जब शिक्षार्थी इन शब्दों पर ध्यान देते हैं जिन्हें वह 'विशेषता बताने वाले शब्द' का नाम देती है। बाद में वह उन्हें और अधिक शब्द देती है तथा उनमें इन विशेषता बताने वाले शब्दों को प्रयोग करने के लिए कहती है। अंत में शिक्षार्थियों का ध्यान आकर्षित करती है तथा कहती है कि ये शब्द 'विशेषण' कहलाते हैं। यह रणनीति क्या कहलाती है?
(a) व्याकरण शिक्षण रणनीति
(b) सचेतना में वृद्धि
(c) विशेषण शिक्षण
(d) विषय वस्तु आधारित व्याकरण

469. कौन-सी विधि दोहराव वाले अभ्यास को एक बड़ी प्रविधि मानती है।
(a) व्याकरण अनुवाद विधि (b) समूह भाषा शिक्षण
(c) संपूर्ण भाषा दृष्टिकोण (d) श्रव्य भाषावाद

470. बहुभाषिकता है______
(a) जितना संभव हो उतनी भाषाएँ सीखना
(b). केवल मातृभाषा/घर की भाषा सीखना
(c) मातृभाषा/घर की भाषा से आरंभ करके विद्यालय में और भाषाएँ जोड़ने की ओर बढ़ना
(d) मातृभाषा से आरंभ करके अंग्रेजी माध्यम की ओर बढ़ना तथा हाईस्कूल में अन्य भाषा जोड़ना।

471. हिन्दी भारत की ______ है।
(a) राष्ट्र भाषा (b) राजभाषा
(c) सह राज भाषा (d) शास्त्रीय भाषा

472. शिक्षार्थियों द्वार लिखने-पढ़ने में की गई त्रुटियों को समझा जाना चाहिए ______
(a) उनके सीखने में बाधा
(b) सीखने के लिए संकेत
(c) भाषा सीखने में समस्या
(d) त्रुटि सुधार के लिए संकेत

473. शिक्षार्थी एक अच्छे लेख के विकास के लिए कई चरणों से गुजरते हैं। यह उपागम कहलाती है?
(a) लिखने का उत्पाद उपागम
(b) राजकीय लेखन
(c) अध्ययन कौशल
(d) लिखने का प्रक्रिया उपागम

474. अपने आरंभिक वर्षों में बच्चे दीवार, फर्श, और कॉपी/उत्तरपुस्तिका में आड़ी तिरछी रेखाएँ बनाते हैं। भाषा सीखने में यह अवस्था क्या कहलाती है?
(a) स्क्रिब्लिंग (b) प्रारंम्भिक साक्षरता
(c) लेखन कौशल (d) ग्राफिक विकास

475. निम्नलिखित में से कौन-सा सीखने का आकलन है?
(a) लिखित परीक्षाएँ
(b) अवधि के अंत में परीक्षा
(c) रचनात्मक आकलन
(d) संकलनात्मक आकलन

476. यदि एक बालक किसी एक भाषा का अच्छा पाठक/अच्छी पाठिका है तो वह दूसरी अथवा किसी अन्य भाषा का अच्छा पाठक हो सकती/सकता है (जब वह दूसरी/अन्य भाषा सीखता है।) इसे जाना जाता है-
(a) पठन क्षमता (b) पढ़ने की रणनीति
(c) कौशल का अन्तरण (d) उच्च स्तरीय कौशल

477. सीखने के प्रतिफल हैं______
(a) वे दक्षताएँ जिन्हें शिक्षार्थी द्वारा किसी पाठ्यक्रम के अन्त में प्राप्त कर लेना चाहिए या प्रदर्शित करना चाहिए।

प्राथमिक स्तर पर बच्चों की भाषायी क्षमताओं का विकास करने का अर्थ है

-भाषा-अनुकरण की कुशलता पर अधिकार

CTET - Ist Paper (I-V) Sep. 2015

(b) भाषा शिक्षण के उद्देश्य हैं जो भाषा पाठ्यचर्या तथा पाठ्यक्रम में वर्णित हैं।
(c) अध्ययन के दौरान शिक्षार्थी के संप्रेषण कौशल पर आधारित हैं।
(d) वे प्रक्रियाएँ हैं जिनके द्वारा शिक्षार्थी से प्रदर्शन की अपेक्षा की जाती है।

478. निम्नलिखित में से कौन से दो उपचारात्मक-शिक्षण के मुख्य उद्देश्य हैं?

(A) उपचारात्मक शिक्षण शिक्षार्थियों के सीखने को बेहतर करने के लिए है।
(B) उपचारात्मक शिक्षण शिक्षकों के शिक्षण में बदलाव करने के लिए है।
(C) उपचारात्मक शिक्षण शिक्षकों द्वारा अपने शिक्षार्थी को समझने के लिए है।
(D) उपचारात्मक शिक्षण अभिभावकों के लिए है कि वे जाने कि कुछ शिक्षार्थियों को सुधार की आवश्यकता क्यों है।

(a) A और B (b) C और D
(c) A और D (d) C और B

479. एक अध्यापिका ने अपनी कक्षा को पाँच समूहों में बाँट दिया जिसमें प्रत्येक समूह में पाँच शिक्षार्थी हैं तथा उन्हें घर, विद्यालय, सड़क, भूमि तथा आकाश शब्दों से संबंधित शब्द ढूँढ़ने के लिए कहा। प्रत्येक समूह ने दस से पंद्रह शब्द ढूँढ़े तथा अन्य समूहों के साथ साझा किए। अध्यापिका ने यहाँ शब्दावली शिक्षण के लिए कौन सी प्रविधि अपनायी थी?

(a) शब्द तथा वाक्यांश
(b) थीम आधारित शब्दावली
(c) शब्दों का वर्गीकरण
(d) नियामक शब्दावली

480. सीखने के सिद्धान्त के रूप में रचनावाद का विश्वास है-

(a) सीखना व्यक्तिगत विशेषता है
(b) सभी शिक्षार्थी भाषाएँ नहीं सीख सकते हैं
(c) सीखना पूरी तरह से मनोवौनिक घटना है
(d) सीखना सामाजिक निर्मित है।

निर्देश: निम्नलिखित गद्यांश को पढ़कर पूछे गए प्रश्नों के सबसे उपयुक्त उत्तर वाले विकल्प चुनिए-

लखनऊ की एक छोटी-सी गली में, सादिक अपने अब्बा की खाने की दुकान पर बैठा था। वह बिरयानी की परात से मक्खियाँ उड़ा रहा था। तभी उसने देखा कि रेशमी अचकन में एक आदमी उनके दरवाजे पर घोड़े से उतर रहा था।

'अमीर लगता है, क्या वह हमारी दुकान पर आ रहा है?'

सादिक ने सोचा। उसके पीछे आते दो नौकरों को देख उसने सोचा, 'यकीनन, बड़ा आदमी है।'

सादिक के अब्बा मियाँ, मुहम्मद कादिर, ने भी जो एक बड़ी अंगीठी पर कबाब भूनने में मशगूल थे, नजर उठाकर देखा। तभी एक नौकर ने तेजी से आगे आकर कहा, 'नवाब हसन अली तशरीफ लाए है।'

अचकन वाला शख्स दुकान में घुसा, चारों तरफ नजर घुमाकर उनकी छोटी-सी दुकान का जायजा लिया और बेदिली से बोला, 'सुना है, तुम मशहूर बावर्ची मुहम्मद कादिर हो। हमें नई-नई चीजों का स्वाद चखने का शौक है। इसी लिहाज से हम तुम्हारी दुकान पर आए हैं। तुम क्या चीज सबसे उम्दा बनाते हो?'

'दालय, सादिक के अब्बा ने कबाब भूनते-भूनते ही जवाब दिया।

'दाल?' नवाब साहब ने हैरानी से पूछा, 'सिर्फ दाल?'

'मैं बिरयानी, कोरमा ओर बाकी सब रिवायती चीजें भी बनाता हूँ, मगर आपने पूछा है कि मैं क्या चीज सबसे उम्दा बनाता हूँ', कादिर ने तसल्ली से जवाब दिया।

'मगर दाल! बात कुछ दिलचस्प-सी नहीं लगती। हमारे दोस्तों ने तो तुम्हारे खाने की बहुत तारीफ की थी। हम तो कुछ बेहतर चीज की उम्मीद लगाए थे।'

'पर आपने वह दाल चखी ही कहाँ है, जो मैं बनाता हूँ।'

'बहुत खूब, हम चखेंगे। तुम कौन-सी दाल बनाते हो?'

'उड़द की।'

481. 'कीनन बड़ा आदमी है।य् सादिक का 'बड़े आदमी' से क्या आशय रहा होगा?

(a) पहलवान (b) लंबा
(c) धनाडड्ढ (d) प्रसिद्ध

482. सादिक बिरयानी की परात से मक्खियाँ क्यों उड़ा रहा होगा?

भाषा-शिक्षण में पाठ्य-पुस्तक

-साधन है

CTET-Ist Paper (I-V) June 2011

(a) उसके पास कोई और काम न था।
(b) मक्खियों द्वारा बिरयानी खत्म होने का डर था।
(c) उसे मक्खी मच्छरों से भय लगता था।
(d) मक्खी देखकर ग्राहक बिरयानी नहीं खरीदेंगे।

483. 'दाल' उत्तर पाकर नवाब साहब को हैरानी क्यों हुई होगी?
(a) नवाब लोग दाल नहीं खाते हैं।
(b) उस क्षेत्र में दाल जैसे भोज्य पदार्थ का चलन न था।
(c) दाल विशेष पकवान की श्रेणी में नहीं आती है।
(d) नवाब को दाल खाना पसंद न था।

484. सादिक के अब्बा किस पकवान के लिए मशहूर थे?
(a) बिरयानी (b) उड़द की दाल
(c) कोरमा (d) कबाब

485. 'कादिर ने तसल्ली से जवाब दिया।' वाक्य में रेखांकित शब्द के स्थान पर कौन-सा शब्द प्रयुक्त किया जा सकता है
(a) धैर्य (b) तपाक
(c) जोर (d) बेरूखी

486. नवाब मुहम्मद कादिर की दुकान पर क्यों आए थे?
(a) उन्हें नए पकवानों के स्वाद चखने का शौक था।
(b) उन्हें दाल खाने का बहुत शौक था।
(c) उन्हें मुहम्मद कादिर से कोई विशेष काम था।
(d) उन्हें नए पकवान बनाने का शौक था।

487. 'और बेदिली से बोला' रेखांकित शब्द के स्थान पर लिखा जा सकता है
(a) बेरहमी (b) बेढबी
(c) बेशर्मी (d) बेरूखी

488. 'एक बड़ी अँगीठी पर कबाब भूनने में मशगूल थे' रेखांकित शब्द के स्थान पर लिखा जा सकता है
(a) चिन्तित (b) व्यस्त
(c) योग्य (d) प्रसिद्ध

489 किस वाक्य में गणवाचक विशेषण का प्रयोग हआ है?
(a) नवाब हसन तशरीफ लाए हैं।
(b) पर आपने वह दाल चखी ही कहाँ है?
(c) यकीनन, बड़ा आदमी है।
(d) वह बिरयानी की परात से मक्खियाँ उड़ा रहा था।

निर्देश: नीचे दिए गए पद्यांश को पढ़कर पूछे गए प्रश्नों के सबसे उपयुक्त उत्तर वाले विकल्प को चुनिए:

जय हो उसकी
जिसने मुझको दो पैर दिए।
अपनों से बढ़कर
जिसने मुझको गैर दिए,
मैं आज घूमता घाटी में
कितने उतार, कितने चढ़ाव,
हर मंजिल के अपने पड़ाव
हर कदम
नए नजारों से परिचय करता,
हर ठोकर में
भीतर कुछ छलक-छलक पड़ता।
अटकी आशा, भटकी उसाँस
उस क्षण तो लगती बुरी
बाद में लगता है
समतल राहों में चलने से
क्या पाऊँगा
जो कुछ पाया है
इन्हीं ठोकरों के बूते से।

490. प्रस्तुत पद्यांश का केन्द्रीय भाव क्या है?
(a) जिन्होंने बाधाओं को नहीं झेला, वे किसी की पीड़ा नहीं समझ सकते।
(b) हम सभी का जीवन बाधा रहित होना चाहिए।
(c) बाधाओं से जूझने वाले ही जीवन में बहुत कुछ पा जाते
(d) बिना पैरों के बाधाएँ पार नहीं की जा सकतीं।

491. 'जिसने मुझको गैर दिए' से अभिप्राय है
(a) अपनों से तिरस्कार मिला।
(b) परायों को भी अपना बनाया।
(c) अपनों से दूर किया।
(d) पराएपन का भाव मिला।

492. 'जिसने मुझको दो पैर दिए' का मूल भाव है-

उच्च कक्षाओं में

-भाषा-कौशल साध्य है और साधन है

CTET - IInd Paper (VI-VIII) Jan. 2012

(a) पैर जैसे दो अंग दिए।
(b) दौड़ने का कौशल सिखाया।
(c) चलने की क्षमता प्रदान की।
(d) आगे बढ़ते रहने की प्रेरणा दी।

493. 'हर ठोकर में भीतर कुछ छलक-छलक पड़ता' का आशय है-
(a) चुनौतियां कष्टकर होती हैं।
(b) विपत्तियों से जूझना मूर्खता है।
(c) विपत्तियों में मन दुःखी हो जाता है।
(d) चुनौती भरा जीवन जीना बहुत कठिन है।

494. 'समतल राहों में चलने से क्या पाऊँगा?' रेखांकित शब्द किस ओर संकेत कर रहा है?
(a) धन (b) यश
(c) सीख (d) सुख

495. 'नज्जारों' का अर्थ है-
(a) छाया (b) दृश्य
(c) प्रतिबिंब (d) मार्ग

496. चॉमस्की के अनुसार, मानव मस्तिष्क में स्थित नियमों का समूह कहलाता है-
(a) व्याकरण की पेटी (b) सार्वभौमिक व्याकरण
(c) एकीकृत व्याकरण (d) नियम पुस्तिका

497. 'भाषा एक सामाजिक संकल्पना है' इसमें यह विचार सम्मिलित है कि भाषा-
(a) सामाजिक अंतःक्रिया के द्वारा अर्जित की जाती है।
(b) विरासत में मिलती है।
(c) अनुकूलन के द्वारा सीखी जाती है।
(d) स्वाभाविक (जन्मजात) क्षमता है।

498. निम्नलिखित में से कौन-सा भाषा-अर्जन के व्यवहारवादी सिद्धान्त से संबंधित नहीं है?
(a) सक्रिय अनुकूलन (b) खाली बर्तन
(c) प्रयास तथा त्रुटि (d) सामाजिक अंतःक्रिया

499. भाषा विकास का संज्ञानात्मक सिद्धांत समर्थन करता है कि भाषा_______
(a) व्यक्ति की स्वाभाविक जन्मजात क्षमता है।
(b) पुरस्कार तथा दंड के द्वारा सीखी जाती है।
(c) समाज में अंतःक्रिया के द्वारा सीखी जाती है।
(d) बच्चे के बोलना शुरू करने से पहले संकल्पना की समझ पर निर्भर करती है।

500. निम्नलिखित में से कौन-से 'प्रारंभिक साक्षरता' से संबंधित नहीं है?
(a) इस बात की समझ कि मुद्रित सामग्री अर्थ देती हैं।
(b) आरंभिक स्वनिमिक जागरूकता
(c) आधारभूत वर्गों का ज्ञान
(d) टिप्पणी लिखना

501. निम्नलिखित में से कौन-सा कथन पठन कौशल विकसित करने की तकनीक है?
(A) कक्षा में पठन कोना पठन कौशल के विकास में सहायक
(B) बच्चों को जोड़े में बैठाकर उन्हें अपनी पसंद तथा नापसंद के बारे में चर्चा करने के लिए कहना।
(a) (A) तथा (B) दोनों सही हैं।
(b) (A) सही है तथा (B) गलत हैं।
(c) (B) सही है तथां (A) गलत हैं।
(d) (A) तथा (B) दोनों गलत हैं।

502. अचानक से शब्दों को सीखना तब घटित होता है जब बच्चे _______ के माध्यम से शब्द संपदा सीखते हैं।
(a) पुस्तक के सस्वर वाचन।
(b) पृथक रूप से शब्द सिखाने की तकनीक पढ़ाने
(c) पठन सामग्री की समझ के लिए उन विशेष शब्दों को पढ़ाना जो पठन सामग्री- में आए हैं।
(d) शिक्षक द्वारा चयनित नए शब्दों के अर्थ याद करने

503. प्रक्रिया आधारित लेखन उपागम में -सोपान के दौरान पाठक तथा लिखने के उद्देश्य को चिह्नित किया जाता है।
(a) पुनरावृत्ति (दोहराने) (b) पूर्वलेखन
(c) संपादन (d) प्रारूपण

504. स्वानिमिक जागरूकता संबंधित है-

पत्र-पत्रिकाएँ भाषा सीखने में

- साधन है

CTET - Ist Paper (I-V) Nov. 2012

(a) स्वनिमों तथा लेखा चित्रें में संबंध स्थापित करने की योग्यता से
(b) बोले गए शब्दों में स्वनिमों को पहचानकर उनमें परिवर्तन करने की योग्यता से
(c) शब्दों को शुद्ध तथा धाराप्रवाह पढ़ना
(d) सही वर्तनी के साथ लिखना

505. निम्नलिखित में से कौन-सी एक प्रभावकारी पठन रणनीति है?
(a) पठन सामग्री में वर्णों या शब्दों के अर्थ निकालना पढ़ना है।
(b) पठन अचेतन चिंतन प्रक्रिया है।
(c) पठन अपने साथियों के ज्ञान को पठन सामग्री के अर्थ की पुनर्रचना के लिए प्रयोग करना है।
(d) पठन केवल शब्दों की ध्वनियों को जोड़ने की योग्यता है।

506. एक अच्छे ________में सभी वाक्य मिलकर मुख्य विचार को अर्थ देते हैं।
(a) अनुच्छेद (b) प्रारूप
(c) व्याख्या (d) संपादन

507. जब एक व्यक्ति समाचार पत्र में नौकरी के लिए कोई विज्ञापन पढ़ता है। वह ________
(a) पाठ्य-वस्तु को बारीकी से पढ़ रहा है।
(b) पाठ्य-वस्तु की व्याख्या कर रहा है।
(c) पाठ्य-वस्तु को सरसरी दृष्टि से पढ़ रहा है।
(d) टिप्पणी लिख रहा है।

508. निम्नलिखित में से कौन-सा एक भाषा अधिगम के संबंध में सही है?
(a) भाषा अधिगम केवल भाषा की पाठ्यपुस्तकों को पढ़ने से ही होता है।
(b) भाषा अधिगम की गति मुद्रित एवं लिखित समृद्ध परिवेश में बढ़ जाती हैं।
(c) विज्ञान तथा गणित सीखने के लिए भाषा अधिगम की आवश्यकता नहीं होती है।
(d) भाषा अधिगम अचेतन होता है।

509. एक भाषा शिक्षिका कक्षा पअ के विद्यार्थियों को एक अनुच्छेद लिखने के लिए कहती है। जब वे लिख लेते हैं, तो प्रत्येक बच्चे के अनुच्छेद लेखन में व्याकरणिक त्रटियों पर लाल घेरा बनाकर उन्हें सही करती है। शिक्षिका की रणनीति-
(a) लेखन कौशल के विकास में सहायक है।
(b) भाषा अधिगम के लिए अनुपयुक्त है।
(c) बाल मनोविज्ञान के अनुकूल है।
(d) लेखन कौशल के विकास के लिए उपयुक्त है।

510. भाषा अधिगम में कहानी सुनाना ______ प्रभावकारी माध्यम है
(a) नैतिक शिक्षा प्रदान कराने के लिए
(b) श्रवण कौशलों को विकसित करने के लिए
(c) लेखन कौशल को विकसित करने के लिए
(d) खाली समय में बच्चों को व्यस्त रखने के लिए

निर्देश: निम्नलिखित गद्यांश को ध्यानपूर्वक पढ़कर पूछे गए प्रश्नों के लिए सही विकल्प चुनकर लिखिए।

हमारी खराबी का स्त्रेत कहाँ है- इसका पता हमें लगाना चाहिए और वहीं से उसे ठीक करने का प्रयत्न करना चाहिए। स्त्रेत वहीं हो सकता है, जहां से हमारा जीवन प्रारम्भ होता है और वह है हमारा घर। हमारे घर की इस समय बड़ी दुर्व्यवस्था है। अवश्य ही आप लोगों को अपने घर से असंतोष होगा। असंतोष इसी कारण हो सकता है कि अपने घर में कुछ दोष आप पाते हैं परन्तु दोष की कुछ जिम्मेदारी आपके ऊपर भी तो है। ऐसी स्थिति में आपका कर्तव्य है कि आप इन दोषों को दूर करने का यत्न करें। सबके भावों का आदर करते हुए आपकोऐसा प्रयास करना होगा कि आपके कारण किसी दूसरे को कष्ट न हो। इससे घर की शांति और सौहार्द में वृद्धि होगी। आजकल की सबसे विचित्र बात यह है कि कोई अपने आप को दोष नहीं देता, सब दूसरे को दोष देते हैं। आज के संसार में आपकी बड़ी जिम्मेदारी है। आगे का भारत वैसा ही होगा जैसा आप लोग अपने जीवन से उसे बनाएंगे। यदि आप अपना काम ठीक तरह से करते हैं। तो आप सब देशभक्त हैं और यदि अपने काम के प्रति उदासीन हैं तो आप वास्तव में देशद्रोही हैं।

511. हमारी खराबी का स्त्रेत कहाँ है?
(a) हमारे जीवन में। (b) हमारे मन के भीतर।
(c) हमारे असंतोष में। (d) हमारे अपने घर में।

उच्च प्राथमिक स्तर पर हिन्दी भाषा-शिक्षण का सर्वाधिक सम्बन्ध है

-हिन्दी की व्याकरणिक व्यवस्था को जानने से

CTET - IInd Paper (VI-VIII) Feb. 2016

512. हमारा कर्तव्य क्या है?
(a) अपना कार्य निष्ठापूर्वक करे।
(b) दोषों को दूर करने का यत्न करें।
(c) देश के प्रति वफादार बनें।
(d) सबके भावों का आदर करें।

513. दोषों को दूर करने के लिए क्या करना चाहिए?
(a) अपने आपको दोष न देना।
(b) दूसरों को दोष देना।
(c) यह प्रयास कि आपके कारण दूसरे को कष्ट न हो।
(d) अपने आसपास की परिस्थितियों को दोष देना।

514. गद्यांश के अनुसार सबसे विचित्र बात है
(a) स्वयं के दोष न देखना
(b) स्वयं के दोषों की स्वीकृति
(c) दूसरों के दोष न देखना
(d) दूसरों को कष्ट न देना।

515. देशभक्त शब्द का समास विग्रह है
(a) देश में भक्त (b) देश का भक्त
(c) देश की भक्त (d) देश के लिए भक्त

516. गद्यांश में 'स्रोत' शब्द से तात्पर्य है
(a) कारण (b) वृद्धि
(c) जिम्मेदारी (d) प्रारम्भ

517. सौंदर्य शब्द का अर्थ है -
(a) आदर (b) मित्रता
(c) शांति (d) संतोष

518. 'दुर्व्यवस्था' शब्द की संरचना है
(a) दुर + व्यवस्था (b) दुर् + व्यवस्था
(c) दुर् + अवस्था (d) दुर + अवस्था

519 गद्यांश के अनुसार 'देशद्रोही' कौन है?
(a) जो देश से द्रोह करे।
(b) जो अपने घर से असंतुष्ट है।
(c) जो अपने दोष नहीं देखता।
(d) जो अपने काम के प्रति उदासीन है।

निर्देश: निम्नलिखित काव्यांश को पढ़कर दिए गए प्रश्नों के उत्तर सही विकल्प चुनकर दीजिए।

हम दीवानों की क्या हस्ती है,
आज यहाँ कल वहाँ चले।
मस्ती का आलम साथ चला
हम धूल उड़ाते जहाँ चले।
आए बनकर उल्लास अभी
आँसू बनकर बह चले अभी।
सब कहते ही रह गए अरे।
तुम कैसे आए कहाँ चले?
किस ओर चले? यह मत पूछो
चलना है बस इसलिए चले।
जग से उसका कुछ लिए चले
जग को कुछ अपना दिए चले।

520. इस कविता में किस स्वभाव वाले व्यक्तियों की बात कवि ने की है?
(a) हँसमुख स्वभाव वाले। (b) उदार स्वभाव वाले।
(c) मनमौजी स्वभाव वाले। (d) गंभीर स्वभाव वाले।

521. 'हमारे लिए सुख-दुःख समान है'- यह भाव कविता की किस पंक्ति से व्यक्त होता है?
(a) मस्ती का आलम साथ चला।
(b) कुछ हँसे और फिर कुछ रोए।
(c) हम धूल उड़ाते जहाँ चले।
(d) आए बनकर उल्लास अभी आँसू बनकर बह चले अभी।

522. कविता में आए 'वहाँ चले' पद का भाव है-
(a) कहीं बहुत दूर चले जाना
(b) वीरगति को प्राप्त होना
(c) एकांतवास में चले जाना
(d) जीवन-संग्राम में हार जाना

523. 'उल्लास' शब्द में कौन-सा उपसर्ग है?
(a) उत् (b) उल्
(c) उ (d) उल्ला

व्याकरण की समझ को सन्दर्भपरक प्रश्नों के माध्यम से आँकना

-पूर्णतः उचित है

CTET - IInd Paper (VI-VIII) Feb. 2015

524. 'चलना है बस इसलिए चले' पंक्ति में कवि का आशय है

(a) हमारे चलने का कोई लक्ष्य नहीं है।
(b) हमारे चलने कोई लक्ष्य नहीं है।
(c) हमारा जीवन लक्ष्यहीन है।
(d) चलना ही हमारे चलने का लक्ष्य है।

525. कविता में प्रयुक्त 'आलम' शब्द का अर्थ है-

(a) अनुभव (b) हालत
(c) घटना (d) विषय

526. विद्यार्थी प्रथम भाषा सीखते हैं

(a) मैत्रीपूर्ण वातावरण में
(b) पढ़ाए जाने वाले वातावरण में
(c) औपचारिक वातावरण में
(d) प्राकृतिक वातावरण में

527. निम्नलिखित में से कौन सी भाषा अधिगम-शिक्षण में प्रामाणिक सामग्री नहीं हैं?

(a) विद्यालय में पढ़ने वाले बालक पर, बीसवीं शताब्दी के कवि द्वारा लिखी गई कविता।
(b) पाठ्य-पुस्तक के लेखक द्वारा विशेष रूप से लिखी गई कविता।
(c) समकालीन लेखक द्वारा लिखी गई लघुकथा
(d) एक समाचार-पत्र से लिया गया कार्टून (व्यंग्य चित्र)

528. किसी विद्यार्थी द्वारा पढ़ी गई कहानी का अपने शब्दों में पुनर्कथन ________ के मूल्याँकन में सहायक होता है

(a) शुद्धरूपता (b) प्रवाह
(c) बोधगम्यता (समझ) (d) स्मृति

529. एक अध्यापक किसी पाठ्य सामग्री का आधा भाग जोर से पढ़कर सुनाता/सुनाती है और विद्यार्थियों से समूह में उसे अपनी ओर से पूरा करने के लिए कहता/कहती है। यह किस प्रकार की गतिविधि है?

(a) अनुभव-आधारित क्रिया (b) सामूहिक कार्य
(c) लेखन गतिविधि (d) अन्तर्ग्राही गतिविधि

530. विदेशी भाषा के शिक्षण में अनुक्रमणता का सिद्धांत क्या सम्मिलित नहीं करता?

(a) व्याकरणीय अनुक्रम (b) शब्दावली अनुक्रम
(c) अर्थसंबंधी अनुक्रम (d) ध्वनि संबंधी अनुक्रम

531. शिक्षक संकेतक की सहायता से तीन लाल रंग के पेन और दो नीले रंग की पेंसिलों की ओर ध्यान आकर्षित करता/करती है। एक पेंसिल की ओर संकेत करके कहता/कहती है- 'यह पेंसिल नीली है।' फिर दो पेनों की तरफ संकेत करके कहता/कहती है-'ये पेन लाल है।' फिर एक अपने हाथ में लेता/लेती है और पेंसिल अपनी जेब में डालते हुए कहता/कहती है- 'मेरे हाथ में एक पेन है और अब मैं पेंसिल अपनी जेब में रख रहा हूँ/रही हूँ।' ये पूरी प्रक्रिया शिक्षण के किस उपागम का अनुपालन करती है?

(a) परिस्थिति आधारित उपागम
(b) संप्रेषण उपागम
(c) प्रदर्शन उपागम
(d) प्रत्यक्ष उपागम

532. वे मनोवैज्ञानिक कारक जो बच्चे की भाषा सीखने की प्रक्रिया को प्रभावित करते हैं। निम्नांकित में से है

(A) बच्चे की भाषा में रुचि
(B) माता-पिता का प्रोत्साहन और उत्साहवर्द्धन
(C) बच्चे के आसपास का परिवेश
(D) पुरस्कार एवं दंड

(a) केवल A एंव B (b) केवल A, B एंव C
(c) केवल B, C एंव D (d) केवल A, C एंव D

533. श्रवण की सबसे उपयुक्त विशेषता है-

(a) मुख्य शब्दों द्वारा संप्रेषित किए गए अर्थ को समझना
(b) वाक्य संरचना के संदर्भ में शब्दों का कोशगत अर्थ ग्रहण करना।
(c) शब्दों को लिंग, वचन, कारक आदि में बदलकर उनके - सही रूपों में प्रयोग करना।
(d) अपरिचित शब्द के अर्थ का अनुमान लगाना।

534. अर्थबोध की योग्यता अथवा अर्थग्राह्यता में सम्मिलित है-

(a) श्रवण और पठन (b) श्रवण और लेखन
(c) पठन और लेखन (d) लेखन और भाषण

'संदर्भ में व्याकरण' का शैक्षिक निहितार्थ है

- व्याकरण पाठ के संदर्भ में सिखाया जाता है

CTET - Ist Paper (I-V) Sep. 2016

535. भारतीय संविधान में हिंदी भाषा का क्या स्थान है?
(a) राजभाषा (ऑफिशियल)
(b) प्रशासनिक भाषा
(c) शिक्षा के माध्यम (मीडियम) की भाषा
(d) सह-राजभाषा

536. भारतीय संविधान में अंग्रेजी भाषा का क्या स्थान है?
(a) राजभाषा (ऑफिशियल)
(b) प्रशासनिक भाषा
(c) शिक्षा के माध्यम की भाषा
(d) सह-राजभाषा

537. ध्वनि विज्ञान के पाँच अवयव हैं। निम्नलिखित में से कौन-सा ध्वनि विज्ञान का अवयव नहीं है?
(a) बलाघात (b) लहजा
(c) संयोजन (d) विहंग दृष्टि (स्किम)

538. इनमें कौन-सा पढ़ने का उप-कौशल नहीं हैकृ
(a) ऊंचे स्वर में पढ़ना और अर्थ बताना
(b) पाठ्य सामग्री को सूचना हेतु ध्यान से देखना
(c) निष्कर्ष निकालने के लिए पढ़ना
(d) बेहतर उच्चारण हेतु पढ़ना

539. एक शिक्षक श्यामपट्ट0 परएक अनुच्छेद लिखता है/लिखती है और बीच में कुछ जगह खाली छोड देता/देती है। बाद में कुछ शब्द अलग से लिखता/लिखती है और विद्यार्थियों से कहता/कहती है कि दिए गए शब्दों की सहायता से एक कहानी को पूरा करें जो इस अनुच्छेद में उचित स्थान पर प्रयुक्त किए जा सकते हैं। इस प्रकार की लघु परीक्षा जानी जाती है-
(a) उपलब्धि परीक्षण (b) बुद्धि परीक्षण
(c) बोध परीक्षण (d) क्लोज परीक्षण

540. निम्नलिखित में से कौन-सा कथन मानदण्ड निर्धारित परीक्षाओं के संदर्भ में सही नहीं है?
(a) इनका निर्माण सुनिर्धारित एवं उद्देश्यों के मापन के लिए किया जाता है।
(b) निदानात्मक और उपलब्धि परीक्षा इस श्रेणी में आती है।
(c) ये पाठ्यक्रम और विशिष्ट प्रोग्राम होते हैं।
(d) ये प्रशिक्षार्थी के किसी दूसरी भाषा/विदेशी भाषा सीखने की अभिरूचित का भी मापन करते हैं।

निर्देश: नीचे दिये गये गद्यांश का अंश पढ़कर पूछे गये प्रश्नों के सबसे उपयुक्त वाले विकल्प को चुनिये

पूज्य पिताजी महाराज, दिल्ली जेल
वन्दे मातरम् !
26 अप्रैल, 1929

अर्ज यह है कि हम लोग 22 अप्रैल को पुलिस की हवालात से दिल्ली जेल में मुंताकिल कर दिये गये थे और इस वक्त दिल्ली जेल में ही हैं। मुकदमा 7 मई को जेल के अन्दर ही शुरू होगा। गालिबन एक माह में सारा ड्रामा खत्म हो जाएगा मुझे मालूम हुआ कि आप यहाँ तशरीफ लाए थे और किसी वकील वगैरह से बातचीत की थी और मुझसे मिलने की कोशिश भी की थी, मगर तब सब इंतजाम न हो सका। कपड़े मुझे परसों मिले। मुलाकात आप जिस दिन तशरीफ लाएँ, हो सकेगी। आप ख्वाहमख्वाह ज्यादा तकलीफ न कीजिएगा। अगर आप मिलने के लिए आएँ तो अकेले आइएगा। वालिदा साहिबा को साथ न लाइएगा। ख्वाहमख्वाह वो रो देंगी। घर के सब हालात आपसे मिलने पर ही मालूम हो सकेंगे। हाँ, अगर हो सके तो गीता रहस्य, नेपोलियन की मोटी सुआने-उमरी, अंग्रेजी के कुछ आला नावॅल लेते आइएगा। इस वक्त पुलिस-हवालात और जेल में हमारे साथ निहायत अच्छा सलूक हो रहा है। मुझे आपका एड्रेस मालूम नहीं है, इसलिए कांग्रेस दफ़्तर के पते पर लिख रहा हूँ।

आपका ताबेदार

भगत सिंह

541. वालिदा साहिबा को साथ न लाने की बात क्यों लिखी?
(a) वालिदा के ऊपर घर के दायित्व थे।
(b) वालिदा को उनकी स्थिति देखकर दुःख होगा।
(c) वालिदा को मिलने की अनुमति नहीं मिलेगी।
(d) वालिदा के लिए यात्र करना उचित नहीं था।

542. भगत सिंह ने अपने पिता से क्या नहीं मँगवाया?
(a) गीता रहस्य (b) हिंदी उपन्यास
(c) नैपोलियन की जीवनी (d) अंग्रेजी उपन्यास

'पढ़कर समझना' कुशलता का विकास करने में सबसे कम महत्वपूर्ण है

-कहानी पर आधारित व्याकरण समझाना

CTET - Ist Paper (I-V) Sep. 2016

543. भगत सिंह ने अपने पिता को पुत्र उनके पते पर क्यों नहीं लिखा?

(a) घर का पता याद नहीं आ रहा था।
(b) घर तक डाक भेजने की व्यवस्था न थी।
(c) घर पर पत्र भेजने की अनुमति न थी।
(d) पिता का पता मालूम नहीं था।

544. कपड़े मुझे परसों मिले। भगत सिंह जी को कपड़े किस तारीख को मिले होंगे?

(a) 26 अप्रैल, 1929 (b) 20 अप्रैल, 1929
(c) 24 अप्रैल, 1929 (d) 22 अप्रैल, 1929

545. पत्र लिखने के समय भगत सिंह कहाँ पर थे?

(a) दिल्ली जेल (b) कांग्रेस कार्यालय
(c) पंजाब जेल (d) मित्र के घर

546. 'एक माह में सारा ड्रामा खत्म हो जाएगा।' से आशय है

(a) दूसरी जेल भेज दिया जाएगा।
(b) वकील का इंतजाम हो जाएगा।
(c) निर्णय सुना दिया जाएगा।
(d) सजा की अवधि घट जाएगी।

547. 'आला' का अर्थ है -

(a) निकृष्ट (b) रोचक
(c) पठनीय (d) उत्कृष्ट

548. कौन-सा शब्द भिन्न है?

(a) तब्दील (b) रहस्य
(c) तशरीफ (d) फिक्र

549. 'जेल में हमारे साथ निहायत अच्छा सलूक हो रहा है।' रेखांकित शब्द के लिए सही शब्द का चयन करें।

(a) तिरस्कार (b) गुणगान
(c) सम्मान (d) व्यवहार

निर्देश: निम्नलिखित पद्यांश को पढ़कर दिए गए प्रश्नों के उत्तर दीजिए-

पंखों से रे, फैले-फैले ताड़ों के दल,
लंबी-लंबी अंगुलियाँ हैं, चौड़े करतल।
तड़-तड़ पड़ती धार वारि की उन पर चंचल,
टप-टप झरती कर मुख से जल बूंदें झलमल
नाच रहे पागल हो ताली दे-दे चल-दल,
झूम-झूम सिर नीम हिलाती सुख से वि''वल!
हरसिंगार झरते बेला-कलि बढ़ती प्रतिफल,
हँसमुख हरियाली में खग कुल गाते मंगल

550. बारिश की बूंदे किस पर पड़ रही हैं?

(a) वृक्षों पर (b) धरा पर
(c) ताड़ के पत्तों पर (d) हाथों पर

551. कवि ने किसका चित्रण किया है?

(a) बरसते बादल का (b) सावन का
(c) पेड़ों का (d) हरियाली का

552. कविता में पक्षियों के आनंदित होकर गीत गाने के किस पद का प्रयोग किया गया है?

(a) पंखों से रे फैले-फैले
(b) ताली दे-दे चल-दल
(c) खगकुल गाते मंगल
(d) हँसमुख हरियाली में खगकुल

553. आनंदित होकर कौन झूम रहा है?

(a) नीम (b) पीपल
(c) बेला (d) हरसिंगार

554. 'तड़-तड़' किस प्रकार का शब्द है?

(a) यौगिक (b) योगरूढ़
(c) संयुक्त (d) पुनरुक्त

555. 'वारि' है-

(a) संज्ञा (b) सर्वनाम
(c) विशेषण (d) तद्भव शब्द

556. एक अध्यापक कक्षा तीन के शिक्षार्थियों को निर्देश देती है और शिक्षार्थी दी जा रही क्रियाओं का अनुसरण कर रहें हैं। अध्यापक किस उपागम का प्रयोग कर रही हैं।

(a) संरचनात्मक उपागम
(b) समग्र भौतिक प्रतिक्रिया उपागम
(c) उदारवादी उपागम
(d) रचनावाद उपागम

एक समावेशी कक्षा में प्रतिकूल है

-भाषा-शिक्षण के सिद्धांतों के

CTET-Ist Paper (1-V) June 2011

557. सस्वर पठन से जुड़ी गतिविधियाँ मुख्य रूप से किनके साथ की जानी चाहिए?

(a) छोटी कक्षाओं के विद्यार्थियों के साथ।
(b) बड़ी कक्षाओं के विद्यार्थियों के साथ।
(c) औपचारिक कक्षाओं में सिर्फ बड़ी कक्षाओं के विद्यार्थियों के साथ।
(d) छोटी कक्षाओं के उन विद्यार्थियों के साथ जो अपना कक्षा कार्य पूरा नहीं करते हैं।

558. सुश्री सुधा अपने विद्यार्थियों को किसी एक विषय पर एक अनुच्छेद लिखने के लिए देती हैं। लेखन संबंधी यह गतिविधि ________ का उदाहरण है।

(a) निर्देशित रचना (b) मुक्त रचना
(c) नियंत्रित रचना (d) रचना पूर्व

559. सुश्री आशा अपनी कक्षा में 'नहीं' वाले वाक्यों पर काम कर रही हैं। वह विद्यार्थियों को एक वाक्य देती हैं। और विद्यार्थियों से अपेक्षा है कि वे इसका 'नहीं' वाला वाक्य बनाएँ। सुश्री आशा अपनी कक्षा में

(a) दोहराव वाली ड्रिल करवा रही हैं।
(b) रूपान्तरण वाली ड्रिल करवा रही हैं।
(c) पूरा करने की ड्रिल करवा रही है।
(d) प्रतिस्थापन (के स्थान पर) वाली ड्रिल करवा रही हैं।

560. श्री अली अपनी कक्षा में एक पति-पत्नी की दिनचर्या संबंधी श्रव्य रिकार्डिंग सुनाते हैं। इसके बाद वह इस श्रव्य रिकार्डिंग के आधार पर विद्यार्थियों को सही/गलत से जुड़ी गतिविधि कार्यपत्रक (वर्कशीट) पर करवाते हैं। ऐसा करके श्री अली अपने विद्यार्थियों में कौशल पुष्ट कर रहे हैं।

(a) पठन (b) श्रवण
(c) वाचन (d) लेखन

561. उपचारात्मक शिक्षण में ________

(a) विद्यार्थियों को अपने निष्पादन में सुधार करने के लिए मदद मिलती है।
(b) विद्यार्थियों को अधिक अंक मिलते हैं।
(c) विद्यार्थियों को उत्तर देने के लिए प्रश्न पूछे जाते हैं।
(d) विद्यार्थियों को अध्ययन के लिए प्रोत्साहित किया जाता हैं।

562. विज्ञापन की यह पंक्ति 'दिल माँगे मोर' उदाहरण है -

(a) शब्द संकेत परिवर्तन (b) स्वर शैली
(c) विन्यास (d) संयुक्त स्वर

563. कथन पढ़िए -

'जब तक विद्यार्थी प्रचुर मात्र में पठन सामग्री नहीं पढ़ेंगे, वे प्रवाहशील पाठक नहीं बन सकते।' इस वाक्य में किस प्रकार के पठन की बात की गई है?

(a) सरसरी दृष्टि से पठन (b) बारीकी से पठन
(c) गहनता से पठन (d) विस्तार से पठन

564. जब हम ______ के बारे में अध्ययन करते हैं तो भाषा अर्जन उपकरण शब्दावली से परिचय प्राप्त करते हैं।

(a) वायगोत्सकी (b) पावलव
(c) चाम्सकी (d) पियाजे

565. स्वर में उतार और चढ़ाव ______ कहलाता है।

(a) अक्षर (b) लय
(c) स्वर शैली (d) विराम

566. वैज्ञानिक ऐसा क्यों कहते हैं कि बच्चों से बात करना बहुत महत्वपूर्ण है?

(a) इससे उनके चेहरे पर मुस्कराहट आती है।
(b) इसमें हमें खुशी मिलती है।
(c) इससे भाषा की ध्वनियाँ सीखने की शुरुआत होती है।
(d) इससे उनकी शब्द संपदा में सुधार होता है।

567. निम्नलिखित में से कौन-सा बच्चों की भाषा से संबंधित है?

(a) बोलना (b) तुतलाना
(c) हँसना (d) घरघराना

568. सुश्री गुरमीत अपने विद्यार्थियों को कोविड-19 महामारी के बारे में बताना चाहती हैं और उनसे इस महामारी पर कुछ वाक्य लिखवाना चाहती हैं। सुश्री गुरमीत को चाहिए कि

व्याकरण के नियम सिखाने से बच्चों का भाषा

-विकास शीघ्रता से होगा।

CTET-Ist Paper (1-V) June 2011

(a) उन्होंने श्यामपट्ट पर जो भी लिखा है, उसे अपने विद्यार्थियों से अपनी कापियों में लिखने के लिए कहें।
(b) अपने विद्यार्थियों से अपनी कापियों में जो लिखवाना चाहती हैं, उसका इमला बोलें।
(c) विद्यार्थियों से कहें कि घर पर अपने माता-पिता, भाई बहनों की मदद से काम करके लाएँ।
(d) विद्यार्थियों से कहें कि महामारी के दौरान हुए अपने अनुभव साझा करें और मुख्य अभिव्यक्तियों को श्यामपट्ट पर लिखें।

569. सुश्री ईशा अपनी कक्षा दो के विद्यार्थियों को कुछ वस्तुओं के चित्र दिखाती है। चित्र दिखाने के बाद वह ऊँची आवाज में स्पष्ट रूप से उसका नाम बताती है। इस तरह से वह -
(a) अपने विद्यार्थियों को नई वस्तुएँ देखने में मदद कर रही
(b) अपने विद्यार्थियों को नए शब्द सिखाना चाहती है।
(c) अपनी चित्रकारी का कौशल प्रदर्शित करना चाहती है।
(d) अपने विद्यार्थियों को पढ़ना सीखने में मदद करना चाहती है।

570. ______ सिद्धांत उस प्रक्रिया को वर्णित करता है जिसके द्वारा पाठक किसी पठन सामग्री को समझने के लिए अपने परिवेश से जुड़े ज्ञान को उस पाठ्य सामग्री में दी गई सूचनाओं से जोड़ते हैं।
(a) संकेत परिवर्तन (b) अधिगम
(c) स्कीमा (d) मानवीय

निर्देशः दिए गए गद्यांश को ध्यानपूर्वक पढ़िए तथा पूछे गए प्रश्नों के उत्तर के लिए सबसे उपयुक्त विकल्प का चयन कीजिए।

22 मई 1894 की शाम थी। डरबन स्थित दादा अब्दुल्ला के घर पर महात्मा गाँधी की विदाई व रात्रिभोज का आयोजन था। इस आयोजन में प्रिटोरिया डरबन और नेटाल के भारतीय आए थे। अब्दुल्ला एंड कंपनी के मुकदमे को निपटाने के बाद महात्मा गाँधी वापस आने के लिए तैयार थे। तभी एक भारतीय व्यापारी ने महात्मा गाँधी को 'नेटाल मर्करी' नामक समाचार पत्र दिया और उनसे 'इंडियन फ्रेंचाइज' नामक शीर्षक से छपा लेख पढ़ने के लिए कहा। लेख पढ़ने के बाद महात्मा गाँधी गम्भीर हो गए। दरअसल यह लेख नेटाल विधानसभा में पेश किए गए मताधिकार संशोधन विधेयक के विषय में था, जिसमें भारतीयों को मताधिकार से वंचित करने के सभी पक्षों की विवेचना थी। इसका सारांश यह था कि जिन लोगों ने अपने देश में मताधिकार का उपयोग नहीं किया उन्हें दूसरे देश में मताधिकार देने का कोई मतलब नहीं है। इसका वास्तविक उद्देश्य तो भारतीयों के व्यापार को रोकना था। हालात के बद से बदतर बनाने वाले कानून की जानकारी ने भारतीयों के होश उड़ा दिए। अब विदाई समारोह विधेयक परिचर्चा में बदल गया। विदा करने आए लोग गाँधी जी से रुकने का आग्रह करने लगे। भारतीयों की पीड़ा और परेशानी देखकर गाँधी जी काफी व्यथित हो गए। उन्होनें भारतीयों के निवेदन को स्वीकार करते हुए कहा कि विधेयक का विरोध सार्वजनिक कार्य है और इसके लिए वह किसी भी प्रकार का शुल्क नहीं लेंगे। उन्होंने समारोह को नेटाल इंडियन कांग्रेस में बदलकर भारतीयों के अधिकारों के लिए संघर्ष किया।

571. गाँधी जी किसका मुकदमा लड़ने के लिए डरबन गए थे?
(a) अब्दुल्ला एंड कंपनी
(b) अब्दुल्ला मर्चेंट कंपनी
(c) अब्दुल्ला एंड संस कंपनी
(d) अब्दुल्ला सॉफ्रटवेयर कंपनी

572. रात्रिभोज का आयोजन किसकी विदाई के लिए किया गया था?
(a) पंडित जवाहरलाल नेहरू
(b) महात्मा गाँधी
(c) नेताजी सुभाषचंद्र बोस
(d) गोपाल ग्ष्ण गोखले

573. गद्यांश में किस समाचार पत्र का उल्लेख किया गया है।
(a) नेटाल मर्करी (b) इंडियन फ्रेंचाइज
(c) इंडियन एक्सप्रेस (d) नेटाल टाइम्स

574. मताधिकार संशोधन विधेयक का क्या उद्देश्य था?
(a) भारतीयों को मताधिकार देना
(b) भारतीयों को मताधिकार से वंचित करना
(c) भारतीयों को व्यापार के अधिक अवसर उपलब्ध कराना
(d) भारतीयों को सत्ता में भागीदारी देना

'मैंने चाट खाई और फिर मैंने हँसी।' शर्मिला का यह भाषा-प्रयोग मुख्यतः किस ओर संकेत करता है
-व्याकरणिक नियमों की जानकारी न होना
CTET - IInd Paper (VI-VIII) June 2011

575. लोग गाँधीजी से रुकने का आग्रह करने लगे क्योंकि-
(a) वे गाँधीजी से प्रेम करने लगे थे।
(b) उन्हें गाँधीजी का स्वाभाव बहुत पसंद था।
(c) वे चाहते थे कि गाँधीजी उनके लिए मताधिकार संशोधन विधेयक का विरोध करें।
(d) वे गाँधीजी से मताधिकार संशोधन विधेयक के लिए समर्थन चाहते थे।

576. गाँधीजी ने मताधिकार संशोधन विधेयक का विरोध कराने के लिए कोई शुल्क क्यों नहीं लिया?
(a) उन्हें विरोध करना प्रिय था।
(b) यह सार्वजनिक कार्य था।
(c) यह व्यक्तिगत कार्य था।
(d) यह सरकारी कार्य था।

577. 'होश उड़ना' मुहावरे का अर्थ है
(a) बेहोश हो जाना (b) होश में आना
(c) घबरा जाना (d) समझ आना

578. 'स्वदेश' का विलोम शब्द है
(a) अपना देश (b) विदेश
(c) देश (d) पड़ोसी देश

579. 'भारतीय' शब्द में प्रत्यय है
(a) य (b) तीय
(c) ईय (d) इय

निर्देश: नीचे दिए गए पद्यांश को पढ़ने के उपरांत सबसे सटीक विकल्प का चयन कीजिए

तन जिसका हो मन और आत्मा मेरा है,
चिन्ता नहीं बाहर उजाला या अँधेरा है।
चलना मुझे हैए बस अंत तक चलना,
गिरना ही मुख्य नहीं, मुख्य है सँभलना।
गिरना क्या उसका उठा ही नहीं जो कभी
मैं ही तो उठा था आप गिरता हूँ जो अभी
फिर भी उठूगा और बढ़के रहूँगा मैं
नर हूँ, पुरूष हूँ मैं, चढ़के रहूँगा मैं।

580. कवि का मुख्य भाव है
(a) दृढ़ निश्चयात्मकता का (b) साहसी होने का
(c) प्राण साधने का (d) चढ़ाई करने का

581. कवि के अनुसार जीवन में सबसे जरूरी बात हैकृ
(a) गिरना (b) सँभलना
(c) उजाला (d) चिन्ता

582. 'अँधेरा' प्रतीक है-
(a) कठिनाइयों का (b) घोरनिशा का
(c) गिर जाने का (d) अविश्वास का

583. 'चिंता' शब्द से बनने वाला विशेषण हैकृ
(a) चिंतन (b) चिंतित
(c) चेष्टा (d) चिंतापरक

584. निम्न में से भिन्न शब्द है-
(a) नर (b) पुरूष
(c) आत्मा (d) गिरना

585. 'अंत तक चलने' से क्या तात्पर्य है?
(a) लक्ष्य प्राप्ति तक चलना (b) दूर तक चलना
(c) सड़क पर चलना (d) उद्देश्य के साथ चलना

586. क्रैशन के अनुसार ______ व्याकरण करता है कि भाषा अधिगमकर्ता अपने भाषा प्रयोग की शुद्धता का मूल्यांकन कैसे करते हैं।
(a) निवेश परिकल्पना
(b) स्वाभाविक क्रम परिकल्पना
(c) अफेक्टिक फिल्टर परिकल्पना
(d) मॉनीटर परिकल्पना

587. मानस मंथन गतिविधि ______ सहायता करती है।
(a) रचनात्मक विचारों के सृजन में
(b) मस्तिष्क पर बल देने में
(c) प्रश्न पूछने में
(d) प्रतिपुष्टि प्रदान करने में

588. वह पद्धति जो बोलने तथा कार्य में तालमेल बनाती है, क्या कहलाती है?
(a) समग्र भौतिक प्रतिक्रिया
(b) कहानी सुनाना

उच्च प्राथमिक स्तर पर व्याकरण-शिक्षण का उद्देश्य........ में सहायक होगा
-भाषा की नियमबद्ध प्रकृति को समझने और उसका विश्लेषण करने
CTET - IInd Paper (VI-VIII) Feb. 2014

(c) कार्य आधारित पद्धति
(d) भूमिका निर्वाह करना (रोल प्ले)

589. कौन-सी पद्धति शिक्षार्थी को उनके वाचन कौशल के विकास में सहायता करती है?
(a) संरचनात्मक उपागम
(b) रचनावाद उपागम
(c) संप्रेषणात्मक उपागम
(d) व्याकरण अनुवाद विधि

590. पठन कौशल में 'बारीकी से पढ़ना' क्या है?
(a) भाषा के चारों कौशलों के अध्ययन के लिए प्रयोग की जाने वाली युक्ति है।
(b) किसी पाठ्य सामग्री का सारांश करना तथा उसके मुख्य विचार को प्राप्त करना है।
(c) किसी पाठ्य सामग्री में विशिष्ट तथ्यों या सूचना को ढूंढने के लिए प्रयोग की गई पठन प्रविधि है।
(d) पाठ्य सामग्री के प्रत्येक अनुच्छेद के अंतिम वाक्य को पढ़ना है।

591. यह अंतरसंबंधित और नियम शासित चिह्न व्यवस्थाओं से बनी है, यह सामाजिक है और अभिव्यक्त करने, खोजबीन करने, अर्थ संप्रेषित करने के संदर्भ में सिर्फ मानव के पास है। यह क्या है?
(a) शिक्षा (b) भाषा
(c) अधिगम (d) सिद्धान्त

592. उपागम (पद्धतियाँ) हमें क्या बताती हैं?
(a) क्या पढ़ाएँ (b) कैसे पढ़ाएँ
(c) किसे पढ़ाएँ (d) कहाँ पढ़ाएँ

593. शिक्षण अधिगम -प्रक्रिया में आकलन का उद्देश्य क्या
(a) शिक्षार्थियों को प्रतिपुष्टि उपलब्ध कराना है।
(b) विद्यालय प्रशासन को सूचना उपलब्ध कराना है।
(c) शिक्षण में सबल पक्ष तथा कमियों का निदान करना है।
(d) त्रुटियों का पता लगाना तथा उन्हें सही करना है।

594. भाषा अर्जन की अवस्थाओं के सही क्रम को चुनिए।
(a) बबलाना,, किलकारी मारना एक शब्दीय अवस्था, टेलीग्राफिक वाचन तथा दो शब्दों वाली अवस्था
(b) किलकारी मारना, बबलाना, किलकारी मारना, एक शब्दीय अवस्था, टेलीग्राफिक वाचन तथा दो शब्दों की अवस्था
(c) किलकारी मारना, बबलाना, किलकारी मारना, टेलीग्राफिक वाचन, एक शब्दीय अवस्था तथा दो शब्दों की अवस्था
(d) किलकारी मारना, बबलाना, किलकारी मारना, एक शब्दीय अवस्था, दो शब्दों की अवस्था तथा टेलीग्राफिक वाचन

595. भाषा शिक्षण की पद्धति जो इस धारणा पर बल देती है कि मौखिक कौशलों के अत्यधिक अभ्यास के द्वारा भाषा के धाराप्रवाह प्रयोग को विकसित किया जा सकता है। इसे क्या कहते हैं?
(a) श्रव्य भाषा विधि
(b) व्याकरण अनुवाद
(c) समग्र भौतिक प्रतिक्रिया
(d) दक्षता आधारित उपागम

596. अधिगम में आने वाली मुश्किलों को पहचानने के लिए क्या करते हैं?
(a) उपलब्धि परीक्षण (b) निपुणता परीक्षण
(c) निदानात्मक परीक्षण (d) साप्ताहिक परीक्षण

597. एक अध्यापक ने कक्षा में दीवारों पर चार्ट और ड्राइंग लगाईए शिक्षर्थियों के काम को बुलेटिन बोर्ड पर प्रदर्शित किया और कक्षा की बहुत सी वस्तुओं के नाम अंग्रेजी तथा शिक्षार्थियों के घर की भाषा में लिखे। अध्यापक ने किस प्रकार का उदाहरण प्रस्तुत किया है?
(a) निवेश समृद्ध परिवेश (b) भाषा संयोजन
(c) भाषा अर्जन (d) भाषा अवबोधन

598. विकास के विभिन्न चरणों क अनुसरण करते हुए शिक्षार्थियों में स्वतंत्र लेखन कौशल का विकास करने में कौन-सा उपागम मदद करता है?
(a) लेखन का प्रक्रिया उपागम
(b) लेखन का उत्पाद उपागम
(c) किसी लिखित सामग्री का श्रुतलेख
(d) टिप्पणी लिखना तथा सारांश करना

उच्च प्राथमिक स्तर पर व्याकरण-शिक्षण की सर्वाधिक उचित विधि है

-आगमन विधि

CTET - IInd Paper (VI-VIII) Feb. 2014

599. खेल के मैदान, फोन या दूसरे व्यक्तियों के साथ सामाजिक रूप से अंतः क्रिया में प्रयोग की जाने वाली भाषा किसका भाग है?

(a) आधारभूत अंतर्वैयक्तिक संप्रेषणात्मक कौशल
(b) संज्ञानात्मक रूप से उच्च स्तरीय भाषिक निपुणता
(c) विमर्श दक्षता
(d) समूह चर्चा

600. राष्ट्रीय शिक्षा नीति (2020) किसके अध्ययन का समर्थन करती है?

(a) पूरी विद्यालयी शिक्षा के दौरान संस्त/शास्त्रीय भाषा निर्देश के माध्यम के रूप में।
(b) पूरी विद्यालयी शिक्षा के दौरान निर्देश के माध्यम के तौर पर मातृभाषा।
(c) पूरी विद्यालयी शिक्षा के दौरान निर्देश के माध्यम के तौर पर हिन्दी भाषा।
(d) पूरी विद्यालयी शिक्षा के दौरान निर्देश के माध्यम के तौर पर अंग्रेजी भाषा।

निर्देश: दिए गए गद्यांश को ध्यानपूर्वक पढ़िए तथा पूछे गए प्रश्नों के उत्तर के रूप में सबसे उपयुक्त विकल्प का चयन कीजिए।

कछुआए मगर और शार्क के समानए गंगा की डॉलफिन एक अत्यंत प्राचीन जलचर है। औपचारिक रूप से इसकी खोज सन् 1801 ई- में हुई थी। पहले यह दक्षिण एशियाए विशेष रूप से भारतीय उपमहाद्वीप में बहुत बड़े क्षेत्र में फैली हुई थी तथा बड़ी संख्या में पाई जाती थी। यह भारतए बांग्लादेश तथा नेपाल में कई नदियों में मिलती थीए किंतु वर्तमान समय में केवल गंगाए ब्रह्मपुत्र, मेघना और कर्णफली में शेष बची है। कभी-कभी यह चम्बलए घाघरा और सप्तकोशी नदियों में भी देखने को मिल जाती है।

गंगा की डॉलफिन भारत के सात राज्यों की चनी हुई नदियों में मिलती है। ये राज्य हैं-असमए उत्तर प्रदेशए मध्य प्रदेशए बिहारए राजस्थानए झारखंड और पश्चिम बंगाल यहाँ इसे गंगाए चंबलए घाघराए गंडकए सोनए कोसीए ब्रह्मपुत्र आदि नदियों तथा इनकी सहायक नदियों में देखा जा सकता है। केवल ताज़े पानी की नदियों में रहने वाली यह डॉलफिन अकेली अथवा बहुत छोटे-छोटे झंडों में रहती है। इसके झुंड में सदस्यों की संख्या प्रायः तीन से अधिक नहीं होती। सामान्यतया बच्चेवाली मादा डॉलफिनए अपने बच्चे के साथ विचरण करती हुई दिख जाती है।

601. गंगा की डॉलफिन की खोज किस सन में हुई?

(a) 1807 (b) 1809
(c) 1801 (d) 1810

602. गद्यांश के अनुसार गंगा की डॉलफिन भारतीय उपमहाद्वीप के किस देश की नदी में नहीं पाई जाती?

(a) भारत (b) बांग्लादेश
(c) पाकिस्तान (d) नेपाल

603. गंगा की डॉलफिन भारत के कितने राज्यों की नदियों में पाई जाती है?

(a) सात (b) आठ
(c) छह (d) दस

604. गद्यांश के अनुसार निम्नलिखित में से कौन-सा कथन सत्य है?

(a) डॉलफिन एक अत्यंत प्राचीन जलीय प्राणी है।
(b) डॉलफिन बहुत बड़े-बड़े झंडों में रहती है।
(c) डॉलफिन सतलज नदी में पाई जाती है।
(d) डॉलफिन पूर्वी एशिया में बहुत संकुचित क्षेत्र मे पाई जाती है।

605. गंगा की डॉलफिन कैसे पानी में पाई जाती है?

(a) केवल खारे पानी में
(b) केवल ताज़े पानी में
(c) खारे तथा ताज़े पानी दोनों में
(d) केवल समुद्र में

606. गद्यांश के अनुसार डॉलफिन के झुंड में सदस्यों की संख्या कितनी होती है?

(a) तीन से अधिक होती है
(b) तीन से अधिक नहीं होती है
(c) तीन होती है
(d) दो से तीन होती है

607. मादा डॉलफिनए अपने बच्चे के साथ विचरण करती हुई दिख जाती है। में रेखांकित शब्द के स्थान पर कौन-सा शब्द प्रयोग कर सकते हैं?

सुरभि अकसर 'ड़' वाले शब्दों को गलत तरीके से उच्चारित करती है। आप क्या करेंगे

-उसे 'ड़' वाले शब्दों की सूचना पढ़ने एवं बोलकर अभ्यास करने के लिए कहेंगे।

CTET - Ist Paper (I-V) Sep. 2015

(a) आराम (b) घूमते
(c) क्रीड़ा (d) विश्राम

608. गद्यांश के अनुसार गंगा की डॉलफिन बहुत बड़ी संख्या में विस्तृत क्षेत्र में पाई जाती थी किंतु वर्तमान काल में केवल गंगा, ब्रह्मपुत्र, मेघना तथा कर्णफुली में शेष बची हैं। इस वाक्य का आशय क्या है?

(a) डॉलफिन की संख्या में तेज़ी से वृद्धि हुई है।
(b) डॉलफिन की संख्या में तेज़ी से कमी आई है।
(c) डॉलफिन की संख्या पहले जितनी ही है।
(d) डॉलफिन की संख्या में बदलाव के बारे में कोई जानकारी उपलब्ध नहीं है।

609. इनमें से कौन-सा विशेषण-विशेष्य का उदाहरण नहीं है?

(a) भारतीय उपमहाद्वीप (b) छोटे-छोटे झुंड
(c) ताज़ा पानी (d) गंगा नदी

निर्देश: नीचे दिए गए पद्यांश को ध्यानपूर्वक पढ़कर सबसे सटीक विकल्प का चयन कीजिए-

पालने के सिरहाने गायी जाने वाली लोरियों से लेकर रेडियो से आने वाले समाचारों तक हर जगह छिपे हुए असत्य पर विजय पाना चाहे वह असत्य हृदय में हो या किताबों में या शोर-गुल भरी सड़कों पर कितना कल्पनातीत आनंद है ज्ञान में यह जान लेने में कि समय के कदम अनिवार्य रूप से किधर बढ़ते रहेंगे और अब भविष्य में क्या आने वाला है।

610. कवि के अनुसार सर्वाधिक महत्वपूर्ण है

(a) आनंद (b) ज्ञान
(c) लोरियां (d) समय

611. झूठ कहाँ-कहाँ फैला हुआ है?

(a) गीतोंए आनंद में (b) पुस्तकोंए गीतों में
(c) पुस्तकोंए भविष्य में (d) भविष्यए हृदय में

612. "कल्पनातीत" से तात्पर्य है

(a) अतीत की कल्पना (b) काल्पनिकता
(c) कल्पना से पूर्ण (d) कल्पना से परे

613. कविता के अनुसार सत्य और ज्ञान से

(a) समय और भविष्य का बोध होता है
(b) समय और भविष्य का बोध नहीं होता है
(c) कल्पनापरक आनंद मिलता है
(d) शोर-गुल कम हो जाता है

614. "समय" में "इक" प्रत्यय जोड़ने पर शब्द बनेगा

(a) समयिक (b) समयीक
(c) समयइक (d) सामयिक

615. किस शब्द में उपसर्ग का प्रयोग हुआ है?

(a) अनिवार्य (b) कल्पनातीत
(c) असत्य (d) भविष्य

616. निम्नलिखित में से सही कथन का चयन करें

(a) प्रथम भाषा प्रशिक्षण द्वारा अर्जित की जाती है।
(b) प्रथम भाषा विद्यालय में अर्जित की जाती है।
(c) प्रथम भाषा अर्जन एक प्राकृतिक प्रक्रिया है।
(d) प्रथम भाषा बच्चों के सचेतन प्रयास द्वारा अर्जित की जाती है।

617. निम्नलिखित में से कौन-सा पद वायगोत्सकी के सामाजिक-सांस्कृतिक सिद्धान्त से संबंधित है?

(a) प्रक्रिया लेखन
(b) बच्चे कोरी स्लेट हैं।
(c) निकटस्थ विकास का क्षेत्र
(d) आत्मसातीकरण और समायोजन

618. भाषा में ध्वनि की सबसे छोटी सार्थक इकाई कौन-सी है?

(a) वाक्य विन्यास (b) अर्थतत्व
(c) मॉर्फीम (d) स्वनिम

619. रोहित सात माह का शिशु है। उसने ऐसी ध्वनियाँ बोलना शुरू कर दिया है जिसमें व्यंजन व स्वर दोनों हैं। वह निम्नलिखित में से किसमें संप्रेषण कर रहा है?

(a) किलकारी मारना (b) स्वनिम
(c) भाषा विद् वाचन (d) बबलाना

620. यह विचार कि "हम अपने आस-पास के परिवेश के बारे में क्या सोचते हैं और कैसे उसे देखते हैं, यह भाषा द्वारा सुनिश्चित होता है" ए किससे संबंधित है?

प्राथमिक स्तर पर पढ़ने की क्षमता का आकलन करने की दृष्टि से सबसे अधिक महत्त्वपूर्ण है

-वर्णों की पहचान

CTET - Ist Paper (I-V) Sep. 2015

(a) सापिर वोर्फ परिकल्पना (b) भाषिक सम्बद्धता
(c) भाषा समाजीकरण (d) भाषा अर्जन

621. वे शैक्षिक प्रक्रियाएँ जिनमें शिक्षार्थी अपनी विद्यालयी शिक्षा अपनी मातृभाषा में आरंभ करते हैं और फिर विद्यालय में अतिरिक्त भाषाओं से जुड़ते जाते हैंए कहलाती हैं

(a) बुनियादी शिक्षा (b) मानवतावादी शिक्षा
(c) बहुभाषिक शिक्षा (d) द्विभाषी शिक्षा

622. स्किनर की यह राय है कि बच्चे अक्सर भाषा अर्जन प्रक्रिया में ________

(a) वयस्कों क अनदेखी करते हैं।
(b) बुरा व्यवहार करते हैं।
(c) वयस्कों की नकल करते हैं।
(d) बुरी तरह असफल हो जाते हैं।

623. पियाजे द्वारा यह सुझाव दिया गया है कि बच्चे ________ के माध्यम से भाषा सीखते हैं।

(a) लेखन एवं वाचन
(b) आत्मसातीकरण तथा समायोजन
(c) प्रयास एवं त्रुटि
(d) आकार

624. भाषा अधिगम के आधारभूत कौशलों पर अधिकार प्राप्त करने के लिए बच्चों को वाक्यों के जिस तरह के नमूने सीखने चाहिएए वे क्या कहलाते हैं?

(a) उद्दीपन (b) आत्मसातीकरण
(c) संरचना (d) समूह अधिगम

625. अतिरिक्त द्वितीय भाषा में निर्देश पढ़ाते हुए किसी अकादमिक विषयवस्तु के शिक्षण के लिए शिक्षार्थी की घर की भाषा का इस्तेमाल करना क्या कहलाता है?

(a) बुनियादी (b) बहुभाषिकता
(c) द्विभाषिक (d) सटीकता

626. द्विभाषिक शिक्षा एक शैक्षिक प्रक्रिया है जिसमें शिक्षण अधिगम प्रक्रिया में ________।

(a) केवल एक भाषा का प्रयोग किया जाता है
(b) तीन से अधिक भाषाओं का प्रयोग किया जाता है
(c) दो भाषाओं का प्रयोग किया जाता है
(d) किसी भी भाषा का प्रयोग नहीं किया जाता है

627. स्किनर के सिद्धांत के अनुसार बच्चे कब सर्वाधिक रूप से भाषा अर्जित करते हैं?

(a) कौशलों का अभिनय करके
(b) नकल करकेए संकेत एवं सहारा देने परए आकार के अनुसार
(c) पठन एवं लेखन के माध्यम से
(d) बोलने के समृद्ध परिवेश के माध्यम से

628. पशु एवं मानवीय संप्रेषण के मध्य महत्वपूर्ण अंतर कौन-सा है?

(a) पशु भावनाएँ संप्रेषित कर सकते हैं।
(b) मानव भावनाएँ संप्रेषित कर सकते हैं
(c) पशु अपनी सुरक्षा को सुनिश्चित करने के लिए संप्रेषित करते हैं।
(d) मनुष्य अपनी सुरक्षा को सुनिश्चित करने के लिए संप्रेषित करते हैं।

629. पियाजे के अनुसार पहले से उपस्थित किसी विचार में किसी जानकारी को समाकलित करने के लिए किसी के परिवेश को बदलने की प्रक्रिया क्या कहलाती है?

(a) समायोजन (b) दो में बाँटना
(c) आत्मसातीकरण (d) निकटस्थ विकास

630. द्विभाषी शिक्षण-अधिगम प्रक्रिया में शिक्षार्थी की घर की भाषा के साथ-साथ और किसका प्रयोग किया जाता है?

(a) प्रथम भाषा में निर्देश दिए जाते हैं।
(b) द्वितीय भाषा में अतिरिक्त निर्देश दिए जाते हैं।
(c) संकेत भाषा सिखाई जाती है।
(d) सार्वभौमिक व्याकरण सिखाई जाती है।

निर्देश: नीचे दिए गए गद्यांश को पढ़कर पूछे गए प्रश्नों के सबसे उपयुक्त उत्तर वाले विकल्प को चुनिए-

मैं अक्सर सोचता हूँ कि वे शहर कितने दुर्भागे हैं, जिनके अपने कोई खण्डहर ही नहीं। उनमें रहना उतना ही भयानक अनुभव हो सकता

व्याकरण-शिक्षण की आगमन विधि की विशेषता है

-पहले उदाहरण प्रस्तुत करना

CTET - Ist Paper (I-V) Sep. 2015

है, जैसे किसी ऐसे व्यक्ति से मिलना, जो अपनी स्मृति खो चुका है, जिसका कोई अतीत नहीं। अगर मुझसे कोई नरक की परिभाषा पूछे तो वह है, हमेशा वर्तमान में रहना एक अंतहीन रोशनी, जहाँ कोई छाया नहीं, जहाँ आदमी हमेशा आँखें खोले रहता है। जब वर्तमान का बोझ असह्य हो, मैं अपना घर छोड़कर शहर के दूसरे 'घरों' में चला जाता हूँ -जहाँ अब कोई लोग नहीं रहते - जहाँ अँधेरा होते- ही चमगादड़ आते हैं। ये हमारे शहर में खण्डहर हैं- शहर की स्मृतियाँ और स्वप्न। एक ऐसा भी युग था, जब न शहर थे न खण्डहर- आदमी अपना अतीत खुद अपने भीतर लेकर चलता था। यहाँ यूँ कहें कि स्मृति अभी तक इतिहास नहीं बनी थी।

631. 'जिनके अपने कोई खण्डहर नहीं' रेखांकित शब्द से आशय है-

(a) इतिहास (b) वर्तमान
(c) अस्तित्व (d) भविष्य

632. 'शहर के दूसरे घरों में चला जाता हूँ।' दूसरे घरों से लेखक का आशय है-

(a) मित्रें के घर (b) ऐतिहासिक इमारतें
(c) अस्थायी निवास (d) शहर की सड़कें

633. लेखक के अनुसार कौन से शहर दुर्भागे हैं?

(a) जिनका अपना कोई नाम नहीं।
(b) जहाँ लोग नहीं रहते हैं।
(c) जिनकी अपनी कोई स्मृतियाँ नहीं।
(d) जिनके वर्तमान पर कोई संकट हो।

634. लेखक के अनुसार 'नरक' की परिभाषा क्या है?

(a) सदैव स्वप्न देखना।
(b) सदैव वर्तमान में रहना।
(c) सदैव अपने घर में रहना।
(d) सदैव आँखें खोले रहना।

635. वर्तमान में रहने से क्या आशय है?

(a) अपने पूर्वजों को याद न करना।
(b) भविष्य की चिंता न करना।
(c) ऐतिहासिकता का अनुभव न करना।
(d) दिन प्रतिदिन की जरूरतों को पूरा करना।

636. 'जहाँ आदमी हमेशा आँखें खोले रहता है।' वाक्य के माध्यम से किस ओर संकेत करता है?

(a) देर तक विश्राम करने।
(b) देर तक व्यायाम करने।
(c) रात में भी जगने।
(d) रात में गहरी नींद सोने

637. सही शब्द चुनिए -
'जहाँ ________ होते ही चमगादड़ आते हैं।'

(a) प्रकाश (b) कान्त
(c) अंधकार (d) शान्ति

638. कौन-सा शब्द भिन्न है?

(a) भयानक (b) भुजंग
(c) भयंकर (d) भावुक

639. वे शहर कितने ________ हैं?
वाक्य में रिक्त स्थान के लिए उचित शब्द है-

(a) दुर्भाग्य (b) दुर्भाग्यपूर्ण
(c) दुखद (d) भाग्यपूर्ण

निर्देश: नीचे दिए गए पद को पढ़कर पूछे गए प्रश्नों के सबसे उपयुक्त उत्तर वाले विकल्प को चुनिए:

मौको कहाँ ढूँढ़े रे बँदे,
मैं तो तेरे पास में।
ना मैं देवल न मैं मसजिद, ना काबे कैलास में।
ना तो कौनो - क्रिया-करम में, नाहिं जोग बैराग में।
खोजी होय तो तुरतै मिलिहौं, पल भर की तालास में।
कहै कबीर सुनो भाई साधो, सब स्वाँसों की स्वाँस में।

640. मैं तो तेरे पास में रेखांकित शब्द किसके लिए प्रयुक्त हुआ है?

(a) मनुष्य (b) कवि स्वयं
(c) धार्मिक स्थल (d) ईश्वर

641. कवि के अनुसार ईश्वर को धार्मिक स्थलों में नहीं पाया जा सकता, क्योंकि वह निवास करता है-

(a) प्रत्येक प्राणी में। (b) कर्मकांडों में।
(c) तीर्थस्थलों में। (d) योग-वैराग्य में।

भाषा के व्याकरण की समझ को

-संदर्भपरक प्रश्नों के माध्यम से आँका जाना चाहिए

CTET - Ist Paper (I-V) Nov. 2012

642. कवि के अनुसार ईश्वर तुरंत किसे मिल सकता है?
(a) प्रत्येक विद्वान को।
(b) सज्जन लोगों को।
(c) समर्पित भक्त को।
(d) मोह-माया त्यागने वाले को

643. 'ढूँढ़े' शब्द है-
(a) क्रिया विशेषण (b) क्रिया
(c) संज्ञा (d) विशेषण

644. 'सब स्वाँसों की स्वाँस में।' का आशय है
(a) ईश्वर सर्वव्यापी है।
(b) सबको श्वास लेते रहना चाहिए।
(c) ईश्वर श्वास में निवास करता है।
(d) ईश्वर तीर्थाटन से मिलता है।

645. 'कौनों' का अर्थ है
(a) किसी भी (b) कोई भी
(c) कभी भी (d) कहीं भी

646. मानव मस्तिष्क में सार्वभौमिक व्याकरण नियमों के एक समूह के रूप में होती है। यह विचार किसने प्रतिपादित किया है?
(a) बी.एफ. स्किनर (b) वाट्सन
(c) लेव वायगोत्स्की (d) नोआम चॉम्स्की

647. निम्नलिखित में से विकास का निकटस्थ क्षेत्र कहते हैं
(a) मस्तिष्क का वह भाग जो भाषायी विकास के साथ कार्य करता है।
(b) बच्चे के वास्तविक विकास तथा किसी दूसरे की सहायता से कर सकने वाले काम के बीच का अन्तर।
(c) भाषा में प्रवाह जो बच्चे किशोरावस्था में पहुँचने पर अर्जित करते हैं।
(d) दो बच्चों के बीच में भाषा अर्जन की निपुणता में अंतर।

648. बच्चों की मौखिक भाषा को विकसित करने में सहायता करने के लिए उनसे बातचीत करना ______ का एक महत्त्वपूर्ण घटक है।
(a) प्रक्रिया लेखन उपागम (b) गहन पठन
(c) उत्पाद लेखन उपागम (d) प्रारंभिक साक्षरता

649. निम्नलिखित में से कौन-सी शब्द निर्माण की रणनीति नहीं है?
(a) संदर्भ में शब्दों को परिभाषित करना
(b) वर्णों की रूपरेखा बनाना
(c) शब्द के भागों का विश्लेषण करना
(d) संबद्धता स्थापित करना

650. लेखन ________ है।
(a) एक उत्पादक कौशल
(b) विशिष्ट विधा तक सीमित
(c) एक ग्रहणशील कौशल
(d) एक रेखीय प्रक्रिया

651. निम्नलिखित में से कौन-सा कक्षा में 'मुद्रित/लिखित समृद्ध परिवेश' के निर्माण में सहायता नहीं करता है?
(a) दीवारों पर कहानियों के चार्ट लगाना।।
(b) कक्षा में पठन-कोना सृजित करना।
(c) कक्षा में विद्यार्थियों की रचनाएँ प्रदर्शित करना।
(d) कक्षा में खिलौनों का कोना बनाना।

652. भाषा अधिगम में 'बोधगम्य निवेश' का क्या अर्थ है?
(a) बच्चों को ऐसे भाषायी अवसर उपलब्ध कराना जो उनकी भाषा से एक स्तर ऊपर हैं।
(b) बच्चों को लक्ष्य भाषा के अधिकतम अवसर उपलब्ध कराना।
(c) कहानी सुनाने के माध्यम से भाषा अधिगम को रोचक बनाना।
(d) कक्षा की दीवारों पर बच्चे की रचनाएँ प्रदर्शित करना।

653. निम्नलिखित कथनों को पढ़िए तथा समग्र भाषा उपागम के संदर्भ में सही को चुनिए-
(A) समग्र भाषा उपागम बच्चे की बनाई वर्तनियों के प्रयोग को प्रोत्साहित करता है।
(B) समग्र भाषा उपागम में बच्चे पढ़ना सीखने के लिए वर्ण तथा ध्वनियों से आरम्भ करते हैं।
(C) समग्र भाषा उपागम रचनावाद पर आधारित है।
(a) A तथा B सही हैं तथा C गलत है।
(b) A तथा C सही हैं तथा B गलत है।

व्याकरण के ज्ञान का मुख्य उद्देश्य है

-भाषा-प्रयोग में व्याकरण का ध्यान रखना

CTET - IInd Paper (VI-VIII) Sep. 2016

(c) B तथा C सही हैं तथा A गलत है
(d) A, B तथा C सही हैं

654. एक पठन सामग्री को बारीकी से पढ़ने का क्या अर्थ है?
(a) पठन सामग्री में है क्या, यह जानना।
(b) पठन में रूचि उत्पन्न करना।
(c) विशिष्ट सूचना ढूँढ़ना।
(d) पठन सामग्री की प्रामाणिकता जाँचना।

655. निम्नलिखित में से कौन सा शिक्षार्थियों की उच्चारण तथा शब्द संपदा निर्माण में सहायता करता है?
(a) मौन पठन।
(b) शिक्षार्थियों के लिए सस्वर वाचन।
(c) पाठ्यपुस्तक पर आधारित प्रश्नों के उत्तर देना।
(d) सरसरी तौर पर पढ़ना।

656. किस के द्वारा प्रस्तावित किया गया कि बच्चे भाषा सीखने के लिए अनुकूलन तथा समायोजन का प्रयोग करते हैं?
(a) स्टीफन क्रेशन (b) बी.एफ. स्किनर
(c) जीन पियाजे (d) नोआम चॉम्स्की

657. कक्षा 1 का कबीर 'शान्ति' शब्द सुनकर 'फान्ति', 'डान्ति', 'मान्ति' जैसे निरर्थक शब्द बोलकर मजे लेता है। यह प्रदर्शित करता है कि-
(a) उसने गलत संकल्पना विकसित कर ली है।
(b) वह ध्वन्यात्मक जागरूकता विकसित कर रहा है।
(c) उसे इस तथ्य को भूलने तथा दुबारा से सही याद करने की आवश्यकता है।
(d) उसे स्वयं को सुधारने के लिए और अधिक अभ्यास की आवश्यकता है।

658. कक्षा में दिए गए कार्य के रूप में कक्षा III का गीत कुछ व्याकरणिक त्रुटियों के साथ वाक्य लिखता है। निम्नलिखित में से कौन सी प्रक्रिया शिक्षक के द्वारा प्रयोग की जा सकती है?
(a) गलतियों पर लाल पेन से घेरा बनाकर उसके ऊपर सही रूप लिखना।
(b) गलतियों पर घेरा बनाकर बच्चे को उसे सही करने के लिए कहना।
(c) गलतियों को रेखांकित करना, गलती की प्रकृति लिखकर शिक्षार्थियों को उन्हें सुधारने के लिए कहना।
(d) बच्चे को प्रत्येक गलती पाँच बार सही तरीके से लिखने के लिए कहना।

659. माध्यम की भाषा में निपुणता विकसित करने के लिए घर की भाषा का प्रयोग क्या करता है?
(a) लक्ष्य भाषा को सीखने में बाधक सिद्ध होता है।
(b) दोनों भाषाओं में मुश्किलें पैदा करता है।
(c) एक प्रभावकारी रणनीति सिद्ध हो सकती है।
(d) किसी भी कीमत पर बचना चाहिए।

660. भाषा का व्याकरण कब सबसे अच्छा सीखा जा सकता है?
(a) पठन सामग्री तथा संरचनाओं की पहचान को एकीकृत करके।
(b) व्याकरणिक संकल्पनाओं का अलग से अभ्यास करके।
(c) व्याकरणिक संरचनाओं को कंठस्थ करके।
(d) संरचनात्मक उपागम को अपनाकर।

निर्देश: निम्नलिखित गद्यांश को पढ़कर पूछे गये प्रश्नों के सबसे उपयुक्त उत्तर वाले विकल्प को चुनिए।

मानव इतिहास में हजारों साल तक शून्य का कहीं अतादृपता नहीं था। शून्य की अवधारणा आ भी गई तब भी काफी समय तक मानव ने इसे संख्या नहीं समझा। यह बात तो तय है कि शून्य प्रकृति-प्रदत्त नहीं है। हमने शून्य का आविष्कार अपनी सुविधा के लिए किया है। मनुष्यों ने शून्य की अवधारणा को न केवल समझा है, बल्कि उसकी सहायता से कई स्वचालित उपकरणों का आविष्कार भी कर लिया है। शून्य एक ही समय में एक अमूर्त विचार और एक वास्तविकता है और यह सीखना सबसे मुश्किल है कि शून्य एक से छोटा है। सबसे पहले भारत ने 'कुछ भी नही' को दर्शाने के लिए शून्य को एक स्वतंत्र संख्या के रूप में मान्यता दी। अगर हम शून्य को एक, दो और तीन जैसी संख्याओं की तरह मूर्त चीजों से सम्बद्ध कर पाते तो शायद शून्य को समझना बहुत आसान होता।

661. शून्य के बारे में कौन-सा वाक्य सही है?
(a) शून्य प्रकृति प्रदत्त है।

अनुस्वार एवं अनुनासिक का प्रयोग करने संबंधी त्रुटियों को दूर किया जा सकता है

-स्वयं सही उच्चारण का आदर्श प्रस्तुत कर

CTET - IInd Paper (VI-VIII) Sep. 2016

(b) शून्य मानव जनित आविष्कार है।
(c) शून्य की गणना मानव ही कर सकते हैं।
(d) शून्य मूर्त अवधारणा है।

662. संख्याओं के संदर्भ में कौन-सी अवधारणा समझानी सबसे कठिन है?
(a) शून्य सबसे बड़ी संख्या है।
(b) शून्य एक से बड़ा है।
(c) शून्य एक से छोटा है।
(d) शून्य जोड़ा जा सकता है।

663. विश्व में किसने पहले शून्य को संख्या के रूप में मान्यता दी?
(a) मेसोपोटामिया (b) मध्य अमेरिका
(c) भारत (d) यूरोप

664. 'शून्य एक ही समय में एक अमूर्त विचार और एक वास्तविकता है।' का आशय है
(a) यह दिखाई नहीं देता, परन्तु इसका अस्तित्व है।
(b) संख्याओं में महत्वहीन स्थान धारक है।
(c) यह दिखाई देता है पर इसे किसी शब्द में सुन नहीं सकते हैं।
(d) यह अदृश्य है पर इसे सुन सकते हैं।

665. शून्य की अवधारणा आने पर भी मनुष्य ने इसे बहुत समय तक संख्या क्यों नहीं समझा होगा?
(a) मूर्त चीजों से शून्य की सम्बद्धता न होना।
(b) सभी वैज्ञानिकों द्वारा इसे मान्यता न देना।
(c) पशुओं द्वारा इसकी समझ रख पाना।
(d) इसका प्रकृति प्रदत्त न होना

666. किस शब्द में 'अव' उपसर्ग का प्रयोग नहीं हुआ है?
(a) अवधारणा (b) अवधी
(c) अवनीति (d) अवकाश

667. 'इतिहास' में किस प्रत्यय का प्रयोग किया जा सकता है?
(a) ता (b) इक
(c) इत (d) ई

668. 'वैज्ञानिक' में मूल शब्द है-
(a) वैज्ञान (b) विज्ञानी
(c) ज्ञान (d) विज्ञान

669. 'स्वतंत्र' का संधि-विच्छेद है-
(a) स्व + तंत्र (b) सु + तंत्र
(c) सु + अतंत्र (d) स्वत + अंत्र

निर्देश: निम्नलिखित पद्यांश को पढ़कर पूछे गये प्रश्नों के सबसे उपयुक्त उत्तर वाले विकल्प को चुनिए।

सूर्योदय, सूर्यास्त असंख्यों
सोना ही सोना बरसा कर
मोल नहीं ले पाए इसको
भीषण बादल
आसमान में गरज गरज कर धरती को न कभी हर पाये,
प्रलय सिंधु में डूब-डूब कर
उभर-उभर आयी है ऊपर।
भूचालों-भूकम्पों से यह मिट न सकी है।

670. इस पद्यांश में मुख्यत: किसकी बात की गई है?
(a) सूर्योदय की (b) सूर्यास्त की
(c) धरती की (d) आसमान की

671. धरती पर आने वाले संकटों के लिए उपयुक्त शब्द नहीं
(a) प्रलय (b) भूचाल
(c) भूकंप (d) सिन्धु

672. धरती को कौन-डबोना चाहता है?
(a) अत्यधिक वृष्टि (b) अत्यधिक गर्जना
(c) अत्यधिक भूकंप (d) अत्यधिक सिंधु

673. 'धरती अनमोल है।' भाव पद्यांश की किस पंक्ति से अभिव्यक्त हो रहा है?
(a) सूर्योदय, सूर्यास्त असंख्यों
(b) उभर-उभरकर आयी है ऊपर
(c) मोल नहीं ले पाए इसको
(d) यह मिट न सकी है

674. 'सिंधु' का पर्यायवाची शब्द नहीं है
(a) उदधि (b) सागर
(c) जलधि (d) जलद

प्लेटो का यह कथन कि 'बच्चा बड़ों के बीच एक विदेशी की तरह होता है' किस भाषिक सच्चाई की ओर संकेत करता है
-बच्चे अपनी भाषा में बोलते हैं, जिसे बड़े सही-सही नहीं समझ पाते
CTET - IInd Paper (VI-VIII) July 2013

675. निम्नलिखित में से भिन्न शब्द-युग्म है

(a) गरज-गरज (b) भूचाल-भूकंपों
(c) उभर-उभर (d) डूब-डूब

676. यदि शिक्षक विद्यार्थियों को शब्दावली सीखने में मदद करना चाहते हैं, तो निम्नलिखित में से कौन-सा तरीका सबसे प्रभावशाली होगाघ्

(a) कहानियों और चित्रें का प्रयोग
(b) दोहराव (ड्रिल) का प्रयोग
(c) लिखित अभ्यास का प्रयोग
(d) पाठ्य-पुस्तकों का उपयोग

677. बहुभाषावाद शिक्षा का ऐसा संसाधन है जिसका उद्देश्य है-

(a) शिक्षण-अधिगम के लिए शिक्षार्थियों की भाषाओं का उपयोग करना।
(b) शिक्षार्थियों को यथासंभव अधिक से अधिक भाषाएँ सिखाना।
(c) शिक्षण अधिगम के लिए शास्त्रीय भाषाओं का उपयोग करना।
(d) नौकरियों के लिए अंग्रेजी भाषा और संस्कृति के लिए मातृभाषा सीखने के सक्षम बनाना।

678. किसी पाठ्य सामग्री से कोई विशिष्ट सूचना निकालने के उद्देश्य से उस पाठ्य सामग्री के किसी अंश को बारीकी और गहनता के साथ पढ़ने का कौशल कौन-सा अवबोधन कहलाता है?

(a) आनुमानिक (b) वैश्विक
(c) स्थानीय (d) लेनदेन

679. 'बहु-बुद्धि के सिद्धान्त' के संदर्भों में निम्नलिखित में कौन-सी बुद्धि भाषा से संबंधित है?

(a) प्रवाह सटीकता-बुद्धि
(b) भाषाई मौखिक बुद्धि
(c) शब्दावली व्याकरण बुद्धि
(d) दृश्यात्मक-स्थानिक बुद्धि

680. इनमें से कौन-से बहुभाषावाद के लाभ हो सकते हैं?

(I) समृद्ध शब्दावली और प्रभावशाली भाषण
(II) अन्य संस्कृतियों के प्रति सहिष्णुता और सम्मान
(III) सीमित रोजगार के अवसर
(IV) पराभाषिक जागरूकता

(a) (I), (II), (III) (b) (II), (III)
(c) (I), (II) (d) (I), (II), (IV)

681. वायगोत्सकी के अनुसार, जब कोई बच्चा-बच्ची भाषा की मदद से अपने स्वयं के कार्यों को निर्देशित करता है/करती है, लेकिन वह भाषा दूसरों के लिए श्रव्य नहीं है, उसके वाचन को क्या कहेंगे?

(a) आंतरिक भाषण (b) निजी भाषण
(c) सामाजिक भाषण (d) आत्मकेन्द्रित भाषण

682. भाषाविज्ञान की कौन-सी शाखा संदर्भ में भाषा से जुड़ी है?

(a) अर्थ विज्ञान (b) उपयोगिता विज्ञान
(c) आकृति विज्ञान (d) स्वर विज्ञान

683. शिशुओं में भाषा के विकास के संबंध में कथन (अ) और (ब) पर विचार करें।

कथन (अ): शैशवावस्था से बच्चे की वाक् नली एक वयस्क मानव की तुलना में जानवर की तरह अधिक होती है।

कथन (ब): 6 से 12 महीनों के दौरान, एक बच्ची तरह-तरह के बबलाना और दोहराव वाले बबलाना में संलग्न है।

(a) (अ) सही है, (ब) गलत है।
(b) (अ) गलत है, (ब) सही है।
(c) (अ) और (ब) दोनों सही हैं।
(d) (अ) और (ब) दोनों गलत हैं।

684. एक बोली 'मानक बोली' का दर्जा पाने के लिए निम्नलिखित चरणों से गुजरती है

(a) चयन, संहिताकरण, उद्देश्य का निर्धारण
(b) चयन, स्वीकृति, संहिताकरण और उद्देश्यों का निर्धारण
(c) चयन, उद्देश्यों का निर्धारण, संहिताकरण और स्वीकृति
(d) चयन, स्वीकृति, संहिताकरण और उद्देश्यों का निर्धारण

'भाषा शून्य में विकसित नहीं होती।' इसका शैक्षिक निहितार्थ है कि भाषा सीखने के लिए..... अनिवार्य है

-सामाजिक अंतः क्रिया

CTET - Ist Paper (I-V) Sep. 2016

685. बोली के संबंध में कथन (A) और (B) पर विचार करें।
कथन (A): किसी देश के एक हिस्से में बोली जाने वाली विविध भाषाओं में से एक प्रकार जो क्षेत्रीय बोली के रूप में जानी जाती है।
कथन (B): एक समान शैक्षिक पृष्ठभूमि वाले लोगों द्वारा विविध प्रकार की उपयोग की जाने वाली भाषा में एक प्रकार की बोली के रूप में जानी जाती है।
(a) (A) सही है, (B) गलत है।
(b) (A) गलत है, (B) सही है।
(c) (A) और (B) दोनों सही है।
(d) (A) और (B) दोनों गलत है।

686. पत्नी से: जल्दी करो, हमें देर हो जाएगी।
सहकर्मी से: जाने का समय हो गया है, हमें बैठक के लिए देर हो जाएगी।
वरिष्ठ नियोक्ता से: महोदय, शाम के 4 बज गए हैं और बैठक 4:15 बजे है, क्या अब हमें चलना नहीं चाहिए? भाषण में इस भिन्नता को किस रूप में जाना जाता है?
(a) शुद्धतावादी (b) स्तर भिन्नता
(c) रजिस्टर (d) मुहावरेदार

687. समूह वाद-विवाद में भाग लेने के लिए भाषा शिक्षक एक शर्त रखता है कि समूह में चार विद्यार्थी कनिष्ठ से तथा एक विद्यार्थी वरिष्ठ वर्ग से होना चाहिए जो आवश्यकता पड़ने पर कनिष्ठों की सहायता कर सके। समूह-निर्माण का यह विचार किसके सिद्धान्त पर आधारित है?
(a) पियाजे का सिद्धान्त
(b) वायगोत्सकी का सिद्धान्त
(c) ब्लूमफील्ड का सिद्धान्त
(d) क्रैशन का सिद्धान्त

688. समूह प्रस्तुति के दौरान यदि किसी विद्यार्थी के द्वारा अनुचित व्यवहार प्रदर्शित किया जाता है, तब एक अध्यापक होने के नाते आप क्या करना चाहेंगे?
(a) समूची कक्षा के सामने उस पर चिल्लाएंगे।
(b) उससे बात करेंगे।
(c) उसे सभी के सामने बात करेंगे।
(d) उसे कुछ नहीं कहेंगे और उसके स्व-अनुशासित होने की अपेक्षा करेंगे।

689. मान्यताओं का वह समूह जो इस बात की व्याख्या करता है कि भाषा संरचनाओं या नियमों का समूह है, किस रूप में जाना जाता है?
(a) संप्रेषणात्मक उपागम
(b) अंतःक्रियात्मक उपागम
(c) संरचनात्मक उपागम
(d) निवेश उपागम

690. संप्रेषणात्मक भाषा शिक्षण के संबंध में कथन (A) और (B) पर विचार करें।
कथन (A): शिक्षक की भूमिका सामान्यतः वाचन के लिए मॉडल होने के बजाय एक संसाधक या मॉनिटर की है।
कथन (B): शिक्षार्थियों को सीखने के व्यक्तिवादी उपागम के आधार पर कक्षा की गतिविधियों में भाग लेना पड़ता है।
(a) (अ) सही, (ब) गलत है।
(b) (अ) गलत, (ब) सही है।
(c) (अ) और (ब) दोनों सही है।
(d) (अ) और (ब) दोनों गलत है।

निर्देश: दिए गए गद्यांश को ध्यानपूर्वक पढ़िए तथा पूछे गए प्रश्नों के उत्तर के लिए सबसे उपयुक्त विकल्प का चयन कीजिए।

उपवास रखना केवल धार्मिक विधि विधान या कर्मकांड का अंग नहीं है। उपवास-व्रत भारतीय संस्कृति में पूर्ण स्वास्थ्य के सूत्र हैं। ऋतु परिवर्तन के समय व्रत इसलिए रखे जाते हैं कि बदलते मौसम में कई किस्म की बीमारियाँ आती हैं। बीमारियों से लड़ने की रोग प्रतिरोधक शक्ति तभी प्राप्त होगी, जब शारीरिक और मानसिक शुद्धता होगी। इसी से जीवनी-शक्ति भी प्राप्त होती है, इससे बल व बुद्धि का बराबर संतुलन बना रहता है। उपवास के दौरान शरीर के पाचन-संस्थान को पूर्णरूप से विश्राम मिलता है तथा शरीर में विद्यमान पुराने खाद्य अवशेष तथा दूषित पदार्थ नष्ट होकर मल के द्वारा निकालने का प्रयत्न करते हैं, तो भूख स्वतः समाप्त हो जाती है। अतः उस समय उपवास करना अनिवार्य हो जाता है। भोजन लेने से तीव्र निष्कासन क्रिया

भाषा-शिक्षण में बालक में मौखिक कौशल के विकास के लिए- सबसे कम महत्वपूर्ण है।
-प्रश्नों के उत्तर पूछना
CTET - Ist Paper (I-V) Feb. 2015

रुक जाती है। भूख न रहने पर भोजन न किया जाए तो पूर्णरूप से शरीरिक सफाई होकर रोग का कारण जड़ से समाप्त हो जाता है। उसके पश्चात् नियमित तथा उपयुक्त उचित आहार देने पर रोग के लौटने की आशंका नहीं रहती।

691. 'उपवास' का संबंध किससे है?
(a) केवल धार्मिक अनुष्ठनों से
(b) केवल स्वास्थ्य से
(c) धार्मिक अनुष्ठनों तथा स्वास्थ्य दोनों से
(d) रीति-रिवाजों से

692. बदलते मौसम का प्रभाव किस पर पड़ता है?
(a) स्वास्थ्य पर
(b) धर्मिक विधि-विधान पर
(c) केवल पाचन शक्ति पर
(d) हृदय पर

693. शारीरिक और मानसिक शुद्धता से क्या प्राप्त होता है?
(a) रोगों से लड़ने की शक्ति।
(b) ईश्वर की प्राप्ति।
(c) तीव्र भूख लगती है।
(d) विजातीय पदार्थ शरीर से निकल जाते हैं।

694. रोगों के लौटने की संभावना कब कम हो जाती है?
(a) जब उपवास रखते हैं।
(b) जब मनपंसद भोजन करते हैं।
(c) जब बिना भूख के भोजन करते हैं।
(d) जब बिना भूख के भोजन न किया जाए।

695. उपवास के दौरान शरीर के पाचन-संस्थान को पूर्ण विश्राम मिलता है। रेखांकित वाक्यांश से क्या तात्पर्य
(a) पाचन अंगों को थोड़ा आराम मिल जाता है।
(b) पाचन अंग निष्क्रिय हो जाते हैं।
(c) पाचन अंगों को पूरी तरह आराम मिल जाता है।
(d) पाचन अंग अति सक्रिय हो जाते हैं।

696. गलत खाद्य पदार्थ ही विजातीय द्रव्य यानी विष का काम करते हैं। यहाँ गलत खाद्य पदार्थ से क्या तात्पर्य
(a) जो पदार्थ खाने योग्य नहीं होते हैं।
(b) जो पदार्थ शरीर को हानि पहुँचाते हैं।
(c) जो पदार्थ खाने योग्य होते हैं।
(d) जो पदार्थ शरीर को लाभ पहुंचाते हैं।

697. 'विजातीय' का विलोम शब्द है ________
(a) जातीय (b) सजातीय
(c) गैर-जातीय (d) विशिष्ट जातीय

698. 'दूषित' में कौन-सा प्रत्यय है
(a) त (b) इत
(c) ईत (d) षित

699. निम्नलिखित में से कौन-सा विशेषण का उदाहरण है?
(a) अजगर (b) आहार
(c) अमृत (d) असली

निर्देश: नीचे दिए गए पद्यांश को पढ़ने के उपरांत सबसे सटीक विकल्प का चयन कीजिए-

आज जब
पहली बार एक तरह से पहली बार
आया है तुम्हारा खत
जम्मू की किसी कालोनी से
तो लग रहा है
क्यों आया है तुम्हारा खत
बुरी तरह भीगा हुआ, अटा हुआ कुछ-कुछ
आखिर क्यों लिखा है तुमने
कि पता नहीं कभी
फिर हो भी सकेगा कि नहीं
तुम्हारा वही पता, वही ठिकाना
जिस पर खत लिखने की आदत है मुझे
बड़ा मुश्किल है न
बढ़ती हुई उम्र में, आदत का बदल देना
और आदतें भी जबकि
हमारी बहुत अपनी होकर रही हो।

700. कविता में किस आदत की बात कही गई है?
(a) परिवार के साथ पहाड़ों पर घूमने की
(b) दोस्तों के साथ सैर करने की
(c) प्रतिदिन पत्र लिखने की
(d) पते विशेष पर पत्र लिखने की

बच्चों के 'लेखन' कौशल का मूल्यांकन करने के लिए विधि बेहतर हो सकती है

-अपने अनुभवों को लिखना

CTET- Ist Paper (I-V) June 2011

701. आदतों को बदल देना कठिन क्यों है?
(a) आदतों का प्रभाव जीवन पर नहीं पड़ता
(b) आदतों के कारण सारे कार्य शीघ्र होते हैं
(c) आदतें व्यक्तित्त्व का अभिन्न हिस्सा होती हैं
(d) आदतों को कभी बदला नहीं जाता

702. कवि के दोस्त कहाँ रहते हैं?
(a) पता नहीं (b) जम्मू में
(c) अनंतनाग में (d) मैदान में

703. बुरी तरह भीगा हुआ से तात्पर्य है
(a) चिट्ठी बारिश में भीग गई थी
(b) चिट्ठी में विस्थापन का दर्द लिखा था
(c) चिट्ठी ओस में गीली हो गई थी
(d) चिट्ठी पानी में भीग गई थी

704. कविता में किसका स्वर प्रमुखता से सुना जा सकता है?
(a) किसी दूसरे के घर में होने की पीड़ा का
(b) घर के अस्त-व्यस्त होने की पीड़ा का
(c) घर वापसी न होने की पीड़ा का
(d) बार-बार स्थानांतरण होने की पीड़ा का

705. 'कुछ-कुछ' शब्द युग्म है
(a) निरर्थक शब्द युग्म (b) पुनरूक्त शब्द युग्म
(c) सार्थक शब्द युग्म (d) साधारण शब्द युग्म
उदाहरण-धीरे-धीरे, आना-जाना, रुक-रुक आदि।

706. बहुभाषिकता हमारे मस्तिष्क को सकारात्मक रूप से प्रभावित करती है और हमारे संज्ञानात्मक कौशलों को समृद्ध करती है। द्विभाषावाद का यह परिप्रेक्ष्य बीसवीं शताब्दी के अधिकांश समय के दौरान द्विभाषा के प्रति विकसित दृष्टिकोणों से सर्वथा भिन्न है। शुरुआती दौर में दूसरी भाषा को किस रूप में जाना जाता था?
(a) एक प्रेरणात्मक घटक के रूप में
(b) हस्तक्षेप, बाधा के रूप में
(c) एक खुशनुमा संयोग के रूप में
(d) जीवन में असफलता के एक कारक के रूप में

707. 'ट्रान्सलेंग्युजिंग' से क्या तात्पर्य है?
(a) पारंपरिक रूप से परिभाषित भाषा की सीमाओं को पुनर्बलन करना
(b) पारंपरिक, सांस्कृतिक रूप से परिभाषित भाषा की सीमाओं को चुनौती देना।
(c) विभिन्न भाषाओं को एक पृथक व्यवस्था के रूप में देखना
(d) द्विभाषावाद के लिए नई शब्दावली है

708. भाषा शिक्षा में रचनात्मकता से क्या तात्पर्य है?
(a) ऐसी कक्षायी गतिविधि जो नवाचारी है और जिसमें बहुत कुछ करने की संभावना है।
(b) कुछ नया करने के लिए असम्बद्ध घटकों को एक साथ लाना।
(c) शिक्षण की नवीन विधियों का प्रयोग करने वाली कक्षायी गतिविधि
(d) कक्षा में ऐसी सामग्री जिसके माध्यम से संप्रेषणात्मक भाषा शिक्षण का प्रयोग संभव है।

709. मेरी कक्षा में सदफ नामक विद्यार्थी है।

उसने कही से 'अच्छा' और 'हुम्म' जैसे शब्द सुनें और उनके बारे में जानना चाहती है। पाठ्यक्रम की पुस्तक में इसके बारे में कोई व्याख्या नहीं है। मुझे क्या करना चाहिए?
(a) ऐसी मित्र को बुलाना चाहिए जो अच्छी तरह से हिंदी बोल लेती हो।
(b) बोली जाने वाली भाषा के प्रमाणिक प्रयोग के उदाहरण ढूँढ़ना चाहिए।
(c) व्याकरण की पुस्तकों में इस तरह के प्रयोगों को ढूँढ़ना चाहिए।
(d) शब्दकोश देखना चाहिए।

710. निम्नलिखित में से कौन-सा व्याकरण के पाठ का चरण नहीं है?
(a) विद्यार्थी उस पठन सामग्री को पढ़ते (या सुनते) हैं जिसमें लक्ष्य शब्द या उसकी आकृति है।
(b) विद्यार्थी पठन सामग्री में लक्ष्य शब्दधवाक्यांश चिह्नित करते हैं।

मंदिरा पहली कक्षा में पढ़ती है और वह 'मुझे आम बहुत अच्छा लगता है।', 'मैं थक गई।' आदि वाक्यों का प्रयोग करती है। मंदिरा

लिंग, वचन, क्रिया आदि की दृष्टि से सर्वनाम का प्रयोग करना जानती है।

CTET - Ist Paper (I-V) Jan. 2012

(c) अध्यापक व्याकरण के बिन्दुओं के अभ्यास के लिए नियन्त्रित और स्वच्छन्द परिवेश देती है।
(d) भाषा एक पठन सामग्री के माध्यम से प्रस्तुत की जाती है जिसका विद्यार्थी अभ्यास (ड्रिल) कर सकें।

711. निम्नलिखित में से कौन-सी भाषा शिक्षा की अवधारणा नहीं है?
(a) मुद्रित समृद्ध परिवेश (b) ध्वनिक
(c) ध्वनि विज्ञान (d) डिस्लेक्सिया

712. नॉम चॉमस्की के इस वाक्य पर ध्यान दीजिए 'रंगरहित हरे विचार शान्तिपूर्वक सोते हैं। यह किस तरह के वाक्य का उदाहरण है?
(a) व्याकरणिक दृष्टि से सही है, पर पसंद-नापसंद व्यक्त करता है।
(b) व्याकरणिक दृष्टि से सही बनावट है, पर अर्थ की दृष्टि से सही नहीं है।
(c) शब्द के प्रयोग की दृष्टि से सही है पर ध्वन्यात्मक रूप से गलत है।
(d) व्याकरणमूलक है पर तार्किकता की दृष्टि से सही नहीं है।

713. 'परिणामतः', 'इसलिए', 'इससे आगे' 'हॉलाकि किसके उदाहरण हैं?
(a) योजक उपकरण (b) सम्बद्धता
(c) शब्द संपदा (d) व्याकरण के क्षेत्र

714. कक्षा में अध्यापक की भाषा के सही उदाहरण की पहचान करिए।
(a) तब बहुत से मिलकर बातचीत कर रहे थे, खुशनुमा कक्षा
(b) समूह एक के द्वारा समर्थित विचार दिमाग उड़ा देने वाला है।
(c) बोलना बंद करो नही तो बाद में तुम पछताओगे तुम्होरे लिए बोलना अच्छा नहीं है।
(d) कृपया समूहों में बैठिए और यह जो चित्र आपको दिया गया है इस पर एक अनुच्छेद लिखिए।

715. 'वॉशबैक' शब्द संबंधित है कि किस प्रकार से कोई जाँच परीक्षण __________
(a) कक्षा की शिक्षण सामग्री को प्रभावित करता है।
(b) शिक्षार्थियों की परीक्षाओं की तैयारी को प्रभावित करता
(c) शिक्षार्थी के समूचे जीवन पर प्रभाव डालता है।
(d) भाषा विकास पर प्रभाव डालता है।

716. विविध संदर्भो में स्वाभाविक विमर्श में शामिल किया हुआ संग्रह क्या है?
(a) पाठ्य पुस्तकों का संग्रह
(b) पाठ्य सामग्रियों का बड़ा सा संग्रह और आँकड़ों का आधार
(c) लेखों का विशाल संग्रह
(d) व्याकरणिक वाक्यों का संग्रह

717. स्टीफन क्रैशन के अनुसार यदि एक शिक्षार्थी की अवस्था में है तब '1+1' स्तर के किस प्रकार के निवेश से अर्जन संभव है?
(a) पर्याप्त निवेश (b) अबोधगाम्य निवेश
(c) बोधगाम्य निवेश (d) निवेश पर्याप्त नहीं हैं

718. भाषा अर्जन के बारे में क्या सही है?
(a) सचेत और सुविचारित है।
(b) स्वाभाविक और सुविचारित है।
(c) स्वाभाविक और अवचेतन में है।
(d) भाषा प्रक्रिया है।

719. भारत में अंग्रेजी के भाषा के संदर्भ में क्या सही है?
(a) यह भारत के संविधान की आठवीं अनुसूची की भाषाओं में से एक है।
(b) यह भातर संघ की सह कार्यलयी भाषा है।
(c) यह भारत संघ की कार्यलयी भाषा है।
(d) यह संविधान द्वारा मान्यता प्राप्त भाषाओं में से एक भाषा है।

720. माध्यमिक स्तर पर भाषा अधिगम में 'बोधगम्य निवेश' क्या है?
(a) शिक्षार्थी के स्तर से थोड़ा सा ऊँचे स्तर की प्रामाणिक पाठ्य सामग्री
(b) विजय तेंदुलकर के किसी नाटक का सार संक्षेप

मानव मस्तिष्क में सार्वभौमिक व्याकरण नियमों के एक समूह के रूप में होती है। यह विचार किसने प्रतिपादित किया है?
-नोआम चॉम्स्की
CTET 31 December, 2021

(c) शिक्षार्थी के स्तर से थोड़ा सा नीचे के स्तर की प्रामणिक पाठ्य सामग्री

(d) शिक्षार्थियों के व्याकरणिक ज्ञान की अपनी समझ के आधार पर अध्यापक द्वारा विकसित कहानी

निर्देश: निम्नलिखित गद्यांश को पढ़कर नीचे दिए गए प्रश्नों के लिए सबसे उचित विकल्प का चयन करें।

हमारी हीनता और श्रेष्ठता का सम्बन्ध देश की हीनता और श्रेष्ठता से जुड़ा हुआ है। जब हम कोई हीन या बुरा काम करते हैं तो हमारे माथे पर ही कलंक का टीका नहीं लगता, बल्कि देश का भी सिर नीचा होता है और उसकी प्रतिष्ठा गिरती है। जब हम कोई श्रेष्ठ कार्य करते हैं तो उससे हमारा ही सिर नहीं ऊँचा होता, बल्कि देश का भी सिर ऊँचा होता है और उसका गौरव बढ़ता है। इसलिए हमें कोई ऐसा कार्य नहीं करना चाहिए जिससे देश की प्रतिष्ठा पर आँच आए।

क्या आप चलती रेलों में, क्लबों में, चौपालों पर और मोटरबसों में कभी ऐसी चर्चा करते हैं कि हमारे देश में यह नहीं हो रहा, वह नहीं हो रहा है और यह गड़बड़ है, यह परेशानी है? साथ ही, क्या आप अपने देश की तुलना किसी और देश से करते हैं कि कौन-सा देश श्रेष्ठ और कौन-सा देश हीन है? यदि हाँ, तब आप को चिंता होगी कि देश की प्रतिष्ठा को बनाए रखने के लिए हमें क्या करना चाहिए।

क्या आप कभी केला खाकर छिलका रास्ते में फेंकते हैं? अपने घर का कूड़ा बाहर फेंकते हैं? अपशब्दों का प्रयोग करते हैं? इधर की उधर, उधर की इधर लगाते हैं? अपने घर, दफ़्तर, गली को गन्दा रखते हैं? होटलों, धर्मशालाओं में या दूसरे ऐसे ही स्थानों में, जीनों में, कोनों में पीक थूकते हैं? उत्सवों, मेलों, रेलों, और खेलों में ठेलम-ठेल करते हैं, निमंत्रित होने पर विलम्ब से पहुँचते हैं या वचन देकर भी घर आने वालों को समय पर नहीं मिलते और इसी तरह शिष्ट व्यवहार के विपरीत आचरण करते हैं।

यदि आपका उत्तर 'हाँ' है, तो आप के द्वारा देश के सम्मान को भयंकर आघात लग रहा है और राष्ट्रीय संस्कृति को गहरी चोट पहुँच रही है।

यदि आपका उत्तर 'नहीं', तो आपके द्वारा देश का सम्मान बढ़ेगा और संस्कृति भी सुरक्षित रहेगी।

721. हमारी हीनता और श्रेष्ठता का सम्बन्ध किससे जुड़ा है?

(a) देश की हीनता और श्रेष्ठता

(b) कोई हीन या बुरा काम

(c) शिष्ट व्यवहार के विपरीत आचरण

(d) देश की प्रतिष्ठा

722. 'देश का सम्मान' बढ़ने से क्या आशय है?

(a) शिष्ट व्यवहार

(b) संस्कृति की सुरक्षा

(c) ईमानदारी

(d) अच्छे दिन की शुरुआत

723. शिष्ट व्यवहार का उदाहरण है

(a) वचनं न निभाना

(b) अपशब्दों का प्रयोग करना

(c) कूड़ा बाहर फेंकना

(d) समय का पाबंद होना।

724. गद्यांश के अनुसार असल गड़बड़ है

(a) कमियों को उजागर करना

(b) शिष्ट आचरण करना

(c) दूसरे देशों की जानकारी रखना

(d) केवल निंदा करना, सही व्यवहार न करना

725. लेखक की दृष्टि में सर्वाधिक महत्त्वूर्ण है

(a) देश की श्रेष्ठता एवं प्रतिष्ठा

(b) अपने देश की दूसरे देश से तुलना करना

(c) शिष्ट व्यवहार की अनदेखी करना,

(d) राष्ट्रीय संस्कृति की उपेक्षा करना

726. 'श्रेष्ठता' से तात्पर्य है-

(a) शुद्धता (b) उत्कृष्टता

(c) स्वीकृति (d) सम्मान

727. 'इधर की उधर लगाने' का अर्थ है-

(a) बातें बताना (b) हेराफेरी करना

(c) चुगली करना (d) आदान-प्रदान करना

728. प्रत्यय की दृष्टि से भिन्न शब्द की पहचान अंकित कीजिए।

(a) मधुरता (b) प्रभुता

(c) हीनता (d) राष्ट्रीय

बच्चों की मौखिक भाषा को विकसित करने में सहायता करने के लिए उनसे बातचीत करना ____ का एक महत्त्वपूर्ण घटक है।

-प्रारंभिक साक्षरता

CTET 31 December, 2021

729. 'संस्कृति' का संधि-विच्छेद क्या है?

(a) सस् + कृति (b) सम् + कृति
(c) सं + स्कृति (d) सं + कृति

निर्देश: निम्नलिखित पद्यांश को पढ़कर पूछे गए प्रश्न के लिए सबसे उपर्युक्त विकल्प का चयन कीजिए।

विघ्नों को गले लगाते हैं।
काँटों में राह बनाते हैं।।
है कौन विघ्न ऐसा जग में
टिक सके आदमी के मग में,
खम ठोंक ठेलता है जब नर
पर्वत के जाते पाँव उखड़,
मानव जब जोर लगाता है।
पत्थर पानी बन जाता है।।
गुण बड़े एक से एक प्रखर
हैं छिपे मानवों के भीतर,
मेहंदी में जैसे लाली हो
वर्तिका बीच उजियाली हो,
बत्ती जो नहीं जलाता है।
रोशनी नहीं वह पाता है।।

730. पद्यांश के अनुसार 'पत्थर पानी' बन सकता है।

(a) प्रेम द्वारा (b) धर्म द्वारा
(c) परिश्रम द्वारा (d) नीति द्वारा

731. कवि के अनुसार मनुष्यों में गुण किस प्रकार छिपे रहते हैं।

(a) मेहंदी में जैसे लाली हो
(b) पूरब में जैसे सूरज हो
(c) प्रकृति में हरियाली हो
(d) सागर में पत्थर हो

732. 'विघ्नों को गले लगाते है, कांटों में राह बनाते है।' पंक्ति का भाव है-

(a) विपत्ति में सहनशक्ति नहीं रखते हैं।
(b) बाधाओं का धैर्य एवं परिश्रम से सामना करते हुए विजयी होना है।
(c) विपत्ति में पीठ दिखाकर भाग जाना है।
(d) राह में थककर सो जाते हैं।

733. 'वर्तिका' का अर्थ है-

(a) शूरवीर (b) बहादुर
(c) दीपक की बाती (d) सूरमा

734. 'रोशनी' की विलोम शब्द है-

(a) अँधेरा (b) चमकीला
(c) प्रकाश (d) रश्मि

735. 'पाँव उखड़ना' मुहावरे का सही अर्थ है-

(a) पैरों पर खड़ा होना (b) पैरों से ताकत लगाना
(c) ठनक जाना (d) हिम्मत हारना

736. निम्नलिखित में से कौन-सा लेखन कौशल का उच्चतम स्तर है?

(a) सही वर्तनी
(b) संयुक्ताक्षर लिखना
(c) लेख लिखना
(d) वाक्यों में कठिन शब्दों का प्रयोग करना

737. आप भाषा शिक्षक के रूप में पाठ्य सामग्री के किस स्वरूप को अपनाना चाहेंगे?

(a) मूर्त विवरणात्मक और विश्लेषणात्मक
(b) अमूर्त विवरणात्मक और विश्लेषणात्मक
(c) मूर्त विवरणात्मक और अवधारणात्मक
(d) अमूर्त अवधारणात्मक और अवधारणात्मक

738. पियाजे के अनुसार भाषाअर्जन की प्रक्रिया है-

(a) साहचर्यजन्य (b) सुमेलन
(c) युक्तिजन्य (d) सामाजिक

739. एक विद्यार्थी जिसके घर की भाषा और विद्यालय की भाषा अलग-अलग है, आप एक संसाधन के रूप में उसकी कैसे मदद कर सकते हैं?

(a) उसे कक्षा में अधिक समय और ध्यान देकर।
(b) कक्षा में बहुभाषिकता को संसाधन के रूप में उपयोग करके।
(c) उसको गृहकार्य से संबंधित कार्यों में लचीलापन देकर।
(d) कक्षा में उसकी मातृभाषा में शिक्षण करके।

740. ट्रांस-लेंगुएजिंग (एक भाषा से दूसरी भाषा में जाना) के सम्बन्ध में इन कथनों (अ) और (ब) पर विचार करें।

लेखन _____ है।

-उत्पादक कौशल

CTET 31 December, 2021

(A) ट्रांस-लेंगुएजिंग बहुभाषावाद का एक लचीला स्वरूप है।

(B) ट्रांस-लेंगुएजिंग सम्प्रेषण क्षमता के संवर्द्धन के लिए जानी गई भाषाओं के बीच एक भाषा से दूसरी में व्यवहार करना है।

(a) (A) सही है, (B) गलत है।
(b) (A) गलत है, (B) सही है।
(c) (A) और (B) दोनों सही हैं।
(d) (A) और (B) दोनों गलत हैं।

741. समग्र भाषा उपागम में भाषा अधिगम के लिए एक उपकरण के रूप में क्या प्रयोग किया जाता है?
(a) क्रिया (b) साहित्य
(c) बाल-कविताएँ (d) खिलौने

742. कुल भौतिक प्रतिक्रिया में किसकी केन्द्रीय भूमिका होती है?
(a) शिक्षक की (b) अभिभावक की
(c) परिवार की (d) विद्यार्थी की

743. राष्ट्रीय पाठ्यचर्या रूपरेखा 2005 के आधार पर 'पठन कौशल' से क्या तात्पर्य है?
(a) शुद्ध उच्चारण करना।
(b) अक्षरों को पढ़ना।
(c) समझ के साथ पढ़ना।
(d) कठिन वाक्यों को पढ़ना।

744. भाषा की पाठ्यपुस्तक का शैक्षिक पक्ष क्या है?
(a) पुस्तक की वर्तनी
(b) पुस्तक में चित्रें का स्थान
(c) विषयवस्तु का चयन
(d) वर्तनी एवं चित्र सज्जा के साथ उत्तम विषयवस्तु

745. विद्यार्थियों को दी जा रही गतिविधियों पर विचार करें। निम्नलिखित में से कौन-सी गतिविधि संप्रेषण कौशल विकसित करने के लिए आप अपनाना चाहेंगे।

(I) वह एक अभिनेता ______ हैं/हैं।

(II) सप्ताहांत पर, मैं सुबह ______ जा रहा हूँ, फिर मैं शाम 5 बजे तक ______ वापस आऊंगा ______।

(III) अपने मित्र से पूछे कि वह सप्ताहांत में कहाँ जाना पसंद करता है और क्यों?

(IV) अपने सहपाठी से उन दो बिन्दुओं के बारे में पूछे जिनका ध्यान वे समूह चर्चा के समय रखती/रखते हैं।

(a) (I), (II), (III) (b) (II), (III)
(c) (I), (II) (d) (III), (IV)

746. स्टीफेन क्रेशन के अनुसार, कौन-सी अचेतन प्रक्रिया है?
(a) सीखना (b) अर्जन
(c) चेतन (d) संप्रेषण

747. वाइगोत्सकी के अनसुार जो बच्चे ______ का व्यापक उपयोग करते हैं, वे अन्य बच्चों की तुलना में जटिल कार्यों को अधिक प्रभावी ढंग से सीखते हैं।
(a) आंतरिक भाषण (b) व्यक्तिगत भाषण
(c) निजी भाषण (d) मौन भाषण

748. पियाजे के अनुसार भाषा का विकास ______ से ______ तक होता है।
(a) निजी से व्यक्तिगत
(b) निजी से समाजीकृत
(c) आत्मकेंद्रित से सामाजिक
(d) सामाजिक से आत्मकेंद्रित

749. कक्षा में चर्चा के दौरान, कक्षा V की एक विद्यार्थी 'भ्रष्टाचार के कारणों' पर अपना दृष्टिकोण प्रस्तुत करती है। इस दौरान न तो वह दूसरों के विचारों से सहमति प्रकट कर रही है और न ही वह दूसरे के नजरिए से विषय-वस्तु को देखने की कोशिश कर रही है। पियाजे के अनुसार वह किस प्रकार के भाषण में शामिल है?
(a) आत्मकेंद्रित भाषण (b) सामाजिक भाषण
(c) व्यक्तिगत भाषण (d) निजी भाषण

750. जीन पियाजे के सिद्धांत के अनुसार, विद्यार्थियों को व्याकरणिक संरचनाओं को समझाने के लिए, भाषा शिक्षक को क्या करना चाहिए?
(a) समृद्ध लिखित सामग्री प्रदान करें और विद्यार्थियों को विभिन्न संरचनाओं की खोज करने दें।

किस के द्वारा प्रस्तावित किया गया कि बच्चे भाषा सीखने के लिए अनुकूलन तथा समायोजन का प्रयोग करते हैं?
-जीन पियाजे
CTET 31 December, 2021

(b) विद्यार्थियों को अधिक से अधिक व्याकरणिक अभ्यास करने के लिए दें।

(c) विद्यार्थियों को पुस्तक से संरचनाओं को याद करने के लिए कहें।

(d) विद्यार्थियों को विभिन्न संरचनाओं पर कोई एक प्रदत्त कार्य दें।

निर्देश: दिए गए गद्यांश को ध्यानपूर्वक पढ़िए तथा पूछे गए प्रश्नों के उत्तर के लिए सही विकल्प का चयन कीजिए।

कर्मों से बहुत कुछ बदला जा सकता है। दुनिया कर्म प्रधान है, कर्म से किस्मत को भी बदला जा सकता है। जरूरत है इसकी शक्ति को पहचानने और इसे पूर्ण निष्ठा और लगन से करने की। सत्य से प्रेरित कार्य व्यक्ति को महान बनाते हैं। ऐसा व्यक्ति सरल, सबल, सशक्त, प्रेमी, दानी, ज्ञानी और कल्याणकारी होता है। कृत्य के बारे में कहावत है कि जैसे बोओगे, वैसा काटोगे। कहते भी हैं कि बोया पेड़ बबूल का तो आम कहाँ से होए। गीता में भी कहा गया है कि इंसान को केवल कर्म का ही अधिकार है, उसके फल के बारे में चिंता करने का नहीं। गीता के अनुसार अपनी किस्मत को बदलने के लिए कर्मठता ही पहला और सबसे बड़ा रास्ता है। किसी दूसरे के साथ पूर्ण रूप से जीने से बेहतर है कि हम अपने कर्म के अनुसार अपूर्ण जिएं। दूसरों के जीवन की उन्नति और सफलता से ईर्ष्या न कर अपने जीवन से नकारात्मक विचारों को दूर कर अपनी आत्मा को उज्ज्वल बनाना चाहिए।

751. गद्यांश में दुनिया के किस रूप का चित्रण हुआ है?

(a) धर्म प्रधान (b) कर्म प्रधान
(c) जाति प्रधान (d) राजनीति प्रधान

752. 'कर्मठता' शब्द है________

(a) विशेषण (b) विशेष्य
(c) संज्ञा (d) क्रिया

753. 'कर्म से किस्मत को भी बदला जा सकता है' में रेखांकित शब्द के स्थान पर कौन-सा विकल्प उपयुक्त होगा?

(a) भाग्यवान (b) भाग्य
(c) भाग्यहीन (d) भाग्यशाली

754. यहाँ 'जैसे बोओगे, वैसा काटोगे' से क्या तात्पर्य है?

(a) जैसे बीज बोते हैं वैसी ही फसल होती है।
(b) जैसे बीज होंगे, वैसे ही फल होंगे।
(c) जैसे कर्म होंगे, वैसा ही परिणाम मिलेगा।
(d) जैसे कर्म होंगे, वैसा परिणाम नहीं मिलेगा।

755. 'उन्नति' का विलोम शब्द ________ है।

(a) अवनति (b) पतन
(c) अधोगति (d) संगति

756. गद्यांश के अनुसार अपने अंतर्मन को किस प्रकार प्रकाशित किया जा सकता है?

(a) अपने कर्मों की चिंता करके।
(b) कर्म की शक्ति को पहचान कर
(c) सभी के प्रति सकारात्मक भाव रखकर।
(d) सभी के साथ प्रतिस्पर्धा करके।

757. व्यक्ति को महान बनाने में किसकी भूमिका महत्त्वपूर्ण है?

(a) उसके भाग्य की। (b) उसके कार्यों की।
(c) उसके नाम की। (d) उसके बल की।

758. गद्यांश के अनुसार भाग्य-परिवर्तन के लिए अनिवार्य है

(a) कर्म के प्रति निष्ठा।
(b) सफलता के बारे में सोचना।
(c) भाग्य के अनुसार जीना।
(d) धार्मिक ग्रन्थ का पाठ करना।

759. किसी दूसरे के जीवन के साथ जीने से तात्पर्य है?

(a) सुख-दुख में साथ रहना।
(b) किसी को अकेला न छोड़ना।
(c) दूसरे पर निर्भर होकर जीना।
(d) पूर्ण रूप से बेहतर जीवन जीना।

निर्देश: दिए गए पद्यांश को ध्यानपूर्वक पढ़िए तथा पूछे गए प्रश्नों के उत्तर के लिए सही विकल्प का चयन कीजिए।

यह धरती है उस किसान की,
जो मिट्टी का पूर्ण पारखी,
जो मिट्टी के संग साथ ही,
तप कर,
गल कर,

एक पठन सामग्री को बारीकी से पढ़ने का क्या अर्थ है?

- विशिष्ट सूचना ढूँढ़ना।

CTET 30 December, 2021

मर कर,
खपा रहा है जीवन अपना,
देख रहा है मिट्टी में सोने का सपना,
मिट्टी की महिमा गाता है,
मिट्टी के ही अंतस्तल में,
अपने तन की खाद मिला कर,
मिट्टी को जीवित रखता है,
खुद जीता है।
यह धरती है उस की किसान की!

760. कवि ने धरती को किसान की धरती क्यों कहा है?
(a) किसान धरती के लिए लड़ता है।
(b) किसान धरती पर अथक परिश्रम करता है।
(c) किसान को मिट्टी की परख होती है।
(d) किसान धरती पर हल चलाता है।

761. 'अपने तन की खाद मिलाकरए मिट्टी को जीवित रखता है।' पंक्ति में रेखांकित अंश से आशय है।
(a) अपने हाथों से सिंचाई करना।
(b) रासायनिक खाद का प्रयोग करना।
(c) अत्यधिक परिश्रम करना।
(d) रासायनिक बीज बोना।

762. किसान अपना जीवन किसमें लगा रहा है?
(a) प्रकृति का आनंद लेने में।
(b) मिट्टी के साथ खेलने में।
(c) मिट्टी की पहचान करने में।
(d) अन्न-साग-सब्जी उगाने में।

763. किसान का जीवन किस पर आधारित है?
(a) कृषि कार्य पर।
(b) मिट्टी की महिमा गाने पर।
(c) स्वप्न देखने पर।
(d) खाद-बीज के संग्रहण पर।

764. निम्न में से कौन-सा लयात्मक शब्दों का उदाहरण है
(a) अपना-सपना (b) तप-गल
(c) गल-मर (d) गाता-जीता

765. कौन-सा शब्द भिन्न है?
(a) तपना (b) गलना
(c) सपना (d) रखना

766. मातृभाषा आधारित बहुभाषावाद क्या है?
(a) किसी की विद्यालयी शिक्षा मातृभाषा में आरंभ करना और बाद में अनेक भाषाओं को जोड़ते जाना।
(b) किसी की विद्यालयी शिक्षा मातृभाषा में आरंभ करना और बाद में अंग्रेजी को माध्यम के रूप में लेना।
(c) माध्यम के रूप में मातृभाषा में सीखना और अंग्रेजी को एक भाषा के रूप में सीखना।
(d) विद्यालयी शिक्षा के प्राथमिक वर्षों के दौरान जहाँ तक संभव हो सके अधिक से अधिक भाषाएँ सीखना।

767. कक्षा पाँच की एक अध्यापक पाँच या छह शब्दों वाले पाँच वाक्यों का श्रुतलेख करवाती है। वह दो बार वाक्य पढ़ती है और शिक्षार्थियों को ध्यानपूर्वक सुनने के लिए कहती है और बोले गए वाक्यों को लिखने के लिए कहती है। यहाँ पर अध्यापक श्रवण के किस उपागम का प्रयोग करना चाहती है?
(a) शीर्ष पाद उपागम (टॉप डाउन)
(b) संप्रेषणात्मक उपागम
(c) ऊर्ध्वगामी उपागम (बॉटम अप)
(d) श्रुतलेख उपागम

768. एक अध्यापक अपनी कक्षा में विभिन्न समूहों को दस शब्दों का एक समूह देती है। वह ऐसे शब्द ढूँढ़ने के लिए कहती है, जो शब्द से समानता रखते हों और नया शब्द बनाने के लिए उनके आगे उपसर्ग या पीछे प्रत्यय जोड़ा जा सके। इसे क्या कहा जाता है?
(a) शब्द जाल
(b) थीम विषयक शब्द संपदा
(c) विन्यास
(d) शब्द समूह

769. 'बोली' से क्या तात्पर्य है?
(a) किसी एक क्षेत्र या सामाजिक समूह की वाचन विशेषता।
(b) किसी एक क्षेत्र विशेष के लोगों द्वारा लेखन के लिए इस्तेमाल की जा रही भाषा।

कैशन के अनुसार ______ व्याकरण करता है कि भाषा अधिगमकर्ता अपने भाषा प्रयोग की शुद्धता का मूल्यांकन कैसे करते हैं।
-मॉनीटर परिकल्पना
CTET 29 December, 2021

(c) किसी कार्य विशेष से संबंध रखने वाले लोगों की वाचन विशेषता।
(d) सत्ताधारी लोगों द्वारा इस्तेमाल की जा रही भाषा।

770. एक अध्यापक कक्षा में समूह कार्यए जोड़ों में कार्य और रोल प्ले करवाती है और आकलन के लिए शिक्षार्थियों का अवलोकन करती है। आकलन संबंधी इन गतिविधियों को क्या कहा जाता है?
(a) वाचन आकलन
(b) कक्षाकक्ष आकलन
(c) संरचनात्मक आकलन
(d) संकल्पनात्मक आकलन

771. एक अध्यापक कक्षा में वस्तुओं के ऊपर वस्तु का नाम शिक्षार्थी की भाषाओंए अंग्रेजी तथा शिक्षार्थियों द्वारा जानी गई अन्य भाषाओं में लिखती है। यहाँ पर अध्यापक क्या करने का प्रयास कर रही है?
(a) शिक्षार्थियों को वर्णमाला के अक्षरों से परिचित करवा रही है।
(b) शिक्षार्थियों में भाषा संबंधी जागरूकता पैदा कर रही है।
(c) शिक्षार्थियों में लिपि संबंधी जागरूकता की समझ विकसित कर रही है।
(d) कक्षा में भाषा समृद्ध परिवेश सृजित कर रही है।

772. 'भाषान्तरण' (ट्रान्सलैंग्वेजिंग) से क्या तात्पर्य है?
(a) भाषा की कक्षा में अनेक भाषाओं का शिक्षण।
(b) किसी विषय वस्तु के शिक्षण-अधिगम के लिए एक भाषा के बाद दूसरी भाषा का प्रयोग करना।
(c) कक्षा में शिक्षा-अधिगम और बोलने के लिए अनेक भाषाओं का इस्तेमाल करना।
(d) सभी विषय वस्तुओं और साथ ही साथ भाषाओं को एक ही भाषा में पढ़ाना।

773. किसी पाठ्य सामग्री की 'प्रमाणिकता' से क्या तात्पर्य है।
(a) शिक्षार्थियों के स्तर को ध्यान में रखते हुए पाठ्य पुस्तक के लेखकों द्वारा विकसित सामग्री।
(b) मूलतः किसी एक संदर्भ विशेष से उपजी सामग्री - जिसमें भाषा सहज रूप से प्रयुक्त हो।
(c) भाषा में अधिकार रखने वालों द्वारा विकसित पाठ्य सामग्री।
(d) पाठ्य पुस्तक के लेखकों द्वारा दूसरी भाषाओं से अनुवाद।

774. निम्नलिखित में से कौन-सा उपागम शिक्षार्थियों को अच्छा लेख लिखने के भिन्न चरणों को समझने का अवसर देगा?
(a) वर्णनात्मक लेखन
(b) लेखन का प्रक्रिया उपागम
(c) लेखन का उत्पाद उपागम
(d) संस्थानात्मक लेखन

775. व्याकरण सीखने से क्या आशय है?
(a) व्याकरण के नियम सीखना।
(b) सर्वप्रथम नियम सीखना और बाद में उसका प्रयोग कर सकना।
(c) अर्थ से संदर्भ में प्रयोग करना सीखना।
(d) किसी भी भाषा के लिखित और बोले जाने वाले स्वरूप में गलतियाँ निकालना।

776. 'त्रुटियों' से क्या अभिप्राय है?
(a) त्रुटियाँ सीखने का संकेतक हैं।
(b) त्रुटियाँ भाषा अधिगम को बाधित करती हैं।
(c) त्रुटियों में उसी समय संशोधन कर देना चाहिए।
(d) त्रुटियों की पहचान कर उनको करने से बचना चाहिए।

777. जिन शब्दों को हम सुनते और पढ़ते हैं और फिर उनकी पहचान करते हैं, उन्हें क्या कहते हैं?
(a) उत्पाद शब्द संपदा (b) संदर्भ में शब्द
(c) आन्तरिक शब्द संपदा (d) ग्राह्य शब्द संपदा

778. निम्नलिखित में से कौन-सा पठन शिक्षण का उद्देश्य नहीं है?
(a) पाठ्य सामग्री के मुख्य बिंदु को पाठक के पूर्व ज्ञान से जोड़ना।
(b) शब्दोंए वाक्यांशों, भाषाओं के नमूनों से अर्थ ग्रहण करना।
(c) पाठ्य सामग्री को पढ़ते समय अर्थ ग्रहण करना।
(d) पाठ्य सामग्री, शब्द और वाक्यांशों को डिकोड करना।

कौनसी पद्धति शिक्षार्थी को उनके वाचन कौशल के विकास में सहायता करती है?

-संप्रेषणात्मक उपागम

CTET 29 December, 2021

779. जब शिक्षार्थी पहली बार विद्यालय आते हैं, उन्हें अपनी मातृभाषा की भरपूर समझ होती है। अध्यापक अंग्रेजी या किसी अन्य भाषा की कक्षा में शिक्षार्थियों की मातृभाषा का इस्तेमाल कैसे कर सकती है?

(a) अध्यापक कक्षा की सामान्य भाषा से पढ़ाना आरंभ करें फिर शिक्षार्थी को अपनी भाषा का इस्तेमाल करने दें।
(b) अध्यापक को सिर्फ अंग्रेजी या दूसरी भाषा का इस्तेमाल करना चाहिए और शिक्षार्थियों को अपनी मातृभाषा के इस्तेमाल की अनुमति नहीं देनी चाहिए।
(c) अध्यापक बच्चों को उनकी इच्छानुसार भाषा का इस्तेमाल करने की अनुमति दे और वह स्वयं भी सामान्य भाषा बोल सकती है।
(d) अध्यापक को वही भाषा बोलनी चाहिए जिसे अपने शिक्षार्थियों को पढ़ाना हैए शिक्षार्थी अन्ततः लक्ष्य भाषा सीख लेंगे।

780. राष्ट्रीय शिक्षा नीति 2020 शास्त्रीय भाषाओं के अध्ययन की अनुशंसा किस रूप में करती हैं?

(a) विद्यालयी शिक्षा के मिडिल और माध्यमिक चरण के दौरान अतिरिक्त विकल्प के रूप में।
(b) त्रिभाषा सूत्र के अंतर्गत एक विकल्प के रूप में।
(c) विद्यालयी शिक्षा के बुनियादी-चरण के दौरान अतिरिक्त विकल्प के रूप में।
(d) विद्यालयी शिक्षा के माध्यमिक चरण के दौरान एक अतिरिक्त विकल्प औरएक ऐच्छिक भाषा के रूप में।

निर्देश: निम्नलिखित गद्यांश को पढ़िए तथा पूछे गए प्रश्नों के लिए उचित उत्तर का चयन कीजिए:

देश के विकास और समृद्धि के लिए सबसे महत्त्वपूर्ण चीज हैशिक्षा। आज हमारा देश परिवर्तन के जबरदस्त दौर से गुजर रहा है। देश में लाखों लोग ऐसे हैं जिन्होंने साक्षरता तो पा ली है लेकिन उभर रहे आधुनिक विश्व और भारत में नए जमाने के अनुरूप रोजगार की योग्यताएँ अभी उन्हें पानी हैं। हमें कमजोर तबके के लोगों पर अधिक ध्यान देना चाहिए क्योंकि वे ही ऐसे लोग हैं जो शिक्षा की पायदानें औरों की भाँति नहीं चढ़ पाते हैं। आज जरूरत इस बात की है कि लोगों को यह स्वतंत्रता हो कि वे अपने बच्चों को किसी भी नजदीकी स्कूल में ले जाकर भर्ती करा सकें और इस विश्वास के साथ घर लौट सकें कि उनके बच्चों को उस स्कूल में बेहतर और मूल्य आधारित शिक्षा मिलेगी। भिन्न-भिन्न बालकों की भिन्न-भिन्न जरूरतें होती हैं। स्कूलों में सभी को उनकी जरूरत के अनुरूप ध्यान दिया जाए ऐसी व्यवस्था स्कूलों में होनी चाहिए। हमें शिक्षा के प्रति अपने ऐतिहासिक दृष्टिकोण में भी बदलाव लाना होगा। हमें एक ऐसी शिक्षा पद्धति चाहिए जो प्रभावी होने के साथ-साथ खुद को नवीनीगत करने की क्षमता रखती हो।

781. लोगों को किस बात की स्वतंत्रता होनी चाहिए?

(a) अपने बच्चों को सरकारी विद्यालय में पढ़ाने की
(b) अपने बच्चों को पड़ोस के विद्यालय में पढ़ाने की
(c) अपने बच्चों को दूर के प्राइवेट विद्यालय में पढ़ाने की
(d) अपने बच्चों को नवोदय विद्यालय में पढ़ाने की

782. निम्नलिखित में से कौन-सा कथन सही है?

(a) सभी बच्चों की आवश्यकताएँ एक जैसी होती हैं।
(b) सभी बच्चों की आवश्यकताएँ सर्वथा भिन्न होती हैं।
(c) भिन्न बच्चों की आवश्यकताएँ भिन्न होती हैं।
(d) भिन्न बच्चों की आवश्यकताएँ एक जैसी होती हैं।

783. 'भिन्न-भिन्न' शब्द हैं

(a) निरर्थक शब्द युग्म (b) पुनरूक्त शब्द
(c) विलोम शब्द (d) भिन्नार्थक शब्द

784. हमें कैसी शिक्षा पद्धति चाहिए?

(a) लचीली (b) पंरपरागत
(c) पाश्चात्य (d) रूढ़

785. कमजोर तबके के लोगों पर अधिक ध्यान की आवश्यकता है, क्योंकि वे-

(a) शिक्षा में पिछड़ जाते हैं
(b) शिक्षा में सबसे आगे हैं
(c) उच्च शिक्षा प्राप्त करते हैं
(d) शिक्षा के अवसर अधिक प्राप्त करते हैं

786. 'साक्षरता' का उपयुक्त विलोम शब्द है-

(a) निरक्षरता (b) अक्षरश
(c) अशिक्षा (d) अनपढ़

वह पद्धति जो बोलने तथा कार्य में तालमेल बनाती है, क्या कहलाती है?

-समग्र भौतिक प्रतिक्रिया

CTET 29 December, 2021

787. 'आधारित' शब्द में प्रत्यय है-

(a) त (b) इत
(d) ईत (c) रित

788. 'आधुनिक विश्व' में 'आधुनिक' शब्द है-

(a) संज्ञा (b) विशेषण
(c) क्रिया विशेषण (d) प्रविशेषण

789. देश के विकास और समृद्धि के लिए सबसे महत्वपूर्ण है-

(a) रीति-रिवाजों का पालन (b) शिक्षित समाज
(c) देश की सीमाएँ (d) देश की जनसंख्या

निर्देश: निम्नलिखित पद्यांश को पढ़िए तथा पूछे गए प्रश्नों के लिए उचित उत्तर का चयन कीजिए:

चिड़िया तू जो मगन, धरा मगन, गगन मगन
फैला ले पंख जरा, उड़ तो सही, बोली पवन।
अब जब हौंसले से, घोंसले से आई निकल
चल बड़ी दूर, बहुत दूर, जहां तेरे सजन।
वृक्ष की डाल देखें
जंगल-ताल दिखें
खेतों में झूम रही
धान की बाल दिखें
गाँव-देहात दिखें, रात दिखे, प्रातः दिखे
खुल कर घूम यहाँ, यहाँ नहीं घर की घुटन
चिड़िया तू जो मगन---------

790. कविता का मूल स्वर है-

(a) प्रगति (b) मुक्ति
(c) पशु-पक्षी (d) हौंसला

791. चिड़िया से क्या करने के लिए कहा जा रहा है?

(a) अपने घोंसले से बाहर निकल उड़ने के लिए
(b) वृक्ष की डाल पर बैठकर दुनिया देखने के लिए
(c) गाँव-देहात घूम-घूकर घूमकर के लिए
(d) जंगलों में घूमकर उन्हें निहारने के लिए

792. प्रकृति से जुड़े किस उपादान की बात पद्यांश में नहीं की गई है-

(a) पेड़-पौधे (b) धान के खेत
(c) गाँव-देहात (d) चाँद-सूरज

793. घोंसले की दुनिया _______ है।

(a) असीमित (b) सीमित
(c) खुशनुमा (d) एकाकी

794. चिड़िया की खुशी से कौन-कौन, मगन खुश है

(a) धरती और आसमान (b) गाँव-देहात
(c) जंगल-ताल (d) धान की बाली

795. 'गगन' का पर्यायवाची शब्द नहीं है-

(a) आसमान (b) आकाश
(c) अनिल (d) अंबर

796. कक्षा तीन की अध्यापिका अंकिता को पता चलता है कि शिक्षार्थी नवीन जानकारियों को मौखिक रूप से लेने के बजाय लिखित रूप में लेना पंसद करते हैं। इन शिक्षार्थियों की अधिगम शैली कौन सी है?

(a) श्रव्य (b) दृश्य
(c) गतिबोधक (d) सौंदर्यबोध

797. एक अध्यापक ने कक्षा चार में अपने शिक्षार्थियों को एक रोल प्ले द्वारा काम दिया है जिसमें उन्हें दी गई। स्थिति पर अपने विचारों का आदान-प्रदान करना है। वह किस कौशल के संवर्द्धन पर काम कर रही है?

(a) अभिनय (b) लेखन
(c) वाचन (d) पठन

798. शिक्षकों को कक्षा में पढ़ाते हुए शिक्षार्थियों की मातृभाषा का प्रयोग करना चाहिए क्योंकि-

(a) यदि उन्हें उनकी मातृभाषा में पढ़ाया जाएगा तो सभी बच्चे एक समान गति से सीखेंगे।
(b) यदि शिक्षार्थी मातृभाषा में सीखेंगे तो वे सभी प्रश्नों के उत्तर देंगे।
(c) शिक्षार्थी नई संकल्पनाओं को आसानी से समझ पाएंगे तथा कक्षा में स्वयं को अधिक स्वीग्त अनुभव करेंगे।
(d) कक्षा में कम से कम भटकाव होगा।

799. शिक्षक उभरते लेखकों में अच्छा लेखन कौशल कैसे विकसित कर सकते हैं?

उपागम (पद्धतियाँ) हमें क्या बताती हैं?

-क्या पढ़ाएँ

CTET 29 December, 2021

(a) विषयों पर स्पष्ट निर्देश देकर तथा शब्द सीमा तय करके
(b) शिक्षार्थियों के किए गए अच्छे कार्य की प्रशंसा करके तथा उसे आगे और सुधार करने के लिए विशिष्ट टिप्पणी देकर
(c) शिक्षार्थियों को अच्छी लिखाई में लिखने के लिए कहकर
(d) केवल उनकी व्याकरणिक त्रुटियों पर विस्तृत प्रतिपुष्टि देकर

800. योगात्मक आकलन का क्या उद्देश्य है?
(a) विभिन्न विद्यार्थियों में तुलना करना
(b) शिक्षार्थियों पर बुद्धिमान, औसत- अथवा धीमी गति से सीखने वाले का ठप्पा (लेबलिंग) लगाना
(c) विद्यार्थी के अधिगम के विषय में सूचना एकत्र करने के लिए विभिन्न तरीकों का प्रयोग करना
(d) साप्ताहिक आधार पर नियमित रूप से कक्षा परीक्षा कराना

801. कक्षा-1 से बच्चों को पढ़ाने के लिए हमें मौखिक भाषा के विकास पर अधिक ध्यान केंद्रित करना चाहिए। निम्नलिखित में से कौन सा कक्षा अभ्यास कक्षा-1 के शिक्षार्थियों को मौखिक भाषा कौशल में वृद्धि करने हेतु सक्षम बनाता है?
(a) रोल प्ले (b) व्याकरण खेल
(c) बालगीत गाना (d) वर्णमाला सीखना

802. शिक्षिका पाठ्य पुस्तक से एक लड़की के बारे में कहानी सुना रही है जो एक चिड़िया की देखभाल करती है और उसे दाना खिलाती है। अचानक से एक लड़का अली खड़े होकर शिक्षिका को बताता है कि किस तरह उसने एक दिन पार्क में घायल पड़ी गिलहरी की रक्षा की। कहानी के प्रति अली की प्रतिक्रिया को किस रूप में वर्णित किया जा सकता है?
(a) पठन सामग्री को अपने व्यक्तिगत अनुभव से जोड़ना
(b) शिक्षिका को बीच में रोकना
(c) बोलने का अवसर मिलना तथा यह दिखाना कि वह कक्षा में सक्रिय है
(d) उसकी कक्षा में ध्यान खींचने की प्रवृत्ति

803. शिक्षिका ने समूह में भाषा कार्य करने के लिए दिया है। इस समूह कार्य के दौरान शिक्षका की क्या भूमिका होगी?
(a) यह सुनिश्चित करना कि कार्य समय पर प्राप्त हो, इसके लिए उन्हें बार-बार समय का ध्यान दिलाना चाहिए
(b) यह सुनिश्चित करना कि प्रत्येक की समूह में प्रतिभागिता बने तथा आवश्यकता होने पर उन्हें मदद देने का प्रयास करना
(c) शिक्षिका को सभी समूहों को पूर्ण स्वायत्ता देनी चाहिए इसलिए उसे कुर्सी पर अलग से बैठ जाना चाहिए
(d) यह सुनिश्चित करना कि विद्यार्थी कक्षा में शोर नहीं करें

804. पठन अवबोधन किस प्रकार की योग्यता है?
(a) लिखित प्रतीकों को उनकी ध्वनियों में अनुवाद करने की योग्यता
(b) प्रवाह में पढ़ने के लिए वर्गों को समझने तथा उनके अर्थ खोलने की योग्यता
(c) पठन सामग्री के साथ अंतः क्रिया के द्वारा अर्थ गढ़ने की योग्यता
(d) पठन सामग्री में आए शब्दों को उनका अर्थ जानने की योग्यता

805. निम्नलिखित में से किस प्रकार के प्रश्न शिक्षार्थियों की रचनात्मकता का आकलन करने के लिए सहायक होंगे?
(a) एक शब्द वाले प्रश्न
(b) खुले अंत वाले प्रश्न
(c) बहुवैकल्पिक प्रश्न
(d) सत्यधअसत्य प्रकार के प्रश्न

806. निम्नललिखित में से कौन-सा कथन भाषा के बारे में सही है?
(a) यह व्यवस्थाओं की व्यवस्था है।
(b) यह व्यवस्थित है।
(c) यह नियमों तथा अपवादों का नियम है।
(d) यह अनेक विचारों का विचार है।

807. भाषा को सर्वोत्तम तरीके से कैसे सीख सकते हैं?

भाषा शिक्षण की पद्धति जो इस धारणा पर बल देती है कि मौखिक कौशलों के अत्यधिक अभ्यास के द्वारा भाषा के धाराप्रवाह प्रयोग को विकसित किया जा सकता है। इसे क्या कहते हैं? **-श्रव्य भाषा विधि**

CTET 29 December, 2021

(a) संदर्भों में
(b) पृथंकता में
(c) वर्णमाला के क्रम में
(d) जब शब्द एक-एक करके प्रस्तुत किए जाए

808. भाषा अधिगम में निदानात्मक परीक्षण का क्या उद्देश्य है?
(a) माता-पिता को प्रतिपुष्टि देना।
(b) विद्यार्थियों की प्रगति तालिका को भरना।
(c) संकलनात्मक आकलन के लिए योजना बनाना तथा प्रश्न पत्र तैयार करना।
(d) शिक्षार्थी समझ के स्तर पर कहाँ पिछड़ रहे हैं, यह जानना।

809. बाल केन्द्रित कक्षा में शिक्षक को क्या करना चाहिए?
(a) विद्यार्थियों की सुविधा के लिए पूरे पाठ के एक-एक वाक्य को समझाना चाहिए।
(b) प्रश्नों के उत्तर लिखवाने चाहिए ताकि विद्यार्थी को आसानी हो
(c) ऐसी प्रवृत्तियों का प्रयोग करना चाहिए जिसमें विद्यार्थी स्वयं से पहल करने के लिए प्रोत्साहित हों।
(d) शिक्षक विद्यार्थियों से जो भी अपेक्षा करते हैं उसे प्रदर्शित करना चाहिए

810. रचनावादी कक्षा में भाषा अधिगम किस पर आधारित होना चाहिए?
(a) व्याकरणिक इकाइयों की डिल और अभ्यास पर
(b) शिक्षक द्वारा सुझायी गई पाठ्य पुस्तक को पढ़ाकर
(c) यह मान्यता है कि भाषा तभी सीखी जा सकती है जब शिक्षक विद्यार्थियों को भाषा सिखाएँ
(d) विद्यार्थियों के पूर्व अनुभवों को आधार बनाकर, प्रामाणिक कार्यों द्वारा नवीन ज्ञान की खोज

निर्देश: दिए गए गद्यांश को ध्यानपूर्वक पढ़िए तथा पूछे गए प्रश्नों के उत्तर दीजिए।

दुनिया मे जितने भी लोग सफल हुए हैं, सभी अपनी मेहनत के बल पर ही हुए हैं। उन्होंने बिना कुछ सोचे-समझे लोगों की नकारात्मक बातों को अपने से दूर रखकर अपने कार्यों को पूर्ण किया और अंत में उन्हें सफलता प्राप्त हुई। अगर आप अपने लक्ष्य को पाने के लिए दृढ़ संकल्प ले लेते हैं और दिन-रात कड़ी मेहनत करते हैं। तो आप के रास्ते में जितने भी संकट या मुश्किलें आएँगी, आप उन्हें पार कर जाएँगे। जब कोई व्यक्ति इस संकल्प के साथ अपने को कार्य के लिए साध लेता है कि अब कर्म और उसके बीच कोई तीसरा नहीं हो सकता चाहे वह कर्म के फल की इच्छा ही क्यों न हो, तो उसके जीवन के सभी दुरूख अपने आप खत्म हो जाते हैं, जीवन में उमंग और खुशियाँ भर जाती हैं। सही मायने में जो मनुष्य क्रोध से मुक्त होता है और जिसके मन में एकजुट होने की इच्छा होती है, वही असल में सच्चा मनुष्य होता है।

811. दुनिया में लोग किसके बल पर सफल हुए हैं?
(a) अपने भाग्य के बल पर
(b) अपनी पारिवारिक पृष्ठभूमि के बल पर
(c) अपने परिश्रम के बल पर
(d) साथियों के सहयोग के बल पर

812. अपने कार्यों को पूरा करने के लिए कौन-सी बात बहुत जरूरी है?
(a) दूसरों की नकारात्मक बातों को ध्यान से सुनना।
(b) दूसरों की नकारात्मक बातों का विरोध करना।
(c) दूसरों की नकारात्मक बातों से दूर रहना।
(d) दूसरों की नकारात्मक बातों से प्रभावित होना।

813. गद्यांश में सच्ची मनुष्यता के किस गुण का उल्लेख किया गया है?
(a) लक्ष्य निर्धारित करने का गुण।
(b) सकारात्मक बातें करने का गुण।
(c) क्रोध से मुक्त होने का गुण।
(d) सफल होने का गुण।

814. यदि आप अपने लक्ष्य को पाने के लिए दृढ़ संकल्प लेते हैं, तो ________।
(a) चुनौतियों का सामना करने में मुश्किल नहीं होगी।
(b) अधिक मेहनत करनी पड़ेगी।
(c) अनेक संकटों का सामना करना पड़ेगा।
(d) सदैव फल की इच्छा करते रहेंगे।

815. 'अब कर्म और उसके बीच कोई तीसरा नहीं हो सकता' वाक्य का आशय है-

अधिगम में आने वाली मुश्किलों को पहचानने के लिए क्या करते हैं?

- निदानात्मक परीक्षण

CTET 29 December, 2021

(a) अपने कर्म के लिए किसी तीसरे का सहयोग नहीं लेना है।
(b) चाहे कुछ भी हो जाए, कर्म के पथ से नहीं डिगना है।
(c) दूसरों की सलाहों को नहीं सुनना है।
(d) संकटों का सामना करना।

816. 'सफलता' शब्द में प्रत्यय है-
(a) ता (b) लता
(c) त (d) फल

817. संकट या मुश्किलों को पार करने का अर्थ है
(a) मुसीबतों में घिरे रहना।
(b) मुसीबतों से उबर जाना।
(c) मुसीबतों से घबराते रहना।
(d) मुसीबतों के प्रति आशंकित रहना।

818. 'क्रोध' शब्द है
(a) भाववाचक संज्ञा (b) जातिवाचक संज्ञा
(c) व्यक्तिवाचक संज्ञा (d) गुणवाचक विशेषण

819. 'दिन-रात' में कौन-सा समास है?
(a) द्विगु समास (b) तत्पुरुष समास
(c) द्वन्द्व समास (d) कर्मधारय समास

निर्देश: दिए गए पद्यांश को ध्यानपूर्वक पढ़िए तथा पूछे गए प्रश्नों के उत्तर दीजिए।

बीती नहीं यद्यपि अभी तक है निराशा की निशा-
है किन्तु आशा भी कि होगी दीप्त फिर प्राची दिशा।
महिमा तुम्हारी ही जगत में धन्य आशे! धन्य है,
देखा नहीं कोई कहीं अवलम्ब तुम सा धन्य है।
आगे तुम्हारे ही भरोसे जी रहे हैं हम सभी,
सब कुछ गया पर हाय रे! तुमको न छोड़ेंगे कभी।
आगे तुम्हारे ही सहारे टिक रही हैं यह मही,
धोखा न दीजो अंत में, विनती हमारी है यही।

820. कविता किसके प्रति संबोधित है?
(a) निशा (b) आशा
(c) निराशा (d) पृथ्वी

821. कवि ने आशा को धन्य क्यों कहा है? क्योंकि
(a) आशा निराशा में नहीं बदलती है।
(b) आशा सभी के मन में विराजती है।
(c) आशा का सहारा सबसे बड़ा सहारा है।
(d) आशा हर दिशा को प्रकाशित करती है।

822. निराशा की निशा-
(a) बीत गई है (b) अभी तक है
(c) दीप्तिमान है (d) धन्य है

823. कवि ने आशा के सहारे किसका अस्तित्व बने रहने की बात की है?
(a) मनुष्यता (b) विश्वास
(c) महिमा (d) धरती

824. 'निराशा' में उपसर्ग और मूल शब्द हैं-
(a) निर + आशा (b) निरा + आशा
(c) निर् + आशा (d) निरा + शा

825. 'प्राची' का अर्थ हे-
(a) परकोटा (b) पूर्वकल्प
(c) पुरातन (d) पूरब

826. झारखण्ड के एक गाँव में रहने वाली एक शिक्षार्थी अपनी मातृभाषा और हिन्दी जानती है जो उसके घर और पास-पड़ोस में बोली जाती है। वह विद्यालय में अंग्रेजी सीखती है। कौन-सी भाषाएँ भाषा अर्जन के और कौन-सी भाषाएँ भाषा अधिगम के अन्तर्गत आती हैं?
(I) मातृभाषा और हिन्दी भाषा अर्जन के अन्तर्गत आती हैं।
(II) अंग्रेजी भाषा अधिगम के अन्तर्गत आती है।
(III) हिन्दी भाषा अधिगम के अन्तर्गत आती है।
(IV) तीनों भाषाएँ भाषा अर्जन के अन्तर्गत आती हैं।
(a) (I) और (II) सही हैं।
(b) (III) और (IV) सही हैं।
(c) (I) और (IV) सही हैं।
(d) (IV) और (II) सही हैं।

827. निम्नलिखित में से कौन-सा विद्यार्थी को लिखना सिखाने का विशिष्ट शिक्षणशास्त्रीय क्रम है?

खेल के मैदान, फोन या दूसरे व्यक्तियों के साथ सामाजिक रूप से अंतः क्रिया में प्रयोग की जाने वाली भाषा किसका भाग है?
-आधारभूत अंतर्वैयक्तिक संप्रेषणात्मक कौशल (BICS)
CTET 29 December, 2021

(I) सीधी रेखाओं और गोलों द्वारा अक्षर लिखना सिखाना।

(II) विद्यार्थियों से विशिष्ट प्रकार की अनेक आकृतियाँ बनवाना।

(III) विद्यार्थियों से ऊँचे स्वर में अक्षर बुलवाकर अनेक बार लिखवाना।

(a) (I), (II) और (III) (b) (III), (I) और (II)
(c) (II), (I) और (III) (d) (II), (III) और (I)

828. शब्द दीवार लिखित या मुद्रित शब्दों का समूह है, जो बड़े आकार में होते हैं और कक्षा की दीवार पर इस तरह लगाए जाते हैं कि वे दिखाई पड़ें। इस शब्द दीवार के माध्यम से साक्षरता की कौन-सी अवधारणाएँ या कौशल नहीं सिखाए जा सकते?

(a) वर्तनी की आकृति के प्रति जागरूकता
(b) कठिन शब्दों का उच्चारण
(c) ध्वनि के नियमों को सझमकर पढ़ना
(d) मूल शब्दों की समझ

829. कक्षा पाँच को 'काल' के नियम समझाने के बाद, अध्यापिका जोड़ों में कार्य करवाती है।
विद्यार्थी A पाठ्य-सामग्री में से वर्तमान काल का एक वाक्य लेकर विद्यार्थी B को भूतकाल में सुनाती है। विद्यार्थी A अनुमान लगाती है कि वर्तमान काल क्या होगा। विद्यार्थी A उसके अनुमान लगाने तक आवश्यकतानुसार वर्तमान से भूतकाल में वाक्य बताती रहती है। यह गतिविधि किसके सबसे अधिक करीब है?

(a) क्रैशन की निवेश परिकल्पना
(b) स्वैन की उत्पाद परिकल्पना
(c) बर्नर का विकास का सिद्धांत
(d) क्रेशन की अर्जन-अधिगम परिकल्पना

830. एक अध्यापक कक्षा चार में दो के जोडों में कार्य। करवाती है। वह विद्यार्थी A को वेटर बनने और विद्यार्थी B को ग्राहक बनने के लिए कहती है और प्रत्येक जोड़े को आपस में संवाद करने के लिए कहती है। यह गतिविध किसमें सुधार लाने के लिए सबसे कम योगदान देती है?

(a) अभिव्यक्ति में स्पष्टता (b) सक्रिय श्रवण
(c) वाक्य रचना (d) शब्द संपदा

831. विद्यार्थियों को 'दृश्यात्मकता' सिखाने के लिए कौन-सा सर्वाधिक उपयुक्त है?

(a) यह कहानी किस दिशा-दशा में घटित हुई होगी?
(b) पाठ्य सामग्री में बने चित्रें को देखो और बताओ कि आप क्या देख पा रहे हो।
(c) लेखक ने कुत्ते के चरित्र का वर्णन किस प्रकार किया है?
(d) कल्पना करें और अंतिम दृश्य का कोई विकल्प लिखें।

832. निम्नलिखित में से कौन-सी गतिविधि 'कहानी पढ़ने के बाद विद्यार्थियों में निष्कर्ष निकालने' का कौशल विकसित करने की सर्वाधिक उपयुक्त गतिविधि है?

(a) इस कहानी में आप स्वयं को कहाँ रखना चाहेंगे?
(b) इस कहानी में एक पात्र ने जिस तरह से प्रतिक्रिया दी, क्या उसी तरह से प्रतिक्रिया देने वाले व्यक्ति को आप जानते हैं?
(c) कहानी में से किसी की भी कल्पना करें और अपने वाक्य में उसका प्रयोग करें।
(d) पढ़ी गई कहानी का वीडियों देखें और अपने शब्दों में सैटिंग का वर्णन करें।

833. निम्नलिखित में से कौन-सी गतिविधि अध्यापक द्वारा

(a) विद्यार्थी से कोई पॉडकास्ट सूनने के लिए कहें और उससे सीखे किन्हीं दो नए शब्दों को साझा करने के लिए कहें।
(b) विद्यार्थियों को एक ऐसी लघुकविता पढ़ने के लिए दें जिसमें शुरू में ही कठिन शब्दों के अर्थ लिखे हों।
(c) विद्यार्थियों से मौखिक रूप से बहुत से सरल प्रश्न पूछे और एक बड़े प्रश्न का उत्तर देने के लिए इन प्रश्नों का सार प्रस्तुत करें।
(d) विद्यार्थियों को विषयों की सूची दें जिनपर उन्हें दो मिनट के लिए बोलना है, कौन-से बिन्दु बोले जाएँ, उसके लिए संकेत देना।

भारतीय संविधान में हिंदी भाषा का क्या स्थान है?

-राजभाषा (ऑफ़िशियल)

CTET 27 December, 2021

834. विद्यार्थियों को 'पूर्वसर्ग' सिखाने के लिए निम्नलिखित में से कौन-सी निगमन विधि है?

(a) पूर्वसर्ग (ने, पर, ऊपर) के प्रयोग के नियम बताना और उदाहरण देना।

(b) पूर्वसर्गों के बहुत से उदाहरण देना और विद्यार्थियों को नियम बताने के लिए कहना।

(c) एक गद्य खण्ड पढ़ाते समय पूर्वसर्गों के प्रयोग के नियम बताना।

(d) वाक्य देना, विद्यार्थियों को इन वाक्यों में उन शब्दों की पहचान करने के लिए कहना जो संज्ञा, सर्वनाम, क्रिया या विशेषण नहीं है।

835. भारत में सभी बच्चे आदर्श स्थिति में अपनी विद्यालयी शिक्षा मातृभाषाध घर की भाषा में शुरू करते हैं और माध्यमिक स्तर पर दो या दो से अधिक भाषाएँ जोड़ते जाते हैं। शिक्षा में भाषा की युक्ति किस रूप में जानी जाती है?

(a) मातृभाषा आधारित बहुभाषावाद

(b) भाषा शिक्षा नीति

(c) कार्यालयी शिक्षा नीति

(d) शिक्षा के लिए बहुभाषावाद नीति

836. बच्चों द्वारा _______ को पढ़ने के प्रमाणिक स्रोत के रूप में देखा जाता है।

(a) पत्र (b) पाठ्य-पुस्तकों

(c) साहित्य (d) श्रुतलेख

837. निम्नलिखित में से कौन-सा भाषा सीखने के आकलन का सबसे प्रभावशाली उपकरण है?

(a) लिखित परीक्षा (b) श्रुतलेख

(c) दत्त कार्य (d) अवलोकन

838. निम्नलिखित में से कौन-सा प्रामाणिक पठन सामग्री के उद्देश्य को प्राप्त करने में मदद करेगा?

(a) ध्वनियों की सूची

(b) किसी स्थानीय होटल व्यंजन सूची

(c) अपने फोन पर रिकॉर्ड की गई दो मिनट की कोई वीडियो

(d) अध्यापक द्वारा जापानी भाषा में लिखी गई कहानी का अंग्रेजी में अनुवाद

839. किसी जटिल कथानक की संरचना को समझने के लिए कौन-सा ऑनलाइन उपकरण विद्यार्थियों की सबसे अधिक मदद करेगा?

(a) जटिल शब्दों को सरल शब्दों में बदलकर की गई कोई रिकार्डिंग

(b) किसी एक पाठ्य-सामग्री को पठन के भिन्न-भिन्न स्तरों के अनुसार बदलकर पठन सामग्री तैयार करना

(c) एक ऐसा मानस मानचित्रण (माइंड मैपिंग) कार्यक्रम जिसमें विचारों को अलग-अलग घटकों में प्रस्तुत किया गया हो।

(d) ऐसा खेल जिसमें पठन और प्रश्नों के उत्तर देने के लिए सिक्कों का पुरस्कार दिया जाए।

840. एक विद्यार्थी ने नववर्ष के उत्सव आयोजन पर एक अनुच्छेद लिखा-

नववर्ष के दिन मेरे परिवार और मैंने अपने मित्रें को आखिरी घण्टे गिनने के समय आमंत्रित किया। हम केक की दुकान पर गए और केक बनाने के लिए कहा। हम सजावट, खाने-पीने की वस्तुएँ भी लेकर आए। मेरे माता-पिता ने गुब्बारे फुलाए और मैंने घर सजाने में मदद की। हमारे मित्र रात्रिभोज के लिए आए और मध्यरात्रि तक रुके।

अनुच्छेद लेखन के संदर्भ में विद्यार्थी को सर्वाधिक रूप से किस पर आधक ध्यान देने के लिए कहना चाहिए?

(a) विचारों को समेटना (b) संरचना

(c) प्रारूपण (d) संपादन

निर्देश: निम्नलिखित गद्यांश को पढ़कर दिए गए प्रश्नों के सही उत्तर दीजिए।

परिश्रमी व्यक्ति को असफल हो जाने पर भी पश्चाताप नहीं होता, उसके मन में इतना संतोष तो अवश्य रहता है कि उसमें जितनी सामर्थ्य थी, उसने उतना प्रयत्न किया, फल देना या न देना तो ईश्वर के अधीन है। मानव का कर्तव्य केवल कार्य करना है। इसके विपरीत, आलसी व्यक्ति किसी कार्य की असफलता पर उसका दोष भाग्य को देते हैं।

भारतीय संविधान में अंग्रेजी भाषा का क्या स्थान है?

-सह–राजभाषा

CTET 27 December, 2021

प्रश्न यह है कि भाग्य क्या है? किसी ने सच ही कहा है कि मनुष्य का भाग्य भी परिश्रम से ही बनता है। यदि कोई व्यक्ति यह सोचकर बैठ जाए कि उसके भाग्य में अमुक वस्तु नहीं है, तो वह उसके लिए कुछ भी कार्य करे, परिश्रम करे, परन्तु वह वस्तु उसे प्राप्त नहीं होगी। प्रकृति भी भाग्य के बल से नहीं, व्यक्ति के पुरुषार्थ के बल से ही झुकती है भारतीय संस्कृति में कहा जाने वाला तप भी परिश्रम का ही पर्याय है किसी भी लक्ष्य की प्राप्ति के लिए किया गया श्रम ही तप है। इसी तप या श्रम के कारण नहुष इंद्रासन का अधिकारी बना, कालिदास महान कवि, मैडम क्यूरी तथा एडीसन महान वैज्ञानिक तथा अब्राहिम लिंकन अमेरिका का राष्ट्रपति। महान लेखकों, कवियों, वैज्ञानिकों आदि की सफलता का रहस्य भी उनका परिश्रम ही है।

841. मनुष्य का भाग्य कैसे बनता है?

(a) दान करने से (b) धैर्य रखने से
(c) संतोष करने से (d) परिश्रम करने से

842. आलसी व्यक्ति अपनी असफलता का दोष किसे देता

(a) दूसरों को (b) अवसर न मिलने को
(c) धन के अभाव को (d) भाग्य को

843. प्रकृति किसका सम्मान करती है?

(a) भाग्य के बल का (b) चापलूसी करने का
(c) पुरुषार्थ के बल का (d) तटस्थ बैठने का

844. किस व्यक्ति को असफल हो जाने पर भी पश्चताप नहीं होता?

(a) परिश्रमी व्यक्ति को (b) आलसी व्यक्ति को
(c) पुरुषार्थी को (d) भाग्यवान व्यक्ति को

845. किसी भी लक्ष्य की प्राप्ति के लिए किया गया श्रम है-

(a) उत्साह (b) तप
(c) सफलता (d) भाग्य

846. 'पुरुषार्थ' शब्द का संधि-विच्छेद है-

(a) पुरुष + अर्थ (b) पुरुषा + अर्थ
(c) पुरुः + अर्थ (b) पुरुष् + अर्थ

847. 'विपरीत' शब्द का विलोम होगा -

(a) अनुकूल (b) प्राकृतिक
(c) उल्टा (d) प्रतिकूल

848. 'सामर्थ्य' शब्द में मूल शब्द व प्रत्यय है-

(a) सामर्थ + य (b) समर्थ + अय्
(c) सम + अर्थ + य् (d) समर्थ + य

849. 'ईश्वर' का पर्यायवाची नहीं होगा?

(a) प्रभु (b) जगदीश
(c) विधाता (d) विधान

निर्देश: निम्नलिखित काव्यांश को पढ़कर दिए गए प्रश्नों के सही उत्तर दीजिए।

जो अन्य धात्री के सदृश सबको पिलाती दुग्ध हैं,
है, जो अमृत इस लोक का, जिस पर अमर भी मुग्ध हैं।
वे धेनुएँ प्रत्येक गृह में हैं दुही जाने लगी-
यो शक्ति की नदियाँ वहाँ सर्वत्र लहराने लगीं।
घृत आदि के आधिक्य से बल-वीर्य का स-विकास है,
क्या आजकल का-सा कहीं भी व्याधियों का वास है?
है उस समय गो-वंश पलता, इस समय मतर वही।
क्या एक हो सकता कभी यह और वह भारत मही?

850. अमर किस पर मुग्ध है?

(a) सुरा (b) दधि
(c) दुग्ध (d) अमृत

851. इस लोक का अमृत है

(a) सुरा (b) दही
(c) दुग्ध (d) अमृत

852. 'धात्री' शब्द का अर्थ है-

(a) देने वाली (b) धारण करने वाली
(c) पालन करने वाली (d) सेवा करने वाली

853. किसकी नदियाँ सर्वत्र लहराने लगीघ्

(a) घृत की (b) दुग्ध की
(c) जल की (d) शक्ति की

854. 'बल-वीर्य' में समास है-

(a) द्वंद्व समास (b) कर्मधारय समास
(c) तत्पुरुष समास (d) द्विगु समास

855. 'मही' शब्द का अर्थ है

एक अच्छे ______ में सभी वाक्य मिलकर मुख्य विचार को अर्थ देते हैं।

-अनुच्छेद

CTET 24 December, 2021

(a) महीयसी (b) तक्र
(c) भूमि (d) माता

856. निम्नलिखित में से किस शिक्षणशास्त्र का अर्थ है कि बच्चों के अनुभवों, उनकी बात तथा उनकी सक्रिय भागीदारी को प्रमुखता देनी है। इस प्रकार के शिक्षणशास्त्र के लिए बच्चों के मनोवैज्ञानिक विकास तथा रुचियों को ध्यान में रखकर अधिगम की योजना बनानी चाहिए।

(a) शिक्षार्थी (b) बाल-केन्द्रित
(c) शिक्षक केन्द्रित (d) विस्तारवादी

857. समालोचनात्मक शिक्षणशास्त्र दृढ़ता से किस बात में विश्वास करता है?

(a) बच्चे विद्यालय के बाहर जो कुछ भी सीखते हैं वह अप्रासंगिक है।
(b) शिक्षार्थियों के अनुभव तथा दृष्टिकोण महत्वपूर्ण हैं।
(c) शिक्षक को सदैव कक्षा निर्देशों में आगे रहना चाहिए।
(d) शिक्षार्थियों को स्वतंत्र रूप से तर्क करने की आवश्यकता नही हैं।

858. यदि शिक्षक नया पाठ पढ़ाने से पहले विद्यार्थियों को मनोरंजन से जुड़ी गतिविधि में संलग्न करते हैं, तो क्या उद्देश्य हो सकता है?

(a) विद्यार्थियों का ध्यान हटाना।
(b) पाठ आरंभ करने से पूर्व विद्यार्थियों को अनुशासन में करना।
(c) कार्यभार को कम करना।
(d) विद्यार्थियों में प्रोत्साहन और उत्साह का संचार करना।

859. मनुष्य अनुभव के माध्यम से भाषा ठीक उसी प्रकार से सीखते हैं जिस तरह वे अन्य कौशल सीखते हैं। यह किस विचार के सिद्धांत की ओर संकेत करता हैघ्

(a) चॉम्स्की (b) पियाजे
(c) वायगोत्स्की (d) स्किनर

860. रचनावादी कक्षा में शिक्षार्थी किस प्रकार से कार्य करते है?

(a) समूह में अंतःक्रिया करते हैं तथा कक्षा में आवाजें करते हैं।
(b) अपनी कापियों में सभी विकल्प लिखते हैं।
(c) केवल शिक्षक के साथ ही अंतःक्रिया करते हैं।
(d) किसी भी तरह की अंतःक्रिया नहीं करते हैं।

861. निम्नलिखित में से कौन-सा भाषा शिक्षण के सिद्धांत के रूप में नहीं लिया जा सकता?

(a) चयन तथा श्रेणियों में बाँटना।
(b) विशिष्ट रूप से पठन कौशल पर बल देना।
(c) एकीकृत तरीके से शिक्षण करना।
(d) अधिक से अधिक अवसर देना।

862. सहपाठी एक-दूसरे के प्रति स्वीकृति का भाव रखें, इसके लिए किस तरह का कक्षायी परिवेश उपयुक्त है?

(a) विविधता वाले शिक्षार्थियों वाली समावेशी कक्षा
(b) चयनित शिक्षार्थियों वाली समावेशी कक्षा
(c) विविधता वाले शिक्षार्थियों वाली विशिष्ट कक्षा
(d) चयनित शिक्षार्थियों वाली विशिष्ट कक्षा प्रमा

863. निम्नलिखित में से कौन-सा उपचारात्मक शिक्षण का उद्देश्य नहीं है?

(a) अप्रभावकारी आदतों को हटाना।
(b) उन भाषा तथ्यों को दोबारा पढ़ाना जो उन्होंने सही तरह से नहीं सीखे हैं।
(c) शिक्षार्थियों को अच्छी तरह से रटाना।
(d) उद्दीपन उपागमों के साथ शिक्षार्थियों में अधिगम के लिए रुचि जागृत करना।

864. भाषा पढाते समय विद्यार्थियों की प्रतिभागिता को बढ़ाने के लिए कौन सा सबसे उपयुक्त उपागम होना चाहिए?

(a) संरचनात्मक उपागम (b) संप्रेषणात्मक उपागम
(c) व्याकरण अनुवाद विधि (d) निमज्जन विधि

865. यदि शिक्षक सभी बच्चों की अधिगम शैली को ध्यान में रखकर शिक्षण करना चाहते हैं तो उन्हें क्या करना चाहिए?

(a) बच्चों को अपनी प्रतिभा तथा अधिगम शैली को प्रदर्शित करने के लिए पाठ्य सहगामी गतिविधियों में भाग लेने की सलाह देनी चाहिए।

बच्चे में मातृभाषा के विकास को सामान्यतः माना जाता है।

- भाषा अर्जन

CTET 23 December, 2021

(b) योगात्मक आकलन परीक्षा में बैठने से पहले सभी पाठों की पुनरावृत्ति करने के लिए कहना चाहिए।
(c) यह सुनिश्चित करने के लिए कि उन्होंने संकल्पनाओं को पूर्ण रूप से सीख लिया है, विद्यार्थियों की जल्दी-जल्दी परीक्षा लेनी चाहिए।
(d) विद्यार्थियों की विविधता को संबोधित करने के लिए विविध प्रकार की शिक्षण विधियों का प्रयोग करना चाहिए।

866. निम्नलिखित में से कौन-सी भाषा की कक्षा में सबसे अधिक प्रभावकारी शिक्षण विधि है?
(a) शुद्ध उच्चारण पर बल देना।
(b) पुस्तक की पाठ्य-सामग्री को सस्वर पढ़ना।
(c) शुद्ध उच्चारण तथा भावों के साथ पढ़ने पर बल देना।
(d) शिक्षार्थियों की रुचि के विषय पर चर्चा करना तथा विषय वस्तु से संबंधित शब्द संपदा पर ध्यान देना।

867. शिक्षार्थियों को सीखने तथा विषय पर महारत प्राप्त करने के लिए प्रेरित किया जा सकता है बशर्ते
(a) वे जानते हों कि परीक्षाओं में विषयवस्तु के प्रति उनकी समझ के लिए उनकी परीक्षा ली जाएगी।
(b) उन्हें विश्वास हो कि जो काम वे कर रहे हैं वह रोचक है तथा उनके स्वयं के और शिक्षक के जीवन से संबंधित है।
(c) उन्हें इस बात का पूर्वाभास हो कि उन्हें निर्देशात्मक उद्देश्यों की उपलब्धि के लिए सकारात्मक पुनर्बलन मिलेगा।
(d) वे इस बात को महसूस करते हों कि एक तरह के कार्य में वे अपने सहपाठियों से बेहतर निष्पादन कर सकते हैं।

868. निम्नलिखित में से कौन सी युक्ति विद्यार्थियों को अच्छा भाषण देने का प्रशिक्षण देने के लिए इस्तेमाल नहीं की जा सकती?
(a) शुद्ध उच्चारण का प्रदर्शन करके दिखाना।
(b) जि''वा तथा होठों की सही स्थिति का अभ्यास कराना।
(c) शिक्षार्थियों को जीवन की वास्तविक स्थितियों पर बोलने के अवसर उपलब्ध कराना।
(d) शिक्षार्थियों को एक मिनट के लिए बोलने का अवसर देना ताकि आप उसकी त्रुटियों का निदान कर सकें।

869. भाषा कौशलों के उप-कौशल हैं?
(a) दो (b) चार
(c) पाँच (क) तीन

870. बोधगम्य निवेशों का विचार सर्वप्रथम किसके द्वारा दिया गया?
(a) स्टीफन क्रैशन (b) नॉम चॉमस्की
(c) बी.एफ. स्किनर (d) लैरी सेलिंकर

निर्देश: दिए गए गद्यांश को ध्यानपूर्वक पढ़िए तथा पूछे गए प्रश्नों के उत्तर दीजिए।

किसी भी उपहार की सार्थकता तभी है जब वह हृदय से किसी सही व्यक्ति को सहीए समय और सही जगह पर दिए जाए। उपहार देने वाला व्यक्ति दिल में उस उपहार के बदले कुछ पाने की उम्मीद न रखता हो। हमें इस जीवन में जो भी करना चाहिएए सत्य से प्रेरित कृत्य के अनुसार करना चाहिए। हमें समय और दूसरे लोगों, दोनों को सम्मान देना चाहिए। इस तरह का ग्त्य व्यक्ति के भाग्य को बदल कर रख देता है। गीता में भी कहा गया है कि ऐसा कोई नहीं जिसने इस संसार में अच्छा काम किया हो और उसका अंत बुरा हुआ हो। कहा जाता है कि कर्म ही धर्म है, इसलिए हमें काम करते जाना चाहिएए फल अपने आप हमें मिलेगा। कार्य करते समय कार्य के उद्देश्य पर भी ध्यान देना होगा। यदि हमारे कार्य का उद्देश्य समाज के हित में है तो वह कार्य हमें आनंद की अनुभूति करवाएगा। कर्म करना परन्तु केवल अपने हित के लिए कर्म करना सार्थक नहीं कहलाएगा।

871. उपहार की सार्थकता किस पर निर्भर करती है?
(a) जब उपहार दिल से सही समय पर सही व्यक्ति को दिया जाए
(b) जब उपहार देते समय बदले में कुछ पाने की आशा हो
(c) जब उपहार अपने वैभव के प्रदर्शन के लिए दिया जाए।
(d) जब उपहार बहुत ही मजबूरी में दिया जाए

872. जीवन में कर्म किससे प्रेरित होने चाहिए?
(a) परिणाम से (b) सत्य से
(c) उपहार से (d) भाग्य से

पहली कक्षा की पाठ्य–पुस्तक में ऐसी भाषा का प्रयोग किया जाना चाहिए जो

-सहज हो

CTET 22 December, 2021

873. **'समय को सम्मान' देने से तात्पर्य है _______**
(a) समय का सदुपयोग करना
(b) समय के आगे विवश हो जाना
(c) समय का दुरुपयोग करना
(d) समय को व्यर्थ गँवाना

874. **'ऐसा कोई नहीं' जिसने इस संसार में अच्छा किया हो, और उसका अंत बुरा हो' के सन्दर्भ में कौन सा वाक्य सही है?**
(a) बुरे कार्य का परिणाम सही नहीं होता है
(b) अच्छे कार्य का फल कैसा होगाए पता नहीं
(c) अच्छे कार्य का फल सदैव अच्छा होता है
(d) बुरे कार्य का भी फल अच्छा हो सकता है

875. **'धर्म' शब्द में इक प्रत्यय लगने पर शब्द बनेगा ______**
(a) धर्मिक (b) धार्मिक
(c) धर्मीक (d) धार्मीक

876. **किस प्रकार के कर्म हमें आनंद की अनुभूति देते हैं?**
(a) जिनसे समाज के हित सधते हों
(b) जिनमें कम उर्जा लगती हो
(c) जिनमें अधिकारिक लोग जुड़ते हों
(d) जिनसे स्वयं का हित पूरा होता हो

877. **'स्वयं को कर्म के लिए साध लेना' से तात्पर्य है _______**
(a) कर्म करने के लिए सदैव तत्पर रहना
(b) कर्म के लिए प्रशिक्षण लेना
(c) दूसरों को कर्म करते रहने की प्रेरणा देना
(d) अपने काम में दूसरों को जोड़ते जाना

878. **'उपहार' का समानार्थी होगा _______**
(a) पुरस्कार (b) सम्मान
(c) भेंट (d) पारितोषिक

879. **'अनुभूति' शब्द का विग्रह है**
(a) अनुभ + ति (b) अ + नुभूति
(c) अनु + भूति (d) अनुभ + इति

निर्देश: दिए गए पद्यांश को ध्यानपूर्वक पढ़िए तथा पूछे गए प्रश्नों के उत्तर दीजिए।

मन-मोहिनी प्रकृति की जो गोद में बसा है,
सुख स्वर्ग-सा जहाँ है, वह देश कौन-सा है?
जिसका चरण निरन्तर रत्नेश धो रहा है,
जिसका मुकुट हिमालय, वह देश कौन-सा है?
जिसके सुगंध वाले सुन्दर प्रसून प्यारे,
दिन-रात हँस रहे हैं, वह देश कौन-सा है?
मैदान-गिरी-वनों में हरियालियाँ लहकती,
आनंदमय जहाँ है, वह देश कौन-सा है?
जिसके अनंत धन से धरती भरी पड़ी है,
संसार का शिरोमणि, वह देश कौन-सा है?
नदियाँ जहाँ सुधा की धारा बहा रही हैं,
सींचा हुआ सलोना, वह देश कौन-सा है?
चालीस कोटि भाई सेवक सपूत जिसके,
भारत सिवाय दूजा, वह देश कौन-सा है?

880. **भारत देश की प्राग्तिक रचना पर गर्व करने का क्या कारण है?**
(a) बहुत से विदेशी पर्यटक यहाँ की प्रकृति का दर्शन करने आते हैं
(b) यहाँ की प्राकृतिक रचना पर अनेक कविताएँ लिखी जा चुकी हैं
(c) यहाँ की प्राकृतिक रचना विविधता के सन्दर्भ में बहुत समृद्ध है
(d) यहाँ की प्राकृतिक रचना पर अनेक फिल्में बनी हैं

881. **''नदियाँ जहाँ सुधा की धारा बहा रहीं हैं,''**
'सुधा की धारा' से क्या आशय है?
(a) यहाँ सदैव अमृत बरसता रहता है
(b) नदियों में बहता जल अमृत समान है
(c) जल की धारा बहुत वेग से बहती है
(d) बहती हुई नदियाँ बहुत सलोनी लगती है

882. **काव्यांश की कौन-सी पंक्ति का भाव है कि यहाँ तरह-तरह के सुगंधित फूल सदैव खिले रहते हैं?**
(a) सींचा हुआ सलोनाए वह देश कौन-सा है?
(b) जिसके अनंत धन से धरती भरी पड़ी है,
(c) चालीस कोटि भाई सेवक सपूत जिसके
(d) जिसके सुगंध वाले सुंदर प्रसून प्यारे

किसी भी पाठ के अंत में दिए गए अभ्यास एवं गतिविधियाँ बच्चों के ______ में मदद करती हैं।
-भाषा–विस्तार
CTET 22 December, 2021

883. 'जिसके अनंत धन से धरती भरी पड़ी है', इस पंक्ति का भाव है-

(a) जिसकी धरती बहुत ही उपजाऊ है
(b) जिसकी धरती में हीरे-मोती गड़े हुए हैं
(c) जिसकी धरती पर बहुत से धनाढ्‌ढ लोग रहते हैं
(d) जिस धरती के प्रत्येक निवासी के पास धन है।

884. 'चालीस कोटि भाई सेवक सपूत जिसके' पंक्ति में चालीस करोड़ जनसंख्या का ही उल्लेख क्यों हुआ है?

(a) रचनाकार को देश की सही जनसंख्या का अनुमान नहीं होगा।
(b) रचनाकार ने किसी एक-दो राज्य की जनसंख्या का ही उल्लेख किया होगा।
(c) रचनाकार ने जिस समय रचना लिखीए उस समय इतनी ही जनसंख्या थी।
(d) रचनाकार ने केवल बाल जनसंख्या को ही शामिल किया होगा।

885. 'रत्नेश' का संधि विच्छेद है-

(a) रत्ना + ईश (b) रत्न + ईश
(c) रत्ना + इश (d) रत्न + एंश

886. आपने अभी हाल ही में एक नए शब्द का प्रयोग किया। आपका एक शिक्षार्थी उसे सुनकर अपने एक वाक्य में उस शब्द का प्रयोग करता है। आप उस शिक्षार्थी की प्रशंसा करते हैं कि उसने संदर्भ में शब्द का प्रयोग किया। यह भाषा अर्जन-युक्ति सर्वाधिक रूप से ______ का निरूपण करती है।

(a) स्किनर के सीखने के सिद्धांत
(b) पियाजे के सीखने के सिद्धांत
(c) चॉमस्की के सीखने के सिद्धांत
(d) ब्रूनर के सीखने के सिद्धांत

887. लिखना सिखाने के लिए नीचे दिए गए चरणों को विशिष्ट शिक्षा शास्त्रीय क्रम के प्रस्तुतीकरण हेतु क्रम से लगाइए-

(I) शिक्षार्थियों से 1, 4-A-L अक्षर एवं अंक लिखने केलिए कहें
(II) शिक्षार्थियों से 0, 8B,Q अक्षर एवं अंक लिखने के लिए कहें
(III) शिक्षार्थियों को सस्वर पठन करने और कोई भी अक्षर/अंक लिखने के लिए कहें

(a) (II), (I), (III) (b) (III), (I), (II)
(c) (I), (II), (III) (d) (II), (II), (I)

888. 'शब्द दीवार' शब्दों का समूह है जिसे कक्षा-कक्ष की दीवारों पर बड़े आकार के अक्षरों में लिखा अथवा पेंट किया जाता है कि वह साफ-साफ नजर आ सके। निम्नलिखित में से कौन-सा साक्षरता-संप्रत्यय या कौशल इस शब्द दीवार के उपयोग से पढ़ाने के लिए सर्वाधिक उपयुक्त है?

(a) संरचित कहानी कथन
(b) कठिन शब्दों का उच्चारण
(c) अक्षरों की बनावट
(d) मूल शब्दों को समझना

889. ______पठन का सार तत्व है।

(a) अक्षर ज्ञान (b) अर्थ
(c) वर्तनी (d) प्रवाह

890. सुश्री ग्रेस अपने शिक्षार्थियों को पॉडकास्ट सुनने और कहानी को आरेख के रूप में प्रस्तुत करने के लिए कहती हैं। यह गतिविधि शिक्षार्थियों को उनकी ______ के संवर्द्धन के लिए सबसे कम अवसर प्रदान करती है।

(a) कल्पनाशक्ति (b) सक्रियश्रवण
(c) समझ (d) संरचना

891. निम्नलिखित में से कौन-सा शिक्षार्थियों को 'संक्षेपण' के शिक्षण में सर्वाधिक उपयुक्त है?

(a) इस कहानी का शीर्षक क्या होगा?
(b) इस कहानी का कोई अन्य अंत सोचिए
(c) लेखक ने कुत्ते के पात्र को किस प्रकार चित्रित किया है?
(d) दी गई तस्वीर के आधार पर अनुमान लगाइए कि कहानी में क्या हो रहा है?

जिन बच्चों को पढ़ने में कठिनाई होती है वे से प्रभावित हो सकते हैं।

-डिस्लेक्सिया

CTET 22 December, 2021

892. **कविता पढ़ने के उपरांत निम्नलिखित में से कौन-सा प्रश्न शिक्षार्थियों द्वारा 'अनुमान लगाने' को सर्वाधिक रूप से शामिल करना है?**
(a) क्या कवि द्वारा कविता को दिया गया शीर्षक संगत है?
(b) कविता में से बिम्ब का चयन कीजिए और उसे एक वाक्य में प्रयुक्त कीजिए।
(c) आपको कविता के बारे में सबसे ज्यादा क्या पसंद आया उसके बारे में एक संक्षिप्त टिप्पणी लिखिए
(d) कविता के अनुसार छोटे लड़के को जंगल कैसा दिखाई देता है?

893. **निम्नलिखित में से कौन-सा लेखन अभ्यास शिक्षक द्वारा आधार प्रदान करने का एक अच्छा उदाहरण है?**
(a) शिक्षार्थियों को उनके वाक्य या विचार का प्रारम्भ करने के लिए शुरुआती वाक्य उपलब्ध कराना।
(b) एक बार जब शिक्षार्थी लेखन कार्य समाप्त कर लें तब मानदंड निर्देशों के आधार पर ग्रेड देना और उसे साझा करना।
(c) शिक्षार्थियों के साथ विषयों की एक सूची साझा करना और अपनी पसंद के विषय पर उन्हें लिखने के लिए कहना।
(d) शिक्षार्थियों को एक अनुच्छेद पढ़ने और मुख्य पात्र के बारे में अपनी राय लिखने के लिए कहना।

894. **निम्न में से कौन-सा शिक्षार्थियों को 'परसर्ग' प्रकरण पर 'आगमन विधि' से पढ़ाने के उपागम का अनुगमन करता है?**
(a) परसर्ग का प्रयोग करने के नियम को स्पष्ट कीजिए और उसके उदाहरण दीजिए।
(b) शिक्षार्थियों को वाक्यों के अनेक उदाहरण देना और उनसे नियम निकालने के लिए कहना
(c) परसर्ग को दृश्यात्मक रूप में प्रदर्शित करते हुए प्रत्येक को स्पष्ट करना और शिक्षार्थियों को उनका वाक्य में प्रयोग करने के लिए कहना
(d) विभिन्न वाक्य देना और शिक्षार्थियों से उनकी पहचान करने के लिए कहना जो संज्ञा, सर्वनामए क्रियाए या क्रिया विशेषण नहीं है

895. **एक रणनीति के रूप में आप बहुभाषिकता से क्या समझते हैं?**
(a) शिक्षार्थियों की भाषा का प्रयोग करना
(b) विद्यालय में अनेक भाषाएँ पढ़ाना
(c) अंग्रेजी और भारतीय भाषाओं में पढ़ाना
(d) केवल मातृभाषा के माध्यम से पढ़ाना

896. **काल के भेदों को सीखने पर आधारित पाठ का आकलन करने के लिए निम्नलिखित में से कौन-सा सर्वाधिक उपयुक्त आकलन प्रश्न है-**
(a) क्रिया क्या होती है? कुछ उदाहरण कीजिए
(b) दी गई नियमावली का प्रयोग करते हुए कार्य पत्रक पर कार्य कीजिए और सही काल-भेद लिखिए
(c) पाठ्य पुस्तक लीजिए और भूतकाल एवं भाविष्यकाल की परिभाषाओं को रखांकित कीजिए
(d) सामान्य वर्तमान काल के रिक्त स्थान की पूर्ति कीजिए। वह कल बहुत तेज _______ (भाग)

897. **शिक्षार्थियों द्वारा जिस तरह से सीखने का कार्य किया जाता है, उनके विभिन्न उदाहरणों का एकत्रीकरण कीजिए और उनका रिकॉड रखना कहलाता है-**
(a) सीखने का आकलन (b) योगात्मक आकलन
(c) पोर्टफोलियो आकलन (d) आकलन कार्य

898. **हिंदी शिक्षा की एक सामान्य विशेषता है- प्रामाणिक पाठ्य सामग्री का प्रयोग करना। निम्नलिखित में से कौन-सा प्रामाणिक पाठ्य सामग्री के उद्देश्य को सबसे कम पूरा करता है?**
(a) स्वनिमों की नियमावली
(b) स्थानीय रेस्तरां का भोजन मैन्य
(c) स्वास्थ्य एवं स्वच्छता को बढ़ावा देने हेतु मीडिया का प्रयोग करना
(d) प्रकाशित पुस्तक की प्रतिक्रिया के रूप में लेखक को लिखा गया पत्र

899. **'X' एक ऑनलाइन उपकरण है जो नए शब्दों, उनके अर्थ, उच्चारण और वाक्य में प्रयोग का एक समुच्चय उपलब्ध करता है। निम्नलिखित में से कौन सा कौशल**

भाषाई क्षमताओं के विकास में सर्वाधिक महत्त्वपूर्ण है

-अंत:क्रिया

CTET 22 December, 2021

इस ऑनलाइन उपकरण के प्रयोग द्वारा निर्मित किया जा सकता है?

(a) दो भिन्न पाठ्य पुस्तकों में संबंध बनाना
(b) दी गई पाठ्य सामग्री पढ़ना और तथ्यात्मक सवालों के जवाब देना
(c) कहानी में घटनाओं के बारे में अनुमान लगाना
(d) दी गई पाठ्य सामग्री को प्रवाह पूर्ण पढ़ना

900. जब नववर्ष मनाने पर एक अनुच्छेद लिखने के लिए कहा जाता है, तब एक शिक्षार्थी इस प्रकार लिखता है- मित्रें को आमंत्रित किया, केक लाया _______ सजावट, पेय, जलपान, माता-पिता, गुब्बारे फुलाए मैने सजाया अब आप शिक्षार्थी को अनुच्छेद लेखन के किस चरण पर सर्वाधिक ध्यान देने के लिए कहेंगे?

(a) कल्पनाशीलता (b) संरचना बनाना
(c) मसौदा तैयार करना (d) संपादन

निर्देश: दिए गए गद्यांश को ध्यानपूर्वक पढ़िए तथा पूछे गए प्रश्नों के उत्तर के लिए सबसे उपयुक्त विकल्प का चयन कीजिए।

असल और बनावटी में अंतर धुंधलाने के कारण सेवाएँ या कुछ भी देने के लिए सुपात्र का चयन आजकल चुनौतीपूर्ण है। इसके लिए विशेष सूझ-बूझ और विवेकशीलता आवश्यक है। उपलब्धि या सफलता स्वयं में लक्ष्य नहीं हो सकती बल्कि व्यक्ति के सतत् निवेशों का स्वाभाविक प्रतिफल होती है। मन और निष्ठा से निष्पादित कार्य में व्यक्ति के समूचे कौशल प्रयुक्त होते हैं और उसमें समाज को देने का भाव प्रधान रहता है। लेन-देन में निष्ठा का नियम आशीर्वाद के आदान-प्रदान में भी लागू होता है। अनेक व्यक्ति उन बुजुर्गों से आशीर्वाद पाना अपना अधिकार समझते हैं जिनकी सुध लेना तो दूर, जिन्हें हेय मानते हुए उनसे सदा दूरी बनाए रखी हो। आशीर्वाद तो बड़ी बात हुई, एक तुच्छ-सी चीज अपको यूँ ही कोई क्यों देगा। आशीर्वाद बर्गर या सिमकार्ड सी भौतिक बाजार में सहज उपलब्ध होने वाली वस्तु नहीं है। उसे दिल से सम्मान देना होगा। देने वाला आप की मंशाओं और फितरत को समझता है। आप भले ही कुछ न दे, यह भी आवश्यक नहीं कि उसके सानिध्य में रहें। पर उसके विचारों, भावनाओं को श्रेष्ठ समझते हुए वैसा करने का यत्न करेंगे तो वह हृदय से आप पर आशीर्वाद बरसाएगे और आप धन्य हो जाएँगे।

901. 'असल और बनावटी में अंतर धुंधलाने' का क्या अर्थ है-

(a) असली और बनावटी में अंतर करना कठिन है।
(b) असली और बनावटी में अंतर करना सरल है।
(c) असली और बनावटी में अंतर हो ही नहीं सकता है।
(d) असली और बनावटी में अंतर करना सहज है।

902. सेवाओं या कुछ देने के लिए किसका चयन करना कठिन है।

(a) सुपात्र (b) कुपात्र
(c) दानी (d) भिक्षुक

903. ''उपलब्धि या सफलता व्यक्ति के सतत निवेशों का स्वाभाविक प्रतिफल होती है।'' का क्या तात्पर्य है?

(a) व्यक्ति द्वारा धन निवेश करके उपलब्धि तथा सफलता प्राप्त होती है।
(b) व्यक्ति द्वारा किये गए निरंतर प्रयासों से उपलब्धि या सफलता प्राप्त होती है।
(c) व्यक्ति द्वारा किये गए निरंतर प्रयासों से सफलता या उपलब्धि प्राप्त नहीं होती है।
(d) व्यक्ति द्वारा प्रयास न किये जाने के बावजूद उपलब्धि या सफलता अवश्य प्राप्त होती है।

904. गद्यांश के अनुसार व्यक्ति के समग्र कौशल किसमें प्रयुक्त होते हैं?

(a) मन औन निष्ठा से किये गए कार्य में
(b) केवल मन से किये गए कार्य में
(c) केवल निष्ठा से किये गए कार्य में
(d) बेमन से किये गए कार्य में

905. मन और पूर्ण निष्ठा से किये गए कार्य में कौन सा भाव प्रमुख होता है?

(a) परमार्थ का (b) स्वार्थ का
(c) भक्ति का (d) स्वहित का

906. निम्नलिखित में से कौन-सी वस्तु बाजार से नहीं खरीदी जा सकती है?

(a) सिमकार्ड (b) मोबाइल
(c) बर्गर (d) आशीर्वाद

उदाहरण से सामान्यीकरण की यात्रा है

-आगमन

CTET 20 December, 2021

907. 'स्वाभाविक' में प्रत्यय है-

(a) विक (b) क
(c) इक (d) भाविक

908. 'समय-समय' शब्द है-

(a) देशज शब्द (b) विलोम शब्द
(c) पुनरूक्त शब्द (d) आगत शब्द

909. 'सफलता' शब्द है-

(a) संज्ञा (b) सर्वनाम
(c) विशेषण (d) क्रिया

निर्देश: पद्यांश को पढ़कर सबसे उचित विकल्प का चयन कीजिए।

जब संवेदनाएँ ही नहीं रहेंगी।
तो संवेदनाएँ लिखने वाले कवि भी
लुप्त हो जाएँगे
डायनासोर की तरह ही
यह मेरा अपना लालच है
जिसे सोचकर
मैं दरवाजा खोलता हैं और
संवेदनाओं को अंदर ले लेता हूँ।
किसी से कहना मत दोस्तों
मै समृद्ध हो गया हूँ
इन संवेदनाओं के साथ
दुःख बस एक बात का है
मेरे यहाँ आने से पहले
वो कुछ और घर भी गए थे
उन्होंने कुछ दरवाजे और खटखटाए थे
लेकिनः
लेकिन। खैर ---
हो सकता है कल आप के यहाँ आएँ
आप इन्हें वापिस मत जाने देना।
घर के अंदर ले लेना।
और समृद्ध हो जान इन
संवेदनाओं के साथ

910. लेखक ने किस खतरे की ओर संकेत किया है?

(a) संवेदनाओं की समाप्ति के साथ लेखकों की आजीविका समाप्त हो जाएगी
(b) संवेदनाओं की समाप्ति के साथ लेखन कार्य भी समाप्त हो जाएगा
(c) संवेदनाओं की समाप्ति के साथ लेखक जगत भी समाप्त हो जाएगा
(d) संवेदनाओं की समाप्ति के साथ लेखक का सम्मान भी समाप्त हो जाएगा

911. कवि ने किस बात का आग्रह किया है?

(a) संवेदनाओं को काव्यात्मक रूप देने का
(b) संवेदनाओं को लेखन में शामिल करने का
(c) संवेदनाओं को स्वीकार करने का
(d) संवेदनशील होने का

912. किसी से कहना मत दोस्तों मैं समृद्ध हो गया हूँ इन संवेदनाओं के साथ। श्लेकिनश् पद किस स्थिति की ओर संकेत करता है?

(a) जो नहीं होना चाहिए था, वह शीघ्र हुआ
(b) जो होना चाहिए था, वह देर से हुआ
(c) जो नहीं होना चाहिए, लेकिन हुआ।
(d) जो होना चाहिए था, लेकिन नहीं हुआ

913. 'दरवाजा खोलने' से अभिप्राय है

(a) संवेदनाओं को घर में स्थान देना
(b) संवेदनाओं को अपने जीवन में उतारना
(c) संवेदनाओं के प्रति दया भाव रखना
(d) संवेदनाओं के प्रति करूणा भाव रखना

914. 'संवेदनशील व्यक्तित्व' होने का भाव किस शब्द से अभिव्यक्त होता है?

(a) लालची होना (b) समृद्ध होना
(c) घर जाना (d) डायनासोर होना

915. समूह से भिन्न शब्द कौन-सा है?

(a) दोस्त (b) डायनासोर
(c) दरवाजे (d) खटखटाये

916. निम्नलिखित में कौन-सा क्षेत्रीय भाषा को परिभाषित करता है?

मानस मंथन (ब्रेन स्ट्रोमिंग) का अर्थ है ________

-विषय से संबंधित विचारों के प्रति सजगता

CTET 20 December, 2021

(a) क्षेत्र में भाषा की वाक् विशेषताएँ
(b) देश अथवा राज्य की भाषा
(c) क्षेत्र की भाषा लिपि के साथ
(d) क्षेत्र की लिखित भाषा तथा साहित्य

917. निम्नलिखित में कौन-सा संकेत भाषा के संबंध में सत्य है?

(a) संकेत भाषा का व्याकरण नहीं है
(b) संकेत भाषा का व्याकरण है
(c) संकेत भाषा भाव-भंगिमा का समूह है
(d) संसार भर में केवल एक ही संकेत भाषा का प्रयोग होता है

918. भाषा सीखना _______ है

(a) स्वाभाविक तथा अवचेतन
(b) सुविचारित तथा चेतन
(c) स्वाभाविक तथा सुविचारित दोनों है
(d) जन्मजात तथा अस्वैच्छिक

919. कक्षा में 'बहुभाषिकता एक रणनीति के रूप' में प्रयुक्त करने से क्या तात्पर्य है?

(a) शिक्षार्थियों की समान भाषा को अंग्रेजी माध्यम की कक्षा में पाठ्यवस्तु के अनुवाद के लिए प्रयोग करना
(b) शिक्षार्थियों की भाषा को भाषाओं के शिक्षण-अधिगम तथा विषय वस्तु के लिए प्रयोग करना
(c) कक्षाकक्ष में निर्देश की माध्यम भाषा के सिवाय शिक्षार्थियों की अपनी भाषाओं को प्रयोग नहीं करने देना
(d) बहुभाषी वक्ता करने के लिए विद्यालय में अनेक भाषाएँ सीखना

920. निम्नलिखित में से कौन-सा भारत में हिंदी भाषा के संबंध में सत्य है?

(a) यह भारत की राष्ट्रभाषा है
(b) यह शिक्षा में समान द्वितीय भाषा है
(c) यह भारत की सह राज्य भाषा है
(d) हिन्दी भारत की राजभाषा है

921. निम्नलिखित में से आप किसे प्रामाणिक सामग्री के रूप में स्वीकार नहीं करेंगे-

(a) पत्रकारिता से एक कार्टून
(b) समाचारपत्र में एक विज्ञापन
(c) पाठ्यपुस्तक लेखक द्वारा कोविड 19 पर लिखा निबन्ध
(d) प्रसिद्ध लेखक प्रेमचंद के द्वारा लिखी लघु कथा

922. कक्षा VIII की शिक्षिका अपने शिक्षार्थियों को पाठ पढने के अनुवर्ती कार्य के रूप में क्रम से कहानी की घटनाओं तथा विचारों को लिखने के लिए कहती है। वह क्या कर रही है?

(a) अपने शिक्षार्थियों को उप विषय-वस्तु के निर्माण के लिए कह रही है
(b) अपने शिक्षार्थियों को कहानी दोबारा पढ़ने के लिए कह रही है
(c) उनके लेखन कौशलों को पुनर्बलन दे रही है
(d) उनके कौशल को याद करने को बढ़ावा दे रही है

923. निम्नलिखित कथनों में से कौन-सा भाषा की कक्षा में साहित्यिक पाठ्य-सामग्री के शिक्षण के संबंध में सत्य नहीं हैं?

(a) साहित्यिक पाठ्य-सामग्री का प्रयोग व्याकरण शिक्षण के लिए किया जाना चाहिए
(b) साहित्यिक पाठ्य-सामग्री सराहना, आनंद तथा मजे के लिए होती है
(c) साहित्यिक पाठ्य-सामग्री समालोचनात्मक चिंतन का विकास करती है
(d) साहित्यिक पाठ्य-सामग्री सराहना, आनंद तथा मजे के लिए नहीं होती है

924. रविन समाचारपत्र में एक लेख पढ़ता है जिससे कि वह अगले दिन अपने समूह में उस पाठ्य-वस्तु का संपूर्ण विचार प्रस्तुत कर सके। उसके इस पठन को किस रूप में जाना जाता है।

(a) पंक्तियों के बीच पठन
(b) पंक्तियों से परे का पठन
(c) बारीकी से पठन
(d) सरसरी तौर पर पढ़ना

भाषा शिक्षण में पाठ्य पुस्तक _______

-एक महत्वपूर्ण संसाधन है।

CTET 20 December, 2021

925. पढ़ते समय वह शब्द पहचानती है किन्तु स्वयं से उसे प्रयोग करने में समर्थ नहीं है। इस शब्द भंडार को किस रूप में जानते हैं?

(a) सक्रिय शब्द भंडार (b) निष्क्रिय शब्द भंडार
(c) श्रवण शब्द भंडार (d) पठन शब्द भंडार

926. आधारभूत अंत: वैयक्तिक संप्रेषण कौशल ______ हैं

(a) भाषा का वर्तमान में प्रयोग करते हैं
(b) उच्च स्तरीय चिंतन के लिए भाषा का प्रयोग करते हैं
(c) अमूर्त विचारों तथा संकल्पनाओं को प्रकट करने के लिए भाषा का प्रयोग करते हैं।
(d) विषय पर वैज्ञानिक शोध के प्रतिवेदन (रिपोर्टिंग) के लिए भाषा का प्रयोग करते हैं

927. कौन-सा लेखन उपागम शिक्षार्थियों को लेखन सिखाने के लिए विभिन्न स्तरों से गुजरने का अवसर प्रदान करता है?

(a) उत्पाद उपागम
(b) प्रक्रिया उपागम
(c) संप्रेषणात्मक उपागम
(d) कोश-विषयक उपागम

928. अरूल और राहुल शिक्षक अपनी व्याकरण की कक्षा में पहले व्याकरण बिन्दुओं वाच्य और काल का परिचय देते हैं और यह समझाते हैं कि नियम किस तरह बनते हैं और किस तरह संदर्भ का प्रयोग करते हैं। इसके उपरांत वे शिक्षार्थियों को भाषा मदों के अभ्यास के लिए बहुत सारे कार्य देते है। व्याकरण सीखने-सिखाने की यह प्रक्रिया कहलाती है-

(a) विषय ज्ञान (b) कार्यविधिक ज्ञान
(c) प्रक्रिया ज्ञान (d) घोषणात्मक ज्ञान

929. निम्नलिखित में से कौन-सा भाषा सीखने के लिए निवेश आधारित कार्य है?

(a) शिक्षार्थी पाँच के समूह में कहानी पढ़ता है
(b) शिक्षार्थी एक कार्यक्रम में अभिनय की जाने वाली लघुनाटिका के लिए संवाद लिखते हैं
(c) शिक्षार्थी जलवायु परिवर्तन के मुद्दे पर भूमिका निर्वाह (रोल-प्ले) में अभिनय करते हैं।
(d) शिक्षार्थी सुनी हुई वार्ता के विचारों को समझने के लिए प्रश्न पूछते हैं

930. निम्नलिखित में से कौन-सी भाषा शिक्षा की संकल्पना नहीं है?

(a) व्याकरण अनुवाद विधि
(b) ध्वनि की तरंग लंबाई
(c) प्रथम भाषा का हस्तक्षेप
(d) त्रुटि शुद्धि

निर्देश: नीचे दिए गए गद्यांश ध्यानपूर्वक पढ़िए तथा पूछे गए प्रश्नों के लिए सबसे उपयुक्त विकल्प का चयन कीजिए।

प्रकृति का विधान है, दिए बिना कुछ नहीं मिलेगा और देने की प्रवृत्ति हो तो उपलब्धियाँ और सफलताएँ कदम चूमेंगी। उपलब्धियाँ और सम्मान व्यक्ति को विशिष्ट पहचान दिलाते हैं जो उसके सुचारू जीवन के लिए अपरिहार्य है। उसे अभिशप्त कहा जाएगा जिसकी शख्सियत को कहीं भाव नहीं दिया जाता। ऐसा व्यक्ति कालांतर में समाज ही नहीं, स्वयं पर बोझ बन जाएगा फिर भी एक स्वतंत्र अस्मिता बतौर व्यक्ति तभी उभरेगा जब उसने दूसरों की बेहतरी की ठान रखी हो यानी उसमें देने का भाव मुखर हो। उपलब्धि के प्रकरण में 'देने' का स्थान 'लेने' से उच्चतर और गरिमापूर्ण है। लेकिन स्मरण रहे, शुरूआत देने से होगी और पहल आपको करनी है। देने का परिक्षेत्र धन या भौतिक वस्तुएँ प्रदान करने से कहीं परे है। बीमारी, शोक या दुष्कर परिस्थिति से त्रस्त परिजन की व्यथा धैर्य से सुनने मात्र से आप उसे राहत पहुँचाते हैं। कुछ प्रसंगों में अपनी उपस्थिति मात्र तो कुछ में दूसरों के अंतरंग सरोकारों में सक्रिय भागीदारी से उनके लिए संबल बनते हैं।

931. प्रकृति का क्या विधान है?

(a) दिए बिना कुछ नहीं मिलता है।
(b) दिए बिना भी सब कुछ मिलता है।
(c) देने पर भी कुछ नहीं मिलता है।
(d) देने पर कुछ ही मिलता है।

932. किसी व्यक्ति के सुचारू जीवन के लिए आवश्यक है ______

(a) विशेष पहचान (b) विशेष सम्मान
(c) विशेष उपलब्धि (d) विशेष शिक्षा

प्राथमिक स्तर पर शिक्षा का माध्यम होना चाहिए।

-मातृभाषा

CTET 21 December, 2021

933. कैसे व्यक्ति समय के साथ समाज और स्वयं पर बोझ बन जाते हैं?
(a) जिनके व्यक्तित्व की विशेष पहचान होती है।
(b) जिनके व्यक्तित्व की विशेष पहचान नहीं होती है।
(c) जिनका समाज में विशेष स्थान होता है।
(d) जिनके पास धन की कमी होती है।

934. उपलब्धि के प्रकरण में किसका स्थान उच्चतर और गरिमापूर्ण है?
(a) लेने का देने से
(b) देने का लेने से
(c) लेने और देने दोनों का
(d) लेने और देने दोनों का नहीं

935. किसी व्यक्ति के व्यक्तित्व को पहचान कब मिलती है?
(a) जब वह दूसरों की भलाई के लिए कार्य करता है।
(b) जब वह दूसरों से सहायता लेता है।
(c) जब वह अपने कार्यों का गुणगान करता है।
(d) जब वह अपनी भलाई के लिए कार्य करता है।

936. 'देने' में सर्वाधिक महत्त्वपूर्ण है-
(a) धन-संपत्ति (b) भौतिक वस्तुएँ
(c) बीमार, शौक (d) व्यथा सुनना

937. 'भौतिक वस्तुएँ' में रेखांकित शब्द है-
(a) संज्ञा (b) विशेषण
(c) क्रियाविशेषण (d) क्रिया

938. 'प्रवृत्ति' शब्द में उपसर्ग है-
(a) त्ति (b) वृत्ति
(c) प्र (d) इ

939. 'उच्च' का विलोम शब्द है-
(a) उच्चतर (b) निम्न
(c) समान (d) निम्नतर

निर्देश: नीचे दिए गए पद्यांश ध्यानपूर्वक पढ़िए तथा पूछे गए प्रश्नों के लिए सबसे उपयुक्त विकल्प का चयन कीजिए।

बिजली चमकी, पानी गिरने का डर है वे क्यों भागे जाते हैं जिनके घर हैं वे क्यों चुप है जिनको आती है भाषा वह क्या है जो दिखता है धुआँ-धुआँ-सा वह क्या है हरा-हरा-सा जिसके आगे है उलझ गए जीने के सारे धागे यह शहर कि जिसमें रहती हैं इच्छाएँ कुत्ते भुनगे आदमी गिलहरी गाएँ यह शहर कि जिसकी जिद है सीधी-सादी ज्यादा-से-ज्यादा सुविधा सुख आजादी

940. पद्यांश के अनुसार जीवन बहुत सारी ________ से घिरा हुआ है।
(a) बिजलियों (b) उलझनों
(c) सुविधाओं (d) धागों

941. शहरों में व्यक्तियों के पास क्या है?
(a) बारिश, पानी, आजादी (b) बारिश, पानी, इच्छाएँ
(c) सुविधा, सुख, इच्छाएँ (d) सुख, आजादी, भाषा

942. 'वे चुप क्यों हैं जिनको आती है भाषा' पंक्ति का भाव है-
(a) भाषा वाले लोग भाषण नहीं देते
(b) भाषा सिखने वाले लोग चुप रहते है
(c) दुखों को सुखों में परिणत करना चाहिए
(d) अन्याय के विरुद्ध आवाज उठानी चाहिए

943. पद्यांश के आधार पर बताइए कि कवि व्यक्तित्व के किस गुण को महत्व देता है?
(a) योग्यता (b) निर्भयता
(c) सुविधा-संपन्न (d) सुख-संपन्न

944. 'सुख' का विलोम है-
(a) दुःख (b) विषाद
(c) रुदन (d) अभाव

945. 'घर' का बहुवचन रूप है-
(a) घरों (b) घर
(c) घरें (d) घराएँ

946. एक शिक्षार्थी अपने संज्ञानात्मक स्तर से एक सोपान ऊपर के अपठित गद्यांश की समालोचनात्मक सराहना द्वारा अपनी पठन क्षमता प्रदर्शित करती है। यह किसके अधिक निकट है?
(a) बोधगम्य निवेश
(b) बोधगम्य उत्पाद

बच्चे अपने लिखने की शुरूआती यात्रा आड़ी- तिरछी रेखाएँ बनाकर करते हैं,ये चिहन कहलाते हैं

-कीरम काँटे/स्क्रिब्लिंग

CTET 21 January, 2021

(c) परिकल्पना का अनुवीक्षण
(d) प्राकृतिक क्रम

947. ज्ञान की अवचेतन स्वीकृति जहाँ सूचनाएँ संप्रेषण के माध्यम से मस्तिष्क में एकत्र होती हैं, उसे भाषा के किस रूप में जाना जाता है?

(a) अधिगम (b) विकास
(c) अर्जन (d) कार्य

948. निम्नलिखित में से कौन सा एक भाषा का अंग नहीं है?

(a) ध्वनि (b) रूप
(c) अर्थ (d) पठन

949. कौन-सी पद्धति लिखित भाषा की अपेक्षा मौखिक भाषा पर अधिक बल देती है? -

(a) श्रव्य भाषा पद्धति
(b) व्याकरण अनुवाद पद्धति
(c) संरचनात्मक उपागम
(d) निगमन पद्धति

950. किस पद्धति में शिक्षक को सभी पद्धतियों के बारे में जागरूक होना चाहिए?

(a) व्याकरण अनुवाद पद्धति
(b) प्रत्यक्ष पद्धति
(c) गतिविधि आधारित अधिगम
(d) विभिन्न दर्शनग्राहीधग्रहणशील पद्धति

951. समाचार-पत्र की मुख्य पंक्तियों पर सरसरी दृष्टि डालना किस प्रकार का पठन है?

(a) गहन पठन (b) बारीकी से पठन
(c) विस्तृत पठन (d) सरसरी दृष्टि से देखना

952. निम्नलिखित में से कौन-सी लेखन की विशेषता नहीं

(a) मौखिक रिपोर्ट प्रस्तुत करना
(b) अच्छा संगठन
(c) स्पष्ट उद्देश्य
(d) व्याकरणिक परिशुद्धता

953. निम्नलिखित में से कौन-सा सिद्धांत बच्चों को अमर्त शब्दों को सीखने तथा शब्द कैसे वर्गों से संबंधित है यह पहचानने में सहायता करता है-

(a) बच्चों को शब्दों तथा भाषा संरचना के विविध उदाहरणों को सुनने की आवश्यकता है।
(b) शब्द संपदा तथा व्याकरणिक विकास पारस्परिक रूप से होने वाली प्रक्रियाएँ हैं।
(c) बच्चे शब्दों को अर्थपूर्ण संदर्भ में अच्छी तरह सीखते हैं।
(d) निष्क्रिय संदर्भ की अपेक्षा अंतःक्रियात्मक तथा प्रतिक्रियात्मक संदर्भ भाषा अधिगम को प्रोत्साहित करते हैं।

954. कौन-सा उपागम शिक्षार्थियों में संप्रेषणात्मक दक्षता उत्पन्न करता है?

(a) संरचनात्मक उपागम
(b) रचनावाद उपागम
(c) संप्रेषणात्मक उपागम
(d) कौशल आधारित उपागम

955. प्रामाणिक आकलन क्या है?

(a) मानकीकृत परीक्षण जिसमें प्रश्न उत्तर चुनने के लिए सीमित संख्या में दिए जाते है।
(b) शिक्षार्थियों के निष्पादन के मापन का वह उपागम जो प्रत्यक्ष एवं सुसंगत तरीके से जाँच करता है कि अधिगम उद्देश्य प्राप्त हुए हैं या नहीं।
(c) प्रतिभागियों का आकलन जहाँ कार्यक्रम के प्रतिफल पर बल दिया जाता है।
(d) अनुदेशित इकाई के अन्त में मानकों की तुलना में शिक्षार्थी के अधिगम का मूल्यांकन करना है।

956. रचनात्मक आकलन के बारे में कौन-सा कथन उपयुक्त है?

(a) सत्र की अवधि विशेष में शिक्षार्थी के कौशल का मूल्याँकन करना।
(b) शिक्षार्थी की प्रक्रिया पर केन्द्रित है।
(c) शिक्षण संस्थानों में बहुत अधिक मान्यता दी गई है।
(d) विद्यार्थियों द्वारा की गई त्रुटियों को तुरन्त सुधारना।

957. स्वतंत्र लेखन का मुख्य लाभ यह है कि शिक्षार्थी

(a) यह महसूस नहीं करते कि उन्हें अधिक लिखना है- पूर्णतः सही होना चाहिए।

व्याकरण-अनुवाद विधि अधिक बल देती है ______

-शुद्धता पर

CTET 21 January, 2021

(b) अपनी प्रथम भाषा से लिखित भाषा की विशेषताओं को सम्मिलित कर सकते हैं।
(c) रचनात्मक बनने की स्वतंत्रता का लाभ उठाते हैं।
(d) लिखने या न लिखने की स्वतंत्रता का लाभ उठाते हैं।

958. बच्चे किस अवस्था के दौरान तरह-तरह के अक्षरों को मिलाकर ध्वनियाँ निकालनी शुरू कर देते हैं, जैसे किबा-दा-दा-दा?
(a) किलकारी करने की अवस्था
(b) एक शब्दीय अवस्था
(c) टेलीग्राफिक वाक् अवस्था
(d) बबलाने की अवस्था

959. किसी शिक्षार्थी की भाषा विषय क्षेत्र में किसी विशिष्ट कमजोरी को किसके द्वारा पहचाना जा सकता है?
(a) निष्पादन परीक्षण (b) निदानात्मक परीक्षण
(c) योगात्मक परीक्षण (d) लिखित परीक्षा

960. निम्नलिखित में से कौन-सा प्रथम भाषा के अर्जन में महत्वपूर्ण कारक है?
(a) शिक्षक
(b) विद्यालय
(c) अवसरों की प्रकृति
(d) पहचान तथा प्रोत्साहन

निर्देश: नीचे दिए गए गद्यांश को ध्यानपूर्वक पढ़िए तथा पूछे गए प्रश्नों के उत्तर के लिए सही विकल्प का चयन कीजिए।

मन में विश्वास रखें तो कोई हार नहीं सकता पर मन में शंका रहे तो कोई जीत नहीं सकता। जिंदगी हमें रोने के सौ मौके देती है तो मस्कराने के भी हजार बहाने देती है। प्रकृति ने हर चीज का एक जोड़ा बनाया हुआ है। रात और दिन, अंधेरा और उजाला, गोरा और काला, अच्छा और बुरा, उत्थान और पतन, हार और जीत। सभी को इन दो परस्पर विरोधी चीजों के बीच संघर्ष करते रहना होता है। संघर्ष अकेले ही करना होता है। भीड़ तो उमड़ती है जीत जाने के बाद। बस इतना सा हुनर सीखना है, जमीन पर रहकर आसमान को जीतना है। दूसरों को समझना बुद्धिमानी है, खुद को समझना असली ज्ञान है। दूसरों को काबू करना बल है और खुद को काबू करना वास्तविक शक्ति।

961. मन में विश्वास रखने से किसकी प्राप्ति होगी?
(a) जीत (b) हार
(c) पराजय (d) शंका

962. वास्तविक ज्ञान किसे कह सकते हैं?
(a) दूसरों के बारे में जानकारी प्राप्त करना।
(b) अपने आप के बारे में समझ बनाना।
(c) पुस्तकों से जानकारी प्राप्त करना।
(d) धार्मिक ग्रंथों को पढ़ना।

963. 'संघर्ष अकेले करना होता है' का अर्थ है
(a) संघर्ष में कोई अकेला नहीं छोड़ता है।
(b) संघर्ष में स्वयं ही जूझना होता है।
(c) संघर्ष से व्यक्तित्व निखरता है।
(d) सभी के जीवन में संघर्ष है।

964. ''जिंदगी हमें रोने के सौ मौके देती है, तो मुस्कुराने के भी हजार बहाने देती है।'' से तात्पर्य है-
(a) जिंदगी में रोना तो होता ही है।
(b) जिंदगी में सुख-दुःख दोनों ही होते हैं।
(c) जिंदगी मे सुख ही सुख होते हैं।
(d) जिंदगी में दुःख के बाद ही सुख आते हैं।

965. निम्नलिखित में से कौन-सा समूह से भिन्न हैं?
(a) दिन-रात (b) अंधेरा-उजाला
(c) गोरा-काला (d) तरह-तरह

966. कौन-सा जोड़ा गद्यांश में नहीं है?
(a) रात और दिन (b) सुख और दुःख
(c) अच्छा और बुरा (d) उत्थान और पतन

967. 'पतन' शब्द का विलोम है-
(a) अधोगति (b) नीचे गिरना
(c) उत्थान (d) उन्नति

968. गद्यांश के अनुसार सच्ची शक्ति है
(a) दूसरों पर विजय प्राप्त करना।
(b) दूसरों को नियंत्रण में रखना।
(c) स्वयं पर नियंत्रण रखना।
(d) सफलता प्राप्त करना।

969. 'जमीन पर रहकर आसमान को जीतना है।' का भाव
(a) अन्तरिक्ष की सैर करना।

भाषा पढाते समय विद्यार्थियों की प्रतिभागिता को बढ़ाने के लिए कौन सा सबसे उपयुक्त उपागम होना चाहिए?

संप्रेषणात्मक उपागम

CTET 8 January, 2022

(b) विनम्रता के साथ सफलता की ऊँचाइयों को छना।
(c) गगनचुम्बी इमारतों का निर्माण करना।
(d) तकनीकी विकास की ऊँचाइयों पर जाना।

निर्देश: नीचे दिए गए पद्यांश को ध्यानपूर्वक पढ़िए तथा पूछे गए प्रश्नों के उत्तर के लिए सही विकल्प का चयन कीजिए।

केवल विदेशी वस्तु ही क्यों अब स्वदेशी है कहाँ,
वह वेशभूषा और भाषा, सब विदेशी है यहाँ।
गुण मात्र छोड़ विदेशियों के हम उन्हीं में सन गये,
कैसी नकल की वाह! हम नक्काल पूरे बन गए।
सब स्वाभिमान डुबो चुके जो पूर्व-पारावार में,
आश्चर्य है, हम आज भी हैं जी रहे संसार में।
किन्तु इसे जीना कहें तो फिर कहें मरना किसे?
जीना कहाँ है वह नहीं है ध्यान कुछ अपना जिसे?

970. कवि के अनुसार विदेशियों की किस बात की नकल नहीं की गई हैं?
(a) गुण (b) भाषा
(c) वेशभूषा (d) वस्तु

971. कविता के किस शब्द के माध्यम से विदेशियों का अनुकरण करने वालों पर व्यंग्य किया गया है?
(a) पूर्व-पारावार (b) उन्हीं
(c) नक्काल (d) किन्तु

972. 'उन्हीं में सन गए' पंक्ति का भाव है
(a) उन्हीं में डूब जाना। (b) उनके जैसे हो जाना।
(c) उन्हीं की सुनना। (d) उनके रंग पहनना।

973. जिनका स्वाभिमान समाप्त हो गया है उनका जीना
(a) अनुकरणीय है। (b) प्रासंगिक है।
(c) शोभनीय है। (d) अशोभनीय है।

974. 'संसार' शब्द में 'इक' प्रत्यय लगाने पर शब्द बनेगा।
(a) संसारीक (b) सांसारीक
(c) संसारिक (d) सांसारिक

975. विशेषण शब्द का उदाहरण है-
(a) संसार (b) विदेशी
(c) वेश-भूषा (d) मरना

976. प्राथमिक स्तर पर शिक्षार्थियों के आकलन के दौरान एक भाषा शिक्षक को मुख्य रूप से निम्नलिखित में से एक पर ध्यान देना चाहिए।
(a) औपचारिक साप्ताहिक परीक्षा और उसे प्रगति-पत्र में दर्ज करना।
(b) एक अवधि के अंत में परीक्षा लेना, जो उत्तीर्ण या अनुत्तीर्ण घोषित करने में सहायता करे।
(c) शिक्षार्थियों के निष्पादन के बारे में विविध तरीकों से जानकारी एकत्रित करना तथा उसे शिक्षार्थियों एवं उनके माता-पिता के साथ साझा करना।
(d) भाषा के अभ्यास में वृद्धि तथा विविधता लाने हेतु प्रतिदिन कक्षा कार्य एवं गृह कार्य के रूप में दत्त कार्य देना।

977. बच्चे एक या एक से अधिक भाषाओं के ज्ञान के साथ विद्यालय में आते हैं। एक से अधिक भाषाओं का ज्ञान बच्चों को सहायता करता है-
(a) अन्य भाषाओं एवं नए विषयों को आसानी से सीखने में।
(b) राष्ट्र के रीति-रिवाजों एवं अन्य संस्कृतियों को समझाने में
(c) अन्य विद्यार्थियों के साथ न जुड़ने तथा संवेदनशील होने में।
(d) अधिक अंक प्राप्त करने के लिए उन भाषाओं की लिपि सीखने में।

978. कक्षा 3 के विद्यार्थी की कॉपी को देखते समय, भाषा की शिक्षिका ने कुछ त्रुटियाँ देखीं और महसूस किया कि-
(a) बच्चे लापरवाह हैं, इसलिए वे त्रुटियाँ करते हैं।
(b) बच्चे त्रुटियाँ करते हैं, एवं दोहरा रहे हैं क्योंकि इसके लिए वे उन्हें दण्ड नहीं दे रही हैं।
(c) बच्चों की त्रुटियाँ स्वाभाविक हैं और उनके अधिगम की संकेतक हैं।
(d) एक शिक्षिका के रूप में उसे इस प्रकार की त्रुटियों पर ध्यान नहीं देना चाहिए, क्योंकि ये त्रुटियाँ अधिगम के लिए महत्व नहीं रखती हैं।

बोधगम्य निवेशों का विचार सर्वप्रथम किसके द्वारा दिया गया

-स्टीफन क्रैशन

CTET 8 January, 2022

979. वायगोत्सकी के अनुसार, बच्चे साथियों के साथ सामाजिक अंतक्रिया से सीखते हैं। एक भाषा शिक्षक के रूप में-

(a) अपने पाठ की इस तरह से योजना बनाएँ कि वे कक्षा में अकेले बैठें तथा कक्षा में अंतक्रिया एवं बातचीत किए बिना कार्य करें।

(b) ऐसी पाठ योजना बनाएँ जिसमें अंतक्रिया से बचने के लिए खेल और चर्चा शामिल न की जाए।

(c) कक्षा में अनुशासन बनाए रखने के लिए प्रोत्साहन, पुरस्कार एवं दण्ड का प्रयोग करें।

(d) जोड़े एवं समूह कार्य के लिए योजना बनाएँ ताकि वे साथियों के साथ अंतक्रिया कर सकें।

980. भारतीय कक्षाएँ बहुभाषी कक्षाएँ होती हैं। बहुभाषिकता के इस संदर्भ को ध्यान में रखते हुए प्राथमिक स्तर पर बहभाषी कक्षा के बारे में निम्नलिखित में से कौन सा। एक सर्वाधिक उपुयक्त है?

(a) शिक्षक को शिक्षार्थी की भाषा का नजरअंदाज करते हुए, विद्यालय की भाषा पर ध्यान देना चाहिए।

(b) घर की भाषा या मातृभाषा, घर पर बोलनी चाहिए न कि विद्यालय में।

(c) भारत में एकल भाषी विद्यालय होने चाहिए तथा शिक्षार्थियों को उनकी भाषा की प्राथमिकताओं के अनुसार प्रवेश देना चाहिए।

(d) शिक्षक, शिक्षार्थियों को उनकी स्वयं की भाषा में संप्रेषण करने एवं अभिव्यक्ति हेतु प्रोत्साहित करें तथा उनके विचारों को सम्मान दें।

981. भाषा शिक्षक, ऐसा कार्य दें जो जोड़े/समूह में किया जा सके, क्योंकि-

(a) जब बच्चे एक साथ कार्य करेंगे तो वे अपना कार्य शीघ्र समाप्त करने में सक्षम होंगे।

(b) इससे शिक्षक का कार्य कम होता है, क्योंकि समूह अवलोकन की तुलना में प्रत्येक बच्चे पर व्यक्तिगत ध्यान देना कठिन है।

(c) इस प्रकार के अर्थपूर्ण कार्यों से बच्चे एक दूसरे की सहायता करते हैं एवं सीखते हैं।

(d) यह उनके बीच अधिक अंक प्राप्त करने की प्रतियोगिता को बढ़ावा देता है।

982. एक अध्यापक का अपनी कक्षा में इस बात पर ध्यान जाता है कि एक बच्चे को भाषा पढ़ने एवं समझने में कठिनाई हो रही है। यह _____ का लक्षण हो सकता है।

(a) गणना में अक्षमता (डिस्केल्कुलिया)

(b) लिखने में अक्षमता (डिस्ग्राफिया)

(c) पढ़ने में अक्षमता (डिस्प्रेक्सिया)

(d) पढ़ने में अक्षमता (डिस्लेक्सिया)

983. निम्नलिखित में से कौन सा कथन, प्राथमिक स्तर पर आकलन करने के संदर्भ में सही है?

(a) आकलन, प्रत्येक सत्र के अंत में करना चाहिए।

(b) आकलन राज्य आधारित प्रक्रिया होनी चाहिए तथा राज्य पूरे राज्य में एक साथ ही आयोजित करनी चाहिए।

(c) आकलन, विद्यालय आधारित तथा शिक्षण-अधिगम प्रक्रिया के साथ समावेशित होनी चाहिए।

(d) आकलन, वर्ष में एक बार आयोजित करना चाहिए।

984. निम्नलिखित में से आप किसे भाषा की कक्षा हेतु प्रामाणिक सामग्री के रूप में स्वीकार करते हैं?

(a) पाठ्य पुस्तक (b) कार्य पुस्तिका
(c) समाचार-पत्र (d) पूरक पुस्तिका

985. भाषा अधिगम के लिए सामग्री तैयार करने के सिद्धांतों में से एक है

(a) प्रत्येक आयुवर्ग के लिए जटिल सामग्री चुनी जानी अशा चाहिए।

(b) सामग्री औचित्यपूर्ण तरीके से स्तरानुसार होनी चाहिए

(c) किसी भी प्रकार की सामग्री चुनी जा सकती है

(d) सामग्री छोटी तथा सीमित होनी चाहिए

986. भाषा अर्जन होता है तब ___________

(a) बच्चे को व्याकरण के नियम पढ़ाए जाते हैं।

(b) बच्चे को पुरस्कार या दंड दिया जाता है।

(c) बच्चे को भाषा के अवसर मिलते हैं।

(d) बच्चा बिना सचेतन ध्यान के भाषा ग्रहण करता है।

निम्नलिखित में से किस प्रकार के प्रश्न शिक्षार्थियों की रचनात्मकता का आकलन करने के लिए सहायक होंगे?

-खुले अंत वाले प्रश्न

CTET 6 January, 2022

987. भाषा के उत्पादक कौशल हैं ________

(a) पठन तथा लेखन सात (b) पठन तथा श्रवण

(c) वाचन तथा लेखन (d) वाचन तथा श्रवण

988. सभी बच्चे उन गतिविधियों द्वारा अभिप्रेरित होते हैं-

(a) जिनकी योजना वयस्क द्वारा बनाई जाती है।

(b) जिनकी योजना बच्चों द्वारा बनाई जाती है।

(c) जो बच्चों के लिए अर्थपूर्ण होती हैं।

(d) जो अध्यापकों के लिए अर्थपूर्ण होती हैं।

989. द्विभाषी बच्चे या दो भाषा जानने वाले बच्चे किसी बात करते समय प्राय: एक भाषा के शब्दों का प्रयोग करते हैं, कहलाता है-

(a) संकेत-बदलना (b) संकेत-मिश्रित करना

(c) बहुभाषिकता (d) दक्षता स्तर

990. विद्यार्थियों के अधिगम के आकलन के लिए उपयोग की जाने वाली स्कोरिंग मार्गदर्शिका को कहते हैं-

(a) रूब्रिक्स

(b) जाँच सूची

(c) अनुसूची या विस्तृत सूची

(d) क्रम निर्धारण मापनी

निर्देश: निम्नलिखित गद्यांश को पढ़कर पूछे गए प्रश्नों के सबसे उपयुक्त उत्तर वाले विकल्प को चुनिए:

सब प्रांतों के उग्र और उदार देशभक्त, क्रांतिकारी और देश विदेश के धुरंधर लोग, संवाददाता आदि गाँधीजी को पत्र लिखते और गाँधीजी 'यंग इंडिया के कॉलमों में उनकी चर्चा किया करते। महादेव गाँधी जी की यात्रओं के और प्रतिदिन की उनकी गतिविधियों के साप्ताहिक विवरण भेजा करते। इसके अलावा महादेव, देश विदेश के अग्रगण्य समाचार-पत्र, जो आँखों में तेल डालकर गाँधी की प्रतिदिन की गतिविधियों को देखा करते थे और उन पर बराबर टीका टिप्पणी करते रहते थे उनको आड़े हाथ लेने वाले लेख भी समय-समय पर लिखा करते थे। बोजोड़ कॉलम, भरपूर चौकसाई, ऊँचे से ऊँचे ब्रिटिश समाचार-पत्रें की परंपराओं को अपनाकर चलने का गाँधीजी का आग्रह और कट्टर से कट्टर विरोधियों के साथ भी पूरी-पूरी सत्यनिष्ठा में से उत्पन्न होने वाली विनय विवेक युक्त विवाद करने की गाँधी जी की तालीम इन सब गुणों ने तीव्र मतभेदों और विरोधी प्रचार के बीच भी देश-विदेश के सारे समाचार पत्रें की दुनिया में और 1 एंग्लो-इंडियन समाचार पत्रें के बीच भी व्यक्तिगत यप से एम.डी. को सबका लाडला बना दिया था।

गाँधीजी के पास आने से पहले अपनी विद्यार्थी अवस्था में महादेव ने सरकार के अनुवाद विभाग में नौकरी की थी। नरहरि भाई उनके जिगरी दोस्त थे। दोनों एक साथ वकालत पढ़े थे। दोनों ने अहमदाबाद में वकालत भी साथ-साथ ही शुरू की थी। इस पेशे में आमतौर पर स्याह को सफेद और सफेद को स्याह करना होता है। साहित्य व संस्कार के साथ इनका कोई संबंध नहीं रहता। लेकिन इन दोनों ने तो उसी समय से टैगोर, शरतचन्द्र आदि के साहित्य को उलटना-पुलटना शुरू कर दिया था। चित्रंगदा कच-देवयानी की कथा पर टैगोर द्वारा रचित 'विदाई का अभिशाप' शीर्षक नाटिका, शरत बाबू की कहानियाँ आदि अनुवाद उस समय की उनकी साहित्यिक गतिविधियों की देन है।

991. 'इहलोक' का समानार्थक शब्द नहीं है।

(a) संसार (b) जगत

(c) मृत्युलोक (d) परलोक

992. 'नैसर्गिक' शब्द का विलोम है।

(a) कृत्रिम (b) प्राकृतिक

(c) स्वाभाविक (d) कुदरती

993. विशेषण-विशेष्य का उदाहरण हैट्

(a) गोदना-अंकन

(b) नैसर्गिक रंग

(c) पूरे शरीर

(d) सार्वजनिक अभिव्यक्ति

994. प्रस्तुत गद्यांश का मुख्य विषय क्या है?

(a) जनजातीय कबीले

(b) गोदना

(c) रामनामी पंथ

(d) रामनामी पंथ और गोदना

995. अंडमान-द्वीप समूह की आदिम जनजातियां अपने शरीर को रंगती और चित्रित करती हैं

(a) कृत्रिम रंगों से (b) गेरूए से

(c) नैसर्गिक रंगों से (d) स्याही से

भाषा को सर्वोत्तम तरीके से कैसे सीख सकते हैं?

-संदर्भों में

CTET 6 January, 2022

996. 'रामनामी पंथ' के अनुयायी किस नाम का गोदना अंकित करवाते हैं?
(a) ईश्वर (b) सतनाम
(c) राम (d) कृष्ण

997. 'रामानामी पंथ' के अनुयायियों के लिए 'गोदान'
(a) श्रृंगारिक अलंकरण है।
(b) धार्मिक आस्थाओं की सार्वजनिक अभिव्यक्ति है।
(c) सुंदरता की चाह है।
(d) उनकी पहचान निर्धारित करता है।

998. 'रामनामी पंथ' के अनुयायी किस रंग का 'गोदना' अंकित करवाते हैं?
(a) गेरूआ (b) केसरिया
(c) गहरा काला (d) नीला

999. ईश्वर के नाम का गोदना अंकित करवाने वाला समुदाय कौन-सा है?
(a) अंडमान-द्वीप समूह की जनजातियां
(b) सतनामी
(c) रामानुजी
(d) रामनामी

1000. 'नि:सृत' शब्द है
(a) तत्सम् (b) तद्भव
(c) देशज (d) विदेशज

त्रुटियों से क्या अभिप्राय है?

-सीखने का संकेतक हैं।

CTET 6 January, 2022

ANSWER KEY

1.	(b)	2.	(c)	3.	(c)	4.	(a)	5.	(d)	6.	(c)	7.	(a)
8.	(c)	9.	(c)	10.	(b)	11.	(c)	12.	(d)	13.	(b)	14.	(d)
15.	(a)	16.	(a)	17.	(b)	18.	(b)	19.	(c)	20.	(d)	21.	(d)
22.	(b)	23.	(c)	24.	(c)	25.	(c)	26.	(a)	27.	(c)	28.	(a)
29.	(c)	30.	(b)	31.	(b)	32.	(b)	33.	(c)	34.	(b)	35.	(c)
36.	(d)	37.	(a)	38.	(a)	39.	(a)	40.	(b)	41.	(a)	42.	(d)
43.	(b)	44.	(c)	45.	(b)	46.	(b)	47.	(b)	48.	(c)	49.	(d)
50.	(a)	51.	(b)	52.	(d)	53.	(b)	54.	(a)	55.	(d)	56.	(a)
57.	(a)	58.	(b)	59.	(b)	60.	(c)	61.	(c)	62.	(b)	63.	(a)
64.	(a)	65.	(c)	66.	(c)	67.	(d)	68.	(b)	69.	(b)	70.	(a)
71.	(b)	72.	(a)	73.	(b)	74.	(b)	75.	(c)	76.	(b)	77.	(a)
78.	(a)	79.	(d)	80.	(a)	81.	(b)	82.	(b)	83.	(b)	84.	(a)
85.	(d)	86.	(b)	87.	(a)	88.	(c)	89.	(b)	90.	(b)	91.	(d)
92.	(b)	93.	(b)	94.	(b)	95.	(d)	96.	(c)	97.	(c)	98.	(d)
99.	(a)	100.	(a)	101.	(c)	102.	(d)	103.	(a)	104.	(b)	105.	(d)
106.	(c)	107.	(a)	108.	(a)	109.	(c)	110.	(c)	111.	(a)	112.	(a)
113.	(c)	114.	(c)	115.	(d)	116.	(c)	117.	(b)	118.	(c)	119.	(c)
120.	(a)	121.	(d)	122.	(c)	123.	(c)	124.	(d)	125.	(a)	126.	(c)
127.	(a)	128.	(a)	129.	(c)	130.	(b)	131.	(b)	132.	(b)	133.	(b)
134.	(d)	135.	(a)	136.	(b)	137.	(d)	138.	(a)	139.	(c)	140.	(a)
141.	(a)	142.	(d)	143.	(a)	144.	(b)	145.	(b)	146.	(d)	147.	(c)
148.	(d)	149.	(b)	150.	(b)	151.	(c)	152.	(b)	153.	(a)	154.	(c)
155.	(b)	156.	(d)	157.	(b)	158.	(a)	159.	(d)	160.	(c)	161.	(d)
162.	(d)	163.	(a)	164.	(c)	165.	(a)	166.	(c)	167.	(b)	168.	(a)
169.	(c)	170.	(b)	171.	(b)	172.	(a)	173.	(d)	174.	(a)	175.	(d)
176.	(a)	177.	(d)	178.	(c)	179.	(c)	180.	(d)	181.	(b)	182.	(c)
183.	(a)	184.	(c)	185.	(a)	186.	(b)	187.	(c)	188.	(d)	189.	(b)
190.	(c)	191.	(d)	192.	(a)	193.	(d)	194.	(b)	195.	(b)	196.	(c)
197.	(b)	198.	(b)	199.	(c)	200.	(b)	201.	(c)	202.	(a)	203.	(c)
204.	(c)	205.	(b)	206.	(a)	207.	(d)	208.	(a)	209.	(c)	210.	(b)

जिन शब्दों को हम सुनते और पढ़ते हैं और फिर उनकी पहचान करते हैं, उन्हें क्या कहते हैं?

-ग्राह्य शब्द संपदा

CTET 6 January, 2022

211.	(c)	212.	(b)	213.	(d)	214.	(c)	215.	(a)	216.	(a)	217.	(b)
218.	(b)	219.	(d)	220.	(c)	221.	(b)	222.	(c)	223.	(a)	224.	(d)
225.	(a)	226.	(d)	227.	(a)	228.	(b)	229.	(c)	230.	(a)	231.	(b)
232.	(b)	233.	(d)	234.	(d)	235.	(b)	236.	(b)	237.	(c)	238.	(c)
239.	(c)	240.	(a)	241.	(c)	242.	(b)	243.	(c)	244.	(d)	245.	(b)
246.	(a)	247.	(b)	248.	(d)	249.	(c)	250.	(d)	251.	(a)	252.	(b)
253.	(c)	254.	(a)	255.	(d)	256.	(b)	257.	(a)	258.	(b)	259.	(b)
260.	(d)	261.	(a)	262.	(b)	263.	(d)	264.	(b)	265.	(c)	266.	(c)
267.	(b)	268.	(d)	269.	(c)	270.	(a)	271.	(b)	272.	(b)	273.	(d)
274.	(d)	275.	(c)	276.	(b)	277.	(b)	278.	(c)	279.	(c)	280.	(b)
281.	(a)	282.	(b)	283.	(b)	284.	(d)	285.	(b)	286.	(a)	287.	(a)
288.	(c)	289.	(a)	290.	(b)	291.	(c)	292.	(c)	293.	(a)	294.	(b)
295.	(a)	296.	(a)	297.	(d)	298.	(b)	299.	(a)	300.	(d)	301.	(d)
302.	(c)	303.	(a)	304.	(c)	305.	(c)	306.	(c)	307.	(a)	308.	(b)
309.	(b)	310.	(b)	311.	(a)	312.	(c)	313.	(d)	314.	(b)	315.	(d)
316.	(a)	317.	(b)	318.	(b)	319.	(d)	320.	(a)	321.	(b)	322.	(d)
323.	(b)	324.	(d)	325.	(a)	326.	(a)	327.	(b)	328.	(d)	329.	(a)
330.	(b)	331.	(b)	332.	(c)	333.	(b)	334.	(a)	335.	(c)	336.	(d)
337.	(c)	338.	(b)	339.	(d)	340.	(c)	341.	(a)	342.	(b)	343.	(a)
344.	(c)	345.	(c)	346.	(c)	347.	(b)	348.	(a)	349.	(b)	350.	(a)
351.	(d)	352.	(b)	353.	(b)	354.	(d)	355.	(a)	356.	(c)	357.	(a)
358.	(a)	359.	(a)	360.	(a)	361.	(d)	362.	(a)	363.	(b)	364.	(b)
365.	(c)	366.	(b)	367.	(c)	368.	(a)	369.	(d)	370.	(d)	371.	(a)
372.	(d)	373.	(a)	374.	(d)	375.	(c)	376.	(a)	377.	(d)	378.	(c)
379.	(d)	380.	(a)	381.	(c)	382.	(d)	383.	(c)	384.	(d)	385.	(c)
386.	(d)	387.	(c)	388.	(ab)	389.	(c)	390.	(b)	391.	(c)	392.	(d)
393.	(b)	394.	(b)	395.	(d)	396.	(a)	397.	(b)	398.	(b)	399.	(c)
400.	(d)	401.	(a)	402.	(b)	403.	(b)	404.	(d)	405.	(d)	406.	(a)
407.	(a)	408.	(c)	409.	(b)	410.	(b)	411.	(c)	412.	(d)	413.	(a)
414.	(a)	415.	(a)	416.	(a)	417.	(a)	418.	(a)	419.	(b)	420.	(c)
421.	(c)	422.	(a)	423.	(b)	424.	(c)	425.	(a)	426.	(b)	427.	(b)

बच्चों द्वारा ____________ को पढ़ने के प्रमाणिक स्रोत के रूप में देखा जाता है।

-पाठ्य-पुस्तकों

CTET 6 January, 2022

428.	(b)	429.	(c)	430.	(b)	431.	(c)	432.	(a)	433.	(d)	434.	(c)
435.	(a)	436.	(a)	437.	(a)	438.	(b)	439.	(c)	440.	(b)	441.	(a)
442.	(d)	443.	(a)	444.	(c)	445.	(c)	446.	(a)	447.	(b)	448.	(d)
449.	(b)	450.	(d)	451.	(c)	452.	(d)	453.	(b)	454.	(c)	455.	(a)
456.	(d)	457.	(a)	458.	(c)	459.	(d)	460.	(d)	461.	(b)	462.	(c)
463.	(a)	464.	(c)	465.	(b)	466.	(a)	467.	(b)	468.	(b)	469.	(d)
470.	(c)	471.	(b)	472.	(b)	473.	(d)	474.	(b)	475.	(c)	476.	(c)
477.	(a)	478.	(a)	479.	(b)	480.	(d)	481.	(c)	482.	(d)	483.	(c)
484.	(b)	485.	(a)	486.	(a)	487.	(d)	488.	(b)	489	(c)	490.	(c)
491.	(b)	492.	(d)	493.	(c)	494.	(c)	495.	(b)	496.	(b)	497.	(a)
498.	(d)	499.	(d)	500.	(d)	501.	(b)	502.	(a)	503.	(b)	504.	(b)
505.	(a)	506.	(a)	507.	(a)	508.	(b)	509.	(b)	510.	(b)	511.	(d)
512.	(b)	513.	(c)	514.	(a)	515.	(b)	516.	(a)	517.	(b)	518.	(b)
519.	(d)	520.	(c)	521.	(d)	522.	(b)	523.	(a)	524.	(d)	525.	(b)
526.	(d)	527.	(b)	528.	(c)	529.	(a)	530.	(d)	531.	(a)	532.	(d)
533.	(a)	534.	(a)	535.	(a)	536.	(d)	537.	(d)	538.	(d)	539.	(d)
540.	(d)	541.	(b)	542.	(b)	543.	(d)	544.	(c)	545.	(a)	546.	(c)
547.	(d)	548.	(b)	549.	(d)	550.	(c)	551.	(a)	552.	(c)	553.	(a)
554.	(d)	555.	(a)	556.	(b)	557.	(a)	558.	(b)	559.	(b)	560.	(b)
561.	(a)	562.	(a)	563.	(d)	564.	(c)	565.	(c)	566.	(c)	567.	(b)
568.	(d)	569.	(b)	570.	(c)	571.	(a)	572.	(b)	573.	(a)	574.	(b)
575.	(c)	576.	(b)	577.	(c)	578.	(b)	579.	(c)	580.	(a)	581.	(b)
582.	(a)	583.	(b)	584.	(d)	585.	(a)	586.	(d)	587.	(a)	588.	(a)
589.	(c)	590.	(c)	591.	(b)	592.	(a)	593.	(a)	594.	(a)	595.	(a)
596.	(c)	597.	(a)	598.	(a)	599.	(a)	600.	(b)	601.	(c)	602.	(c)
603.	(a)	604.	(a)	605.	(b)	606.	(b)	607.	(b)	608.	(b)	609.	(d)
610.	(b)	611.	(b)	612.	(d)	613.	(a)	614.	(d)	615.	(c)	616.	(c)
617.	(c)	618.	(d)	619.	(d)	620.	(a)	621.	(c)	622.	(c)	623.	(b)
624.	(c)	625.	(c)	626.	(c)	627.	(b)	628.	(c)	629.	(a)	630.	(b)
631.	(a)	632.	(b)	633.	(c)	634.	(b)	635.	(c)	636.	(c)	637.	(c)
638.	(b)	639.	(b)	640.	(d)	641.	(a)	642.	(c)	643.	(b)	644.	(a)
645.	(a)	646.	(d)	647.	(b)	648.	(d)	649.	(d)	650.	(a)	651.	(d)
652.	(a)	653.	(b)	654.	(c)	655.	(b)	656.	(c)	657.	(b)	658.	(c)

विद्यालयी बच्चों में भारतीय भाषाओं को समुन्नत करने वाले भारत सरकार के कार्यक्रम को नाम बताइए।

-भाषा संगम

CTET 1 February 2023

659.	(c)	660.	(a)	661.	(b)	662.	(c)	663.	(c)	664.	(a)	665.	(a)
666.	(b)	667.	(b)	668.	(c)	669.	(a)	670.	(c)	671.	(d)	672.	(a)
673.	(c)	674.	(d)	675.	(b)	676.	(a)	677.	(a)	678.	(a)	679.	(b)
680.	(d)	681.	(a)	682.	(b)	683.	(c)	684.	(a)	685.	(a)	686.	(c)
687.	(b)	688.	(b)	689.	(c)	690.	(a)	691.	(b)	692.	(a)	693.	(a)
694.	(d)	695.	(c)	696.	(b)	697.	(b)	698.	(b)	699.	(d)	700.	(d)
701.	(c)	702.	(b)	703.	(b)	704.	(c)	705.	(b)	706.	(b)	707.	(b)
708.	(a)	709.	(b)	710.	(d)	711.	(b)	712.	(b)	713.	(a)	714.	(d)
715.	(a)	716.	(b)	717.	(b)	718.	(c)	719.	(b)	720.	(a)	721.	(a)
722.	(b)	723.	(d)	724.	(d)	725.	(a)	726.	(b)	727.	(c)	728.	(d)
729.	(b)	730.	(c)	731.	(a)	732.	(b)	733.	(c)	734.	(a)	735.	(d)
736.	(c)	737.	(a)	738.	(c)	739.	(b)	740.	(c)	741.	(b)	742.	(a)
743.	(c)	744.	(c)	745.	(d)	746.	(b)	747.	(c)	748.	(c)	749.	(a)
750.	(a)	751.	(b)	752.	(c)	753.	(b)	754.	(c)	755.	(a)	756.	(c)
757.	(b)	758.	(a)	759.	(c)	760.	(b)	761.	(c)	762.	(a)	763.	(a)
764.	(a)	765.	(c)	766.	(a)	767.	(c)	768.	(c)	769.	(a)	770.	(c)
771.	(d)	772.	(c)	773.	(b)	774.	(b)	775.	(c)	776.	(a)	777.	(d)
778.	(d)	779.	(c)	780.	(a)	781.	(b)	782.	(c)	783.	(b)	784.	(a)
785.	(a)	786.	(a)	787.	(b)	788.	(b)	789.	(b)	790.	(b)	791.	(a)
792.	(d)	793.	(b)	794.	(a)	795.	(c)	796.	(b)	797.	(c)	798.	(c)
799.	(b)	800.	(c)	801.	(a)	802.	(a)	803.	(b)	804.	(c)	805.	(b)
806.	(a)	807.	(a)	808.	(d)	809.	(c)	810.	(d)	811.	(c)	812.	(c)
813.	(c)	814.	(a)	815.	(b)	816.	(a)	817.	(b)	818.	(a)	819.	(c)
820.	(b)	821.	(c)	822.	(b)	823.	(d)	824.	(c)	825.	(d)	826.	(a)
827.	(c)	828.	(b)	829.	(b)	830.	(d)	831.	(a)	832.	(b)	833.	(a)
834.	(a)	835.	(a)	836.	(b)	837.	(d)	838.	(b)	839.	(c)	840.	(d)
841.	(d)	842.	(d)	843.	(c)	844.	(a)	845.	(b)	846.	(a)	847.	(a)
848.	(d)	849.	(d)	850.	(c)	851.	(a)	852.	(c)	853.	(d)	854.	(a)
855.	(c)	856.	(b)	857.	(b)	858.	(d)	859.	(d)	860.	(a)	861.	(b)
862.	(a)	863.	(c)	864.	(b)	865.	(d)	866.	(d)	867.	(c)	868.	(c)
869.	(a)	870.	(a)	871.	(a)	872.	(b)	873.	(a)	874.	(c)	875.	(b)
876.	(a)	877.	(a)	878.	(c)	879.	(c)	880.	(c)	881.	(b)	882.	(d)
883.	(a)	884.	(c)	885.	(b)	886.	(a)	887.	(c)	888.	(d)	889.	(b)

भाषा कौशलों में सबसे पहले किस कौशल का विकास करना चाहिए

-श्रवण

CTET - Ind Paper (VI-VIII) Feb. 2014

890.	(a)	891.	(a)	892.	(a)	893.	(a)	894.	(b)	895.	(a)	896.	(d)
897.	(c)	898.	(a)	899.	(d)	900.	(c)	901.	(a)	902.	(a)	903.	(b)
904.	(a)	905.	(a)	906.	(d)	907.	(c)	908.	(c)	909.	(a)	910.	(b)
911.	(d)	912.	(d)	913.	(b)	914.	(b)	915.	(d)	916.	(a)	917.	(b)
918.	(b)	919.	(b)	920.	(c)	921.	(c)	922.	(a)	923.	(a)	924.	(d)
925.	(b)	926.	(a)	927.	(b)	928.	(d)	929.	(a)	930.	(b)	931.	(a)
932.	(a)	933.	(b)	934.	(b)	935.	(a)	936.	(d)	937.	(b)	938.	(c)
939.	(b)	940.	(b)	941.	(c)	942.	(d)	943.	(b)	944.	(a)	945.	(b)
946.	(a)	947.	(c)	948.	(d)	949.	(a)	950.	(d)	951.	(d)	952.	(a)
953.	(a)	954.	(c)	955.	(b)	956.	(b)	957.	(c)	958.	(d)	959.	(b)
960.	(c)	961.	(a)	962.	(b)	963.	(b)	964.	(b)	965.	(d)	966.	(b)
967.	(c)	968.	(c)	969.	(b)	970.	(a)	971.	(c)	972.	(b)	973.	(d)
974.	(d)	975.	(b)	976.	(c)	977.	(a)	978.	(c)	979.	(d)	980.	(d)
981.	(c)	982.	(d)	983.	(c)	984.	(c)	985.	(b)	986.	(d)	987.	(c)
988.	(c)	989.	(a)	990.	(a)	991.	(d)	992.	(b)	993.	(b)	994.	(d)
995.	(c)	996.	(c)	997.	(d)	998.	(c)	999.	(d)	1000.	(a)		

व्याख्या

1. Ans: (b) गुरू-शिष्य परम्परा में शिष्य के साथ गुरु का नाम पहले आता है। यह अमुक गुरू का शिष्य है- ऐसा कहा जाता है।

2. Ans: (c) गुरू अपने एक-एक शब्दों से शिष्य में अवतरित होता है। वाक्य से तात्पर्य है कि गुरू की शिक्षा शिष्य में प्रतिबिंबित होती है।

3. Ans: (c) शिष्य गुरू की आराधाना और उपासना करते - करते गुरूमय हो जाता है। जबकि शिष्य गुरू की शिक्षाओं को आत्म सात करके उसी राह पर चलता है।

4. Ans: (a) पूर्णतः समर्पित शिष्य पर गुरू का प्रभाव अधिक दिखाई देता है। जो शिष्य गुरू से जुड़ा रहता है। गुरू अपने एक-एक शब्द से शिष्य में अवतरित होता है।

5. Ans: (d) ईश्वर अवतरित होने से पहले सुयोग्य माता-पिता की खोज करते हैं। उसी प्रकार सदगुरू भी अवतरित होने के लिए होनहार शिष्य ढूँढ़ते हैं।

6. Ans: (c) गद्यांश के अनुसार गुरू में अपने शिष्य के प्रति ममत्व का भाव होता है। क्योंकि गुरू अपने शिष्य से माँ से भी जयादा दुलार और प्यार करता है।

7. Ans: (a) 'सदगुरू' का संधि-विच्छेद है - सत् + गुरू। सद्गुरू में व्यंजन सन्धि है।

8. Ans: (c) 'समर्पित' में 'इत' प्रत्यय है।

9. Ans: (c) 'समय' का पर्यायवाची शब्द घड़ियाँ नहीं है। समय का पर्यायवाची है बेला, काल, घड़ी, वक्त इत्यादि।

10. Ans: (b) पद्यांश में कवि ने पेड़ों को काटने को दुष्कर्म कहा है।

11. Ans: (c) चिड़ियाँ हमेशा पेड़ों पर ही घोसला बनाती है। पेड़ ही उनका रहने का स्थान है। जब पेड़ कट जायेंगे तो उनका घर उजड़ जायेगा। इसीलिए उन्हें रोना आयेगा।

12. Ans: (d) कविता में 'सहन' से आशय आँगन है।

कहानी सुनाने से

-बच्चों की कल्पना-शक्ति व चिंतन-शक्ति का विकास होताहै।

CTET-Ist Paper (I-V) June 2011

13. Ans: (b) लेखक ने कविता में धरती को हरा-भरा रखने की विनती की है।

14. Ans: (d) कविता में 'चौपाए' से आशय जानवर है। जानवर शांत वातावरण में घूम रहे है।

15. Ans: (a) पर्ण शब्द पेड का पर्यायवाची नहीं है। पर्ण के पर्यायवाची पत्ता, पत्ती, पात, पत्र इत्यादि तथा तरु, वृक्ष, पादप, पेड़ के पर्यायवाची है।

16. Ans: (a) संपादन अनुच्छेद लेखन के दौरान व्याकरण, विराम चिह्न विधान और वर्तनी की जाँच करना लेखन प्रक्रिया का चरण है।

17. Ans: (b) विद्यालय निरीक्षक के निरिक्षण के समय विभिन्न अनुभागों का अवलोकन किया जाना अध्यापक को भाषा अध्यापन के लिए सर्वाधिक रूप से उपयुक्त और आदर्श होगा दूसरी अध्यापक शिशुगीत गा रही थी फिर कहानी सुना रही थी।

18. Ans: (b) 'निपुन भारत' में बुनियादी साक्षरता व गणित बोध का विकासात्मक उद्देश्य है। बच्चे प्रभावशाली सम्प्रेषक बने। इसका मुख्य उद्देश्य आधारभूत साक्षारता एवं संख्यात्मक के ज्ञान को छात्रों के अन्तर्गत विकसित करना है।

19. Ans: (c) राष्ट्रीय शिक्षा नीति- 2020 बहुत पुरजोर तरीके से तीन माह की स्कूल तैयारी के माड्यूल की अनुशंसा करती है जिससे कि बच्चे ग्रेड - 1 स्तर में पढ़ने के लिए तैयार हो सके।

20. Ans: (d) कथन (A) भाषायी निपुणता व्याकरणिक दृष्टि से सही वाक्य बनाने की योग्यता है कथन असत्य है। भाषायी निपुणता सुविधा और प्रवाह के साथ भाषा के इस्तेमाल करने की योग्यता है कथन सत्य है। अतः कथन (A) असत्य है, लेकिन (R) सत्य है।

21. Ans: (d) यह शैक्षिक गतिविधियों की योजना है पाठ्यपुस्तक के बारे में सही नहीं है। 'अन्य सभी विकल्प सही है'।

22. Ans: (b) पोर्टफोलियो एक प्रकार का रिपोर्ट कार्ड या फाइल होता है, जिसमें विद्यार्थी की शैक्षिक और गैरशैक्षिक सभी तरह की जानकारी को क्रमबद्ध तरिके से एकत्रित करके रखा जाता है।

23. Ans: (c) खिलौना आधारित शिक्षण शास्त्र पर तीन से नौ वर्ष वाले आयु समूह के लिए राष्ट्रीय शिक्षा नीति 2020 ने शिक्षण शास्त्रीय उपागम पर अधिक बल और ध्यान केन्द्रित किया है।

24. Ans: (c) चित्रात्मक पुस्तकें देने का उद्देश्य है बच्चों को पठन से परिचित करवाना और उनके भाषा विकास की शुरूआत करना। चित्रात्मक पुस्तकें बच्चों के लिए जबरदस्त लाभ देती है। बच्चों के शुरूआती चरण में कौशल को विकसित करने के लिए।

25. Ans: (c) धीरे-धीरे नयी अवधारणाओं का परिचय देना कक्षायी प्रक्रियाएँ बुनियादी उम्र के बच्चों के लिए विकासात्मक रूप से उपयुक्त है। शिक्षा का अर्थ ज्ञान, सदाचार, उचित व्यवहार तकनीकी शिक्षा, दक्षता, आदि को प्राप्त करने की प्रक्रिया को कहते है।

26. Ans: (a) अभिकथन (A) और (R) दोनों सत्य है और (R), (A) की सही व्याख्या हैं क्योंकि प्राथमिक स्तर की शिक्षा में समूची पाठ्यचर्या में भाषा दृष्टिकोण महत्वपूर्ण है। भाषा विभिन्न अर्थ-निर्माण सम्बन्धी सन्दर्भों से बेहतर तरीके से अर्जित की जाती है।

27. Ans: (c) जब बालक के घर की भाषा और विद्यालय में निर्देश की भाषा एक ही है तो वह शिक्षक के लिए एक संसाधन का कार्य करता है क्योंकि यह भाषा विशेष में चिंतन और तर्क की उच्च स्तरीय संज्ञानात्मक गतिविधियों का आयोजन कर सकती है

28. Ans: (a) सीखने के प्रतिफल में भाषा की अध्यापक अपनी डायरी में कुछ टिप्पणियाँ लिख रही है, ये टिप्पणियाँ सटीक रूप से यह वर्णित करती है कि विद्यार्थी कक्षा के बाद कर पाएँगे।

29. Ans: (c) बहुभाषावाद ऐसी युक्ति हैं जिसका अर्थ है शिक्षार्थियों की भाषाओं का इस्तेमाल करना है। बहुभाषावाद का अर्थ ऐसी भाषा से हैं जो दो या अधिक भाषाओं का प्रयोग करता है।

30. Ans: (b) पठन कौशल में एक बालिका विद्यालय आते-जाते साइनबोर्ड, लेबल, रैपर्स आदि देखती है और इस तरह से मुद्रित सामग्री के कई प्रकारों से अन्तः क्रिया करती है।

बच्चों का भाषायी विकास सर्वाधिक रूप में निर्भर करता है

-समृद्ध भाषा-परिवेश पर

CTET - Ind Paper (VI-VIII) Feb. 2014

31. Ans: (b) उपर्युक्त गद्यांश में उल्लिखित वाक्य का रेखांकित भाग 'लगभग चौथाई देश' से यह आशय है कि देश के कुल राज्यो के एक-चौथाई राज्यों से लोग।

32. Ans: (b) "आड़ी-तिरछी सामाजिक व्यवस्था" से आशय समाज की विषमताओं (सामाजिक विषमता) से है

33. Ans: (c) उपर्युक्त गद्यांश के अनुसार लेखक ने फैजाबाद शहर छोड़ा था।

34. Ans: (b) उपर्युक्त गद्यांश के अनुसार गजब बात यह थी कि सभी ने आड़ी-तिरछी सामाजिक व्यवस्था (सामाजिक अव्यवस्था) तथा खाली रहने वाली जेब के कारण अपने शहर छोड़े।

35. Ans: (c) उपर्युक्त विकल्पों में आड़ी-तिरछी, उल्टी-सीधी तथा अच्छी-बुरी विपरीतार्थिक शब्द-युग्म है जबकि अपनी-अपनी पुनरुक्त शब्द-युग्म है।

36. Ans: (d) उपर्युक्त विकल्पों में अरुणाचल प्रदेश व्यक्ति वाचक संज्ञा के अन्तर्गत आता है जबकि अन्य शब्द विशेषण - विशेष्य का संबन्ध दर्शाते हैं।

37. Ans: (a) सामाजिक व्यवस्था शब्द का समास विग्रह समाज के लिए व्यवस्था होगा। यह सम्प्रदान तत्पुरुष समास का उदाहरण है।

38. Ans: (a) उपर्युक्त वाक्य में रेखांकित पद उधिराई से तात्पर्य बाढ़ आने से है।

39. Ans: (a) उपर्युक्त गद्यांश के अनुसार चीन में ब्रह्मपुत्र को यारलंग सांगपो के नाम से पुकारते है। जिसका अर्थ घोड़े जैसी नदी या घोड़ा नदी होता है।

40. Ans: (b) उपर्युक्त काव्यांश की पक्तियों के आधार पर भोर होने पर अँधेरा दूर हो जाता है।

41. Ans: (a) दृष्टि का तम से घिरना का आशय अज्ञानता रूपी अन्धकार से घिरना होता है।

42. Ans: (d) उपर्युक्त काव्यांश के अनुसार जगत जग चला है का आशय पृथ्वी का घूमना से नही है बल्कि इसका आशय उठ जाना, जागरुक होना, तथा कर्मशील होना से है।

43. Ans: (b) उपर्युक्त काव्यांश के अनुसार 'निशा धुल चली है।' से तात्पर्य निराशा रूपी अन्धकार के दूर होने से है।

44. Ans: (c) उपर्युक्त विकल्पों में रात्रि, निशा का पर्यायवाची शब्द है।

45. Ans: (b) उषा आ रही है पंक्ति में मानवीकरण अलंकार है। मानवीकरण अलंकार- जहाँ प्रकृति के पदार्थो पर (अचेतन, वस्तु) पर मानवीय क्रिया कलापों का आरोपण हो अथवा प्रकृति की वस्तुओं को मनुष्य की तरह कार्य करते हुए प्रकट किया जाये वहाँ मानवीकरण अलंकार होता है।

46. Ans: (b) भाषा नियमों द्वारा शासित व्यवस्था है। भाषा वह साधन है जिसके द्वारा मनुष्य एक-दूसरे को भावों को बोलकर लिखकर, सुनकर व्यक्त करता है।

47. Ans: (b) भारत की विद्यालयी शिक्षा में त्रि-भाषा सूत्र भाषा युक्ति कहलाती है। त्रि-भाषा सूत्र का सम्बन्ध तीन भाषाओं (हिन्दी, अंग्रेजी तथा सम्बन्धित राज्यों की क्षेत्तीय भाषा) से है।

48. Ans: (c) बालिका का विद्यालय में एक भाषा के रूप में अंग्रेजी पढ़ना या सीखना भाषा अधिगम है तथा आस-पास के लोगो, सहपाठियों के साथ अन्तः क्रिया करके मराठी

49. Ans: (d) पीटर अपनी मातृभाषा बहुत अच्छी तरह से पढ़ लेता है और वह अंग्रेजी भाषा में भी बहुत अच्छी तरह से पढ़ लेता है यह कौशल स्थानान्तरण के रूप में जान जाएगा।

50. Ans: (a) आशीष कक्षा सात का अध्यापक है, उसने अपने विद्यार्थियों को एक पहेली हल करने के लिए दी और विद्यार्थियों को चार के समूह में बाँट दिया। चार के समूह में बंटे शिक्षार्थियों ने यह बोलकर पहेली का हल निकालना है कि वे पहेली करने के बारे में क्या सोंचते हैं।

51. Ans: (b): किसी पाठ्यपुस्तक के लिए पाठ्य सामग्री का चयन करते समय मुख्य आधार निम्न होने चाहिए-

(I) पाठ्यपुस्तक स्वाभविक भाषा में होनी चाहिए और प्रामाणिक सामग्री होनी चाहिए।

(II) प्रभावशाली सम्प्रेषण

(III) सरल, सुबोध व स्पष्ट भाषा का प्रयोग

(IV) वैज्ञानिक अभिवृत्ति एवं दृष्टिकोण विकास में सहायक

52. Ans: (d) उपर्युक्त विकल्पों में हिन्दी शास्त्रीय भाषा नहीं है। शास्त्रीय भाषा - शास्त्रीय भाषा का दर्जा उस भाषा को प्रदान

भाषा.......... ,.......... और.......... का एक उत्तम साधन है।

-सोचने, महसूस करने, चीज़ों से जुड़ने

CTET - Ist Paper (1-V) Feb. 2014

किया जाता है जिसका साहित्यिक इतिहास 1500 से 2000 वर्ष प्राचीन होता है।

जिस भी भाषा को शास्त्रीय भाषा का दर्जा प्रदान किया जाता है उसे भारत सरकार की तरफ से 100 करोड़ रूपये का अनुदान शोध एवं अनुसंधान कार्यों के लिए प्रदान किया जाता है।

53. Ans: (b) भाषा के बारे में ज्ञान घोषणात्मक ज्ञान कहलाता है। घोषणात्मक ज्ञान घोषणात्मक ज्ञान एक ऐसी प्रक्रिया है जिसके अन्तर्गत व्याकरण सीखने में यह व्याकरण के विषय वस्तु को सरल बना देती है तथा उसके विषयों के भाव को स्पष्ट कर देती है।

54. Ans: (a) भाषा की केन्द्रियता का अर्थ इस बात की पहचान करना है कि विषय-वस्तु के सीखने में भाषा की भूमिका महत्वपूर्ण है। कोई भी व्यक्ति जो भाषा सीखना चाहता है, उसके लिए सबसे महत्वपूर्ण बात देशी वक्ताओं के साथ समय बिताना है।

55. Ans: (d) आकलन के लिए शिक्षार्थियों के सीखने संबंधी सभी कार्यों का अभिलेख रखना पोर्टफोलियो आकलन कहलाता है।

56. Ans: (a) पाठ्य सामग्री में से समग्र अर्थ प्राप्त करने के लिए सरसरी तौर पर पठन किया जाता है।

सरसरी तौर पर किसी पाठ को पढ़कर / देखकर उसकी विषयवस्तु का पता कर लेना पढ़ने की एक महत्वपूर्ण कुशलता है।

57. Ans: (a) दक्षता आधारित पठन शिक्षार्थी को विषयवस्तु निपुणता प्राप्त करने के लिए केन्द्रित करने में सक्षम है।

58. Ans: (b) रोल प्ले कक्षा आठ का अध्यापक राघवन विद्यार्थियों को पाँच के समूह में बाँटता है और प्रत्येक को एक विशिष्ट टॉपिक पर वार्तालाप में बोलने के लिए एक पात्र (चरित) एवं भाषा देता है।

59. Ans: (b) अध्यापक अपनी कक्षा इस प्रकार आयोजित करता है। कि विद्यार्थी लेखन संबंधी कक्षा में मुख्य बिन्दु लिख सकें रूपरेखा तैयार कर सकें पहला प्रारूप लिख सकें उसमें सुधार कर सकें और अन्ततः अन्तिम प्रारूप तैयार कर सकें, यहाँ अध्यापक लेखन का प्रक्रिया उपागम का इस्तेमाल कर रहा है।

60. Ans: (c) उच्चारण सिखाने के लिए विपरीत शब्दों के उदाहरण देकर सिखाना एक प्रभावशाली तरीका माना जाता है।

61. Ans: (c) बड़ो द्वारा बनाए नियमों की अधिक जानकारी होना बाधक है। क्योंकि बड़ो द्वारा बनायें गए कायदों को बच्चे नहीं जानते है।

62. Ans: (b) यदि छोटी कक्षा को पढ़ाना हो तो शिक्षक को संवेदनशील होना चाहिए नही तो कल्पनाशीलता का खत्म होने डर होने जाता है।

63. Ans: (a) "सब ठीक हो जाएगा" में आशा का भाव छिपा है।

64. Ans: (a) रोक-टोक नही करना चाहिए। क्योंकि जब बच्चा कल्पना करेगा तो उसके विचार में नई नई सोच का चिन्तन से वह अपनी कल्पना को सच करेगा।

65. Ans: (c) " नैसर्गिक" शब्द में 'इक' प्रत्यय है। नैसर्गिक का अर्थ प्राकृतिक या स्वाभाविक हैं।

66. Ans: (c) जैसे-जैसे समूह से भिन्न शब्द-युग्म है। क्योंकि चाहे- अनचाहे, दिन-रात तथा अच्छा-बुरा युग्म शब्द का विलोमार्थक शब्द है।

67. Ans: (d) कल्पनाशीलता संज्ञा शब्द है। संज्ञा किसी वस्तु प्राणी, गुण, स्थान तथा नाम को कहते हैं।

68. Ans: (b) कल्पनाशीलता बच्चों का नैसर्गिक गुण है। वाक्य मे रेखांकित शब्द के स्थान पर प्राकृतिक शब्द का प्रयोग कर सकते है।

69. Ans: (b) गद्यांश के आधार पर कल्पनाशीलता को बचाना इसलिए जरुरी है ताकि हम जीवन की चुनौतियों का सामना कर सकें।

70. Ans: (a) कविता के आधार पर प्रकृति में यह परिवर्तन आया है। कि प्रकृति में आम पर बौर आ गई है

71. Ans: (b) कविता में 'दल' शब्द का अर्थ पत्ते है। समूह, दाल, फल असगंत है।

भाषा की कक्षा में भाषायी खेलों का आयोजन मुख्यतः

-रोचकता और जोश लाता है

CTET - Ist Paper (I-V) Feb. 2016

72. Ans: (a) कोयल मतवाली हो गयी है क्योंकि आम के पेड़ में बौर लद गए हैं।

73. Ans: (b) काव्यांश में कहा गया है कि कटहल के पकने पर उसकी गंध मीठी सी लगती है।

74. Ans: (b) दिये गये काव्यांश में 'दाड़िम' का उपयुक्त अर्थ अनार होगा। अनाज, नाशपती, शकरकंद उपयुक्त अर्थ नही है।

75. Ans: (c) 'तरु' का पर्यायवाची वृक्ष है। तरु के अन्य पर्याय हैं- गाछ, पादप, अगम, दरख्त, विश्प, शाखी, रुक्ष, द्रुम इत्यादि।

76. Ans: (b) वाइगोत्स्की के मत के अनुसार भाषा एक सांस्कृतिक उपकरण है। वाइगोत्स्की ने माना है कि भाषा संज्ञानात्मक विकास का महत्वपूर्ण साधन है वाइगोत्स्की के अनुसार ज्ञानात्मक विकास में संस्कृति एक महत्वपूर्ण कारक है अधिगम से ही ज्ञानात्मक विकास होता है तथा व्यक्तिगत विकास सामाजिक एवं सांस्कृतिक परिवेश के बिना संभव नही है।

77. Ans: (a) भाषा कोई पृथक वाक्य या शब्द नहीं है। इसलिए अध्यापक को भाषा एक अर्थपूर्ण विमर्श के रूप में प्रस्तुत करनी चाहिए।

78. Ans: (a) ढाई वर्ष का एक बालक अपनी माता को एक पुस्तक पढ़ते हुए देखता है: --
यह बच्चा प्रारम्भिक पाठक की श्रेणी में रहेगा। आप एक शिक्षक हैं यह तथ्य इस बात को सूचित करता है कि आप एक कुशल और आत्मविश्वासी पाठक हैं।

79. Ans: (d) स्वनिम जागरुकता ध्वनि का ज्ञान है। स्वनिम उच्चारित ध्वनि की सबसे छोटी ईकाई है। स्वनिम के लिए ध्वनिग्राम, स्वनिग्राम आदि शब्द भी प्रयुक्त होते है।

80. Ans: (a) एक बालक को यह समझ है कि किसी कागज़ पर मुद्रित / लिखित सामग्री अर्थपूर्ण शब्दों को प्रस्तुत करती है और ये शब्द बोली जाने वाली भाषा से सम्बंधित है।

81. Ans: (b) जब पाठकों से अपेक्षा की जाती है कि वे किसी पाठ्य- सामग्री के प्रत्यक्ष या निष्कर्ष वाले अर्थ से आगे जाएँ यह मूल्यांकन और प्रतिबिंबन (गहन चिंतन) पर आधारित होगा।

82. Ans: (b) भाषा अधिगम में चुनौतीपूर्ण अवधि वह आयु है जब बच्चे भाषा सीखने के लिए सर्वाधिक रूप से ग्रहणशील हैं। सामान्यतः भाषा शिक्षण अधिगम प्रक्रिया का प्रमुख आधार है।

83. Ans: (b) यह अध्यापिका का विचार तर्क सम्मत नही है। क्योंकि स्वयं की बनाई वर्तनी बच्चो की वर्तनी सीखने की क्षमता को धीमा कर देगी।

84. Ans: (a) प्राथमिक स्तर पर विद्यार्थियों के लिए पढ़ाई का माध्यम मातृभाषा होना चाहिए। मातृभाषा से बच्चों को समझने तथा बोलने में सरलता रहती है।

85. Ans: (d) राष्ट्रीय शिक्षा नीति 2020 के अनुसार बच्चों द्वारा बोली जा रही भाषा और विद्यालय में पढ़ाई के माध्यम की भाषा में विद्यमान अन्तर को पाटना (पुल बनाना) चाहिए। इससे बच्चों में सीखने के प्रति लगन और जिज्ञासा उत्पन्न होगी।

86. Ans: (b) एक अध्यापिका कक्षा पाँच के शिक्षार्थियों के पठन कौशल का आकलन कर रही है। पढ़ी गई सामग्री का अपने शब्दों में सारांशीकरण करना आकलन का सर्वाधिक उपयुक्त तरीका हैं।

87. Ans: (a) विक्रम का जन्म मध्य प्रदेश में हुआ और इसके छह वर्ष बाद उसके पिता का स्थानान्तरण केरल में हो गया। वहाँ विक्रम को एक अंग्रेजी माध्यम के विद्यालय में प्रवेश दिलाया गया, किन्तु कुछ ही महीनों में उसने मलयालम सीख ली। इस स्थिति में विक्रम ने अपने परिवेश से मलयालम अर्जित की है। क्योंकि भाषा पर परिवेश का बहुत प्रभाव पड़ता है।

88. Ans: (c) भाषा की पाठ्यपुस्तकों में चित्रों से शिक्षार्थियों को पाठ्य सामग्री में आए विचारों और घटनाओं को भाँपते और अनुमान लगा लेते है। इससे शिक्षार्थी में पाठ में निहित अमूर्त संकल्पना को समझना आसान हो जाता है।

89. Ans: (b) अध्यापिका कक्षा चार में 'संज्ञा' पढ़ाना चाहती है वह पढ़ी जा रही पाठ्य सामग्री में व्यक्ति, स्थान और वस्तु के नामों को रेखांकित करना और उसके बाद संज्ञा की व्याख्या करना विधि सर्वाधिक उपयुक्त है।

प्राथमिक स्तर की कक्षा में भिन्न-भिन्न प्रान्तों के अलग-अलग भाषा बोलने वाले बच्चों का नामांकन हुआ है। ऐसी स्थिति में भाषा की कक्षा बच्चों के भाषायी विकास के सन्दर्भ में

-जटिल चुनौती के रूप में सामने आती है

CTET - Ist Paper (I-V) Feb. 2016

90. Ans: (b) एक अध्यापिका अनुच्छेद लेखन के लिए प्रक्रिया आधारित उपागम का अनुसरण कर रही है। शिक्षार्थियों में लेखन कौशल विकसित करने के लिए टॉपिक से संबंधित मस्तिष्क में आ रहे बिन्दुओं को नोट करने के लिए कहना सही तरीका है।

91. Ans: (d) सीमित इच्छाएँ संतोषी व्यक्ति का गुण है जबकि असंतोषी व्यक्ति सदैव मानसिक तनाव, रोग एवं लालच से घिरा रहता है।

92. Ans: (b) महात्मा कबीर के अनुसार जीवन में सबसे अधिक महत्त्वपूर्ण संतोष है। उनके अनुसार संतोष रूपी धन मिलने पर समस्त वैभव धूल के समान प्रतीत होता है।

93. Ans: (b) संतोष का संबंध मन से है। क्योंकि जब इच्छाएँ हम पर हावी नहीं होती तभी हमारा मन संतुष्ट एवं शान्त रहता है।

94. Ans: (b) गंद्याश के अनुसार यदि व्यक्ति सुख से रहना चाहता हैं। तो उसे संतोषी होना होगा। क्योंकि असंतोष मानसिक तनाव उत्पन्न करता है जो अनेक रोगों की जड़ हैं।

95. Ans: (d) गद्यांश के अनुसार असंतोषी होना अधिक धन प्राप्त करने का परिणाम है। व्यक्ति जितना अधिक धन के पीछे भागता है उतना ही उसका असंतोष बढ़ता जाता है।

96. Ans: (c) गद्यांश के अनुसार कम में भी गुजारा करना साधु स्वभाव की विशेषता है।

97. Ans: (c) व्याधि का तात्पर्य रोग से है।

98. Ans: (d) भोजन, संतोष एवं धूल तीनों संज्ञा शब्द हैं जबकि असंतुष्ट विशेषण शब्द होने के कारण तीनो से भिन्न है।

99. Ans: (a) 'सांसारिक' शब्द में 'संसार' मूल शब्द एवं 'इक' प्रत्यय का प्रयोग हुआ है। अन्य विकल्प असंगत हैं।

100. Ans: (a) पद्यांश का मुख्य स्वर 'भोर हो रही' है। उपर्युक्त कविता में कवि ने प्रातः काल का चित्र प्रस्तुत किया है।

101. Ans: (c) कविता में प्रयुक्त 'गाँव - खपरैल' शब्द ग्रामीण परिवेश की ओर संकेत करते हैं।

102. Ans: (d) 'खपरैलों की दुनिया आँख खोलने लगी' पक्ति से तात्पर्य है - गाँव के लोग उठने लगे हैं।

103. Ans: (a) काव्यांश में पहाड़ी को जमे हुए धुएँ सी कहा गया है। क्योंकि भोर के पहले का अंधकार पहाड़ो पर फैले धुएँ की तरह प्रतीत होता है।

104. Ans: (b) पद्यांश में 'सोने का कलश' से सूर्य की सुनहरी किरणो की ओर संकेत किया गया है क्योंकि सूर्य कि किरणे सोने के कलश के समान चमक रही हैं।

105. Ans: (d) पद्यांश में आयी 'उषा चली आ रहीं' पंक्ति में मानवीकरण अलंकार है।

106. Ans: (c) सहज ज्ञान वादियों का यह विचार है कि सहजात मानसिक योग्यता बच्चों को भाषा अर्जित करने एवं उसका प्रयोग करने के योग्य बनाती है, यह भाषा अर्जन युक्ति कहलाती है।

107. Ans: (a) दो - तीन माह का शिशु एकल स्वर जैसी ध्वनिया निकालता है। भाषा विकास के इस चरण को 'कूजन' नाम से संबोधित किया जाता है।

108. Ans: (a) भाषा ड्रिल और अभ्यास द्वारा सीखी जाती है। भाषा अधिगम का यह विचार बी. एफ. स्किनर का है। स्किनर ने भाषा शिक्षण में 'क्रिया प्रसूत सिद्धांत' का प्रतिपादन किया।

109. Ans: (c) कक्षा दो के विद्यार्थी भिन्न-भिन्न भाषायी पृष्ठभूमि से हैं। कक्षा की यह बहुभाषी प्रकृति भाषा अधिगम में एक संसाधन की भाँति प्रयोग में लाई जा सकती है।

110. Ans: (c) 'अनुमान लगाना' यह युक्ति प्रभावशाली श्रवण युक्ति नहीं है जबकि पूर्व श्रवण विश्लेषण संरचित कथनों का श्रवण समूह श्रवण आदि युक्तियाँ श्रवण की प्रभावशाली युक्तियाँ हैं।

111. Ans: (a) ग्रहीय शब्द भंडार वे शब्द हैं जिन्हे जब कोई सुनता है या देखता है तब पहचान कर पाते हैं।

112. Ans: (a) उसकी लिखावट स्पष्ट और सुसंगत नहीं है। इसे डिस्ग्राफिया के रूप में जाना जाएगा। डिस्ग्राफिया लेखन अक्षमता है।

113. Ans: (c) किसी बच्चे को उसकी लक्ष्य भाषा में निपुण तब कहा जाएगा जब वह लक्ष्य भाषा का प्रयोग प्रवाह और सटीकता के साथ कर पाता हो।

114. Ans: (c) नादिरा को अपने कक्षा - 4 के विद्यार्थियों के पठन बोध का मूल्यांकन करना है। मूल्यांकन हेतु बच्चों को

घर की भाषा और विद्यालय में पढ़ाई जाने वाली भाषा

-समान हो सकती है।

CTET-Ist Paper (I-V) July 2013

सर्वाधिक उपयुक्त कार्य है कि बच्चों का अपने शब्दों में दुबारा कहानी कहने को बोलना चाहिए।

115. Ans: (d) एक अध्यापक अपने कुछ विद्यार्थियों को दिए गए विषय पर छः वाक्य बोलने के लिए कहती है। वह शेष विद्यार्थियों को अपने सहपाठियों के वाक्य सुनकर उनका आकलन करने के लिए कहती है।

116. Ans: (c) एक बहुभाषिक व्यक्ति को बहुभाषा विद् भी कहा जा सकता है। बहुभाषाविद का तात्पर्य ऐसे व्यक्ति से है जो अनेक भाषाओं का ज्ञाता हो।

117. Ans: (b) जो विद्यार्थी बहुत पढ़ते हैं वे अच्छे लेखक होते हैं। पठन और लेखन कौशल के विषय में यह कथन सही हैं। पुस्तकों को पढ़ने से विद्यार्थी के शब्द भण्डार में वृद्धि होती है और लेखन के लिए शब्दों का अच्छा भण्डार होना अति आवश्यक है।

118. Ans: (c) एक अध्यापक विद्यार्थियों को एक अनुच्छेद लिखने के लिए कहता है। लेखन प्रक्रिया आरंभ करने से पहले विद्यार्थी को सबसे पहले विषय पर सर्वप्रथम विचार बना लेना चाहिए कि कौन- कौन से बिन्दुओं पर लिखना है और किस बिन्दु में क्या-क्या रखना है।

119. Ans: (c) आकलन सफल शिक्षण की महत्त्वपूर्ण प्रक्रिया है। आकलन के द्वारा बालक की क्षमता अनुभूति आदि का मापन किया जाता है।

120. Ans: (a) इसे कोड मिश्रण कहा जाता है। इस वाक्य में हिन्दी एवं अंग्रेजी दोनो भाषाओं के शब्दों का प्रयोग किया गया है।

121. Ans: (d) 'मानव जाति प्रकृति का आभार क्यों नहीं मानती' यह बात जीवक को कचोट रही थी।

122. Ans: (c) उपर्युक्त गद्यांश के अनुसार जीवक ऐसे वनस्पति की खोज कर रहा था 'जिस वनस्पति में दवा बनाने से संबंधित कोई गुण न हो। '

123. Ans: (c) जीवक को ऐसा लगा कि उसकी शिक्षा अधूरी है क्योंकि वह औषधीय गुण रहित वनस्पति की पहचान नहीं कर पाया था।

124. Ans: (d) लौटते हुए जीवक के मन में विचार आ रहा था कि आचार्य द्वारा ली जा रही परीक्षा में क्या वह सफल हो पाएगा।

125. Ans: (a) तक्षशिला विश्वविद्यालय के परिसर हेतु 'बहुत बड़ा' विशेषण शब्द का प्रयोग हुआ है।

126. Ans: (c) 'जड़मति' शब्द का अर्थ 'मूर्ख' होता है।

127. Ans: (a) विकल्पानुसार 'असफलता' शब्द में 'अ' उपसर्ग तथा 'ता' प्रत्यय का प्रयोग हुआ है।

128. Ans: (a) 'जैव-संपदा' का समास विग्रह 'जैव की संपदा' है। इसमें तत्पुरुष समास है।

129. Ans: (c) 'वात्सल्य' का अर्थ 'मातृ-पितृवत् स्नेह' है।

130. Ans: (b) उपर्युक्त काव्यांश के आधार पर कवि 'कर्तव्य पथ' को न भूलने की बात कर रहा है।

131. Ans: (b) 'सौन्दर्य के प्रति आसक्ति' की स्थिति में पथिक द्वारा पथ भूल जाने की आशंका है।

132. Ans: (b) " तब अपनी प्रथम विफलता में" पंक्ति का भाव 'अपनी पहली हार के समय से है।

133. Ans: (b) उपर्युक्त पद्यांश में 'पथिक' शब्द 'मनुष्य के लिए' संबोधित किया गया है।

134. Ans: (d) 'वापी' शब्द का अर्थ 'छोटा तालाब' होता है।

135. Ans: (a) 'सरिता' का समानार्थक शब्द 'नदी' है।

136. Ans: (b) नोम चॉम्स्की के अनुसार भाषा अर्जन उपकरण (एल.ए.डी.) बच्चों की व्याकरण के लियम बनाने में मदद करता है। चाम्स्की के अनुसार - " भाषा अर्जन की क्षमता बालकों में जन्मजात होती है और वह भाषा की व्यवस्था को पहचानने की शक्ति के साथ पैदा होती है। "

137. Ans: (d) कक्षा पाँच में भाषा शिक्षण करते समय श्रीलाल पाठ्यसामग्री को बच्चों की पृष्ठभूमि, रीजि-रिवाज और परम्पराओं से सम्बद्ध करते हैं। श्रीलाल भाषा के 'जीवन से जुड़ाव का सिद्धान्त' का प्रयोग कर रहे हैं।

138. Ans: (a) गोवा में कोंकणी, मराठी, अंग्रेजी, हिन्दी और पुर्तगाली भाषाएँ बोली जाती हैं इसका तात्पर्य यह हुआ कि गोवा बहुभाषिक राज्य हैं।

139. Ans: (c) प्राथमिक स्तर पर व्याकरण पढ़ाते समय अध्यापक को 'आगमनात्मक' विधि का प्रयोग करना चाहिए जिससे कि बच्चे काम में व्यस्त रहें और एक-दूसरे के साथ अंतः क्रिया कर सकें।

"हर व्यक्ति को मैंने ही सच्चाई दिखाई।" वाक्य पर चर्चा करनेका उद्देश्य है

-बच्चों को भाषा की नियमबद्ध प्रकृति की पहचान और उसका विश्लेषण करना सिखाना

CTET - IInd Paper (VI-VIII) Sep. 2014

140. Ans: (a) निष्क्रिय शब्दावली में ऐसे शब्द होते हैं जिनका प्रयोग कभी-कभार होता हो। ऐससा शब्द जिनका प्रयोग कभी-कभी ही होता है ऐसे शब्द निष्क्रिय शब्द कह जाते हैं।

141. Ans: (a) 'त्रुटियाँ भाषा अधिगम की प्रक्रिया में व्यवधान डालती हैं।' उक्त कथन त्रुटियों के बारे में सही नहीं है जबकि अन्य सभी कथन त्रुटियों के सम्बन्ध में सही हैं।

142. Ans: (d) उपर्युक्त गतिविधि को 'श्रवण और वाचन' की श्रेणी में रखेंगे।

श्रवण कौशल - किसी का वाचन सुनने और सुनकर अर्थ एवं भाव को समझने की क्रिया श्रवण कौशल कहलाती है।

वाचन कौशल- अपने भावों और विचारों को मौखिक भाषा के द्वारा बोलकर अभिव्यक्त करना ही वाचन कौशल कहलाता है।

143. Ans: (a) पृथ्वी सूर्य के चारों ओर घूमती है' इस प्रकार की तथ्यात्मक सूचना संबंधी लेखन को 'प्रतिपादक लेखन' (व्याख्यात्मक) श्रेणी में रखेंगें।

144. Ans: (b) विद्यार्थियों के साथ साहित्य पर बात क्यों करनी चाहिए. उक्त के संबंध में यह पाठ्यक्रम में शामिल नहीं है। कथन सही नहीं है। जबकि अन्य कथन उपर्युक्त के संबंध में सहीं है।

145. Ans: (b) भाषा अधिगम में निदानात्मक परीक्षण का उद्देश्य शिक्षार्थियों की समझ में रह गए अंतरों (कमियों) को जानना और उपचारात्मक कार्यवाही हेतु एक योजना तैयार करना है। यह सभी छात्रों के लिए अधिगम के परिणामों को बेहतर बनाने में महत्वपूर्ण भूमिका निभाता है।

146. Ans: (d) वाइगोत्सकी के अनुसार, बच्चे साथियों के साथ सामाजिक अंतः क्रिया से सीखते हैं। एक भाषा शिक्षक के रूप में उन्हें जोड़े एवं समूह कार्य के लिए योजना बनाएँ ताकि वे साथियों के साथ अंतर्क्रिया कर सकें और उनमें समुदाय की भावना का विकास हो सके।

147. Ans: (c) एक भाषा शिक्षक के रूप में यह सुनिश्चित करना कि उसकी कक्षा में सभी विद्यार्थी महसूस करें कि उन्हें स्वीकृति एवं महत्व दिया जा रहा है।

148. Ans: (d) भारतीय कक्षाएँ बहुभाषीय कक्षाएँ होती है। बहुभाषीकरण के इस संदर्भ को ध्यान में रखते हुए प्राथमिक स्तर पर बहुभाषी कक्षा के बारे में, शिक्षक, शिक्षार्थियों को उनकी स्वयं की भाषा में संप्रेषण करने एवं अभिव्यक्ति हेतु प्रोत्साहित करें तथा उनके विचारों को सम्मान दें। सर्वाधिक उपयुक्त कथन है। शेष विकल्प गलत है

149. Ans: (b) 'लक्ष्य दृश्य शब्द' शब्द भंडार में ऐसे शब्द हैं पाठक इसकी पहचान सरलता से करता है और बिना किसी जटिल विश्लेषण के इसे अर्थपूर्ण पाता है।

150. Ans: (b) आरम्भिक साक्षरता उपागम पर आधारित कक्षा के लिए बच्चों को कक्षा में विभिन्न प्रकार की लिखित और वाचिक सामग्री से अंतःक्रिया करनी चाहिए।

151. Ans: (c) अध्यापक विद्यार्थियों को 'भाग करने की प्रक्रिया' समझा रहे थे।

152. Ans: (b) उपर्युक्त गद्यांश में भारत के 'दक्षिण भारत' क्षेत्र के एक विद्यालय में गणित की कक्षा का प्रसंग है।

153. Ans: (a) उपर्युक्त गद्यांश के आधार पर रिक्त स्थान की पूर्ति में निम्नलिखित शब्द आएगा-
"अगर दस आमों को दस व्यक्तियों में विभाजित' किया जाए तो प्रत्येक को एक आम मिलेगा। "

154. Ans: (c) उपर्युक्त गद्यांश के अनुसार छात्र का प्रश्न सुनकर 'अध्यापक कुछ विचलित से हुए '।

155. Ans: (b) उपर्युक्त गद्यांश के अनुसार अध्यापक ने विद्यार्थी को यह उत्तर दिया कि 'शून्य का कोई मान नहीं होता है।

156. Ans: (d) उपर्युक्त गद्यांश के अनुसार छात्र को अध्यापक से प्रश्न पूछने की आवश्यकता इसलिए हुई क्योंकि, 'छात्र को अध्यापक के बनाए सूत्र में गलती नज़र आई थी। '

157. Ans: (b) दिये गये विकल्प में से 'विद्यार्थी भिन्न शब्द है, क्योंकि सर्वश्रेष्ठ मेधावी, असाधारण समानार्थक शब्द है।

158. Ans: (a) 'विद्यालय' का संधि - विच्छेद 'विद्या + आलय' होगा तथा इसमें दीर्घ संधि होगी।

159. Ans: (d) 'आत्म विश्वास' का समास विग्रह 'आत्म पर विश्वास' होगा।

'आत्मविश्वास' अर्थात् आत्मा पर विश्वास। इस शब्द में 'पर' विभक्ति का लोप होने के कारण अधिकरण तत्पुरुष समास है।

निम्नलिखित में से कौन - सी पारस्परिक शिक्षण की प्रक्रियाएँ हैं?

-अनुमान, प्रश्न करना, स्पष्ट करना और सारांशीकरण

CTET 3 February 2023

160. Ans: (c) उपर्युक्त कव्यांश में आम, जामुन, लीची तथा कटहल ' फलों के पुष्पित होने की बात हुई है।

161. Ans: (d) कवि द्वारा स्वयं 'बुद्धि और प्रतिभा का फल' देने की बात की गई है।

162. Ans: (d)
तो फिर मैं ही बाँझ रहूँ !
मैं ही रहूँ अनियंत्रित !
उपरोक्त पंक्तियों के माध्यम से कवि के आश्चर्य भाव का पता चलता है।

163. Ans: (a) उपर्युक्त काव्यांश के अनुसार पृथ्वी को आनंदित करने में 'नदियों' का योगदान है। यथा-
सलिल को सुधा बनाएँ तटबंध
धरा को मुदित करें नियंत्रित नदियाँ।

164. Ans: (c) यथा समय पुष्पित हों
यथा समय फल दें।
उपरोक्त पंक्तियों में सृजन का भाव झलकता है।

165. Ans: (a) 'यथा समय' से तात्पर्य है 'समय के अनुसार' तथा इसमें अव्ययीभाव समास है।

166. Ans: (c) 'एक भाषा की कई बोलियाँ हो सकती है। भाषा के बारे में सही कथन है। एक भाषा के अंदर अनेक बोलियां हो सकती है लेकिन एक बोली के अन्दर अनेक भाषा नहीं हो सकती।

167. Ans: (b) 'निपुन' मिशनः विद्यालय के बहुत छोटे बच्चों में साक्षरता, पठन और संख्या ज्ञान समुन्नत करने का कार्यक्रम है।

168. Ans: (a) निम्नलिखित में से 'पठन और श्रवण' को ग्राह्य कौशल कहेंगे।

169. Ans: (c) 'बहुभाषावाद' - विद्यालय में शिक्षार्थियों की भाषाओं का शिक्षण - अधिगम है।' बहुभाषावाद या बहुभाषिता से तात्पर्य एक से अधिक भाषाओं के प्रयोग से है। किसी बच्चे द्वारा एक से अधिक भाषाओं का प्रयोग बहुभाषावाद कहलाता है।

170. Ans: (b) कक्षा दो के एक अध्यापक ने अपने विद्यार्थियों से कहा कि वे शब्द संपदा सीखने के लिए अपने घर से पशु व वाहन वाले अपने खिलौने लेकर आए। भाषा शिक्षणशास्त्र की दृष्टि से ये खिलौने 'वास्तविक सामग्री (रीयलिया) है।'

171. Ans: (b) कक्षा तीन की एक बालिका शब्दों के प्रत्येक अक्षर की ध्वनि समझ लेती / पढ़ लेती है। वह संकेत खोलना (डिकोडिंग) करने का प्रयास कर रही है।

172. Ans: (a) पहली कक्षा की अध्यापिका ने कक्षा की दीवारों पर इस तरह से जगह छोड़ी हुई है, कि बच्चे कीरम काँटे (स्क्रिल्लिंग) बना सकें, चित्रकारी कर सकें। बच्चों की इन गति विधियों को 'आरंभिक साक्षरता' कहेंगे।

173. Ans: (d) अधिगम के शुरुआती वर्षो तुकबंदियों और शिशुगीतों का उद्देश्य नही है व्याकरणिक क्षमता का विकास करना'।

174. Ans: (a) 'डिस्लेक्सिया' में बच्चे को शब्दों को पढ़ने में दिक्कत होती है या पठन विकार से संबंधित होती है।

175. Ans: (d) अंग्रेजी पठन की उसकी योग्यता में 'कौशल अन्तरण' प्रतिबिम्बित हो रहा है कौशल अंतरण से अर्थ है, किसी विषय कार्य अथवा परिस्थिति में अर्जित ज्ञान का उपयोग किसी अन्य विषय, कार्य अथवा दूसरे विषय में सहायक होता है, तब उसे कौशल अंतरण कहा जाता है।

176. Ans: (a) समग्र भाषा उपागम, भाषा शिक्षण का एक तरीका है जिसमें भाषा को समग्रता की दृष्टि से देखा जाता है. इस उपागम में, भाषा के अंशों को न सीखकर, बच्चे भाषा को समग्र रूप से सीखते हैं. इस उपागम में, बच्चों को शब्दों और वाक्यों को संदर्भ के साथ संपूर्णता में पढ़ने और समझने के लिए प्रोत्साहित किया जाता है.

177. Ans: (d) यह प्रश्न 'खुले अंत वाले प्रश्न' प्रारूप के अन्तर्गत आएगा। इस प्रकार का प्रश्न बच्चों की स्वाभाविक जिज्ञासा को बढ़ाते हैं तथा उन्हें स्वयं से सोचने की चुनौती देते है।

178. Ans: (c) यह पाठ्य सामग्री 'सृजित की गई सामग्री' के अन्तर्गत आएगी। सृजित सामग्री से तात्पर्य है विद्यार्थी द्वारा स्वयं के ज्ञान को अपने विचारों में अभिव्यक्त करना।

179. Ans: (c) बच्चों ने समूह में थीम पर आँकड़ों का संग्रहण किया और रिपोर्ट लिखी। भाषा अधिगम की इस गतिविधि को 'परियोजना कार्य' कहेंगे।

'जीवन-पर्यंत' शब्द का अर्थ है:

- जीवन भर

CTET I Paper (I-V) भाषा-2 Sept. 2015

180. Ans: (d) यह 'भाषा संगम' पहल स्कूली छात्रों को उनकी मातृभाषा के अलावा अन्य भारतीय भाषायें सीखने के लिये बुनियादी बातचीत कौशल प्रदान करेगी।

181. Ans: (b) दिये गये गद्यांश के अनुसार विद्यार्थी को सफलता प्राप्त करने के लिए समय की कीमत समझना आवश्यक है।

182. Ans: (c) दुनिया के सफलतम व्यक्तियों की सफलता का रहस्य 'समय का सदुपयोग' रहा है। दुनिया के सफलतम व्यक्तियों ने सही समय का सही सदुपयोग किया है।

183. Ans: (a) उपर्युक्त दिये गये गद्यांश के अनुसार कुछ लोग समय की कमी के बहाने 'अपनी अकर्मण्यता व आलस' को छिपाते है।

184. Ans: (c) 'समय बीत जाने पर कार्य फलप्रद नहीं होता है।

185. Ans: (a) विद्यार्थी को सफलता प्राप्त करने के लिए 'समय सारणी का पालन करना चाहिए।

186. Ans: (b) "अकर्मण्यता" शब्द में मूल शब्द 'कर्मण्यता' एवं उपसर्ग 'अ' होगा।

187. Ans: (c) "सदुपयोग" का सही संधि - विच्छेद 'सत् + उपयोग' होगा। तथा इसमें 'व्यंजन संधि' है।

188. Ans: (d) " दृढ़ता" का समानार्थी शब्द 'अस्थिरता' नहीं है जबकि अटल स्थायित्व, अडिग, स्थिरता, मजबूती दृढ़ता के समानार्थी शब्द है।

189. Ans: (b) दिये गये विकल्प के अनुसार 'प्रकृति' सही शब्द होगा।

190. Ans: (c) राही नाविक से 'मँझधार में ले जाकर पतवार थमा देने के लिए आग्रह करता है।

191. Ans: (d) दिये गये पद्यांश के अनुसार 'रंगीन विजय सी लगती है, संघर्षों में हर हार मुझे' का आशय है वह हार में घबरात नहीं है।

192. Ans: (a) विप्लवों का सागर भी कवि को पराजित इसलिए नहीं कर पाता क्योंकि 'कवि सदैव संघर्ष करता है, कभी हार नहीं 'मानता'।

193. Ans: (d) सागर का पर्याय है, 'पारावार'। सागर के अन्य पर्यायवाची निम्नांकित है - पयोधि, उदधि नदीश, जलधि, वारिधि, नीरनिधि, अर्णव जलधाम, अब्धि इत्यादि।

194. Ans: (b) जिससे नाव चलाई जाती है उसे पतवार कहा जाता है। तथा पतवार को डाँड और करूवार भी कहा जाता है।

195. Ans: (b) 'अविराम' का विलोम 'विराम' होगा।

196. Ans: (c) पठन के मुख्य उद्देश्यों में से एक है 'पाठ्य सामग्री में से अर्थ निकालना।' पठन का अर्थ है लिखी हुई सामग्री को पढ़ते हुए उसका अर्थ ग्रहण करना।

197. Ans: (b) 'सार्वभौमिक व्याकरण' पदावली नॉम चॉमस्की द्वारा दी गई है। सार्वभौमिक व्याकरण सभी प्राकृतिक भाषाओं के लिए बुनियादी व्याकरणिक सिद्धांतों का समूह है। सार्वभौमिक व्याकरण के सिद्धांत का प्रस्ताव है, कि यदि मनुष्य को सामान्य परिस्थितियों में लाया जाता है तो वे हमेशा कुछ गुणों के साथ भाषा विकसित करेंगे।

198. Ans: (b) भाषा अध्यापक को प्राथमिक स्तर पर पोस्टर, चित्र एवं अन्य प्रकार की पठन सामग्रियों का प्रदर्शन बच्चों की सुविधाजनक ऊँचाई पर करना चाहिए जहाँ शिक्षार्थी उन्हें छू सकें और पढ़ सकें।

199. Ans: (c) बुनियादी साक्षरता एवं गणित (एफ. एल. एन.) मिशन सफलतापूर्वक क्रियान्वित करने के लिए महत्वपूर्ण है, 'उन भाषाओं का प्रयोग करना जिनसे शिक्षार्थी परिचित हो।' बुनियादी साक्षरता एवं गणित मिशन एक राष्ट्रीय पहल है।

200. Ans: (b) गीतिका बिहार में रहती थी। वह अपने पिता के साथ दिल्ली और आपकी कक्षा में पढ़ने लगी। वह मैथिली भाषा बोलती है आप एक शिक्षक होने के नाते उससे अनौपचारिक रूप से बातचीत करेंगे जिससे कि वह नई स्थिति में सहज महसूस करें। ऐसा करने से बच्चे बेझिझक अभिव्यक्ति करने में समर्थ हो पाते हैं।

201. Ans: (c) पोर्टफोलियों में विद्यार्थियों की मूलभूत जानकारियों के अर्न्तगत निम्नलिखित बिन्दुओं को समाहित किया जाता है। जैसे विद्यार्थी का नाम कक्षा एवं वर्ग, पाठशाला का नाम, जन्मतिथि, दाखिल - खारिज, जाति, आधार कार्ड न., समग्र आई.डी. फोटोग्राफ

202. Ans: (a) एक अच्छे 'अनुच्छेद' में सभी वाक्य मुख्य विचार बिन्दु (थीम) को उभारने में मिलकर कार्य करते है।

उत्सुकता' शब्द में प्रत्यय है:

- ता

CTET I Paper (I-V) भाषा-2 Sept. 2015

203. Ans: (c) पठन का 'गहन पठन' तरीका पंक्ति दर पंक्ति से संकेत देता है। गहन पठन सस्वर और मौन वाचन कौशल की योग्यता का विकास है जिसके माध्यम से अधिक से अधिक ज्ञानार्जन किया जाता है। पठन कौशल के मुख्यत; चार प्रकार है।

204. Ans: (c) कक्षा में मुद्रित समृद्ध परिवेश कक्षा में प्रदर्शित बच्चों का कार्य, चार्ट, पोस्टर, कविताएँ आदि रूप से वर्णित किया जा सकता है। कक्षा में प्रिंट समृद्ध वातावरण से आशय है कक्षा में पढ़ाई जा रही विषय - वस्तु के अनुरूप लिखित सामग्री प्रदर्शित करना है।

205. Ans: (b) भाषा अधिगम में संदर्भ बहुत महत्वपूर्ण भूमिका निभाता है, क्योंकि ये विद्यार्थियों को किसी शब्द विशेष का अर्थ समझने में मदद करता है।

206. Ans: (a) भाषा के बुनियादी वर्षों में, पढ़ाई का माध्यम बच्चों की मातृभाषा होनी चाहिए क्योंकि 'यह दूसरे विषयों को समझने में मदद करता है। मातृभाषा से बच्चों का परिचय घर और परिवेश से ही शुरू हो जाता है।

207. Ans: (d) वाइगोत्सकी के सामाजिक- सांस्कृतिक सिद्धांत से संबंधित है वाइगोत्सगी बालक के संज्ञानात्मक विकास में सामाजिक अन्तः क्रिया भाषा, संस्कृति को महत्वपूर्ण स्थान देते है।

208. Ans: (a) ध्वनिग्रामिक (स्वनिम) जागरुकता ध्वनिग्राम और चित्रग्राम के मध्य संबंध स्थापित करने की योग्यता से संबंधित है। किसी भाषा या बोली में, स्वनिम उच्चारित ध्वनि की सबसे छोटी ईकाई है।

209. Ans: (c) बच्चे भाषा की बारीकियों की पहचान कर लेते है, और उन्हें समझ जाते हैं जब एकीकृत तरीके से भाषायी कौशलों में संलग्न रहते है। 'भाषा के साथ 'संलग्नता' का अर्थ है, जो भाषा के संबंधित है।

210. Ans: (b) विभिन्न भाषाओं में निपुणता का विकास अन्तरसम्बद्धता से होता है, भाषा अधिगम के बारे में सही है।

211. Ans: (c) साहित्य और जीवन में गहरा संबंध है क्योंकि साहित्य का आधार जीवन है। जीवन परमात्मा की सृष्टि है। मनुष्य जीवन पर्यन्त आनन्द की खोज में लगा रहता है।

212. Ans: (b) गद्यांशानुसार' मनुष्य आनन्द की खोज में जीवन भर लगा रहता है। गद्यांश के अनुसार (आनन्द) किसी को यह रत्न, द्रव्य में मिलता है, किसी को भरे-पूरे परिवार में, किसी को लंबे- चौड़े भवन में, किसी को ऐश्वर्य में, लेकिन साहित्य का आनन्द इस आनन्द से ऊँचा हैं।

213. Ans: (d) वास्तव में सच्चा आनन्द सुन्दर और सत्य से मिलता है, इसी आनन्द को दर्शाना, वही आनन्द उत्पन्न करना साहित्य का उद्देश्य है।

214. Ans: (c) गद्यांश के अनुसार - वास्तव में सच्चा आनन्द मिलता है सुन्दर व सत्य में।

215. Ans: (a) गद्यांश के अनुसार साहित्य के आनन्द का आधार है सुन्दर और सत्य को पाना सही है।

216. Ans: (a) परिमिति का अर्थ है- सीमित परिमित के अन्य अर्थ- जो मापा जा चुका हो, कम, थोड़ा, मामूली, अल्प इत्यादि।

217. Ans: (b) आनन्द का समानार्थी शब्द है खुशी। आनन्द के अन्य अर्थ उल्लास, हर्ष, प्रसन्नता इत्यादि होता है।

218. Ans: (b)

शब्द	विलोम
सुबोध	दुर्बोध
विचलित	अविचलित
सरल	कठिन
अप्रचलित	प्रचलित

219. Ans: (d) "लंबे-चौडे. भवन में" वाक्य में लंबे-चौड़े व्याकरण की दृष्टि से विशेषण है।

220. Ans: (c) उपर्युक्त पाद्यांश के अनुसार जीवन में प्रायः कुछ मिलने और छिन जाने की घटनाएं होती रहती है। रिक्त स्थान के लिए सही उत्तर है।

221. Ans: (b) मंजरित तुलसी के नीचे दीया जलाने का आशय जीवन की हर परिस्थिति में आस्था बनाए रखना है। प्रस्तुत पद्यांश का आशय है कि मनुष्य को आस्था वान् होना चाहिए।

222. Ans: (c) सुख और विश्वासपूर्ण जीवन को घर लौटने के मार्ग को मार्ग कहा गया है।

विद्यालय' का संधि - विच्छेद है।

- विद्य + आलय

CTET I Paper (I-V) भाषा 1 feb 2023

223. Ans: (a) उपर्युक्त पद्यांश के अनुसार "अँधेरा फैलाता है" का आशय हैं निराशा भरा जीवन।

224. Ans: (d) मंजरित शब्द में मूल शब्द मंजरी है और इत प्रत्यय का प्रयोग हुआ है।

225. Ans: (a) प्रस्तुत पद्यांश में "संध्या के सिंदूरी प्रकाश में" वाक्य का भाव होगा आशावादी होना।

226. Ans: (d) कक्षा में प्रस्तुतीकरण के दौरान विद्यार्थी एक-एक करके अपनी राय दे रहे है। भाषा अध्यापक का उपयुक्त आकलन होगा-

I. भाषा में प्रवाह
II. विषयवस्तु में निपुणता
III. प्रस्तुतीकरण शैली

227. Ans: (a) अनुमान, प्रश्न करना, स्पष्ट करना और सारांशीकरण करना पारस्परिक शिक्षण की प्रक्रियाएँ हैं। पारस्परिक शिक्षण एक छोटी समूह निर्देशात्मक गतिविधि है जिसमें छात्र शिक्षक बनते हैं।

228. Ans: (b) सम्प्रेषणात्मक गतिविधि के शुरूआती चरण में अध्यापिका, विद्यार्थियों को जहाँ भी आवश्यकता हो, मदद दे रही है और धीरे-धीरे विद्यार्थियों पर उत्तरदायित्व डाल रही हैं यहाँ अध्यापक विद्यार्थियों को गदद दे रही है।

229. Ans: (c) इस अवस्था में शिक्षक तथा छात्र आमने-सामने होते है यहा समस्त शिक्षण अधिगम प्रक्रिया अधिगम के अन्तःक्रियात्मक सिद्धांत को प्रतिविम्बित कर रही है।

230. Ans: (a) उपर्युक्त दिये गये कथन आधारित सामग्री आधारित निर्देश सिद्धांत पर आधारित है। सामग्री आधारित निर्देश भाषा के बजाय सामग्री पर केन्द्रित है। यह दूसरी भाषा शिक्षण के दृष्टिकोण को संदर्भित करता है।

231. Ans: (b) द्वितीय भाषा के अधिगम में विभिन्न प्रकार की श्रव्य व लिखित सामाग्री का उपयोग शामिल है। मनुष्य अपनी भाषा के रहन-सहन की कोई दूसरी भाषा सीखकर अपने को सामाजिक सम्प्रेषण के उन क्षेत्रों से जोड़ सके जिनकी पूर्ति द्वितीय भाषा के माध्यम से ही संभव है।

232. Ans: (b) उपर्युक्त कथन में अध्यापिका वाचिक विमर्श चिंतन पर बल दे रही है। विमर्श वह हैं, जिसमें किसी दूसरे व्यक्ति या व्यक्तियों के साथ विचारों का आदान-प्रदान होता है।

233. Ans: (d) शब्दकोशीय उपागम भाषा अधिगम में भाषा की बहुशब्दीय इकाइयों या वाक्याशों की भूमिका पर बल देता है।

234. Ans: (d) अर्जन भाषा के नियमों के चेतन ज्ञान पर बल देता है।

235. Ans: (b) प्रकृतिवादी उपागम स्टीफन क्रेशन का सिद्धान्त है। जिन्होंने शिक्षण शास्त्रीय अनुप्रयोगों को विकसित करने का प्रयास किया है। पाश्चात्य चिंतक प्रकृति को मूल तत्व समझती है। इसी को वह भूलोक का कर्ता एवं उत्पादन (साधन) मानती है।

236. Ans: (b) चेतन अधिगम अर्जित व्यवस्थाओं से प्राप्त परिणामों की जाँच और सुधारने के पर्यवेक्षण के रूप में कार्य करता है। कथनसत्य है पर्याप्त समय, सरंचनाओं पर ध्यान और नियमों का ज्ञान, ये तीन शर्त पर्यवेक्षण के सफल प्रयोग की शर्त है। इस प्रकार अभिकथन (A) और कारण (R) दोनों सही है किन्तु (R) अभिकथन (A) की सही व्याख्या नहीं है।

237. Ans: (c) ध्वनि तरंगों की पहचान करने वाली भौतिक प्रक्रिया जो कर्णटह (कान के परदे) से टकराती है श्रवण के रूप में जानी जाती है। कथन सत्य है। सम्प्रेषण के दौरान श्रवण सबसे पहली मुख्य गतिविधि है जो प्रक्रिया देती है कथन सत्य हैं अतः कथन (A) और (B) दोनों सही है।

238. Ans: (c) विभिन्न भाषाओं की स्वीकृति, सभी को एक समान समय देना, तथा उच्च स्तरीय चिन्तन को प्रोत्साहित करना, एक अध्यापक होने के नाते आपका ध्यान विशिष्ट वग्र की संस्कृति को समुन्नट करना नहीं होना चाहिए।

239. Ans: (c) रूपग्राम (आकृति मूलक) को भाषा में शब्दों की आन्तरिक संरचना और शब्दों को रचना में शामिल करने वाले नियमों के अध्ययन के रूप में जाना जाता है।
किसी भाषा में जिन नियमों और प्रक्रियाओं के कारण वाक्य का निर्माण होता है उसे वाक्य विन्यास कहा जाता है।

240. Ans: (a) कुछ विद्यार्थी कक्षा में एक-दूसरे से बात करने में संकोच करते हैं। उनके संकोच को दूर करने के लिए किया जाने वाला सर्वोत्तम उपाय निम्न है -

अपने हिस्से की धूप, हवा और नमी पर हक जमाते अंतर्मन में कौन-सी संधि है ?

- विसर्ग

CTET भाषा 4 feb 2023

(i) उन विद्यार्थियों को प्रोत्साहित करें
(ii) कक्षा में 'अनौचारिक गतिविधियों का आयोजन कर उनमें विद्यार्थियों को संलग्न किया जाए
(iii) उनके निष्पादन हेतु उन्हें पुनर्बलन दिया जाए।

241. Ans: (c) 'नस्तनाबूत' फारसी भाषा का शब्द है।

242. Ans: (b) 'अमीर-गरीब' में द्वन्द्व समास है।
द्वंद्व समास - द्वंद्व समास में सभी पद प्रधान होते हैं।

243. Ans: (c) 'अकूत खजाना' वाक्यांश में 'अकूत' विशेषण शब्द है।

244. Ans: (d) 'निरीह' का पर्याय 'बेचारा' है।

245. Ans: (b) डार्विन का कहना था कि 'जीव और प्राकृति के बीच' जीवन एक लगातार संघर्ष है।

246. Ans: (a) उपर्युक्त गद्यांश के अनुसार डार्विन का विचार ईसाई मत के विरूद्ध है।

247. Ans: (b) वैज्ञानिक प्रगति की धारणा में प्रकृति, मनुष्य के लिए एकाधिकार पूर्ण अकूत - खजाना है।

248. Ans: (d) 'वह मनुष्य से सतत् संघर्षरत हैं' उक्त धारणा भारतीय विचारधारा में प्रकृति संबंधी सही नहीं है।

249. Ans: (c) उपर्युक्त गद्यांश के अनुसार मनुष्य के सर्वश्रेष्ठ प्राणी होने के दम्भ ने दो महायुद्धों के लिए उसे उत्तरदायी बनाया है।

250. Ans: (d) 'अंतर्मन' में विसर्ग संधि है।

251. Ans: (a) 'गर्जन - तर्जन' में द्वंद्व समास है। द्वंद्व समास का दोनों पद प्रधान होते है।

252. Ans: (b) उपर्युक्त काव्यांश के अनुसार धूप, हवा और नमी 'जीवन की मूलभूत आवश्यकताओं की प्रतीक है।

253. Ans: (c) कविता में 'बीज' स्त्री की अदम्य जिजीविषा और उत्पादकता का प्रतीक है

254. Ans: (a) 'जब तक कि तुम पेड़ न हो जाओ' पंक्ति में 'पेड़ हो जाना' माँ का बेटी के प्रति आश्वस्ति का सूचक है।

255. Ans: (d) प्रस्तुत कविता समाज का बेटियों के प्रति शोषण, उपेक्षा और तिरस्कार से उपजी है।

256. Ans: (b) द्वितीय भाषा को अध्यापक की मदद से औपचारिक स्थितियों में सीखा जाता है।

257. Ans: (a) रचनावादी उपागम सम्प्रेषणात्मक उपागम से इस मायने में भिन्न है कि यह मुख्यतः अर्थ पर बल देता है और अपेक्षा करता है कि नियम प्रक्रिया के दौरान सीखे जाएँ।

258. Ans: (b) आदेशात्मक उपागम के अन्तर्गत लोगों को सुझाव देने के बजाए सीधे-सीधे कहा जाता है कि उन्हें क्या करना चाहिए।

259. Ans: (b) जब आप किसी 'अभ्यास में या सामग्री में शिक्षार्थियों की आवश्यकतानुसार आवश्यक परिवर्तन करते हैं, तो इसे अनुकूलन कहा जाता है।

260. Ans: (d) 'योगात्मक आकलन' शिक्षार्थियों के अधिगम और निष्पादन के बारे में निर्णय लेने के लिए प्रयुक्त किया जाता है।

261. Ans: (a) 'समग्र भाषा' उपागम के अन्तर्गत किसी बच्चे को कई शब्दों की वर्तनी गलत लिखने के बावजूद भी उसके 'समग्र भाषा प्रयोग' के लिए अच्छे अंक दिए जाते हैं।

262. Ans: (b) जब हम किसी विशिष्ट सूचना को जानने के लिए कोई पाठ्य सामग्री पढ़ते हैं तो यह 'बारीकी से पठन' कहलाता है।

263. Ans: (d) 'वाचन और लेखन कौशल दो उत्पादक भाषा कौशलों में शामिल हैं।

264. Ans: (b) प्रथम भाषा वह भाषा है जो बच्चे बिना विशेष प्रयास किये अपने आस-पास के परिवेश से अर्जित करते हैं।

265. Ans: (c) 'स्वानिकी' ध्वनि का उत्पादन और बोध है।
स्वर विज्ञान - स्वानिकी या स्वन विज्ञान, भाषा विज्ञान की वह शाखा है जिसके अन्तर्गत मानव द्वारा बोली जाने वाली ध्वनियों का अध्ययन किया जाता है।

266. Ans: (c) उपर्युक्त निम्नलिखित विकल्पों में 'विद्यार्थी व्याकरणिक नियमों पर ध्यान देते हैं।' श्रव्य- भाषिक ड्रिल का अंश नहीं है। जबकि अन्य सभी विकल्प श्रव्य भाषिक ड्रिल का अंश है।

267. Ans: (b) संरचनात्मक उपागम - इस उपागम के अन्तर्गत एक संरचना में परिवर्तन आने से इसकी सम्पूर्ण व्यवस्था पर प्रभाव पड़ता हैं।

'सदुपयोग' का संधि – विच्छेद है

- सत् + उपयोग

CTET भाषा 9 jan 2023

268. Ans: (d) निम्नलिखित में 'प्रत्येक शब्द को पढ़ना' अर्थ आधारित गतिविधि के अन्तर्गत नहीं आएगी।

269. Ans: (c) अधिगम योजना के बारे में 'बाल केन्द्रित' सही है जबकि अन्य तर्क संगत नहीं है।

270. Ans: (a) गलतियों का विश्लेषणात्मक अध्ययन 'त्रुटि विश्लेषण' कहलाता है।

271. Ans: (b) मनुष्य सदैव अपनी इच्छापूर्ति के कार्य में लगा रहता है।

272. Ans: (b) इच्छाएँ कभी पूरी नहीं होती है, क्योंकि एक के बाद एक नई इच्छाएँ जन्म लेती है।

273. Ans: (d) संतोष जीवन के विनाश का कारण नहीं है संतोष के मार्ग पर चलकर व्यक्ति महापुरुष बन सकता है।

274. Ans: (d) गद्यांश के अनुसार मनुष्य का दुश्मन लालच है

275. Ans: (c) गद्यांश के अनुसार वे ही मनुष्य महान बन सकते हैं, जो प्रत्येक स्थिति में संतुष्ट रहते हैं।

276. Ans: (b) 'मुक्ति' का विलोम शब्द 'बंधन' है।

277. Ans: (b) 'इच्छा' में इक प्रत्यय लगाने पर 'ऐच्छिक' शब्द बनेगा

278. Ans: (c) 'महापुरुष' में कर्मधारय समास है।

279. Ans: (c) 'सच्चा' समूह से भिन्न शब्द है। 'सच्चा' विशेषण शब्द हैं जबकि क्रोध, लोभ तथा सच 'भाववाचक संज्ञा' शब्द हैं।

280. Ans: (b) कविता में मानव के शक्ति गुण का उल्लेख किया गया है कि मानव कितना शक्तिवान होता है।

281. Ans: (a) 'पत्थर पानी बन जाता है।' से तात्पर्य 'असंभव को संभव करना है।

282. Ans: (b) मानव के भीतर छिपे गुणों की तुलना मेंहदी के पत्तों में छिपी लालिमा से की गई है।

283. Ans: (b) वीर मनुष्य के सामने समस्त बाधाएँ शांत हो जाती है।

284. Ans: (d) उपर्युक्त काव्यांश के अनुसार 'सुख प्राप्त करने के लिए' कर्मठ होना होगा।

285. Ans: (b) 'वर्तिका' का अर्थ 'दीये की बत्ती' होता है।

286. Ans: (a): चॉमस्की के अनुसार 'बच्चे के मस्तिष्क में विशेष भाषा अधिगम यंत्र जन्म से ही होता है।
स्किनर के अनुसार 'बच्चों में भाषा का विकास अनुकरण और पुनर्बलन के परिणाम के रूप में होता है।

287. Ans: (a) कक्षा में वाक् ध्वनियों की संरचना और क्रम को नियंत्रित करने वाले नियमों की बात की जा रही है। अध्यापिका 'स्वर विज्ञान' के बात पर बल दे रही है।

288. Ans: (c): भाषा बच्चे के समग्र बौद्धिक विकास का सिर्फ एक पहलू है। यह कथन सीधे-सीधे 'पियाजे' से संबंधित है।
स्किनर के अनुसार, 'अभिप्रेरणा सीखने का सर्वोत्तम राजमार्ग है।'

289. Ans: (a) अनुकरण विधि का प्रयोग करने से संबंधित सही क्रम निम्नलिखित है- प्रत्यक्ष बोध → अनुकरण → प्रतिपुष्टि → ड्रिल।

290. Ans: (b) वाचन (बोलना) भाषिक इन्द्रिय का प्रकार्य है।

291. Ans: (c) सार्वभौमिक व्याकरण की अवधारणा 'चॉमस्की' से संबंधित है।
पियाजे ने संज्ञानात्मक विकास का सिद्धांत प्रतिपादित किया है।

292. Ans: (c) अध्यापक कक्षा में इस बात पर ध्यान दे रहा है कि शिक्षार्थी ध्वनिग्राम और विभिन्न संरचनाओं की समझ अच्छी तरह से बना लें। अध्यापक 'संरचनात्मक उपागम' से प्रभावित है।

293. Ans: (a) जब बच्चे शब्द - हाव-भाव के संयोजन के बाद दो शब्दीय वाक्यों जैसे माँ जूता, दादी साथ, मैं भी आदि वाक्य अभिव्यक्त करते हैं, तो यह 'दो शब्दीय संक्षिप्त' का उदाहरण है।

294. Ans: (b) एक भारत श्रेष्ठ भारत की पहल विद्यार्थियों को अधिकांश मुख्य भारतीय भाषाओं की उल्लेखनीय एकता से परिचित करवाएगी।

295. Ans: (a): 'प्रेषक' संकेत (कूट) को बनाने वाला (एकोडर) है।

296. Ans: (a) प्रत्येक व्यक्ति के पास भावनाएँ, अनुभूतियाँ, विचार हैं और सभी अपने जीवन के अनुभवों को अभिव्यक्त

'समय' शब्द में किस प्रत्यय का प्रयोग किया जा सकता है?

- इक

CTET भाषा 9 jan 2023

करना चाहते हैं। भाषा के प्रयोग द्वारा स्वयं को अभिव्यक्त करते हैं। इस स्थिति में भाषा का अभिव्यक्ति प्रकार्य संलग्न है।

297. Ans: (d) 'कहानी लिखना' तकनीक भाषा उच्चारण सिखाने के लिए प्रयुक्त नहीं की जा सकती है।

298. Ans: (b) जब शिशु व्यंजन - स्वर के मिश्रण की लंबी तान में स्वयं को अभिव्यक्त करते हैं, जैसे कि - 'बा बा बा बा बा' 'ना ना ना ना ना' यह उदाहरण 'बबलाना' का है।

299. Ans: (a) भाषा अधिगम सामान्यतः उद्दीपन प्रक्रिया संबंध का विषय है जिसे प्रतिरूप अभ्यास, अनुकरण और कंठस्थीकरण द्वारा अर्जित किया जाता है। यह कथन 'व्यवहारवादी सिद्धांत' से संबंधित है।

300. Ans: (d) 'संक्षिप्त रूप का प्रयोग' गतिविधि पठन कौशल विकसित करने के लिए उपयुक्त नहीं है।

301. Ans: (d) उपर्युक्त गद्यांश के अनुसार 'साहस की ज़िंदगी' सबसे बड़ी जिंदगी कही गई है। ऐसी ज़िंदगी की पहचान यह है कि वह बिल्कुल निडर, बिल्कुल बेखौफ़ होती है।

302. Ans: (c) गद्यांश के अनुसार साहसी मनुष्य की पहली पहचान यह है कि वह लोगों की सोच की परवाह नहीं करता है।

303. Ans: (a) गद्यांश के अनुसार दुनिया की असली ताकत जनमत की उपेक्षा करके जीने वाले लोग होते हैं। और मनुष्यता को प्रकाश भी उसी आदमी से मिलती है।

304. Ans: (c) गद्यांश के अनुसार साहसी मनुष्य उन सपनों में भी रस लेता है, जिन सपनों का कोई व्यावहारिक अर्थ नहीं होता।

305. Ans: (c) उपर्युक्त वाक्य में रिक्त स्थान की पूर्ति के लिए 'साधारण जीव' विकल्प संगत है। इस प्रकार से पूरा वाक्य होगा- अड़ोस- पड़ोस को देखकर चलना, यह 'साधारण जीव' का काम है।

306. Ans: (c) 'निडर' शब्द का समानार्थी 'साहसी' होगा।

307. Ans: (a) 'ताकत' शब्द का विलोमार्थी शब्द 'निर्बलता' होगा।

308. Ans: (b) गद्यांश के अनुसार 'बेख़ौफ' का अर्थ 'निर्भय' होगा।

309. Ans: (b) दिये गये विकल्पों में शुद्ध शब्द 'मद्धिम' है। अन्य सभी विकल्प अशुद्ध हैं।

310. Ans: (b) उपर्युक्त काव्यांश के अनुसार यहाँ की नदियों और हवा में 'मुस्कान और दुलार' है।

311. Ans: (a) काव्यांश के अनुसार 'खेतों में दौलत बिखरी' होने से तात्पर्य है- 'खेतों में फसल लहरा रही है।

312. Ans: (c) काव्यांश में भारत माँ को सुविवेकी इस लिए कहा गया है क्योंकि भारत माँ हमें धैर्य व गौरव का पाठ पढ़ाती है।

313. Ans: (d) काव्यांश के अनुसार 'भारत माता के पग' में विश्वास भरा है।

314. Ans: (b) उपर्युक्त पंक्ति में 'उपमा' अलंकार निहित है।

315. Ans: (d) 'सहनशील' प्रखर का अर्थ नहीं है। जबकि प्रचण्ड, तीक्ष्ण, कुशाग्र शब्द 'प्रखर' के समानार्थी है।

316. Ans: (a) बोली और लहजे' के बारे में सही कथन है- बोली वास्तविक भाषा से संबंध रखती हैं जबकि लहजा भाषा कैसे बोली जा रही है, उस तरीके से संबंधित हैं।

317. Ans: (b) कक्षा एक में साक्षरता के लक्ष्य इस तरह रखे गए है कि बच्चे आयु उपयुक्त अपरिचित पाठ्य सामग्री में आए कम से कम 4 से 5 सरल शब्दों वाले छोटे वाक्य पढ़ पाएँ।

318. Ans: (b) कक्षा तीन की अध्यापिका को अपने विद्यार्थियों के श्रवण कौशल का आकलन करना है। इसके लिए सुनाई गई कहानी पर चित्र बनाने के लिए कहना चाहिए।

319. Ans: (d) विस्तृत पठन- विस्तृत पठन में पाठक अपनी रूचि के विषय की सामान्य समझा प्राप्त करने के लिए कई पुस्तकों, समाचार पत्रों, पत्रिकाओं आदि को पढ़ता है।

320. Ans: (a) मानस मंथन (ब्रेनस्टोर्मिंग) - यह शिक्षण की ऐसी विधि है जिसमें अधिगमकर्ता के मस्तिष्क में किसी समस्या के समाधान हेतु विचारों या समाधान का स्फुटन किया जाता है।

321. Ans: (b) कक्षा तीन की अध्यापिका अपने विद्यार्थियों के साथ पठन बोध पर कार्य कर रही है। वह 'पढ़ी गयी पाठ्य सामग्री पर आधारित प्रश्न पूछना युक्ति का अनुसरण कर रही है।

'मित्र' का पर्यायवाची शब्द है

-सखा, बंधु, संगी

CTET भाषा 11 jan 2023

322. Ans: (d) एक पठन संबंधी गतिविधि जिसमें शिक्षार्थी पाठ्य सामग्री के विभिन्न हिस्सों को सुनते-पढ़ते हैं, तत्पश्चात कार्य को पूरा करने के लिए सूचनाओं का आदान-प्रदान करते हैं। यह जिगसाँ श्रुतलेख कहलाएगी।

323. Ans: (b) NIPUN पूरा नाम है- नेशनल इनीशिएटिव फॉर प्रोफिशिएंसी इन रीडिंग विथ अंडरस्टैंडिंग एंड न्यूमरेसी

324. Ans: (d) एक शिक्षार्थी ने अध्यापक द्वारा दिए गए भाषा कार्य को अपने सहपाठी या वयस्क की मदद से पूरा करना है। वह इस कार्य को बिना मदद के किस सीमा तक कर सकती है।

325. Ans: (a) मुद्रित समृद्ध परिवेश का सृजन भाषा अधिगम में मदद करता है। कक्षा में इस प्रकार का परिवेश सृजित करने के लिए अध्यापक को विद्यार्थियों को पुस्तकें व अन्य पाठ्य सामग्री पढ़ने के अवसर देने चाहिए।

326. Ans: (a) प्रथम भाषा अर्जन के चरणों का सही क्रम बबलाना, दा शब्दीय वाक्य चरण, एक शब्दीय वाक्य चरण तथा संक्षिप्त वाक्य चरण है।

327. Ans: (b) नॉम चॉमस्की को भाषा विकास का जनक माना जाता है। चॉमस्की के अनुसार बालकों में भाषा अधिग्रहण यंत्र (LAD) होता है। जिसकी सहायता से वह किसी भाषा को तीव्र गति से सीख सकते हैं

328. Ans: (d) नए शब्द समझती हैं और उनका प्रयोग करती है यह रूबरिक शब्द भंडार का आकलन करेगा। बालक प्रथम अवस्था में निरर्थक शब्द का प्रयोग करते हैं। शब्द बोलने में बालक को एक समस्या उच्चारण की होती है। शुरू में बालक अनुकरण से ही उच्चारण सीखता है।

329. Ans: (a) बच्चों के वाचन कौशल के आकलन हेतु पढ़े गए पाठ से शब्दों के अर्थ बताना उपयुक्त नहीं होता। बच्चों को किसी पाठ से शब्दों का अर्थ बताना कठिन कौशल होता है। इसलिए उनको अर्थ का कौशल नहीं दिया जाता है।

330. Ans: (b) डिस्फ्रेज़िया वह भाषा विकार है जिसमें व्यक्ति उचित तरीकें और उचित क्रम से शब्द नहीं रख पाता है। यह भाषा बोलने और समझने के तरीके को प्रभावित करता है।

331. Ans: (b) समय नष्ट कर देता है – 'समय व्यर्थ गँवाने वालों को'। शेष दिए गए अन्य विकल्प असंगत है।

332. Ans: (c) महात्मा गाँधी की गणना सफलतम महान व्यक्तियों में होती थी क्योंकि वे समय के पाबन्द थे। शेष दिए गए अन्य विकल्प असंगत हैं।

333. Ans: (b) भाग्य निर्माण की बुनियाद समय का सदुपयोग है। शेष दिए गए अन्य विकल्प असंगत है।

334. Ans: (a) हर व्यक्ति को पैसों की अपेक्षा समय का अधिक हिसाब रखना होगा, तभी वह अपने क्षेत्र में सफल हो पाएगा।' वाक्य से तात्पर्य यह है कि व्यक्ति तभी सफल हो पाएगा जब वह पैसों की बजाय समय को अधिक महत्व देगा। शेष अन्य विकल्प असंगत है।

335. Ans: (c) असमय कार्य करने वाले कायर तथा निरुद्यमी बन जाते हैं। शेष दिए गए विकलप असंगत है।

336. Ans: (d) 'सदुपयोग' का संधि – विच्छेद सत् + उपयोग है। यह व्यंजन संधि का उदाहरण है। इसके नियमानुसार व्यंजन वर्ण का व्यंजन या स्वर से मेल होने पर जो परिवर्तन होता है

337. Ans: (c) जीवन को सही ढंग से जीने के लिए जरूरी हैं – समय का ठीक से उपयोग।
शेष दिए गए अन्य विकल्प असंगत हैं।

338. Ans: (b) 'समय' शब्द में 'इक' प्रत्यय का प्रयोग किया जा सकता है। 'समय' शब्द में 'इक' प्रत्यय लगने से सामायिक शब्द बनेगा।

339. Ans: (d) समूह में भिन्न शब्द 'व्यक्ति' है। शेष दिए गए नाम जेम्स वॉट, मैडम क्यूरी तथा महात्मा गाँधी व्यक्तिवाचक संज्ञा है जबकि 'व्यक्ति' शब्द जाति वाचक संज्ञा का बोध कराता है।

340. Ans: (c) उपर्युक्त कविता में जागृत करने से तात्पर्य है – चेतना भरना।
शेष अन्य विकल्प असंगत हैं।

341. Ans: (a) उपर्युक्त कविता में संकीर्ण दीवारों को महत्व नही दिया गया है। शेष विकल्प असंगत हैं।

342. Ans: (b) उपर्युक्त कविता के अनुसार बोलने से पहले उसे सत्य की कसौटी पर कसना चाहिए। दिये गए अन्य विकल्प असंगत है।

'मुक्ति' का विलोम शब्द है।

- बंधन

CTET भाषा 30 jan 2023

343. Ans: (a) उपर्युक्त कविता के अनुसार एक व्यक्ति के लिए सर्वाधिक महत्त्वपूर्ण धर्म – पथ पर अग्रसर होना है। शेष अन्य विकल्प असंगत है।

344. Ans: (c) 'शब्द' में 'इक' प्रत्यय लगाने पर नया शब्द 'शाब्दिक' बनेगा

345. Ans: (c) 'निर्भय' शब्द में मूल शब्द 'भय' है। भय शब्द में निर् उपसर्ग लगाकर 'निर्भय' शब्द बना है।

346. Ans. (c) : सभी बच्चे उन गतिविधियों द्वारा अभिप्रेरित होते हैं, 'जो बच्चों के लिए अर्थपूर्ण होती हैं। '

347. Ans: (b) एक शिक्षिका छोटे बच्चों को शुरूआती वर्षों में नियंत्रण अथवा प्रोत्साहन के रूप में अपनी भाषा अर्जित करने के योग्य बनाती है और उसी के अनुरूप व्यवहार करने के लिए कहती है।

348. Ans. (a) : द्विभाषी बच्चे या दो भाषा जानने वाले बच्चे किसी से शब्दों का प्रयोग करते है उनके बात करते समय प्रायः एक भाषा के द्वारा ऐसा करना 'संकेत बदलना' कहलाता है।

349. Ans: (b) पढ़ते समय विवरण, स्थान, नाम, तारीख / समय आदि को खोजना स्थानीय अवबोधन है। किसी पाठ्य सामग्री से कोई विशेष तथ्य या सूचना प्राप्त करने के लिए किए गए पठन को स्थानीय अवबोधन या गहन पठन कहा जाता है।

350. Ans: (a) एक शिक्षिका कक्षा 5 के शिक्षार्थियों को पढ़ने का आनंद लेने और अवधारणा की बेहतर प्राप्त करने के लिए एक लम्बा लेख पढ़ने के लिए कहती है। इस प्रकार वे विस्तृत पठन का अभ्यास कर रही है।

351. Ans: (d) एक शिक्षक छोटे बच्चों को नए शब्द सिखाने के लिए वास्तविक वस्तुओं का उपयोग करते हैं क्योंकि इस तरह शिक्षक शिक्षार्थियों को शब्द और वस्तुओं के बीच संबंध जोड़ने में मदद करता है, जो वे अपने वास्तविक जीवन में देखते हैं।

352. Ans: (b) जब एक शिक्षार्थी को नई भाषा सिखाते हैं लेकिन वह उसे बोलता नहीं है, इस अवधि को 'मूक' कहते हैं। शेष दिए गए अन्य विकल्प असंगत है।

353. Ans: (b) एक प्रभावी भाषा शिक्षक पाठ्य – वस्तु के साथ – साथ अन्य संसाधनों का प्रयोग करेगा, ताकि शिक्षार्थी भाषा सीखने के लक्ष्य को शीघ्र प्राप्त कर सकें। शेष अन्य विकलप असंगत है।

354. Ans: (d) एक शिक्षक शिक्षार्थियों के भाषा – कार्यों को एक फोल्डर में रखते हैं और बाद में उसे शिक्षार्थी की भाषा उपलब्धि के आकलन के लिए इस्तेमाल करते हैं। आकलन की यह रणनीति पोर्टफोलियो आकलन कहलाती है।

355. Ans: (a) लक्ष्य भाषा सीखने में शिक्षार्थी की मातृभाषा के हस्तक्षेप की अनुमति न होने वाली शिक्षण पद्धति को प्रत्यक्ष पद्धति कहा जाता है। शिक्षार्थी द्वारा उसकी मातृभाषा से इतर जो भाषा सीखी जाती है उसे लक्ष्य भाषा कहते हैं।

356. Ans: (c) शिक्षार्थी एकल शब्द या पद पर ध्यान केन्द्रित करते हुए भाषा को समझते हैं। वह अधोगामी उपागम पर आधारित नहीं है। जबकि शिक्षार्थी भाषा के अर्थ को जानने के लिए अपने पूर्व ज्ञान का उपयोग करता है। शिक्षार्थी जब पढ़ता या सुनता है तो वह यह अनुमान लगाता है कि आगे क्या होने वाला है।

357. Ans: (a) शिक्षार्थी के सीखने में आने वाले रिक्तियों को भरना उपचारात्मक शिक्षण / शिक्षार्थियों की समस्याओं का मूल्यांकन कर उनका उपचार करना ही उपचारात्मक शिक्षण है।

358. Ans: (a) सीखने की वह अक्षमता जो हमारे पढ़ने निर्वाचन करने और अक्षरों, शब्दों एवं संकेतों को समझने की योग्यता की प्रभावित करती हैं, ऐसी समस्या डिस्लेक्सिया कहलाती है।

359. Ans: (a) कक्षा में प्रदर्शित चार्ट्स, पोस्टर्स, कक्षा के प्रदत्त कार्य आदि भाषा की कक्षा में प्रिंट समृद्ध परिवेश बनाते हैं

360. Ans: (a) प्रथम पीढ़ी के शिक्षार्थी वे हैं जो अपने परिवार में सबसे पहले विद्यालय गए हैं। इन्हें प्रथम पीढ़ी का विद्यार्थी इस लिए कहा जाता है कि इनके परिवार से इनसे पहले को भी व्यक्ति शिक्षण हेतु विद्यालय नहीं गया।

361. Ans: (d) अलाव को लोक की सामूहिक चेतना का प्रतीक एक दसरे को कहने-सुनने का मौका मिलता हैं इसलिए कहा गया है।

"इच्छा" में इक प्रत्यय लगाने पर बनेगा

- ऐच्छिक

CTET भाषा 30 jan 2023

362. Ans: (a) शहर के प्रभाव ने गाँव की जीवन-शैली बदल दी है। इसलिए अलाव स्मृति की चीज बनता जा रहा है।

363. Ans: (b) "ऐसे में चौपाल पर अलाव के इर्द-गिर्द बैठकर इकहरे मन से बातें भला किसे रुचें'' यहाँ 'इकहरे मन' से की जाने वाली बातों से आशय सीधी व स्पष्ट बात होगा।

364. Ans: (b) वाक्य 'वह अब शहराता जा रहा है' में लेखक ने रेखांकित शब्द को 'सामूहिकता समाप्त होने का भाव' के लिए लिखा है।

365. Ans: (c) गद्यांश के अनुसार अपनेपन का भाव कम होना 'शहरीपन' की ओर संकेत करता है।

366. Ans: (b) 'नेह-छोह' का अर्थ है-'स्नेह'। स्नेह शब्द लैटिन भाषा के शब्द 'अफेक्ट' से आया है। 'स्नेह' मन में उत्पन्न होने वाले प्रेम भाव को व्यक्त करता है। जैसे एक माँ अपने पुत्र से कितना स्नेह करती है।

367. Ans: (c) 'दुमुँहापन' से तात्पर्य है-कभी कुछ तो कभी कुछ कहना। शहरीकरण के कारण समय के साथ-साथ प्रेम और अपनत्व के दायरे सिमटते जा रहे है।

368. Ans: (a) लोकानुग्रही का सन्धि विच्छेद है-लोक + अनुग्रही = अ + अ = आ = लोकानुग्रही (दीर्घ संधि)।

369. Ans: (d) 'अपनत्व' में मूल शब्द 'अपना' है। अपना रूढ़ शब्द के अन्तर्गत आयेगा। जिन शब्दों के खण्ड-खण्ड किये जाने पर उनके सार्थक अर्थ न निकले उन्हें 'रूढ़' शब्द कहा जाता है।

370. Ans: (d) उपर्युक्त पद्यांश के अनुसार कवि ने सूरज के लिए 'सफेद रंग का खरगोश उछलकूद कर रहा हो' उपमान का प्रयोग किया है।

371. Ans: (a) 'बहुत दिनों बाद मुझे धूप ने बुलाया' से कवि का अभिप्राय है जैसे 'कोहरे भरे शीत के बाद धूप निकली हो'।

372. Ans: (d) धूप सफेद रंग के वस्त्र पहनकर आई है। उपर्युक्त पंक्तियों में धूप जब बहुत दिनों के बाद निकलती है तो ऐसा प्रतीत होता है जैसे वह श्वेत रंग वस्त्र पहनकर आई हैं।

373. Ans: (a) 'ताते जल नहा में' धूप के स्नान का उल्लेख है। उपर्युक्त विकल्पों में अन्य विकल्प गलत है।

374. Ans: (d) 'मेघ ऊन का गोला बुनती सुकुमारी' से कवि का आशय नभ में श्वेत बादल उड़ रहे है से व्यक्त होता है।

375. Ans: (c) 'मुझे धूप ने बुलाया' में मानवीकरण अलंकार है। मानवीकरण अलंकार- जब प्राकृतिक वस्तुओं जैसे, पेड़-पौधे, बादल, धूप, झरना, नदी, आकाश आदि में मानवीय भावनाओं का वर्णन हो यानी निर्जीव चीजों में सजीव होना दर्शाया जाए तब वहाँ 'मानवीकरण' अलंकार होता है।

376. Ans: (a) भाषा की पाठ्यपुस्तकों में पहेलियों और वर्ग पहेलियों को शामिल करना विद्यार्थियों में समालोचनात्मक चिंतन योग्यता का विकास करता है। भाषा पाठ्य पुस्तकों में पहेलियों का अपना महत्व है।

377. Ans: (d) आपकी कक्षा में एक दृष्टिबाधित विद्यार्थी है, एक भाषा शिक्षक के रूप में आप उस बालक के साथ सामान्य व्यवहार करेंगे तथा उसे श्रव्य सामग्री के माध्यम से सहायता करेंगे।

378. Ans: (c) प्राथमिक स्तर पर शिक्षार्थियों के आकलन के दौरान एक भाषा शिक्षक को मुख्य रूप से शिक्षार्थियों के निष्पादन के बारे में विविध तरीकों से जानकारी एकत्रित करना तथा उसे शिक्षार्थियों एवं उनके माता-पिता के साथ साझा करने पर ध्यान देना चाहिए।

379. Ans: (d) रंगीन चित्रें एवं बड़े अक्षरों में मुद्रित बड़ी पुस्तक के उपयोग के बारे में यह पाठ्यक्रम की पुस्तकों से अच्छी है तथा कक्षावार पाठक या विद्यार्थियों के रूप में पाठ से जुड़े अभ्यासों से मुक्त है।

380. Ans: (a) बच्चे एक या एक से अधिक भाषाओं के ज्ञान के साथ विद्यालय में आते हैं। एक से अधिक भाषाओं का ज्ञान बच्चों को अन्य भाषाओं एवं नए विषयों को आसानी से सीखने में सहायता करता है।

381. Ans: (c) कक्षा 3 के विद्यार्थियों की कॉपी को देखते समय भाषा की शिक्षिका ने कुछ त्रुटियाँ देखी और महसूस किया कि बच्चों द्वारा की जाने वाली ऐसी त्रुटियाँ स्वाभाविक है और उनके अधिगम का संकेतक है।

382. Ans: (d) वाइगोत्सकी के अनुसार, बच्चे साथियों के साथ सामाजिक अंतःक्रिया से सीखते हैं। एक भाषा शिक्षक के

'महापुरूष' में समास है

- कर्मधारय

CTET भाषा 30 jan 2023

रूप में उन्हें जोड़े एवं समूह कार्य के लिए योजना बनाएँ ताकि वे साथियों के साथ अंतक्रिया कर सकें और उनमें समुदाय की भावना का विकास हो सके।

383. Ans: (c) एक भाषा शिक्षक के रूप में यह सुनिश्चित करना कि उसकी कक्षा में सभी विद्यार्थी महसूस करें कि उन्हें स्वागत एवं महत्व दिया जा रहा है।

384. Ans: (d) भारतीय कक्षाएँ बहुभाषीय कक्षाएँ होती है। बहुभाषीकरण के इस संदर्भ को ध्यान में रखते हुए प्राथमिक स्तर पर बहुभाषी कक्षा के बारे में, शिक्षक, शिक्षार्थियों को उनकी स्वयं की भाषा में संप्रेषण करने एवं अभिव्यक्ति हेतु प्रोत्साहित करें तथा उनके विचारों को सम्मान दें। सर्वाधिक उपयुक्त कथन है। शेष विकल्प गलत है।

385. Ans: (c) एक भाषा शिक्षक कक्षा कक्ष में ऐसा कार्य दे जो जोड़े। समूह में दिया जा सके, क्योंकि भाषा शिक्षक द्वारा जब ऐसा कार्य कक्षा कक्ष में दिया जाता है तो बच्चों में सहयोग की भावना का विकास होता है।

386. Ans: (d) एक अध्यापक का अपनी कक्षा में इस बात पर ध्यान जाता है कि एक बच्चे को भाषा पढ़ने एवं समझने में कठिनाई हो रही है। यह पढ़ने में अक्षमता (डिस्लेक्सिया) का लक्षण हो सकता है।

387. Ans: (c) आकलन, वह प्रक्रिया है जिसके द्वारा हमें यह ज्ञात होता है कि कोई बच्चा अधिगम को किस स्तर तक सीखा है या किस स्तर तक अधिगम को ग्रहण करने में समर्थ रहा है।

388. Ans: (a, b): भाषा की कक्षा हेतु प्रामाणिक सामग्री के रूप में पाठ्य पुस्तक तथा कार्य पुस्तिका दोनों को स्वीकार करते है। इस पर आयोग द्वारा सबको समान अंक दिया गया है।

389. Ans: (c) कक्षा 5 की एक शिक्षिका अपने विद्यार्थियों से कहती है कि आप इस सत्र में किए गए अपने काम जैसे- अपनी ड्राइंग, कविताएँ, कहानियाँ, वर्कशीट और अन्य सामग्री एक विशिष्ट फोल्डर में रखें। विद्यार्थियों के इस फोल्डर को 'पोर्टफोलियो' कहा जाता है।

390. Ans: (b) आप विश्वास करते हैं कि मानव, भाषा अर्जित करने की क्षमता के साथ ही जन्म लेते हैं। आपका विश्वास 'सहजज्ञानवाद' की धारणा या सिद्धांत से मेल खाता है।

391. Ans: (c) संस्कृति का जन्म नदियों के किनारे होता है। भारतीय संस्कृति गंगा की देन है। शेष विकल्प असंगत है।

392. Ans: (d) भारतीय संस्कृति गंगा की देन है। संसार की सभी प्रमुख संस्कृति का जन्म नदियों की कोख से हुआ है। अन्य विकल्प असंगत है।

393. Ans: (b) नदी को अस्थिर मित्र इसलिए कहा जाता है क्योंकि नदी बाढ़ बनकर नुकसान पहुँचाती है। हजारों वर्षों से वर्षा - वस्तु नदी - तट के निवासियों को बाढ़ का प्रकोप भी झेलना पड़ता है।

394. Ans: (b) नदी अस्थिर मित्र, निरंतर रचना, तथा संस्कृति का उद्गम स्थल है। नदी पुर्नजीवित करने वाली नहीं है।

395. Ans: (d) गद्यांश के अनुसार हमारे जीवन में नदी का बहुत महत्व इसलिए है क्योंकि जल ही जीवन है।

396. Ans: (a) मानव नदियों को केवल इसलिए महत्त्व नहीं देता कि वह खेतों की सिंचाई में मदद करती है।

397. Ans: (b) पानी समुद्र से चल कर समुद्र में पहुँचता है। समुद्र का पानी ही भाप बनकर बरसता है जिससे नदियों का निर्माण होता है।

398. Ans: (b) भारतीय शब्द में 'प्रत्यय' का प्रयोग हुआ हैं भारतीय शब्द में 'ईय' प्रत्यय है।

399. Ans: (c) मित्र का पर्यायवाची 'अरि' नहीं है अरि का पर्यायवाची है- दुश्मन, प्रतिद्वंदी, शत्रु, बैरी। मित्र का पर्यायवाची है- सखा, बंधु, संगी, दोस्त।

400. Ans: (d) यदि लेखक के पास थोड़ी-सी धरती होती, तो वह उसमें नहर नहीं बनाता अपितु लेखक के पास थोड़ी-सी धरती होती तो वह बगीचा लगाता, खेती करता तथा पेड़-पौधे लगाता।

401. Ans: (a) कविता में लेखक का प्रकृति प्रेम झझलकता है। अन्य विकल्प असंगत है।

402. Ans: (b) 'परती' धरती से आशय है ऐसी जमीन जिसे प्रतिवर्ष जोता - बोया न जाता है। अन्य विकल्प असंगत है।

403. Ans: (b) 'फसलों से दहक रही हो' वाक्य में रेखांकित शब्द 'दहक' का अर्थ होगा 'फसल के पकने के अर्थ में'। अन्य विकल्प के अर्थ असंगत हैं।

'भली-भाँति निर्वाह कर चुका था।' उपरोक्त वाक्यांश में क्रिया-विशेषण है-

- भली-भाँति

CTET Ist Paper (I-V) भाषा-1 Sep. 2015

404. Ans: (d) समूह से भिन्न शब्द फूल - फल लदे है। फूल-फल लदे के अतिरिक्त सभी विकल्पों में छोटा शब्द का प्रयोग किया गया है।

405. Ans: (d) 'लहर' समान लयात्मक शब्द नहीं है। महक, दहक तथा लहक समान लयात्मक शब्द है। क्योंकि तीनों में 'हक' का लय आता है जबकि लहर में हर लयात्मक शब्द आता है।

406. Ans: (a) शिक्षार्थी अपनी बुनियादी पठन कुशलताओं का निर्माण कर सकें, इसके लिए एक शिक्षक द्वारा वैयक्तिक और विभेदित अनुदेशन के साथ' शिक्षार्थियों को मदद करने की जरूरत है।

407. Ans: (a) कक्षा 2 की शिक्षिका मुद्रित विषय सामग्री मे परिचित शब्दों की सटीक और निपुणता भरी पहचान की क्षमता को बढ़ाने पर ध्यान दे रही है। ये शब्द सर्वाधिक प्रयुक्त (साइट वर्ड्स) होने वाले शब्द है।

408. Ans: (c) एक से अधिक भाषा का ज्ञान नवीन भाषा को सीखने- सिखाने में मदद करता है। यह बच्चों के व्यवहारिक तथा भौतिक ज्ञान का सहायक होता है। द्विभाषी तथा तृभाषी ज्ञान सीखने-सिखाने में सहायक होता है।

409. Ans: (b) एक शिक्षिका कक्षा 4 के शिक्षार्थियों से एक छोटे अनुच्छेद को समझ के साथ पढ़ने और गहराई से उसका परीक्षण करने के लिए कहती है। साथ ही वो आवश्यकतानुसार शिक्षार्थियों की आधार भूत मदद भी करती है। वह गहन पठन का अभ्यास कर रही है।

410. Ans: (b) भाषा शिक्षण के लिए एक वास्तविक एवं व्यावहारिक स्थिति का उपयोग करते हुए सरलतापूर्वक भाषा से परिचित होने में शिक्षार्थियों की मदद करने वाली पद्धति स्थितिपरक भाषा - शिक्षण पद्धति कहलाती है।

411. Ans: (c) पठन-पूर्व कार्य शिक्षार्थियों को पाठ्य-वस्तु में 'प्रवेश' करने और उन्हें अभिप्रेरित करने के लिए होता है।

412. Ans: (d) कूकना - बबलाना - समग्रबोधि अवस्था- दो शब्दीय अवस्था तारशैली वाक प्रथम भाषा अर्जन के चरण होते हैं।

413. Ans: (a) अधोगामी उपागम में व्याकरणिक संरचना तथा एकल शब्दों की बजाय अर्थ एवं भाषा को उसकी पूर्णता में देखना शामिल है।

414. Ans: (a) एक शिक्षक निदानात्मक परीक्षण के माध्यम से अपने शिक्षार्थियों के खराब अंकों के कारणों को जानने के लिए एक परीक्षण तैयार करता है।

415. Ans: (a) जब बच्चा जोड़े में और समूह में सक्रिय रूप से हिस्सा लेता है और लिखित परीक्षा में अच्छे अंक नहीं ले पाता तो एक शिक्षक के रूप में उसकी सामाजिक अंतः क्रिया की प्रशंसा करते हुए उसकी मदद कर सकते हैं।

416. Ans: (a) यह साक्ष्य भाषा - विकास के एक सही आयु में बच्चे के पास भाषा - परिवेश का अभाव है। क्योंकि बालक समृद्ध भाषिक परिवेश में ही भाषा सीखता है। जब तक बालक भाषा सुनेगा नहीं तब तक वह भाषा सीख नहीं सकता।

417. Ans: (a) अर्थक्रियात्मकता (प्रैग्मैटिक्स) 'भाषा के सामाजिक नियम' की ओर संकेत करता है। कहा जा सकता है। कि भाषा मनुष्यों के बातचीत करने का सरल साधन है।

418. Ans: (a) व्याकरण का कविता में एक आकलन - तत्व के रूप में समर्थन नहीं किया जाता हैं व्याकरण में भाषा से सम्बन्धित नियम की रचना होती है।

419. Ans: (b) व्याकरण अनुवाद पद्धति मातृभाषा में पहले से अर्जित भाषा - कौशलों के उपयोग के माध्यम से लक्ष्य भाषा सीखने में प्रवाहपूर्णता एवं सटीकता के विकास एवं उपलब्धि का समर्थन करती है। प्रत्यक्ष पद्धति में वस्तुओं को सामने दिखाना होता है।

420. Ans: (c) डिस्ग्राफिया के संदर्भ में यह कथन सकल मोटर कौशल और तार्किक चिंतन को प्रभावित करता है असत्य कथन है।

421. Ans: (c) दर्शन का तात्पर्य 'देखना' है। परन्तु गद्यांश के आधार पर यहाँ 'देखना' जानना के अर्थ में प्रयुक्त हुआ है।

422. Ans: (a) अपने दोष को दोष रूप में और गुण को गुण रूप में स्वीकार करना ही आत्म-दर्शन है।

आनन्द का समानार्थी शब्द होगा

- खुशी

CTET I Paper (I-V) भाषा 3 Feb 2023

423. Ans: (b) दोष या दुर्गुण समाज में निदनीय और अस्वीकार्य होते हैं इसलिए अपने दुर्गुणों को स्वीकार करने में साहस की आवश्यकता होती है और उसे स्वीकारने से ही दूर किया जा सकता है।

424. Ans: (c) जीवन-दर्शन का सच्चा शिक्षक हमारा 'परिवेश' है।

425. Ans: (a) अनुच्छेद के आधार पर अपने दोषों को स्वीकार करने वाला साहसी होता है।

426. Ans: (b) आत्म दर्शन से 'आन्तरिक' विकास होता है।

427. Ans: (b) 'दुर्गण में (दुर्गुण) 'दु' उपसर्ग तथा 'गुण' मूल शब्द है।

428. Ans: (b) आत्म-दर्शन का उचित विग्रह है- आत्मा का दर्शन। यह 'सम्बन्ध तत्पुरुष' समास का उदाहरण है।

429. Ans: (c) उपर्युक्त विकल्प में समूह से भिन्न शब्द 'वाणी' क्योंकि यह संज्ञा शब्द है जबकि साहसी, ज्ञानी व तीखी विशेषण शब्द है।

430. Ans: (b) उपर्युक्त कविता में 'कार्तिक' हिन्दी महीने की सुबह का वर्णन है। (कार्तिक की हँसमुख सुबह)

431. Ans: (c) हवाओं को माता के समान माना गया है।

432. Ans: (a) हवाएँ सिरहाने में 'हरसिंगार' का फूल रखकर गई है।

433. Ans: (d) नदी की ओर से आने वाली हवाएँ भीगी' है।

434. Ans: (c) 'माँ सरीखी' में 'उपमा अलंकार' है।

435. Ans: (a) 'हँसमुख सुबह' में 'प्रसन्नता' का भाव प्रकट हो रहा है।

436. Ans: (a) संदर्भ में व्याकरण पर जोर भाषा के नियमों के प्रति समझ बनाना है। विचारों के आदान-प्रदान के लिए भाषाओं का निर्माण और विकास हुआ। भिन्न-भिन्न भागों में रहने वाले प्राणियों की भिन्न भिन्न भाषाएँ बनी।

437. Ans: (a) आगमन प्रणाली:- इस प्रणाली में छात्र उदाहरणों की सहायता से सामान्य सिद्धान्त निकालते हैं। यह प्रणाली निगमन प्रणाली की ठीक उल्टी है। इस प्रणाली में

438. Ans: (b) भाषा अधिगम के लिए सामग्री तैयार करते समय हमें यह नितान्त ध्यान रखना चाहिए कि सामग्री औचित्यपूर्ण तरीके से स्तरानुसार होनी चाहिए क्योंकि पाठ्सामग्री निर्धारित उद्देश्यों की प्राप्ति हेतु शिक्षण अधिगम प्रक्रिया को मार्ग एवं गति प्रदान करते हैं।

439. Ans: (c) भाषा अर्जन तब होता है जब बच्चे को भाषा के अवसर मिलते है। इस विषय पर विभिन्न विद्वानों के विभिन्न मत है -

चाम्स्की के अनुसर- 'बच्चे भाषा सीखने की जन्मजात क्षमता के साथ उत्पन्न होते हैं।'

वाइगोत्सकी के अनुसार- 'बच्चों के भाषाई विकास में समाज की महत्वपूर्ण भूमिका होती है।'

स्किनर के अनुसार- 'बच्चे अनुकरण द्वारा भाषा सीखते हैं।'

जीन पियाजे के अनुसार- 'भाषा अधिगम मूलतः संज्ञानात्मक विकास का ही एक अंग है।'

440. Ans: (b) जब बच्चे को कविता सुनाने के लिए कहा जाता है, यह शिक्षक को उसके बोलने में निपुणता के आकलन में सहायता कर सकता है। आकलन वह प्रक्रिया है जिसके द्वारा हमें यह ज्ञात होता है कि कोई बच्चा अधिगम को किस स्तर तक सीखा है या किस स्तर तक अधिगम को ग्रहण करने में समर्थ रहा है।

441. Ans: (a) 'मानस मंथन (ब्रेन स्ट्रोमिंग) का अर्थ है- विषय से संबंधित विचारों के प्रति सजगता। मानस मंथन (ब्रेन स्ट्रोमिंग) - मस्तिष्क उद्वेलन विधि शिक्षण की एक ऐसी विधि है जिसमें अधिगमकर्ता के मस्तिष्क में किसी समस्या के समाधान हेतु विचारों या समाधान का स्फुटन किया जाता है।

442. Ans: (d) भाषा एक कला है, कौशल है। भाषा शिक्षण का अर्थ है बच्चों को भाषायी कौशलों- सुनने, बोलने, पढ़ने और लिखने में दक्ष करना। अतः भाषा शिक्षण में बोलने की जगह लेखन को महत्व देना चाहिए वाली अवधारणा भाषा शिक्षण के विषय में गलत है। जबकि अन्य विकल्प सही हैं।

443. Ans: (a) किसी पाठ या अवधारणा विशेष के अंत में आयोजित की जाने वाली परीक्षा (टैस्ट) निदानात्मक परीक्षा कहलाती है।

444. Ans: (c) भाषा के उत्पादक कौशल के तहत वाचन (बोलना) और लेखन (लिखना) आता है। ये दो कौशल दो

'सहभागिता' शब्द का निर्माण किस उपसर्ग और प्रत्यय से हुआ है?

-सह, ता

CTET IInd Paper (VI-VIII) भाषा - I July 2019

कारक हैं जो एक भाषा का उपयोग करते समय उत्पादन की प्रक्रिया में शामिल हैं। ये कौशल भाषा निर्माण की विधियाँ है।

445. Ans: (c) प्राथमिक स्तर की पाठ्यपुस्तकों में चित्रे देने से पाठ में निहित अमूर्त विचारों तथा संकल्पनाओं को समझना आसान हो जाता है, क्योंकि चित्रें की सहायता से छात्र-छात्रओं की कल्पना शक्ति बढ़ जाती है। वह अच्छे से कल्पना कर संकल्पना को समझ सकते हैं। भाषा सीखने के लिए सामाजिक अंतः क्रिया सबसे अधिक अनिवार्य है।

446. Ans: (a) श्रवण गतिविधि के लिए शिक्षार्थियों को मानस मंचन करने के मौके देने हेतु खिलौने, चित्र, चित्रकारी जैसी वस्तुओं का प्रयोग रियलिया कहलाता है।

447. Ans: (b) दक्षता आधारित भाषा आकलन का उद्देश्य है शिक्षार्थियों को सामाजिक और पेशेवर स्थितियों में भाषा का इस्तेमाल करने योग्य बनाना।

448. Ans: (d) अध्यापक और शिक्षार्थी की स्वायत्ता को समुन्नत करना और विद्यालय को अपने ही स्तर पर योजना बनाने के अवसर देना ही विद्यालय आधारित आकलन के मुख्य उद्देश्य है। शेष विकल्प असंगत है।

449. Ans: (b) लेखन के प्रक्रिया आधारित उपागम में शिक्षार्थी को अच्छा लेख लिखने के लिए कई चरणों से गुजरना पड़ता है प्रक्रिया आधारित उपागम स्व-अधिगम की क्षमता विकसित करता है विद्यार्थी में खोजी क्षमताओं, स्वयं के ज्ञान का मूल्यांकन।

450. Ans: (d) एक शिक्षार्थी विमर्श के किसी विषय को सुनते समय उस पर स्कीमा सृजित करने के लिए मुख्य बिन्दुओं का इस्तेमाल करती है वह बॉटम-अप श्रवण शक्ति का इस्तेमाल कर रही है। किसी का वाचन सुनने और सुनकर अर्थ एवं भाव को समझने की क्रिया श्रवण कौशल कहलाती है।

451. Ans: (c) असुन्दर वस्तुओं से जीवन प्राप्त करते है क्योंकि गाछ विरछ की मटमौली माटी से आहार व विषाद युक्त वायु से अंगारक ग्रहण करते हैं, फिर इस अपरूप उत्पादन से किस तरह ऐसे सुन्दर फूल खिलते हैं।

452. Ans: (d) 'पतंगो को आमंत्रित करने के लिए' फूल शाम होते ही चारों तरफ अपनी सुगन्ध फैला देते हैं।

453. Ans: (b) 'जीवन की निरंतरता को बनाए रखने के लिए' पेड़ अपनी संतान छोड़ जाने के लिए व्यग्र रहते हैं।

454. Ans: (c) 'कार्बन डाईआक्साइड' के लिए 'अंगारक' शब्द का प्रयोग गद्यांश में हुआ है।

455. Ans: (a) "ममता-स्नेह'' को जीवन के लिए पारस मणि की संज्ञा दी गई है।

456. Ans: (d) परस का अर्थ है- 'स्पर्श'। सामीप्य = पास या निकट सहयोग = सहायता या साथ मिलकर काम करना। संगति = मेल-मिलाप या संगत होने का भाव।

457. Ans: (a) 'अपरूप' विशेषण का प्रयोग 'मिट्टी' के लिए हुआ है।

458. Ans: (c) 'प्रफुल्लित' शब्द 'इत' प्रत्यय से मिलकर बना है, इसमें 'प्रफुल्ल' मूल शब्द है।

459. Ans: (d) गाछ-बिरछ से तात्पर्य है 'पेड़-पौधे'।

460. Ans: (d) पद्यांश में रचनाकार को प्रभु की याद 'प्राकृतिक सौन्दर्य देखकर' आती है।

461. Ans: (b) पद्यांश में प्रकृति की लीला 'ओस का गिरना' का उल्लेख नहीं किया गया है। जबकि 'कलियों का खिलना' हवा का बहना और चिड़यों का चहकना आदि की बात की जा रही है।

462. Ans: (c) पद्यांश में खुशियों के गीत 'चिड़ियाँ' गा रही हैं।

463. Ans: (a) ठंडी हवाएँ अपने साथ 'उल्लास' लेकर आती हैं, अर्थात् मस्ती ढ़ो कर लाती है।

464. Ans: (c) 'कलियाँ दरवाजे खोल-खोल' में मानवीकरण अलंकार है। जो किसी वस्तु को अलंग्त करे, वह अलंकार है।

465. Ans: (b) रचनाकार प्रकृति के सौन्दर्य को देखकर 'चमत्कृत' है।

466. Ans: (a) बच्चे में मातृभाषा के विकास को समान्यतः भाषा अर्जन माना जाता है।

467. Ans: (b) भाषा सीखने के आरंभिक वर्षों में कहानियाँ है- 'भाषा सीखने हेतु निवेश'। जबकि-

468. Ans: (b) "सचेतना में बृद्धि'' संचेतना की तीन विशेषताएँ होती हैं ज्ञानात्मक, भावनात्मक और क्रियात्मक। चेतना वह

'सामंजस्य' शब्द का समानार्थी है

- तालमेल

CTET-I-Paper (I-V) भाषा-2 Feb. 2016

तत्व है जिसमें ज्ञान, भाव और व्यक्ति की क्रियाशीलता की अनुभूति होती है।

469. Ans: (d) 'श्रव्य भाषावाद' विधि दोहराव वाले अभ्यास को एक बड़ी प्रविधि मानती है।

470. Ans: (c) 'मातृभाषा/घर की भाषा से आरम्भ करके विद्यालय में और भाषाएँ जोड़ने की ओर बढ़ना' ही बहुभाषिकता कहलाता है।

471. Ans: (b) हिन्दी भारत की 'राजभाषा' है, भाषा मनुष्य की सार्थक व्यक्त वाणी है।

472. Ans: (b) शिक्षार्थियों द्वारा लिखने-पढ़ने में की गई त्रुटियों को 'सीखने के लिए संकेत' करती हैं। क्योंकि गलतियों से ही सीखा जाता है। जिसे अधिगम का हिस्सा माना जाता है।

473. Ans: (d) 'लिखने का प्रक्रिया उपागम' जब शिक्षार्थी एक अच्छे लेख के विकास के लिए कई चरणों से गुजरते हैं उसे लेखन प्रक्रिया उपागम कहते हैं।

474. Ans: (b) 'प्रारंभिक साक्षरता' अपने आरम्भिक वर्षों में बच्चे दीवार, फर्श, और कॉपी पर उत्तर पुस्तिका में आड़ी तिरछी रेखाएँ बनाते हैं तो यह भाषा सीखने की अवस्था होती है।

475. Ans: (c) 'रचनात्मक आकलन' सीखने का आकलन है। रचनात्मक मूल्यांकन में शैक्षिक कार्यक्रम, योजना प्रक्रिया और उसकी उपयोगिता का आकलन किया जाता है।

476. Ans: (c) 'कौशल का अन्तरण' इस कौशल में बालक किसी एक भाषा का अच्छा पाठक होता है वह दूसरी अथवा अन्य भाषा का अच्छा पाठक हो सकता है या दूसरी भाषा को सीख सकता है।

477. Ans: (a) वे दक्षताएँ जिन्हें शिक्षार्थी द्वारा किसी पाठ्यक्रम के अन्त में प्राप्त कर लेना चाहिए या प्रदर्शित करना, सीखने का प्रतिफल कहलाता है।

478. Ans: (a)

- उपचारात्मक शिक्षण के दो मुख्य उद्देश्य-उपचारात्मक शिक्षण शिक्षार्थियों के सीखने को बेहतर करने के लिए होता है।
- उपचारात्मक शिक्षण शिक्षकों के शिक्षण में बदलाव करने के लिए होता है। अन्य प्रश्नगत (c) और (d) मुख्य उद्देश्य में सम्मिलित नहीं है।

479. Ans: (b) 'थीम आधारित शब्दावली' कुछ आवश्यक और महत्वपूर्ण शब्द का चयन करके उनका शिक्षण किया जाता है। बच्चों में शब्दों के आदान-प्रदान करने की प्रक्रिया थीम आधारित शब्दावली कहलाती है।

480. Ans: (d) 'सीखना सामाजिक निर्मित है' क्योंकि सीखने के सिद्धांत के रूप में रचनावाद का विश्वास है।

481. Ans: (c) सादिक का 'बड़े आदमी' से तात्पर्य/आशय 'धनाडड्ढ व्यक्ति से है।

482. Ans: (d) ग्राहक 'मक्खी देखकर बिरयानी नहीं खरीदेंगे।' इसलिए सादिक बिरयानी की परात से मक्खियाँ उड़ा रहा था।

483. Ans: (c) 'दाल' उत्तर पाकर नवाब साहब को हैरानी इसलिए हुई। कि 'दाल विशेष पकवान की श्रेणी में नहीं आती है।'

484. Ans: (b) सादिक के अब्बा 'उड़द की दाल' के पकवान के लिए मशहूर थे।

485. Ans: (a) वाक्य में रेखांकित शब्द के स्थान पर 'धैर्य' शब्द प्रयुक्त किया जा सकता है। तसल्ली स्त्रीलिंग शब्द, जिसका पर्याय है धैर्य, दिलासा, ढाढ़स।

486. Ans: (a) नवाब मुहम्मद, कादिर की दुकान पर इसलिए आए थे, क्योंकि 'उन्हे नए पकवानों के स्वाद चखने का शौक था।'

487. Ans: (d) 'बेदिली' शब्द के स्थान पर 'बेरुखी' शब्द लिखा जा सकता है।

- बेदिली फारसी भाषा का स्त्रीलिंग शब्द है, जिसका पर्याय उदासी, खिन्नता, उपेक्षा और बेरूखी शब्द है।

488. Ans: (b) 'मशगूल' शब्द के स्थान पर 'व्यस्त' शब्द का प्रयोग किया जा सकता है, मशगूल शब्द अरबी भाषा का विशेषण शब्द है जिसका पर्याय व्यस्त, संलग्न और लीन है।

489 Ans: (c) 'यकीनन, बड़ा आदमी है।' वाक्य में गुणवाचक विशेषण के प्रयोग हुआ है।

उदाहरण- ये मीठा केला है।

शब्दों के समूहों के प्रति समझ बनाकर शब्द सम्पदा अर्जित करने की वकालत किसके द्वारा की गई है?

-कोश विषयक उपागम

CTET भाषा Paper 2 (31 December 2021)

490. Ans: (c) प्रस्तुत पद्यांश का केन्द्रीय भाव है- 'बाधाओं से जूझने वाले ही जीवन में बहुत कुछ पा जाते है।'

491. Ans: (b) 'जिसने मुझको गैर दिए' से अभिप्राय है- 'परायों को भी अपना बनाया।'

492. Ans: (d) 'जिसने मुझको दो पैर दिए' का मूल भाव है 'आगे बढ़ते रहने की प्रेरणा दी।'

493. Ans: (c) हर ठोकर में भीतर कुछ छलक-छलक पड़ता का आशय है- 'विपत्तियों में मन दुःखी हो जाता है।'

494. Ans: (c) 'समतल राहों में चलने से क्या पाऊँगा? रेखांकित शब्द 'सीख' की ओर संकेत कर रहा है।

495. Ans: (b) उपर्युक्त विकल्प में 'नज्जारों' का अर्थ 'दृश्य' है।

496. Ans: (b) सार्वभौमिक व्याकरण सभी मानव भाषाओं द्वारा साझा श्रेणियों, संचालन और सिद्धांतों की सैद्धांतिक या काल्पनिक प्रणाली है और इसे जन्मजात माना जाता है।

497. Ans: (a) भाषा एक सामाजिक संकल्पना है। इसमें यह विचार सम्मिलित है कि भाषा 'सामाजिक अंतःक्रिया के द्वारा अर्जित की जाती है।'

498. Ans: (d) सामाजिक अंतःक्रिया भाषा अर्जन के व्यवहारवादी सिद्धांत से सम्बन्धित नहीं है।

499. Ans: (d) भाषा विकास का संज्ञानात्मक सिद्धांत समर्थन करता है कि भाषा बच्चे के बोलना शुरू करने से पहले संकल्पना की समझ पर निर्भर करती है।

500. Ans: (d) 'टिप्पणी लेखन' प्रारंभिक साक्षरता से संबंधित नहीं है जबकि इस बात की समझ है कि मुद्रित सामग्री अर्थ देती है, आरंभिक स्वानिमिक जगरूकता और आधारभूत वर्गों का ज्ञान प्रारंभिक साक्षरता में शामिल है।

501. Ans: (b) कक्षा में पठन कोना पठन कौशल के विकसित करने में सहायक है यह कथन सत्य है कि जबकि बच्चों को जोड़े में बैठाकर उन्हें अपनी पसंद तथा नापसंद के बारे में चर्चा करने के लिए कहना पठन कौशल विकसित करने के संदर्भ में असत्य है।

502. Ans: (a) अचानक से शब्दों को सीखना तब घटित होता है जब बच्चे 'पुस्तक के सस्वर वाचन' के माध्यम से शब्द संपदा सीखते है।

503. Ans: (b) प्रक्रिया आधारित लेखन उपागम में पूर्वलेखन सोपान के दौरान पाठक तथा लिखने के उद्देश्य को चिह्नित किया जाता है।

504. Ans: (b) बोले गए शब्दों में स्वनिमों को पहचानकर उनमें परिवर्तन करने की योग्यता से स्वानिमिक जागरूकता से संबंधित है। किसी भाषा या बोली में, स्वनिम उच्चारित ध्वनि की सबसे छोटी इकाई है।

505. Ans: (a) 'पठन सामग्री में वर्णों या शब्दों के अर्थ निकालना पढ़ना है।' यह प्रभावकारी पठन रणनीति है।

506. Ans: (a) एक अच्छे 'अनुच्छेद' में सभी वाक्य मिलकर मुख्य विचार को अर्थ देते है।

507. Ans: (a) जब एक व्यक्ति समाचार पत्र में नौकरी के लिए कोई विज्ञापन पढ़ता है। तो वह पाठ्य वस्तु को बारीकी से पढ़ रहा होता

508. Ans: (b) फ्भाषा अधिगम की गति मुद्रित एवं लिखित समृद्ध परिवेश में बढ़ जाती हैय् भाषा सीखना या अधिगम एक व्यापक सतत् एवं जीवन पर्यन्त चलने वाली महत्त्वपूर्ण प्रक्रिया है।

509. Ans: (b) भाषा शिक्षिका द्वारा बच्चे के अनुच्छेद लेखन में व्याकरणिक त्रुटियों पर लाल घेरा बनाकर उन्हें सही करना भाषा अधिगम के लिए अनुपयुक्त है क्योंकि शिक्षिका का लाल घेरा बनाने से पहले या बाद में त्रुटियों से सम्बन्धित जानकारी भी देनी चाहिए।

510. Ans: (b) भाषा अधिगम में कहानी सुनाना 'श्रवण कौशलों को विकसित करने के लिए एक प्रभावकारी माध्यम है। कहानी सुनाने के माध्यम से विद्यार्थी में नैतिक विकास, बौद्धिक विकास और भाषा का विकास होता है।'

511. Ans: (d) उपर्युक्त गद्यांश के आधार पर हमारी खराबी का स्रोत वहीं हो सकता है, जहाँ से हमारा जीवन प्रारम्भ होता है और वह है हमारा घर।

512. Ans: (b) हमारा कर्तव्य है कि हम दोषों को दूर करने का यत्न करें।

513. Ans: (c) दोषों को दूर करने के लिए यह प्रयास करना चाहिए कि आपके कारण दूसरे को कष्ट न हो।

संरचनाओं के बारे में जान, वर्णन करना, सीमित अभ्यास में इसे लागू करना-निम्नलिखित में से क्या कहलाता है?

-घोषणात्मक ज्ञान

CTET भाषा Paper 2 (31 December 2021)

514. Ans: (a) गद्यांश के अनुसार सबसे विचित्र बात यह है कि आज के समय में कोई अपने आपको दोष नही देता, सब दूसरे को दोष देते हैं।

515. Ans: (b) 'देशभक्त' शब्द का सही समास विग्रह है - देश का भक्त। इसमें सम्बन्ध तत्पुरुष समास है।

516. Ans: (a) गद्यांश के अनुसार 'स्रोत' शब्द का तात्पर्य कारण है।

517. Ans: (b) सौंदर्य शब्द का शाब्दिक अर्थ सुंदरता या रमणीय होता है। परन्तु आयोग विकल्पानुसार इसका सही उत्तर 'मित्रता' माना है।

518. Ans: (b) 'दुर्व्यवस्था' शब्द की सही संरचना है दुर् + व्यवस्था।

519 Ans: (d) गद्यांश के अनुसार जो अपने काम के प्रति उदासीन है। वो वास्तव में देशद्रोही हैं।

520. Ans: (c) उपर्युक्त कविता के कवि भगवतीचरण वर्मा हैं। इसमें कवि ने मनमौजी स्वभाव वाले उस आदमी की बात की है जो अपनी मस्ती में मस्त रहता है, उसे किसी चीज की मलाल नहीं रहता।

521. Ans: (d) 'हमारे लिए सुख-दुःख समान है' - यह भाव कविता के निम्नलिखित पंक्ति से व्यक्त होता है - आए बनकर उल्लास अभा आँसू बनकर बह चले अभी।

522. Ans: (b) कविता में आए 'वहाँ चले' पद का भाव है - वीरगति को प्राप्त होना।

523. Ans: (a) 'उल्लास' शब्द में उत् उपसर्ग (उत् + लास) है। उपसर्ग वह शब्दांश या अव्यय होता है जो किसी शब्द के आदि (प्रारम्भ) में जुड़कर उसके अर्थ में नवीनता प्रकट कर देता है।

524. Ans: (d) 'चलना है बस इसलिए चले' पंक्ति में कवि (भगवती चरण वर्मा) कहते हैं कि मुझे तो बस चलते रहना है, इसीलिए मैं चले जा रहा हूँ। अर्थात् चलना ही हमारे चलने का लक्ष्य है।

525. Ans: (b) कविता में प्रयुक्त 'आलम' शब्द का अर्थ 'हालत' है। आलम का अर्थ 'दुनिया' भी होता है।

526. Ans: (d) विद्यार्थी प्रथम भाषा प्राकृतिक वातावरण में सीखते हैं। जो उनके घर, परिवार, आस-पास बोली जाती है। उसे 'मातृभाषा कहा जाता है।

527. Ans: (b) भाषा अधिगम-शिक्षण में पाठ्य-पुस्तक के लेखक द्वारा विशेष रूप से लिखी गई कविता प्रामाणिक सामग्री नहीं है। भाषा शिक्षण अधिगम प्रक्रिया का प्रमुख आधार है।

528. Ans: (c) किसी विद्यार्थी द्वारा पढ़ी गई कहानी का अपने शब्दों में पुनर्कथन बोधगम्यता (समझ) के मूल्याँकन में सहायक होता है।

529. Ans: (a) यह गतिविधि अनुभव-आधारित क्रिया है। वर्ष 2005 में एनसीएफ ने यह स्पष्ट कर दिया था कि, विद्यार्थियों की सीखने में भागीदारी, उनके सीखने संबंधी सर्वोत्तम परिणाम पाने की कुंजी है।

530. Ans: (d) विदेशी भाषा के शिक्षण में अनुक्रमणता सिद्धांत के अन्तर्गत ध्वनि संबंधी अनुक्रम सम्मिलित नहीं है जबकि व्याकरणीय अनुक्रम, शब्दावली अनुक्रम, अर्थसंबंधी अनुक्रम शामिल है।

531. Ans: (a) उपर्युक्त प्रश्नानुसार पूरी शिक्षण प्रक्रिया परिस्थिति आधारित उपागम है।

- संप्रेषण उपागम में हमने जो बातें कही वह दूसरों ने सुनी और उस पर अमल किया।
- शिक्षक द्वारा किसी क्रियाकलाप को दिखाकर शिक्षण कार्य करता है तो उसे प्रदर्शन उपागम कहते हैं।
- प्रत्यक्ष उपागम द्वारा कक्षा में विभिन्न मानवीय मूल्य स्थापित किये जा सकते हैं।

532. Ans: (d) 'बच्चे की भाषा रुचि', 'बच्चे के आस-पास का परिवेश', 'पुरस्कार एवं दण्ड' वह मनोवैज्ञानिक कारक है जो बच्चे की भाषा सीखने की प्रक्रिया को प्रभावित करते हैं।

533. Ans: (a) श्रवण की सबसे उपयुक्त विशेषता मुख्य शब्दों द्वारा संप्रेषित किए गए अर्थ को समझना है। 'श्रवण' शब्द 'श्रु' धातु से बना है जिसका शाब्दिक अर्थ है सुनने की क्रिया, ध्यानपूर्वक सुनना, अध्ययन करना, अधिगम/सीखना करना आदि।

शिक्षाची सुविचारित साधनों के माध्यम से भाषा सीखते हैं. यह क्या कहलाता है?

-भाषा का अधिगम

CTET भाषा Paper 2 (31 December 2021)

534. Ans: (a) अर्थबोध की योग्यता अथवा अर्थग्राह्यता में श्रवण और पठन सम्मिलित है। किसी भी वाक्य को अर्थ बोध करने के लिए या तो उसे श्रवण (सुनना) पड़ेगा या पठन (पढ़ना) पड़ेगा।

535. Ans: (a) भारतीय संविधान में हिन्दी भाषा को राजभाषा (ऑफिशियल) का दर्जा दिया गया है।

536. Ans: (d) भारतीय संविधान में अंग्रेजी भाषा को सह-राजभाषा का दर्जा दिया गया है।

537. Ans: (d) प्रश्नानुसार विहंग दृष्टि (स्किम) ध्वनि विज्ञान के पाँच अवयव में सम्मिलित नहीं है।

538. Ans: (d) बेहतर उच्चारण हेतु पढ़ना,पढ़ने का उप कौशल नहीं है। यह एक पठन कौशल है।

539. Ans: (d) प्रश्नानुसार लघु परीक्षा क्लोज परीक्षण के रूप में जाना जाता है।

540. Ans: (d) उपर्युक्त विकल्पों में ये प्रशिक्षार्थी के किसी दूसरी भाषा/विदेशी भाषा सीखने की अभिरूचि का भी मापन करते हैं। कथन निर्धारित परीक्षाओं के संदर्भ में सही मानदण्ड नहीं है।

541. Ans: (b) उपर्युक्त गद्यांश के आधार पर वालिदा साहिबा को साथ न लाने की बात इसलिए की गई थी क्योंकि उनकी स्थिति देखकर दुःख होगा।

542. Ans: (b) भगत सिंह ने अपने पिता से हिन्दी उपन्यास नहीं मँगवाया जबकि गीतारहस्य, नैपोलियन की जीवनी, अंग्रेजी उपन्यास मँगवाया था।

543. Ans: (d) भगत सिंह को पिता का पता मालूम नहीं था इसलिए उनके पते पर पत्र नहीं लिखा।

544. Ans: (c) भगत सिंह जी को कपड़े 24 अप्रैल 1929 तारीख को मिले।

545. Ans: (a) पत्र लिखने के समय भगत सिंह दिल्ली जेल में थे।

546. Ans: (c) पएक माह में सारा ड्रामा खत्म हो जाएगा' से आशय है निर्णय सुना दिया जाएगा।

547. Ans: (d) उपर्युक्त विकल्प में 'आला' का अर्थ 'उत्कृष्ट' होगा।

548. Ans: (b) उपर्युक्त विकल्पों में 'रहस्य' शब्द अन्य शब्दों से भिन्न है। 'रहस्य' शब्द हिन्दी भाषा का शब्द है, जबकि अन्य शब्द उर्दू, फारसी भाषा के है।

549. Ans: (d) 'जेल में हमारे साथ निहायत अच्छा सलूक हो रहा है' रेखांकित शब्द के लिए एक सही शब्द 'व्यवहार' होगा।

550. Ans: (c) बारिश की बूंदे ताड़ के पत्तों पर पड़ रही है। -

551. Ans: (a) उपर्युक्त पद्यांश के रचयिता प्रकृति के सुकुमार कवि 'सुमित्रनन्द पन्त' ने इसमें 'बरसते बादल का' का वर्णन किया है।

552. Ans: (c) कविता में पक्षियों के आनंदित होकर गीत गाने के लिए 'खगकुल गाते मंगल' पद का प्रयोग किया गया है।

553. Ans: (a) आनंदित होकर नीम झूम रही है।

554. Ans: (d) 'तड़-तड़' पुनरूक्त शब्द का उदाहरण है। जब किसी शब्द को एक साथ दो बार आवृत्ति होती है पुनरूक्त शब्द कहलाता है। जैसे - धीरे-धीरे, रूक-रूक आदि।

555. Ans: (a) 'वारि' संज्ञा शब्द है। संज्ञा - किसी जाति, द्रव्य, गुण, भाव, व्यक्ति, स्थान और क्रिया आदि के नाम को संज्ञा कहते है।

556. Ans: (b) अध्यापक द्वारा कक्षा तीन के शिक्षार्थियों को जो निर्देश देती है उसमें शिक्षार्थी समग्र भौतिक प्रतिक्रिया उपागम की क्रियाओं का अनुसरण कर रहे हैं। जैसे- वह घोड़ा काला है। जिसमें काला विशेषण है।

557. Ans: (a) सस्वर पठन से जुड़ी गतिविधियाँ मुख्य रूप से छोटी कक्षाओं के विद्यार्थियों के साथ की जानी चाहिए, इससे बालकों के अन्दर पढ़ने लिखने की जिज्ञासा बनी रहती है।

558. Ans: (b) हिन्दी शिक्षण में रचनाओं को दो वर्गों में विभाजित किया जाता है - (प) नियंत्रित रचना (2) मुक्त रचना

559. Ans: (b) सुश्री आशा अपनी कक्षा में रूपान्तरण वाली ड्रिल करवा रही हैं।

560. Ans: (b) ऐसा करके श्री अली अपने विद्यार्थियों में श्रवण कौशल पुष्ट कर रहे हैं।

561. Ans: (a) उपचारात्मक शिक्षण से विद्यार्थियों को अपने निष्पादन में सुधार करने के लिए मदद मिलती है।

एक अनुच्छेद में से हर पंक्ति में छठे या सातवें शब्द के बाद एक शब्द या वाक्यांश हटा दिया जाता है। फिल उसे पूरा करने के लिए कहा जाता है। इस परीक्षणा को क्या कहते हैं?

-क्लोज़ परीक्षण

CTET भाषा Paper 2 (29 December 2021)

562. Ans: (a) 'दिल माँगे मोर' विज्ञापन की यह पंक्ति शब्द संकेत परिवर्तन का उदाहरण है।

563. Ans: (d) इस वाक्य में विस्तार से पठन की बात की गई है।

564. Ans: (c) चाम्स्की मानते है कि बालक में भाषा या व्याकरण को सीखने की क्षमता जन्मजात होती है, परन्तु उस भाषा को सीखने की क्षमता को क्रियान्वयन रूप वातावरण द्वारा दिया जाता है।

565. Ans: (c) स्वर या संगीत में वह शब्द जिसका कोई निश्चित रूप हो और जिसकी कोमलता या तीव्रता अथवा उतार-चढ़ाव आदि का सुनते ही, सहज में अनुमान हो सके वह स्वर शैली कहलाता है।

566. Ans: (c) वैज्ञानिकों के अनुसार बच्चों से बात करना बहुत महत्त्वपूर्ण है क्योंकि इससे उनकी भाषा की ध्वनियाँ सीखने की शुरुआत होती है तथा बच्चों की अभिव्यक्ति शैली में भी निखार आता है।

567. Ans: (b) 'तुतलाना' बच्चों की भाषा से संबंधित है।

568. Ans: (d) सुश्री गुरमीत को चाहिए कि विद्यार्थियों से कहे कि महामारी के दौरान हुए अपने अनुभव साझा करें और मुख्य अभिव्यक्तियों को श्यामपट्ट पर लिखें।

569. Ans: (b) चित्र दिखाने के बाद वह ऊँची आवाज में स्पष्ट रूप से उसका नाम बताती है। इस तरह से वह अपने विद्यार्थियों को नए शब्द सिखाना चाहती है।

570. Ans: (c) स्कीमा सिद्धांत उस प्रक्रिया को वर्णित करता है जिसके द्वारा पाठक किसी पठन सामग्री को समझने के लिए अपने परिवेश से जुड़े ज्ञान को उस पाठ्य सामग्री में दी गई सूचनाओं से जोड़ते हैं।

571. Ans: (a) 'अब्दुल्ला एंड कंपनी' का मुकदमा लड़ने के लिए गाँधीजी डरबन गए थे।

572. Ans: (b) रात्रिभोज का आयोजन 'महात्मा गाँधी' की विदाई के लिए किया गया था।

573. Ans: (a) उपर्युक्त गद्यांश में 'नेटाल मर्करी' नामक समाचार पत्र का उल्लेख किया गया है, जो एक भारतीय व्यापारी ने महात्मा गांधी को दिया था।

574. Ans: (b) उपर्युक्त गद्यांश के अनुसार 'भारतीयों को मताधिकार से वंचित करना' मताधिकार संशोधन विधेयक का मुख्य उद्देश्य था। विधायिनी सभा में किसी विधेयक में परिवर्तन, सुधार करने की प्रक्रिया को संशोधन कहते हैं।

575. Ans: (c) उपर्युक्त गद्यांश के अनुसार लोग गांधीजी से रूकने का आग्रह इसलिए कर रहे थे क्योंकि वे चाहते थे कि गाँधीजी उनके लिए मताधिकार संधोधन विधेयक का विरोध करें।

576. Ans: (b) गाँधीजी ने मताधिकार संशोधन विधेयक का विरोध करने के लिए कोई शुल्क नहीं लिया क्योंकि यह सार्वजनिक कार्य था।

577. Ans: (c) 'होश उड़ना' मुहावरे का अर्थ 'घबरा जाना' है। अर्थात सुध बुध खोना।

578. Ans: (b) 'स्वदेश' का विलोम शब्द है - 'विदेश'। सामने वाले शब्द के 'विपरीत' या 'उल्टा' अर्थ प्रकट करने वाले शब्द को विलोम या विपरीतार्थक शब्द कहते हैं।

579. Ans: (c) 'भारतीय' शब्द में 'ईय' प्रत्यय है। शब्दों के बाद में जो अक्षर या अक्षर समूह लगाया जाता है, उसे 'प्रत्यय' कहते है।

580. Ans: (a) उपर्युक्त पद्यांश के अनुसार कवि का मुख्य भाव 'दृढ़ निश्चयात्मकता का' है। अर्थात् जो अपने विचार या संकल्प पर दृढ़तापूर्वक अड़ा या जमा रहे, उसके लक्ष्य के मार्ग में चाहे कितनी भी बाधा आये वह लक्ष्य से भटके नहीं।

581. Ans: (b) उपर्युक्त पद्यांश में कवि ने स्पष्ट किया है कि जीवन में गिरने से ज्यादा जरूरी है 'संभलना'। यथा इन पंक्तियों द्वारा कवि का आशय स्पष्ट होता है चलना मुझे है, बस अंत तक चलना, गिरना ही मुख्य नहीं, मुख्य है सँभलना।

582. Ans: (a) पद्यांश में 'अँधेरा' कठिनाइयों का प्रतीक है।

583. Ans: (b) 'चिंता' शब्द से बनने वाला विशेषण 'चिंतित' है।

584. Ans: (d) दिये गये विकल्प के अनुसार 'गिरना' अन्य शब्द से भिन्न है, जो क्रिया के अन्तर्गत आता है।

585. Ans: (a) 'अंत तक चलने' से तात्पर्य 'लक्ष्य प्राप्ति तक चलना है।' कवि का कहना है कि मनुष्य को तब तक अपने कार्य में लगे रहना चाहिए जब तक लक्ष्य की प्राप्ति न हो जाए।

कक्षा में विद्यार्थी विषय वस्तु को समझ जाते हैं किंतु वे किसी चर्चा में भाग नहीं लेते हैं। उन्हें भाषा की कौन सी कठिनाई है?

-अभिव्यक्ति सम्बन्धी

CTET भाषा Paper 2 (1 January 2022)

586. Ans: (d) क्रैशन के अनुसार, 'मॉनीटर परिकल्पना' द्वारा व्याकरण भाषा के अधिगमकर्ता अपने भाषा प्रयोग की शुद्धता का मूल्यांकन करते हैं। भाषा के शुद्ध प्रयोग के लिए चार कौशलों की आवश्यकता होती है। पढ़ना, लिखना, बोलना एवं सुनना। इन चारों कौशलों से भाषा में शुद्धता आती है।

587. Ans: (a) मानस मंथन गतिविधि रचनात्मक विचारों के सृजन में सहायता करती है।

588. Ans: (a) वह पद्धति जो बोलने तथा कार्य में तालमेल बनाती है, 'समग्र भौतिक प्रतिक्रिया' कहलाती है।

589. Ans: (c) 'संप्रेषणात्मक उपागम' पद्धति शिक्षार्थी को उनके वाचन कौशल के विकास में सहायता करती है। संप्रेषण विचार-विमर्श की वह विधा है जिसके माध्यम से व्यक्ति व्यवस्थित या तर्क सम्मत विचार ग्रहण कर अपना मार्गदर्शन करता है।

590. Ans: (c) पठन कौशल में 'बारीकी से पढ़ना' किसी पाठ्य सामग्री में विशिष्ट तथ्यों या सूचना को ढूढ़ने के लिए प्रयोग की गई पठन प्रविधि है।

591. Ans: (b) 'भाषा' अंतरसंबंधित और नियम शासित चिह्न व्यवस्थाओं से बनी है, यह सामाजिक है और अभिव्यक्ति करने, खोजबीन करने, अर्थ संप्रेषित करने के सन्दर्भ में सिर्फ मानव के पास है।

592. Ans: (a) उपागम (पद्धतियाँ) हमें बताती है कि शिक्षक-शिक्षार्थी को 'क्या पढ़ाएँ। सरल शब्दों में, यह कहा जा सकता है कि यह उपागम सम्पूर्ण इकाई का उसकी संरचना एवं प्रकार्य के आधार पर वैज्ञानिक ढंग से विश्लेषण करने की एक पद्धति है।

593. Ans: (a) शिक्षण अधिगम-प्रक्रिया में आकलन का मुख्य उद्देश्य शिक्षार्थियों को प्रतिपुष्टि उपलब्ध कराना है। प्राथमिक स्तर पर आकलन बच्चों की बौद्धिक विकास की गति, सीखने की गति, तथा प्रतिपुष्टि प्रदान करने में किया जाता है।

594. Ans: (a) भाषा अर्जन की व्यवस्था का सही क्रम-बबलाना, किलकारी मारना (कूइंग) शब्दीय अवस्था, टेलीग्राफिक वाचन, और दो शब्दों वाली अवस्था।

595. Ans: (a) भाषा शिक्षण की पद्धति इस धारणा पर बल देती है कि मौखिक कौशलों के अत्यधिक अभ्यास के द्वारा भाषा के धारा प्रवाह प्रयोग को विकसित किया जा सकता है। इसे श्रव्य भाषा विधि कहते हैं।

596. Ans: (c) 'निदानात्मक परीक्षण' द्वारा अधिगम में आने वाली मुश्किलों को पहचानने में मदद मिलती है। इस परीक्षण से विद्यार्थी में ज्ञानार्जन तथा कमजोरी का पता लगाया जाता है, उसके द्वारा शिक्षा कहाँ पर सफल और कहाँ पर विफल है अध्यापक को जानने में सहायता मिलती है।

597. Ans: (a) 'समृद्ध परिवेश' छात्रें के लिए साक्षरता का पहला चरण होता है, घर और स्कूल में 'परिवेशी प्रिंट' ही वह पहला लेखन होता है, जिससे छात्र पढ़ना सीखते है।

598. Ans: (a) शिक्षार्थियों में स्वतंत्र लेखन कौशल का विकास करने में 'लेखन का प्रक्रिया उपागम' मदद करता है। भावों एवं विचारों की अभिव्यक्ति जब लिखित रूप में होती है तो इसे लेखन कौशल कहते है।

599. Ans: (a) खेल के मैदान, फोन पर या दूसरे व्यक्तियों के साथ सामाजिक रूप से अंतःक्रिया करने के लिए उपयोग किये जाने वाले कौशल को पारस्परिक कौशल या अंतर्वैक्तिक कौशल कहा जाता है।

600. Ans: (b) 'पूरी विद्यालयी शिक्षा के दौरान निर्देश के माध्यम के तौर पर मातृभाषा'। राष्ट्रीय शिक्षा नीति (2020) भारतीय भाषाओं के नियमित इस्तेमाल, शैक्षिक सामग्री बनाने में शिक्षको के प्रशिक्षण, मातृभाषा के रूप में अपनाने जैसे प्रयासों को बढ़ावा देती है।

601. Ans: (c) गंगा की डॉलफिन की खोज 1801 ई- में हुई। प्लैटनिस्टा गैंगेटिका इसका वैज्ञानिक नाम है।

602. Ans: (c) गंगा की डॉलफिन भारतीय उपमहाद्वीप के पाकिस्तान देश की नदी में नहीं पाई जाती।

603. Ans: (a) गंगा की डॉलफिन गंगाए ब्रह्मपुत्रए मेघनाए कर्णफुलीए चम्बलए घाघरा और सप्तकोशी नदियों में पाई जाती है।

604. Ans: (a) डॉलफिन एक अत्यंत प्राचीन जलीय प्राणी है। डॉलफिन एक प्रकार की स्तनधारी जीव है।

भाषा अधिगम के लिए पहले से क्या होना आवश्यक है?

-प्रोत्साहन

CTET भाषा Paper 2 (1 January 2022)

605. Ans: (b) केवल ताजे पानी में। डॉल्फिन गंगा नदी में भी पाई जाती है।

606. Ans: (b) तीन से अधिक नहीं होती है। डॉल्फिन जब चलती है तो इनकी संख्या तीन से अधिक नहीं होती है।

607. Ans: (b) मादा डॉलफिनए अपने बच्चों के साथ विचरण करती हुई दिख जाती है।

608. Ans: (b) डॉलफिन की संख्या में तेजी से कमी आई है। डॉल्फिन की संख्या में हो रही कमी को दूर करने के लिए संरक्षण का विशेष अभियान चलता है।

609. Ans: (d) गंगा नदी। संज्ञा या सर्वनाम की विशेषता बताने वाले शब्द को विशेषण कहते हैं। विशेषण जिस संज्ञा या सर्वनाम की विशेषता बताता है उसे विशेष्य कहते हैं। विशेष्य या तो संज्ञा रूप में होता है या क्रिया रूप में।

610. Ans: (b) ज्ञान। उपर्युक्त पद्यांश के अनुसार सर्वाधिक महत्वपूर्ण है ज्ञान। विकल्प में अन्य कथन असंगत है।

611. Ans: (b) पुस्तकोंए गीतों में तथा अन्य कथन असंगत है।

612. Ans: (d) कल्पना से परे। जो कल्पना से परे हो या कल्पनीय न हो। उदा-- आपकी सोच मेरे लिए कल्पनातीत है।

613. Ans: (a) समय और भविष्य का बोध होता है। उपर्युक्त पद्यांश में अन्य विकल्प कविता के अनुसार सत्य और ज्ञान से सम्बन्धित नहीं है।

614. Ans: (d) समय का प्रत्यय सामायिक है ।

615. Ans: (c) उपसर्ग ऐसे शब्दांश हैं जो किसी शब्द के पूर्व जुड़कर उसके अर्थ में परिवर्तन कर देते हैं या उसके अर्थ में विशेषता ला देते हैं। उप (समीप), सर्ग (सृष्किरना) का अर्थ है-किसी शब्द के समीप आकर नया शब्द बनाना। उदाहरण- प्रहार = प्रहार, "हार" का अर्थ होता है- पराजय।

616. Ans: (c) प्रथम भाषा अर्जन एक प्राकृतिक प्रक्रिया है। भाषा सीखना स्वाभाविक है और बच्चे इसे सीखने की क्षमता के साथ पैदा होते हैं। सभी बच्चे, चाहे उनके माता-पिता कोई भी भाषा बोलते हैंए एक ही तरह से भाषा सीखते हैं।

617. Ans: (c) निकटस्थ विकास का क्षेत्रए वायगोत्सकी के संज्ञानात्मक विकास के सिद्धांत को सामाजिक सांस्कृतिक सिद्धांत भी कहा जाता है।

618. Ans: (d) भाषा में ध्वनि की सबसे छोटी सार्थक इकाई स्वनिम है। किसी भाषा या बोली में, स्वनिम उच्चारित ध्वनि की सबसे छोटी इकाई है। स्वनिम के लिए ध्वनिग्राम, स्वनग्राम आदि शब्द भी प्रयुक्त होते हैं। अंग्रेजी भाषा में इसका पर्याय शब्द फोनीम है।

619. Ans: (d) बबलाने में बच्चा स्वरों को पहले और व्य×जनों को उनके साथ मिलाकर दुहराता है। बालकों द्वारा हाव-भाव का प्रदर्शन भाषा के पूरक के रूप में किया जाता है।

620. Ans: (a) वोर्फ (1897 ई- 1941 ई-) 1929 ई- में भाषिक सापेक्षवाद का सिद्धांत दिया। इस सिद्धांत के अनुसार प्रत्येक व्यक्ति अपनी भाषा के माध्यम से विश्व को देखता व समझता है।

621. Ans: (c) वे शैक्षिक प्रक्रियाएँ जिनमें शिक्षार्थी अपनी विद्यालयी शिक्षा अपनी मातृभाषा में आरंभ करते हैं और फिर विद्यालय में अतिरिक्त भाषाओं से जुड़ते जाते हैंए वह बहुभाषिक शिक्षा कहलाती है।

622. Ans: (c) स्किनर की यह राय है कि बच्चे अक्सर भाषा अर्जन प्रक्रिया में वयस्कों की नकल करते हैं। भाषा एक सम्प्रेषण का साधन है।

623. Ans: (b) जीन पियाजे स्विट्जरलैंड के एक मनोवैज्ञानिक थे। अनुकूलन आत्मसातीकरण एवं समायोजन इन तीनों के बारे में पियाजे ने अपने संज्ञानात्मक विकास के सिद्धांत में वर्णन किया है। उन्होंने खोज किया कि बालकों में बुद्धि व भाषा का विकास किस प्रकार से होता है।

624. Ans: (c) भाषा अधिगम के आधारभूत कौशलों पर अधिकार प्राप्त करने के लिए बच्चों को वाक्यों के जिस तरह के नमूने सीखने चाहिएए वे संरचना कहलाते हैं।

625. Ans: (c) अतिरिक्त द्वितीय भाषा में निर्देश पढ़ाते हुए किसी अकादमिक विषयवस्तु के शिक्षण के लिए शिक्षार्थी की घर की भाषा का इस्तेमाल करना द्विभाषिक भाषा कहलाती है।

626. Ans: (c) द्विभाषिक शिक्षा एक शैक्षिक प्रक्रिया है जिसमें शिक्षण अधिगम प्रक्रिया में दो भाषाओं का प्रयोग किया जाता है। द्विभाषिक शिक्षा के अन्तर्गत शैक्षिक विषयों को दो भाषाओं में पढ़ाया जाता हैए मातृभाषा में तथा दूसरी "सद्वितीयक भाषा" में।

अध्यापक होने के नाते यदि आप "शब्द वाकयों के अर्थ' पर कार्य करते हैं तो यह किस से संबंधित होता है?

-वाक्य -विन्यास

CTET भाषा Paper 2 (1 January 2022)

627. Ans: (b) स्किनर के सिद्धांत के अनुसार बच्चे नकल करकेए संकेत एवं सहारा देने परए आकार के अनुसार भाषा अर्जित करते हैं।

628. Ans: (c) पशु अपनी सुरक्षा को सुनिश्चित करने के लिए संप्रेषित करते हैं। अतः विकल्प (c) सही है।

629. Ans: (a) पियाजे के अनुसार पहले से उपस्थित किसी विचार में किसी जानकारी को समाकलित करने के लिए किसी के परिवेश को बदलने की प्रक्रिया समायोजन कहलाती है। समायोजन वह प्रक्रिया है जब बालक अपने पुराने स्कीमा ज्ञान में परिवर्तन करना आरम्भ कर देता हैं।

630. Ans: (b) द्वितीय भाषा में अतिरिक्त निर्देश दिए जाते हैं। द्विभाषी शिक्षण-अधिगम प्रक्रिया में शिक्षार्थी की घर की भाषा के साथ-साथ और द्वितीय भाषा में निर्देश दिए जाते हैं।

631. Ans: (a) 'जिनके अपने कोई खण्डहर नहीं' रेखांकित शब्द से आशय इतिहास से है।

632. Ans: (b) 'शहर के दूसरे घरों में चला जाता हूँ' 'दूसरे घरों' से लेखक का आशय ऐतिहासिक इमारतें है।

633. Ans: (c) लेखक के अनुसार वे शहर दुर्भागे है जिनकी अपनी कोई स्मृतियाँ नहीं अर्थात् इतिहास नहीं।

634. Ans: (b) उपर्युक्त गद्यांशानुसार नरक की परिभाषा लेखक ने सदैव वर्तमान में रहना बताया है।

635. Ans: (c) उपर्युक्त गद्यांशानुसार वर्तमान में रहने से आशय ऐतिहासिकता का अनुभव न करना होता है।

636. Ans: (c) 'जहाँ आदमी हमेशा आँखे खोले रहता है।' वाक्य के माध्यम से लेखक रात में भी जगने का संकेत करता है।

637. Ans: (c) दिए गए विकल्प में सही शब्द है- अन्धकार। अतः पूर्ण वाक्य है- जहाँ अन्धकार होते ही चमगादड़ आते हैं।

638. Ans: (b) उपर्युक्त विकल्पों में 'भुजंग' शब्द अन्य तीनों शब्दों से भिन्न है। भुजंग शब्द स्त्रीलिंग शब्द है जबकि 'भयानक,' 'भयकंर' और 'भावुक' विशेषण शब्द है।

639. Ans: (b) वे शहर कितने 'दुर्भाग्यपूर्ण' है? अतः रिक्त स्थान के लिए उचित शब्द 'दुर्भाग्यपूर्ण' है।

640. Ans: (d) 'मैं तो तेरे पास में रेखांकित शब्द के लिए प्रयुक्त शब्द 'ईश्वर' होगा।

641. Ans: (a) कवि के अनुसार ईश्वर को धार्मिक स्थलों में नहीं पाया जा सकता क्योंकि वह प्रत्येक प्राणी में निवास करते है।

642. Ans: (c) कवि के अनुसार ईश्वर तुरंत समर्पित भक्त को मिल सकता है।

643. Ans: (b) 'ढूंढ़े' शब्द क्रिया है। जिन शब्दों से किसी कार्य का करना या होना पाया जाता है 'क्रिया' कहते हैं। उदाहरण- मैनें आम खाया, देखा जाए तो इसमें क्रिया 'खाया' शब्द है।

644. Ans: (a) 'सब स्वाँसों की स्वाँस में' कवि का आशय है कि ईश्वर कण-कण में व्याप्त है, सभी मनुष्यों के अन्दर विद्यमान है अर्थात् ईश्वर सर्वव्यापी है। अतः विकल्प (a) सही उत्तर हेगा।

645. Ans: (a) उपर्युक्त पद्यांश के आधार पर 'कौनों' का अर्थ- 'किसी भी' होगा।

646. Ans: (d) अमेरिका के प्रमुख भाषा वैज्ञानिक दार्शनिक नोआम चॉम्स्की ने तर्क दिया कि मानव मस्तिष्क में भाषा को व्यवस्थित करने के लिए सीमित बाधाएँ हैं।

647. Ans: (b) उपर्युक्त विकल्पों में विकास का निकटस्थ क्षेत्र बच्चे के वास्तविक विकास तथा किसी दूसरे की सहायता से कर सकने वाले काम के बीच का अन्तर से है।

648. Ans: (d) बच्चों की मौखिक भाषा को विकसित करने में सहायता करने के लिए उनसे बातचीत करना प्रारंभिक साक्षरता का महत्वपूर्ण घटक है।

649. Ans: (d) संबद्धता स्थापित करना शब्द संपदा निर्माण की रणनीति नहीं है, जबकि संदर्भ में शब्दों को परिभाषित करना, शब्द के भागों का विश्लेषण करना, वर्णो की रूपरेखा बनाना शब्द संपदा निर्माण की रणनीति है। अतः विकल्प (d) सही उत्तर होगा।

650. Ans: (a) एक नई भाषा सीखने के लिए हम उत्पादक कौशल और ग्रहणशील कौशल का उपयोग करते है।

651. Ans: (d) कक्षा में खिलौनों का कोना बनाना 'मुद्रित/लिखित समृद्ध परिवेश' के निर्माण में सहायता नहीं करता जबकि अन्य तीनों विकल्प 'मुद्रित/लिखित समृद्ध परिवेश' के निर्माण में सहायता योग्य है।

652. Ans: (a) भाषा अधिगम में 'बोधगम्य निवेश' का अर्थ है- बच्चों को ऐसे भाषायी अवसर उपलब्ध कराना जो उनकी भाषा से एक स्तर ऊपर हैं।

आकलन की प्रकृति ……………., ……………., और उत्तरदायीपूर्ण होनी चाहिए।

-मानवीय, पारदर्शी

CTET भाषा Paper 2 (22 December 2021)

653. Ans: (b) समग्र-भाषा उपागम के संदर्भ में, समग्र भाषा उपागम बच्चे की बनाई वर्तनियों के प्रयोग को प्रोत्साहित करता है एवं समग्र भाषा उपागम रचनावाद पर आधारित है उपर्युक्त दोनों कथन पूर्णतः सत्य हैं

654. Ans: (c) एक पठन सामग्री को बारीकी से पढ़ने का अर्थ है। विशिष्ट सूचना ढूँढ़ना। किसी विशेष सूचना को ध्यान में रखकर पठन करना बारीकी पठन कहलाता है।

655. Ans: (b) शिक्षार्थियों के लिए सस्वर वाचन उच्चारण तथा शब्द संपदा निर्माण में सहायता करता है।

656. Ans: (c) पियाजे का अनुसरण करने वाली कक्षा में बच्चों को परिवेश के साथ स्वतरू / सहज रूप से क्रिया करते हुए चीजों को खुद से खोजने के लिए प्रोत्साहित किया जाता है।

657. Ans: (b) कक्षा 1 का कबीर 'शान्ति' शब्द सुनकर 'फान्ति', 'डान्ति', 'मान्ति' जैसे निरर्थक शब्द बोलकर मजे लेता है। यह प्रदर्शित करता है कि वह ध्वन्यात्मक जागरूकता विकसित कर रहा है।

658. Ans: (c) कक्षा में दिए गए कार्य के रूप में कक्षा III का गीत कुछ व्याकरणिक त्रुटियों के साथ वाक्य लिखता है। अतः प्रत्येक शिक्षक को चाहिए कि गलतियों को रेखांकित कर, गलती की प्रकृति लिखकर शिक्षार्थियों को उन्हें सुधारने के लिए कहना।

659. Ans: (c) एक देश के नागरिकों को एवं भूमंडल के नागरिकों को परस्पर बात-चीत करने अथवा विचार प्रकट करने में माध्यम भाषा का ही प्रयोग किया जाता है।

660. Ans: (a) पठन सामग्री तथा संरचनाओं की पहचान को एकीकृत करके भाषा का व्याकरण अच्छे से सीखा जा सकता है।

661. Ans: (b) शून्य मानव जनित आविष्कार है। (0) एक अंक है, जो संख्याओं के निरूपण के लिए प्रयुक्त आज की सभी स्थानीय मान पद्धतियों का अपरिहार्य प्रतीक है।

662. Ans: (c) संख्याओं के सन्दर्भ में शून्य एक से छोटा है। अवधारणा समझाना सबसे कठिन है। किसी भी वास्तविक संख्या को शून्य से गुणा करने से शून्य प्राप्त होता है।

663. Ans: (c) विश्व में भारत ने सबसे पहले शून्य को संख्या के रूप में मान्यता दी।

664. Ans: (a) शून्य एक ही समय में एक अमूर्त विचार और एक वास्तविकता है का आशय है- 'यह दिखाई नहीं देता, परन्तु इसका अस्तित्व है।'

665. Ans: (a) मूर्त चीजों से शून्य की सम्बद्धता न होने के कारण, शून्य की अवधारणा आने पर भी मनुष्य ने इसे बहुत समय तक संख्या नहीं समझा होगा।

666. Ans: (b) अवधी शब्द में 'अव' उपसर्ग का प्रयोग नहीं हुआ है। उपसर्ग ऐसे शब्दांश है, जो किसी शब्द के पूर्व जुड़ कर उसके अर्थ में परिवर्तन कर देते हैं या उसके अर्थ में विशेषता ला देते हैं।

उदाहरण- सम् + हार = संहार (विनाश), संयोग।

667. Ans: (b) इतिहास में इक प्रत्यय का प्रयोग किया जा सकता है। जब इतिहास मूल शब्द में इक प्रत्यय लगता है, तो दोनों के मेल से ऐतिहासिक शब्द बनता है।

668. Ans: (c) 'वैज्ञानिक' में मूल शब्द 'ज्ञान' है।

669. Ans: (a) स्वतंत्र का संधि-विच्छेद है स्व + तंत्र।

670. Ans: (c) इस पद्यांश में मुख्यतः धरती की बात की गयी है। उपर्युक्त पद्यांश में धरती के अस्तित्व को बताया गया है कि वह अपने अस्तित्व की रक्षा किस प्रकार से की है।

671. Ans: (d) धरती पर आने वाले संकटों के लिए उपयुक्त शब्द सिन्धु नहीं है।

672. Ans: (a) धरती को अत्यधिक वृष्टि डुबोना चाहती है। धरती को नष्ट करने के लिए अत्यधिक वृष्टि अपना पूरा जोर लगा देती है।

673. Ans: (c) 'धरती अनमोल है।' भाव पद्यांश की 'मोल नहीं ले पाए इसको' पंक्ति से अभिव्यक्त हो रहा है।

674. Ans: (d) जलद 'सिंधु' का पर्यायवाची शब्द नहीं है। सिंधु का पर्यायवाची शब्द है- समुद्र, सागर, अर्णव, वारीश, पयोधि, रत्नाकर इत्यादि।

675. Ans: (b) उपर्युक्त विकल्प में भिन्न शब्द-युग्म 'भूचाल-भूकम्पों' है- जबकि गरज-गरज, डूब-डूब, उभर-उभर समान शब्द युग्म हैं।

व्याकरण - शिक्षण की निगमन पद्धति .... पर सर्वाधिक बल देती है।

-नियम

CTET भाषा Paper 2 (22 December 2021)

676. Ans: (a) यदि शिक्षक विद्यार्थियों को शब्दावली सीखने में मदद करना चाहते हैं, तो 'कहानियों और चित्रें का प्रयोग' सबसे प्रभावशाली तरीका होगा।

677. Ans: (a) शिक्षण-अधिगम के लिए शिक्षार्थियों की भाषाओं का उपयोग करना। बहुभाषाद का मतलब यह नहीं है कि एक व्यक्ति कई भाषाओं में धाराप्रवाह है, इसका मतलब है कि एक व्यक्ति एक से अधिक भाषाओं को एक-दूसरे के साथ बदल सकता है, जब स्थिति की आवश्यकता होती है।

678. Ans: (a) किसी पाठ्य सामग्री से कोई विशिष्ट सूचना निकालने के उद्देश्य से उस पाठ्य सामग्री के किसी अंश की बारीकी और गहनता के साथ पढ़ने का कौशल आनुमानिक अवबोधन कहलाता है।

679. Ans: (b) 'बहु-बुद्धि के सिद्धान्त' के सन्दर्भो में भाषाई मौखिक बुद्धि भाषा से सम्बन्धित है।

680. Ans: (d) समृद्ध शब्दावली और प्रभावशाली भाषण, अन्य संस्कृतियों के प्रति सहिष्णुता और सम्मान, पराभाषिक जागरूकता बहुभाषावाद के लाभ हो सकते हैं। बहुभाषावाद एक व्यक्तिगत वक्ता या बोलने वालों के समुदाय को तीन या अधिक भाषाओं में प्रभावी ढंग से संवाद करने की क्षमता है।

681. Ans: (a) वायगोत्सकी के अनुसार- जब कोई बच्चा-बच्ची भाषा की मदद से अपने स्वयं के कार्यों को निर्देशित करता है/करती है, लेकिन वह भाषा दूसरों के लिए श्रव्य नहीं है, उसके वाचन को आन्तरिक भाषण कहते हैं।

682. Ans: (b) भाषा विज्ञान की उपयोगिता विज्ञान शाखा संदर्भ में भाषा से जुड़ी है। 'उपयोगिता विज्ञान' भाषा विज्ञान की वह शाखा है, जो संचार में अर्थ प्रदान करने के तरीकों का पूर्वाभ्यास करती है।

683. Ans: (c) शैशवावस्था से बच्चे की वाक् नली एक वयस्क मानव की तुलना में जानवर की तरह अधिक होती है। शिशुओं के भाषा के विकास के सम्बन्ध में यह कथन सही है। 6 से 12 महीनों के दौरान एक बच्चे तरह-तरह के बबलाना और दोहराव वाले बबलाना में संलग्न है, यह कथन भी शिशुओं के भाषा के विकास के सम्बन्ध में सही हैं।

684. Ans: (a) एक बोली 'मानक बोली' का दर्जा पाने के लिए चयन, संहिताकरण, उद्देश्य का निर्धारण जैसे चरणों से गुजरती है।

685. Ans: (a) किसी देश के एक हिस्से में बोली जाने वाली विविध भाषाओं में से एक प्रकार जो क्षेत्रीय बोली के रूप में जानी जाती है। यह कथन सही है और एक समान शैक्षिक पृष्ठभूमि वाले लोगों द्वारा विविध प्रकार की उपयोग की जाने वाली भाषा में से एक प्रकार की बोली के रूप में जानी जाती है, यह कथन गलत है।

686. Ans: (c) पत्नी सेः जल्दी करो, हमें देर हो जायेगी। सहकर्मी सेः जाने का समय हो गया है, हमें बैठक के लिए देर हो जायेगी। वरिष्ठ नियोक्ता से, महोदय, शाम के 4 बज गये हैं और बैठक 4:15 बजे है, क्या अब हमें चलना नहीं चाहिए भाषण में इस भिन्नता को स्तर भिन्नता के रूप में जाना जाता है।

687. Ans: (b) समूह वाद-विवाद में भाग लेने के लिए भाषा शिक्षक एक शर्त रखता है कि समूह में चार विद्यार्थी कनिष्ठ वर्ग से तथा एक विद्यार्थी वरिष्ठ वर्ग से होना चाहिए, जो आवश्यकता पड़ने पर कनिष्ठों की समूह-निर्माण का यह विचार वायगोत्सकी के सिद्धान्त पर आधारित है।

688. Ans: (b) समूह प्रस्तुति के दौरान यदि किसी विद्यार्थी के द्वारा अनुचित व्यवहार प्रदर्शित किया जाता है, तब तक अध्यापक होने के नाते उससे बात करेंगे और उसको पूर्णतः समझाने का प्रयास करेंगे की वह अनुचित व्यवहार समूह प्रस्तुति के दौरान न करें।

689. Ans: (c) मान्यताओं का वह समूह जो इस बात की व्याख्या करता है कि भाषा संरचनाओं या नियमों का समूह है वह संरचनात्मक उपागम के रूप में जाना जाता है।

690. Ans: (a) सम्प्रेषणात्मक भाषा शिक्षण के सम्बन्ध में शिक्षक की भूमिका सामान्यतः वाचन के लिए मॉडल होने के बजाय एक संसाधक या मॉनिटर की है। यह कथन सही है। शिक्षार्थियों को सीखने के व्यक्तिवादी उपागम के आधार पर कक्षा की गतिविधियों में भाग लेना पड़ता है।

691. Ans: (b) 'उपवास' का संबंध धार्मिक अनुष्ठानों तथा स्वास्थ्य दोनों से है।

विज्ञापनों, पोस्टरों और भाषा के अन्य उपयोगों का .... कक्षा-शिक्षण में किया जाना चाहिए।

-विश्लेषण

CTET भाषा Paper 2 (22 December 2021)

692. Ans: (a) उपर्युक्त गद्यांश के आधार पर बदलते मौसम का प्रभाव स्वास्थ्य पर पड़ता है।

693. Ans: (a) शारीरिक और मानसिक शुद्धता से बीमारियों से लड़ने की रोग प्रतिरोधक शक्ति प्राप्त होती है।

694. Ans: (d) रोगों के लौटने की संभावना तब कम हो जाती है जब बिना भूख के भोजन न किया जाए।

695. Ans: (c) उपवास के दौरान शरीर के पाचन-संस्थान को पूर्ण विश्राम मिलता है। रेखांकित वाक्यांश से तात्पर्य पाचन अंगों को पूरी तरह आराम मिल जाता है।

696. Ans: (b) गलत खाद्य पदार्थ ही विजातीय द्रव्य यानी विष का काम करते है। यहाँ गलत खाद्य पदार्थ से तात्पर्य जो पदार्थ शरीर को हानि पहुंचाते हैं।

697. Ans: (b) 'विजातीय' का विलोम शब्द 'जातीय' और 'सजातीय दोनों होगा।
नोट- आयोग ने इसका उत्तर विकल्प (b) सजातीय माना है।

698. Ans: (b) 'दूषित' शब्द में 'इत' प्रत्यय है (दोष + इत = दूषित।

699. Ans: (d) किसी संज्ञा या सर्वनाम की विशेषता बतलाने वाले शब्द को विशेषण कहते है। उपर्युक्त विकल्प में 'असली' विशेषण का उदाहरण है। जबकि अजगर, आहार, अमृत संज्ञा शब्द है।

700. Ans: (d) उपर्युक्त पद्यांश के आधार पर कविता में पते विशेष पर पत्र लिखने की आदत की बात कही गई है।

701. Ans: (c) आदतों का बदल देना कठिन इसलिए है क्योंकि आदतें व्यक्तित्व का अभिन्न हिस्सा होती हैं।

702. Ans: (b) कवि के दोस्त जम्मू के किसी कालोनी में रहते हैं।

703. Ans: (b) बुरी तरह भीगा हुआ से तात्पर्य है चिट्ठी में विस्थापन का दर्द लिखा था। कश्मीर के बिगड़े हालातों के कारण सबको अपना घर-गाँव छोड़ना पड़ रहा था।

704. Ans: (c) कविता में घर वापसी न होने की पीड़ा का स्वर प्रमुखता से सुना जा सकता है।

705. Ans: (b) 'कुछ-कुछ' पुनरुक्त शब्द युग्म है। जब किसी शब्द की एक साथ दो बार आवृत्ति होती है अर्थात् वही शब्द या उससे मिलता जुलता (प्रति ध्वन्यात्मक या विलोम) शब्द एक साथ पास-पास आते हैं तो ऐसे शब्द को पुनरुक्त शब्द कहते हैं।
उदाहरण-धीरे-धीरे, आना-जाना, रुक-रुक आदि।

706. Ans: (b) बहुभाषिकता हमारे मस्तिष्क को सकारात्मक रूप से प्रभावित करती है और हमारे संज्ञानात्मक कौशलों को समृद्ध करती है। द्विभाषावाद का यह परिप्रेक्ष्य बीसवीं शताब्दी के अधिकांश समय के दौरान द्विभाषा के प्रति विकसित दृष्टिकोणों से सर्वथा भिन्न है। शुरुआती दौर में दूसरी भाषा को हस्तक्षेप, बाधा के रूप में जाना जाता था।

707. Ans: (b) 'ट्रान्सलैंग्युजिंग' से तात्पर्य है- पारंपरिक, सांस्कृतिक रूप से परिभाषित भाषा की सीमाओं को चुनौती देना।

708. Ans: (a) भाषा शिक्षा में रचनात्मकता से तात्पर्य ऐसी कक्षायी गतिविधि जो नवाचारी है और जिसमें बहुत कुछ करने की संभावना है। रचनात्मकता शिक्षण की एक ऐसी रणनीति है जिसमें विद्यार्थी के पूर्व ज्ञान, आस्थाओं और कौशल का इस्तेमाल किया जाता है। रचनात्मकता रणनीति के माध्यम से विद्यार्थी अपने पूर्व ज्ञान और सूचना के आधार पर नई किस्म की समझ विकसित करता है।

709. Ans: (b) प्रश्नानुसार मेरी कक्षा में सदफ नामक विद्यार्थी है। उसने कहीं से 'अच्छा' और 'हुम्म' जैसे शब्द सुनें और उनके बारे में जानना चाहती है। पाठ्यक्रम की पुस्तक में इसके बारे में कोई व्याख्या नहीं है अतः मुझे बोली जाने वाली भाषा के प्रामाणिक प्रयोग के उदाहरण ढूँढ़ने चाहिए।

710. Ans: (d) प्रश्नानुसार व्याकरण के पाठ का चरण 'भाषा एक पठन सामाग्री के माध्यम से प्रस्तुत की जाती है जिसका विद्यार्थी अभ्यास (डिल) कर सकें व्याकरण के पाठ का चरण नहीं है। जबकि अन्य सभी विकल्प व्याकरण के पाठ का चरण है।

711. Ans: (b) उपयुक्त विकल्प में भाषा शिक्षा की अवधारणा ध्वनिक नहीं है जबकि मुद्रित समृद्ध परिवेश, ध्वनि विज्ञान, व डिस्लैक्सिया भाषा शिक्षा की अवधारणा है।

पूरक सामग्री को ……………. आकलन में शामिल किया जाना बेहतर होता है।

-सतत

CTET भाषा Paper 2 (22 December 2021)

712. Ans: (b) रंग रहित हरे विचार शान्तिपूर्वक सोते हैं। चॉमस्की का यह वाक्य व्याकरणिक दृष्टि से सही बनावट है, पर अर्थ की दृष्टि से सही नहीं है।

713. Ans: (a) व्याकरण में वह शब्द जो दो शब्दों अथवा वाक्यों के बीच में उन्हें जोड़ने के लिए आता है योजक शब्द कहलाता है। परिणामतः, इसलिए, इससे आगे, हालाकि आदि हिन्दी भाषा के योजक उपकरण हैं।

714. Ans: (d) कक्षा में अध्यापक द्वारा एक मानक भाषा का प्रयोग किया जाता है। यह व्याकरणिक दृष्टि से सुव्यवस्थित होता है। विकल्पानुसार विकल्प (d) 'कृपया समूहों में बैठिए और यह जो चित्र आपको दिया गया है इस पर एक अनुच्छेद लिखिए' कक्षा में अध्यापक द्वारा प्रयोग की जाने वाली भाषा का सही उदाहरण है।

715. Ans: (a) वॉशबैक सिद्धान्त कक्षाओं के भीतर शिक्षण और सीखने के आकलन के परिणाम को संदर्भित करता है जाँच परीक्षण में कक्षा की शिक्षण सामग्री को प्रभावित करता है।

716. Ans: (b) विविध संदर्भों में स्वाभाविक विमर्श में शामिल किया हआ संग्रह पाठ्य सामग्रियों का बड़ा सा संग्रह और आँकड़ों का आधार है।

717. Ans: (b) स्टीफन क्रेशन के अनुसार यदि एक शिक्षार्थी (1) की अवस्था में है तब '1+1' स्तर अबोधगम्य निवेश से अर्जन संभव है। क्रेशन का इनपुट परिकल्पना यह बताता है कि शिक्षार्थी भाषा के अपने ज्ञान में प्रगति करते हैं जब वे भाषा इनपुट को समझते हैं।

718. Ans: (c) भाषा अर्जन उस प्रक्रिया को कहते है जिसके द्वारा मानव भाषा को ग्रहण करने एवं समझने की क्षमता अर्जित करता है तथा बातचीत करने के लिए शब्दों एवं वाक्यों का प्रयोग करता है।

719. Ans: (b) भारतीय संविधान की आठवीं अनुसूची में 22 भाषाओं को शामिल किया गया है, जिसमें अंग्रेजी भाषा को शामिल नहीं किया गया है। अंग्रेजी भाषा को भारत संघ की सह अर्थात् सहायक कार्यालयी भाषा के रुप में जाना जाता है। भारत संघ की राजभाषा हिन्दी है।

720. Ans: (a) माध्यमिक स्तर पर भाषा अधिगम में 'बोधगम्य निवेश से तात्पर्य शिक्षार्थी के स्तर से थोड़ा सा ऊँचे स्तर की प्रामाणिक पाठ्य सामग्री।

721. Ans: (a) उपर्युक्त गद्यांश के आधार पर हमारी हीनता और श्रेष्ठता का सम्बन्ध देश की हीनता और श्रेष्ठता से जुड़ा है।

722. Ans: (b) 'देश का सम्मान' बढ़ने से आशय है संस्कृति की सुरक्षा करना।

723. Ans: (d) शिष्ट व्यवहार का उदाहरण है समय का पाबन्द होना।

724. Ans: (d) गद्यांश के अनुसार असल गड़बड़ वह है जहाँ केवल निंदा करना, सही व्यवहार न करना।

725. Ans: (a) देश की श्रेष्ठता एवं प्रतिष्ठा लेखक की दृष्टि में सर्वाधिक महत्त्वपूर्ण है।

726. Ans: (b) उपर्युक्त विकल्प में 'श्रेष्ठता' से तात्पर्य 'उत्कृष्टता' से है।

727. Ans: (c) 'इधर की उधर लगाने' का अर्थ है चुगली करना।

728. Ans: (d) प्रत्यय की दृष्टि से भिन्न शब्द राष्ट्रीय है इसमें 'ईय' प्रत्यय लगा है जबकि अन्य विकल्पों मधुरता, प्रभुता व हीनता में 'ता' प्रत्यय लगा हुआ है।

729. Ans: (b) 'संस्कृति' का संधि-विच्छेद सम् + कृति है। 'संस्कृति में व्यंजन संधि है।

730. Ans: (c) उपर्युक्त पद्यांश के अनुसार 'पत्थर पानी' बन सकता है मानव जब जोर लगाता है अर्थात कठोर परिश्रम करता है। अथक परिश्रम करने से मनुष्य की समस्यायें ऐसे ही पिघल जाती है जैसे पत्थर पानी के रूप में।

731. Ans: (a) उपर्युक्त पद्यांश (कविता) के रचनाकार राष्ट्रकवि रामधारी सिंह 'दिनकर' 'रश्मिरथी' काव्य के माध्यम से कहते है कि मनुष्यों में गण उसी प्रकार छिपे रहते है जैसे- 'मेहंदी में जैसे लाली हो।'

732. Ans: (b) 'विघ्नों को गले लगाते हैं, कांटों में राह बनाते हैं।' पंक्ति का भाव है-जो मनुष्य बाधाओं का सामना करते हैं वे धैर्य एवं परिश्रम से समस्याओं का समाधान ढूँढ़ते हैं। विजयी होते हैं।

पहली भाषा की जानकारी बच्चे को दूसरी भाषा के रूप में हिंदी पढ़ने में ....।

-मदद करेगी

CTET भाषा Paper 2 (22 December 2021)

733. Ans: (c) 'वर्तिका' का अर्थ है दीपक की बाती। जबकि अन्य विकल्प शूरवीर, बहादुर व सूरमा योद्धा के पर्यायवाची है।

734. Ans: (a) विलोम का शाब्दिक अर्थ है उल्टा। 'रोशनी' का विलोम शब्द 'अँधेरा' होगा। 'चमकीला' का विलोम शब्द 'मटमैला' तथा 'प्रकाश' का 'अन्धकार' होगा।

735. Ans: (d) ऐसे वाक्यांश, जो सामान्य अर्थ का बोध न कराकर किसी विलक्षण अर्थ की प्रतीति कराये मुहावरा कहलाता है। प्रश्नानुसार 'पाँव उखड़ना' मुहावरे का सही अर्थ है हिम्मत हारना।

736. Ans: (c) लेखन कौशल भाषाई कौशल का लिखित अभिव्यक्त रूप है। यह भावों और मौलिक विचारों को अर्थपूर्ण तरीके से लिखित रूप देने से संबंधित है।

737. Ans: (a) एक श्रेष्ठ भाषा शिक्षक को मूर्त विवरणात्मक और विश्लेषणात्मक के रूप में पाठ्य सामग्री के स्वरूप को अपनाना चाहिए।

738. Ans: (c) पियाजे के अनुसार भाषा अर्जन की प्रक्रिया युक्तिजन्य है। भाषा का अर्जन अनुकरण के द्वारा होता है। बालक अपने वातावरण में, अपने परिवेश में जिस प्रकार लोगों को बोलते हुए सुनता है या लिखते हुए देखता है, वह उसे ही अनुकरण करने का प्रयास करता है।

739. Ans: (b) एक विद्यार्थी जिसके घर की भाषा और विद्यालय की भाषा अलग-अलग है, तब प्रत्येक शिक्षक को कक्षा में बहुभाषिकता को संसाधन के रूप में उपयोग करके उसकी मदद करनी चाहिए।

740. Ans: (c) ट्रांस-लेंगुएजिंग (एक भाषा से दूसरी भाषा में जाना) के संबंध में कहा जाता है कि यह बहुभाषावाद का एक लचीला स्वरूप है तथा सम्प्रेषण क्षमता के संवर्द्धन के लिए जानी गई भाषाओं के बीच एक भाषा से दूसरी में व्यवहार करना है।

741. Ans: (b) समग्र भाषा उपागम में भाषा अधिगम के लिए एक उपकरण के रूप में साहित्य (कहानी, कथाएँ, कविता इत्यादि) का प्रयोग किया जाता है।

742. Ans: (a) कुल भौतिक प्रतिक्रिया में शिक्षक की केन्द्रीय भूमिका होती है।

743. Ans: (c) राष्ट्रीय पाठ्यचर्या रूपरेखा 2005 के आधार पर 'पठन कौशल' से तात्पर्य समझ के साथ पढ़ना है। राष्ट्रीय पाठ्चर्या रूपरेखा 2005 के नेशनल स्टेयरिंग कमेटी' के अध्यक्ष प्रो. यशपाल थे। NCF 2005 में स्कूलीय शिक्षा के प्रत्येक स्तर पर अनेक प्रकार की चर्चा की गई है। जिसमें अधिगम चिंतन की सरलता की उपलब्धता हो तथा विवेचनात्मक शिक्षा शास्त्र पर बल दिया जाए।

744. Ans: (c) भाषा की पाठ्यपुस्तक का शैक्षिक पक्ष विषयवस्तु का चयन है। पाठ्यपुस्तक ज्ञान, आदतों, भावनाओं, क्रियाओं तथा प्रवृत्तियों का संपूर्ण योग है। प्रत्येक पाठ्यपुस्तक में विषयवस्तु का प्रस्तुतीकरण शिक्षण उद्देश्यों एवं मूल्यों के अनुरूप होना चाहिए तथा विषयवस्तु का प्रस्तुतीकरण बालकों के मानसिक स्तर के अनुरूप होना चाहिए।

745. Ans: (d) विद्यार्थियों के अन्दर गतिविधि संप्रेषण कौशल विकसित करने के लिए शिक्षक को निम्न दो तथ्यों को अपनाना चाहिए-

अपने मित्र से पूछे कि वह सप्ताहांत में कहाँ जाना पसंद करता है और क्यों?

अपने सहपाठी से उन दो बिन्दुओं के बारे में पूछे जिनका ध्यान वे समूह चर्चा के समय रखती/रखते है।

746. Ans: (b) स्टीफिन क्रेशन के अनुसार अर्जन एक अचेतन प्रक्रिया है। स्टीफन क्रैशन भाषा विज्ञान के एक विशेषज्ञ है, जो भाषा अधिग्रहण और विकास के सिद्धान्तों में विशेषज्ञता रखते है। उन्होंने द्वितीय भाषा अधिग्रहण का सिद्धान्त दिया जो व्यापक रूप से जाना जाता है और अच्छी तरह से स्वीकार किया जाता है। कहा जाता है कि स्टीफन क्रेशन ने दूसरी भाषा सीखने के सिद्धान्त के अपने सिद्धान्त में अधिग्रहण, अवलोकन, प्राकृतिक, इनपुट प्रमुख परिकल्पना दी।

747. Ans: (c) वाइगोत्सकी के अनुसार जो बच्चे निजीभाषण का व्यापक उपयोग करते हैं, वे अन्य बच्चों की तुलना में जटिल कार्यों को अधिक प्रभावी ढंग से सीखते हैं।

748. Ans: (c) पियाजे के अनुसार भाषा का विकास आत्मकेन्द्रित से सामाजिक तक होता है। वह संज्ञानात्मक तंत्रें की भाँति परिवेश के साथ अन्तःक्रिया के माध्यम से ही विकसित होती

एक बहुभाषिक कक्षा में शिक्षक को संसाधन सामग्री का निर्माण, चयन करते समय .... पर सबसे अधिक ध्यान देना चाहिए।

-भाषिक विविधता

CTET भाषा Paper 2 (22 December 2021)

है। जीन पियाजे (1896-1980) स्विट्ज़रलैण्ड के प्रसिद्ध मनोवैज्ञानिक, जंतुविज्ञान चिकित्सक थे। जीनपियाजे को विकासात्मक मनोविज्ञान का जनक माना जाता है। पियाजे के प्रमुख सिद्धान्त है- 1. भाषा एवं विचार का सिद्धान्त, 2. नैतिक विकास का सिद्धान्त, 3. संज्ञानात्मक विकास का सिद्धान्त

749. Ans: (a) जब कोई कक्षा V की विद्यार्थी भ्रष्टाचार के कारणों पर अपना दृष्टिकोण प्रस्तुत करती है। इस दौरान न तो वह दूसरों के विचारों से सहमति प्रकट कर रही है और न ही वह दूसरों के नजरिए से विषय वस्तु को देखने की कोशिश कर रही है, तब वह जीन पियाजे के अनुसार आत्मकेन्द्रित भाषण में शामिल है।

750. Ans: (a) जीन पियाजे के सिद्धान्त के अनुसार, विद्यार्थियों को व्याकरणिक संरचनाओं को सक्झाने के लिए भाषा शिक्षक को चाहिए कि विद्यार्थी को समृद्ध लिखित सामग्री प्रदान करें और विद्यार्थियों को विभिन्न संरचनाओं की खोज करने के लिए प्रोत्साहित करें।

751. Ans: (b) गद्यांश में दुनिया के 'कर्म प्रधान' रूप का चित्रण किया गया है।

752. Ans: (c)'कर्मठता' शब्द में भाववचाक संज्ञा है।

753. Ans: (b) उपर्युक्त प्रश्नानुसार रेखांकित शब्द 'किस्मत' के स्थान पर 'भाग्य' शब्द उपयुक्त होगा।

754. Ans: (c) यहाँ 'जैसा बोओगे, वैसा काटोगे' से तात्पर्य है कि- 'जैसे कर्म होंगे, वैसा ही परिणाम मिलेगा'।

755. Ans: (a) उन्नति का विलोम शब्द 'अवनति' होता है।

756. Ans: (c) गद्यांश के अनुसार अपने अंर्तमन को सभी के प्रति सकारात्मक भाव रखकर प्रकाशित किया जा सकता है।

757. Ans: (b)व्यक्ति को महान बनाने में उसके कार्यो की भूमिका महत्त्वपूर्ण होती है। गद्यांश के अनुसार सत्य से प्रेरित कार्य व्यक्ति को महान बनाते है।

758. Ans: (a) गद्यांश के अनुसार भाग्य-परिवर्तन के लिए अनिवार्य है - 'कर्म के प्रति निष्ठा'।

759. Ans: (c) किसी दूसरे के जीवन के साथ जीने से तात्पर्य है 'किसी दूसरे पर निर्भर होकर जीना।'

760. Ans: (b) कवि ने धरती को किसान की धरती इसलिए कहा कि 'किसान धरती पर अथक परिश्रम करता है।'

761. Ans: (c) 'अपने तन की खाद मिलाकर' मिट्टी को जीवित रखता है रेखांकित पद का आशय है कि 'अत्यधिक परिश्रम करना'।

762. Ans: (a) किसान अपना जीवन अन्न-साग-सब्जी उगाने में लगा रहा है।

763. Ans: (a) किसान का जीवन 'कृषि कार्य पर' आधारित है।

764. Ans: (a) 'अपना-सपना' लयात्मक शब्दों का उदाहरण है।

765. Ans: (c) उपयुक्त विकल्प में 'सपना' शब्द भिन्न है, क्योंकि यह संज्ञा शब्द है जबकि तपना, गलना और रखना क्रिया है।

766. Ans: (a) 'किसी की विद्यालयी शिक्षा मातृभाषा मे आरंभ करना और बाद में अनेक भाषाओं को जोड़ते जाना' मातृभाषा पर। आधारित बहुभाषावाद कहलाता है।

767. Ans: (c) ऊर्ध्वगामी उपागम में व्यक्ति उद्दीपक के विभिन्न विशेषताओं को ग्रहण करके उसे मस्तिष्क में भेजता है जिसके विश्लेषण के उपरान्त व्यक्ति को वस्तु या उद्दीपक का सही-सही प्रत्यक्षण होता है। प्रश्नानुसार अध्यापक श्रवण के ऊर्ध्वगामी उपागम (बॉटम अप) का प्रयोग करना चाहती है।

768. Ans: (c)विन्यास का शाब्दिक अर्थ है सजाना सवाँरना।। प्रश्नानुसार अध्यापक शब्दों के समूहों में से ऐसे शब्दों को ढूंढ़ने के लिए कहती है जो शब्द समानता रखते हों और उनके आगे उपसर्ग या पीछे प्रत्यय जोड़कर नया शब्द बनाये। इसे बनाने की प्रक्रिया विन्यास कहलाता है।

769. Ans: (a) बोली से तात्पर्य है- 'किसी एक क्षेत्र या सामाजिक समूह की वाचन विशेषता' है। बोली- एक क्षेत्र विशेष में बोली जाने वाली भाषा का विशिष्ट रूप बोली कहलाता है।

770. Ans: (c) कक्षा मे समूह कार्य, जोड़ो मे कार्य और रोल प्ले तथा आकलन के लिए शिक्षार्थियों की यह गतिविधि 'संरचनात्मक आकलन' कहलाता है।

771. Ans: (d) कक्षा में भाषा समृद्ध परिवेश सृजित कर रही है।

772. Ans: (c) कक्षा में शिक्षा-अधिगम और बोलने के लिए अनेक भाषाओं का इस्तेमाल करना। एक भाषा में लिखी

बहुभाषिकता से निश्चित .... लाभ होते हैं।

-व्यवहारगत

CTET भाषा Paper 2 (22 December 2021)

समाग्री या कही हुई बात दूसरी भाषा में लिखने या कहने का कार्य भी भाषांतरण कहलाता है।

773. Ans: (b) किसी पाठ्य-पुस्तक की प्रामाणिकता से तात्पर्य हैमूलतः किसी एक संदर्भ विशेष से उपजी सामग्री- जिसमें भाषा सहज रूप से प्रयुक्त हो।

774. Ans: (b) शिक्षार्थियों को अच्छा लेख लिखने के भिन्न चरणों को समझने का अवसर 'लेखन का प्रक्रिया उपागम' में प्राप्त होता है। अच्छे लेखक जन्म से नहीं होते वे लेखन की प्रक्रिया से बनते है, लेखन की गुणवत्ता का निर्माण चाहे वह कोई लघु कथाएं हो या कविता अथवा संपादकीय हो, समय और प्रयास से शिक्षार्थी एक अच्छा लेखक बनता है।

775. Ans: (c) व्याकरण सीखने का आशय है- 'अर्थ से संदर्भ में प्रयोग करना सीखना।' व्याकरण वह शास्त्र है, जो भाषा से संबंधित नियमों का ज्ञान करता है।

776. Ans: (a) 'त्रुटियाँ सीखने का संकेतक है', 'त्रुटि' शब्द का वास्तविक अर्थ है- 'भटकना' भूलधचूक।।

777. Ans: (d) 'ग्राह्य शब्द संपदा' भाषा कौशल के चार अवयव हैं- सुनना, बोलना, पढ़ना और लिखना। सुनने व पढ़ने में आन्तरिक मानसिक क्रिया की प्रमुखता है, तथा यह क्रिया अमूर्त है, लेकिन बोलना व लिखना ये दो क्रियाएं मूर्त क्रियाएँ है।

778. Ans: (d) 'पाठ्य सामाग्री शब्द और वाक्यांशों को डिकोड करना।' पाठ्य शिक्षण का उद्देश्य 'नही' है। पाठ्य शिक्षण के उद्देश्य- पाठ्य सामग्री के मुख्य बिंदु को पाठक के पूर्व ज्ञान से जोड़ना और शब्दों, वाक्यांशों, भाषाओं के नमूनों से अर्थ ग्रहण करना तथा पाठ्य सामग्री को पढ़ते समय अर्थ ग्रहण करना।

779. Ans: (c) अध्यापक बच्चों को उनकी इच्छानुसार भाषा का इस्तेमाल करने की अनुमति दे और वह स्वयं भी सामान्य भाषा बोल सकती है। प्रश्नगत अन्य सभी विकल्प असंगत हैं।

780. Ans: (a) राष्ट्रीय शिक्षा नीति 2020 शास्त्रीय भाषाओं के अध्ययन की अनुशंसा विद्यालयी शिक्षा के मिडिल और माध्यमिक चरण के दौरान अतिरिक्त विकल्प के रूप में करती है।

781. Ans: (b) अपने बच्चों को पड़ोस के विद्यालय में पढ़ाने की लोगों को स्वतंत्रता होनी चाहिए।

782. Ans: (c) भिन्न-भिन्न बालकों की भिन्न-भिन्न जरूरतें होती है।

783. Ans: (b) 'भिन्न-भिन्न' पुनरुक्त शब्द युग्म है। पुनरुक्त और द्विरुक्ति शब्दों में अन्तर होता है द्विरुक्ति- द्विरुक्ति का आशय है दोहराना।

784. Ans: (a) हमें 'लचीली' शिक्षा पद्धति चाहिए। शिक्षण का अर्थ बहुत व्यापक होता है।

785. Ans: (a) कमजोर तबके के लोगों पर अधिक ध्यान देने की आवश्यकता है, क्योंकि वे 'शिक्षा में पिछड़ जाते है।'

786. Ans: (a) साक्षरता का उपयुक्त विलोम शब्द है-'निरक्षरता' प्रत्येक शब्द का एक निश्चित अर्थ होता है, उस अर्थ के विपरीत अर्थ देने वाले शब्द को विलोम शब्द कहा जाता है।

787. Ans: (b) 'आधारित' शब्द में 'इत' प्रत्यय लगा है।
आधारित = आ (उपसर्ग) + धार (मूल शब्द) + इत (प्रत्यय) से मिलकर बना है।

788. Ans: (b) 'आधुनिक' शब्द एक 'विशेषण' शब्द है, विशेषण का काम है संज्ञा या सर्वनाम की विशेषता बतलाना।

789. Ans: (b) देश के विकास और समृद्धि के लिए सबसे महत्वपूर्ण है- 'शिक्षित समाज'

790. Ans: (b) कविता का मूल स्वर 'मुक्ति' है। जो प्रग्ति रूपी संसार में स्वच्छंद अर्थात् 'मुक्ति' होकर जीवन जीना चाह रही है।

791. Ans: (a) चिड़िया से 'अपने घोंसले से बाहर निकल उड़ने के लिए' कहा जा रहा है। अन्य तीन विकल्प असंगत है।

792. Ans: (d) प्रकृति से जुड़े 'चाँद-सूरज' उपादान की बात पद्यांश में नहीं की गयी है, अन्य सभी (पेड़-पौधे, धान के खेत और गाँवदेहात) की बात की गयी है।

793. Ans: (b) घोंसले की दुनिया 'सीमित' है।

794. Ans: (a) चिड़िया की खुशी से 'धरती और आसमान' मगन खुश है। पद्यांश में गाँव-देहात,जंगल-ताल,धान की बाली को देखने की बात की जा रही है।

विद्यालयों में भाषा दो रूपों में मौजूद है। एक विषय के रूप में और दूसरा, ……......... के रूप में।

-माध्यम

CTET भाषा Paper 2 (22 December 2021)

795. Ans: (c) 'गगन' का पर्यायवाची शब्द 'अनिल' नहीं है। अन्य सभी (आसमान, आकाश और अंबर) गगन के पर्यायवाची शब्द है। 'अनिल' 'हवा' का पर्यायवाची शब्द है।

796. Ans: (b) जब शिक्षार्थी नवीन जानकारी को मौखिक रूप में लेने के बजाय लिखित रूप से स्वीकार करते है तो इस प्रकार की भिम शैली को 'दृश्य' अधिगम शैली कहा जाता है।

797. Ans: (c) जिसमें शिक्षार्थियों को उन्हे दी गयी स्थिति पर अपने विचारों का आदान-प्रदान करना है वहाँ पर 'वाचन कौशल' होता है।

798. Ans: (c) शिक्षकों को कक्षा में पढ़ाते समय शिक्षार्थियों की मातृभाषा का प्रयोग करना चाहिए क्योंकि पिशक्षार्थी नई संकल्पनाओं को आसानी से समझ पाएगें तथा कक्षा में स्वयं को अधिक स्वीग्त अनुभव करेंगे।''

799. Ans: (b) शिक्षक उभरते लेखकों में अच्छा लेखन कौशल, विकसित कर सकते है-पिशक्षार्थियों के किए गए अच्छे कार्य की प्रशंसा करके तथा उसे आगे और सुधार करने के लिए विशिष्ट टिप्पणी देकर।''

800. Ans: (c) 'विद्यार्थियों के अधिगम के विषय में सूचना एकत्र करने के लिए विभिन्न तरीकों का प्रयोग करना।' योगात्मक आकलन-इस आकलन को 'सीखने के आकलन' के रूप में भी जाना जाता है।

801. Ans: (a) कक्षा-1 के बच्चों को पढ़ाने के लिए हमें मौखिक भाषा के विकास व अभ्यास के लिए 'रोल प्ले' के माध्यम से मौखिक भाषा कौशल में करने हेतु शिक्षार्थियों को सक्षम बना सकते है।

802. Ans: (a) "पठन सामग्री को अपने व्यक्तिगत अनुभव से जोड़ कर'' अली की प्रतिक्रिया को वर्णित किया जा सकता है। अन्य विकल्प असंगत है।

803. Ans: (b) समूह कार्य के दौरान शिक्षिका की भूमिका "यह सुनिश्चित करना की प्रत्येक की समूह में प्रतिभागिता बने तथा आवश्यकता होने पर उन्हें मदद देने का प्रयास करना चाहिए।''

804. Ans: (c) "पठन सामग्री के साथ अंतः क्रिया के द्वारा अर्थ गढ़ने की योग्यता।'' पठन अवबोधन है।

805. Ans: (b) 'खुले अंत वाले प्रश्न' शिक्षार्थियों की रचनात्मक का आकलन करने के लिए सहायक होगें।

806. Ans: (a) 'यह व्यवस्थाओं की व्यवस्था है' भाषा के बारे में यह कथन सही है।

807. Ans: (a) 'संदर्भो' में प्रयोग करके भाषा को सर्वोत्तम तरीके से सीख सकते है।

808. Ans: (d) भाषा अधिगम में निदानात्मक परीक्षण का उद्देश्य 'शिक्षार्थी समझ के स्तर पर कहाँ पिछड़ रहे है। यह जानना।' परीक्षण विद्यार्थी की कमजोरियों व सद्गुणों के समझने में सहायता प्रदान करता है।

809. Ans: (c) बाल केन्द्रित कक्षा में शिक्षक को 'ऐसी प्रवृत्तियों का प्रयोग करना चाहिए जिसमें विद्यार्थी स्वयं से पहल करने के लिए प्रोत्साहित हो।'

810. Ans: (d) रचनावादी कक्षा में भाषा अधिगम 'विद्यार्थियों के पूर्व अनुभवों को आधार बनाकर प्रामाणिक कार्यो द्वारा नवीन ज्ञान की खोज' पर आधारित होता है।

811. Ans: (c) उपर्युक्त गद्यांश के आधार पर दुनिया में लोग अपने परिश्रम के बल पर सफल हुए हैं।

812. Ans: (c) अपने कार्यों को पूरा करने के लिए दूसरों की नकारात्मक बातों से दूर रहना बहुत जरूरी है।

813. Ans: (c) उपर्युक्त गद्यांश में सच्ची मनुष्यता के लिए क्रोध से मुक्त होने के गुण का उल्लेख किया गया है।

814. Ans: (a) यदि आप अपने लक्ष्य को पाने के लिए दृढ़ संकल्प लेते हैं, तो चुनौतियों का सामना करने में मुश्किल नहीं होगी।

815. Ans: (b) 'अब कर्म और उसके बीच कोई तीसरा नहीं हो सकता' वाक्य का आशय है-चाहे कुछ भी हो जाए, कर्म के पथ से नहीं डिगना है।

816. Ans: (a) जो शब्दांश किसी शब्द के पीछे जुड़कर नया शब्द बनाता है और मूल शब्द के अर्थ में परिवर्तन कर देता है, उसे प्रत्यय कहते हैं। उदाहरण- मूल शब्द 'सफलता' में 'ता' प्रत्यय जुड़ने से नवीन शब्द 'सफलता' शब्द बनता है।

817. Ans: (b) संकट या मुश्किलों को पार करने का अर्थ है-मुसीबतों से उबर जाना।

रहीम नौ बजे के समाचार प्रतिदिन सुनता है और अपने कुछ मित्रों के साथ कुछ खबरें साझा करता है। इस प्रकार के प्रवण को क्या कहते है?

-विस्तृत श्रवण

CTET भाषा Paper 2 (4 January 2022)

818. Ans: (a) 'क्रोध' शब्द भाववाचक संज्ञा है।

819. Ans: (c) 'दिन और रात' में द्वन्द्व समास है। इस समास में दोनों पद प्रधान होते हैं। जैसे-दाल-रोटी 'दाल और रोटी'।

820. Ans: (b) उपर्युक्त कविता आशा के प्रति संबोधित है।

821. Ans: (c) कवि ने आशा को धन्य इसलिए कहा क्योंकि आशा का सहारा सबसे बड़ा सहारा है।

822. Ans: (b) उपर्युक्त पद्यांश के आधार पर निराशा की निशा अभी तक है।

823. Ans: (d) कवि ने आशा के सहारे धरती (मही) का अस्तित्व बने रहने की बात की है।

824. Ans: (c) जैसे- निर उपसर्ग से बने शब्द हैं
निर् + आशा = निराशा
निर् + दोष = निर्दोष
निर् + भय = निर्भय

825. Ans: (d) प्राची का अर्थ है-पूरब।

826. Ans: (a) प्रश्नगत मातृभाषा और हिन्दी भाषा अर्जन के अन्तर्गत आती है और अंग्रेजी भाषा अधिगम के अन्तर्गत आती है। ध्यातव्य है कि अर्जन का अर्थ-संग्रह करना तथा अधिगम का अर्थ सीखना या जानना होता है।

827. Ans: (c) विद्यार्थी को लिखना सिखाने का विशिष्ट शिक्षण शास्त्रीय क्रम में सबसे पहले विद्यार्थियों से विशिष्ट प्रकार की अनेक आकृति बनवाना, सीधी रेखाओं और गोलों द्वारा अक्षर लिखना सिखाना तथा विद्यार्थियों से ऊँचे स्तर में अक्षर बुलवाकर अनेक बार लिखवाना।

828. Ans: (b) साक्षरता को बढ़ावा देने के लिए कठिन शब्दों का उच्चारण वाला कौशल दीवार के माध्यम से नहीं सिखाया जा सकता।

829. Ans: (b) स्वैन की उत्पाद परिकल्पना

830. Ans: (d) जोड़ों के आपस के संवाद में सुधार के लिए सबसे कम योगदान देने वाली गतिविधि शब्द संपदा है।

831. Ans: (a) विद्यार्थियों को दृश्यात्मकता सिखाने के लिए सर्वाधिक उपयुक्त विधि है कि यह कहानी किस दिशा-दशा में घटित हुई होगी।

832. Ans: (b) कहानी पढ़ने के बाद विद्यार्थियों में निष्कर्ष निकालने का कौशल विकसित करने के लिए सर्वाधिक उपयुक्त विधि है कि इस कहानी में एक पात्र ने जिस तरह से प्रतिक्रिया दी, क्या उसी तरह से प्रतिक्रिया देने वाले व्यक्ति को आप जानते है?

833. Ans: (a) उपयुक्त विकल्पों में 'विद्यार्थी' से कोई पॉडकास्ट सुनने के लिए कहें और उससे सीखे किन्हीं दो नए शब्दों को साझा करने के लिए कहें गतिविधि अध्यापक द्वारा सहायता देने का उदाहरण नहीं है।

834. Ans: (a) निगमन विधि जिसमें सामान्य से विशिष्ट की ओर बढ़ा जाता है। इसमें शिक्षक बालकों के सामने पहले किसी सामान्य नियम को रखते है, तत्पश्चात उस नियम की सत्यता को प्रमाणित करने हेतु विभिन्न उदाहरणों का प्रयोग करते हैं। अतरू प्रश्नानुसार पूर्वसर्ग (ने, पर, ऊपर) के प्रयोग के नियम बताना और उदाहरण देना निगमन विधि है।

835. Ans: (a) मातृभाषा आधारित बहुभाषी शिक्षा बच्चों में स्वयं को अभिव्यक्त करने के साथ-साथ स्कूलों में अलग-अलग विषयों की अवधारणाएं सीखने का विश्वास देती है।

836. Ans: (b) बच्चों द्वारा पाठ्य पुस्तकों को पढ़ने के प्रामाणिक स्रेत के रूप में देखा जाता है।

837. Ans: (d) उपयुक्त विकल्पों में भाषा सीखने के आकलन का सबसे प्रभावशाली उपकरण है अवलोकन। विद्यार्थियों के भाषा सीखने की नियमित अवलोकन के द्वारा ही आकलन हो सकता है।

838. Ans: (b) प्रामाणिक पठन सामग्री के उद्देश्य को प्राप्त करने में किसी स्थानीय होटल की व्यंजन सूची प्रभावशाली होगी। किसी स्थानीय होटल व्यंजन सूची के द्वारा हम किसी भी भाषा के प्रामाणिक पठन सामग्री के उद्देश्य को प्राप्त कर सकते है।

839. Ans: (c) किसी जटिल कथानक की संरचना को समझने के लिए सबसे उपयोगी आनलाइन उपकरण एक ऐसा मानस मानचित्रण (माइंडमैपिंग) कार्यक्रम जिसमें विचारों को अलग-अलग घटकों में प्रस्तुत किया गया है। सबसे अधिक मदद करेगा।

राष्ट्रीय शिक्षा नीति 2020 भाषा शिक्षा और भाषा अधिगम को किस रूप में वर्णित करती है?

-बहुभाषावाद और भाषा की सत्ता

CTET भाषा Paper 2 (4 January 2022)

840. Ans: (d) किसी विषय पर थोड़े चुने हुए शब्दों में अपने विचार प्रकट करने के प्रयास को अनुच्छेद लेख कहते हैं। अनुच्छेद लिखते समय विद्यार्थी को सर्वाधिक रूप से संपादन पर ध्यान देना चाहिए। संपादन का अर्थ है किसी लेख, पुस्तक या कविता के पाठ, भाषा भाव या क्रम को व्यवस्थित करके तथा आवश्यकता अनुसार उसमें संशोधन परिवर्तन या परिवर्धन करके उसे सार्वजनिक प्रयोग अथवा प्रकाशन के योग्या बना देना।

841. Ans: (d) मनुष्य का भाग्य परिश्रम करने से ही बनता है यदि कोई भी व्यक्ति परिश्रम नहीं करता तो वह लक्ष्य को नहीं प्राप्त कर सकता है।

842. Ans: (d) आलसी व्यक्ति को लक्ष्य की प्राप्ति नहीं होती है, तो वे अपने भाग्य को दोष देते हैं।

843. Ans: (c) मनुष्य के परिश्रम, त्याग और पुरुषार्थ का प्रकृति सम्मान करती है।

844. Ans: (a) जो व्यक्ति परिश्रम करता है और उसे लक्ष्य की प्राप्ति नही होती है अर्थात् असफल हो जाता है, तो पश्चाताप नहीं करता है। क्योंकि उसमें जितनी सामर्थ थी, उसने प्रयत्न किया।

845. Ans: (b) भारतीय संस्कृति में कहा जाने वाला तप भी परिश्रम का ही पर्याय समझा जाता है किसी भी लक्ष्य की प्राप्ति के लिए किया गया श्रम ही तप है।

846. Ans: (a) पुरुष + अर्थ = पुरुषार्थ (दीर्घ स्वर संधि) सन्धि (सम् + धि) शब्द का अर्थ है 'मेल' या जोड़।

847. Ans: (a) जैसे- 'विपरीत' का 'अनुकूल'।

848. Ans: (d) समर्थ + य = सामर्थ्य सामर्थ्य शब्द में मूल शब्द 'समर्थ' और 'य' प्रत्यय है।

849. Ans: (d) उपयुक्त विकल्प में 'ईश्वर' का पर्यायवाची शब्द 'विधान नहीं है।'

850. Ans: (c) अमर 'दुग्ध' पर मुग्ध है। जो इस लोक का अमृत है। विकल्प में अन्य कथन गलत हैं।

851. Ans: (a) दूध इस लोक का अमृत है। जिस पर अमर भी मुग्ध है।

852. Ans: (c) धात्री का शाब्दिक अर्थ है- शिशु की देखभाल करने वाली स्त्री।

853. Ans: (d) शक्ति की नदियाँ सर्वत्र लहराने लगी। अन्य वाक्यांश में विकल्प गलत है।

854. Ans: (a) 'बल-वीर्य' में द्वन्द्व समास है।

855. Ans: (c) उपर्युक्त कव्यांश में मही शब्द का अर्थ है भूमि। मही के सभी पर्यायवाची शब्द हैं पृथ्वी, धरा, धरती, वसुंधरा, भू, भूमि, आदि।

856. Ans: (b) बाल-केन्द्रित शिक्षणशास्त्र का अर्थ है कि बचचों के अनुभवों उनकी बात तथा उनकी सक्रीय भागीदारी को प्रमुखता देनी है। इस प्रकार के शिक्षाशास्त्र के लिए बच्चों के मनोवैज्ञानिक विकास तथा रुचियों को ध्यान में रखकर अधिगम की योजना बनानी चाहिए।

857. Ans: (b) समालोचनात्मक शिक्षण शास्त्र दृढ़ता से शिक्षार्थियों के अनुभव तथा दृष्टिकोण पर विश्वास रखता है। समालोचनात्मक शिक्षण शास्त्र में शिक्षार्थियों को केन्द्र में रखकर उनके व्यक्तिगत अनुभव व विचार को महत्वपूर्ण स्थान दिया जाता है।

858. Ans: (d) शिक्षक नया पाठ पढ़ाने से पहले विद्यार्थियों को मनोरंजन से जुड़ी गतिविधि में संलग्न इसलिए करते है की विद्यार्थियों का प्रोत्साहन और उत्साह में नया संचार होता रहे और अध्ययन में रुचि बनी रही।

859. Ans: (d) बी.एफ. स्किनर एक अमेरिकी मनोवैज्ञानिक थे जिन्होंने पावलाव के अनुबंधित अनुक्रिया सिद्धांत से प्रेरित होकर उसमें कुछ परिवर्तन लाकर क्रिया प्रसूत सिद्धांत का प्रतिपादन किया।

860. Ans: (a) रचनावादी कक्षा में शिक्षार्थी समूह में अन्तःक्रिया करते हैं तथा कक्षा में अवाजें करते हैं। इस प्रक्रिया में शिक्षक द्वारा दिये गये कार्य निर्देश पर प्रत्येक शिक्षार्थी सामूहिक अभ्यास या पठन करते हैं।

861. Ans: (b) भाषा शिक्षण के सिद्धांत के रुप में विशिष्ट रूप से पठन कौशल पर बल नहीं दिया जा सकता। भाषा शिक्षण एक प्रक्रिया है या हम कह सकते हैं कि एक माध्यम है जिसकी सहायता से इस बात पर बल दिया जाता है कि बालक भाषा का समझ के साथ प्रयोग करना सीख सके।

पारिभाषिक शब्द में प्रत्यय है

-इक

CTET भाषा Paper 2 (27 December 2021)

862. Ans: (a) इसका मुख्य उद्देश्य सभी बच्चों को चाहे वह मानसिक, सामाजिक, शारीरिक, संवेगात्मक रुप से कमजोर हो, उन्हें एक समान व सामान्य बच्चों के साथ शिक्षा प्रदान करना व बच्चे के अधिकार का सम्मान करना समावेशी शिक्षा का प्रमुख उद्देश्य है।

863. Ans: (c) उपचारात्मक शिक्षण का मुख्य आधार निदानात्मक प्रक्रिया होती है। निदान के बाद ही उपचार किया जाता है। निदानात्मक प्रक्रिया का उद्देश्य होता है कि कोई छात्र विशेष या अनेक विद्यार्थी किसी विषय वस्तु या प्रकरण को ठीक से क्यों नहीं समझ पा रहे हैं, इन कारणों का पता लगाना ही निदान कहलाता है। निदान के बाद इन कठिनाइयों, समस्याओं, कमजोरियों का समाधान उपचारात्मक शिक्षण के माध्यम से किया जाता है।

864. Ans: (b) शिक्षण की प्रणाली को ही उपागम कहते हैं उपागम को अंग्रेजी में एप्रोच कहते हैं। शिक्षण विधियों को जन्म देता है। कुछ सीखने का तरीका जो सीखने वालों की मदद करने के लिए हुआ की गतिविधियों, तकनीकी का उपयोग करता है, वह उपागम की श्रेणी में आता है।

865. Ans: (d) यदि कोई शिक्षक सभी बच्चों की अधिगम शैली को ध्यान में रखकर शिक्षण करना चाहता है तो उन्हें विद्यार्थियों की विविधता को ध्यान में रखते हुए विविध प्रकार की शिक्षण विधियों का प्रयोग करके संबोधित करना चाहिए।

866. Ans: (d) शिक्षार्थियों की रुचि के विषय पर चर्चा तथा विषय वस्तु से सम्बन्धित शब्द संपदा पर ध्यान देना। जिस ढंग से शिक्षक शिक्षार्थी का ज्ञान प्रदान करता है उसे शिक्षण विधि कहते हैं। शिक्षण विधि का प्रयोग बड़े व्यापक अर्थ में होता है। एक ओर तो इसके अन्तर्गत अनेक प्रणालियों एवं योजनाएँ सम्मिलित की जाती है, दूसरी ओर शिक्षण की बहुत सी प्रक्रियाएँ भी सम्मिलित कर ली जाती हैं।

867. Ans: (c) शिक्षार्थियों को सीखने तथा विषय पर महारत प्राप्त करने के लिए प्रेरित किया जा सकता है बशर्ते उन्हें इस बात का पूर्वाभास हो कि उन्हें निर्देशात्मक उद्देश्यों की उपलब्धि के लिए सकारात्मक पुनर्बलन मिलेगा।

868. Ans: (c) शिक्षार्थियों को जीवन की वास्तविक स्थितियों पर बोलने के अवसर उपलब्ध कराने वाली युक्ति अच्छे भाषण देने के प्रशिक्षण में इस्तेमाल नहीं कर सकते।

869. Ans: (a) दो (सस्वर व मौन)। भाषा कौशलों के चार कौशल होते हैं-

- श्रवण कौशल - (सुनकर अर्थ ग्रहण करने का कौशल)
- पठन वाचन कौशल - (पढ़कर अर्थ ग्रहण करने का कौशाल)
- मौखिक अभिव्यक्ति कौशल-(विचारों को बोलकर व्यक्त करने का कौशल)
- लेखन कौशल-(विचारों को लिखकर व्यक्त करने का कौशल)

870. Ans: (a) बोधगम्य निवेशों का विचार सर्वप्रथम स्टीफन क्रैशन द्वारा दिया गया। स्टीफन क्रैशन (जन्म 14 मई, 1941 ई.) एक अमेरिकी भाषाविद्, शैक्षिक शोधकर्ता और कार्यकर्ता है, जो दक्षिण कैलिफोर्निया विश्वविद्यालय में शिक्षा के एमेरिटस प्रोफेसर हैं।

871. Ans: (a) किसी भी उपहार की सार्थकता तभी है जब वह दिल से किसी सही व्यक्ति को सही, समय और सही जगह पर दिया जाए।

872. Ans: (b) हमें इस जीवन में जो भी करना चाहिए, सत्य से प्रेरित कृत्य के अनुसार करना चाहिए।

873. Ans: (a) 'समय को सम्मान' देने से तात्पर्य समय का सदुपयोग करना है। समय के साथ-साथ दूसरे लोगों को भी सम्मान देना चाहिए। इस तरह का कृत्य व्यक्ति के भाग्य को बदल कर रख देता है।

874. Ans: (c) ऐसा कोई नहीं, जिसने इस संसार में अच्छा किया हो, और उसका अंत बुरा हो के सन्दर्भ में सही कथन है अच्छे कार्य का फल सदैव अच्छा होता है।

875. Ans: (b) 'धर्म' शब्द में 'इक' प्रत्यय लगने पर 'धार्मिक' शब्द बनेगा।

876. Ans: (a) जिनसे समाज के हित सधते हो उस प्रकार के कर्म हमें आनन्द की अनुभूति देते है।

आधारभूत अंतः वैयक्तिक संप्रेषणात्मक कौशल को कहते हैं

-दिन-प्रतिदिन के संप्रेषण के लिए प्रयुक्त भाषा।

CTET भाषा Paper 2 (24 December 2021)

877. Ans: (a) स्वयं को कर्म के लिए साध लेना से तात्पर्य है- कर्म करने के लिए सदैव तत्पर रहना। शेष विकल्प असंगत है।

878. Ans: (c) दिए गए विकल्प में उपहार का समानार्थी शब्द 'भेंट' है। इसके अन्य समानार्थी शब्द सौगात, तोहफा इत्यादि है।

879. Ans: (c) यहाँ 'अनुभूति' शब्द का विच्छेद 'अनु + भूति' = अनुभूति है अर्थात् यहाँ उपसर्ग 'अनु' है। अतः सही विकल्प 'अन + भूति है। अनुभूति किसी एहसास को कहते हैं।

880. Ans: (c) भारत देश की प्राकृतिक रचना पर गर्व करने का सबसे बड़ा कारण यहाँ की प्राकृतिक रचना विविधता के सन्दर्भ में बहुत समृद्ध है। शेष विकल्प असंगत हैं।

881. Ans: (b) "नदियाँ जहाँ सुधा की धारा बहा रही है'' उक्त पक्तियों में 'सुधा की धारा' से आशय-नदियों में बहता जल अमृत समान है।

882. Ans: (d) जिसके सुगंध वाले सुंदर प्रसून प्यारे काव्यांश का भाव है कि यहाँ तरह-तरह के सुगंधित फूल सदैव खिले रहते हैं। के अनंत धन से धरती भरी पड़ी है, इस पंक्ति।

883. Ans: (a) जिसकी धरती बहुत ही उपजाऊ है।

884. Ans: (c) 'चालीस कोटि भाई सेवक सपूत जिसके' उक्त पंक्ति में चालीस करोड जनसख्या का उल्लेख इसलिए हुआ है कि रचनाकार ने जिस समय रचना लिखी, उस समय इतनी ही जनसंख्या थी। अन्य विकल्प गलत हैं।

885. Ans: (b) दो शब्दों के मेल से बने शब्द को पुनः अलग करने को संधिविच्छेद कहते हैं।

'रत्नेश' का संधि विच्छेद रत्न$ईश होगा। यह गुण स्वर संधि का उदाहरण है।

886. Ans: (a) चॉम्स्की द्वारा इस सिद्धान्त का प्रतिपादन वर्ष (1959) में किया गया था। इनके इस सिद्धान्त के अनुसार वह मानते हैं कि बालक में भाषा को सीखने की क्षमता जन्मजात होती है, अर्थात् भाषा अर्जन करने की क्षमता बचपन से ही छात्र में निहित होती है।

887. Ans: (c) विशिष्ट शिक्षा शास्त्रीय क्रम के प्रस्तुतीकरण हेतु क्रम निम्न है- शिक्षार्थियों से 1, 4-A-L अक्षर एवं अंक लिखने के लिए कहे। शिक्षार्थियों से 0, 8B,Q अक्षर एवं अंक लिखने के लिए कहे। शिक्षार्थियों को सस्वर पठन करने और कोई भी अक्षर/अंक लिखने के लिए कहें। अतः विकल्प (c) सही उत्तर है।

888. Ans: (d) 'शब्द-दीवार' शब्दों का समूह है जिसे कक्षा-कक्ष की दीवारों पर बड़े आकार के अक्षरों में लिखा अथवा पेंट किया जाता है कि वह साफ-साफ नजर आ सके। इसे मूल शब्दों को समझना साक्षरता-संप्रत्यय या कौशल कहा जाता है।

889. Ans: (b) पठन का सार तत्त्व अर्थ है। भाषा के दो रूप होते हैं-मौखिक और लिखित। लिखित भाषा को पढ़ने और पढ़कर उसका अर्थ समझने की क्रिया को पठन कहते हैं।

890. Ans: (a) सुश्री ग्रेस अपने शिक्षार्थियों को पॉडकास्ट सुनने और कहानी को आरेख के रूप में प्रस्तुत करने के लिए कहती हैं।

891. Ans: (a) उपर्युक्त विकल्प के अनुसार शिक्षार्थियों को 'संक्षेपण' के शिक्षण में सर्वाधिक उपयुक्त प्रश्न होगा- इस कहानी का शीर्षक क्या होगा?

892. Ans: (a) कविता पढ़ने के उपरात शिक्षार्थियों द्वारा 'अनुमान लगाने' का सर्वाधिक रूप से उपयुक्त प्रश्न है- क्या कवि द्वारा कविता को दिया गया शीर्षक संगत है

893. Ans: (a) लेखन अभ्यास शिक्षक द्वारा आधार प्रदान करने का एक अच्छा उदाहरण है- शिक्षार्थियों को उनके वाक्य या विचार का प्रारम्भ करने के लिए शुरुआती वाक्य उपलब्ध कराना। शेष विकल्प असंगत हैं।

894. Ans: (b) शिक्षार्थियों को वाक्यों के अनेक उदाहरण देना और उनसे नियम निकालने के लिए कहना शिक्षार्थियों को परसर्ग प्रकरण पर 'आगमन विधि' से पढ़ाने के उपागम का अनुगमन करता है। आगमन विधि उस विधि को कहते हैं जिसमें विशेष तथ्यों तथा घटनाओं के निरीक्षण तथा विश्लेषण द्वारा सामान्य नियमों अथवा सिद्धान्तों का निर्माण किया जाता है।

भारत की विद्यालयी शिक्षा में भाषा की नीति है

-त्रिभाषा सूत्र

CTET भाषा Paper 2 (24 December 2021)

895. Ans: (a) बहुभाषी का अर्थ ऐसे व्यक्ति से है जो दो या दो से अधिक भाषाओं का प्रयोग करता है। विश्व में बहुभाषी लोगों की संख्या तक भाषियों की तुलना में बहुत अधिक है विद्वानों का मत है कि द्विभाषिकता किसी भी व्यक्ति के ज्ञान एवं व्यक्तित्व के विकास के लिए बहुत उपयोगी है।

896. Ans: (d) काल के भेदों को सीखने पर आधारित पाठ का कलन करना, प्राथमिक स्तर के बालकों से रिक्त स्थान की पूर्ति के प्रश्नों द्वारा किया जा सकता है।

897. Ans: (c) शिक्षार्थियों के सीखने के कार्यों को एकत्रीकरण करना, रिकार्ड रखना पोर्टफोलियो आकलन कहलाता है। पोर्टफोलियों- विद्यार्थियों द्वारा सम्पन्न कार्यों का उद्देश्यपूर्ण व्यवस्थित संकलन जो विद्यार्थी के उत्तम प्रयासों को दर्शाता है, छात्र पोर्टफोलियों कहलाता है।

898. Ans: (a) हिन्दी शिक्षा की एक सामान्य विशेषता है- प्रामाणिक पाठ्य सामग्री का प्रयोग करना स्वनिमों की नियमावली प्रामाणिक पाठ्य सामग्री के उद्देश्य को सबसे कम पूरा करता है।

899. Ans: (d) X एक ऑनलाइन उपकरण है जो नए शब्दों, उनके अर्थ, उच्चारण और वाक्य में प्रयोग का एक समुच्चय उपलब्ध करता है। दी गई पाठ्य सामग्री को प्रवाह पूर्ण पढ़ना ऑनलाइन उपकरण के प्रयोग द्वारा निर्मित किया जा सकता है।

900. Ans: (c) जब नववर्ष मनाने पर एक अनुच्छेद लिखने के लिए कहा जाता है, तब एक शिक्षार्थी इस प्रकार लिखता है मित्रें को आमंत्रित किया, केक लाया, सजावट, पेय, जलपान, माता-पिता, गुब्बारे फुलाए मैंने सजाया। एक शिक्षक के तौर पर शिक्षार्थी के मसौदा तैयार करने वाले चरण पर सर्वाधिक ध्यान देने के लिए कहेगें।

901. Ans: (a) 'असल और बनावटी में अन्तर धुंधलाने' का अर्थ ये है। कि असली और बनावटी में अन्तर करना कठिन है।

902. Ans: (a) सेवाओं या कुछ देने के लिए 'सुपात्र' का चयन करना कठिन है।

903. Ans: (b) फउपलब्धि या सफलता व्यक्ति के सतत् निवेशों का स्वाभाविक प्रतिफल होती है।य् का तात्पर्य है कि व्यक्ति द्वारा किये गये निरन्तर प्रयासों से उपलब्धि या सफलता प्राप्त होती है।

904. Ans: (a) गद्यांश के अनुसार व्यक्ति के समग्र कौशल उसमें निहित मन और निष्ठा से किये गये कार्य में प्रयुक्त होते हैं तथा मन और निष्ठा से निष्पादित कार्य में व्यक्ति के समूचे कौशल प्रयुक्त होते हैं।

905. Ans: (a) मन और पूर्ण निष्ठा से किये गये कार्य में 'परमार्थ' का भाव प्रमुख होता है, क्योंकि परमार्थी व्यक्ति दूसरों का भला ही चाहता है। जबकि स्वार्थी व्यक्ति स्वयं का भला चाहता है।

906. Ans: (d) निम्नलिखित में से 'आशीर्वाद' बाजार से नहीं खरीदी सकती है। अनेक व्यक्ति उन बुजुर्गों से आशीर्वाद पाना अपना अधिकार समझते हैं।

907. Ans: (c) 'स्वाभाविक' में 'इक' प्रत्यय है। वे अविकारी शब्दांश जो शब्दों के अंत में जुड़कर उनमें विशेषता या परिवर्तन लाते हैं, प्रत्यय कहलाते हैं।

908. Ans: (c) 'समय-समय'- पुनरूक्त शब्द है। जब किसी शब्द की एक साथ दो बार आवृत्ति होती है अर्थात् वही शब्द या उससे मिलता-जुलता होता है।

909. Ans: (a) 'सफलता' शब्द संज्ञा है। यहाँ पर सफलता शब्द से किसी भाव, अवस्था, गुण-दोष, दशा आदि का पता चल रहा है। अतः सफलता शब्द भाववाचक संज्ञा है।

910. Ans: (b) इन पंक्तियों द्वारा लेखक का भाव स्पष्ट होता है जब संवेदनाएँ ही नहीं रहेंगी। तो संवेदनाएँ लिखने वाले कवि भी लुप्त हो जाएंगे।

911. Ans: (d) उपर्युक्त पद्यांश में कवि ने संवेदनशील होने की बात का आग्रह किया है। यथा मैं दरवाजा खोलता हूँ और संवेदनाओं को अन्दर ले लेता हूँ।

912. Ans: (d) उपर्युक्त पद्यांश में 'लेकिन' पद इस स्थिति की ओर संकेत करता है कि जो होना चाहिए था, लेकिन नहीं हुआ।

913. Ans: (b) 'दरवाजा खोलने' से अभिप्राय है- संवेदनाओं को अपने जीवन में उतारने से।

निम्नलिखित में से कौन से भाषायी कौशल अभिव्यक्ति से संबंधित है?

-बोलना, लिखना

CTET भाषा Paper 2 (3 January 2022)

914. Ans: (b) उपर्युक्त पद्यांश के आधार पर 'संवेदनशील व्यक्तित्व' होने का भाव 'समृद्ध होना' शब्द से अभिव्यक्त होता है।

915. Ans: (d) दिये गये समूह से भिन्न शब्द 'खटखटाये' है। जबकि दोस्त, डायनासोर, दरवाजे जातिवाचक संज्ञा के अन्तर्गत आते हैं।

916. Ans: (a) क्षेत्र में भाषा की वाक् विशेषताएँ क्षेत्रीय भाषा को परिभाषित करता है। क्षेत्रीय भाषा- किसी एक क्षेत्र विशेष में बोली जाने वाली भाषा को क्षेत्रीय भाषा कहते हैं। संख्यात्मक रूप में इनका रूप छोटा होता है।

917. Ans: (b) निम्नलिखित में से संकेत भाषा के सम्बन्ध में सत्य कथन, संकेत भाषा का व्याकरण है।

918. Ans: (b) भाषा सीखना सुविचारित तथा चेतन है। भाषा मानव जीवन की एक सामान्य व सतत् प्रक्रिया है, जिसे मानव को ईश्वर द्वारा दिया गया अमूल्य उपहार कहा जाता है।

919. Ans: (b) कक्षा में 'बहुभाषिकता एक रणनीति के रूप' में प्रयुक्त करने से तात्पर्य है। शिक्षार्थियों की भाषा को भाषाओं के शिक्षण अधिगम तथा विषयवस्तु के लिए प्रयोग करना।

920. Ans: (c) भारत में हिन्दी भाषा के सम्बन्ध में सत्य है- हिन्दी भारत की राजभाषा है।

921. Ans: (c) निम्नलिखित में से आप 'पाठ्यपुस्तक लेखक द्वारा कोविड 19 पर लिखा निबंध' प्रामाणिक सामग्री के रूप में स्वीकार नहीं करेंगे।

922. Ans: (a) कक्षा VIII की शिक्षिका अपने शिक्षार्थियों को पाठ पढने के अनुवर्ती कार्य के रूप में क्रम से कहानी की घटनाओं तथा विचारों को लिखने के लिए कहती है। वह अपने शिक्षार्थियों को उप-विषयवस्तु के निर्माण के लिए कह रही है।

923. Ans: (a) निम्नलिखित कथनों में से साहित्यिक पाठ्य-सामग्री का प्रयोग व्याकरण शिक्षण के लिए किया जाना चाहिए।

924. Ans: (d) रविन समाचार-पत्र में एक लेख पढ़ता है, जिससे कि वह अगले दिन अपने समूह में उस पाठ्य-वस्तु का सम्पूर्ण विचार प्रस्तुत कर सके। उसके इस पठन को 'सरसरी तौर पर पढ़ना' रूप में जाना जाता है।

925. Ans: (b) पढ़ते समय वह शब्द पहचानती है, किन्तु स्वयं से उसे प्रयोग करने में समर्थ नहीं है। इस शब्द भण्डार को निष्क्रिय शब्द भण्डार के रूप में जानते हैं।

926. Ans: (a) आधारभूत अन्तः वैयक्तिक संप्रेषण कौशल भाषा का वर्तमान में प्रयोग करते हैं। परस्पर विचारों का आदान-प्रदान करना अर्थात् अपने विचार अन्य किसी व्यक्ति तक पहुँचाने को सम्प्रेषण कहा जाता है।

927. Ans: (b) 'प्रक्रिया उपागम' शिक्षार्थियों को लेखन सिखाने के लिए लेखन के विभिन्न स्तरों से गुजरने का अवसर प्रदान करता है। उत्पाद उपागम व्यापक क्षमता वाले लोगों द्वारा उपयोग करने योग्य है।

928. Ans: (d) अरूल और राहुल शिक्षक अपनी व्याकरण की कक्षा में पहले व्याकरण बिन्दुओं वाच्य और काल का परिचय देते हैं और यह समझाते हैं कि नियम किस तरह बनते हैं और किस तरह सन्दर्भ का प्रयोग करते हैं। इसके उपरांत वे शिक्षार्थियों को भाषा मदों के अभ्यास के लिए बहुत सारे कार्य देते है। व्याकरण सीखने सिखाने की यह प्रक्रिया 'घोषणात्मक ज्ञान' कहलाती है।

929. Ans: (a) दिये गये विकल्प के अनुसार भाषा सीखने के लिए निवेश आधारित कार्य शिक्षार्थी पाँच के समूह में कहानी पढ़ता है तथा जब हम किसी नाटक का- संवाद स्वयं लिखते हैं, तो हमारे मन में नये-नये शब्द उत्पन्न होते हैं जो हमारे भाषा का विकास करने में सहायक होते हैं।

930. Ans: (b) दिये गये विकल्प के अनुसार 'ध्वनि की तरंग लम्बाई' भाषा शिक्षा की संकल्पना नहीं है, जबकि व्याकरण अनुवाद विधि से हमें भाषा का एक भाषा से दूसरी भाषा सीखने का अवसर प्राप्त होता है।

931. Ans: (a) उपर्युक्त गद्यांश के आधार पर प्रकृति का विधान है कि दिए बिना कुछ नहीं मिलता है।

932. Ans: (a) किसी व्यक्ति के सुचारू जीवन के लिए विशेष पहचान आवश्यक है।

933. Ans: (b) जिनके व्यक्तित्व की विशेष पहचान नहीं होती है वे व्यक्ति समय के साथ समाज और स्वयं पर बोझ बन जाते हैं।

कुल भौतिक प्रतिक्रिया TPR) किन विद्यार्थियों के लिए अधिक उपयोगी है?

-क्रिया करके सीखने वाले

CTET भाषा Paper 2 (3 January 2022)

934. Ans: (b) उपलब्धि के प्रकरण में 'देने का स्थान लेने से' उच्चतर और गरिमापूर्ण है।

935. Ans: (a) किसी व्यक्ति के व्यक्तित्व को पहचान तब मिलती है जब वह दूसरों की भलाई के लिए कार्य करता है।

936. Ans: (d) देने का परिक्षेत्र धन या भौतिक वस्तुएँ प्रदान करने से कहीं परे है। बीमारी, शोक या दुष्कर परिस्थिति से त्रस्त परिजन की व्यथा धैर्य से सुनने मात्र से आप उसे राहत पहुँचाते है। अतः देने में सर्वाधिक महत्वपूर्ण है व्यथा सुनना।

937. Ans: (b) भौतिक वस्तुएँ में रेखांकित शब्द 'विशेषण' है। संज्ञा व सर्वनाम की विशेषता बताने वाले शब्द विशेषण कहलाते हैं।

938. Ans: (c) जैसे - वत्ति शब्द में 'प्र' उपसर्ग जुड़कर नया शब्द प्रवृत्ति बन गया।

939. Ans: (b) 'उच्च' का विलोम शब्द 'निम्न' है।

940. Ans: (b) उपर्युक्त पद्यांश के अनुसार जीवन बहुत सारी उलझनों से घिरा हुआ है।

941. Ans: (c) हिन्दी साहित्य के प्रसिद्ध कवि 'केदारनाथ सिंह' की 'शहर में रात' नामक कविता बताती है कि शहरों में व्यक्तियों के पास सुविधा, सुख, इच्छाएँ है।

942. Ans: (d) 'वे चुप क्यों हैं जिनकों आती है भाषा' पंक्ति का भाव है अन्याय के विरुद्ध आवाज उठानी चाहिए।

943. Ans: (b) पद्यांश के आधार पर कवि व्यक्तित्व के निर्भयता गुण को महत्त्व देता है।

944. Ans: (a) 'सुख' का विलोम शब्द 'दुःख' है।

945. Ans: (b) 'घर' का बहुवचन रूप 'घर' है।

946. Ans: (a) एक शिक्षार्थी अपने संज्ञानात्मक स्तर से एक सोपान ऊपर के अपठित गद्यांश की समालोचनात्मक सराहना द्वारा अपनी पठन क्षमता प्रदर्शित करती है। यह बोधगम्य निवेश के अधिक निकट है।

947. Ans: (c) ज्ञान की अवचेतन स्वीकृति जहाँ सूचनाएँ संप्रेषण के माध्यम से मस्तिष्क में एकत्र होती है उसे भाषा अर्जन के रूप में जाना जाता है।

948. Ans: (d) उपयुक्त विकल्पों में 'पठन' भाषा का अंग नहीं है। भाषा के चार अंग बताये जाते है। (I) ध्वनि, (II) रूप (शब्द) (III) वाक्य (IV) अर्थ। जबकि 'पठन' भाषा कौशल है। भाषा कौशल चार होते हैं- पठन कौशल (पढ़ना), वाचन कौशल (बोलना), श्रवण कौशल (सुनना) तथा लेखन कौशल (लिखना)।

949. Ans: (a) श्रव्य भाषा पद्धति लिखित भाषा की अपेक्षा मौखिक भाषा पर अधिक बल देती है। मौखिक भाषा की शिक्षा- मौखिक भाषा की शिक्षा का अर्थ है। बच्चों को सुनने अर्थात् सुनकर अर्थग्रहण करने और बोलने अर्थात् अपने एवं विचारों को मौखिक रूप से अभिव्यक्त करने में निपुण करना।

950. Ans: (d) प्रत्येक शिक्षक को विभिन्न दर्शनग्राही/ग्रहणशील पद्धति के बारे में जागरुक होना चाहिए क्योंकि वह विद्यार्थियों के सर्वांगीण विकास के लिए किसी एक दर्शन पर रूढ़िवादी नहीं रहता। विभिन्न दर्शन के विचारों से विद्यार्थियों को अवगत कराना शिक्षक का प्रथम कर्त्तव्य है।

951. Ans: (d) समाचार-पत्र की मुख्य पंक्तियों पर सरसरी दृष्टि डालना 'सरसरी दृष्टि से देखना' पठन शैली है।

952. Ans: (a) अच्छा संगठन, स्पष्ट उद्देश्य और व्याकरणिक परिशुद्धता लेखन की विशेषता है जबकि मौखिक रिपोर्ट प्रस्तुत करना लेखन की विशेषता नहीं है।

953. Ans: (a) बच्चों को शब्दों तथा भाषा संरचना के विविध उदाहरणों को सुनने की आवश्यकता है जिससे बच्चों को अमूर्त शब्दों को सीखने तथा शब्द जैसे वर्गों से संबंधित है यह पहचानने में सहायता करता है।

954. Ans: (c) संप्रेषणात्मक उपागम शिक्षार्थियों में संप्रेषणात्मक दक्षता उत्पन्न करता है। 'रचनावाद' सीखने सिखाने के इसी सिद्धान्त को कहते हैं जिसमें विद्यार्थी अपने ज्ञान की रचना अथवा निर्माण वातावरण से अंतःक्रिया करते हुए अपने अनुभवों से स्वयं करता है।

955. Ans: (b) प्रामाणिक आकलन या मूल्यांकन बौद्धिक उपलब्धियों का माप है, जो सार्थक और महत्त्वपूर्ण है। प्रामाणिक मूल्यांकन शिक्षक द्वारा या छात्र के सहयोग से छात्र की आवाज को जोड़कर तैयार किया जा सकता है।

956. Ans: (b) रचनात्मक आकलन का कार्य शिक्षण प्रक्रिया की दशा का ज्ञान कराना होता है। ये आकलन शिक्षण प्रक्रिया के

संविधान की आठीं अनुसूची में कौन-सी भाषा सम्मिलित नहीं है?

-राजस्थानी

CTET भाषा Paper 2 (3 January 2022)

दौरान लगातार होता है। यह शिक्षार्थी की प्रक्रिया पर केन्द्रित है। इसका उद्देश्य किसी शैक्षिक कार्यक्रम योजना प्रक्रिया आदि में मूल्यांकन करके सुधार किया जाए।

957. Ans: (c) स्वतंत्र लेखन का मुख्य लाभ यह है कि शिक्षार्थी रचनात्मक बनने की स्वतंत्रता का लाभ उठाते हैं।।

958. Ans: (d) बबलाने की अवस्था के दौरान बच्चे तरह-तरह के अक्षरों को मिलाकर ध्वनियाँ निकालनी शुरू कर देते है- जैसे कि बा-दा-दा-दा। यह लगभग 4-6 माह आय से प्रारम्भ हो जाता है।

959. Ans: (b) निदानात्मक परीक्षण वह परीक्षण है जिसके द्वारा का की समस्याओं का चयन किया जाता है। इस परीक्षण का माशा बहुविकल्पीय प्रश्न होते हैं। इसके द्वारा छात्रें की समस्याओं पहचान होता है।

960. Ans: (c) उपर्युक्त विकल्पों में प्रथम भाषा अर्जन का महत्वपर्ण कारक अवसरों की प्रकृति है।

भाषा अर्जन एक प्राकृतिक प्रक्रिया है जिसे हम आस-पास के वातावरण, के लोगों के माध्यम से ही सीख जाते हैं।

961. Ans: (a) गद्यांश के अनुसार- मन में विश्वास रखने से कोई भी व्यक्ति 'हार' नहीं सकता अर्थात् विश्वास से 'जीत' की प्राप्ति होती है।

962. Ans: (b) 'अपने आप के बारे में समझ बनाना' वास्तविक ज्ञान कहलाता है।

963. Ans: (b) 'संघर्ष में स्वयं ही जूझना होता है।' अर्थात् संघर्ष अकेले करना होता है।

964. Ans: (b) 'जिन्दगी में सुख-दुःख दोनों ही आते हैं।' गद्यांश के अनुसार- जिंदगी हमें रोने के सौ मौके देती है, तो मुस्कुराने के भी हजार बहाने देती है।

965. Ans: (d) समूह से भिन्न शब्द 'तरह-तरह' है क्योंकि यह द्विरूक्ति का उदाहरण है जहाँ शब्दों का दोहराव होता है उसे द्विरूक्ति कहते है जबकि दिन-रात, अंधेरा-उजाला, गोरा-काला परस्पर विलोम शब्द है।

966. Ans: (b) 'सुख और दुःख' का जोड़ा गद्यांश में नहीं है। जबकि रात और दिन, अच्छा और बुरा, उत्थान और पतन शब्दों के जोड़े गद्यांश में दिये गये हैं।

967. Ans: (c) पतन का विलोम शब्द 'उत्थान' होता है

968. Ans: (c) गद्यांश के अनुसार सच्ची शक्ति है- 'स्वयं पर नियंत्रण रखना'। दूसरों को समझाना, बुद्धिमानी, खुद को समझना असली ज्ञान है, दूसरों को काबू करना बल है और खुद को काबू करना वास्तविक शक्ति।

969. Ans: (b) जमीन पर रहकर आसमान को जीतने, का भाव है ''विनम्रता के साथ सफलता की ऊँचाइयों को छूना।"

970. Ans: (a) पद्यांश में कवि ने- विदेशियों के 'गुण' की नकल करने की बात नहीं की है। 'गुण मात्र छोड़, विदेशियों के भाषा, वेशभूषा, वस्तु आदि को हम भारतीयों ने अपना लिया है।'

971. Ans: (c) 'नक्काल' शब्द के माध्यम से विदेशियों का अनुकरण करने वालों पर व्यंग्य किया गया है।

972. Ans: (b) 'उन्हीं में सन गए' पद्य में पंक्ति का भाव है- 'उनके जैसा हो जाना।'

973. Ans: (d) जिनका स्वाभिमान समाप्त हो गया है, उनका जीना 'अशोभनीय है।'

974. Ans: (d) संसार शब्द में 'इक' प्रत्यय लगाने से सांसारिक शब्द बना है। शब्दों के बाद जो अक्षर या समूह लगाया जाता है, उसे प्रत्यय कहते हैं।

975. Ans: (b) विशेषण शब्द का उदाहरण है- 'विदेशी'

976. Ans: (c) प्राथमिक स्तर पर शिक्षार्थियों के आकलन के दौरान एक भाषा शिक्षक को मुख्य रूप से शिक्षार्थियों के निष्पादन के बारे में विविध तरीकों एवं उनके माता-पिता के साथ साझा करने पर ध्यान देना चाहिए।

977. Ans: (a) बच्चे एक या एक से अधिक भाषाओं के ज्ञान के साथ विद्यालय में आते हैं, एक से अधिक भाषाओं का ज्ञान बच्चों को अन्य भाषाओं एवं नए विषयों को आसानी से सीखने में सहायता करता है।

978. Ans: (c) 'बच्चों की त्रुटियाँ स्वाभाविक हैं और उनके अधिगम की संकेतक है।'

979. Ans: (d) 'जोड़े एवं समूह कार्य के लिए योजना बनाएँ ताकि वे साथियों के साथ अंतक्रिया कर सकें।'

यदि कोई व्यक्ति स्वर, शब्दांश, शब्द, वाक्यांश और वाक्यों की पहचान कर रहा है और फिर स्वर और संदर्भ का उपयोग कर रहा है, तो यह एक उदाहरण है-

-टॉप-डाउन प्रोसेसिंग का

CTET भाषा Paper 2 (3 January 2022)

980. Ans: (d) "शिक्षक, शिक्षार्थियों को उनकी स्वयं की भाषा में संप्रेषण करने एवं अभिव्यक्ति हेतु प्रोत्साहित करें तथा उनके विचारों को सम्मान दें,'' क्योंकि भारतीय कक्षाएँ बहुभाषी कक्षाएँ होती है।

981. Ans: (c) भाषा शिक्षक को जोड़े/समूह में कार्य देना चाहिए इस प्रकार के अर्थपूर्ण कार्यों से बच्चों में एक दूसरे की परस्पर सहायता करने तथा उनमें सहयोग की भावना का विकास एवं अधिगम अधिक होता है।

982. Ans: (d) जब बच्चे को भाषा पढ़ने एवं समझने में कठिनाई हो रही है, तो 'पढ़ने में अक्षमता (डिस्लेक्सिया)' के लक्षण पाये जाते हैं।

983. Ans: (c) आकलन विद्यालय आधारित तथा शिक्षण-अधिगम प्रक्रिया के साथ समावेशित होनी चाहिए। यह कथन प्राथमिक स्तर पर आकलन करने के सन्दर्भ में सबसे उपयुक्त है।

984. Ans: (c) भाषा की कक्षा हेतु प्रामाणिक सामग्री के रूप में 'समाचार-पत्र' को स्वीकार करते हैं।

985. Ans: (b) 'सामग्री औचित्यपूर्ण तरीके से स्तरानुसार होनी चाहिए' जो भाषा अधिगम के लिए सामग्री तैयार करने के सिद्धान्तों में से एक है।

986. Ans: (d) भाषा अर्जन तब होता है, जब- "बच्चा बिना सचेतन ध्यान के भाषा ग्रहण करता है।''

987. Ans: (c) प्रश्नगत विकल्प में 'वाचन तथा लेखन' भाषा के उत्पादन कौशल हैं। नवीन ज्ञान और नवीन प्रतिक्रियाओं को प्राप्त करने की प्रक्रिया सृजन की प्रक्रिया है।

988. Ans: (c) 'सभी बच्चे उन गतिविधियों द्वारा अभिप्रेरित होते हैं, जो बच्चों के लिए अर्थपूर्ण होती हैं।'

989. Ans: (a) द्विभाषी बच्चे या दो भाषा जानने वाले बच्चे किसी से बात करते समय प्रायःएक भाषा के शब्दों का प्रयोग करते है उनके द्वारा ऐसा करना 'संकेत बदलना' कहलाता है।

990. Ans: (a) विद्यार्थियों के अधिगम के आकलन के लिए उपयोग की जाने वाली स्कोरिंग मार्गदर्शिका को 'रूब्रिक्स' कहते हैं।

991. Ans: (d) 'इहलोक' का समानार्थक शब्द नहीं है 'परलोक' 'इहलोक' का अर्थ होता है 'यह जगत' 'परलोक' का अर्थ होता है 'दसरा लोक, स्वर्गश्। 'परलोक' का समानार्थी शब्द-स्वर्ग, बैकुंठ जबकि 'इहलोक' का समानार्थी शब्द- संसार, मृत्युलोक, जगत, आलम इत्यादि।

नोट- आयोग ने इस प्रश्न पर सभी परीक्षार्थियों को समान अंक दिया है।

992. Ans: (b) 'नैसर्गिक' शब्द का विलोम 'प्राकृतिक' होगा।

नोट- आयोग ने इस प्रश्न पर सभी परीक्षार्थियों को समान अंक दिया है।

993. Ans: (b) दिये गये विकल्प में विशेषण-विशेष्य का उदाहरण 'नैसर्गिक रंग' है।

नोट- आयोग ने इस प्रश्न पर सभी परीक्षार्थियों को समान अंक दिया है।

994. Ans: (d) प्रस्तुत गद्यांश का मुख्य विषय 'रामनामी पंथ और गोदना' है क्योंकि गद्यांश में रामनामी पंथ और गोदना के महत्व पर ध्यान केन्द्रित किया गया है।

नोट- आयोग ने इस प्रश्न पर सभी परीक्षार्थियों को समान अंक दिया है

995. Ans: (c) अंडमान-द्वीप समूह की आदिम जनजातियां अपने शरीर को रंगती और चित्रित करती है- 'नैसर्गिक रंगो सेश्। अंडमान-द्वीप समूह में निवास करने वाली प्रमुख जनजातियां। जरावा, नार्थ, सेंटीनेलीज, ग्रेट अंडमानीज ओंग और शोम्पेन है। इनमें जरावा जनजाति आमलोगों के सम्पर्क में नहीं आई है अभी तक।

नोट- आयोग ने इस प्रश्न पर सभी परीक्षार्थियों को समान अंक दिया है।

996. Ans: (c) रामनामी पंथ के अनुयायी अपने शरीर पर 'राम' के नाम का गोदना अंकित करवाते है। ऐसा करवाने के पीछे उनकी अपनी मान्यता है। रामनामी पंथ के अनुसार उनके पंथ के प्रथम पुरुष परशुराम के शरीर में कुष्ठ रोग हो गया था, जो कि राम की कृपा से स्वतः ही ठीक हो गया और उनके वक्षःस्थल पर राम नाम अंकित हो गया था इसी करण से रामनामी पंथी अपने शरीर पर राम नाम का गोदना अंकित करवाते है।

नोट- आयोग ने इस प्रश्न पर सभी परीक्षार्थियों को समान अंक दिया है

भारतीय संविधान के अनुसार अंग्रेजी भाषा की क्या स्थिति है?

-सहयोगी प्रशासनिक भाषा

CTET भाषा Paper 2 (3 January 2022)

997. Ans: (d) 'रामनामी पंथ के अनुयायियों के लिए 'गोदना' उनकी पहचान निर्धारित करता है। शरीर के विभिन्न हिस्सों में राम नाम लिखवाने के कारण इस सम्प्रदाय से जुड़े लोग अपनी विशिष्ट पहचान रखते है।

नोट- आयोग ने इस प्रश्न पर सभी परीक्षार्थियों को समान अंक दिया है।

998. Ans: (c) 'रामनामी पंथ के अनुयायी 'गहरा काला' रंग का गोदना अपने शरीर पर अंकित करवाने है।

नोट- आयोग ने इस प्रश्न पर सभी परीक्षार्थियों को समान अंक दिया है।

999. Ans: (d) ईश्वर के नाम का गोदना अंकित करवाने वाला समुदाय 'रामनामी' समुदाय है।

नोट- उपर्युक्त गद्यांश के सभी प्रश्न गद्यांश से मेल नहीं खातेधआयोग द्वारा इन सभी प्रश्नों के समान अंक प्रदान किये गये

नोट- आयोग ने इस प्रश्न पर सभी परीक्षार्थियों को समान अंक दिया है।

1000. Ans: (a) 'निःसृत' शब्द एक 'तत्सम' शब्द है। ध्वनियों के मेल से बने सार्थक वर्ण समुदाय को शब्द कहते है।

राष्ट्रीय शिक्षा नीति 2020 के अनुसार, निम्नलिखित में से भारत सरकार की कौन-सी पहल, इस बात पर बल देती है कि विद्यार्थी अधिकांश रूप से प्रमुख भारतीय भाषाओं की उल्लेखनीय एकता के बारे में जानेंगे।

-एक भारत श्रेष्ठ भारत

CTET भाषा Paper 2 (3 January 2022)

CTET PYQ's (7 July 2024)

PAPER - I

भाषा I: हिन्दी

निम्नलिखित गद्यांश को पढ़कर पूछे गए प्रश्नों के सही/सर्वाधिक उपयुक्त विकल्प का चयन कीजिए।

अध्यात्म भी मन का राजा होने का मार्ग खोलता है। अपने मन का राजा होना मतलब मन पर स्वयं का अंकुश रखना। उसकी चाल का निर्धारण करना, अपना लक्ष्य बनाना, लक्ष्य प्राप्त करने के लिए प्रयत्न करना। अध्यात्म आपको अपने मन का राजा बनने की ओर ले जाता है। यह स्थिति आपको विकारों से दूर रखती है, वैचारिक सुंदरता का वरदान देती है और बुराई के समक्ष कमजोर होने से बचाती है। प्रकृति से उपहार में जो जीवन मिला है, उसके मूल्य को समझना चाहिए और उस क्षेत्र का राजा बनने के मार्ग पर चलना चाहिए, जिस पर मानवता का विस्तार हो।

राजा बनिए लेकिन शुद्ध विचारों, अच्छे कर्मों और मानवीय संवेदना का राजा बनिए। अन्याय, अधर्म आदि के भय से भयभीत न हों और एक ऐसी सत्ता बनाएँ, जिसमें समानता हो। जो स्वयं में राजा होकर समानता का मार्ग प्रशस्त करता है, वह अध्यात्म के क्षेत्र का भी राजा बन जाता है।

1. **गद्यांश के अनुसार मनुष्य जीवन में______का बहुत महत्व है।**
   (a) विस्तार (b) लक्ष्य
   (c) अंकुश (d) राजा

2. **आध्यात्मिक होने का अर्थ है।**
   (a) वैचारिक प्रबुद्धता (b) दूसरों पर दया करना
   (c) शारीरिक सुंदरता (d) विचारों की सुंदरता

3. **'अध्यात्म' शब्द में - प्रत्यय का प्रयोग किया जा सकता है।**
   (a) ईय (b) इक
   (c) ता (d) ई

4. **विशेषण-विशेष्य का उदाहरण नहीं है:**
   (a) वैचारिक सुंदरता (b) अच्छे कर्म
   (c) मानवीय संवेदना (d) लक्ष्य-निर्माण

5. **राजा का अनिवार्य गुण नहीं है -**
   (a) मानवीय संवेदना (b) अच्छे कर्म
   (c) धर्मभीरू होना (d) निर्भयता

6. **एक राजा को______और______से नहीं डरना चाहिए।**
   (a) असमानता, समता
   (b) वैचाक सुंदरता, लक्ष्य-निर्माण
   (c) अध्यात्म, अन्याय
   (d) अन्याय, अधर्म

7. **राजा के किन गुणों की चर्चा गद्यांश में की गई है?**
   (a) शुद्ध विचार, अंकुश लगाना
   (b) अच्छे कार्य, दान करना
   (c) शुद्ध विचार, अच्छे कर्म
   (d) समता, समानता

8. **राजा बनने के लिए की राह पर अग्रसर होना होगा।**
   (a) प्रगति (b) अध्यात्म
   (c) सत्य (d) कल्याण

9. **अपने मन का राजा होने से तात्पर्य है- है -**
   (a) दूसरों पर अंकुश लगाना
   (b) अपने लक्ष्य के लिए सत्ता हड़पना

'सफलता' शब्द में प्रत्यय है-

- ता

CTET भाषा 7 Jan 2022

(c) मन को नियंत्रित करना
(d) अपने जीवन पर अंकुश लगाना

नीचे दी गई कविता को पढ़कर प्रश्नों के सबसे उचित विकल्प का चयन कीजिए।

गांधी, तिलक, सुभाष, जवाहर का प्यारा यह देश है, जियो और जीने दो का सबको देता संदेश है। प्रहरी बनकर खड़ा हिमालय जिसके उत्तर द्वार पर, हिंद महासागर दक्षिण में इसके लिए विशेष है।

लगी गूंजने दसों दिशाएँ वीरों के यशगान से, हमें मिली आज़ादी वीर शहीदों के बलिदान से।

10. भारत देश की क्या विशेषता है?
(a) उत्तर में प्रहरी खड़े हैं।
(b) दक्षिण में अरब सागर है।
(c) दक्षिण में हिंद महासागर है।
(d) उत्तर में सुंदर वादियाँ हैं।

11. कविता में किस संदेश की बात की गई है?
(a) सुख से जीवन जियो (b) दूसरों को जीने दो
(c) दुखों से घबराना नहीं (d) जियो और जीने दो

12. 'हिमालय' का संधि-विच्छेद है -
(a) हिमा + लय (b) हिम हिम + आलय
(c) हिम + अलय (d) हिमा + अलय

13. कविता में किन महापुरुष का उल्लेख किया गया है?
(a) चंद्रशेखर आज़ाद (b) महात्मा गांधी
(c) राजगुरु (d) सुखदेव

14. कविता में किन वीरों के यशगान की बात की गई है?
(a) जिन्होंने शांति-यात्रा का शुभारंभ किया
(b) जिन्होंने देश की स्वतंत्रता के लिए जीवन दिया
(c) जिन्होंने दूसरों के सुख की प्रार्थना की
(d) जिन्होंने दसों दिशाओं का भ्रमण किया

15. 'वीर' का बहुवचन रूप है -
(a) वीरों (b) वीर
(c) वीराँ (d) वीरांगना

16. किसी टॉपिक पर मानस मंथन करने के बाद भी एक बालिका अपने आप से अनुच्छेद नहीं लिख पा रही है। हालाँकि वह वयस्क या सहपाठी के मार्गदर्शन में लिख लेती है। इस प्रकार के मार्गदर्शन को क्या कहेंगे ?
(a) मदद (स्काफोल्डिंग) (b) सहपाठी शिक्षण
(c) सहपाठी परामर्श (d) टीम शिक्षण

17. यह अधिगम का एक प्रकार है जिसमें बच्चे को उच्च स्तरीय मानसिक प्रक्रियाओं जैसे बुद्धि या तर्क करना आदि का प्रयोग करना होता है :
(a) मौखिक अधिगम
(b) अवधारणा अधिगम
(c) गत्यात्मक कौशल अधिगम
(d) संरचना अधिगम

18. एक अध्यापक होने के नाते आप एक बच्चे की उसके 'कुल भाषा प्रयोग' के लिए प्रशंसा करते हैं। यद्यपि उसने कुछ शब्दों की वर्तनी गलत लिखी है। आप कक्षा में किस उपागम का प्रयोग कर रहे हैं?
(a) समग्र भाषा (b) सम्प्रेषणात्मक
(c) रचनावादी (d) संरचनात्मक

19. आप हिंदी भाषी अध्यापक हैं और आपकी नियुक्ति पंजाब के पंजाब के किसी प्राथमिक विद्यालय में होती है। अब चूँकि आप स्थानीय भाषा नहीं जानते हैं तो आपको क्या करना चाहिए?
(a) किसी हिंदी भाषी क्षेत्र में स्थानांतरण के लिए आवेदन कर देना चाहिए।
(b) बच्चों की भाषा को एक संसाधन के रूप में इस्तेमाल करना चाहिए और शिक्षण आरंभ करना चाहिए।
(c) अंग्रेजी में सम्प्रेषण करना चाहिए।
(d) समुदाय को हिन्दी सीखने के लिए प्रेरित करना चाहिए।

20. किसी पाठ्य सामग्री से विशिष्ट सूचना निकालने के उद्देश्य से गहनपूर्वक या गहराई से उस पाठ्य सामग्री को पढ़ने का कौशल ________ बोध है।

संकट या मुश्किलों को पार करने का अर्थ है

- मुसीबतों से उबर जाना।

CTET भाषा 7 Jan 2022

(a) वैश्विक (b) स्थानीय
(c) निष्कर्षात्मक (d) मूल्याँकन परक

21. भाषा अधिगम में निदानात्मक परीक्षण का उद्देश्य क्या है?
(a) योगात्मक आकलन के लिए योजना एवं प्रश्न बनाना।
(b) अभिभावक-शिक्षक बैठक में अभिभावकों को सूचित करना और ध्यान देने के लिए कहना।
(c) बच्चों की समझ में रह गए अंतरों को जानना और उपचारात्मक कदम उठाना।
(d) विद्यार्थियों के प्रगति रिपोर्ट कार्ड में प्राप्तफल लिखना।

22. निम्नलिखित में से कौन-सा कथन पाठ्यपुस्तक के बारे में सही है?
(a) पाठ्यपुस्तक अध्यापक और विद्यार्थी के लिए एकमात्र महत्वपूर्ण सामग्री है।
(b) यह पाठ्यचर्या में उल्लिखित उद्देश्यों को प्राप्त करने में मदद करती है।
(c) ये सत्र के लिए शैक्षिक गतिविधियों की योजना है।
(d) पाठ्यपुस्तक का स्थान कोई दूसरा नहीं ले सकता।

23. निम्नलिखित में से कौन-सा कक्षायी अभ्यास विद्यार्थियों में मौखिक भाषा के विकास में मदद करेगा?
(a) अध्यापक के साथ पाठ्यसामग्री का समवेत पठते।
(b) कविता को कंठस्थ कर लेने के बाद कविता को समवेत गायन।
(c) रोल प्ले में भाग लेना।
(d) नए या अपरिचित शब्दों के सही उच्चारण का अभ्यास करना।

24. जब हम यह कहते हैं कि 'भाषा यादृच्छिक है' तो इसका तात्पर्य है -
(a) भाषा के शब्दों और उनके अर्थों के बीच अन्तर्निहित संबंध है।
(b) शब्दों और उनके अर्थों के बीच संबंध किसी ठोस कारण पर आधारित है न कि बस यूँ ही।
(c) भाषा के शब्दों और उनके अर्थों के बीच किसी प्रकार का अन्तर्निहित संबंध नहीं है।
(d) भाषा पहले से निर्धारित सिद्धान्तों का पालन करती है।

25. व्याकरण पढ़ाने का निगमनात्मक उपागम अनुशंसा करता है कि हमें सबसे पहले
(a) उदाहरण प्रस्तुत करने चाहिए
(b) नियम प्रस्तुत करने चाहिए
(c) वास्तविक सम्प्रेषण प्रस्तुत करना चाहिए
(d) ड्रिल के माध्यम से अभ्यास करवाना चाहिए

26. ________ तथ्यों से कहीं आगे जाकर अनुमान लगाने का तरीका है।
(a) व्याख्या करना
(b) विश्लेषण करना
(c) निष्कर्ष निकालना
(d) पाठ्यसामग्री का विस्तार (एक्सट्रापोलेशन)

27. एक भाषा अध्यापक को चाहिए कि वह शिक्षार्थियों को स्वच्छन्द लेखन के लिए प्रोत्साहित करें क्योंकि स्वच्छन्द लेखन का शिक्षार्थियों के लिए लाभ है :
(a) यह शिक्षार्थियों को प्रवाह के साथ और रचनात्मक तरीके से लिखने के लिए प्रोत्साहित करता है।
(b) शिक्षार्थी लिखने या ना लिखने के लिए स्वतंत्र हैं।
(c) शिक्षार्थी ये महसूस नहीं करते हैं कि उन्हें कुछ अधिक या एकदम सटीक लिखना है।
(d) शिक्षार्थी अपनी प्रथम भाषा के लिखित स्वरूप के गुणधर्म समावेशित कर सकते है।

28. आप कक्षा पाँच के अध्यापक हैं। आपने विद्यार्थियों को पाठ्य सामग्री अच्छी तरह से पढ़ने के लिए कहा है। उसके बाद आप संदर्भ और प्रसंग को ध्यान में रखते हुए प्रश्नों के उत्तर देने के लिए कहते हैं। इस प्रक्रिया के द्वारा आप विद्यार्थियों को किस तरह के पठन के लिए प्रोत्साहित कर रहे हैं?
(a) विस्तृत पठन (b) बारीकी से पठन
(c) सरसरी तौर पर पठन (d) गहन पठन

'क्रोध' शब्द है

- भाववाचक संज्ञा

CTET भाषा 7 Jan 2022

29. भाषा अर्जन केवल तभी घटित होता है जब
(a) बच्चों को व्याकरण के नियम सिखाए जाएँ
(b) बच्चों को अनुवाद करने का अभ्यास करवाया जाए
(c) बच्चों को पठन के अवसर दिए जाएँ
(d) बच्चों को भाषा का परिवेश (एक्सपोज़र) दिया जाए

30. कक्षा में मातृभाषा को स्थान न देना किस विधि की विशेषता है ?
(a) प्राकृतिक (b) द्वि भाषिक
(c) श्रव्य भाषिक (d) प्रत्यक्ष (डायरेक्ट)

भाषा II: हिन्दी

निम्नलिखित गद्यांश को पढ़कर पूछे गए प्रश्नों के सही सर्वाधिक उपयुक्त विकल्प का चयन कीजिए।

एक दूसरा संकट ग्लेशियरों के तेजी से पिघलने और अचानक टूटने से खतरनाक बाढ़ और जलप्लावन का संकट है। पर्यावरण के इस संकट को लेकर देश के लोगों और सरकारों की चेतना का जो स्तर है, वह चिंता बढ़ाने वाला है। खेत खत्म हो रहे हैं, पेड़ काटे जा रहे हैं और जंगलों को लेकर सिर्फ आंकड़ों पर जोर है। उदारीकरण के बाद लोगों के रहन-सहन और जरूरतों में आया बदलाव अब मुसीबत बनने वाला है। हम में से हर की जिंदगी में गैर जरूरी सुविधाओं का भोग लगातार बढ़ा है। चालीस पार की उम्र वाले आसानी से अपने बचपन के दिनों को याद करके समझ सकते हैं कि संसाधनों का अंधाधुंध इस्तेमाल उनकी जिंदगी में किस कदर बढ़ चुका है। इसका असर मौसम, खेतों और फसलों पर पड़ रहा है। मार्च में खिलने वाले फूल अब फरवरी में नजर आते हैं। फरवरी में अचानक गरमी पड़ती है और गेहूं सूखने लगता है और जब तक फसल तैयार होती है अचानक बेमौसम की बारिश आकर उसे तबाह कर देती है। आम के बागवान शुरुआती बौरों को देखकर खुश तो होते हैं पर अचानक मार्च का आंधी-तूफान उनकी सारी खुशियों को निगल जाता है। पर्यावरण वैश्विक समस्या है पर उसका हल हमारी जरूरतों को कम करने में छिपा है।

1. **पर्यावरण समस्या है**
(a) भारत की (b) यूरोपीय देशों की
(c) संसार भर की (d) एशिया की

2. **गद्यांश के अनुसार संसाधनों के अंधाधुंध प्रयोग का प्रभाव पड़ता है।**
(a) खेती एवं आँकड़ों पर (b) मौसम और आँकड़ों पर
(c) मौसम एवं खेती पर (d) आँकड़ों और जल पर

3. **'बचपन' शब्द है**
(a) भाववाचक संज्ञा (b) व्यक्तिवाचक संज्ञा
(c) जातिवाचक संज्ञा (d) द्रव्यवाचक संज्ञा

4. **गद्यांश के अनुसार चिंता का विषय है**
(a) पर्यावरण के प्रति चेतना की कमी
(b) उदारीकरण की नीति का होना
(c) संसाधनों का उचित उपयोग
(d) जंगलों से संबंधित आँकड़े

5. **'ग्लेशियर' शब्द है**
(a) आगत (b) तत्सम
(c) देशज उपाय है (d) तद्भव

6. **गद्यांश के अनुसार पर्यावरण संरक्षण का सबसे उपयुक्त उपाय है**
(a) आवश्यकताओं में कमी करना
(b) वृक्षारोपण करना
(c) भूमि अपरदन की रोकथाम करना
(d) रहन-सहन के स्तर में वृद्धि करना

7. **उदारीकरण के कारण :**
(a) अनावश्यक सुविधाओं के उपभोग में वृद्धि हुई है।
(b) आवश्यक सुविधाओं के उपभोग में कमी आयी है।
(c) अनावश्यक व्यय में वृद्धि हुई है।
(d) आवश्यकताओं में वृद्धि हुई है।

8. **'वैश्विक' में मूल शब्द तथा प्रत्यय है**
(a) वैश्वि + क (b) विश्व + इक
(c) विश्व + क (d) वैश्व + इक

'निराशा' में उपसर्ग और मूल शब्द हैं-

- निर् + आशा

CTET भाषा 7 Jan 2022

निम्नलिखित गद्यांश को पढ़कर पूछे गए प्रश्नों के सही/सर्वाधिक उपयुक्त का चयन कीजिए।

जीवन में रौनक तब है, जब वह बड़े सहज और सरल तरीके से बिना किसी प्रपंच के जिया जाए। जीवन जैसा निश्छल, निष्कपट है, वैसा ही जिया जाए तो जीना वरदान बन जाता है। जीवन जैसा मिला है उसको हम वैसा ही जीते हैं, तो यह जीवन का सम्मान होता है। अधिकतर हम जैसा जीवन है, उसे छोड़ दिखावे का जीवन जीने लगते हैं। यह दिखावे का जीवन हमें बाहर तो अपने को कुछ बड़ा दिखाने में मदद करता है, लेकिन भीतर से खोखला भी करता चलता है। क्योंकि आडंबर से भरा जीवन अहंकार पर आधारित होता है और अहंकार हमारी जीवंतता को खा जाता है। अहंकार में हम केवल बाहर की तरफ देखकर जीते हैं जबकि जीवन कहीं भीतर बह रहा होता है।

9. निम्न में विशेषण है।

(a) जीवंत (b) सम्मान
(c) वरदान (d) जीवंतता

10. जीवन में खुशी आती है

(a) सरलता से (b) भौतिक वस्तुओं से
(c) कपटता से (d) आडंबरता से

11. समूह से भिन्न शब्द है

(a) आडंबर (b) अहंकार
(c) असहज (d) अधर्म

12. गद्यांश के अनुसार 'अहंकार में हम केवल बाहर की तरफ देखकर जीते हैं।' वाक्य का आशय है कि

(a) अहंकार हमें दूर तक देखने की शक्ति प्रदान करता है।
(b) अहंकार हमें दिखावटी जीवन व्यतीत करने की ओर ले जाता है।
(c) अहंकार हमें निश्छल जीवन व्यतीत करने की ओर ले जाता है।
(d) अहंकार हमें सर्वस्व प्राप्त करने की ओर ले जाता है।

13. 'प्रपंच' से तात्पर्य है________।

(a) पाँच प्रकार (b) आडंबर
(c) पाँच पंच (d) पाँच वायु

14. जीवन का सम्मान कैसे किया जा सकता है?

(a) जीवन में सुविधाएँ जुटाकर
(b) उच्च शिक्षा ग्रहण कर
(c) जिस रूप में जीवन मिला है, उसे उसी रूप में जीकर
(d) जीवन में मिली सब बाधाओं को समाप्त कर

15. 'आधारित' में प्रत्यय है________।

(a) त (b) रित
(c) धारित (d) इत

16. भाषिक दक्षता शिक्षार्थियों को किसके समर्थ बनाती है?

(a) व्याकरणिक रूप से सही और गलत वाक्यों में अन्तर करना।
(b) भले ही व्याकरणिक रूप से सही न हो पर प्रवाह के साथ बोलने की दक्षता।
(c) यह जानने की दक्षता कि कैसे और कहाँ भाषा का उचित रूप से प्रयोग करना है।
(d) अधिक से अधिक अंग्रेजी का प्रयोग करना।

17. प्राथमिक स्तर पर एक अध्यापक अपने शिक्षार्थियों को रंग करने और चित्रकारी करने के लिए प्रोत्साहित करती है। यह किस तरह से मददगार है?

(a) कक्षा में चुप्पी बनाए रखने में
(b) सूक्ष्म गत्यात्मक कौशलों का विकास करने में
(c) शिक्षार्थियों का मनोरंजन करने में
(d) अध्यापक को अध्यापन से विश्राम देने में

18. बच्चे भाषा प्रभावशाली तरीके से तब सीखते हैं जब

(a) उन्हें भाषा में निपुण अध्यापक मिले
(b) उन्हें अच्छी पाठ्यपुस्तक मिले
(c) उन्हें रोका जाए
(d) उन्हें प्रोत्साहन मिले

19. एक अध्यापिका अपनी कक्षा में समूह चर्चा और सहपाठियों में अन्तः क्रियाओं को महत्व देती है। वह विद्यार्थियों की सही वर्तनी या उच्चारण में गलतियों पर बहुत अधिक ध्यान नहीं देती है। वह कक्षा में किस उपागम का प्रयोग कर रही है?

'धर्म' शब्द में इक प्रत्यय लगने पर शब्द बनेगा________

- धार्मिक

CTET भाषा 10 Jan 2022

(a) पारम्परिक
(b) उदारवादी (एक्लैक्टिक)
(c) संरचनात्मक
(d) रचनावादी

20. आपने महसूस किया कि पाठ में प्रयुक्त भाषा आपके शिक्षार्थियों के लिए बहुत ही कठिन है। आप भाषा को कुछ सरल करते हैं और अपने शिक्षार्थियों की आवश्यकतानुसार विषयवस्तु में भी कुछ परिवर्तन करते हैं। आप का यह कृत्य क्या कहलाएगा ?

(a) अंगीकार करना (b) अनुकूलन करना
(c) मूल्याँकन करना (d) समीक्षा करना

21. आज राजू विद्यालय जा रहा है, इसलिए वह बहुत खुश है। अपने परिवार का वह पहला व्यक्ति है जो विद्यालय जा रहा है। उसके परिवार में इससे पहले कोई भी नहीं, यहाँ तक कि उसके अभिभावक कभी विद्यालय नहीं गए। राजू को किस शिक्षार्थी के रूप में जानेंगे ?

(a) प्रथम पीढ़ी (b) द्वितीय पीढ़ी
(c) हाशियाकृत (d) अल्पसंख्यक

22. अध्यापन की दुनिया में प्रवेश करने के बाद आपने अनुभव किया कि पाठ्यपुस्तक की शुरुआत में शिशुगीत और चित्र कथाएँ होती हैं और अन्त में वर्णमाला होती है। भाषा शिक्षणशास्त्र में इस प्रकार की व्यवस्था किस उपागम के अन्तर्गत आएगी ?

(a) बॉटमअप उपागम (अधो शीर्षगामी)
(b) टॉप डाउन उपागम (उर्ध्व अधोगामी)
(c) इक्लैक्टिक उपागम (उदार वादी)
(d) सौन्दर्यात्मक उपागम

23. जब भाषा स्वाभाविक रूप से सीखी जाती है, बिना किसी व्यवस्थित अभ्यास के, तब इसे क्या कहा जाता है?

(a) विद्वत्ता (b) अर्जन
(c) स्वीकृति (d) अधिगम

24. निम्नलिखित में से किसका एक महत्वपूर्ण गुणधर्म है, जिसमें शिक्षार्थी जोड़ों या समूह में एक-साथ मिलकर समस्या समाधान पर कार्य करते हैं?

(a) सम्प्रेषणात्मक भाषा शिक्षण
(b) व्यवहारवादी उपागम
(c) समग्र भाषा उपागम
(d) संरचनात्मक उपागम

25. 'प्रदूषण' टॉपिक पर पाठयोजना तैयार करते समय आपका पहला चरण क्या होगा ?

(a) प्रस्तावना संबंधी प्रश्न तैयार करना।
(b) टॉपिक को बार-बार पढ़ना।
(c) शिक्षण सामग्री का चयन करना।
(d) उद्देश्य बनाना।

26. एक अध्यापक ने अपने शिक्षार्थियों को 'जल' पर एक अनुच्छेद लिखने के लिए कहा। शिक्षार्थियों ने विज्ञान और सामाजिक विज्ञान की कक्षाओं में जो पढ़ा था उसके आधार पर आपस में चर्चा आरम्भ की और उसके बाद अनुच्छेद लिखना शुरू किया। यह किस तरह का उदाहरण है?

(a) प्रयोग में भाषा
(b) विज्ञान की भाषा
(c) भाषा समूचे पाठ्यक्रम में
(d) सम्प्रेषणात्मक उपागम

27. आपका पालन-पोषण एक ऐसे गाँव में हुआ जहाँ सभी लोग हिंदी बोलते थे और आपने यह भाषा बिना विद्यालय गए ही सीख ली। बाद में जब आप विद्यालय गए तो आपने अंग्रेजी, संस्कृत, हिंदी और उर्दू सीखी। अब आप अंग्रेजी भाषा प्रवाह के साथ बोलते हैं। अब आपकी प्रथम भाषा कौन-सी है?

(a) अंग्रेजी (b) हिंदी
(c) उर्दू (d) संस्कृत

28. एक अध्यापक अपनी कक्षा में वास्तविक वस्तुएँ जैसे कि छतरी, बरसाती, पेचकस आदि लाती है।

'स्वयं को कर्म के लिए साध लेना' से तात्पर्य है__________

- कर्म करने के लिए सदैव तत्पर रहना

CTET भाषा 10 Jan 2022

वह शिक्षार्थियों से कहती है कि प्रत्येक शब्द के बारे में दो या तीन वाक्य कहें। इस प्रकार की सामग्री को तकनीकी रूप से क्या कहा जाएगा ?

(a) भाषा निवेश
(b) शिक्षण उपकरण
(c) उपकरण
(d) वास्तविक बस्तुएँ (रीयलिया)

29. अपनी कक्षा में 'काल' का शिक्षण करते समय आप एक ही व्यक्ति के दो चित्र दिखाते हैं - एक चित्र पन्द्रह वर्ष पहले का है और एक चित्र जो अभी-अभी खींचा गया है। आप इन चित्रों के आधार पर उस व्यक्ति के वर्तमान और भूत वह कैसा दिखता है, उसकी आदतें - इन पर बात आरंभ करते हैं। आप किसका प्रयोग कर रहे हैं?

(a) निर्देशात्मक व्याकरण (प्रैसक्रिप्टिव)
(b) संरचनात्मक व्याकरण
(c) शिक्षणशास्त्रीय व्याकरण
(d) नियम आधारित व्याकरण

30. वे कथन जो किसी कक्षा विशेष या पाठ्यक्रम (कोर्स) के अन्त में विद्यार्थियों द्वारा अर्जित ज्ञान, कौशल और प्रवृत्ति का वर्णन करते हैं, वे क्या कहलाते हैं?

(a) शिक्षण प्रतिफल
(b) अधिगम प्रतिफल
(c) संख्यात्मक प्रतिफल
(d) बुनियादी साक्षरता प्रतिफल

भाषा I: हिन्दी													
1.	B	2.	D	3.	B	4.	D	5.	C	6.	D	7.	C
8.	B	9.	C	10.	C	11.	D	12.	B	13.	B	14.	B
15.	B	16.	A	17.	B	18.	A	19.	B	20.	B	21.	C
22.	B	23.	C	24.	C	25.	B	26.	D	27.	A	28.	D
29.	D	30.	D										

भाषा II: हिन्दी													
1.	C	2.	C	3.	A	4.	A	5.	A	6.	A	7.	A
8.	B	9.	A	10.	A	11.	C	12.	B	13.	B	14.	C
15.	D	16.	A,C	17.	B	18.	D	19.	D	20.	B	21.	A
22.	B	23.	B	24.	A	25.	D	26.	C	27.	B	28.	D
29.	C	30.	B										

'उपहार' का समानार्थी होगा__________

- भेंट

CTET भाषा 10 Jan 2022

CTET PYQ's (7 July 2024)

PAPER - II

भाषा I: हिन्दी

निर्देश: नीचे दिए गए गद्यांश को पढ़कर पूछे गए प्रश्नों के सबसे उपयुक्त उत्तर वाले विकल्प को चुनिए:

साहित्य सदैव समाज की निरंतरता प्रदान करता है। यह साहित्य और समाज का गहरा संबंध ही है कि साहित्य में समाज के विश्रृंखलित होते सिद्धांतों और टूटते-बिखरते मूल्यों की चिंता बराबर बनी रहती है। वही साहित्य कालों के बंधन को तोड़कर, उसकी सीमाओं से परे जाकर कालजयी बन पाता है, जिसमें मानवीय सत्य की व्याख्या हो और संवेदनाओं के सहारे आस्था जगाने का प्रयास हो। समय-समय पर साहित्यकारों ने समाज के बदतर होने की स्थिति को पहचाना है। कुछ रचनाकार हमारे साहित्य पटल पर ऐसी गहरी छाप छोड़ जाते हैं, जिनकी आवश्यकता हर युग में बनी रहती है, जिनके विचार सदैव तरोताजा ही रहते हैं और जिनकी रचनाएँ समाज को दीप्त करने का दायित्व निभाती चलती हैं। उनका साहित्यकार व्यक्तित्व केवल समस्याओं को ही नहीं परखता बल्कि मनुष्यता में विश्वास को बचाए रखने की कोशिश करता है।

1. **कौन-सा साहित्य कालजयी साहित्य बन पाता है?**
   (a) जो पाठकों का मनोरंजन करे।
   (b) जो समाज का दर्पण हो।
   (c) जो मानवीय सत्य की व्याख्या करे।
   (d) जो बिखरते सिद्धान्तों की चिंता करे।

2. **'कालजयी' से तात्पर्य है:**
   (a) जो काल विशेष में बँधा हुआ हो।
   (b) हर काल में प्रासंगिक हो।
   (c) काल विशेष की सही व्याख्या करता हो।
   (d) अल्प काल तक रहने वाला।

3. **किस तरह के साहित्यकारों की आवश्यकता हर युग में बनी रहती है?**
   (a) जो समाज को जागरूक करते हैं।
   (b) जो समाज का मनोरंजन करते हैं।
   (c) जो समाज को नैतिक बनाते हैं।
   (d) जो समाज का विकास करते हैं।

4. **साहित्यकारों ने समाज की किस स्थिति की पहचान करने का प्रयास किया है?**
   (a) विकास की ओर अग्रसर समाज
   (b) पतन की ओर जाता हुआ समाज
   (c) उन्नतशील समाज
   (d) बिखरता हुआ समाज

5. **गद्यांश के अनुसार साहित्य में किस तरह की चिंता झलकती है?**
   (a) समाज के आधुनिक होने की
   (b) मूल्यों के बिखरने की
   (c) नए सिद्धान्तों के बनने की
   (d) सामाजिक विघटन की

6. **'विश्रृंखलित' में प्रत्यय है:**
   (a) लित (b) त
   (c) इत (d) खलित

7. **'समाज के बदतर होने की स्थिति' वाक्य में रेखांकित शब्द का अर्थ है:**
   (a) अभिमानी (b) बेईमानी
   (c) अत्यधिक बुरा (d) दुराचारी

'अनुभूति' शब्द का विग्रह है

- अनु + भूति

CTET भाषा 10 Jan 2022

8. **'विश्वास' शब्द का अर्थ है:**
(a) विश्वमय
(b) विश्व से संबंधित नियम
(c) तत्वज्ञान संबंधी
(d) निश्चित धारणा

9. **समाज को गति कौन प्रदान करता है?**
(a) विज्ञान (b) तकनीकी विकास
(c) शिक्षा (d) साहित्य

निम्नलिखित पद्यांश को पढ़कर पूछे गए प्रश्नों के सबसे उपयुक्त उत्तर वाले विकल्प को चुनिए :

दिवसावसान का समय,
मेघमय आसमान से उतर रही है
वह संध्या सुंदरी परी-सी
धीरे-धीरे-धीरे।
तिमिरांचल में चंचलता का नहीं कहीं आभास,
मधुर मधुर हैं दोनों उसके अधर-
किंतु जरा गंभीर नहीं है उनमें हास-विलास
हँसता है तो केवल तारा एक
गुंथा हुआ उन घुँघराले काले काले बालों से
हृदयराज की रानी का वह करता है अभिषेक।

10. **'दिवसावसान' का संधि विच्छेद है:**
(a) दिवस+अवसान (b) दिवा अवसान
(c) दिवसा वसान (d) दिवस+आवसान

11. **पद्यांश में किस का चित्रण हुआ है?**
(a) प्रकृति का (b) नवचेतना का
(c) वेदना का (d) प्रेमभाव का

12. **'हृदयराज की रानी' किसके लिए प्रयुक्त हुआ है?**
(a) मेघ (b) आकाश
(c) संध्या (d) तिमिर

13. **संध्या सुंदरी किस तरह के आकाश से उतर रही है?**
(a) तारों भरे आकाश से
(b) बादलों से भरे आकाश से
(c) चंद्रमा की रोशनी से भरे आकाश से
(d) सूर्य लालिमा से भरे आकाश से

14. **किसके हँसने की बात की गई है?**
(a) मेघ (b) तारा
(c) संध्या (d) आकाश

15. **पद्यांश में किस अलंकार का प्रयोग अधिक मुखरित है?**
(a) अतिशयोक्ति (b) अनुप्रास
(c) यमक (d) मानवीकरण

16. **अध्यापकों, शिक्षार्थियों और सामग्री पर टैस्ट एवं आकलन का प्रभाव क्या कहलाता है?**
(a) विधि प्रभाव (कार्पस इफेक्ट)
(b) भाषा परीक्षण का प्रभाव (वाशबैक इफेक्ट)
(c) कक्षायी प्रभाव
(d) पुनर्बलन

17. **विद्यालयों को योगात्मक द्विभाषावाद का अनुसरण करना चाहिए क्योंकि यह ________ ।**
(a) बच्चे की संस्कृति और भाषा को महत्व देता है
(b) अंग्रेजी शिक्षण को द्वितीय भाषा के रूप में महत्व देता है
(c) बच्चे की भाषा को तो समुन्नत करता है परन्तु उनकी संस्कृति को नहीं
(d) प्रथम भाषा के विकास में अवरोध पैदा करता है

18. **भाषागत कार्य जैसे स्वरशैली, तान, बलाघात और लय को क्या कहा जाएगा?**
(a) काव्य
(b) छंदशास्त्र
(c) ध्वन्यात्मकता
(d) प्रशासनिक अध्यादेश (प्रेगमेटिक)

19. **भारत में भाषाओं के बारे में कौन-सा कथन सही नहीं है?**
(a) भारत के संविधान के अनुसार अंग्रेजी सह राजकीय भाषा है

यहाँ"जैसे बोओगे, वैसा काटोगे" से क्या तात्पर्य है?

- जैसे कर्म होंगे, वैसा ही परिणाम मिलेगा।

CTET भाषा 5 Jan 2022

(b) भारत के संविधान की आठवीं अनुसूची के अनुसार- 22 भाषाएँ हैं
(c) संस्कृत आधुनिक भारतीय भाषा है
(d) हिंदी भारतीय उप महाद्वीप की लोक भाषा (लिंग्वा फ्रांका) है

20. भाषा की कक्षा में विद्यार्थी अध्यापक के निर्देशन में समूह बनाकर दिए गए टॉपिक पर एक विज्ञापन प्रस्तुत करते हैं। इस तरीके से भाषा सीखना क्या कहलाता है?
(a) सहयोगात्मक अधिगम
(b) प्रतियोगिता और प्रतिद्वंद्विता
(c) भाषायी खेल
(d) निर्देशन और परामर्श

21. एक अध्यापक ने बच्चों को रेस्टॉरेंट से जुड़ी शब्दसंपदा से परिचित कराने वाला काम दिया। इस पाठ का क्या उद्देश्य होना चाहिए ?
(a) शिक्षार्थियों को कोश विषयक सामग्री से परिचित करवाना
(b) व्याकरणिक सामग्री से परिचित करवाना
(c) अवकाश के दौरान कहीं जाने से संबंधित पाठ्य सामग्री से परिचित करवाना
(d) समालोचनात्मक चिंतन विकसित करना

22. अधिगम का कौन-सा मत इस बात में विश्वास रखता है कि मौखिक या अमौखिक भाषा आदत निर्माण की प्रक्रिया के माध्यम से आती है?
(a) उपयोगितावादी (फंक्शनलिस्ट)
(b) व्यवहारवादी (बिहेवियरिस्ट)
(c) संज्ञानात्मकवादी
(d) अन्तः क्रियात्मकवादी

23. किसी भी कहानी का समय और स्थान क्या कहलाता है?
(a) थीम (b) सैटिंग
(c) कथानक (प्लॉट) (d) क्लाइमेक्स (अंत)

24. भाषा की कक्षा में एक अध्यापक ने विद्यार्थियों के एक समूह को ग्राहक, प्रापर्टी डीलर, मकानमालिक और किराएदार का अभिनय करने के लिए कहा और शेष विद्यार्थियों से कहा कि इस अभिनय को देखें और वार्तालाप का आनन्द लें। इस गतिविधि को क्या कहा जाएगा ?
(a) रोलप्ले (b) ड्रामा
(c) अभिनय की कक्षा (d) निर्देशन

25. कक्षा पाँच की भाषा अध्यापक अपनी कक्षा में भाषा शिक्षण के लिए प्रतिदिन अनेक प्रकार की सामग्री जैसे कि समाचारपत्र, भोजन तालिका और रेल यात्रा के टिकट आदि लाती है। वह अधिगम के लिए क्या कर रही है?
(a) वह अधिगम को और अधिक वास्तविक तथा उपयोगी बनाने के लिए प्रामाणिक सामग्री का प्रयोग कर रही है।
(b) वह अपने विद्यार्थियों को बहुविध भाषाएँ सीखने में मदद कर रही है।
(c) वह चाहती है कि उसके विद्यार्थी जीवन की वास्तविक स्थितियों से अंग्रेजी सीखें।
(d) वह विद्यार्थियों में जागरूकता लाना चाहती है।

26. किसी श्रवण से जुड़ी गतिविधि की योजना बनाते समय कौन-सा कारक महत्वपूर्ण नहीं है?
(a) रिकार्डिंग को थोड़ा सा रोकना (पॉज़ देना)
(b) बोलने की गति
(c) वक्ताओं का जेन्डर (बोलने वाले महिला हैं या पुरुष)
(d) वक्ताओं की संख्या

27. भारत में बहुभाषावाद के संदर्भ में अध्यापक के लिए क्या समझना जरूरी है?
(a) सम्प्रेषण से सामाजिक सम्बद्धता स्थापित होती है
(b) अल्पसंख्यक भाषाओं को प्रभुत्वशाली भाषाओं में मिला देना चाहिए
(c) विविधता भरे समाज में 'एक भाषा' नीति बनानी चाहिए

'उन्नति' का विलोम शब्द .... है।

- अवनति

CTET भाषा 5 Jan 2022

(d) भाषा, अस्मिता और संस्कृति ये भिन्न-भिन्न अस्तित्व रखती हैं

28. भाषा के कौन से कौशल ग्राह्य कौशल हैं?

(a) श्रवण और बोलना (b) बोलना और लेखन
(c) पठन और लेखन (d) श्रवण और पठन

29. श्रवण में क्या शामिल है?

(a) ध्वनि सुनना, ध्वनियाँ जैसी हैं, तदनुसार डिकोड करना
(b) विषयवस्तु के बारे में अनुमान लगाना
(c) विषय के पूर्व ज्ञान का इस्तेमाल करना
(d) ध्वनियों की पहचान करना और उनसे अर्थ निकालना

30. कॉलम A में भाषा शिक्षण विधियाँ हैं और कॉलम B में उनकी समझ या संबंधित गतिविधियाँ है, मिलान करें।

कॉलम A	कॉलम B
(A) सम्प्रेषणात्मक भाषा शिक्षण	(i) सामाजिक रूप से स्वीकृत और संदर्भ के अनुरूप भाषा
(B) प्रत्यक्ष विधि	(ii) मौन पठ्न
(C) व्याकरण अनुवाद	(iii) लिखित साहित्यिक सामग्री
(D) वैस्ट (West's) की नवीन विधि	(iv) व्याकरण को आगमनात्मक तरीके से पढ़ाना

(a) (A)-(i), (B)-(iv), (C)-(iii), (D)-(ii)
(b) (A)-(iv), (B)-(ii), (C)-(iii), (D)-(i)
(c) (A)-(iii), (B)-(i), (C)-(ii), (D)-(iv)
(d) (A)-(ii), (B)-(i), (C)-(iv), (D)-(iii)

भाषा II: हिन्दी

निर्देश: नीचे दिए गए गद्यांश को पढ़कर पूछे गए प्रश्नों के सबसे उपयुक्त वाले विकल्प को चुनिए:

जिंदगी की सबसे बड़ी सिफ़त हिम्मत है। व्यक्ति के और सारे गुण उसके हिम्मती होने से ही पैदा होते हैं। कुछ लोग ऐसी गोधूलि में बसते हैं जहाँ न तो जीत हँसती है और न कभी हार के रोने की आवाज़ सुनाई पड़ती है। साहस की जिंदगी सबसे बड़ी जिंदगी होती है। ऐसी जिंदगी की पहचान यह है कि वह बिलकुल निडर, बिलकुल बेखौफ़ होती है। साहसी मनुष्य की पहली पहचान यह है कि वह इस बात की चिंता नहीं करता कि तमाशा देखने वाले लोग उसके बारे में क्या सोच रहे हैं। अड़ोस-पड़ोस को देखकर चलना, यह साधारण जीव का काम है। जिंदगी के उस पन्ने को उलटकर पढ़ना चाहिए जिसके सभी अक्षर फूलों से नहीं, कुछ अंगारों से भी लिखे गए हों।

1. 'निडर' में प्रयुक्त उपसर्ग 'नि' की अर्थगत विशेषता है:

(a) अधिकता (b) अभाव
(c) रहित (d) सहित

2. 'गोधूलि' से तात्पर्य है:

(a) रात्रि वेला (b) प्रभात वेला
(c) मध्य रात्रि (d) संध्या वेला

3. 'सिफ़त' का अर्थ है:

(a) उद्देश्य (b) स्वीकृति
(c) विशेषता (d) अनुभव

4. 'अड़ोस-पड़ोस को देखकर चलना' से क्या अभिप्राय है?

(a) अपने दाएँ-बाएँ देखकर चलना।
(b) अपने पड़ोसियों का ध्यान रखना।
(c) दूसरों के अनुसार जिंदगी जीना।
(d) सबका हित देखना।

5. किस गुण के होने से व्यक्ति के और बाकी गुण स्वत: पैदा होते हैं?

(a) नेतृत्व (b) साहस
(c) संतोष (d) निष्कपट

'आधारित' शब्द में प्रत्यय है-

- इत

CTET भाषा 5 Jan 2022

6. जिंदगी के किस तरह के पन्ने को पढ़ने की बात कही गई है?
(a) जिसमें चुनौतियाँ हों।
(b) जिसमें सुख ही सुख हों।
(c) जिसमें असफलताएँ हों।
(d) जिसमें फूलों की सुगंध हो।

7. साहसी मनुष्य की सबसे पहली पहचान क्या है?
(a) वह सदा आगे बढ़ता जाता है।
(b) बहुत निडर होता है।
(c) बाधाओं से नहीं घबराता है।
(d) लोगों के सोच की परवाह नहीं करता है।

8. गोधूलि में बसने वाले लोगों से अभिप्राय है:
(a) विवशता और अभाव में जीने वाले लोग।
(b) जय-पराजय के अनुभव से परे लोग।
(c) फल की कामना न करने वाले लोग।
((d) जीवन में परिश्रम करने वाले लोग।

निर्देश: नीचे दिए गए गद्यांश को पढ़कर पूछे गए प्रश्नों के सबसे उपयुक्त उत्तर वाले विकल्प को चुनिए :

मनुष्य के आनंद की सहज अभिव्यक्ति है संगीत। संगीत जीवन की अनमोल धरोहर है। संगीत प्रकृति प्रदत्त कला है। ललित कलाओं में संगीतकला को सर्वोच्च स्थान प्राप्त है। संगीत वह ललित कला है जिसमें हम अपने मन की भावनाओं को स्वर और लय के माध्यम से प्रकट करते हैं। प्रत्येक कला भावनाओं को व्यक्त करने का माध्यम है। संगीत एक सार्वभौमिक कला है। संगीत का जन्म आनंद से होता है और हमारे लिए आनंद का सृजन भी संगीत करता है। संगीत के आनंद को पाने के लिए सुनने की कला विकसित करनी पड़ती है। संगीत केवल हमारा मनोरंजन ही नहीं करता अपितु हमें संस्कारित भी करता है। संगीत हमारे भीतर की अच्छाई को उद्वेलित करता है।

9. संगीत द्वारा भावनाओं को प्रकट करने का प्रमुख माध्यम क्या हैं?
(a) रंग, आकृति (b) स्वर, लय
(c) छंद, अलंकार (d) मुद्रा, भाव

10. 'सर्वोच्च' का संधि विच्छेद है:
(a) सर्व+उच्च (b) स+र्वोच्च
(c) सर्वो+उच्च (d) सर्व +ऊच्च

11. संगीत के आनंद की प्राप्ति के लिए क्या आवश्यक है?
(a) सुरीला कंठ होना चाहिए।
(b) सुनने की कला विकसित करनी चाहिए।
(c) संगीत का ज्ञान होना चाहिए।
(d) संगीतज्ञ से पहचान करनी चाहिए।

12. संगीत हमें किस प्रकार से संस्कारित करता है?
(a) हमारा मनोरंजन करके।
(b) अभिव्यक्ति का माध्यम बनके।
(c) हमें आनंदित करके।
(d) हमारे मन की अच्छाई को सामने लाकर के।

13. प्रस्तुत गद्यांश में किस कला की बात की गई है?
(a) नृत्य (b) स्थापत्य
(c) संगीत (d) नाटक

14. संगीत को जीवन की अनमोल धरोहर कहा गया है, क्योंकि:
(a) यह आनन्द का सृजन करता है।
(b) यह प्रकृति प्रदत्त है।
(c) यह ख्याति प्रदान करता है।
(d) यह सर्वसुलभ है।

15. 'सार्वभौमिक' का अर्थ है:
(a) सभी धर्मों में व्याप्त। (b) समान भाव से व्याप्त ।
(c) स्वदेश में व्याप्त। (d) संपूर्ण जगत में व्याप्त।

16. कौन-सा उपकरण समक्रमिक और अतुल्यकालिक ऑनलाइन शिक्षण अवसरों की उपलब्धता देता है?
(a) पाठ्यपुस्तकें (b) रेलयात्रा टिकट
(c) टेलीविज़न (d) पैडलेट

17. रचनात्मक आकलन के लिए कौन-सा उपकरण उपयुक्त नहीं है?
(a) प्रदत्त कार्य (b) लिखित परीक्षा
(c) परियोजना (d) कक्षा प्रस्तुतीकरण

'दुमुँहापन' से तात्पर्य है-

- कभी कुछ तो कभी कुछ कहना।

CTET भाषा 16 Jan 2022

18. **भाषा शिक्षण के लिए प्रतिदित् काम में आने वाली सामग्री का प्रयोग करना क्या कहलाता है?**
(a) वास्तविक वस्तुएँ (रीयलिया)
(b) भाषा खेल
(c) शिक्षण सामग्री
(d) पाठ्य सामग्री

19. **भारत की 'शिक्षा नीति में भाषा' (त्रिभाषा सूत्र) किसे समुन्नत करने के लिए कहती है?**
(a) बहुभाषा शिक्षा
(b) एक भाषिक शिक्षा
(c) हिन्दी पर मुख्य बल देते हुए द्विभाषिक शिक्षा
(d) मातृभाषा आधारित बहुभाषावाद

20. **शीर्ष अधो मुखी प्रक्रिया (टॉप डाउन) के बारे में क्या सही नहीं है?**
(a) सुनने वाले अपने पूर्व ज्ञान पर निर्भर होते हैं
(b) सुनने वाले जो सुनना चाहते हैं उसके बारे में अनुमान लगाते हैं
(c) सुनने वाले संसार के बारे में प्राप्त ज्ञान का प्रयोग करते हैं
(d) सुनने वाले को प्रत्येक शब्द का अर्थ सुनने की आवश्यकता है

21. **अन्तर्राष्ट्रीय मातृभाषा दिवस कब मनाया जाता है?**
(a) पहली जनवरी (b) चौदह फरवरी
(c) इक्कीस फरवरी (d) तेरह अप्रैल

22. **ई मेल के उस प्रकार की पहचान करिए जो आप अपने उस सहयोगी को लिखना चाहेंगे जो आपका मित्र भी है?**
(a) अनौपचारिक
(b) औपचारिक
(c) व्यापार संबंधी
(d) लिखा-पढ़ी (करेसपौडन्स) पत्र व्यवहार

23. **विद्यार्थियों के अधिगम और समुझ में स्पष्टता लाने के लिए समूची शिक्षण अधिगम प्रक्रिया के दौरान किया जाने वाला आकलन क्या है?**
(a) अधिगम के लिए आकलन
(b) अधिगम का आकलन
(c) अधिगम में आकलन
(d) अधिगम के रूप में आकलन

24. **द्वितीय भाषा की कक्षा में एक अध्यापक ने 'स्वास्थ्य ही धन है' पर आडियो रिकार्डिंग सुनायी। उसके बाद उसने कार्यपत्रक (वर्कशीट) बाँटी और कहा कि दिए गए विकल्पों में से सही उत्तर पर निशान लगाएँ।**
इस पाठ का उद्देश्य विद्यार्थियों को इस योग्य बनाना है कि :
(a) स्वास्थ्य पर पाठ का श्रवण करें
(b) विद्यार्थियों को कार्य में संलग्न किया जाए।
(c) विचार बिन्दुओं को सुनकर विश्लेषण किया जाए।
(d) स्वास्थ्य और धन पर पाठ को कंठस्थ किया जाए।

25. **भाषा अधिगम में गलतियों के बारे में क्या सही नहीं है?**
(a) गलतियाँ भाषा अधिगम प्रक्रिया में अवरोध पैदा करती है
(b) गलतियाँ हमेशा बुरी नहीं होती हैं और अधिगम में मदद करती हैं
(c) गलतियाँ भाषा अधिगम प्रक्रिया का महत्वपूर्ण पहलू हैं
(d) गलतियाँ द्वितीय भाषा अर्जन की प्रक्रिया को समझने में मदद करती हैं

26. **भाषा शिक्षा में रचनात्मकता क्या है?**
(a) खुले अन्त वाले कक्षायी प्रदत्त कार्य जिनकी भिन्न-भिन्न व्याख्याएँ हो सकती हैं और भिन्न-भिन्न उत्तर निकल सकते हैं
(b) किसी अवधारणा के प्रति समझ बनाने के लिए विभिन्न विषयों से प्राप्त तत्वों को मिलाना
(c) शिक्षण की नवीन विधियों का प्रयोग करते हुए कक्षायी गतिविधि
(d) सम्प्रेषणात्मक भाषा शिक्षण का प्रयोग करते हुए कक्षा सामग्री

27. **"शिक्षार्थियों को समृद्ध भाषायी परिवेश मिलना चाहिए और गलतियाँ इस बात का साक्ष्य हैं कि अधिगम हो रहा है।" यह किसके द्वारा अनुशंसित है?**

'आधुनिक विश्व' में 'आधुनिक' शब्द है-

- विशेषण

CTET भाषा 5 Jan 2022

(a) व्यवहारवादी (b) संज्ञानात्मकवादी
(c) मानवतावादी (d) मनोविश्लेषणवादी

28. निम्नलिखित में से कौन-से कथन सही हैं?
(A) पठन वैकल्य (डिस्लैक्सिया) पठन विकार है।
(B) लेखन वैकल्य (डिस्ट्रैफिया) लेखन विकार है।
(C) लेखन वैकल्य (डिस्ट्रैफ़िया) पठन विकार है।
(D) पठन वैकल्य (डिस्लैक्सिया) लेखन विकार है।
(a) केवल (A) सही है
(b) केवल (B) और (D) सही हैं
(c) (A) और (B) दोनों सही हैं
(d) (C) और (D) दोनों सही हैं

29. सरकारी विद्यालय की अध्यापिका रीता सातवीं कक्षा के विद्यार्थियों को अंग्रेजी पढ़ाने के लिए दृश्य उपकरण और भाषा खेल खिलाती है। रीता शिक्षण के किस सिद्धान्त का अनुपालन कर रही है?
(a) स्वाभाविक प्रक्रिया का सिद्धान्त
(b) अभ्यास और आदत निर्माण का सिद्धान्त
(c) अभिप्रेरणा और रुचि का सिद्धान्त
(d) जीवन से सम्बद्धता का सिद्धान्त

30. उस लघु कथा को क्या कहेंगे जिसमें मुख्य पात्र पशु हैं और नैतिक मूल्यों को उभारते हैं?
(a) फंतासी (b) जंतुकथा (फेबल)
(c) विज्ञान फिक्शन (d) यात्रा वृतान्त

भाषा I: हिन्दी													
1.	C	2.	B	3.	A	4.	B	5.	B	6.	C	7.	C
8.	D	9.	D	10.	A	11.	A	12.	C	13.	B	14.	B
15.	D	16.	B	17.	A	18.	B	19.	C	20.	A	21.	A
22.	B	23.	B	24.	A	25.	A	26.	C	27.	A	28.	D
29.	D	30.	A										

भाषा II: हिन्दी													
1.	C	2.	D	3.	C	4.	C	5.	B	6.	A	7.	D
8.	B	9.	B	10.	A	11.	B	12.	D	13.	C	14.	A
15.	D	16.	D	17.	B	18.	A	19.	D	20.	D	21.	C
22.	A	23.	A	24.	B	25.	A	26.	A	27.	B	28.	C
29.	C	30.	B										

'लोकानुग्रही' का संधि विच्छेद है

- लोक + अनुग्रही

CTET भाषा 16 Jan 2022